中国县域经济发展白皮书(2006-2012)

——中国县域经济科学发展竞争力研究报告

徐菁蔚等　编著

当代中国出版社
Contemporary China Publishing House

图书在版编目（CIP）数据

中国县域经济发展白皮书. 2006-2012 / 徐菁蔚等编著. -- 北京:当代中国出版社, 2013.2

ISBN 978-7-5154-0245-1

Ⅰ. ①中… Ⅱ. ①徐… Ⅲ. ①县级经济－经济发展－白皮书－中国－2006-2012 Ⅳ. ① F127

中国版本图书馆CIP数据核字(2013)第025874号

出 版 人　周五一
选题策划　刘继月
责任编辑　柯琳芳
责任校对　熊可朵
装帧设计　姚树军
出版发行　当代中国出版社
地　　址　北京市地安门西大街旌勇里 8 号
网　　址　http://www.ddzg.net　邮箱：ddzgcbs@sina.com
邮政编码　100009
编 辑 部　（010）66572154　66572264　66572132
市 场 部　（010）66572281 或 66572155/56/57/58/59 转
印　　刷　北京市朝阳燕华印刷厂
开　　本　889×1194 毫米　1/16
印　　张　26.75 印张　360 千字
版　　次　2013 年 2 月第 1 版
印　　次　2013 年 2 月第 1 次印刷
定　　价　580.00 元

《中国县域经济发展白皮书（2006-2012）》

顾问专家组	焦小平	财政部 中国清洁发展机制基金管理中心	副主任
	顾学明	商务部 国际贸易经济合作研究院	副院长
	李光辉	商务部 国际贸易经济合作研究院	副院长、研究员
	王　庆	鲁东大学	副校长、教授、博士生导师
	孙玉清	财政部 中国清洁发展机制基金管理中心	财务与风险管理部主任
	牛凤瑞	中国社会科学院城市发展与环境研究所	研究员
	朱光辉	北京中社科城市与环境规划设计研究院	院长
	霍建军	吉林省长白山管委会	副主任
	黄贵君	吉林省长白山管委会	副秘书长

课　题　组

组　长：	徐菁蔚	泓谷企业管理咨询（上海）有限公司	总经理、管理学博士
副组长：	涂　毅	财政部 中国清洁发展机制基金管理中心	经济学博士
	毛　洋	北京环维易为低碳技术咨询有限公司	总经理、经济学硕士
组　员：	阿庆兴　高博　邵华　马男　高赛　巨烨　徐菲　吕曼　宫晓刚　徐尚巧		

前　言

在“中国县域经济科学发展竞争力研究”课题组经过两年多努力进入总报告撰写阶段时，喜逢中国共产党第十八次全国代表大会召开。党的十八大是在全面建设小康社会关键时期和深化改革开放、加快转变经济发展方式攻坚时期召开的一次十分重要的大会。“十八大”报告根据我国经济社会发展实际和新的阶段性特征，针对现阶段我国发展面临的突出矛盾，围绕人民最关心、最直接、最现实的利益问题，从战略全局角度对我国改革发展做出重大部署，确定坚定不移沿着中国特色社会主义道路前进，科学制定适应时代要求和人民愿望的行动纲领和大政方针，明确提出要在2020年实现全面建成小康社会的伟大目标。“十八大”将扩大内需上升为战略基点，确立全面落实经济建设、政治建设、文化建设、社会建设、生态文明建设五位一体总布局，对鼓舞和动员全党全国各族人民继续全面建设小康社会、加快推进社会主义现代化、开创中国特色社会主义事业新局面具有重大而深远的意义。随后召开的中央经济工作会议进一步阐明城镇化是扩大内需的最大潜力所在，要围绕提高城镇化质量，因势利导、趋利避害，积极引导城镇化健康发展，走集约、智能、绿色、低碳的新型城镇化道路。我们高兴的看到，作为本白皮书的研究重点，城镇化、区域消费、城乡居民增收等一系列研究内容充分响应了中央的相关精神。

“郡县制，天下安”。县域经济是我国国民经济中一个必须坚持长期研究、探索与实践的领域。从宏观经济角度，县域经济作为其基本单元，它发展的兴与衰关乎我国建设有中国特色社会主义事业的大局；从中观经济角度，县域经济作为区域经济的战略性组成部分，它发展的成与败是我国东部、中部、西部区域大发展战略能否顺利推进并成功实现的重要前提；从微观经济角度，县域是城镇的载体，是城镇化的直接执行者，县域经济的发展已成为科学解决长期以来困扰我国整体发展的城乡二元体制结构、从实践中改善并最终解决“三农问题”、统筹城乡发展、繁荣人民生活、实现全面建设小康社会伟大目标的关键。所以说，如果分布在祖国 960 万平方公里土地上的 2800 多个县级行政单位能够聚集起来，就会拥有排山倒海的力量。

“大鹏一日同风起，扶摇直上九万里。”衷心祝愿我们伟大的祖国和人民在伟大的中国共产党的领导下，深刻理解、紧紧抓住、切实用好“扩大内需、提高创新能力、促进经济发展方式转变”的新机遇，伴随县域经济的扩大发展、城镇化与社会民生的全面改善，迎来更加灿烂和辉煌的明天。

简　介

《中国县域经济发展白皮书（2006-2012）——中国县域经济科学发展竞争力研究报告》立足于当前我国县域经济扩大发展的时代背景，以加快城镇化、提升县域城乡居民收入为切入点，以公开出版的统计年鉴数据为基础，深入研究了2006年以来我国县域经济的发展状况，结合我国要在2020年全面建成小康社会的时代背景，针对性地提出了今后一段时期内我国县域经济科学发展的对策与建设。报告共分为三个篇章：

① 2006-2012中国县域经济综合发展篇：基于客观数据全面分析并总结2006年以来我国县域经济的整体发展情况与特征，运用中国县域经济科学发展竞争力评价体系客观评价了全国各县市最新的科学发展竞争力排位情况，总结出县域经济领先发展县、优势发展县、竞争发展县、后继发展县四种类型，制定出各类型县持续提升科学发展竞争力的路径与对策。结合“十八大”将扩大内需上升为战略基点，通过数据研究揭示出当前城镇化建设中存在的冒进现象，重点分析了扩大内需的直接领导者—商务部在推进城镇化发展中的作用及其在今后的工作重点与对策。

② 分省县域经济发展篇：分别总结我国31个省（市、自治区）县域经济特色产业、县域特色文化与民俗民间工艺代表，运用对比研究等方法系统分析了2006年以来各省（市、区）的县域经济发展情况（指标分析侧重于经济总量、财政、内需、外贸、城乡居民收入、城镇化），提炼出“十二五”时期各省（市、区）发展县域经济的优势、劣势、机遇、挑战，为各省市区结合自身特色扩大县域经济发展制定了针对性的发展建议。（注：因数据可得性原始，分省篇未对香港、澳门特别行政区以及台湾省进行研究）

③ 县域经济发展模式与县市特色发展篇：深入分析我国县域经济的发展特色，总结出县域经济的区位与资源两大发展模式，重点对区位模式中新兴的长白山模式、资源模式中的鄂尔多斯模式给予科学的研究与阐释。依据区域分工、产业集聚、县域集群等理论，客观、详实地评析了江苏昆山市、福建晋江市、山东荣成市、辽宁瓦房店市、陕西神木县、四川双流县、浙江象山县、吉林延吉市、湖南湘乡市、黑龙江宝清县等10个主导产业各具代表的县市发展特色，为十个县发挥比较优势，实现县域综合实力在“十二五”剩余时间以及今后较长时期内的科学发展提出了定制性的科学发展对策与建议。

目　录

一、2006-2012中国县域经济综合发展篇

报告之一：2006-2012 中国县域经济发展概况

1、2006-2012 中国县域经济整体发展现状

根据《中国统计年鉴 2012》，截至 2011 年底，共有 2853 个县级行政区分布在我国 31 个省（市、区）中（香港、澳门特别行政区和台湾省除外），如图 1.1，其中：市辖区 857 个、县级市 369 个、县 1456 个、自治县 117 个、旗 49 个、自治旗 3 个、特区、林区各 1 个。

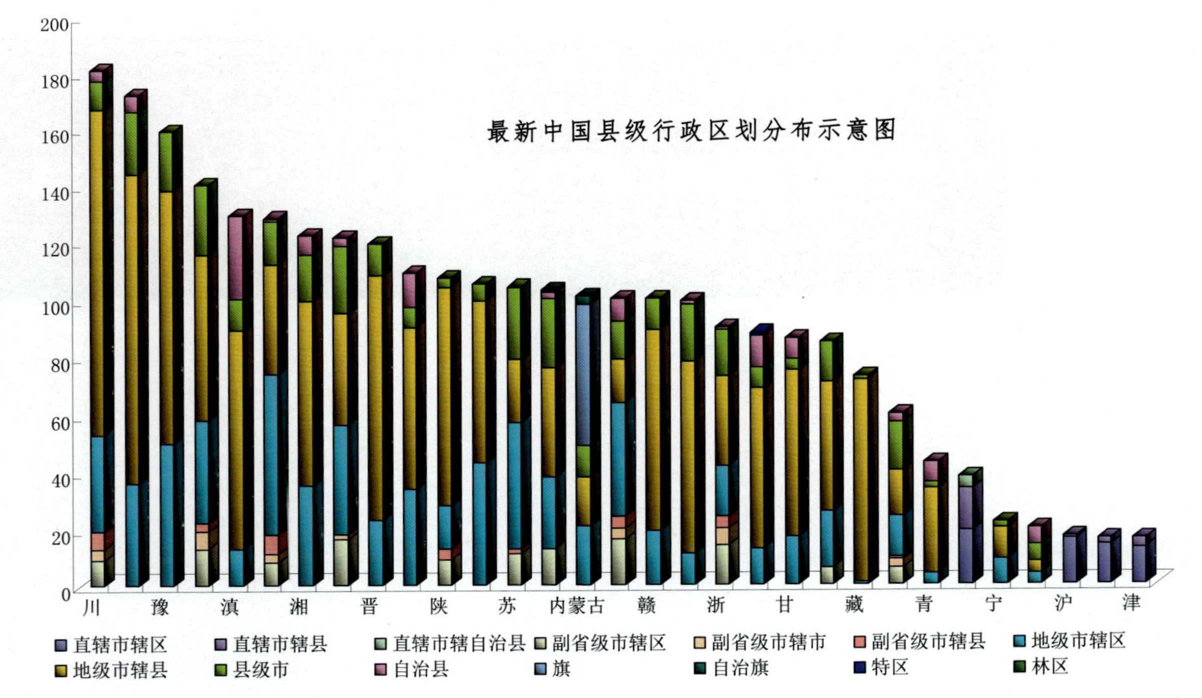

图 1.1 最新中国县级行政区划分布示意图

图 1.1 表明，四川省是我国县级单位数量最多的省，全省共有 181 个县级行政单位；北京与天津是我国县级行政单位数量最少的省级行政单位，其中北京有 2 县 14 区，天津含 3 县 13 区；全国共有 17 个省（自治区）拥有超过 100 个以上的县级行政单位。

由于数据可得性原因，我们开展此次研究的主要研究对象为除市辖区、神农架林区、福建省金门县之外的剩余 1994 个县级行政单位，它们约占我国陆地国土面积的 93.5%，达 897.09 万平方千米，在我国的分布如图 1.2 所示。

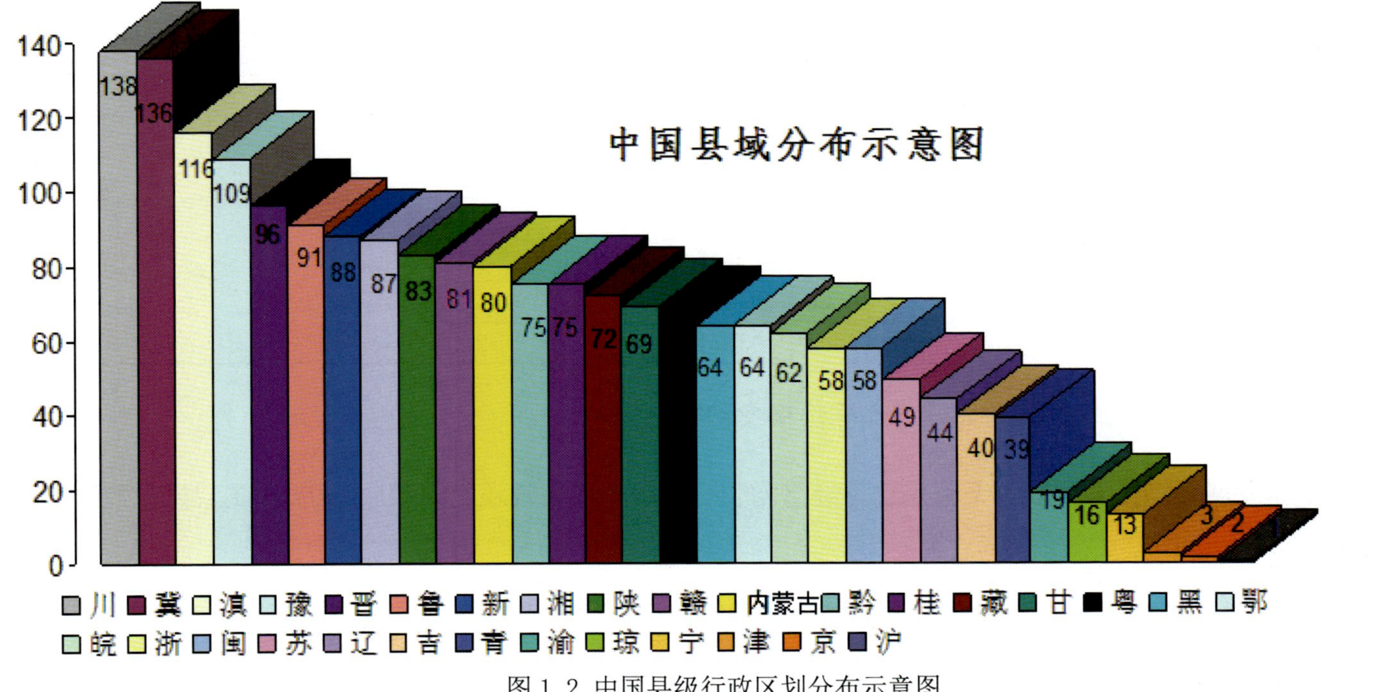

图 1.2 中国县级行政区划分布示意图

2006-2012 年间，伴随着我国各级政府多种鼓励发展县域经济的优惠政策相继出台，我国县域经济整体取得了较快发展。

2006-2012 年间，伴随着我国各级政府多种鼓励发展县域经济的优惠政策相继出台，我国县域经济整体取得了较快发展。

根据 2006—2012 年各级统计年鉴数据，从 2006-2011 年，全国县域总人口由 9.17 亿减少至 8.85 亿，占全国总人口的比重由 69.9%下降到 65.7%，相关发展数据详见表 1.1。

表 1.1 2006-2012 中国县域经济发展对照表

指标名称	2006 年	2011 年	年均增长（%）	对比同期占全国经济数据（%）	
县域总人口（亿人）	8.8	8.85	0.11	67.10	65.70
县生产总值（万亿元）	8.5	24.74	23.82	40.30	52.40
县均 GDP(亿元)	42.27	124.07	24.03	–	
县人均 GDP（元）	9269	14019	8.63	56.20	39.90
县财政一般预算收入(亿元)	3964.17	13969.83	28.6	10.23	13.45
全国总人口（亿人）	13.11	13.47	0.54	–	
全国 GDP（万亿元）	21.09	47.21	17.49		
全国人均 GDP（元）	16500	35083	16.28		
全国财政收入(亿元)	38760.2	103874.43	21.79		

注：GDP 相关数据以现价计算，未扣除价格变动因素影响。

对比同时期国民经济整体发展数据不难发现，无论是总量经济增长、人均经济增长还是财政收入的增加，县域经济的增长速度都略高于同时期全国经济的增长速度，反映出：

(1) 县域经济是我国国民经济的重要组成部分，已占整个国民经济份额的一半以上，在国民经济中具有重要地位，县域经济的发展会对我国国民经济产生重要影响。

(2) 随着县域经济的大发展，县域经济为我国宏观经济的发展既注入持续发展的动力，也做出积极贡献，县域经济在我国经济中的总体地位逐渐增强，县域生产总值占全国 GDP 的比重由 2006 年的 40.3%上升到 2011 年的 52.4%，县财政一般预算收入在全国财政收入中的比重从2006年的10.23%上升到2011年的13.45%。尤其值得关注的是，“十一五”后半期以来，我国正经受着全球金融危机扩大化、欧债危机等一系列全球经济衰退所带来的巨大冲击，此时县域经济在我国国民经济中的比重不降反升，深刻揭示出作为国民经济的重要组成部分，县域经济在我国摆脱全球金融危机影响、实现宏观经济企稳回升、恢复性增长过程中发挥了重大作用。

(3) 由于县是城镇的直接载体，而县域经济在整个国民经济大系统中是一个按比例缩小的“微型化”的国民经济区域系统，是我国国民经济的基本单元，因此，县域经济具有承上启下、联结城乡、固本强基的重要枢纽作用，是社会稳定和国家长治久安的根本大计。当前，协调推进城镇化已成为实现现代化的重大战略选择，而发展壮大县域经济能够有效改变城乡“二元经济”结构，妥善解决长期困扰我国的“三农问题”，从而为城镇化的全面推进提供了有效途径与重要保障。因此，今后尤其是“十二五”的剩余时期，继续全力以赴推动县域经济大发展是一项重大的历史使命。

结论

(1) 县域是城镇的直接载体，县域经济发展与城镇化建设相互作用、不可分割，既要依靠县域经济的发展加速城镇化建设，又要依靠城镇化所形成的特色、集聚优势促进县域经济的发展；

(2) 稳定农业在我国国民经济中基础性地位，解决“三农”问题，统筹城乡发展，必须坚持农业现代化，坚持大力发展县域经济；

(3) 借鉴市辖区的发展经验，依靠科学发展服务业来提升县域经济总量，既是大力发展县域经济的路径，又为城镇化的建设与繁荣提供了基本保证；

(4) 今后一段时期内，大力发展县域经济不仅是我国的一项基本国策，也应该进一步上升为我国的一项国家重大发展战略，依靠中央与地方共同科学规划与相关政策的扶持，带动县域经济的腾飞，进而进一步推动我国国民经济的持续发展与综合国力的持续提升。

2、我国县域经济发展特征分析

我国县域经济的发展现状揭示出，县域经济是以县级行政区划为地理空间，以市场为导向，以县级政权为重要推动，优化配置资源，具有地域特色和功能完备的区域经济。与大中城市经济、更大范围的区域经济及系统经济相比较，县域经济除具有一般区域性经济的共性外，还具有自己的鲜明特征。

⑴ 县域经济是综合型的地区经济。县域经济是功能相对完备的综合经济体系，这是县域经济的突出特征。从市和县的统计年鉴中可以清楚地观察到：城市经济基本以第二、第三产业为主体，而县域经济则包含了第一、二、三产业的各个部门，涉及到生产、分配、消费、流通的各个环节，既有国有经济、集体经济，也有民营经济、个体私有经济以及混合经济等。因此，县域经济“麻雀虽小，五脏俱全”，集三次产业为一体，集生产和非生产性活动为一体，集多种经济成分为一体，具有很强的综合性。

- 农业是县域经济的基础。农业在多数县域经济中占有较高比重，尤其是在经济欠发达的广大中、西部地区。从我国产业结构演变的进程看，城乡二元结构在短期内难以根本扭转，而邓小平经济发展理论中也再三强调了农业的重要地位。此外，农业作为县域经济的基础，也是县制得以延续的重要原因。因此，县域经济将长期以农业为基础的现状不会改变。

- 工业是县域经济的主导。工业化是区域经济发展过程中的必然阶段，是生产力不断发展的内在要求，因此，县域工业化也将是县域经济发展的必然路径。世界经济的发展格局证明，对于任何区域，在激烈的市场竞争和区域合作中，如果没有工业作为支撑，都将因为处于次要地位而被逐渐边缘化。因此，工业化将成为我国县域经济发展的主要推动力。

- 第三产业地位日渐突出。县域经济的良性运行客观上需要第一、二、三产业之间建立良性互动—如果第三产业实力薄弱，就不能为第一、二产业提供足够的服务支持，甚至成为约束整体经济健康发展的“瓶颈”。社会经济生活“流程”中的任一环节都与第三产业密切相关。从宏观角度审视我国县域经济发展的地域差异—第三产业发展水平的差距与县域间整体经济发展水平的差距正相关：第三产业发展良好的县域通常也是经济发展水平较高的县域；反之，亦然。因此，充分发展县域第三产业将是县域经济持续增长的重要内容。

⑵ 县域经济是枢纽型的地区经济。县域经济在国民经济中起着承上启下的桥梁作用，宏观经济对微观经济的控制要通过县域层次来

完成；国家的政策、法令、计划等要通过县域逐步传达、分解、规划、落实。县域经济的枢纽地位决定其运行必须要有相应的自主权和灵活性，以便于发挥“中转站”的作用。

(3) 县域经济是开放型的地区经济。县域经济的开放性是与市场经济的发展紧密结合的。随着社会主义市场经济的发展，社会劳动地域分工程度日益加深，县域经济的对外依存性已经形成。各县产品自给的比重越来越少，需要在县域间、地区间进行交换的产品比重越来越大，县域经济必然与外界发生广泛密切联系，以致每个县域的经济发展都离不开相互间的交往和协作，彼此在资源开发、产品生产、金融、科技、教育等领域互相交叉渗透，有着千丝万缕的联系。任何人为割断这种联系的行为都势必阻碍县域生产力的发展。因此，县域经济必须开放，在开放的同时发展自己的优势产品，建立自己的优势产业，增强县域的经济实力。

(4) 县域经济是独立型的地区经济。县域经济独立性产生的根本原因是由于县是相对独立的行政区域，根据国家经济发展的战略方针和政策，结合本县的实际情况，可以独立地制定发展规划，制定一系列有利于县域经济发展的政策。县域经济有本级财政，可供县级政府自主安排一定数量的物力、财力，可以在一定条件下自主安排地方建设结构，规定经济发展规模，调整生产力布局等。这种相对独立性还表现在地方资源的开发上，根据县域自然资源的状况和市场需要状况，在一定范围内可以自主有计划地开发利用。

(5) 县域经济是特色型的地域经济。我国各个县域有着不同的发展历史和区位特点，不同的资源和文化习俗。在市场机制的引导下，大部分县域依据不同资源禀赋条件和比较优势形成了各具特色的经济发展模式与“人无我有、人有我优、人优我特”的市场“亮点”。从区域竞争的态势看，特色才是生命力。从我国县域经济发展的实践看，经济强县普遍是依靠特色而获得发展的。因此，寻找到自身的差异化，立足“特色”，培育核心竞争能力，是发展县域经济的根本出路。

(6) 县域经济是不平衡的地域经济。由于受主客观条件的影响，我国县域经济的发展规模、发展速度、开放程度等呈现出明显的不平衡状态：许多沿海地区的县经济飞速发展，乡镇企业异军突起，成为经济强县；但同时，也有很多县由于受到自然条件恶劣、资源匮乏、交通运输不便等各种条件的限制，县域经济发展缓慢，人民生活还很贫困。例如，2012 中国县域经济科学发展竞争力评价指数揭示出：排名前 100 位县市的县域综合实力和一般预算收入分别是排名最后 100 位县市的 45.2 倍、70 倍；排名前 100 位的县市农民人均纯收入平均值达 12938 元，是我国农民人均纯收入 6977 元的 1.9 倍，而排名最后 100 位县的农民人均纯收入平均值仅为 3142 元，约占我国农民人均纯收入的 45%，仅占排名前 100 位县农民人均纯收入的 24.3%。

- 县域经济横向比较的不平衡。我国县域之间生产力水平、自然条件、地理位置、资源状况、产业结构等众多方面均存在差异。由此形成各县域在经济发展水平、经济发展战略重点以及在国民经济中所处地位上的明显差异：有的县域以农业为主，成为国家的重点产粮县、产麻县、产果县；有的以牧业为主，成为国家的重点肉食加工基地；有的以林业为主，成为国家的木材加工基地；有的以渔业为主，成为国家的重点捕捞养殖业发展基地和水产品加工基地；有的以出口加工业为主，发展成为国家重要的出口加工基地；有的以旅游业为主，成为重要的旅游目的地等。县域经济的不平衡是现代社会发展的客观要求，是区域分工与区域贸易发展的必然结果。
- 县域经济纵向比较的不平衡。从县域内部看，各乡村之间的经济发展存在较大的纵向差异—在经济发达的县域中存在着经济落后村，在经济落后的县域中也存在着经济发展较快的乡村。此外，随着社会分工和商品交换的发展，小城镇的发展也引发了县域内部的差别。小城镇经济发展状况直接影响县域经济的发展。

总之，由于我国县域经济是综合型、枢纽型、不平衡的地区经济，决定了只有大力发展县域经济，尤其是发展经济欠发达地区的县域经济，才可以缩小与城市经济之间的差距，实现全社会协调发展的目标；由于县域经济既开放又独立的特征，决定了在寻找能有效推动县域经济发展的方法时要结合县域自身的特色，找到可以充分集聚县域特色、扩大对外部开放的有效途径，依靠加强区际间的交流、合作、融合，提振县域经济。

3、我国县域经济发展面临的问题分析

在市场经济体制改革日益深化和经济全球化的背景下，尽管我国县域经济整体呈现出现代化科学发展的态势，但也不可避免地蕴藏了我国多重转轨过程中的许多问题：

(1) 县域经济发展总体不平衡。我国县域经济发展存在着严重的不平衡现象，相关内容参见 1.2 部分。

(2) 县域产业结构层次偏低，生产效率落后。虽然我国县域经济强县的产业结构以第二产业为主，且具备一定规模，但整体上还较多集中在结构层次相对较低的加工制造产业，高新技术产业不多；尤其是我国县域经济的领先发展县，其高新技术产业发展也较为欠缺，从而为其转型升级带来了巨大挑战。此外，经济欠发达的县域多数以农业为主导产业，农业生产的科技化含量仍旧偏低，在生产规模、生产效率、生产质量上与发达国家的农业机械化生产差距甚远。

(3) 规模企业少，龙头企业发展不足。虽然民营经济在我国东部地区的县域经济发展中得到了充分发挥，但民营企业的规模与国有企业、发达国家私有企业规模相比还存在较大差距，缺乏国际知名品牌；在中西部广大经济欠发达县，民营经济整体发展滞后，县域龙头企业的带动力不强。

(4) 城乡差距逐年增大，农民收入增长乏力。农民收入长期增长缓慢一直是我国县域经济发展面临的一个突出性问题，城乡产业之间的差距明显，非均衡发展战略的惯性推动和城乡“二元经济”体制，导致了城乡差距的继续扩大，致使农村经济严重落后。解决这一问题的关键既在于寻找到适合县域发展、有利于提升农民收入提升的特色产业，也在于通过科技培训提升农民的劳动素质，从而为进城农民工资性收入增加创造条件。

(5) 城镇化发展缓慢。尽管至 2011 年底，我国城镇化率已经达到 51.3%，但我国县域城镇化率的平均水平却明显低于全国平均水平，城镇化发展缓慢，主要表现在城镇规模过小，城镇聚集与极化效应难以发挥，城镇化发展与工业化、农业现代化发展之间不相协调，这也在一定程度上导致县域产业结构分散，规模效应难以发挥，县域特色产业不强的问题出现。

4、提升我国县域经济科学发展的路径、对策与建议

提升县域经济科学发展竞争力是一项复杂的系统工程，结合我国县域经济的整体发展现状、特征及存在的问题，当前，提升我国县域经济的科学发展竞争力应该从“固强扩优、提升发展动力，补短止降、突破发展‘瓶颈’”切入。

(1) 固强扩优，提升发展动力。即要巩固和增强县域经济发展中的优势。一个县的发展优势犹如“木桶理论”中的长板，既是该县特

色和比较优势的体现，也是推动该县持续发展的重要动力，是县域经济发展的基础。从长期看，要提升我国县域经济的综合实力，各县域首先要做好“扬长”工作，以覆盖所在县域的国家发展战略、区域发展战略为基点，依托县域比较优势，围绕县域特色资源实现县域经济的巩固与发展。例如，近年来我国东北地区快速崛起的明星县市如黑龙江绥芬河市、吉林延边市充分发挥了自身的区位优势，依靠大力发展边疆贸易、边疆产业实现县域经济的扩张；而我国中西部地区的内蒙古准格尔旗、陕西神木县、宁夏灵武市等则是充分发挥自身的资源优势，围绕国家能源化工金三角开发战略，打造能源工业基地，成长为西部地区首屈一指的发达县。

(2) 补短止降、突破发展“瓶颈”。即要有效改善县域经济发展中的劣势，摆脱县域经济发展中的不利局面。县域经济的发展是资源禀赋、文化观念、发展环境、区位条件、产业结构、人力资源、政府效率、制度等多项要素集合共同驱动的结果，是科学发展观在不同方面、不同角度、不同层次的体现，它们之间并非各自独立，而是有着密切的内在联系，互相作用，互相影响。县域财力有限、缺乏特色资源、基础设施不完善、经济结构不合理……一个县域的发展劣势与“瓶颈”正是其发展中的短板，它制约县域竞争优势的形成，对县域经济的上升发展趋势产生抵消作用。因此，补短意味着增高，降劣就是增优，有效改善县域经济发展中存在的不足与问题将带动县域经济发展水平的整体提升，而大力发展我国县域经济必须从那些处于关键位置、影响层面大、制约县域经济发展的关键要素实施重点突破，打破“瓶颈”要素意味着县域经济将会迎来迅速的扩张。例如，位于崇明岛的崇明县长期因交通因素制约其经济社会发展，随着跨海大桥的建设、长江隧道的通车，崇明长期游离于上海市区之外的不利局面被彻底打破，“隧桥效应”扩大了崇明的影响力，有效带动了崇明县域经济的发展。

从现在起至2020年，是我国为全面建成小康社会而阔步发展的重要时期。面对国际形势风云变幻、我国宏观经济转型升级面临前所未有的挑战与压力的时代背景，为了推动我国县域经济的持续发展，使县给我国经济更大的支持与力量，需要做到以下几点：

(1) 科学制定并全面贯彻实施县域发展规划，用规划引领县域经济的科学发展、竞争力的有效提升。县域经济发展战略规划既是一个县域对未来发展的宏伟构想和行动纲领，也是一个不断积累和调控的决策过程，科学编制县域发展规划并根据环境变化适时对规划进行调整和完善，能够使一个县域的经济社会发展始终走在科学发展的轨道上，从而最大限度地实现经济社会的全面发展。

(2) 加快转变经济发展方式，推动产业结构优化升级，大力提升县域产业经济竞争力。综观国内外经济发展的历史实践，产业是经济的基础、财富的源泉。现代市场经济中，若产业不具有竞争优势，其他领域的竞争优势必然难以维系，不具备县域科学发展竞争力优势的县市或者欠缺产业竞争优势，或者竞争优势正在下降。因此，加快转变经济发展方式、发展现代产业体系需要政府积极引导，在科学分析县域特色与比较优势基础上加大招商引资力度，完善县域投资环境，提升产业配套能力，提高生产要素的规模集聚能力。

(3) 不断完善区域创新环境，加速人力资源开发。区域创新是当今世界落后地区赶超先进地区、实现跨越式发展的重要手段，是县域经济实现跨越式发展的必由之路。创新对区域经济增长的促进作用，在于区域创新系统各组成部分间的相互作用所形成的合力能够极大地刺激区域创新。区域创新系统主要由大学及其科研机构（技术创新的源泉）、参与创新的企业以及政府机构（为创新服务）组成，表现为科研成果与成果转化间的相互促进，最终带动区域经济的显著增长。与成熟的区域创新体系相比，县域创新能力总体较差，这就需要在“十二五”的剩余时间里，县级政府加强对县域创新环境的建设：一方面通过加强政府的引导和协调，吸引相关科研机构和高校，使之为县域经济的发展提供科技智力支持；另一方面大力发展民营经济和科技型中小企业，形成较为完善的区域创新体系，建立良好的技术开发金融环境，积极利用外资，推进“官—产—学—研—金—媒”互动。依托增加中小企业对采用创新成果的使用兴趣，帮助中小企业尽快掌握创新成果的使用性能，提高对新产品、新设计的吸收、消化能力，增强对新技术设备、新产品设计的深层次开发与应用，健全区域创新体系和社会网络，使创新能够真正地促进县域经济发展。落实人力资源开发，就是要抓好人才的培养、引进和任用：一方面，县级政府应制定和落实各项优惠政策，稳定、留住和用好现有人才；另一方面，应加大干部人事制度改革力度，建立人才引进和培养的机制，逐步形成公开、公正、公平、择优的选人用人管理机制和法制完备、纪律严明的监督体系。通过采用多种形式引进和利用一些高级专门人才，特别是有创新能力的中青年科技人才、高新技术人才、高级经营管理人才、市场营销人才以及复合型人才，使其指导并帮助解决企业生产中遇到的各种难题。从人才培养角度，重点抓好对县内规模企业法人和管理阶层的管理、知识更新、法律法规等制度培训以及招商引资、科技兴企、财务管理等业务培训，通过建立县级民营企业培训中心，不断提升民营企业整体素质。

(4) 深入推进城镇化建设，壮大县域经济的城镇载体。有效提升产业配套能力、提高生产要素的规模集聚能力，就是要促进生产要素向具有一定承载力的城镇、园区集中，构建县域经济发展的经济圈。由于县与区域中心之间通常存在一定距离，与市辖区相比，在承接区域中心的辐射功能和集聚效应方面，县域经济要略逊一筹。因此，在突出自身特色的基础上深入推进城镇化建设，依托基础设施与快速交通网络建设，大力发展和完善现代物流配送体系，将交通相对便利、人口相对集中、具有一定发展基础的城镇发展为大的集镇，通过增强集镇的集聚与分工协作，构建县域合理范围内的经济圈。立足经济圈内各产业间的横向联系，按照产业链的不同环节进行专业化分工协作，注重现代制造业与现代服务业发展之间的协调、融合，从而有效地节约生产成本，提高生产率和竞争力，最终实现产业集群的规模性成长，带动县域经济的持续发展。

报告之二：2012中国县域经济科学发展竞争力研究与评价

1、中国县域经济科学发展竞争力的研究意义

县域经济是我国国民经济中一个必须坚持长期研究、探索与实践的领域：从宏观经济角度，县域经济作为其基本单元，它发展的兴与衰关乎我国建设有中国特色社会主义事业的大局；从中观经济角度，县域经济作为区域经济的战略性组成部分，它发展的成与败是我国东部、中部、西部区域大发展战略能否顺利推进并成功实现的重要前提；从微观经济角度，发展县域经济已成为科学解决长期以来困扰我国整体发展的城乡二元体制结构，从实践中改善并最终解决“三农问题”，统筹城乡发展，推动城镇化建设，繁荣人民生活，实现全面建设小康社会伟大目标的关键。

“郡县制，天下安”。对于县域发展的重视从古至今。新中国成立后，尤其是党的“十六大”以来，中央将发展县域经济提升到前所未有的战略高度，县域经济进入了大发展时代，取得了巨大的发展成绩，也为我国顺利摆脱全球金融危机的沉重影响和实现整体经济恢复性增长做出了积极贡献。当前，我国经济正站在转变经济发展方式、实现经济结构转型升级的十字路口上，展望未来，如何抓住我国发展仍处于可以大有作为的重要战略机遇期，在科学发展观的指引下，实现“转型、升级”这一关乎我国发展前途与命运的伟大任务，需要县域经济给中国经济更大的支撑与力量。因此，大力发展县域经济要求我们必须深入研究县域经济科学发展竞争力，积极探索提升县域经济科学发展竞争力的路径和方法。

1.1 研究中国县域经济科学发展竞争力的理论意义

开展县域经济科学发展竞争力评价研究，有利于丰富县域经济发展理论，为县域经济科学发展开辟新视野、提供新思维。县域经济科学发展竞争力评价从我国县域经济现有发展水平出发，基于相关指标评价体系，科学评价我国县域经济发展现状，探寻可能的发展规律、路径与模式，进而对县域未来发展做出科学预测，这种立足现实展望未来的研究方法为县域经济发展理论的横向扩展提供充足的理论依据。

开展县域经济科学发展竞争力评价研究，有利于深化区域经济体系，丰富区域经济预测功能。经济系统如同“蓄水池”，容纳力与迟滞性是其典型特征，系统越宏观，容纳力越强，瞬时波动性越小，累积的迟滞效应越明显，最终产生的破坏力越强。因此，经济预测作为经济学的一项重要内容，能否对错综复杂且始终处于不断变化发展中的宏观经济系统开展准确预测，是其生存基础，也是其难点所在。县域经济作为宏观经济系统中最小的子系统，对于同一个经济现象，它所表现的迟滞效应最短暂，即对于县域经济发展预测准确与否的判断周期是最短暂的。因此，通过检验县域经济发展预测结果，修正、调整那些阻碍预测结果准确率的要素，可以有效提升对更复杂、更宏观经济系统预测的准确度，从而提升经济预测的指导意义。

1.2 研究中国县域经济科学发展竞争力的现实意义

开展县域经济科学发展竞争力评价研究，是社会主义市场经济发展实践的必然要求，也是增强县域经济发展内在动力的必然选择。县域经济作为我国社会主义市场经济和宏观经济的重要组成部分，已面临国内外日益激烈的竞争环境，因此，提升县域经济科学发展竞争力既是我国在经济全球化大潮中立于不败之地的必然选择，也是不断增强综合国力、实现“大国崛起”的迫切需要，是全面落实科学发展观、全面建设小康社会、加快实现社会主义现代化的战略性举措。县域经济科学发展竞争力研究正是通过系统、科学、准确、有效地评价一个县域的社会经济发展状况，促进县（市）之间比学赶超，鼓励先进、激励落后，从而实现增强县域经济发展的内在动力，提升县域经济科学发展竞争力的目的，对国家宏观经济部门制定促进区域经济协调发展的中长期规划以及长效机制的建立，也具有一定的参考价值。

开展县域经济科学发展竞争力研究，是县域经济决策者正确认识县情、确定科学的发展目标和发展思路、避免盲目的“拿来主义”、制定符合本地特色的发展战略与规划、从而有效推动城乡经济社会发展的需要。经济发展的不确定性势必对县域经济发展产生深刻影响，迫切要求县域经济战略决策者和相关部门能够做到“知己知彼”，在充分认识本县科学发展能力的前提下，正确把握复杂经济形势，及时制定或调控县域经济科学发展的战略规划和实施方法，引导县域经济全面、持续、健康发展。对于一个具体县而言，受相关条件限制，能够做到“知己知彼”是存在一定困难的。而县域经济发展竞争力评价是从我国 1994 个县级行政单位的经济发展水平现状出发，以年份为时限单位展开的科学研究，其评价结果不仅可以充分反映当前我国县域经济的整体发展状况、“标杆县”的发展经验，也可以准确地表达一个具体县所处的发展状态。通过参照“标杆”县的发展检验，尚处于欠发达地位的县域单位在找出自身差距的基础上，能够进一步明晰发展的方向与定位，从而针对地制定有助于提升自身竞争优势的发展规划，形成科学决策依据，推动县域经济发展。

开展县域经济科学发展竞争力研究，是实现县域求同存异、优势互补、合作共赢、协调发展的需要。在区域日益开放和合作日益紧密的当代中国，任何一个县域只有在开放的环境下，结合自身优势、胸怀“合作”心态、取长补短，才能在不断开阔的视野中增强自身发展的活力。县域经济科学发展竞争力研究以深入落实“科学发展观”为动力，立足于“大力发展县域经济、统筹城乡经济社会发展”的战略部署与协调推进城镇化建设重大发展机遇，紧密结合《我国国民经济与社会发展第十二个五年规划纲要》及相关产业、相关省份“十二五”发展规划的指导思想与战略发展重点，根据我国当前县域经济发展的总体定位、城乡经济社会的差异化发展现状与未来发展潜力，严格遵照1994个县域的发展实际、核心竞争力与比较优势，结合国际、国内宏观形势与发展环境，以中国县域经济科学发展竞争力评价为出发点，全面开展具有科学性、示范性、指导性、覆盖中国全部县域、突出各自县域发展潜力、城乡经济社会发展模式与发展特色的经济发展评价。中国县域经济科学发展竞争力评价结果可以有效引导各县（市）对比要素资源优势、选择要素互补的县域作为合作对象、促进要素资源的流动和科学配置，在合作中谋发展，在发展中提升竞争力，最终开创互利互补、共同繁荣的良好发展局面。

2、中国县域经济科学发展竞争力的评价原则与方法

2.1 评价原则

(1) 尊重科学，实事求是；

(2) 追求诚信，公平公正。

2.2 评价方法

以“中国县域经济科学发展竞争力指数”为核心，构建中国县域经济科学发展竞争力评价模型，基于相关县域的发展数据，开展科学发展竞争力评价。

评价中国县域经济科学发展竞争力，就是评价 1994 个县级行政单位基于科学发展观的核心竞争力，即评价县域经济“统筹城乡发展、统筹经济社会发展、统筹人与自然和谐发展、统筹国内发展和对外开放”的核心竞争力。在具体的评价过程中，以中国县域经济科学发展竞争力指数为主体构建中国县域经济科学发展竞争力模型，用以评价县域经济统筹经济社会发展、统筹城乡发展、统筹人与自然和谐发展、统筹国内发展和对外开放的竞争力，其对应的评价模型为多元综合评价模型，如下所示：

$Y=\sum_{i=1}^{5}A_iX_i$，其中i代表评价模型共有5个维度，X_i是第i个指标的数值，A_i为第i个指标的权重，

$A_5(0\le A_i\le 1，\ i=1,2,\ldots\ldots 5\sum_{i=1}^{5}A_i=1)$

多元综合评价需要解决两项关键内容：一是借助相关的评价方法确定指标值和指标权重；二是通过对指标值和指标权重的处理，得出对评价对象的客观评判。具体评价过程分为以下几个步骤：

(1) 确立县域经济科学发展竞争力为最终评价目标；

(2) 建立县域经济科学发展竞争力指数综合评价指标体系；

(3) 对各指标对应的原始数据进行标准化，转变成指标评价值；

(4) 运用因子分析法确定指标权重，完成综合评价。

2.3 中国县域经济科学发展竞争力指数构成

竞争力是参与者双方或多方角逐或比较而体现出来的综合能力，它是相对指标，必须通过竞争才能表现出来。“企业竞争力”是经济界最早使用的与“竞争力”相关的词汇。世界经济论坛在《关于竞争能力的报告》中指出：企业竞争力一般是指“企业目前和未来在各自的环境中，以比他们国内和国外的竞争者更具吸引力的价格和质量来进行设计、生产并销售货物及提供服务的能力和机会”。因此，**县域经济科学发展竞争力，就是指特定县在区域竞合中为谋求经济社会的科学发展而逐渐形成并持续增强的比较优势能力**，它包含以下几层含义：

首先，县域经济科学发展竞争力是一种相对能力。通过县域竞合最大限度扬长避短，创造并保持比其他县域更有优势的生存和发展能力以促进本县的经济社会发展是这种能力的本质。

其次，县域经济科学发展竞争力是一种在市场经济下有效汲取并合理配置资源的能力。它要求特定县应在更广泛的区域范围内拥有比其他县域更强的对各种流动性资源的吸纳创新、转化升级并直至最终提升自身科学发展的能力。

再次，由于产业发展升级是推动国家和地区综合实力提升的关键，因此，县域经济科学发展竞争力的核心体现在县域产业竞争力。即，在综合考虑产业集聚、产业转移、区位优势等相关要素影响下，某个特定产业相对于其他县域同一产业在生产效率、满足市场需求、持续获利等方面所体现的竞争能力。

最后，县域经济科学发展竞争力是一种相对稳定但又动态发展的能力。相对稳定性是由于我国县域经济发展的目的是为建设有中国特色社会主义服务的，建设有中国特色社会主义是一个长期过程，因此县域经济科学发展竞争力一旦形成，它的主体也将是稳定的；动态发展性是由于宏观环境是县域经济发展的基础，因此宏观环境的巨大变化将会对县域经济发展产生直接影响，使县域经济科学发展竞争力产生变化，政策受益县、开发受益县等都属于此类。

综上所述，中国县域经济科学发展竞争力指数从“统筹经济社会发展、统筹城乡发展、统筹区域发展、统筹人与自然和谐发展、统筹国内发展和对外开放”出发，由“县域经济社会发展统筹度、县域城镇化建设统筹度、县域人与自然和谐发展统筹度、县域对外开放统筹度”四个维度72个县域经济发展竞争力指标相互作用共同构成，如表2.1所示。

县域经济社会发展统筹度（33个）：经济社会发展是县域发展的核心，因此县域经济社会发展是县域经济发展竞争力的重要组成部分，分别从经济社会发展基础竞争（18个指标）、经济社会发展核心竞争（15个指标）选择相关代表性指标。

县域城镇化建设统筹度（28个）：县作为国民经济中承上启下的经济单元，是实施城乡统筹发展、城镇化建设的直接发起者和推动者。县域城镇化建设统筹度从城镇化发展动力（11个指标）、城镇化发展质量（10个指标）、城镇文明（7个指标）开展相关评价。

县域人与自然和谐发展统筹度（12个）：由生态环境承载（6个指标）、人类和谐发展（6个指标）构成。

县域对外开放统筹度（9 个）：县域对外开放是指对县以外的区域开放，因此，县域对外开放统筹度主要从对外贸易（5 个指标）与招商引资（4 个指标）开展相关评价。

表 2.1 中国县域经济科学发展竞争力指数

分目标层	准则层	指标层
县域经济社会发展统筹度（33 个）	经济社会发展基础竞争	1、经济密度
		2、人口密度
		3、公路密度
		4、 GDP
		5、人均 GDP
		6、人均 GDP 增速
		7、全社会固定资产投资总额
		8、财政收入占 GDP 比重
		9、科教事业费支出占财政支出比重
		10、一般预算收入
		11、一般预算支出
		12、金融机构储蓄存款余额
		13、社会消费品零售总额
		14、邮电业务总量
		15、每万人专利申请受理量
		16、每位教师拥有的学生数量
		17、每万人拥有医生数量
		18、就业率

续上表

分目标层	准则层	指标层
县域经济社会发展统筹度（33个）	经济社会发展核心竞争	1、农民人均纯收入
		2、城镇居民可支配收入
		3、非农业劳动力比重
		4、支持经济社会发展的重大项目数量
		5、三产结构比
		6、人均农业增加值
		7、人均工业增加值
		8、人均服务业增加值
		9、工业增加值率
		10、资产利润率
		11、规模以上企业数量
		12、规模以上企业人均利润贡献率
		13、高新技术产业增加值比
		14、特色产业增加值比
		15、R&D
县域城镇化建设统筹度（28个）	城镇化发展质量	1、城镇化率
		2、城镇化增长速度
		3、城镇固定资产投资完成额
		4、转移农村人口数
		5、城镇各类产业园区数量
		6、城镇人均商业网点拥有面积
		7、城乡客运一体化覆盖率
		8、城镇安全用水普及率
		9、城镇燃气普及率
		10、社会保障覆盖率

续上表

分目标层	准则层	指标层
县域城镇化建设统筹度（28 个）	城镇化发展动力	1、城乡人均 GDP 比
		2、城乡居民人均可支配收入比
		3、农业增加值占 GDP 比重
		4、城乡社会消费品零售额比
		5、农村非农业产值占农村社会总产值比
		6、乡村从事非农产业人数占乡村劳动力比
		7、城乡恩格尔系数比
		8、城乡每万人拥有医生数比
		9、城乡居民人均居住面积差异系数
		10、城乡教育水平比
		11、城乡最低生活保障水平比
	城镇文明	1、城镇文化机构数量
		2、城镇人均公共绿地面积
		3、建成区绿地率
		4、生活垃圾无害化处理率
		5、住房统一规划率
		6、城镇干道硬化率
		7、居民对社会治安满意度
县域人与自然和谐发展统筹度（12 个）	生态环境承载	1、空气质量优良天数
		2、二氧化硫年排放量
		3、年用水总量
		4、工业废水年排放量
		5、人均耕地面积
		6、建设用地面积占县域国土面积比

续上表

分目标层	准则层	指标层
县域人与自然和谐发展统筹度（12 个）	人类和谐发展	1、万元 GDP 综合能耗
		2、万元 GDP 水耗
		3、工业用水重复率
		4、城镇生活污水处理率
		5、三废综合利用产品产值
		6、环境污染治理投资额
县域对外开放统筹度（9 个）	对外贸易	1、进出口总额
		2、进出口年均增速
		3、出口总额
		4、出口年均增速
		5、外贸依存度
	招商引资	1、实际 FDI 金额
		2、年均实际 FDI 增长率
		3、外资（含港澳台）企业占规模企业比重
		4、外资（含港澳台）企业产值占规模企业产值比重

3、中国县域经济科学发展竞争力评价的数据基础

中国县域经济科学发展竞争力评价所使用的全部数据均来自 2006 年以来我国各级公开出版的统计年鉴或与之对应的统计公报。由于统计口径原因，部分年鉴对于同一指标存在数据误差，因此在对数据指标进行分类整理时采用以下原则：

(1) 省、市、县统计年鉴对于同一指标值存在数据差异，以省级统计年鉴为准；

(2) 省级统计年鉴与县级统计公报对于同一指标值存在数据差异，以省级统计年鉴为准；

(3) 统计年鉴中缺乏相关指标值但统计公报中有对应的指标值，采用统计公报数据。

4、2012 中国县域经济科学发展竞争力评价结果

由于数据可获得性的原因，首次公布的中国县域经济科学发展竞争力指数以人口密度、GDP、经济结构、农民人均纯收入、产业竞争力等 11 个指标为代表，对我国 1994 个县（市）中的 1699 个县（除西藏自治区 72 个县（市）以及四川（78 个）、新疆（46 个）、江西（46 个）、广东（18 个）、陕西（17 个）、山东（16 个）、河北（2 个）共计 295 个县）做了基础评价，评价过程主要采用因子分析法计算，同时参考了 AHP、等权重法的计算结果，最终得到 1699 个县的科学发展竞争力，结果参见附录一。

根据 1699 个县科学发展竞争力评价结果，进一步采用聚类分析对 1699 个县进行类型划分，最终被分为四类，其中：

第一类县有 5 个，分别是昆山市、江阴市、张家港市、常熟市、吴江市。这是我国县域经济科学发展竞争力的前五强，也是苏南的 5 县（市）。从县域经济发展角度，5 县经济发达整体发展处于县域经济的领先地位，是苏南模式的典型代表，可以被称为我国**县域经济领县发展县**。县域经济领先发展县的成功发展经验值得其他县域参照，但同时也必须看到，由于宏观形势已经发生重大变化，因此落后县域学习县域经济领先发展县的成功发展经验应该侧重于对其软实力的学习，从中汲取到对自身发展有益的参照，切忌盲目全盘照搬。对于县域经济领先发展县，今后尤其是“十二五”的剩余时间中，如何在我国宏观经济转型升级的背景下顺应时代发展趋势，探索适宜于县域经济转型升级发展的新路径，是时代赋予县域经济领先发展县的特殊历史使命，因此，县域经济领先发展县任重而道远。

第二类县有 156 个。它们也是我国县域经济科学发展竞争力较为发达的县市，绝大多数县为县域科学发展竞争力百强县。与县域经济领先发展县相比，这 156 个县在县域发展基础、政府调控能力、县域经济发展质量上都存在一定差距；但从整体而言，此 156 个县由于已经具备了良好的发展基础，也已经形成了较为科学的县域经济发展路径，具有较强的县域经济竞争优势，将会为县域经济的科学发展赢得进一步上升的空间，所以称其为**县域经济优势发展县**。

第三类县共 490 个。从县域经济科学发展竞争力看，此 490 个县要优于第四类县，但与其他两类县相比，差距较大。可以说，尽管第三类县具备一定的发展基础，然而由于其整体竞争力不强，“比上不足、比下有余”的状态使其在竞争中难以真正发挥优势，如何更加有效的提升县域经济发展的科学竞争力是至关重要的，因此，称其为**县域经济竞争发展县**。

第四类县有 1048 个。集中分布在广大中西部地区与东部相对发展落后的地区，它们是县域经济科学发展竞争力相对落后的县域。从县域经济发展角度看，这 1048 个县的发展基础、发展能力、政府调控能力相对较为落后，“十二五”的剩余时间中，如何提升其县域经济的科学发展能力是亟待解决的问题；当然，从另一个角度看，只要这 1048 个县找到适合自身的发展模式与路径，由于具备一定的后发优势，它们未来增长的空间是巨大的，因此称其为**县域经济后继发展县**。

4.1 2012 中国县域经济科学发展竞争力百强县

首次公布的 2012 中国县域经济科学发展竞争力百强县是根据 1699 个县市的科学发展竞争力情况所得出的结果，采用的是各省市年鉴中最新的经济发展数据，名单如表 2.2 及图 2.2 所示。（注：尽管吴江市已经在 2012 年 9 月份转为苏州市的市辖区，但在本次排位中仍将吴江市包括在内）。

表 2.2 2012 中国县域经济科学发展竞争力百强县列表

位次	县名	省	科学发展竞争力得分	位次	县名	省	科学发展竞争力得分	位次	县名	省	科学发展竞争力得分	位次	县名	省	科学发展竞争力得分
1	昆山市	苏	8.283455826	26	胶州市	鲁	2.4632496	51	如皋市	苏	2.0388774	76	郫县	川	1.5630640
2	江阴市	苏	7.586455402	27	丹阳市	苏	2.4581372	52	富阳市	浙	1.9985896	77	府谷县	陕	1.5607983
3	张家港市	苏	6.279782052	28	神木县	陕	2.4069658	53	平度市	鲁	1.9906371	78	扬中市	苏	1.5344440
4	常熟市	苏	5.897052904	29	靖江市	苏	2.4007892	54	招远市	鲁	1.9636691	79	泰兴市	苏	1.5340689
5	吴江市	苏	4.869442854	30	桐乡市	浙	2.3995153	55	肥城市	鲁	1.9067117	80	新密市	豫	1.5312990
6	太仓市	苏	3.910707094	31	双流县	川	2.3858493	56	章丘市	鲁	1.8765991	81	德清县	浙	1.5238237
7	宜兴市	苏	3.827544677	32	胶南市	鲁	2.3821954	57	莱西市	鲁	1.8730595	82	邳州市	苏	1.5188960
8	绍兴县	浙	3.713617377	33	文登市	鲁	2.3515175	58	邹城市	鲁	1.8504006	83	长乐市	闽	1.5032234
9	晋江市	闽	3.699483781	34	增城市	粤	2.3330837	59	兖州市	鲁	1.8431525	84	巩义市	豫	1.5019934
10	准格尔旗	内	3.634897746	35	上虞市	浙	2.2886290	60	广饶县	鲁	1.8300019	85	仪征市	苏	1.4992025
11	慈溪市	浙	3.59731444	36	启东市	苏	2.2835951	61	嘉善县	浙	1.8232995	86	如东县	苏	1.4987257
12	义乌市	浙	3.419747332	37	溧阳市	苏	2.2541493	62	鄂托克旗	内	1.7580032	87	大石桥市	辽	1.4881915
13	龙口市	鲁	3.165465337	38	瑞安市	浙	2.2402238	63	宁乡县	湘	1.7523994	88	海盐县	浙	1.4874806
14	瓦房店市	辽	3.002359118	39	迁安市	冀	2.1878192	64	长兴县	浙	1.7412364	89	新郑市	豫	1.4821204
15	余姚市	浙	2.885434572	40	平湖市	浙	2.1854032	65	南安市	闽	1.7076942	90	东阳市	浙	1.4609782
16	诸暨市	浙	2.836923219	41	滕州市	鲁	2.1582676	66	桓台县	鲁	1.6998216	91	永康市	浙	1.4507410
17	海宁市	浙	2.734202534	42	寿光市	鲁	2.1552092	67	浏阳市	湘	1.6828273	92	库尔勒市	新	1.4387316
18	温岭市	浙	2.608134983	43	莱州市	鲁	2.1500308	68	海安县	苏	1.6551007	93	溧水县	苏	1.4306464
19	海门市	苏	2.53642226	44	长沙县	湘	2.132999	69	三河市	冀	1.6322595	94	高密市	鲁	1.4094626
20	荣成市	鲁	2.531852741	45	普兰店市	辽	2.1263551	70	金坛市	苏	1.6315387	95	辽中县	辽	1.3926023
21	即墨市	鲁	2.531440881	46	庄河市	辽	2.1153292	71	蓬莱市	鲁	1.6225792	96	静海县	津	1.3908406
22	海城市	辽	2.528007726	47	霍林郭勒市	内	2.0888815	72	玉环县	浙	1.6142007	97	闽侯县	闽	1.3708913
23	伊金霍洛旗	内	2.521314061	48	诸城市	鲁	2.0867332	73	惠安县	闽	1.6127765	98	乳山市	鲁	1.3652169
24	石狮市	闽	2.496438367	49	福清市	闽	2.0853207	74	东台市	苏	1.5833971	99	大丰市	苏	1.3455203

25	乐清市	浙	2.465314094	50	新泰市	鲁	2.0731399	75	青州市	鲁	1.5736703	100	武安市	冀	1.3416931

注：省份简称中“内”指代内蒙古自治区的简称“内蒙古”，本书其他部分“内”皆指“内蒙古”。

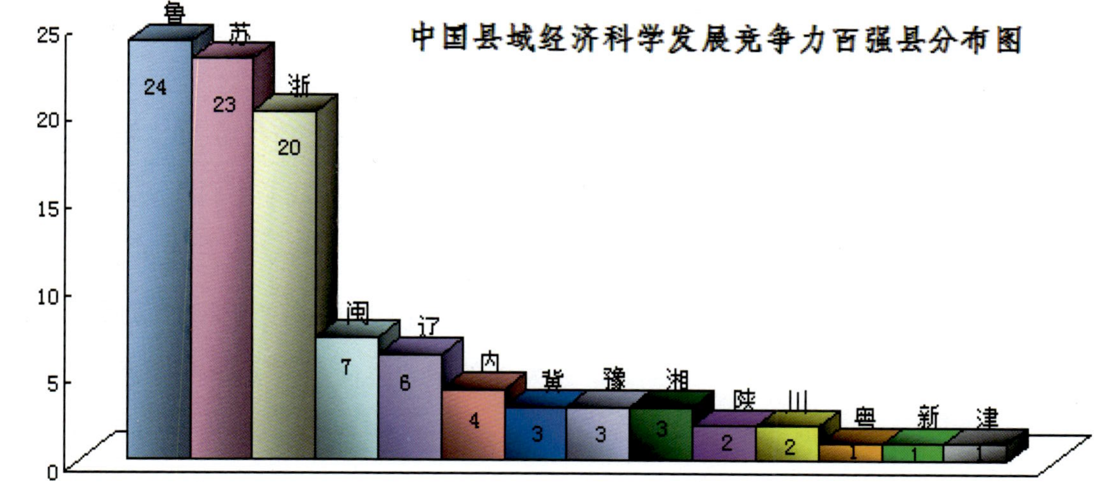

图 2.2 中国县域经济科学发展竞争力百强县省域分布图

(1) 中国县域经济科学发展竞争力百强县分布在我国东部、中部、西部的 13 个省（直辖市、自治区）中，其中，东部地区分布数量最多，在东部 619 个县中，有 85 个县进入百强县，仅江苏、山东、浙江三省百强县数量就达到 67 个。江苏（省域经济位居全国第二）、山东（省域经济位居全国第三）、浙江（省域经济位居全国第四）三省也是我国省域经济最为发达的省份，充分证明县域经济是促进区域发展中的重要力量。

(2) 辽宁近年来高度重视县域经济发展，县域经济已经成为辽宁实施区域突破发展战略的重要载体（详见分报告篇）。伴随相关区域战略的实施，辽东半岛各县市已成为我国县域经济中的一支新兴力量，彰显出海洋经济、半岛经济的巨大活力。

(3) 中央深入实施西部大开发战略和我国能源战略西移等一系列重大政策，为西部地区依托资源优势寻求跨越式发展提供了重大发展机遇。在西部进入全国县域经济科学发展竞争力百强县的 9 个县市中，准格尔旗、伊金霍洛旗、鄂托克旗、霍林郭勒市、神木县、府谷县等6县均为我国煤炭资源富集的大县。依托资源优势实现县域经济跨越式发展后，如何突破资源束缚，实现县域产业结构的科学化、多元化、集约式发展，提升县域经济发展质量，避免暴富之下的盲目膨胀，将启示我国西部众多以资源谋求县域经济发展的县市。

(4) 中央深入实施中部崛起战略为中部6省依托承东启西的区位优势实现重大发展突破带来契机。与河南、湖南领先6省发展的地位相一致，河南与湖南各有3县市是县域经济科学发展竞争力百强县。

(5) 广东是我国省域经济实力最发达的省份。本次评价中，因数据缺失的原因，广东仅有49个主要位于粤中发达地区的县市（共67个）作为评价样本参与1699个县市的评价，但49个县市中只有增城市入选2012中国县域经济科学发展竞争力百强县名单。其主要原因如下：一方面，广东省城市化程度较高，深圳、珠海、中山、东莞等经济发达城市都不设县、市，不属于县域经济科学发展竞争力的评价范围；另一方面，广东省内地区间发展不平衡现象较为严重，广大的粤西北、粤西南地区尚处于相对落后的发展阶段。在保持核心区域领先发展的基础上，实现省域内的平衡式发展，应是今后一个时期内广东发展的重要方向（详见分报告篇）。

中国县域经济科学发展竞争力百强县的综合发展情况如下表所示：

表2.3　2012中国县域经济科学发展竞争力百强县整体发展概况表

指标名称	指标值	指标名称	指标值	百强县在我国国民经济中的位置
百强县总人口（万人）	8504.8	全国总人口（万人）	134735	占全国总人口的6.31%
百强县生产总值（亿元）	60758.2	全国GDP（亿元）	472881.6	占国民经济总量的12.85%
百强县人均GDP（元/人）	71440	全国人均GDP（元/人）	35083	是全国人均GDP的2倍
百强县一般预算收入(亿元)	4000.1	全国财政收入(亿元)	103874.4	一般预算收入占全国财政总收入的3.9%
百强县固定资产投资（亿元）	28919.7	全社会固定资产投资总额（亿元）	311485.1	占全国固定资产投资的9.28%
百强县社会消费品零售总额(亿元)	15714.8	全国社会消费品零售总额(亿元)	183919	占全国社会消费品零售总额的8.54%
百强县农民人均纯收入（元）	12938	全国农民人均纯收入（元）	6977	是全国农民人均纯收入的1.9倍
百强县产业结构	6.7:59.3:34	国民经济结构	10.0:46.6:43.4	百强县的经济构成反映出，第二产业处于明显的主导地位

从2012中国县域科学发展竞争力百强县内部分析，如表2.4所示：

表 2.4　2012 中国县域经济科学发展竞争力百强县发展概况表

	最高县	指标值	最低县	指标值
第一产业（亿元）	庄河市	101	鄂托克旗	2.4
第一产业占比（%）	辽中县	16.9	鄂托克旗	0.7
第二产业（亿元）	昆山市	1510.06	大丰市	153.39
第二产业占比（%）	府谷县	88.3	义乌市	42.5
第三产业（亿元）	江阴市	938.54	府谷县	43.16
第三产业占比（%）	义乌市	54.8	府谷县	10.6
生产总值（亿元）	昆山市	2432.25	霍林郭勒市	239.06
人均生产总值（元/人）	霍林郭勒市	289756	邳州市	30972
一般预算收入（亿元）	昆山市	200.2	海盐县	17.18
预算盈余（亿元）	昆山市	25.64	荣成市	-21.91
全社会固定资产投资总额（亿元）	江阴市	711.92	玉环县	71.96
社会消费品零售总额（亿元）	江阴市	451.92	霍林郭勒市	23.45
农民人均纯收入（元）	绍兴县	19527	武安市	8510

5、2012 中国县域经济单项发展指标评价结果

由于我国县域幅员辽阔，差异化与特色化是县域经济发展的显著特点。为了使各县更加明晰自身的比较优势，在中国县域经济科学发展竞争力研究的基础之上对部分代表性的单项指标给予深入研究，相关单项指标包括以下几类：

(1) 发展基础类指标：县域面积、县域人口密度；　(2) 综合实力类指标：财政盈余/赤字；

(3) 特色发展类指标：粮食产量、肉类产量；　(4) 民生幸福类指标：农民人均纯收入、城镇居民可支配收入

必须强调，研究单项发展指标旨在发掘相关县市的特色发展优势，使相关县域以特色为突破口，寻找到系统化的发展路径，扩大县域经济整体科学发展竞争力。切忌盲目追求单项指标，导致县域科学发展过程中的短板现象不断扩大。单项发展指标采用的评价数据均来自

2012 年我国各省市的统计年鉴。

5.1 发展基础类

表 2.5 中国县域面积之最

县名	省份	面积(平方公里)	排位		县名	省份	面积(平方公里)	排位
尼玛县	藏	270000	1		大厂回族自治县	冀	176	1985
若羌县	新	198793.52	2		石狮市	闽	160	1986
且末县	新	137831.05	3		长海县	辽	119	1987
格尔木市	青	119174	4		义马市	豫	112	1988
额济纳旗	内	114606	5		南澳县	粤	112	1989
改则县	藏	99324	6		洞头县	浙	100	1990
治多县	青	93000	7		临夏市	甘	89	1991
哈密市	新	85587.23	8		嵊泗县	浙	86	1992
阿拉善左旗	内	80412	9		共青城市	赣	64	1993
阿拉善右旗	内	75226	10		长岛县	鲁	56	1994
前十位合计		**1273953.8**			**后十位合计**		**1074**	

说明： 由于地域性差异，各县域分布面积间差距巨大，西部县域面积辽阔，而东部、中部地区县域面积相对狭小。如表 2.5 所示，我国县域面积最广的 10 个县的总面积为 1273953.8 平方公里，约占我国陆地国土面积的 13.3%，占我国县域国土面积的 14.2%；而我国县域面积最狭小的 10 个县的总面积仅为 1074 平方公里，仅是前十位县域面积的万分之八。尽管县域面积大小差异是由我国陆地国土面积分布所导致的，但从区域经济发展以及区域管理角度，县域面积过大或者过小都将引发不合理地使用县域各种资源的倾向，不利于县域的科学发展。建议今后一段时期内，相关部门应有计划地重新划定县域行政区划，使县域经济更好地融入区域发展战略。

表 2.6 中国县域人口密度之最

县名	省份	人口密度（人/km²）	前 10 排位		县名	省份	人口密度（人/km²）	后 10 排位
石狮市	闽	4042	1		民丰县	新	0.6525	1913
临夏市	甘	3106	2		曲麻莱县	青	0.6524	1914
晋江市	闽	2789	3		末县县	豫	0.5369	1915
喀什市	新	2408	4		玛多县	青	0.5275	1916
郫县	川	1888	5		治多县	青	0.3559	1917
昆山市	苏	1780	6		阿拉善右旗	内	0.3459	1918
江阴市	苏	1638	7		阿克塞哈萨克族自治县	甘	0.312	1919
惠安县	闽	1474	8		若羌县	新	0.2797	1920
温岭市	浙	1431	9		肃北蒙古族自治县	甘	0.2247	1921
揭东县	粤	1367	10		额济纳旗	内	0.154	1922

注：不含西藏 72 个县的人口密度数据，相关年鉴无法获取。

说明：人口密度是单位面积土地上居住的人口数，它是表示人口密集程度的指标，人口密度过高或者过低都不利于一个区域的平衡发展—过高的人口密度会给区域环境带来沉重压力，增加区域环境承载力负担，例如交通拥挤、人员密集会增加资源的使用，加大污染，降低所在区域居民的生活质量；而人口密度过低则增加了区域开发难度，通常是区域经济不发达的表现。我国人口密度最高的县为石狮市，每平方公里面积上生活着 4042 人，这与石狮是服装加工等劳动密集型产业集群为代表的中心城市地位相呼应。人口密度最低的 10 个县都位于我国西部地区，平均每平方公里的人口不足 1 人。地广人稀的状况意味着区域生存环境的艰苦，也为今后县域扩大开发增加了难度。

5.2 综合实力类

表 2.7 中国县域财政预算盈余/赤字之最

县名	省份	财政盈余（万元）	前 10 排位		县名	省份	财政赤字（万元）	后 10 排位
昆山市	苏	256427	1		天门市	鄂	(306115)	1851
阿坝县	川	250266	2		喀什市	新	(312645)	1852
准格尔旗	内	203250	3		莎车县	新	(335483)	1853
伊金霍洛旗	内	203187	4		威宁彝族回族苗族自治县	黔	(335501)	1854
江阴市	苏	169356	5		开县	渝	(358267)	1855
霍林郭勒市	内	168975	6		平潭县	闽	(362466)	1856
邻水县	川	111299	7		延庆县	京	(429505)	1857
张家港市	苏	95465	8		密云县	京	(508042)	1858
常熟市	苏	74828	9		儋州市	琼	(622243)	1859
靖江市	苏	71849	10		崇明县	沪	(630900)	1860

注：1860 个县市有一般预算支出与收入指标数据，西藏 72 县、江西 46 县以及其他共 134 个县因年鉴数据缺失，未进行计算。

说明：众所周知，财政收支平衡是财政最佳情况，即财政收支相抵或略有节余。然而，政府需要大量的财富解决区域经济发展过程中的各种问题，因此会出现入不敷出现象。我国县级政府并非完全处于财政入不敷出状态，昆山市甚至实现了 25 亿元的财政盈余。以准格尔旗为代表的内蒙 3 县市高财政收入是直接受益于煤炭产业的崛起；从《四川统计年鉴 2012》，获得阿坝县、邻水县的财政盈数据。财政盈余有助于增强当地政府对县域经济发展的调控能力，从而实现经济发展与财政收支的良性循环。与实现财政盈余的 10 强县相对比，以海南儋州、上海崇明县等 10 县为代表，平均财政赤字高达 42 亿元。尽管在一定限度内财政赤字会刺激经济增长，但过高的财政赤字会增加政府偿债能力风险，会阻碍政府对经济的调控能力，也会在一定程度上引发当地居民的财政恐慌（在经济发展出现不利局面时，尤甚）。因此，县域财政赤字过高的县级政府需要合理量化财政支出，最大限度地的发挥政府财政投入的引导效力，激活并吸引更多的民间资本进入相关投资领域，适度降低县域财政风险。

5.3 特色发展类

表 2.8 百万吨产粮大县

省	县名	排位	粮食产量（万吨）	省	县名	排位	粮食产量（万吨）	省	县名	排位	粮食产量（万吨）
吉	榆树市	1	310.7	内	阿荣旗	26	144.6	徽	临泉县	51	109.7
吉	公主岭市	2	307.5	黑	青冈县	27	140.9	黑	尚志市	52	109.6
黑	肇东市	3	293.2	苏	兴化市	28	138.0	苏	东海县	53	109.4
黑	龙江县	4	288.9	黑	肇州县	29	138.0	豫	太康县	54	109.4
黑	五常市	5	288.4	黑	林甸县	30	137.7	黑	依安县	55	108.1
吉	农安县	6	250.1	黑	庆安县	31	136.4	吉	双辽市	56	108.0
黑	双城市	7	233.2	黑	望奎县	32	135.1	苏	射阳县	57	107.5
内	科尔沁左翼中旗	8	230.5	徽	涡阳县	33	135.0	徽	颍上县	58	107.3
黑	富锦市	9	230.2	鄂	监利县	34	133.9	鲁	曹县	59	107.3
黑	巴彦县	10	219.5	鄂	枣阳市	35	133.7	内	扎赉特旗	60	106.5
吉	梨树县	11	209.0	豫	滑县	36	132.9	黑	虎林市	61	106.4
吉	前郭尔罗斯蒙古族自治县	12	206.9	徽	蒙城县	37	130.9	豫	邓州市	62	106.0
吉	扶余县	13	206.4	徽	怀远县	38	126.0	鲁	陵县	63	105.8
辽	昌图县	14	196.2	苏	沭阳县	39	125.1	黑	宝清县	64	105.4
黑	海伦市	15	193.7	豫	固始县	40	120.4	徽	濉溪县	65	104.4
吉	长岭县	16	177.1	吉	德惠市	41	119.5	辽	新民市	66	102.9
黑	讷河市	17	174.5	黑	安达市	42	118.0	豫	商水县	67	102.9
黑	依兰县	18	165.4	鲁	齐河县	43	117.9	赣	鄱阳县	68	102.8
鲁	平度市	19	158.0	徽	定远县	44	116.2	徽	太和县	69	101.5
徽	霍邱县	20	157.7	徽	利辛县	45	115.2	黑	宾县	70	101.0
辽	阜新蒙古族自治县	21	151.7	黑	甘南县	46	114.7	辽	建平县	71	101.0
黑	肇源县	22	150.9	豫	唐河县	47	114.2	内	扎兰屯市	72	100.3
内	莫力达瓦达斡尔族自治旗	23	150.7	豫	永城市	48	113.7	黑	密山市	73	100.1

黑	嫩江县	24	150.7	黑	桦南县	49	113.3	赣	南昌县	74	100.0
徽	寿县	25	150.0	黑	兰西县	50	111.1	鲁	郓城县	75	100.0

注：因部分统计年鉴数据的不完整性，仅统计了 1680 个县的粮食产量，百万吨产量大县中未包含河北、四川两个传统农业大省以及其他省份的部分县。

表 2.9 10 万吨产肉大县

省	县名	排位	肉类产量（万吨）	省	县名	排位	肉类产量（万吨）	省	县名	排位	肉类产量（万吨）	省	县名	排位	肉类产量（万吨）
辽	昌图县	1	35.24	桂	兴业县	26	16.52	苏	睢宁县	51	12.91	鄂	潜江市	76	11.19
吉	农安县	2	33.58	吉	舒兰市	27	16.35	辽	康平县	52	12.74	吉	前郭县	77	11.18
吉	德惠市	3	32.85	鄂	枣阳市	28	16.29	苏	新沂市	53	12.63	鲁	昌邑市	78	11.11
鲁	诸城市	4	32.72	辽	铁岭县	29	16.24	鲁	莒南县	54	12.56	苏	如皋市	79	11.08
辽	开原市	5	27.18	鲁	临朐县	30	16.20	鲁	临邑县	55	12.26	辽	朝阳县	80	10.95
辽	黑山县	6	25.44	辽	彰武县	31	15.63	闽	福清市	56	12.20	豫	叶县	81	10.85
辽	普兰店市	7	25.37	辽	新民市	32	15.53	辽	海城市	57	12.16	鲁	单县	82	10.75
吉	梨树县	8	24.62	鲁	沂南县	33	15.44	鲁	滕州市	58	12.14	辽	义县	83	10.70
辽	阜新县	9	23.34	鲁	寿光市	34	15.38	苏	大丰市	59	12.05	豫	浚县	84	10.65
吉	榆树市	10	21.71	桂	武鸣县	35	14.94	吉	双辽市	60	12.04	粤	高州市	85	10.65
辽	瓦房店市	11	20.79	辽	法库县	36	14.77	鲁	昌乐县	61	12.03	粤	化州市	86	10.61
桂	博白县	12	20.10	辽	北镇市	37	14.63	鄂	钟祥市	62	11.76	桂	平南县	87	10.59
鲁	莱西市	13	19.72	豫	固始县	38	14.30	鲁	章丘市	63	11.61	鲁	安丘市	88	10.52
苏	邳州市	14	19.55	鲁	莘县	39	14.16	辽	大洼县	64	11.50	鄂	松滋市	89	10.52
苏	沛县	15	19.54	赣	高安市	40	14.14	辽	凌源市	65	11.48	辽	大石桥市	90	10.48
辽	辽中县	16	19.47	辽	北票市	41	14.13	辽	凤城市	66	11.45	鲁	兖州市	91	10.43
鲁	高密市	17	19.33	鲁	新泰市	42	14.09	鄂	随县	67	11.41	豫	西平县	92	10.42
辽	绥中县	18	18.97	闽	光泽县	43	14.06	豫	淇县	68	11.41	鲁	无棣县	93	10.37
辽	凌海市	19	18.27	苏	东台市	44	14.05	吉	扶余县	69	11.39	鲁	沂水县	94	10.17
鲁	平度市	20	18.22	黑	肇东市	45	13.75	新	奇台县	70	11.38	豫	新蔡县	95	10.17
吉	九台市	21	18.11	豫	邓州市	46	13.61	鲁	齐河县	71	11.37	辽	岫岩县	96	10.16

辽	庄河市	**22**	17.82	豫	潢川县	**47**	13.33	豫	唐河县	**72**	11.33	鄂	麻城市	**97**	10.15
辽	台安县	**23**	17.14	苏	丰县	**48**	13.32	吉	磐石市	**73**	11.30	鄂	监利县	**98**	10.07
苏	阜宁县	**24**	16.78	赣	南昌县	**49**	13.08	桂	陆川县	**74**	11.27	豫	太康县	**99**	10.03
吉	公主岭市	**25**	16.72	黑	望奎县	**50**	12.99	桂	桂平市	**75**	11.20				

注：因部分统计年鉴数据的不完整性，仅统计了1541个县的肉类总产量情况，10万吨产肉大县中未包含云南、四川、安徽、湖南等省份的部分县。

5.4 民生幸福类

表2.10 中国县域农民人均纯收入之最

县名	省份	农民人均纯收入(元)	前10排位		县名	省份	农民人均纯收入(元)	后10排位
长海县	辽	22192	1		久治县	青	1835	1786
绍兴县	浙	19527	2		福贡县	滇	1832	1787
霍林郭勒市	内	19000	3		石楼县	晋	1800	1788
慈溪市	浙	18260	4		桦南县	黑	1780	1789
江阴市	苏	17460	5		治多县	青	1777	1790
海宁市	浙	17397	6		大宁县	晋	1666	1791
昆山市	苏	17374	7		拜泉县	黑	1590	1792
常熟市	苏	17289	8		达日县	青	1571	1793
张家港市	苏	17252	9		甘德县	青	1274	1794
太仓市	苏	17201	10		汤原县	黑	1208	1795

注：因部分统计年鉴数据不完整，参与统计的县共1795个，不含西藏72个县及其他省份的部分县。

表 2.11　中国县域城镇居民可支配收入之最

县名	省	城镇居民可支配收入（元）	前 10 排位		县名	省	城镇居民可支配收入（元）	后 10 排位
义乌市	浙	40078	1		石城县	赣	8760	1173
玉环县	浙	36715	2		甘南县	黑	8711	1174
绍兴县	浙	36547	3		石楼县	晋	8504	1175
诸暨市	浙	35697	4		皋兰县	甘	8248	1176
吴江市	苏	35212	5		康县	甘	8243	1177
昆山市	苏	35190	6		全南县	赣	8177	1178
张家港市	苏	35128	7		绥棱县	黑	8098	1179
瑞安市	浙	35082	8		青冈县	黑	7818	1180
常熟市	苏	35041	9		兰西县	黑	7041	1181
江阴市	苏	34888	10		明水县	黑	6540	1182

注：因部分统计年鉴数据不完整，参与统计的县共 1022 个

说明：农民人均纯收入最高的长海县位于辽宁省大连市，海岛经济的发展是带动农民人均纯收入提升的最主要原因。除长海县外，我国农民人均纯收入前 10 强的县（市）在 2012 中国县域经济科学发展竞争力评价中均位列前 100 强，而农民人均纯收入排位最后的 10 个县（市）在县域经济科学发展竞争力评价中也均位于 1300 位之后，充分证明了县域经济发展与实现农民增收之间的密切关系。当然，城乡居民间收入存在较大差距仍旧是不容忽略的事实，例如城镇居民可支配收入最高的义乌市是农民人均纯收入最高的长海县的 1.8 倍。因此，在积极稳妥推进城镇化发展的背景下，如何依靠城镇化带动农村居民收入的增加，应成为今后一段时期内的一项重要内容。

报告之三：加快城镇化建设进程，实现县域经济跨越式发展

城镇化在中共“十八大”会议上被界定为“未来推进经济结构战略性调整的主要手段”，在 2012 年 12 月 15-16 日召开的中央经济工作会议上，城镇化被明确列为 2013 年六项经济工作的主要任务之一。中央提出“积极稳妥推进城镇化，着力提高城镇化质量。城镇化是我国现代化建设的历史任务，也是扩大内需的最大潜力所在，要围绕提高城镇化质量，因势利导、趋利避害，积极引导城镇化健康发展。要构建科学合理的城市格局，大中小城市和小城镇、城市群要科学布局，与区域经济发展和产业布局紧密衔接，与资源环境承载能力相适应。要把有序推进农业转移人口市民化作为重要任务抓实抓好。要把生态文明理念和原则全面融入城镇化全过程，走集约、智能、绿色、低碳的新型城镇化道路。” 中央一系列的战略举措充分揭示出，在当前国际经济形势不稳、国际需求萎缩的背景下，扩大内需已成为有效应对全球经济衰退、复苏乏力的根本举措，成为加快转变经济发展方式的基本要求和首要任务，成为保持经济长期平稳较快发展的必由之路。而城镇化因其“促进城乡协调发展、促进区域协调发展”的性质，成为实现扩大内需最有效的途径。

在 2012 年 11 月 30 日召开的党外人士座谈会上，习近平总书记强调，2013 年要以提高经济增长质量和效益为中心，稳中求进，开拓创新，扎实开局，进一步深化改革开放，进一步强化创新驱动，实现经济持续健康发展和社会和谐稳定。他指出，要推动结构调整取得明显进展，在稳定外需的同时努力扩大内需，加大产业结构调整升级力度，稳步推进城镇化健康发展。李克强同志在近年来一系列讲话中屡次提及城镇化的重要性，他指出，城镇化是中国现代化进程中一个基本问题，是一个大战略、大问题。特别是在国际经济环境发生深刻变化、我国进入中等收入国家行列以及面临经济下行压力的新形势下，我们要按照贯彻落实科学发展观的要求，深入研讨城镇化科学发展的问题。

关于加快城镇化建设的意义，主要节选自李克强同志 2012 年 9 月 7 日在中央组织部、国家行政学院和国家发展改革委联合举办的省部级领导干部推进城镇化建设研讨班学员座谈会上的讲话，刊载于《行政管理改革》2012 年第 11 期。

1、加快城镇化建设的意义——协调推进城镇化是实现现代化的重大战略选择

1.1 城镇化是现代化应有之义和基本之策

研究探索城镇化问题，应放在人类发展的大格局、经济社会发展的大趋势中去思考。现代化是一个由传统社会向现代社会多层面、全方位转变的过程。从一定意义上讲，现代化是由工业革命引发和带来的，现代化的过程是工业化、城镇化的过程。什么是现代化?什么样的国家是现代化国家?国际上有不同的标准。但无论联合国的标准还是经合组织的标准，城镇人口和非农就业比例都是区分发达国家与发展中国家一个很重要、很清晰的界限。我国还属于发展中国家，一个重要因素就是我国城镇化率比较低。而在实现了现代化的发达国家，城市化率基本上在75%-80%甚至更高，城镇人口比例和非农就业比例都很高。当然，拉美一些国家城市化率也很高，有的国家甚至达到80%，但由于这些国家出现了城市二元结构，解决不好产业和就业问题，落入了“中等收入陷阱”。

尽管按照世界银行的划分，我国人均国内生产总值超过5000美元已经进入中等收入国家行列，但纵观人类历史，像中国这样一个有十几亿人口的大国要实现现代化，继续以占世界不到9%的耕地养活占世界20%左右的人口，没有先例可循。尽管工业化、城镇化进程中会面对粮食安全、能源资源支撑、生态环境承载能力等问题和挑战，但由于工业化是发展的动力，处于主导地位，农业现代化是重要基础，是发展的根基，城镇化具有不可替代的融合作用，能够一举托两头，有利于促进工农和城乡协调发展，可以有效提高农业劳动生产率和城乡居民收入，因此，沿着工业化、城镇化和农业现代化“三化”协调发展的道路走下去是唯一的选择。

我国的基本国情决定了我国正处于并将长期处于社会主义初级阶段，长期处于发展中国家行列，城镇化还有很长的路要走。在推进城镇化过程中，必须对城镇化与现代化、城镇化与工业化、城镇化与农业现代化等关系做深入研究。走中国特色社会主义道路、实现社会主义现代化目标是一个长期探索和实践的过程，也是人类发展史上最有意义、最具挑战的大问题，我们要从中国国情出发，研究探索城镇化的发展战略、发展目标和实现途径。

1.2 城镇化是我国最大内需潜力之所在

2011年，我国城镇化率刚过50%，其中包括了半数以上常住人口。若按城镇户籍人口统计，城镇化率也就在35%左右。这说明我国实

际的城镇化率还很低，不仅低于发达国家近 80%的平均水平，低于一些与我国发展阶段相近的发展中国家 60%左右的平均水平，也低于世界 52%的平均水平。当前，我国每年从农村转移到城镇的人口有 1000 多万，相当于欧洲一个中等国家的人口总量，未来较长一段时期我国城镇人口还将增加 3 亿左右，相当于美国的人口总量。中国城镇化的规模和潜力，在世界发展史上是空前的，具有持续开拓经济社会发展的新空间。

城镇化的过程是农民转为市民的过程，意味着消费观念的更新和消费结构的升级，意味着巨大消费潜力的释放。目前我国城镇居民人均收入是农村居民人均收入的 3.1 倍左右，人均消费也是农村居民的 3.1 倍左右。如果一个农民真正成为城市居民，收入和消费至少将扩大到 3 倍以上。城镇化过程中农村富余劳动力向城镇转移意味着劳动生产率的提高，也意味着经济发展质量和效益的提升。与世界各国相比，我国农业土地生产率很高，但劳动生产率较低，其主要原因是存在大量农村富余劳动力。我国农业劳动力就业还不充分，还有相当大的空间，这也是发展的潜力所在。因此，从需求角度城镇化有利于释放巨大的内需潜力；从供给角度城镇化有利于大幅提高劳动生产率。

要释放城镇化带来的内需潜力，就不能抬高城镇化过程中人口转移的门槛。建设保障性安居工程除了有利于抑制房价过快上涨外，就是要解决城镇低收入、中等偏下收入、住房困难家庭的基本住房问题，并逐步让农民工进城后有个房子住。城市是一个综合体，它的有效运转和持续发展需要各行各业的支撑，需要不同领域、不同岗位的劳动者，特别是我国城市正在快速发展之中，更需要一大批普通劳动者、建设者，必须本着以人为本的原则，在城市为这些普通劳动者和建设者提供安居乐业的环境，促进城镇化健康发展。

1.3 城镇化与工业化相辅相成，对产业结构调整、新兴产业培育等产生积极作用

城镇化与工业化是一个问题的两个方面，二者相辅相成。城镇化需要产业发展来充实，通过产业发展促进就业和创业，同时城镇化也能为产业发展提供更好的平台。推进城镇化应当坚持城市发展与产业成长“两手抓”，把城镇化与调整产业结构、培育新兴产业、发展服务业、促进就业创业结合起来。

我国的工业化尚未完成，还有很大发展空间。在推进城镇化过程中，要用更广阔的国际视野，顺应世界科技产业变革的新趋势，加快发展战略性新兴产业，抢占国际竞争制高点；同时应当看到，我国传统产业在国际上具备相当的竞争优势，要注重传统产业的改造提升。

要引导产业向城市和园区集中，促进企业集聚发展。

城镇化与服务业发展密切相关，城镇化创造了大量需求，服务业也就起来了。传统农业自给自足，而城市生产生活很大程度上是相互服务。城镇化过程中人口的集聚、生活方式的变革、居民生活水平的提高，都会扩大生活性服务业需求;城市生产要素的配置、三次产业的联动、社会分工的细化，也会扩大生产性服务业需求。就第二产业而言，随着工业结构优化升级、自动化和信息化水平提高，相应会减少一些就业。而服务业虽然在很大程度上也可以信息化，但由于其自身特点，个性化要求非常高，发展的种类多、空间大，会大大增加劳动力就业。服务业是城镇就业最大的容纳器，发达国家走过的路子也反映了这一点。目前，发达国家服务业产值和就业比重都在70%-80%以上，已经形成以服务业为主体的产业体系。比如，欧洲等发达国家在医疗服务方面的支出相当于国内生产总值的10%，美国高达17.6%。我国目前服务业增加值比重只有43%，就业比重只有36%，医疗服务支出比重约为5%，发展的潜力很大。还要看到，我国目前有1.7亿老龄人口，社会呈老龄化趋势，发展老龄服务和医疗服务，能够形成一个就业容量很大的产业。我们要把推进城镇化与繁荣服务业结合起来，加强政策引导和体制机制创新，充分挖掘和释放其中蕴含的发展潜力。

2、实施新型城镇化的基础与重大研究领域

2.1 保障粮食安全是城镇化发展的基础

我国的城镇化是与工业化、农业现代化协调推进的城镇化。作为一个人口大国，任何时候都要立足自己解决粮食问题，始终绷紧粮食安全这根弦，即使未来我国城镇化率达到65%-70%左右，还会有几亿人口在农村生产生活。农业、农村、农民问题始终是中国面临的巨大挑战和重大问题。没有农业的发展、农村的繁荣、农民的富裕，就不可能有城镇的繁荣与发展，绝不能以牺牲农业和粮食来推动工业化、城镇化，这是必须始终坚持的。尽管从理论上讲，城镇化可以大量节省建设用地，但实际操作起来并不简单，因为土地调整客观上存在空间和时间上的协调与匹配问题，需要创造必要的政策和体制条件。今后一个时期，随着人口增加和城镇化进程的加快，对粮食的需求仍将呈刚性增长，保障粮食安全的任务依然十分艰巨。解决粮食问题，根本上要靠科技和农业现代化，应着眼提高农业综合生产能力，完善强

农惠农富农政策，因地制宜用现代技术支撑农业、现代设施装备农业、现代组织方式经营农业，保障粮食和主要农产品有效供给，牢牢把握粮食安全的主动权。保障粮食安全，保护耕地是关键，必须十分珍惜与合理利用每寸土地。推进工业化、城镇化，必须毫不动摇地坚持切实保护耕地的基本国策，切实处理好建设占地和耕地保护的关系。

2.2 推进城镇化需要深入研究一些重大问题

(1) **城镇化战略问题。**城镇化战略问题实际上是中国城镇化战略与现代化战略如何衔接的问题。实施城镇化战略，能够使我国巨大的回旋余地得以充分施展。潜力巨大的中国城镇化既是中国经济增长最强大、最持久的内生动力，也是我国拓展与世界各国合作的新平台。要从现代化建设的全局出发，着眼国际政治经济格局的变化，统筹研究和实施城镇化战略。城镇化布局既要遵循经济规律，也要考虑国家安全。我国东、中、西部地区城镇化发展很不平衡，呈明显的东高西低特征，长三角、珠三角、环渤海三个相对成熟的城市群都分布在东部地区，而中西部地区城市发育明显不足，从而导致人口长距离大规模流动、资源大跨度调运，极大增加了经济社会运行和发展的成本。因此，应认真谋划和推进在中西部一些发展条件较好的地区加快培育新的城市群、形成新的增长极。此外，由于目前中小城市发育不够，小城镇数量多但规模小，集聚产业和人口的能力十分有限，如何找到有效的办法积极挖掘现有中小城市发展潜力，更好地发展小城镇，把有条件的东部地区中心镇、中西部地区县城和重要边境口岸逐步发展成为中小城市，也是一项紧迫的课题。

(2) **土地利用问题。**推进城镇化的过程就是资源和要素在空间上优化的过程。由于人多地少是我国城镇化的最大制约因素，因此，土地资源的集约利用、高效配置是城镇化过程中的最重要问题。应坚持土地集约发展、有序发展，根据资源环境承载能力合理确定城市发展规模，完善城镇建设用地标准，强化人均建设用地指标控制，挖掘存量用地潜力，确保农民的合法权益，避免出现农民“被动上楼”、耕地“占优补劣”等现象。此外，实施征地制度改革、逐步建立城乡统一的建设用地市场、探索实行合理有差别的政策等问题也需认真研究。

(3) **户籍改革问题。**把符合条件的农民工逐步转为城镇居民，是推进城镇化的一项重要任务。目前我国约有 1.6 亿外出农民工，其中六成多在地级以上城市，两成多在县级城市，不到一成在小城镇。在人口城镇化进程中，各类城市如何根据综合承载能力和发展潜力科学制定农民工落户条件，实行差别化户籍政策，需要做进一步研究探索。

(4) **资源支撑问题。**能源资源不足是我国的基本国情，这个国情决定了我国城镇化必须按照科学发展的要求，走节约集约、绿色低碳发展的路子。当我国城镇化率达到发达国家水平时，将有 10 亿左右的人口在城市生活，能源资源、水资源等能不能支撑、怎么支撑，如何立足国内解决能源资源问题，是城镇化进程中必须破解的一道难题。

(5) **生态环境问题。**随着城镇化的推进和人民生活水平的提高，对城市环境和生态质量的要求也越来越高。在城镇化过程中，如何在工业生产和城市建设中抓住重点领域和环节，推进节能减排，如何在城镇居民中推广绿色生活方式和消费模式，是具有全局意义的。

3、警惕当前我国城镇化建设中的冒进现象

城镇化作为统筹城乡发展、解决“三农”问题的重要途径，多年来一直受到中央与地方各级政府的重视。我国的城镇化尤其是小城镇建设自 20 世纪 80 年代启动以来，已取得长足发展，小城镇数量已接近 2 万个，但一系列的问题也伴随着发展过程而日渐显现：部分小城镇属于无序的数量扩张，城镇建设矛盾突出，不稳定因素增多；城镇规模过小、基础设施建设水平低，服务功能不完善；小城镇发展的资金不足，融资渠道不畅，不能释放小城镇集聚的功能特性等。正是在这种背景下，中共“十八大”及 2012 年中央经济工作会议上提出了新型城镇化的建设思路，强调“积极稳妥推进城镇化，着力提高城镇化质量”，引发我国社会各阶层的广泛关注与积极响应。这一轮的“新型城镇化”重在提升城镇化质量，因此，对于当前在我国部分地区已经出现的不遵循客观发展规律、城镇化冒进现象，相关部门必须予以重视。

作为我国西部地区的重要省份，陕西尽管依靠实施西部大开发等一系列区域性战略在近年来取得跨越式发展，蓄积了巨大的发展潜能，但全省欠发达的省情没有改变，体现在城镇化水平与全国城镇化平均水平相比仍有差距：2011 年，陕西全省城镇化率为 47.3%，比全国城镇化率 51.3%低 4 个百分点。但在陕西省内部，县域城镇化建设却出现有悖于客观发展规律的畸形高速发展：根据《2012 年陕西统计年鉴》，陕西省现有 83 个县域行政单位（不含市辖区），2010 年陕西县域城镇化率仅为 18.1%，但 2011 年猛增至 78.8%。引发陕西县域城镇化畸形提速的重要原因是岐山县、凤县、韩城市、兴平市、泾阳县、麟游县、华阴市、合阳县、山阳县、镇安县、洛南县、商南县、丹凤县、

柞水县等 14 县在 2011 年都出现只有城镇人口、无乡村人口的反常现象。与陕西省相类似，新疆维吾尔自治区也存在县域城镇化率畸高的现象：根据《2012 年新疆统计年鉴》，2011 年新疆全区城镇化率为 43.5%，但县域城镇化率高达 58.8%，也是由于多个县级市只有城镇人口、没有乡村人口所导致的。此外，内蒙古自治区的部分县市也存在城镇化指标片面畸高的现象：尽管 2011 年内蒙古县域城镇化率仅为 37.2%，滞后于全区、全国的城镇化发展，却存在一定比例的高城镇化率县市，例如满洲里、根河市没有农村人口，城镇化率达到 100%；部分以农牧经济为特色的县市如额尔古纳市，其城镇化率高达 97%；还有部分县市经济欠发达，但城镇化率却超过县域经济最为发达的鄂尔多斯相关旗县。

城镇化是经济社会发展到一定阶段的产物，需要一定的经济基础，高城镇化率是经济发达的一种体现。中央当前之所以重视城镇化发展，就在于通过建设各具特色、功能集聚的城镇，能够有效地促进工业化与农业现代化，能够有效地发挥刺激内需的积极作用，从而为宏观经济的转型升级提供支持。在缺乏经济基础与产业结构支撑的背景下，片面盲目地提升城镇人口比重、提升城镇化率有悖于实事求是与科学发展，有违于中央推进城镇化建设的宗旨；而使农民被动进城，不能有效安置，也将极大伤害农民的正当权益，必须引起足够重视并尽快予以纠正。城镇化只有均衡，才能健康可持续。在城镇化热的背景下，为全面提升城镇化质量，避免片面冒进，需要做到“两防”：

一防城镇化“拉美式陷阱”，避免脱离产业基础的过度城镇化。巴西早在 2000 年城镇化率就已超过 80%，但是过度的城镇化也带来很多问题，如里约贫民窟里居住的人口超过 200 万人。拉美的城镇化之所以导致城市内出现大量贫民窟，就在于城镇化与城市产业发展脱节，农民被动入城转化为城市居民后缺乏谋生的产业。因此，在我国城镇化发展进程中应避免片面追求“上楼”的形式，忽视培育发展与进城农民谋生相关的产业，必须使进城农民能够有效谋生。

二防过度利用土地红利，使城镇化变成房地产化。过度依赖土地红利和地方政府土地财政，形成城市“征地-卖地-收益”的粗放式土地经营模式，造成土地资源极大浪费、房价过快增长与房地产泡沫化、透支居民消费能力的现象已经成为我国城市发展中面临的严峻问题。新型城镇化建设过程中必须严格土地管理，警惕“土地财政”，降低进城农民的生活成本，使城镇化可持续。

4、商务部在科学推进城镇化建设中的作用

4.1 商务部在我国城镇化建设中的作用

商务部作为主管国内外贸易和国际经济合作的国务院组成部门，是实施“扩大内需”战略的直接管理机构。在扩大内需上升为战略基点的时代背景下，商务部肩负着更加重大的责任与使命。城镇化是实现扩大内需最有效的途径，因而深入探究商务部在我国城镇化建设中的作用具有重要意义。概括而言，商务部在城镇化建设中的作用集中体现在以下三个方面：

⑴ 全面执行中央“扩大内需”战略，推动城镇化发展。商务部是制定并执行各种扩大内需相关政策的直接领导部门，“家电下乡”、“家电以旧换新”等一系列政策的制定与执行已经在扩大内需中发挥了积极作用。作为国内流通经济、服务贸易、电子商务的主管机构，通过建立并完善流通渠道、引导并规范电子商务发展、举办广交会、京交会等大型商贸会议、启动“万村千乡工程”等一系列工作，在降低生产资料成本、改善农村消费环境、改善网络购物环境、搭建贸易交易平台帮助中国企业成功走出去等方面发挥积极作用。公平诚信的市场秩序与消费环境和我国居民“信用消费”观念的建立是“扩大内需”的重要保障，为了建立公平诚信的市场秩序、维护并改善居民消费环境、引导居民“信用消费”，商务部联合相关部委启动了打击侵犯知识产权和制售假冒伪劣商品的工作，通过建立肉菜流通追溯体系、药品流通行业管理体系等逐步强化流通领域食品药品安全，通过宣传信用消费理念、推广信用消费模式、大力促进信用消费、建设诚信档案数据平台等一系列举措，“信用消费”已成为部分消费群体的主流消费模式。

⑵ 增加居民购买力，加速城镇化进程。农村居民收入的持续提升是推动城镇化发展的重要基础，面对近年来日益突出的农民丰产不丰收农产品卖难现象，商务部通过组织相关企业实施“农超对接”，直接建立鲜活农产品网上对接平台等一系列措施，积极解决农产品卖难问题，有效增加农民收入，为城镇化与特色小城镇建设创造了条件。进城农民务工问题是城镇化过程中需要面对的重大问题，必须培育并发展相关产业，使进城农民有业可就。通过积极引导并促进服务业发展，加快发展城市便民服务，培育家政服务等新兴行业，商务部在探索解决农民进城后的就业问题上发挥了重要作用。

⑶ 构建中国特色城镇化展示平台，提升城镇化形象。对外贸易交流是商务部的重要职能，我国当前的新型城镇化建设既需要借鉴并

吸收国际上城镇化建设的先进经验，也需要将中国特色的小城镇介绍给世界，为小城镇因地制宜构建科学发展的产业体系创造机遇。

4.2 商务部在城镇化建设中的重点工作方向与建议

在“扩大内需”上升为战略基点、新型城镇化建设成为推进经济结构战略性调整主要手段的时代背景下，作为主管国内外贸易和国际经济合作的国务院组成部门、实施“扩大内需”战略的直接管理机构，商务部在城镇化建设中需要结合自身角色，承担更加重大的责任。

(1) 加强与地方政府合作，积极参与地方城镇化战略规划。近年来，规划在我国经济社会发展中的重要性已日渐显现。科学的规划立足对未来整体、长期、基本性问题的思考，设计整套行动方案指导实际行动，具有确定性、专一性、有效性、可行性，可以说科学的规划就是生产力。为稳步健康推进城镇化发展，使新一轮的城镇化能够发挥其应有的作用，制定城镇化发展规划、用规划引导城镇化发展应该是大势所趋。城镇化规划分为产业规划、形态规划两种类别。产业规划是形态规划的前提和基础，城镇化如何发展，最核心的不是厂房、道路、绿地、景观等系统工程建设，而是如何从城镇当地的资源能源禀赋及发展基础出发，设计特色产业，研究产业链条，从而对城镇的产业发展做出科学、合理、可操作性强的发展规划，惟其如此，城镇化才有可能实现健康发展。而考虑土地征用、规划设计图纸等的形态规划，是在产业规划确定的基础上去促进或影响产业规划。一段时期以来，一些地方政府在发展经济的过程中存在盲目跟风现象，什么产业新上什么，其他地方能上的，我们也能上。不能科学结合本地实际、盲目跟风的代价，既表现在项目立项或启动不久就无法进行，又表现在大量同质性企业的存在加剧产业竞争，降低了企业的生存与利润空间。而当其他外部环境恶化时，就会引发产业的严重衰退—光伏产业作为战略性新兴产业，在“遍地开花”、“盛极一时”后迅速进入“寒冬”，就是典型代表。

商务部作为我国贸易的监管者，掌握着国际、国内产业发展的各种动态，在新型城镇化建设过程中若能加强与地方政府合作，参与地方城镇化规划，将会有效降低地方政府在产业设置与园区发展上的盲目性、无序性，真正帮助地方政府因地制宜地发展具有地方特色的产业，建立特色城镇，并扩大特色城镇的对外交流。在当前国际公平贸易环境日益恶化，欧美各国对我国实施更加严格的贸易壁垒的环境下，具有重要意义。

(2) 发挥开发区在城镇化建设中的前沿作用。各级开发区作为吸收外商投资、对外开放的先导区域，在我国国民经济发展中发挥了积极作用，是地方经济的重要引擎。然而，伴随开发区的扩张，无论从其发展阶段还是管理模式上，已产生一系列亟待解决的问题。国际上园区发展已走过劳动密集型园区、技术密集型园区、资本密集型园区、创新战略型园区、信托网五个阶段，而当前国内大多数开发区还停留在劳动密集型、技术密集型阶段，产业竞争力亟待提升；从开发区管理模式上，国内开发区主要有管委会管理、开发区与行政区合一管理两大模式，前者体制简单灵活但难与开发区发展规模相匹配，后者便于协调但运行成本高。商务部作为我国国家级开发区的主管部门、地方商务部门作为地方开发区的主管部门，需要强化对开发区的管理，通过科学调研，将一部分有条件的开发区直接转型为地方特色城镇，使其成为吸纳农村居民转移就业、提升城镇集聚功能、扩大内需的前沿阵地，在新型城镇化建设过程中发挥新作用。

(3) 扩大流通经济领域，增强流通经济功能。大范围、高效的流通是降低产品经营成本、提升利润的有效途径，也为扩大内需创造了条件。从农业及农产品角度，加强农产品流通环节的冷链建设，加快发展订单农业，扩大农产品销售的市场范围和流通半径，完善农产品信息体系，提高信息发布的时效性和准确性，将有效地改善近一段时期以来存在的农产品卖难现象，直接增加农民收入，为城镇化创造条件。从农村到城镇的过程也是居民消费升级的过程，因此，需要吸收家电下乡等相关政策的积极经验，适时制定并推出新的有助于扩大内需的相关制度和政策，有效扩大居民消费；同时，应注重加强对废旧商品的回收利用，促进节能、低碳、循环的绿色消费体系建立。

(4) 鼓励并支持诚信企业、诚信产品参与城镇化建设。城镇化的建设与发展，需要基础设施领域的各项投入，也面临着居民消费升级所带来的新的购买力。商务部通过建立诚信经营系统，熟悉国内的诚信经营企业，应积极鼓励并支持诚信企业参与城镇化建设，为城镇居民购买诚信安全产品创造条件。

(5) 保护并发展民间传统工艺、特色产品，推动老字号发展，培育新兴服务业，有效提升进城居民收入。我国大量乡村存在着传统民间工艺与特色产品，在城镇化过程中，应通过增强手工作坊规模、开辟特色产业街等一系列手段，有效发挥城镇化对产业的集聚作用，使传统的民俗民间工艺能够培育成长为新兴的特色产业；应多角度探索并开辟与居民生活息息相关的生产、生活性服务业，加大对进城农民转移就业的培训力度，使进城农民能够较快适应新角色，快速投入到新的生产与生活中。

报告之四：我国国家级扶贫开发工作重点县发展状况[1]

贫困县顾名思义是指县域经济欠发达、居民收入较低、整体竞争力较弱的县。确立国家级贫困县是为了集中力量保证供给，防止扶贫资金的分散使用。1986 年确定国家重点贫困县的标准是：以县为单位，1 年人均收入低于 150 元（1985 年）的县，对少数民族自治县的标准有所放宽；1994 年基本延续这个标准。为进一步做好扶贫开发工作，2002 年，国务院按照“631 指数法”重新确定了 592 个国家级扶贫开发工作重点县（即国家级贫困县）。其中：以人均年收入低于 1300 元为标准，老区、少数民族边疆地区放宽到 1500 元；人均 GDP 以 2700 元为标准；人均财政收入以 120 元为标准。592 个国家级扶贫重点县主要集中在我国中西部的少数民族地区、革命老区、边境地区。据初步测算，重点县覆盖的贫困人口（年收入 625 元）占全国的 54%，低收入人口（年收入 865 元）占全国的 57%。随着经济社会发展，02 标准已出现适用性问题，2011 年，国家扶贫办调整部分国家级的贫困县，调整后的 592 个国家级贫困县的分布如图 4. 1。

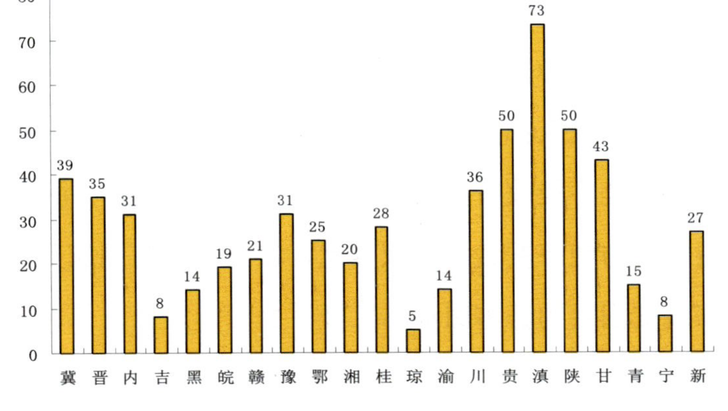

图 4. 1 592 个国家级贫困县在各省中的分布

[1] 注：本报告节选自课题组徐菁蔚《富集资源型贫困县县域经济发展模式研究》一书，研究出版社，2011 年 5 月

图 4.1 反映出我国国家级贫困县数量最多的省是云南，全省有 73 个县是国家级贫困县，占全部数量的 12.3%；西南地区是国家级贫困县聚集最多的区域，云、贵、川、渝三省一市的国家级贫困县达 173 个，占全部数量的 29.2%。

1、国家级贫困县评价指标体系设计与贫困县识别

为了全面、客观、公正地评价国家级贫困县，需要重新设计国家级贫困县的评价指标体系，应遵循以下原则：

(1) 科学性原则：指标设计应以现代统计理论为基础，要科学合理、简单易行。

(2) 定制性原则：指标设计必须体现国家级贫困县特点，而不应成为放之四海而皆准的模糊体系。

(3) 客观性原则：鉴于存在 “争当贫困县”的现象，指标设计必须采用客观数据，规避主观判断指标。

(4) 可操作原则：指标设计要防止面面俱到、过于繁杂。

(5) 目的性原则：指标体系设计过程中要始终明确设计贫困县评价指标体系的目的是为了选出真正的国家级贫困县，为其长期发展创造较好的条件；贫困县不是“光荣帽”，应在可能的范围内尽量降低非贫困县的入选。

基于指标体系的设计原则，采用 SPSS 的相关分析对可能会促进贫困县农民收入的指标进行了选择，由于农村劳动力在第一产业中的比例、城镇化率、人均 GDP 与人均财政收入对农民收入都有较强的相关影响，故将国家级贫困县评价指标体系定义为以下 5 项指标。

(1) 农民人均纯收入指标。“三农”问题始终是各级政府关注的重点。自 2005 年始，每年中央一号文件都围绕统筹城乡发展、建设社会主义新农村、推动“三农”问题解决而展开。与经济发达的县域相比，农民收入问题应是贫困县长期关注焦点，“农民人均纯收入”直接针对农民增收问题，体现了中央设立国家级贫困县的基本用意。

对于什么是贫困人口，国际上公认的标准是人均日支出 1 美元以下。根据对 592 个县分类的数据，2008 年，位于第一类县农民人均纯收入的平均值为 2726.96 元，是同期全国农民人均纯收入的 57.3%。考虑到我国宏观经济仍旧保持着较快发展的趋势以及指标应具有一定的时间界限，因此，在国家级贫困县评价指标体系中，将贫困县农民人均纯收入指标标准设定为 3000 元。

⑵ 农村劳动力在第一产业中的比例。判断一个县域是否是贫困县，要看农村劳动力在第一产业中所占的比例。“三农”问题的重中之重是农民收入增长乏力的问题。农业作为国民经济的基础产业，可以吸纳一部分的劳动力，但如果大量农村劳动力都聚集在第一产业中，其实质是对劳动力资源的浪费，变相降低了农民收入。当然，农村劳动力转移不可能一蹴而就，其转移的主要途径包括进入乡镇企业、外出打工：前者需要当地具备较为发达的民营经济，后者需要一定的开放程度。因此，农村劳动力在第一业中的比例既能反映出当地工业经济的发达程度，又能体现出一定意义上的对外开放度，所以将其作为评价国家级贫困县的一个重要指标。

在东部经济发达的县（区），农村劳动力在第一产业中的比例不足 15%，而中西部经济欠(不)发达县域中，农村劳动力在农业中的比例高达 80%左右。通过对 585 个国家级贫困县的数据统计，得到其农村劳动力在第一产业中的比例约为 69%。考虑到我国农村劳动力就业的实际情况，借鉴社科院人口与劳动经济研究所所长蔡昉的研究结果，将农村劳动力在第一产业中的比例指标标准设定为 75%。

⑶ 人均 GDP。人均 GDP 是发展经济学衡量经济发展状况的重要指标，该指标本身就是 02 标准中的指标。国家级贫困县尚处于工业化前期阶段，根据钱纳里对工业化阶段的划分[2]，结合 585 个县的平均值为 8771. 36 元，我们采用人均 GDP9000 元作为考核国家级贫困县的标准。

⑷ 人均地方一般预算收入。该指标在 02 标准中为人均财政收入。由于 2006 年以来，国家统计局调整了相关统计口径且地方一般预算收入才是某一地区财力的真实反映，故将原有的人均财政收入指标调整为人均地方一般预算收入。由于 585 个第一类个国家级贫困县人均地方一般预算收入为 385 元，考虑到自 2002-2008 年以来，我国人均财政收入年增 21. 67%的趋势，在国家贫困县的指标体系中，我们采用 500 元作为人均地方一般预算收入的判断标准。

⑸ 城镇化率：城镇化是人口、地域、社会经济组织形式和生产生活方式由传统落后的乡村型社会向现代城市社会转化的多方面内容综合统一的过程，是一个国家或地区经济社会发展进步的重要标志，自 2002-2009 年间，我国城镇化率已经由 39. 1%上升到 46. 6%。考虑

[2] 钱纳里对工业化阶段的划分是以 1970 年的美元来计算的，其中，工业化初期为 560-1120 美元。由于布雷顿森林体系解体后美元购买力大面积缩水，现在的 1 美元约等于 1970 年 5.6 美分，故工业化初期标准对应发生变化。

到我国国家级贫困县的实际情况，结合 585 个县城镇化率平均为 16.1%，我们将城镇化率指标标准确定为 25%。

综上，我国国家级贫困县指标体系共包括 5 个具体指标，如表 4.1 所示。

表 4.1 国家级贫困县指标评价体系

	指标名称	指标值	权重
国家级贫困县指标评价体系	农民人均纯收入	3000	0.4
	农村劳动力在一产中的比例	75%	0.1
	人均 GDP	9000	0.2
	人均地方一般预算收入	500	0.2
	城镇化率	25%	0.1

根据国家级贫困县评价指标体系对 2011 年调整之前的 592 个国家级贫困县进行评价，评价值采用 2008 年数据，高于指标值，则视为 0 分；低于指标值，则视为 1 分，因此，最终得分大于等于 0.6 分者，可以归类为现有 592 个国家级贫困县中贫困程度仍旧较为显著的县，其最终数量为 394 个；对于小于 0.6 分的 198 个县，根据其指标的具体情况，结合对相关县域发展情况的调研（主要依托当地政府网站及其他相关文献信息），从 592 个县中选择了实际值明显高于指标值的 20 个县，经过对其县域发展情况的调研，我们判定这已经不再是国家级贫困县，而是真正的脱贫县，名单如表 4.2 所示[3]：

[3] 注：尽管有 198 个县的评分值小于 0.6，且其中有 14 个县评分值为 0，有 35 个县评分值为 0.1，但综合考察这些县的综合发展状况，尤其是其中位于云贵川地区的县市由于近年来屡受重大自然灾害的影响，面临着因灾返贫的风险，为巩固这些县的发展成果，暂且不将其直接归类为脱贫县。

表 4.2 20 个脱贫县

县名	人均 GDP（元）	人均地方一般预算收入（元）	农民人均纯收入(元)	城镇化率	农村劳动力从事一产比例	评分值
准格尔旗	135753.9	9799.4	7155	53.60%	55.20%	0
伊金霍洛旗	187484.8	13349.4	7262	57.40%	73.80%	0
靖边县	82800.8	2035.5	4850	14.90%	64.10%	0.1
涉县	45536.4	1492.3	4502	13.40%	39.60%	0.1
栾川县	40770.6	5391.2	3755	11.90%	53.80%	0.1
托克托县	63021.4	2973.9	7479	25.50%	65.40%	0
宽城县	51403.3	1229.2	4477	13.60%	57.90%	0.1
府谷县	47632.2	2718.2	4703	20.10%	54.70%	0.1
定边县	37886.6	1858.2	3411	14.10%	82.30%	0.2
乌审旗	101316.2	5243.7	7241	49.50%	77.30%	0.1
和林格尔县	50358.5	2493.6	6701	19.60%	77.60%	0.2
达茂旗	71328.9	4742.9	6242	50.80%	49.90%	0
吴起县	65179.6	11970.6	3619	16.00%	76.60%	0.2
安塞县	47855.3	4243.4	3904	12.40%	69.60%	0.1
克什克腾旗	22613	1536.3	4406	21.30%	76.50%	0.2
固阳县	30166.2	1941.2	5402	27.10%	69.50%	0
杭锦旗	22223	1231.9	6954	55.60%	91.10%	0.1
鄂托克前旗	39352.7	1817.4	7289	49.80%	90.00%	0.1
多伦县	28323.1	1733.3	4280	34.50%	77.80%	0.1
清水河县	18553.7	789.1	5008	27.50%	67.80%	0.2

观察上述 20 个县的数据，尽管它们之间存在“脱贫”程度的差距，例如：准格尔旗、伊金霍洛旗的整体经济实力明显要强于其他县；定边县、栾川县、吴起县、安塞县相对我国农民人均纯收入的平均水平还稍显不足；清水县相对我国人均财政收入的平均水平还有较大差

距，但从国家级贫困县角度，这些县的综合竞争力已显著超出了国家级贫困县范畴，而上述各县也是2011年被调整出592个国家级贫困县的县。

2、我国贫困县县域经济的基本特征

借助指标评价体系，识别出在原有的592个国家级贫困县中应至少存在240个贫困程度较为严重的县，具体如表4.3。

表4.3 240个贫困程度严重的县

县名	评分值	县名	评分值	县名	评分值	县名	评分值	县名	评分值
石楼县	1	沽源县	1	台江县	0.9	盐津县	0.9	安定区	0.9
色达县	1	隆德县	1	麻江县	0.9	大关县	0.9	甘谷县	0.9
大宁县	1	和田县	1	剑河县	0.9	隆回县	0.9	秦安县	0.9
拜泉县	1	罗甸县	1	昭觉县	0.9	静宁县	0.9	宕昌县	0.9
永和县	1	岚皋县	1	镇安县	0.9	渭源县	0.9	兰西县	0.9
达日县	1	尚义县	1	施甸县	0.9	会宁县	0.9	临县	0.9
囊谦县	1	长顺县	1	山阳县	0.9	武山县	0.9	阿图什市	0.8
和政县	1	西盟佤族自治县	1	弥渡县	0.9	子洲县	0.9	科右中旗	0.8
石渠县	1	东乡族自治县	1	洛南县	0.9	绿春县	0.9	浑源县	1
文县	1	积石山自治县	1	商南县	0.9	汝城县	0.9	丹寨县	1
甘德县	1	宁蒗彝族自治县	1	宁县	0.9	红河县	0.9	玉树县	1
泽库县	1	巍山彝族回族县	1	康保县	0.9	西畴县	0.9	天镇县	1
卓尼县	1	沧源佤族自治县	1	从江县	0.9	理塘县	0.9	凌云县	0.9
镇雄县	1	双江自治县	1	三穗县	0.9	新龙县	0.9	镇原县	0.9
丘北县	1	天祝藏族自治县	1	岑巩县	0.9	临潭县	0.9	那坡县	0.9
广南县	1	城步苗族自治县	1	镇巴县	0.9	吉县	0.9	德江县	0.9
元阳县	1	威宁彝回苗自治县	1	白河县	0.9	康乐县	0.9	思南县	0.9
康县	1	沿河土家族自治县	1	郧县	0.9	临夏县	0.9	陇西县	0.9

县名	评分值	县名	评分值	县名	评分值	县名	评分值	县名	评分值
策勒县	1	镇源自治县	1	清涧县	0.9	礼县	0.9	雷山县	0.9
舟曲县	1	关岭布依苗自治县	1	汉阴县	0.9	西和县	0.9	永德县	0.9
于田县	1	金秀瑶族自治县	1	凤凰县	0.9	武都区	0.9	海原县	0.9
皮山县	1	酉阳土家苗自治县	1	平陆县	0.9	广河县	0.9	小金县	0.9
邵阳县	1	化隆回族自治县	1	通江县	0.9	望谟县	0.9	永胜县	0.9
洛浦县	1	阿克陶县	1	平昌县	0.9	新化县	0.9	临洮县	0.9
锦屏县	1	英吉沙县	1	巫溪县	0.9	环县	0.9	永新县	0.9
美姑县	1	澜沧拉祜族自治县	1	莎车县	0.9	永善县	0.9	江口县	0.9
合水县	1	围场满蒙自治县	0.9	广宗县	0.9	岷县	0.9	黄平县	0.9
隰县	1	三都水族自治县	0.9	永寿县	0.9	墨玉县	0.9	黎平县	0.9
洋县	1	都安瑶族自治县	0.9	伽师县	0.9	黑水县	0.9	西乡县	0.9
榕江县	1	融水苗族自治县	0.9	绥德县	0.9	彝良县	0.9	来凤县	0.9
疏附县	1	三江侗族自治县	0.9	姚安县	0.9	乌什县	0.9	天柱县	0.9
房县	1	环江毛南族自治县	0.9	商都县	0.9	凤山县	0.9	宁强县	0.9
独山县	1	江华瑶族自治县	0.8	朝天区	0.9	鄱阳县	0.9	利川市	0.9
竹溪县	1	琼中黎苗族自治县	0.8	桦南县	0.9	石阡县	0.9	西吉县	0.9
海兴县	1	六枝特区	0.9	泰来县	0.9	习水县	0.9	平塘县	0.9
布拖县	1	张家川回族自治县	0.9	桂东县	0.8	宣恩县	0.9	丹凤县	0.9
东兰县	1	孟连自治县	0.9	新田县	0.8	余干县	0.9	彭阳县	0.9
乐业县	1	罗城仫佬族自治县	0.9	桑植县	0.8	赫章县	0.9	原州区	0.9
正安县	1	务川仡佬苗自治县	0.9	商州区	0.8	凤庆县	0.9	紫阳县	0.9
泾源县	1	道真仡佬苗自治县	0.9	柯坪县	0.8	咸丰县	0.9	佳县	0.9
通渭县	1	松桃苗族自治县	0.9	永顺县	0.8	广灵县	0.9	威信县	0.9
册亨县	1	印江土家苗自治县	0.9	白水县	0.8	郧西县	0.9	桦川县	0.9
庄浪县	1	维西傈僳族自治县	0.9	龙山县	0.8	吴堡县	0.9	甘南县	0.9
清水县	1	屏边苗族自治县	0.9	保靖县	0.8	唐县	0.9	阿合奇县	0.9
壤塘县	1	通道侗族自治县	0.9	竹山县	0.8	阳高县	0.9	扎赉特旗	0.9

县名	评分值	县名	评分值	县名	评分值	县名	评分值	县名	评分值
漳县	1	墨江哈尼族自治县	0.9	福贡县	0.9	顺平县	0.9	古浪县	1
两当县	1	紫云苗布依自治县	0.9	鲁甸县	0.9	巧家县	0.9	安化县	1
夏河县	1	巴马瑶族自治县	0.9	绥滨县	0.9	古丈县	0.9	吉木乃县	0.9

通过观察上述 240 个县，发现上述 240 个县主要分布在云南、贵州、四川以及新疆、甘肃、广西，且以少数民族聚集区居多，这与我国最初确定的贫困人口主要聚集区，西部的定西干旱山区和新疆、青海、云南、贵州、西藏的少数民族聚居区等是一致的。

从县域经济发展的角度看，240 个贫困县的县域经济仍多以自给自足的自然经济为主，农业是县域经济的主要就业渠道和收入来源。由于农业生产直接受制于土地，因此，生产经营在客观上呈现出点多面广、聚集性弱的特点，进而导致其县域经济整体呈现以下四大特征。

⑴ 区域性特征。就自然条件而言，上述 240 个县多位于偏远地区，耕地贫瘠，交通不便，自然灾害频繁，其中的部分地区甚至不具备基本的生存条件；就社会经济条件而言，由于少数民族人口聚居区受历史、文化的限制，信息相对闭塞、教育水平低、科技落后，多以自给自足的小农经济为主，不具备经济发展的客观基础，受外部经济和社会的冲击小，成为经济发展的“死角”。

⑵ 民族性特征。受历史、宗教以及传统文化的影响，我国少数民族聚居区具有鲜明的亚文化特征，文化较封闭保守，观念转换迟缓，某些传统的风俗和迷信仍在阻碍现代生产工具的使用和推广。文化的落后以及生存环境的恶劣导致少数民族居民的贫困，上述 240 个重点贫困县中有 38 个县为少数民族自治县（16%），而全国 2865 个县级行政单位中共有 112 个少数民族自治县（4%），从而反映出我国国家级贫困县典型的民族性特征。

⑶ 不稳定性特征。在已经脱贫的一些地区存在着大量的低收入人口，其年均收入刚刚超过贫困线。由于这些区域自身积累少，经济基础薄弱，致使其居民的脱贫具有很大的不稳定性，一旦遇到重大自然灾害或疾病，很容易重新返贫。根据我国扶贫十年的调查资料，每年的返贫率达到 5%-20%。

⑷ 结构性特征。我国贫困县的经济结构体系，存在着突出的三个问题：

- 从产业结构角度，第一产业比重过大，在第一产业中，种植业比重过大，在种植业中，粮食比重过大。2008 年，上述 240 个国家级贫困县第一产业平均增加值约占 GDP 的 40%，比县域平均水平高 10.8%。

● 投资结构不合理，自有资本不足，人均投资少，长期投资份额小，外来资本严重缺乏。2008 年，国家级贫困县全社会基本建设投资人均为 924 元，占全国县域平均水平的 67.8%。作为市场环境好坏的最敏感指标，贫困县人均利用外资额不到全国农村平均水平的 1/7（其中还包括了外资扶贫贷款），这个指标突出反映了贫困地区在市场竞争中处于极为劣势的地位。由于我国大多数贫困县吸引外资的基础环境相对较弱，导致实际中产生了典型的马太效应—越是需要外来资金的贫困县，越吸引不到外资，从而使其发展更加艰难；而越是经济水平高、资本充足的发达县，越可以吸收到更多的资金。这种投资上的马太效应，是不利于贫困县经济发展的。因此，为了提高贫困县对外引资的竞争力和吸引力，建议国家及相关部门应出台在贫困县投资更优惠的政策和措施，从政府的角度鼓励对贫困县的投资。

● 从劳动力供求结构，我国贫困县的劳动力大多为农村劳动力，文化程度相对较低，同时，大量的农村劳动力集中在农业生产，这既不利于第二产业、第三产业的发展，也变相闲置了大量的劳动力资源，降低了劳动生产率。以云南 73 个贫困县为例，2008 年，云南 73 县乡村从业人员为 12133181 人，其中从事第一产业的劳动力为 9768516 人，占全部从业人员的 80.5%。

3、我国贫困县县域经济发展面临的问题及对策建议

我国贫困县县域经济发展除面临县域经济发展的普遍性问题外，还存在着一些特有的问题，这些也是造成贫困县经济发展落后、长期贫困的重要原因。

(1) 地质地貌复杂，自然灾害频繁，生态环境严重失调。我国地势西高东低，大陆性季风气候显著，气候复杂多变。我国贫困县的分布区正是我国高原、山地、丘陵、沙漠、喀斯特地貌的分布区，也是我国自然灾害发生率最高的地区。这些地区或者干旱严重，降水量小；或者地表水渗透严重，不能利用；或者高寒阴冷，不适合农业耕作；或者山高坡陡，水土流失严重。如，青海、新疆的草原面积有一半干旱缺水，风沙、冰雹、低温、霜冻等自然灾害经常侵袭。生态环境脆弱是贫困地区自然环境的基本特征，不利于人类居住，也不利于农业生产，这既是贫困地区长期贫困落后的重要原因，也是返贫现象的根源。

(2) 基础设施薄弱，农业生产条件差，土地沙漠化趋势加剧。受历史、地理及其他因素影响，我国贫困县的基础设施薄弱，“水、电、路”问题成为发展的“瓶颈”。尽管西部大开发战略的实施改善了贫困地区基础设施的状况，但整体上仍旧薄弱，且由于不适当的开垦和超载放牧，贫困地区草原、耕地的沙化和盐碱化趋势日益明显，荒漠化正在摧毁贫困地区人民生存与发展的基础。例如，根据《中国农村贫困监测报告》，2008 年，国家级扶贫县人均拥有农业机械动力为 5439 千瓦特，人均有效灌溉面积为 393 公顷，分别低于全国平均水平 5 个和 7 个百分点；有些地方仍然沿袭“刀耕火种”的古老生产方式，造成农业生产效率严重低下。

(3) 人才稀缺，人口超载且素质较低。与经济落后、增长缓慢的现象相反，贫困地区人口增长一直过快。根据中科院《中国土地资源生产潜力及其人口承载力》的研究，我国的云南、贵州、西藏、甘肃、青海均为土地承载超载区，四川、新疆、陕西为土地承载力临界区，人地矛盾的突出问题成为贫困县经济发展的严重障碍。在人口超载的同时，贫困县人力资源不足、人才稀缺的矛盾日益突出，高学历人口比重不足 1%，科技人才约占全部人才总数不足 1%；人才的缺失严重影响到贫困县科技兴农、科技兴县的发展战略。

(4) 资金不足，融资渠道匮乏。随着国有商业银行向大中城市转移的发展战略实施，商业金融支农力度明显减弱，造成贫困县的资金渠道进一步阻塞，加上农村信用社资本金不足，从而直接影响到贫困县县域民营经济的起步与发展。

我国国家级贫困县的发展现状、特征及存在的问题揭示出，尽管我国政府给予国家级贫困县各种优惠政策，但贫困县的可持续发展最终仍要靠自己。我国多年的扶贫实践证明，在贫困地区“造血”功能不足的情况下，“输血”固然很重要，但更重要的是帮助贫困地区建立“造血”功能。因此，无论是对贫困地区的优惠政策，还是各种外部援助，归根到底还应将重点放在帮助提高贫困县提高自我发展能力的角度。

二、2006-2012分省县域经济发展篇

报告之五：2006-2012 北京县域经济发展

1、北京县域经济特色产业代表

⑴ 密云被誉为“北京山水大观，首都郊野公园”密云水库是华北地区第一大水库，是极其重要的首都水源区，以其为代表的自然风光也带动了密云旅游及休闲产业发展。

⑵ 延庆县是北京市生态涵养发展区之一，也是北京市惟一的可再生能源示范区，以生态优势为特色，逐渐形成生态农业、生态友好型工业、民俗旅游等三大支柱产业。

2、北京特色文化与县域民俗民间工艺

⑴ 以老舍茶馆为代表的茶文化

⑵ 以什刹海为代表的胡同文化、四合院文化

⑶ 以故宫为代表的明清古建文化

⑷ 以同仁堂为代表的传统中药文化

⑸ 以全聚德烤鸭、东来顺涮肉等为代表的京菜文化

⑹ 2008 奥运文化

北京玉雕

密云蝴蝶会

⑴ 在民间工艺上，如象牙雕刻、木板水印、面人、北京玉雕、北京绢花以及景泰蓝制作技艺等均为北京县域民间工艺代表。

⑵ 在民风民俗上，有京剧、京韵大鼓、延庆旱船、密云翻飞蝴蝶会、密云蔡家洼村五音大鼓以及八达岭传说等。

3、2006-2012 北京县域经济发展评析与“十二五”发展建议

1. 基本状况： 首都北京下设16个行政区划单位，其中市辖区14个、县为密云县、延庆县2个。2006-2012年间，密云、延庆依托首都实施“新北京、新奥运”战略构想与“人文、科技、绿色”城市发展战略的重大发展机遇，突出生态资源优势，积极实施绿色发展，县域经济社会建设成效较为突出，如图5.1所示。

（1）**在经济总量与发展速度上：** 截至2011年底，密云、延庆两县经济总量由2006年的GDP133亿元增长到2011年的GDP238亿元，年均增长12.4%，低于同时期市辖区15.7%的年均增长速度；两县经济总量仅占全市经济总量的1.5%，119亿元的两县经济总量平均值则显著落后于全市14区1144亿元的经济总量平均值，是当前北京最欠发达的地区。这既与密云、延庆位于首都功能区的“生态涵养发展区”而非核心、拓展区的定位密切相关，也揭示出“绿色北京”建设的任重而道远。

（2）**在经济结构上：** 6年间，密云、延庆两县农业年均增长7.8%，尽管其在三次产业中的比重已降至2011年底的11.5%，但代表现代农业发展方向的生态、有机循环农业获得巨大发展，有机蔬菜、果品等产品已成为当地特色；围绕新能源、新材料、生物医药等高新技术产业建设，两县第二产业年均增长14.2%，在三次产业中的比重由2006年的36.9%上升到2011年的40.1%；与首都服务业占主导的经济格局一致，经过6年发展，两县第三产业比重已达到48.4%的主导份额，但两县第三产业主要侧重于旅游、休闲等生活性服务业，与北京市以总部经济、现代生产性服务业为特色的定位存在较大距离（注：本报告相关增速指标均以当年价格计算，未扣除价格变动因素）。

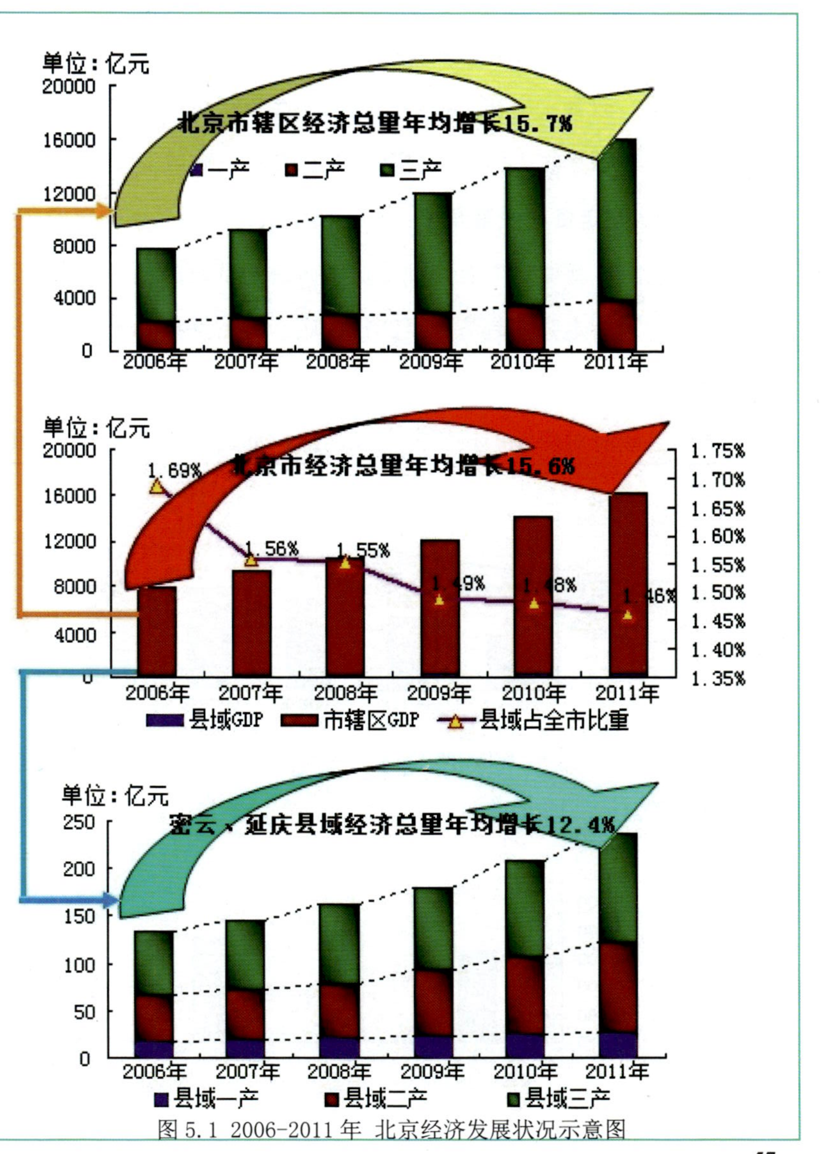

图 5.1 2006-2011 年 北京经济发展状况示意图

2. 分项看：（1）从一般预算收支角度：6年间，两县一般预算收支均实现较快增长，其中一般预算收入年均增长20.1%，略低于全市14区年均21.9%的增速，但因两县财政收入基础薄弱，其占全市一般预算收入比重尚不足1%。一般预算支出年均增长19.8%，略低于一般预算收入的增长，也低于14区年均21%的预算支出增速。教育支出在两县财政支出中比重最重，反映出“科教兴国”尤其是“科技北京”战略的实施促进地方政府加强对教育的重视。从收支结构看，两县县域一般预算收入占GDP比重约为11%，且财政收支差额相对较低，反映出北京县域财政结构相对理想，具有一定的抗击地方财政风险的能力。

（2）从固定资产投资角度：至2011年底，两县县域固定资产投资占全市固定资产投资比重达到3.3%，年均增长18%，明显高于全市11.9%的增长速度，反映出“新北京、新奥运”有力地推进了两县基础设施及特色项目建设。在固定资产投资组成中，受金融危机及国家宏观政策调整影响，县域房地产投资呈现出在震荡中逐渐走强的趋势，至2011年底，其占两县固定资产投资的比重已上升至25.9%。可以预计，今后4年中，受北京市区房地产开发成本显著提升、两县交通环境改善、以及两县“绿色、生态”的独特优势等要素影响，房地产投资比重将进一步增强。但应降低开发的盲目性，注重对房地产市场风险的控制，增强两县政府对房地产投资的调控功能，促进固定资产投资的健康发展。

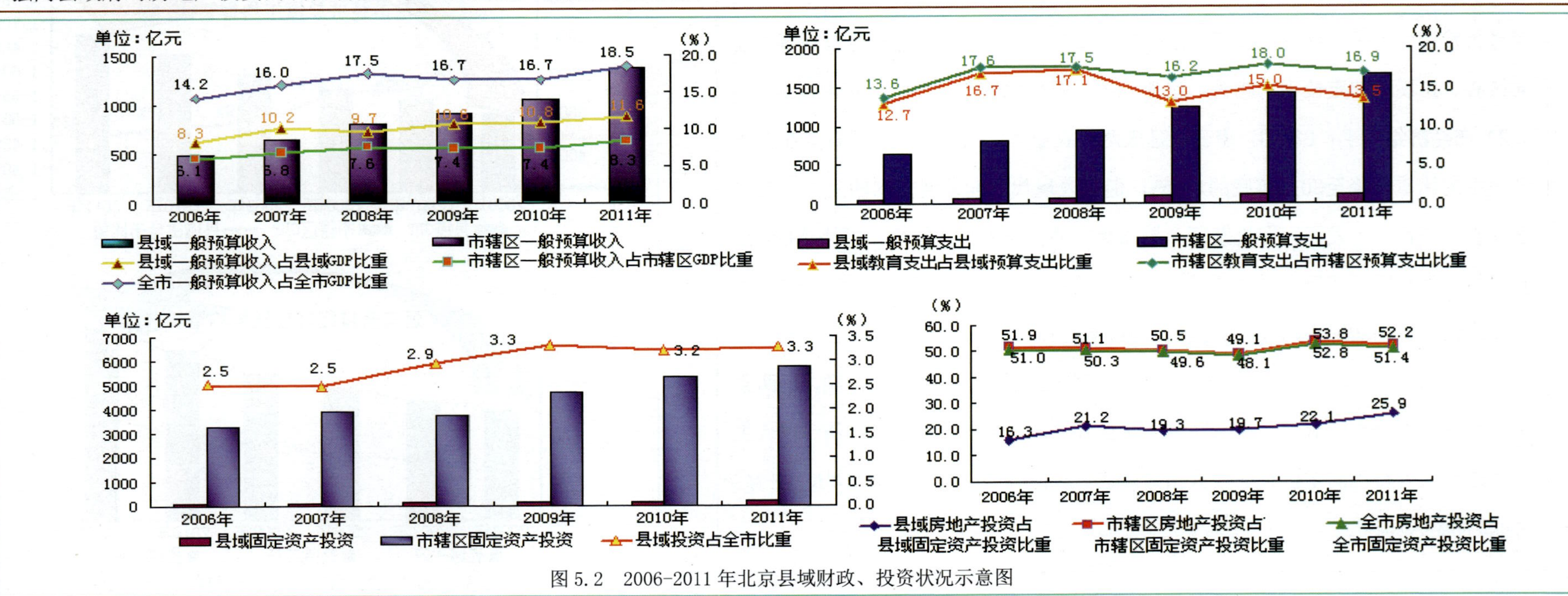

图 5.2 2006-2011 年北京县域财政、投资状况示意图

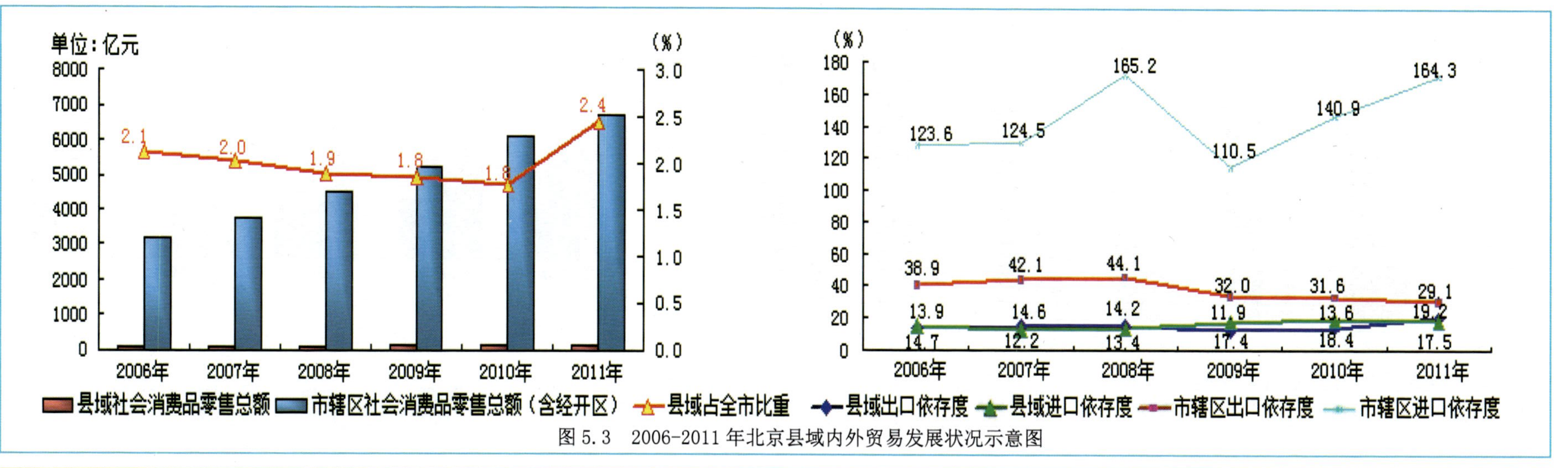

图 5.3　2006-2011 年北京县域内外贸易发展状况示意图

（3）**从国内贸易角度**：至2011年底，两县县域社会消费品零售总额达168亿元，年均增长19.3%。由于北京是世界知名的大都市且受奥运经济影响，6年间北京全市商业集聚效应明显，内需市场得到有效释放，带动全市社会消费品零售总额实现年均16.1% 的增幅，直接影响两县在全市社会消费品零售总额中所占比重过低，至2011年仅为2.44%，且除2011年外呈现下降趋势。实践证明，激活内需市场是带动经济发展的有效手段，今后4年中，两县应紧密围绕“生态涵养发展区”的定位，融入北京“中国特色世界城市”建设，依托旅游休闲产业的龙头优势，构建旅游商业网络，调整商业结构布局，带动并扩大内需市场活力释放。

（4）**从国际贸易角度**：至2011年底，两县进出口总额实现109499万美元，年均增长18.1%，低于全市19.8%的增速，占全市进出口总额中比重仅为0.3%。县域实际利用外资金额受“十二五”开局效应影响，由3830万美元快速上升到18389万美元，占全市实际利用外资金额的2.6%。从外贸依存度角度，市辖区出口依存度超过100%与市辖区进口依存度高于县域进口依存度均反映出作为国际大都市的首都北京经济外向度高的显著特征。随着“十二五”北京中国特色世界城市建设，经济外向度将进一步加强，两县应抓住并融入这一契机，依靠绿色、生态优势开拓总部经济等产业，提升对外贸易品质，使对外贸易发展成为“十二五”时期两县提升县域科学发展竞争力、推动县域经济发展的重要力量。

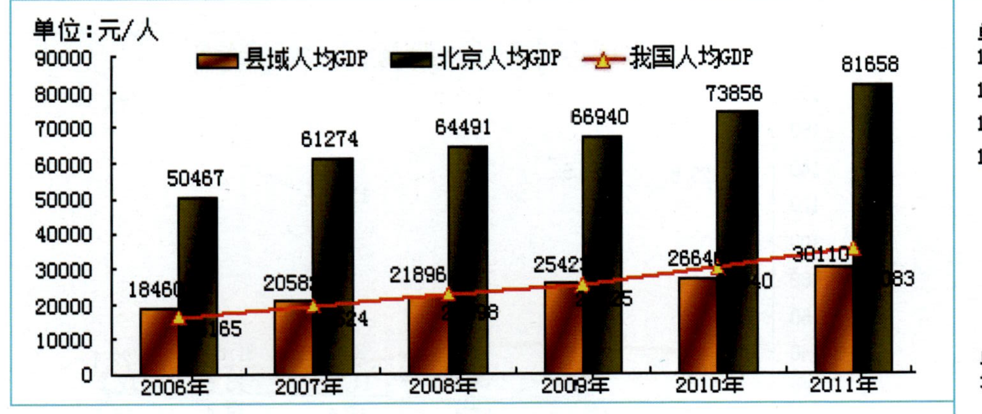

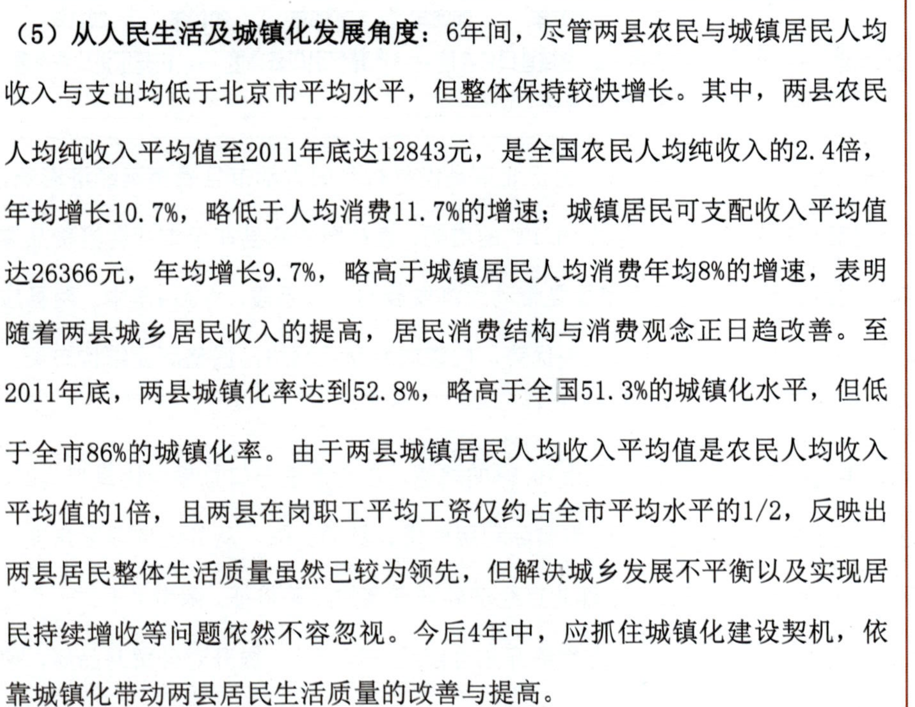

（5）**从人民生活及城镇化发展角度**：6年间，尽管两县农民与城镇居民人均收入与支出均低于北京市平均水平，但整体保持较快增长。其中，两县农民人均纯收入平均值至2011年底达12843元，是全国农民人均纯收入的2.4倍，年均增长10.7%，略低于人均消费11.7%的增速；城镇居民可支配收入平均值达26366元，年均增长9.7%，略高于城镇居民人均消费年均8%的增速，表明随着两县城乡居民收入的提高，居民消费结构与消费观念正日趋改善。至2011年底，两县城镇化率达到52.8%，略高于全国51.3%的城镇化水平，但低于全市86%的城镇化率。由于两县城镇居民人均收入平均值是农民人均收入平均值的1倍，且两县在岗职工平均工资仅约占全市平均水平的1/2，反映出两县居民整体生活质量虽然已较为领先，但解决城乡发展不平衡以及实现居民持续增收等问题依然不容忽视。今后4年中，应抓住城镇化建设契机，依靠城镇化带动两县居民生活质量的改善与提高。

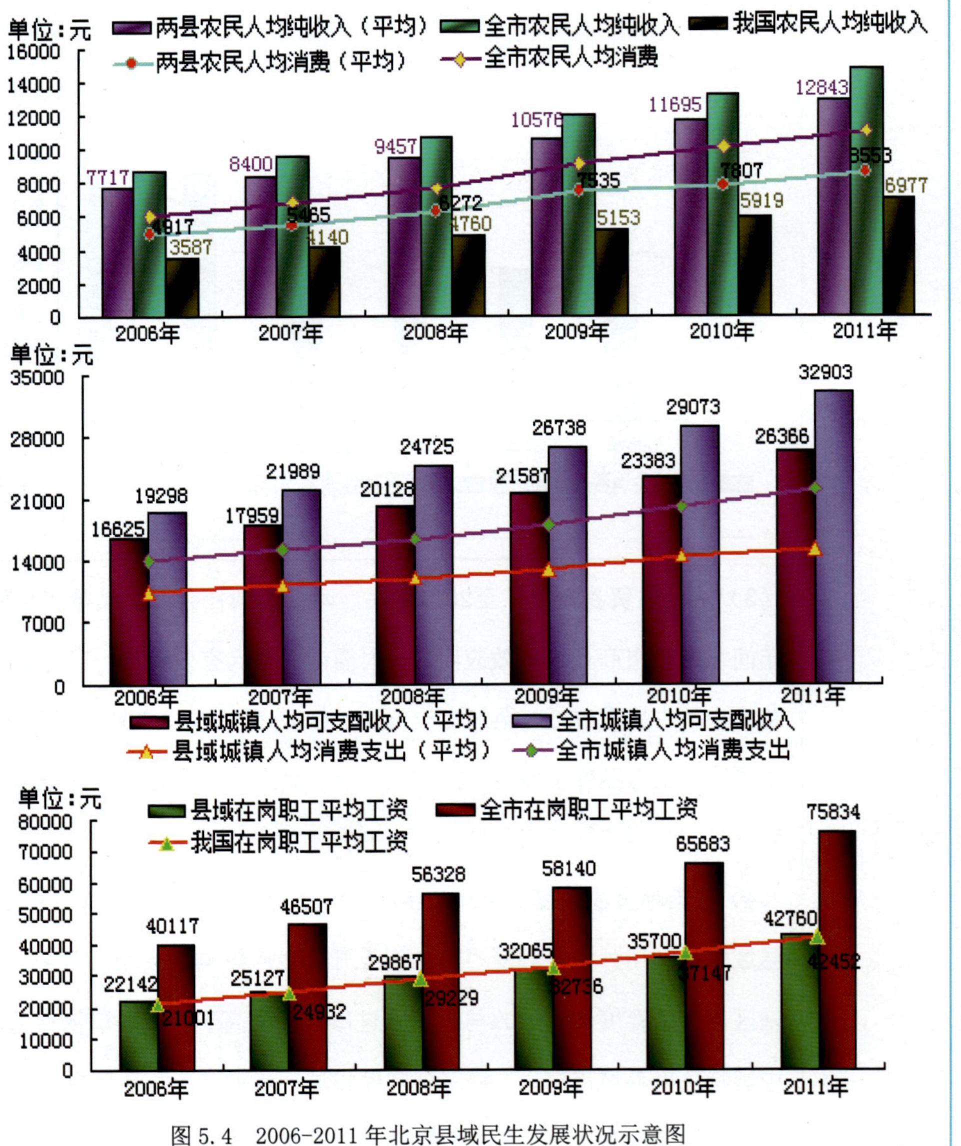

图 5.4　2006-2011 年北京县域民生发展状况示意图

“十二五”北京（密云、延庆）县域经济发展的SWOT分析

发展优势（S）

- 作为首都北京下辖县拥有发达的区位优势
- 拥有丰富的自然景观、历史人文和生态环境资源
- 一、二、三次产业协调互动的绿色产业体系初步形成
- 人力资源相对丰富，高端人才较为集中，科技创新能力强

发展劣势（W）

- 经济综合实力不强，规模偏小，优势主导产业亟须发展壮大
- 城乡环境建设品质有待进一步提升，生态环境优势转化为绿色发展优势需要一个过程
- 城乡发展差距较大，社会建设和基本公共服务均等化水平需要进一步提升

建议：“十二五”期间，两县县域经济进一步科学发展的重点战略是：以绿色、生态特色为定位，融入首都发展优势，实现联动发展。

发展机会（O）

- “三个北京”和世界城市建设为两县发展搭建新平台
- 旅游产业大发展为两县以旅游业为龙头的产业体系建设提供重大机遇
- 北京产业结构调整与转型升级为两县承接首都核心区产业转移带来契机

挑战与威胁（T）

- 位于首都四类功能区域中的“生态涵养发展区”，相对于“功能核心区”、“拓展区”、“发展新区”的辖区，两县处于不利的竞争地位
- 社会结构变化更加复杂，交通、医疗、收入分配尤其居民住房等问题日益严峻

报告之六：2006-2012天津市县域经济发展

1、天津县域经济特色产业代表

(1) 宁河县是国家级粮棉生产基地，也是国家批准的沿海开放县之一，农渔产业成效突出，拥有丰富的地热资源，市场开发前景广阔。

(2) 静海县工业优势突出，定位现代化中等工业城市，已经形成以黑色金属、有色金属、生物制药为代表的六大支柱产业。

(3) 蓟县自然环境得天独厚，被列为全国生态示范县和全国首家绿色食品示范区，以独乐寺为代表的古遗址遍布全县，堪称文物大县，黄崖关长城列为世界文化遗产，境内旅游集聚效应明显。

2、天津特色文化与县域民俗民间工艺

(1) 以天津港和天津南港为代表的码头、漕运、海运文化

(2) 以毛家峪长寿度假村为代表的福寿文化

(3) 以天妃宫为代表的妈祖文化

(4) 以三岔河口为代表的移民文化

(5) 军旅文化

彩塑

塘沽版画

(1) 在民间工艺上，如泥人张彩塑、风筝魏风筝、刻砖刘刻砖、杨柳青年画、塘沽版画、剪纸、彩灯等均为天津民间工艺代表。

(2) 在民风民俗上，有天津快板、天津时调、西河大鼓、挂甲寺庆音法鼓、大沽龙灯、林亭口高腿子高跷、海下文武高跷， 蜡庙小车会、天津皇会等。

3、2006-2012 天津县域经济发展评析与“十二五”发展建议

1. **基本状况：** 天津下设16个行政区划单位，其中市辖区13个，县3个为静海、宁河、蓟县。2006-2012年间，三县立足于全市加快推进滨海新区开发开放，着力构筑高端产业高地、自主创新高地、生态宜居高地“三个高地”的重大发展机遇，依托“双城双港、相向拓展、一轴两带、南北生态”的空间战略布局，突出循环经济与示范园区建设，县域经济呈现出巩固、扩大的发展态势，如图6.1所示：

（1）**在经济总量与发展速度上：** 截至2011年底，三县经济总量由2006年的GDP 334亿元扩大至2011年的GDP 819亿元，年均增长19.6%，低于同时期市辖区21.1%的年均增长速度，县域经济总量占全市比重基本维持在8%左右。尽管将近300亿元的县域经济平均值在全国各省市的县域经济层面已较为领先，但与天津市16区县700亿元的平均值相比，还存在较大的差距，揭示出位于城市核心区之外的县域经济发展的任重道远。

（2）**在经济结构上：** 六年间，三县农业年均增长6.5%，在县域经济结构中的比重由2006年的14%下降到2011年的7.8%，对于处在工业化加速期的天津县域经济，在粮食安全生产的基础上，设施农业、订单农业应成为今后的发展重点。“三个高地”战略引领县域二、三产业迅速发展，其中，第二产业以示范园区为先导，突出循环经济特色，年均增长18.6%，在三次产业中的比重占据50%以上的主导份额；县域第三产业在“一轴两带、南北生态”空间发展布局指引下，以物流、旅游等特色产业发展为依托，年均增长25.2%，在三次产业中的比重达到40.6%。（注：本报告相关增速指标均以当年价格计算，未扣除价格变动因素）

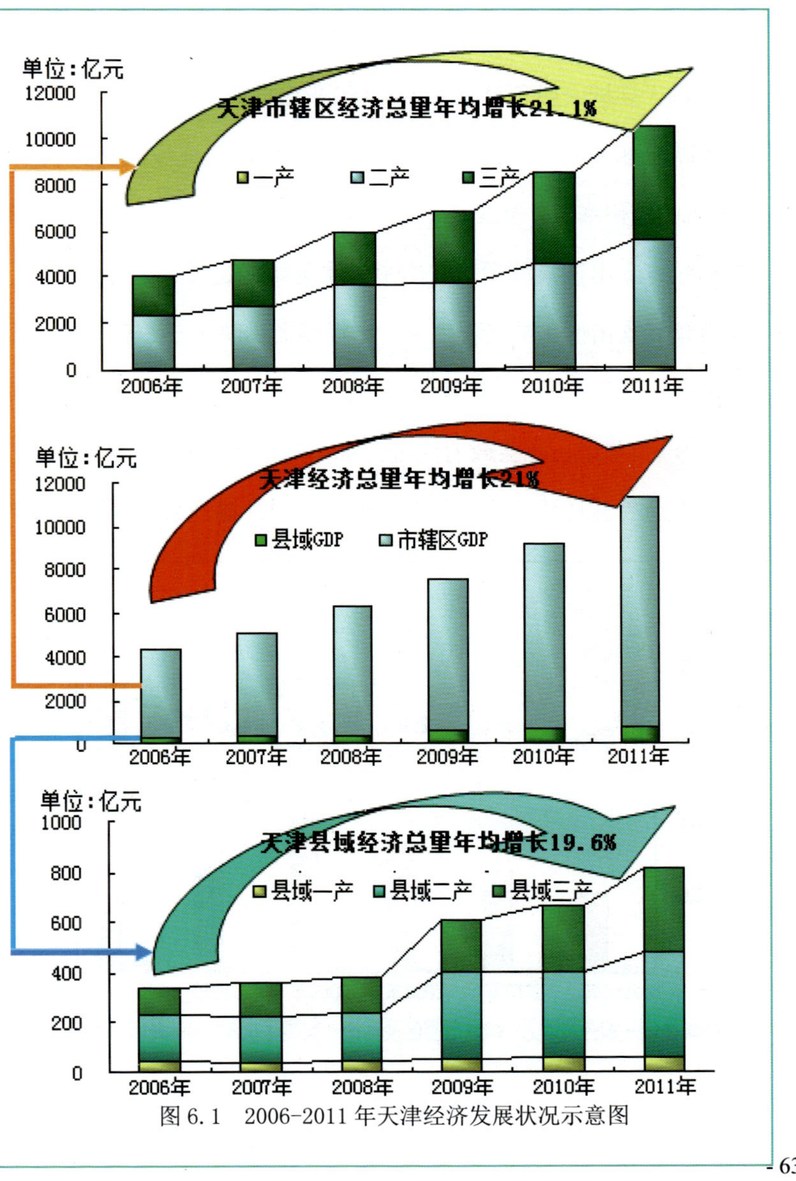

图 6.1　2006-2011 年天津经济发展状况示意图

2. 分项看：（1）从一般预算收支角度：尽管与市辖区相比三县财力相对薄弱，但县域一般预算收入实现年均32.1%的增速，至2011年底占全市预算收入比重增加至3.6%、县域一般预算收入占县域GDP比重由2006年3.9%上升到2011年6.4%，均反映出随着县域经济发展，三县财力环境在逐步改善。县域预算支出也实现29.9%的较快增长，至2011年底占全市预算支出比重为5%。从预算支出结构看，6年间教育支出在县域预算支出中的比重始终超过1/4，明显高于全市教育支出占全市预算支出比重的指标值，一定程度上反映出在“三个高地”指引下为为实现“三个层面”的融合，县域经济对科技创新的需求促进三县政府重视教育事业发展。今后4年中，三县政府应继续加大财政用于科技、教育的投入，强化科技创新在推动三县县域经济发展中的优势作用，提升县域经济发展的软实力。

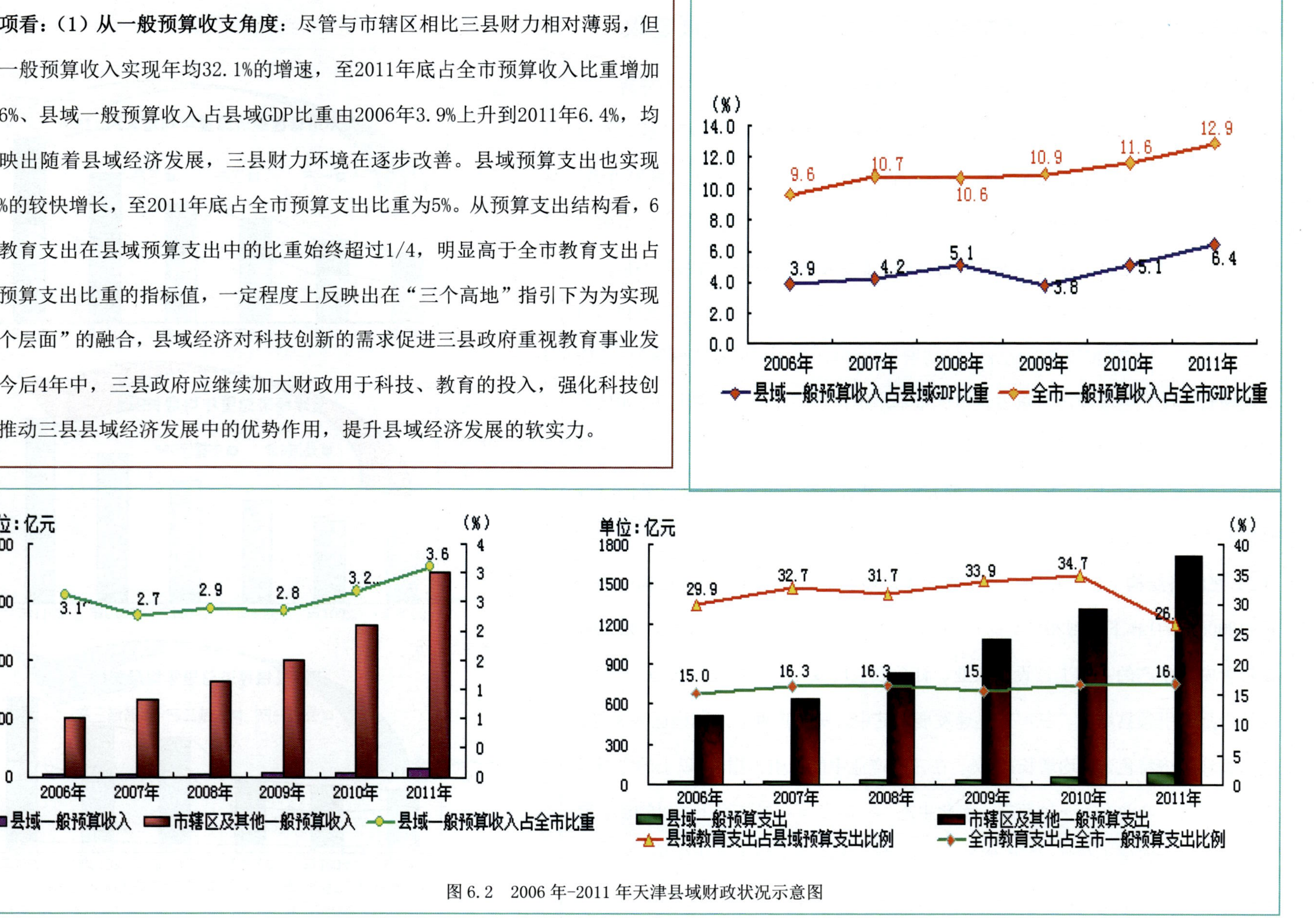

图 6.2　2006 年-2011 年天津县域财政状况示意图

（2）**从固定资产投资角度：**滨海新区的规划与全面建设、京津冀都市圈的打造、环渤海经济区的加速发展等一系列利好因素扩大了三县认知度，带动固定资产投资加速扩张。6年间，三县固定资产投资年均增速高达60.6%，增幅几乎达到全市固定资产增速的1倍，占全市固定资产投资比重由2006年的5.5%迅速攀升至2011年的12%。今后4年中，三县应在不断完善县域基础设施建设，改善县域投资环境，全方位多元化招商引资的同时注重从“三个层面”协调发展的角度，引导投资进入县域特色产业，发挥投资在县域经济转型升级中的推动作用。

（3）**从国内贸易角度：**6年间，三县社会消费品零售总额年均增长22.2%，其中2011年全年社会消费品零售总额为225亿元，约占全市社会消费品零售总额的6.6％，但与市辖区平均水平相比，差距仍比较明显。在天津市的战略发展布局中，静海与宁河被定位为物流、商贸物流新城，蓟县被定位为特色旅游新城，三县的定位均对加大流通经济扩大内需产生积极作用。因此，今后4年中，三县应在旅游、商贸、物流等产业全面发展基础上，充分释放消费对县域经济的积极效用。

（4）**从国际贸易角度：**作为我国北方最大的沿海开放城市下辖县，三县在吸引外商投资、对外出口等方面均具有一定的基础，但与市辖区相比，还存在较大差距，从实际利用外资指标看，县域占全市比重不足4%。今后4年中，三县应将对外贸易作为推动县域经济发展的重要途径，一方面引导外资投向高新技术、特色产业等领域，另一方面不断优化出口结构，积极培育以技术、品牌、质量、服务为核心竞争力的对外贸易产品，使对外贸易成为天津县域经济转型发展的重要力量。

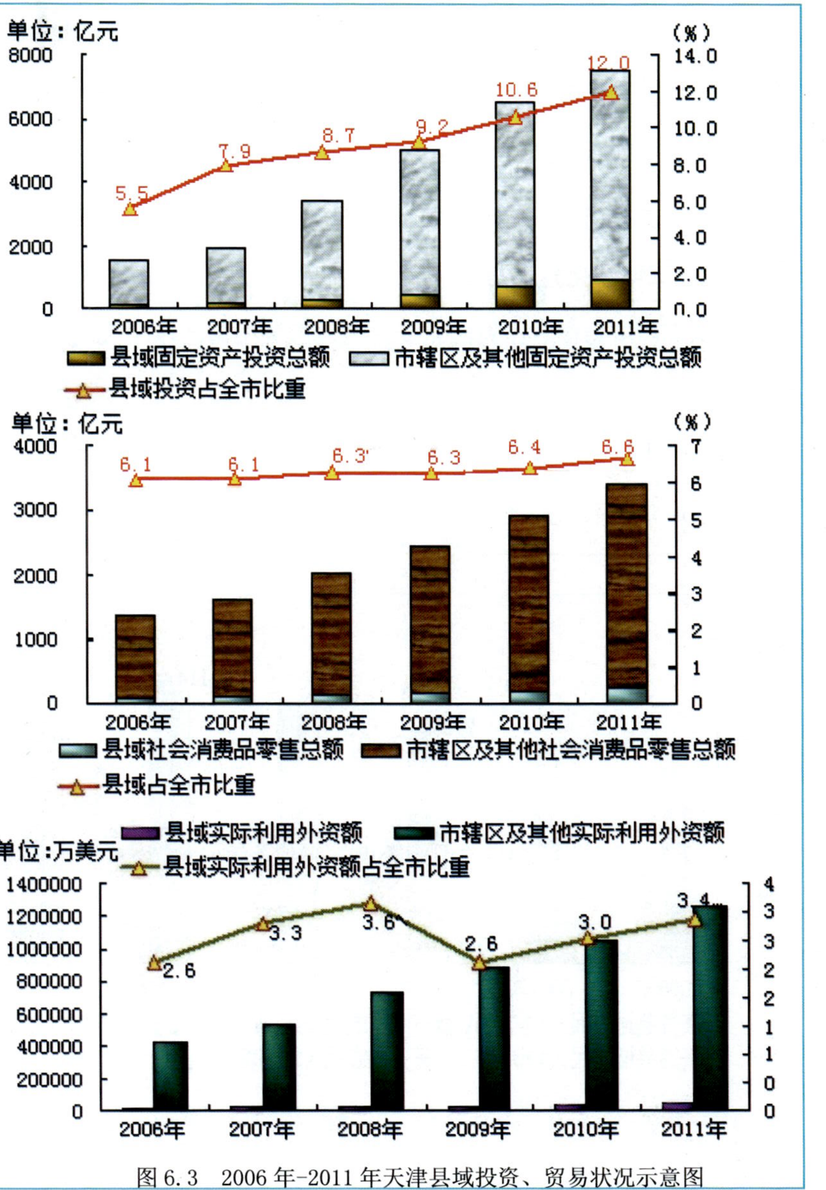

图 6.3 2006 年-2011 年天津县域投资、贸易状况示意图

（5）**从人民生活角度**，6年间，尽管三县农民人均纯收入平均值年均增长仅为8.6%，但与全市农民人均纯收入的差距逐年缩小，至2011年底已达到11281元，是全国农民人均纯收入的1.6倍。三县农民人均消费实现16.5%的快速增长充分证明，随着天津县域经济的发展、农民收入的增加，尤其是“家电下乡”等一系列扩大农村消费市场的利好政策对农村居民消费升级产生积极促进作用。今后四4中，三县应抓住全市构建新型农村城镇体系、推动区县工业集群化发展机遇，积极响应中央提出的“收入倍增计划”，努力提高县域城乡居民收入与生活质量。

（6）**从县域城镇化建设角度**，至2011年底，天津市城镇化率已达80.5%，遥遥领先于全国城镇化率51.3%的平均水平，这与天津作为我国第三大城市、滨海新区是继深圳经济特区、上海浦东新区之后服务中国区域经济发展新的增长极的一系列地位相一致。但在天津市内部，三县城镇化率的平均水平远远落后于全市城镇化率，与全国平均水平相比也存在较大的差距，与天津县域经济已较为发达的现状不匹配。城镇化作为现代化应有之义和基本之策，是实现现代化的重大战略选择，天津县域经济中城镇化水平过低既不利于统筹城乡发展，也在一定程度上影响到工业化、农业现代化与信息化发展。今后四年中，天津三县必须将构建新型城镇体系、加速农村城镇化作为三县经济社会发展中的关键大事，以示范小城镇为抓手，实现城镇化的跨越式科学发展。

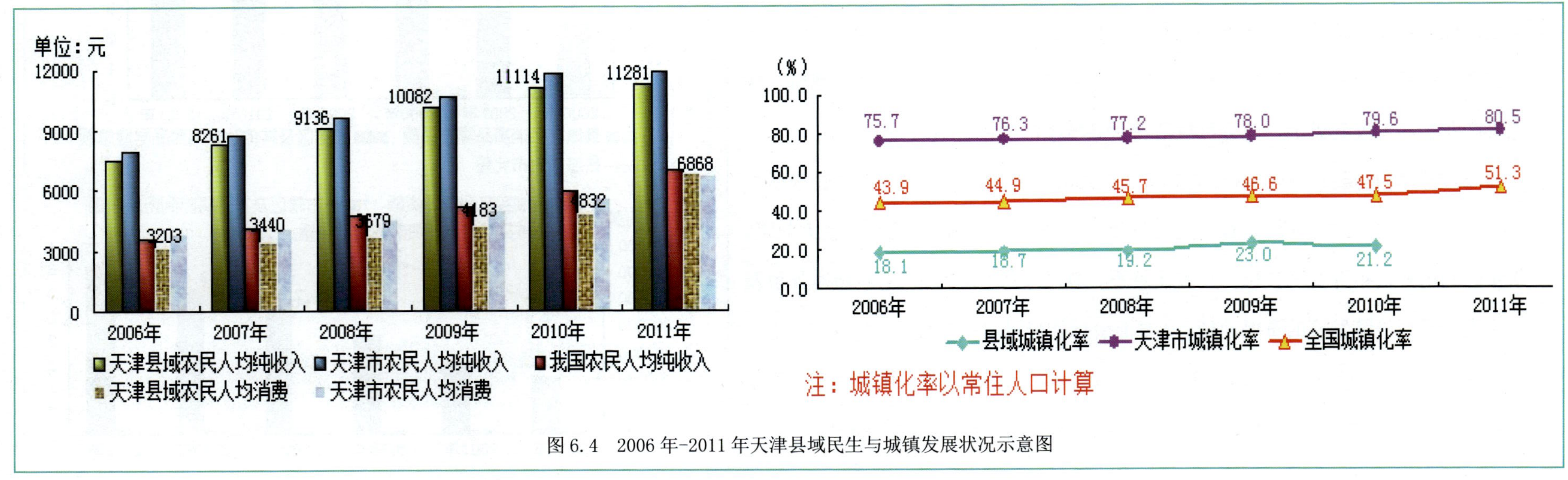

图 6.4　2006 年-2011 年天津县域民生与城镇发展状况示意图

“十二五”天津县域经济发展的SWOT分析

发展优势（S）

- 作为环渤海经济圈中心天津市的下辖县，水陆空交通便利，经济腹地广阔，区位优势发达
- 处于工业化加速发展期，产业基础较为雄厚，县域经济比较发达
- 对外开放初具规模，县域品牌与认知度日益增强，招商引资实力得到提升

发展劣势（W）

- 县域经济结构有待调整，服务业相对滞后，园区支撑带动能力有待提升
- 民营经济与中小企业活力不足，缺乏核心技术、知名品牌，自主创新能力亟待提升
- 土地产出效益较低，就业容纳能力偏低，居民收入整体水平仍需提升
- 县域城镇化水平过低

建议：“十二五”期间，天津县域经济进一步科学发展的重点战略是：依托“三个高地”建设，全面融入“三个层面”，聚焦城镇化跨越式发展，构建协调联动格局。

发展机会（O）

- 天津“三个高地”建设为县域经济融入“三个层面”、承接先发地区产业转移，构建县域与滨海新区、中心城区联动发展的格局创造机遇
- 滨海新区作为我国的新的增长极，京津冀都市经济圈、环渤海经济圈的规划与建设为天津县域发展增添重大机遇

挑战与威胁（T）

- 滨海新区是今后较长时期内天津的核心发展区域，三县位于核心区之外，处于相对不利的发展地位
- 经济转型中的社会矛盾增加，制约科学发展的体制机制障碍依然较多

报告之七：2006-2012 河北省县域经济发展

1、数字河北县域发展

以 2012 年年鉴数据为依据	县域总值	县域均值	最高县	数值	在全省县域经济对应指标中的比重	最低县	数值	在全省县域经济对应指标中的比重
生产总值（万元）	165316638	1233706	迁安市	8082032	4.89%	新河县	205412	0.12%
财政赤字（万元）	11179581	82203	定州市	164037	1.47%	崇礼县	44485	0.40%
固定资产投资（万元）	102473646	753483	迁安市	2915415	2.85%	武强县	125428	0.12%
社会消费品零售（万元）	50853763	373925	辛集市	1588807	3.12%	邢台县	60359	0.12%
城乡居民储蓄存款余额（万元）	103158479	758518	迁安市	3247643	3.15%	尚义县	146903	0.14%
参加农村新型合作医疗人数	46640793	342947	定州市	913317	1.96%	大厂县	85961	0.18%
人均生产总值（元/人）	-	27881	迁安市	111170	是全省县域均值的 4 倍	威　县	7439	仅约占全省县域均值的 2/7
农民人均纯收入（元）	-	6501	迁安市	12698	是全省县域均值的 2 倍	涞源县	2566	约占全省县域均值的 2/5
在岗职工平均工资（元）	-	31416	任丘市	50558	是全省县域均值的 1.6 倍	唐海县	16252	约占全省县域均值的 13/25

注：本表相关数据均来自《2012 河北经济年鉴》，其中涞源县与怀来县无县域生产总值相关数据。

2、河北县域经济特色产业代表

(1) 昌黎是 “中国酿酒葡萄之乡”，葡萄酒产量占全国总产量的四分之一，被誉为“中国干红葡萄酒城”，“昌黎葡萄酒”是我国葡萄酒行业首家原产地域保护产品；

(2) 陶山黑陶远销海外，馆陶县也被命名为“黑陶彩陶创作研究基地”，其黑陶制作技艺被列为中国非物质文化遗产；

(3) 肃宁毛皮市场年交易量占全国的 70%，是全国最大的裘皮原料交易市场，有“中国裘皮之都”的美称。

3、河北县域特色文化与民俗民间工艺

(1) 以尚义为代表的红山文化和长城文化

(2) 以涿鹿为代表的三祖文化和合符文化

(3) 以清河为代表的武松文化和金瓶梅文化

(4) 以临漳为代表的鬼谷子文化

(5) 以平泉为代表的契丹文化

(6) 以阳原为代表的泥河湾文化

(7) 以保定为代表的商旅文化

曲阳石雕

馆陶黑陶、彩陶

衡水内画

唐山皮影戏

(1) 在民间工艺上，黑陶制作技艺、武强木版年画、衡水内画、丰宁满族剪纸、曲阳石雕均为河北县域民间工艺代表。

(2) 在民风民俗上，有深泽坠子戏、河北鼓吹乐、冀中笙管乐、井陉拉花、徐水舞狮、武安平调落子、隆尧秧歌戏、唐山皮影戏、西河大鼓、吴桥杂技、沧州武术、沙河藤牌阵以及女娲祭典、安国药市等。

4、2006-2012 河北县域经济发展评析与“十二五”发展建议

1.基本状况：河北省现有县级行政单位172个，其中市辖区36个、县级市22个、县108个，自治县6个（下文将136个县、县级市、自治县称为河北县域经济）。2006-2012年间，通过把握京津冀都市圈建设的重大发展机遇，河北县域经济以实施重点产业转型调整为契机，积极推进经济发展方式转变，整体保持平稳较快的发展态势，如图7.1所示。（因统计年鉴数据缺失，2011年县域经济总量尚未包含涞源县、怀来县的经济量，此处分析时暂时忽略）

（1）**在经济总量与发展速度上：**6年间，河北县域经济总量由2006年的GDP 8331亿元增长到2011年的GDP 16532亿元，年均增长14.7%，低于市辖区19.1%的发展速度，占全省经济比重由2006年的71.4%下降至2011年的67.4%，一定程度上反映出河北省近年来突出中心城市建设的发展战略。从全国范围看，尽管河北是我国各省市中为数不多的县域经济总量过万亿的省，但县域数量多是其经济总量过万亿的重要原因，并非县域经济发达的体现，该情况与四川省较为类似。

（2）**在经济结构上：**6年来，农业总量年均增长12.9%，在三次产业中的比重保持在16%左右；第二产业年均增长14.8%，在三次产业中的比重始终维持在54%左右的主导地位；环首都、环渤海的区位优势以及县域自身的资源优势为河北县域旅游业、物流业、会展业等第三产业发展提供了重要契机，第三产业超过年均增长15.6%，在三次产业中的比重也由2006年的28.9%上升到2011年的30.0%（注：本报告相关增速指标均以当年价格计算，未扣除价格变动因素）。

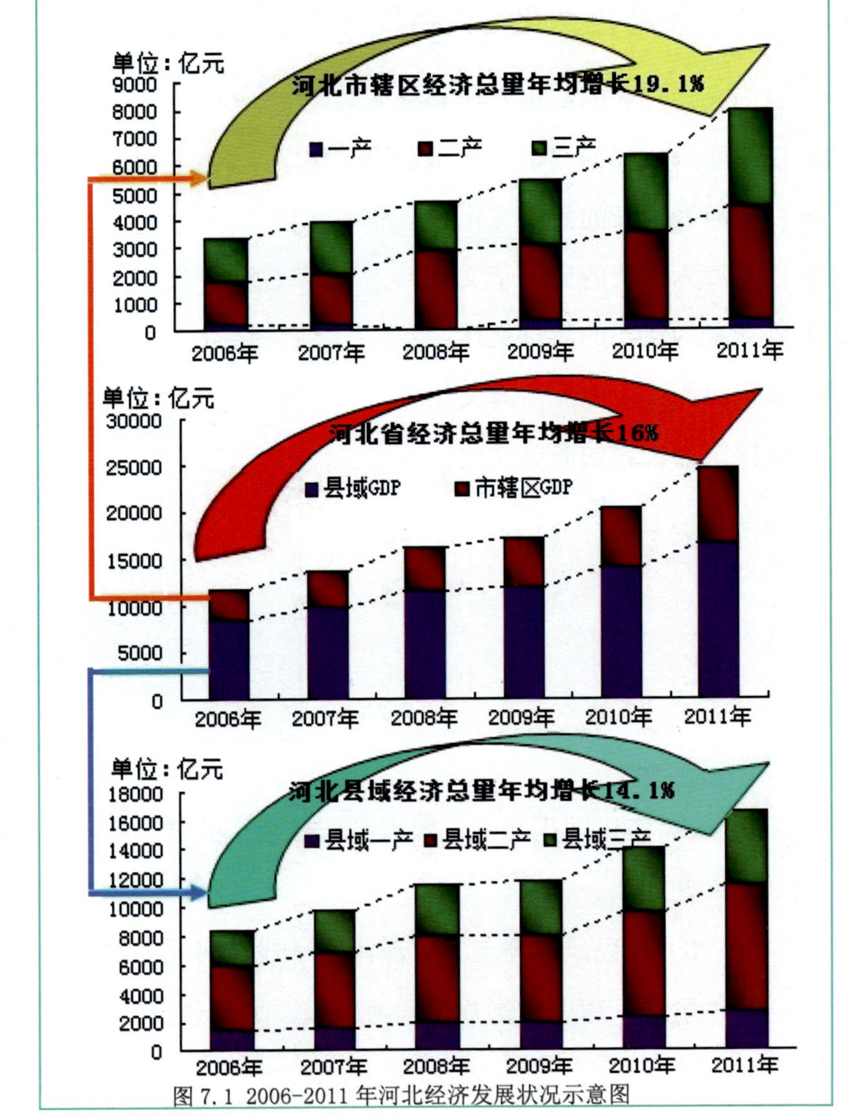

图 7.1 2006-2011 年河北经济发展状况示意图

2. 分项看：（1）从一般预算收支角度：6年来，河北县域一般预算收入年均增长25.7%，超过同时期全省22.9%的增速，占全省一般预算收入比重由2006年的31.4%上升到2011年的35.3%，但县域一般预算收入占县域GDP比重仅为3%左右，落后于全省对应的平均指标；从预算收支平衡角度，河北县域一般预算赤字逐渐扩大，6年间预算赤字累计达4226亿元，其中仅2011年县域预算赤字达1118亿元，是2006年的3.1倍。河北县域经济面临的巨大财政压力削弱了县级政府调控经济的力度，制约了河北县域经济的进一步发展。由于民营经济是增加一般预算收入的有效途径，今后4年中，河北县域应依靠全民创业、全面促进民营经济大发展来有效改善县域财政状况、缓解财政压力。

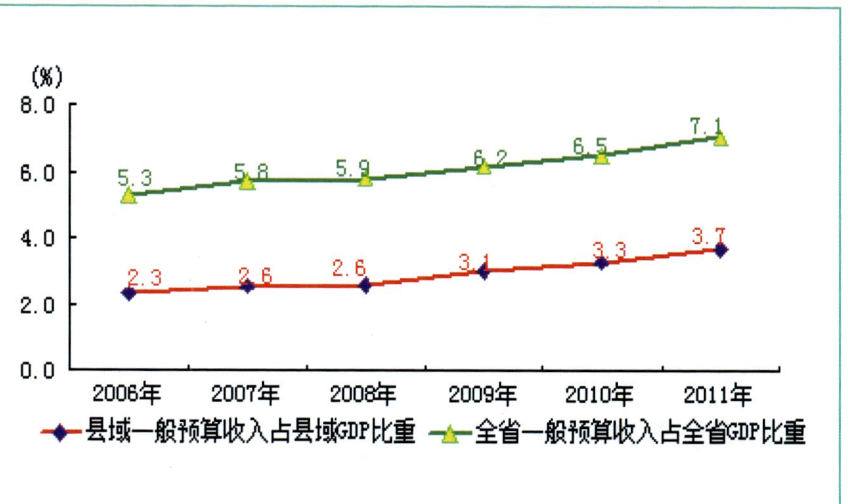

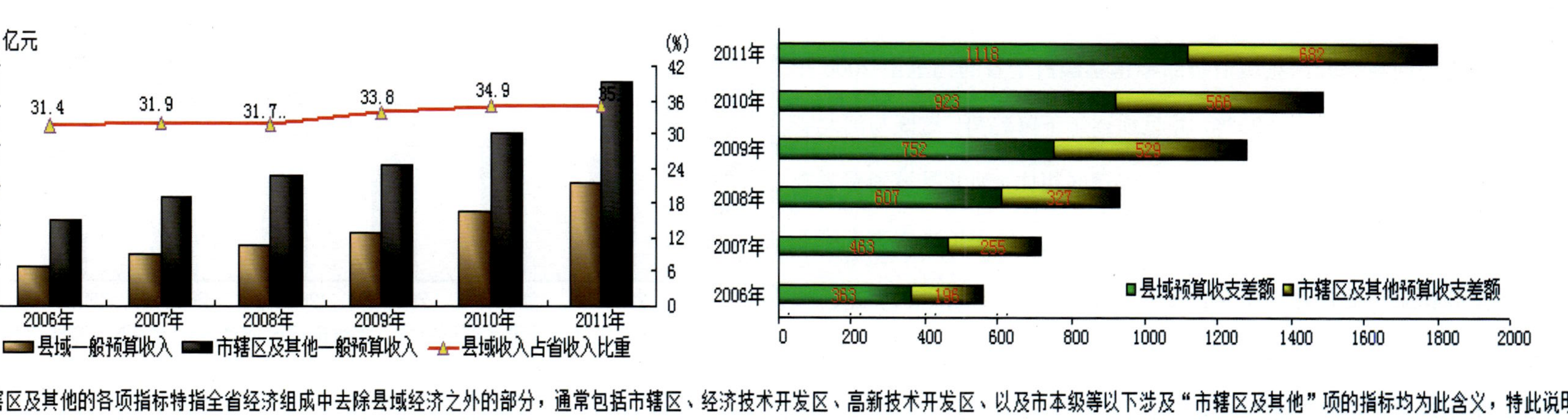

注：市辖区及其他的各项指标特指全省经济组成中去除县域经济之外的部分，通常包括市辖区、经济技术开发区、高新技术开发区、以及市本级等以下涉及“市辖区及其他”项的指标均为此含义，特此说明

图 7.2 2006-2011 年河北县域财政状况示意图

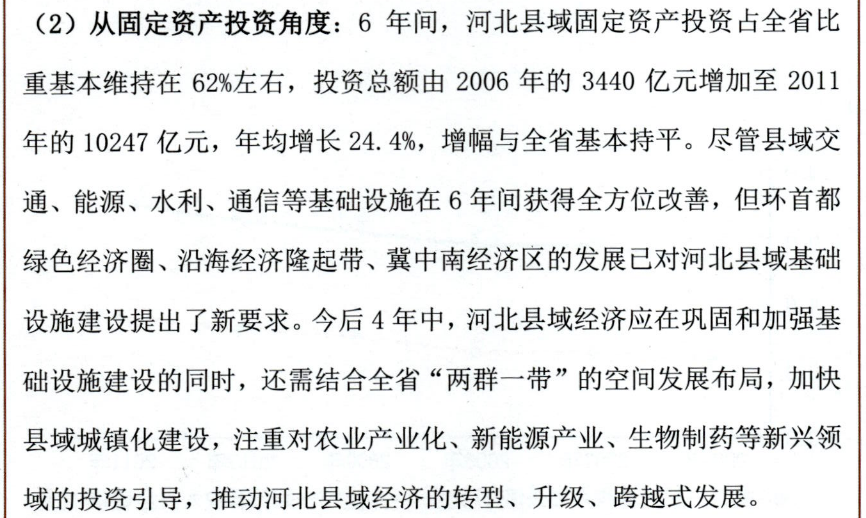

（2）从固定资产投资角度：6 年间，河北县域固定资产投资占全省比重基本维持在 62%左右，投资总额由 2006 年的 3440 亿元增加至 2011 年的 10247 亿元，年均增长 24.4%，增幅与全省基本持平。尽管县域交通、能源、水利、通信等基础设施在 6 年间获得全方位改善，但环首都绿色经济圈、沿海经济隆起带、冀中南经济区的发展已对河北县域基础设施建设提出了新要求。今后 4 年中，河北县域经济应在巩固和加强基础设施建设的同时，还需结合全省“两群一带”的空间发展布局，加快县域城镇化建设，注重对农业产业化、新能源产业、生物制药等新兴领域的投资引导，推动河北县域经济的转型、升级、跨越式发展。

（3）从国内贸易角度：2006-2011 年，河北县域社会消费品零售总额年均增长 18%，至 2011 年底，县域社会消费品零售总额由 2006 年的 2220 亿增加至 5085 亿元。然而，随着环渤海经济圈的崛起带动河北中心城区消费能力的快速提升，县域消费品零售总额占全省的比重由 2006 年的 65.4%下降至 2011 年的 63.3%，并呈现逐年下降趋势。这既与河北省加大中心城市发展相呼应，也揭示出与市辖区相比，河北县域消费需求仍显不足，县域消费市场活力仍有待进一步激活。由于扩大内需在产业结构调整和新型工业化建设中发挥重要作用，今后 4 年中，河北县域应以增强和完善城镇商业功能为核心，完善城乡市场规划布局，充分释放扩大内需在经济结构调整中的作用。

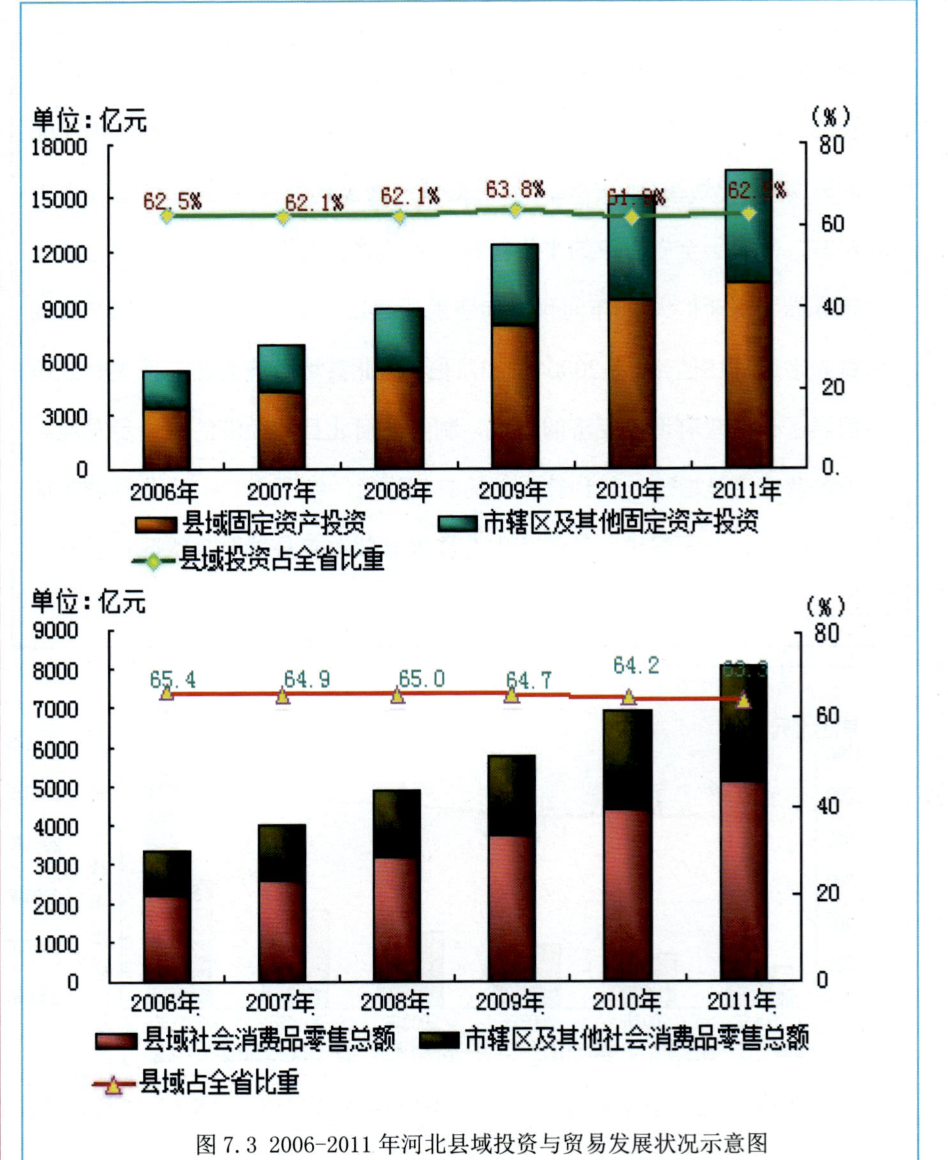

图 7.3 2006-2011 年河北县域投资与贸易发展状况示意图

（4）从人民生活角度：6年间，河北县域农民人均纯收入平均值年均增长11.6%，低于同时期全省、全国农民人均纯收入增速。2006年县域农民人均纯收入平均值尚高于全国农民人均纯收入，至2011年底，不仅全国农民人均纯收入已超过河北县域农民人均纯收入平均值，而且县域与全省农民人均纯收入的差距逐渐扩大。从在岗职工平均工资看，尽管县域在岗职工平均工资实现19.2%的增速，但工资水平与全省和全国平均水平之间仍存在较大差距，反映出河北县域经济尽管总量有所提升，但县域居民因经济发展而获益的程度偏低。今后四年中，河北县域应结合资源优势，依托建设蔬菜瓜果、畜禽养殖、干鲜果品等特色产品生产大县有效提升县域居民尤其是农民收入的增长，在县域经济发展进程中努力实现优势“富民”目标。

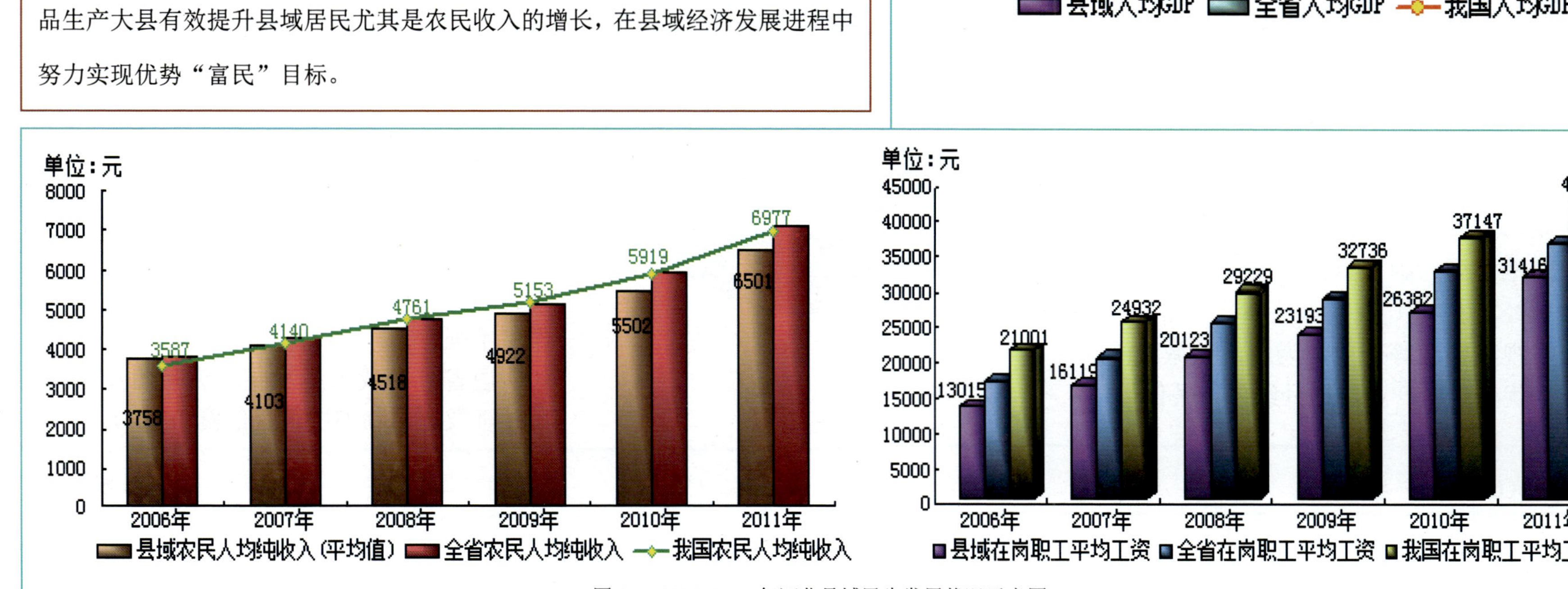

图 7.4 2006-2011 年河北县域民生发展状况示意图

“十二五”河北县域经济发展的SWOT分析

发展优势（S）

- 环京津、环渤海经济圈使河北县域经济发展具备优越区位优势
- 河北是东北、西北、华北地区重要出海通道，县域在物流业发展上具有独特优势
- 县域资源丰富工业基础较为雄厚，具有承接产业转移，建设综合产业基地的优势
- 京津冀经济区拥有 1.2 亿消费群体，为县域特色产品发展提供巨大消费市场

发展劣势（W）

- 县域发展不平衡问题严重，强县和弱县间差距明显
- 县域经济整体仍欠发达，民营经济相对欠发达
- 县域财政赤字严重
- 自主创新能力弱，资源支撑能力减弱，生态环境容量不足

建议：“十二五”期间，河北县域经济进一步科学发展的重点战略是：以环首都经济圈为支撑，依靠县域城镇建设带动民营经济集聚壮大，积极发展品牌经济。

发展机会（O）

- 京津冀经济一体化进程加快有利于河北县域承接京津先进生产力
- 冀中南地区列为国家重点开发区域有利于带动县域经济发展
- 国家重视新能源等产业，为河北县域经济利用自身优势推动产业结构升级创造条件

挑战与威胁（T）

- 经济转型中的社会矛盾增加，制约科学发展的体制机制障碍依然较多
- 多年来作为首都北京的门户，与部分经济发达省份相比，河北在中心城市建设上存在差距，导致中心城市对县域经济的辐射带动作用不强
- 周边省市县域经济发展势头强劲使河北县域经济发展面临前所未有的竞争压力

报告之八：2006-2012 山西省县域经济发展

1、数字山西县域发展

以2012年年鉴数据为依据	县域总值	县域均值	最高县	数值	在全省县域经济对应指标中的比重	最低县	数值	在全省县域经济对应指标中的比重
生产总值（万元）	66176682	689340	孝义市	3300588	5.0%	大宁县	37952	0.06%
财政赤字（万元）	6145753	64018	临县	141216	2.3%	古县	46637	0.76%
固定资产投资（万元）	37726762	392987	孝义市	1701961	4.5%	永和县	42225	0.11%
社会消费品零售（万元）	15837491	164974	孝义市	798050	5.0%	石楼县	14950	0.09%
税收收入（元）	1323631	13788	柳林县	77443	5.9%	永和县	673	0.05%
人均生产总值（元/人）	-	26585	襄垣县	99025	是全省县域均值的 3.7 倍	石楼县	5744	约占全省县域均值的 1/5
城镇化率（%）		36.3	古交市	72.4	是全省县域均值的 2 倍	广灵县	19.6	约占全省县域均值的 1/2
农民人均纯收入（元）	-	5404	河津市	11347	是全省县域均值的 2.1 倍	大宁县	1666	约占全省县域均值的 3/10
城镇可支配收入（元）	-	15406	灵石县	22260	是全省县域均值的 1.4 倍	石楼县	8504	约占全省县域均值的 5/9
在岗职工平均工资（元）	-	34707	襄垣县	64530	是全省县域均值的 1.9 倍	平陆县	22645	约占全省县域均值的 2/3

2、山西县域经济特色产业代表

(1) 汾阳为全国最大的清香型白酒生产基地，汾酒、竹叶青酒畅销海内外，杏花村被誉为中华名酒第一村；

(2) 清徐是全国最大的老陈醋生产基地，有中国醋都之称，其老陈醋传统酿造工艺是国家首批非物质文化遗产；

(3) 坐落于五台县境内的五台山是世界遗产与世界五大佛教圣地之一，五台山文化旅游已成为引领三晋大地旅游文化产业的龙头。

山西汾酒

3、山西县域特色文化与民俗民间工艺

(1) 以晋中祁县、平遥、太古等为代表的晋商文化

(2) 以忻州五台山为代表的佛教文化

(3) 以大同云冈石窟为代表的佛教古建文化

(4) 以晋南洪洞、永济等为代表的黄河根祖文化

平遥古城

(1) 在民间工艺上，如中阳剪纸、平阳木版年画、阳城焙面面塑、闻喜花馍、定襄面塑、布艺老虎、高平绣活、五谷画等均为山西县域民间工艺代表。

(2) 在民风民俗上，有左权开花调、晋南威风锣鼓、五台山佛乐、天塔狮舞、上党梆子、繁峙秧歌戏、山西道情戏、孝义皮影戏、潞安大鼓以及关公信俗等。

闻喜花馍

布艺老虎

晋南威风锣鼓

4、2006-2012 山西县域经济发展评析与“十二五”发展建议

1. 基本状况： 山西省现有县级行政单位119个，其中市辖区23个、县级市11个、县85个（下文将96个县与县级市称为山西县域经济）。2006-2012年间，伴随传统能源重工业基地的转型与跨越式发展，山西县域经济发展平稳，如图8.1所示。

（1）**在经济总量与发展速度上：** 截至2011年底，山西县域经济总量由2006年的GDP 2767亿元增长到2011年的GDP 6618亿元，年均增长19%，略高于市辖区经济总量年均18.4%的增长速度，县域经济总量占全省经济总量比重由2006年的58.2%增加到2011年的58.9%。从全国范围看，山西县域经济整体实力与东部发达省份及中部其他省份的县域经济相比尚存在一定差距，整体处于中等偏下地位。

（2）**在经济结构上：** 因山西县市多集中于太行山腹地，山地条件不利于传统农业发展，近年来通过小杂粮、中药材、养牛等特色农畜产品的种植养殖，农业获得较快发展，年均增长18.1%，但农业在经济结构中的比重较低，始终在9%附近波动；山西县域经济结构多年来受“山西能源基地”效应影响，呈现出以能源原材料等资源高强度开发为主导的超重型、畸形结构，抗风险能力较差，容易受到宏观经济环境的影响。自2008年起，伴随山西“转型发展、跨越发展”、深入实施新型工业化战略以及资源型综改区建设，第二产业在保持年均增加19.4%的前提下，比重由2006年的63.4%调整至2011年的64.3%，虽然工业产业技术含量低、加值低的问题依然严峻，但以新能源、新材料等为代表的高新技术产业正逐渐崛起；旅游、文化等产业的发展提升了第三产业发展质量，年均增长18.6%（注：本报告相关增速指标均以当年价格计算，未扣除价格变动因素）。

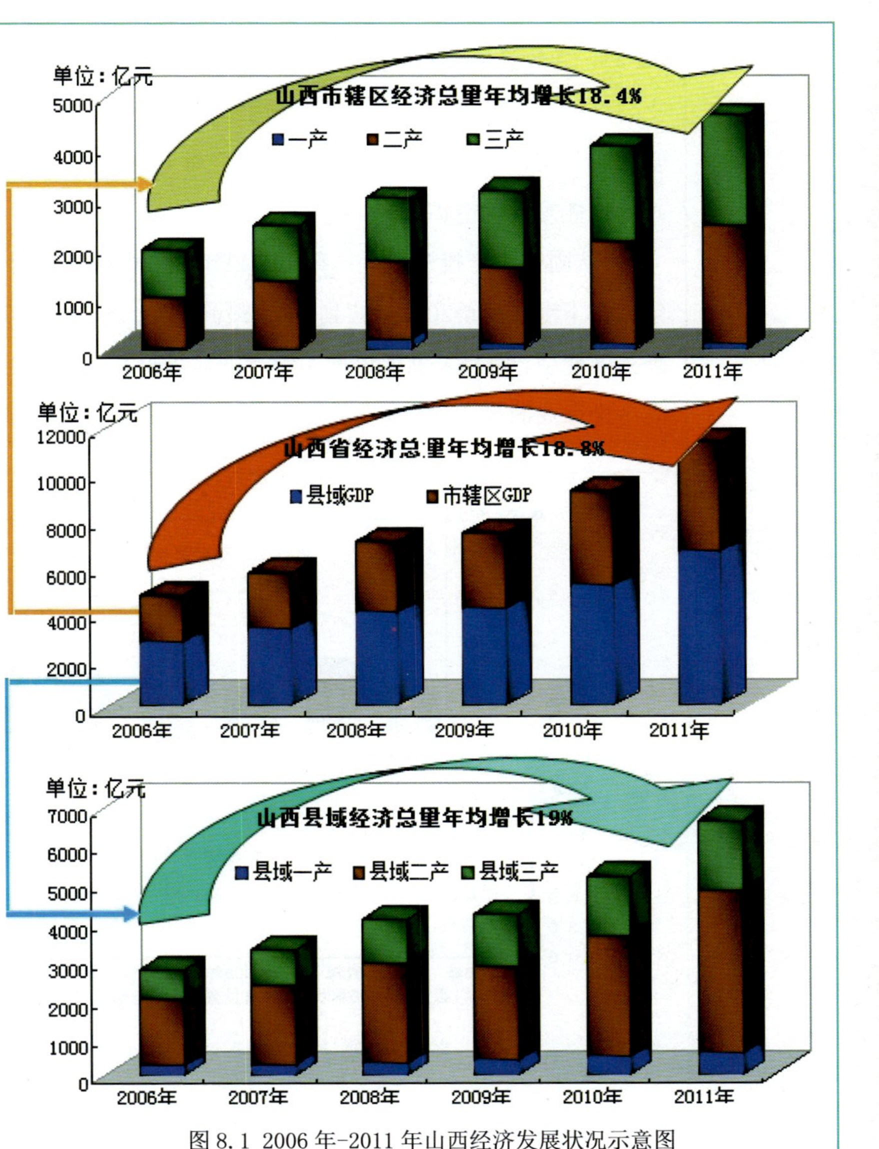

图 8.1 2006 年-2011 年山西经济发展状况示意图

2. 分项看：（1）从一般预算收支角度，6年间，山西县域一般预算收入年均增长19.6%，占全省一般预算收入的比重基本稳定在33%左右，县域一般预算收入占GDP比重维持在6%左右，低于全省10%的水平；在一般预算支出方面，由于基础设施建设等刚性支出增长迅速，带动县级财政支出快速扩张，年均增速达22.5%，导致县域财政收支缺口不断拉大，财政赤字现象较为严重，用于农村发展及县域建设的财政资金较为匮乏，大部分县域需要依靠中央和省财政转移支付维持正常开支。伴随山西资源型经济转型综合配套改革试验区建设，山西县域财政将面临由传统的以资源型税收财政为主向财政收入多元化变革。尽管在变革初期，势必面临由于结构调整而导致支出巨大且收入锐减的阵痛，但随着山西县域产业整体的转型升级，以煤兴业多元发展将最终为山西县域财政的良性发展创造福音。

（2）从固定资产投资角度：截至2011年底，山西县域固定资产投资年均增长27.1%，至2011年底达到3273亿元，但其占全省固定资产投资比重经历08—10年大幅下滑后，至2011年达到6年中最高的51.2%，既反映出相对于省、市，山西县域财政匮乏影响其调控经济的力度，也表明“十二五”开局年，山西各县实施转型、跨越发展促进固定资产的显著提升。今后4年中，山西县域应牢牢把握山西转型与资源型综改区建设机遇，合理配置投资资源，减少向高耗能、高污染行业的投资，充分发挥固定资产投资拉动县域经济发展与产业转型的作用。

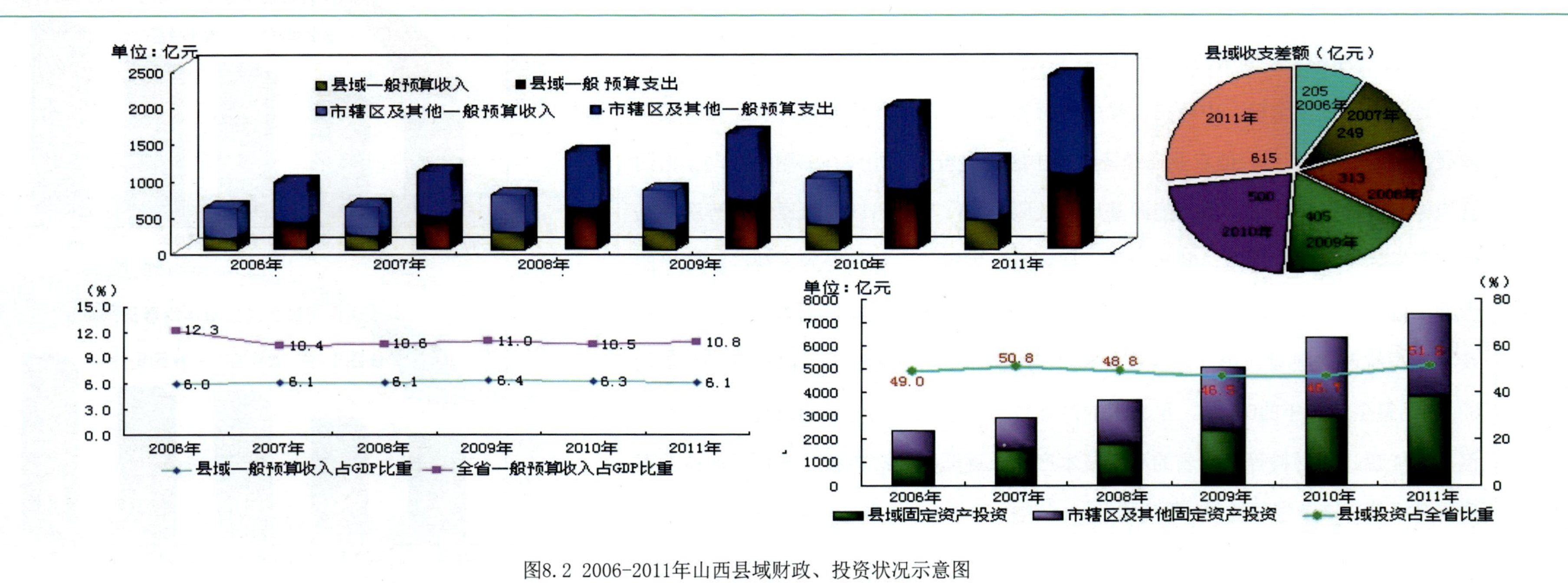

图8.2 2006-2011年山西县域财政、投资状况示意图

（3）**从国内贸易角度**：城乡居民收入的稳步增长带动山西县域消费市场实现较快增长，6年间，县域社会消费品零售总额年均增长19.3%，2011全年实现1584亿元，但其占全省比重在2009年达到44.3%的巅峰后，近两年有所下滑。与市辖区相比，山西县域消费市场还有待进一步完善才能更好地响应中央扩大内需政策。此外，受农村商业服务基础较差、农村商业消费环境落后以及农民增收压力大等因素的影响，农村消费市场的发展明显滞后于县域城镇零售消费市场的发展，6年间，县域城镇社会消费品零售额年均增速达23%，远高于乡村年均13%的增长速度。随着“十二五”山西县域城镇化建设步伐的加快，未来以中心城镇为主导的县域消费市场开发潜力巨大。

（4）**从县域城镇化角度**：6年间，山西省城镇化建设水平与全国平均水平基本一致，2011年城镇化率达到49.7%，但县域城镇化明显落后于同时期全省城镇化发展步伐，城镇化率仅由2006年的29.6%增长到2011年的36.3%。新型工业化、城镇化、农业现代化是县域经济的发展主题和方向，山西县域城镇化发展水平滞后，影响中心城镇的集聚和辐射作用，从而进一步削弱中心城镇对人才、科技、资本、产业等的吸纳能力，进而引发效率成本、机会成本的巨大浪费。今后4年中，山西各县应围绕“一核、一圈、三群”城镇群建设，推动中心城镇、特色乡镇建设，提升县域城镇化的发展速度与发展质量 。

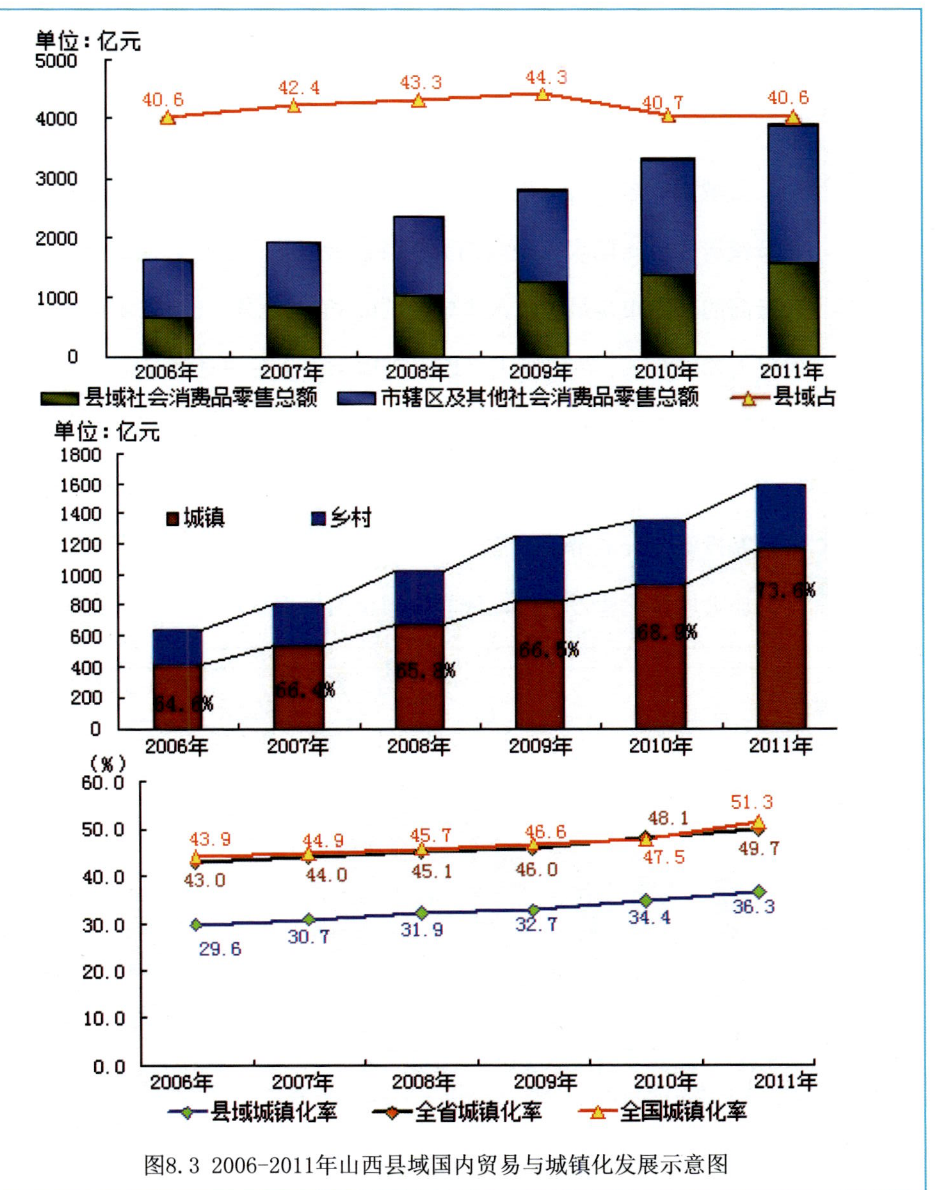

图8.3 2006-2011年山西县域国内贸易与城镇化发展示意图

（5）**从人民生活角度**：受山西县域资源禀赋与县域经济发展强相关影响，居民收入呈现出全省各县域间差异较大且城乡收入差距明显的现象。以2011年数据为例，县域城镇居民可支配收入平均值是县域农民人均纯收入平均值的2.9倍，县域城镇居民可支配收入最高的灵石县是最低收入石楼县的2.6倍，农民人均纯收入最高的河津市是最低收入大宁县的6.8倍。此外，6年来城镇居民可支配收入、农民人均纯收入、在岗职工平均工资均梯形分布—县域落后于全省平均值、全省平均值低于全国均值，也揭示出山西欠发达的现状。今后4年中，要实现农民增收，一方面应继续推进“一村一品”工程，科学提升农业生产效益；另一方面必须依靠投资与开放带动民营经济的发展，围绕“一核、一圈、三群”的布局与建设，加大城镇化建设力度，依靠城镇化的集聚效应提升民营经济活力。

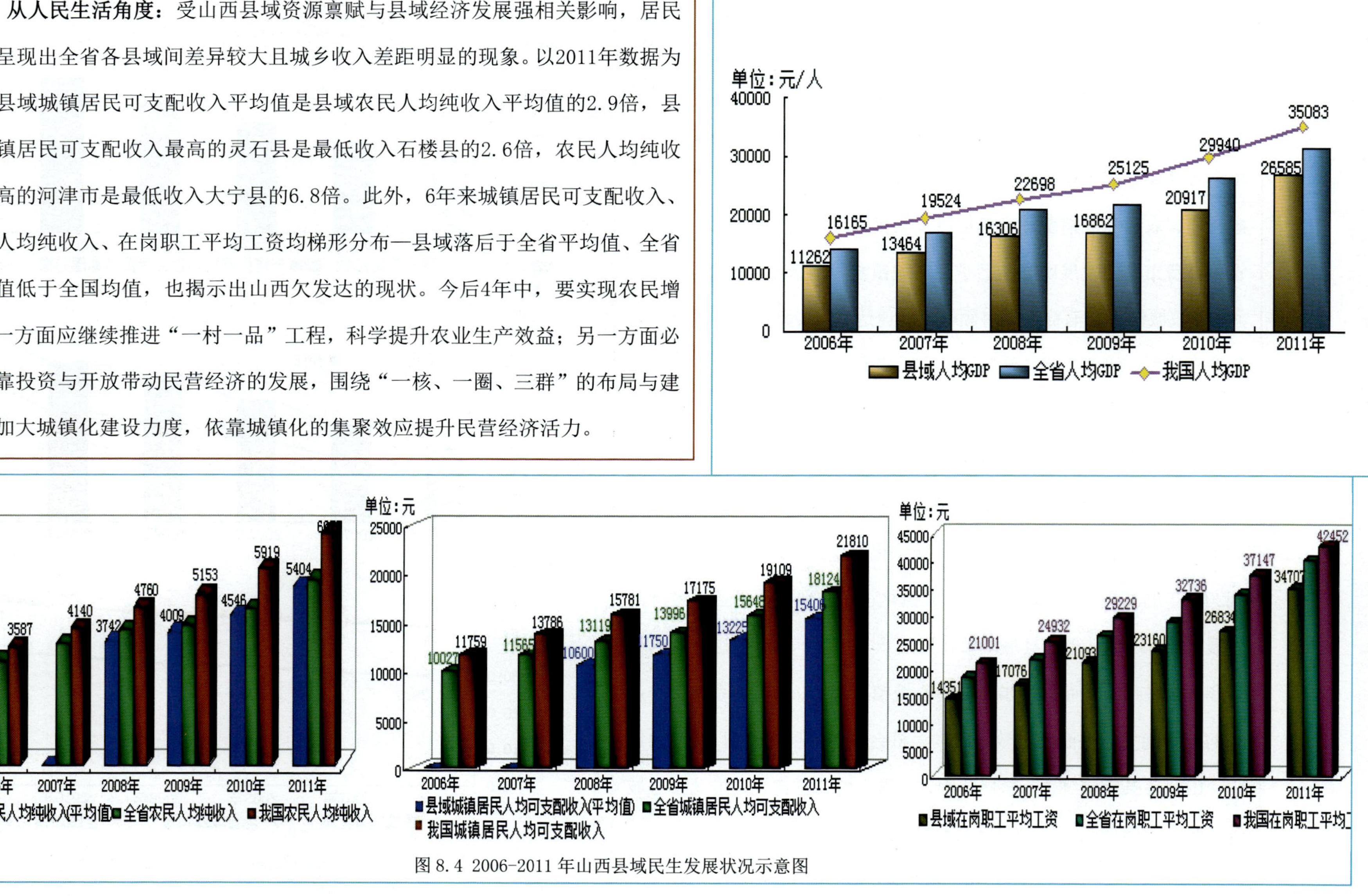

图 8.4 2006-2011 年山西县域民生发展状况示意图

“十二五”山西县域经济发展的SWOT分析

发展优势（S）

- 传统以煤为代表的能源、矿产资源丰富
- 人文、旅游资源丰富 ，承东启西的地缘优势较为突出，拥有发展现代旅游、文化产业等得天独厚的优势
- 革命老区民风淳朴，厚重的晋商文化与晋商精神已在海内外具有一定影响力，为山西县域对外开放竖起独特的品牌

发展劣势（W）

- 经济发展水平偏低、整体竞争能力较弱，推进经济转型跨越发展的目标和长期形成的单一重型产业结构之间的矛盾突出
- 县域间差距较大，县域经济发展不平衡
- 科技创新能力不强，节能减排和安全生产压力较大
- 社会事业发展和民生改善欠账较多
- 行政效率偏低、发展环境欠佳，制约科学发展的体制机制障碍较多，对外开放度较低

建议：“十二五”期间，山西县域经济进一步科学发展的重点战略是：以经济转型为向导，加快城镇化建设，积极发展以民营经济为主导的县域特色产业。

发展机会（O）

- 国家扩大内需和促进中部崛起战略深入实施，为山西县域发展创造机遇
- 煤炭工业可持续发展试点、循环经济试点省尤其是国家资源型经济转型综合配套改革试验区的建设，为山西县域经济转型和跨越发展提供重大机遇和强有力的政策措施

挑战与威胁（T）

- 山西全省仍处于经济欠发达的发展阶段，面临转变经济发展方式的巨大挑战
- 山西作为能源工业基地，多年来的资源采掘造成生态环境比较脆弱，环境承载压力较大

报告之九：2006-2012 内蒙古自治区县域经济发展

1、数字内蒙古县域发展

以 2012 年年鉴数据为依据	县域总值	县域均值	最高县	数值	在全省县域经济对应指标中的比重	最低县	数值	在全省县域经济对应指标中的比重
生产总值（万元）	87617479	1095218	准格尔旗	8300235	9.47%	阿尔山市	106039	0.12%
财政赤字（万元）	8168942	102112	翁牛特旗	228063	2.79%	准格尔旗	-203250	实现财政盈余
固定资产投资（万元）	60508818	756360	准格尔旗	4785443	7.91%	锡林郭勒	76370	0.13%
社会消费品零售总额（万元）	15000744	167137	满洲里市	846578	5.64%	锡林郭勒	35001	0.23%
城乡居民储蓄存款(万元)	21964299	274554	准格尔旗	1347410	6.13%	新巴尔虎	39859	0.18%
羊毛产量（吨）	115402	1443	阿荣旗	7723	6.69%	根河市	12	0.01%
人均生产总值（元/人）	-	49079	霍林郭勒市	289756	是全省县域均值的 6 倍	商都县	13098	约占全省县域均值的 27%
农民人均纯收入（元）	-	7828	霍林郭勒市	19000	是全省县域均值的 2.4 倍	察右中旗	3346	约占全省县域均值的 43%
城镇可支配收入（元）	-	17721	准格尔旗	30579	是全省县域均值的 1.7 倍	巴林右旗	11678	约占全省县域均值的 2/3
在岗职工平均工资（元）	-	42129	准格尔旗	61464	是全省县域均值的 1.5 倍	阿尔山市	25749	约占全省县域均值的 3/5
城镇化率（%）	-	37.2	满洲里、根河市	100	是全省县域均值的 2.7 倍	科右前旗	8.3	约占全省县域均值的 2/9
注：本表相关数据均来自《2012 内蒙古统计年鉴》，其中，科尔沁右翼前旗无城镇居民可支配收入数据，满洲里市、根河市、阿尔山市无农民人均纯收入数据。								

2、内蒙古县域经济特色产业代表

（1）化德县以年产近千万件羊驼绒絮片服装和出口休闲服装而闻名全国，荣膺“塞上服装城”的桂冠；

（2）伊金霍洛旗位于神府煤田的主产区，享有“煤海绿洲，天骄圣地”的美誉，是国家能源煤化工基地之一；

（3）内蒙古畜牧业发达，是我国乳肉制品的主要产区，建有育肥牛基地、细毛羊基地、阿尔巴斯绒山羊基地、小尾寒羊基地等多品种产业基地，扎赉特旗等地更有“塞外粮仓”之称。

3、内蒙古县域特色文化与民俗民间工艺

(1) 以陈巴尔虎旗为代表的萨满文化

(2) 以阿尔山为代表的蒙元文化和林俗文化

(3) 以科尔沁草原为代表的科尔沁文化

(4) 以赤峰为代表的红山文化和富河文化

(5) 以鄂托克为代表的河套文化

(6) 以乌审为代表的“萨拉乌苏”文化

(7) 以额济纳旗为代表的居延文化

祭敖包

萨满祭祀

马头琴

(1) 在民间工艺上，如蒙古勒勒车、马头琴制作等均为内蒙古县域民间工艺代表。

(2) 在民风民俗上，有蒙古族长调民歌、达斡尔族鲁日格勒舞、蒙古族安代舞、乌力格尔、二人台、那达慕、蒙古族搏克以及成吉思汗祭典、祭敖包等。

4、2006-2012 年内蒙古县域经济发展评析与“十二五”发展建议

1.**基本状况**：内蒙古自治区现有县级行政单位101个，其中市辖区21个、县级市11个、县17个、旗49个、自治旗3个（下文将80个县、县级市、旗、自治旗称为内蒙古县域经济）。作为跨越“三北”、区域面积位居全国第三的省区，2006-2012年间，立足“西部大开发战略深度实施、振兴东北老工业基地战略对内蒙古经济发展的辐射带动以及促进内蒙古经济社会又好又快发展意见实施”的发展机遇，依托资源优势推动工业化、城镇化加速发展，深度发掘“羊、煤、土、气”四大产业集群优势，县域经济获得跨越式发展，实现阶段性的“扬眉吐气”，如图9.1所示。

（1）**在经济总量与发展速度上**：6年间，内蒙古县域经济总量由2006年2721亿元增长到2011年的8762亿元，年均增长26.4%，超过市辖区年均22%的发展速度，县域经济总量占全区比重也由2006年的56.8%上升到2011年的61%。从西部大开发战略所覆盖的12省市区看，内蒙古县域经济总量仅次于西川省县域经济总量，位居第二，其中准格尔旗、伊金霍洛旗等更已成为我国县域经济中的优势发展县（旗），入选2012中国县域经济科学发展竞争力百强县。

（2）**在经济结构上**：6年间，借助特色优势产业的快速发展，内蒙古县域经济结构发生重大调整，其中作为传统优势产业的农牧业在保持年均增长16.1%的前提下，在三次产业中的比重由2006年的19.9%下降到2011年的13%；依靠煤、稀土、天然气等资源优势产业带动工业经济的快速发展，第二产业在经济结构中的主导地位日渐突出，在三次产业中的比重由47.4%增长到58.7%，年均增速达31.9%；第三产业年均增长22.7%，在三次产业中的比重调整至28.3%%（注：本报告相关增速指标均以当年价格计算，未扣除价格变动因素）。

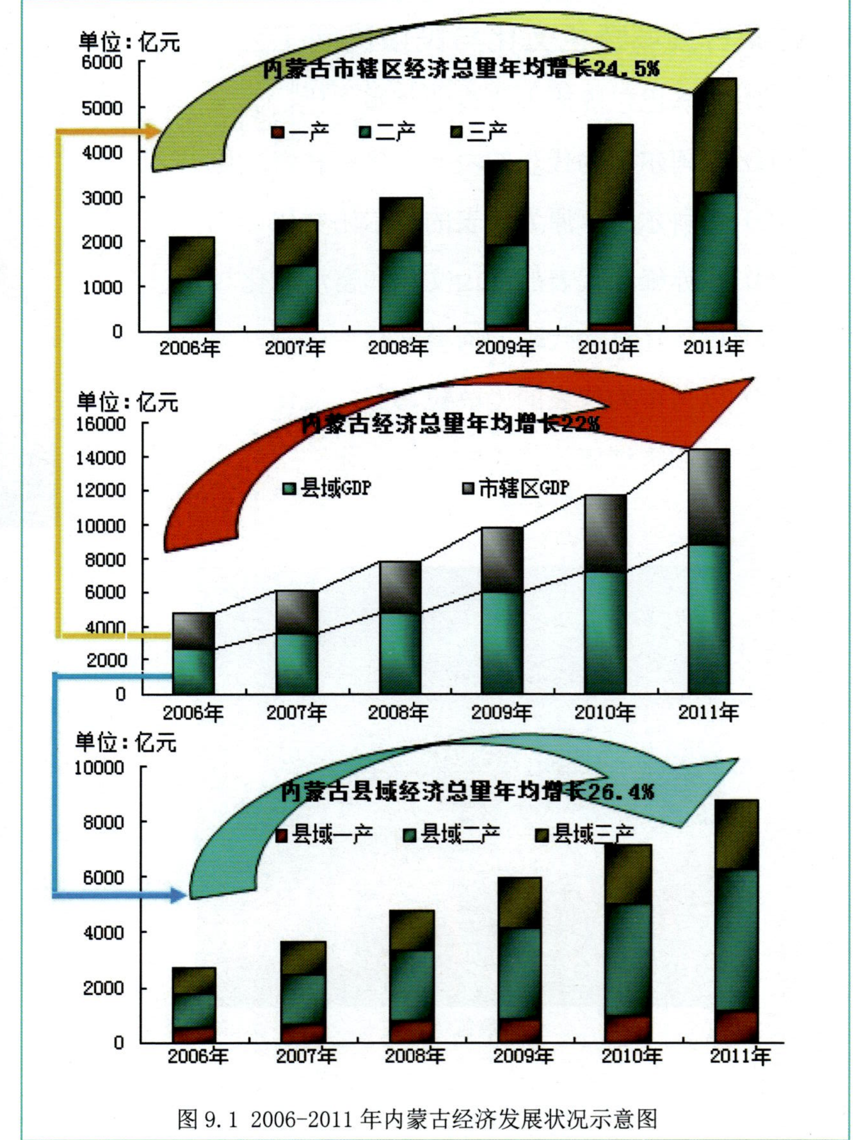

图 9.1 2006-2011 年内蒙古经济发展状况示意图

2. 分项看：（1）从一般预算收支角度：6年间，内蒙古县域经济的快速发展带动县域财政收支均呈现较快增长，其中，县域一般预算收入年均增长26.9%，低于全区31.6%的增速，其占全区一般预算收入比重由2006年的44.2%降至36.8%，县域一般预算收入占GDP的比重也始终维持在5%-6%之间，低于全省9%的水平，这与大型资源型企业税收通常归属市级以上财政相关。6年间，县域一般预算支出年均增长27.1%，其占全区预算支出的比重始终在45%附近波动，但县域财政收支差额逐年加大的趋势较为明显。今后4年中，内蒙古县域应在资源型工业带动经济发展已见成效的基础上，逐步摆脱对资源的过度依赖，依靠发展非资源型产业、加快发展第三产业等带动民营经济发展，进而改善县域财源结构，增加县域财政收入来源。

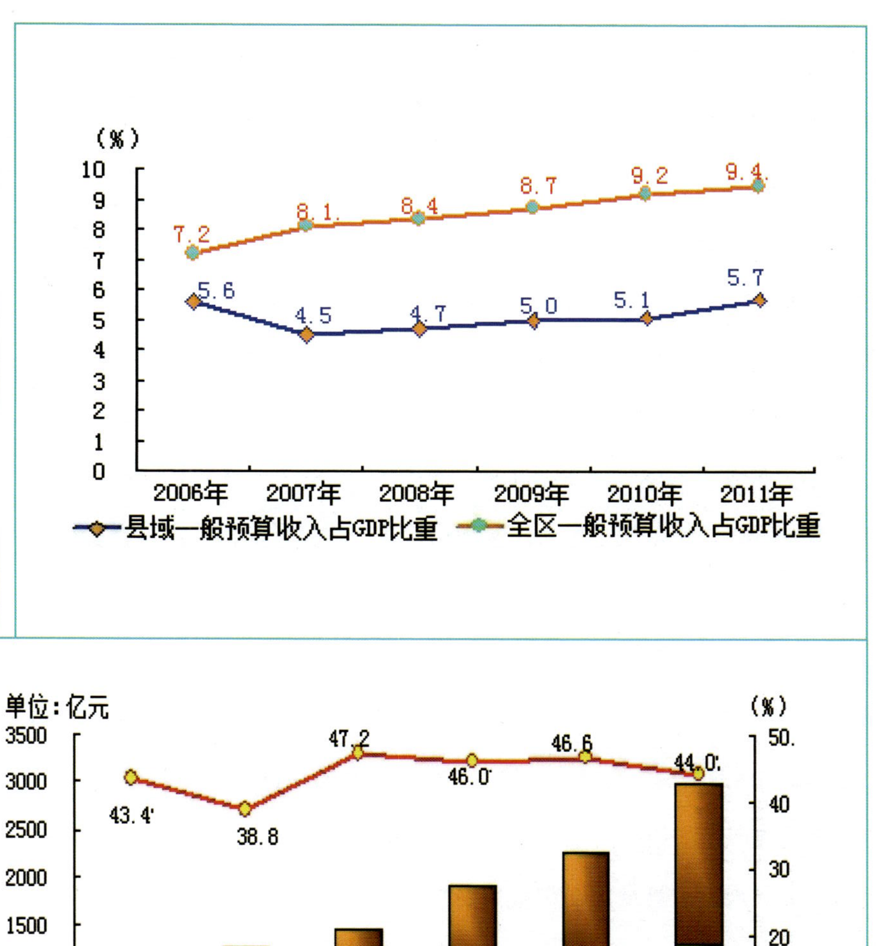

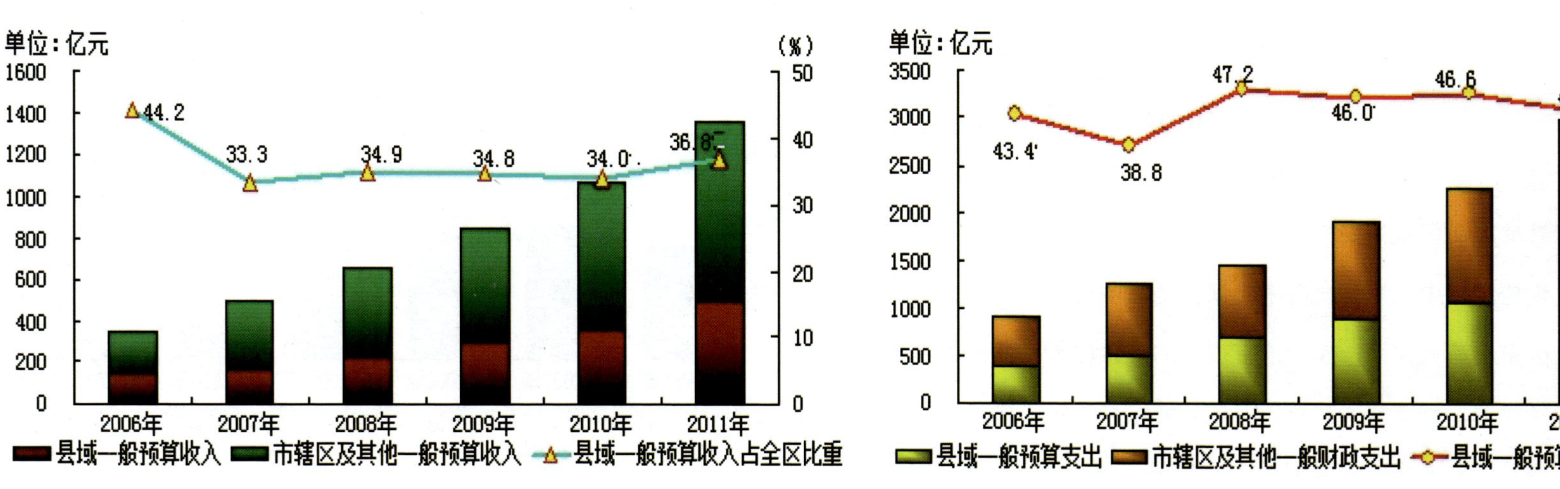

图 9.2 2006-2011 年内蒙古县域财政状况示意图

（2）**从固定资产投资角度**：深化西部大开发等战略的实施，促进内蒙古县域基础设施领域投资热，而资源型工业经济的快速发展也需要大规模的固定资产投资，因此，6年间内蒙古县域固定资产投资总额由2006年的1942亿元增长至2011年的6051亿元，年均增长25.5%，占全区固定资产投资比重基本稳定在56%附近。值得注意的是，尽管依靠县域固定资产投资的快速增长，内蒙古县域基础设施环境已呈现巨大改善，但由于县域面积广，高原生态环境较为脆弱，且现代交通运输体系尚未建成，因此今后4年中，内蒙古县域应继续加大基础设施建设力度，同时应围绕“呼包鄂”一体化进程等重点区域的战略布局，通过落实主体功能区战略，着力培养和支持重大项目的投融资，持续优化和改善投融资结构，推动县域经济的持续发展。

（3）**从国内贸易角度**：6年间，内蒙古县域消费市场发展平稳，县域社会消费品零售总额由2006年635亿元增长到1500亿元，年均增长18.7%，略低于内蒙古全区20.1%的增速，县域社会消费品零售总额占全区比重始终在38%附近震荡，表明与市辖区相比，内蒙古县域消费市场发展相对较缓，活跃度不高。今后四年中，内蒙古县域应在积极稳妥推进城镇化、引导农村牧区人口向城镇转移、实施游牧民定居过程中，充分发挥中心镇的地域中心优势，改善消费环境，构建农村牧区市场流通体系，提升消费市场的集聚辐射功能，通过深入挖掘农村消费市场潜力，创造消费热点，促进县域城乡市场的繁荣，从而有效释放出“扩大内需”对县域经济发展的带动效用。

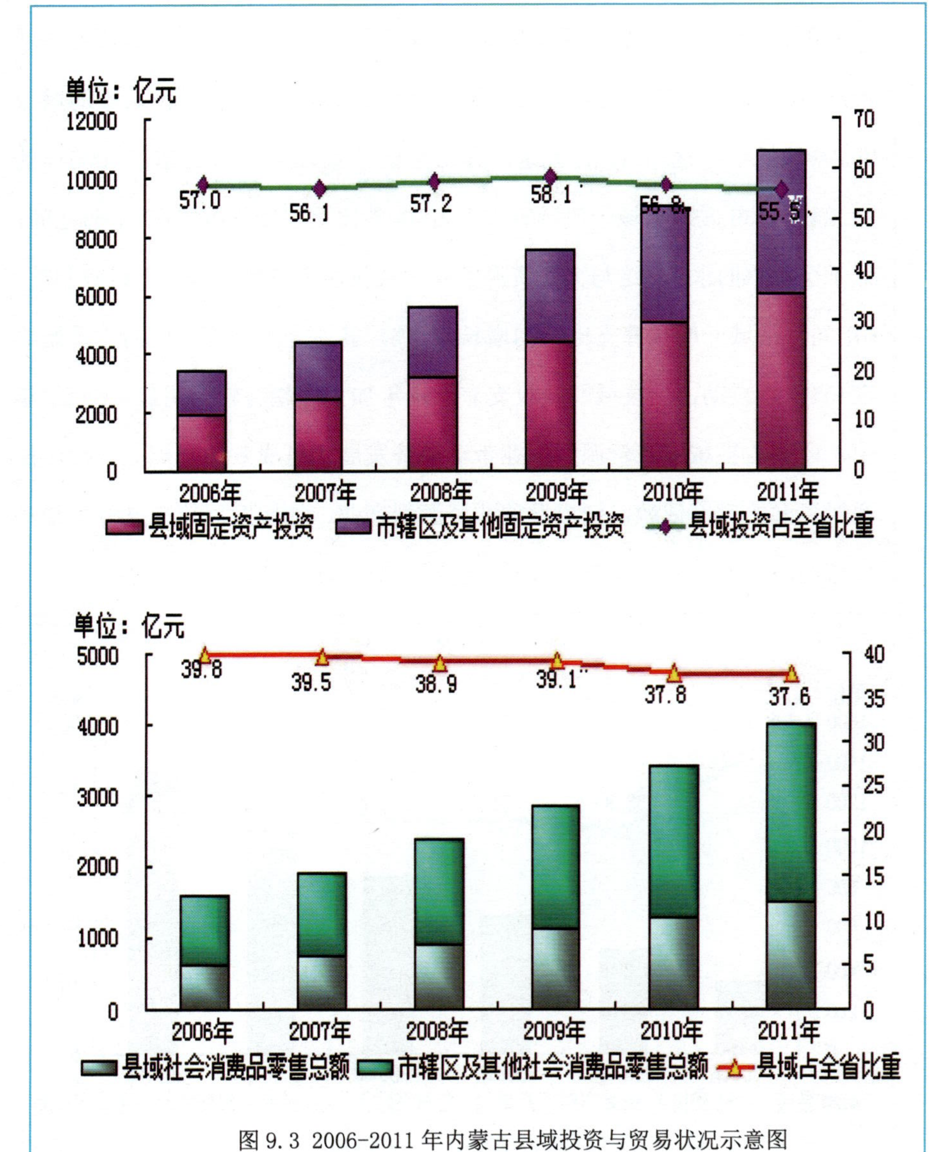

图 9.3 2006-2011 年内蒙古县域投资与贸易状况示意图

（4）**从人民生活角度**，6年间，伴随着中央和地方一系列富民政策的落实，内蒙古县域居民生活水平不断提高，农牧民生活水平得到较大改善，其中，县域农牧民人均纯收入（平均值）已超出全区和全国水平，但县域在岗职工平均工资仍低于全区和全国水平，且内蒙古仍存在着集中连片地区的55万贫困人口，因此，今后4年中内蒙古县域经济既要通过提高农牧业综合生产能力，推进农牧业产业化经营，实现农牧民收入的持续增加，也要依靠产业园区建设、壮大服务业、加强农牧民就业转移等措施做好老少边穷地区的扶贫工作，加快新农村、新牧区建设，全面提高居民生活质量。

（5）**从县域城镇化建设角度**，内蒙古县域城镇化滞后于全区、全国的城镇化发展，至2011年底，县域城镇化率只有37.2%，但值得注意的是，尽管内蒙古县域城镇化率整体偏低，却存在着一定比例的高城镇化率县市，例如满洲里、根河市的城镇化率达到100%，没有农村人口，而部分以农牧经济为特色的县市如额尔古纳市，其城镇化率也高达97%，此外，也有部分县市经济欠发达，但城镇化率却超过县域经济最为发达的鄂尔多斯地区旗县，与一般规律相背离。城镇化是经济社会发展到一定阶段的产物，需要一定的经济基础，片面地提升城镇化率而背离客观规律有违于中央推进城镇化建设的宗旨，需要引起重视。今后4年中，内蒙古县域城镇化发展应在区域中心城市的带动下，逐渐融合到蒙东、蒙西两大城市连接带，统筹引导农村牧区人口向城镇转移，使有条件的城镇依照各自特色发展成工贸型、商贸流通型和旅游边贸型小城镇，积极稳妥地推进城镇化进程。

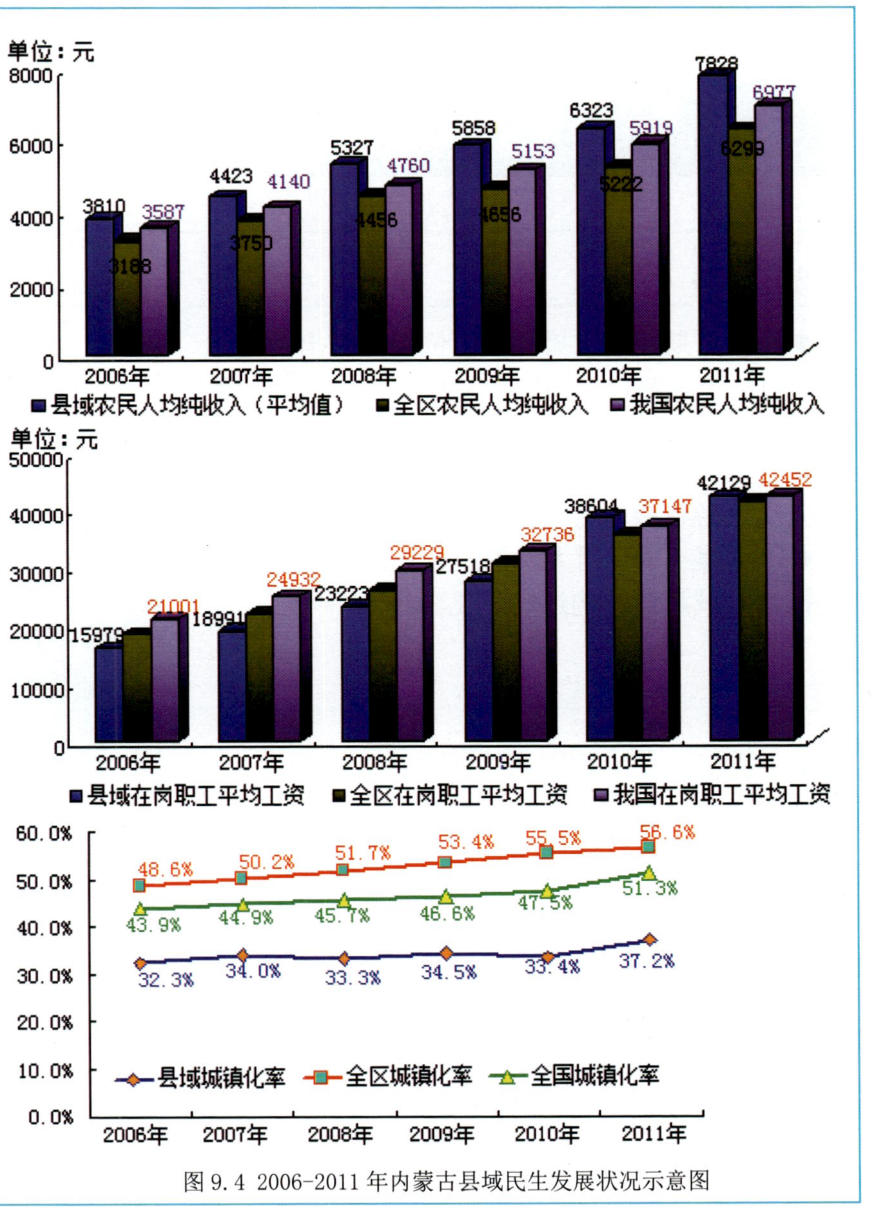

图 9.4 2006-2011 年内蒙古县域民生发展状况示意图

“十二五“内蒙古县域经济发展的SWOT分析

发展优势（S）

- 与俄罗斯、蒙古接壤，区位优势突出，开通的 18 个陆路口岸拓宽了县域经济的对外开放渠道
- 资源富集，以矿产资源为代表的自然资源和人文旅游资源具有明显优势
- “羊煤土气”四大特色产业集群的持续发展推动县域产业结构逐渐优化升级

发展劣势（W）

- 县域经济基础仍旧较为薄弱，农牧业发展相对滞后，第三产业亟需提升
- 经济增长偏重于依赖资源，非资源型产业与民营中小企业发展滞后，科技创新能力不强
- 县域间、县域城乡间发展不平衡，县域城乡居民收入增长缓慢

建议：“十二五”期间，内蒙古县域经济进一步科学发展的重点战略是：深入落实主体功能区战略，在稳妥推进县域城镇化建设中，壮大民营经济、农牧特色品牌经济。

发展机会（O）

- 中央坚持扩大内需的战略方针有利于内蒙古县域集中力量解决基础设施瓶颈问题，畅通出区通道，带动县域经济发展
- 国家西部大开发、振兴东北等老工业基地战略的深入实施和促进内蒙古经济社会又好又快发展意见的出台，为内蒙古县域经济发展创造战略契机

挑战与威胁（T）

- 区域性大中城市的规模实力不足，对县域经济的辐射带动力不强
- 经济转型中的社会矛盾增加，制约科学发展的体制机制障碍依然较多
- 生态环境脆弱，经济发展和生态保护之间矛盾突出

报告之十：2006-2012 辽宁省县域经济发展

1、数字辽宁县域发展

以 2012 年年鉴数据为依据	县域总值	县域均值	最高县	数值	在全省县域经济对应指标中的比重	最低县	数值	在全省县域经济对应指标中的比重
生产总值（万元）	104862301	2383234	瓦房店市	8231128	7.85%	建昌县	612748	0.58%
财政赤字（万元）	3491346	79349	北票市	153003	4.38%	调兵山市	-16446	有财政盈余
固定资产投资（万元）	69982911	1590521	瓦房店市	6278100	8.97%	西丰县	244829	0.35%
房地产开发投资（万元）	7013859	159406	辽中县	574812	8.20%	长海县	7613	0.11%
社会消费品零售（万元）	21423136	486889	海城市	1718963	8.02%	抚顺县	57386	0.27%
居民储蓄存款余额（万元）	40613695	923039	海城市	3081041	7.59%	朝阳县	152232	0.37%
出口总额（万美元）	635963	14454	瓦房店市	153560	24.15%	黑山县	461	0.07%
私人汽车拥有量（辆）	5506476	125147	瓦房店市	460000	8.35%	长海县	24500	0.44%
城镇居民最低生活保障人数（人）	414451	9419	北票市	47806	11.53%	抚顺县	689	0.17%
农村居民最低生活保障人数（人）	819016	18614	凌源市	49695	6.07%	长海县	农村居民最低生活保障为 0 人	
环境污染治理投资额（万元）	458033	10410	庄河市	108000	23.58%	彰武县	138	0.03%
人均生产总值（元/人）	-	44560	长海县	88799	是全省县域均值的 2 倍	建昌县	9711	约占全省县域均值的 2/9
农民人均纯收入（元）	-	9659	长海县	22192	是全省县域均值的 2.3 倍	喀喇沁县	7345	约占全省县域均值的 3/4
在岗职工平均工资（元）	-	29953	调兵山市	44207	是全省县域均值的 1.5 倍	黑山县	18229	约占全省县域均值的 3/5
工业 SO_2 排放量（吨）		4641	阜新县	27542	是全省县域均值的 5.9 倍	长海县	326	约占全省县域均值的 7%

注：本表相关数据均来自《2012 辽宁统计年鉴》，其中，朝阳县、开原市无 SO_2 排放数据，建昌县、凌源市无外贸出口数据，盖州市无私人汽车拥有量数据。

2、辽宁县域经济特色产业代表

(1) 法库被誉为“沈阳瓷谷”，现代陶瓷远销海外，是东北第一大陶瓷生产基地；

(2) 瓦房店是中国轴承工业的发祥地和摇篮，素有“轴承故乡”的美誉，是国内最大的轴承产业集聚地区；

(3) 大洼县素有“盘锦文蛤库”、“渤海金滩”之誉，是辽宁省著名的文蛤出口基地，海洋养殖业省内领先。

3、辽宁县域特色文化与民俗民间工艺

(1) 以调兵山为代表的金文化

(2) 以凌源牛河梁为代表的红山文化

(3) 以法库为代表的陶瓷文化

岫岩玉雕

医巫闾山满族剪纸

(1) 在民间工艺上，岫岩玉雕、阜新玛瑙雕、医巫闾山满族剪纸等均为辽宁县域民间工艺代表。

(2) 在民风民俗上，有辽宁鼓乐、朝鲜族农乐舞、乞粒舞、辽西木偶戏、东北大鼓、东北二人转、乌力格尔、海城高跷、辽西高跷、复州皮影戏、抚顺秧歌等。

抚顺秧歌

4、2006-2012 辽宁县域经济发展评析与“十二五”发展建议

1.基本状况：辽宁省现有县级行政单位100个，其中市辖区56个、县级市17个，县19个，自治县8个（下文将44个县、县级市、自治县称为辽宁县域经济）。2006年以来，依靠紧紧把握东北老工业基地振兴、辽宁沿海经济带开发、沈阳经济区建设等重大战略机遇，通过不断优化产业结构，促进县域经济结构转型升级，长期滞后于全省整体发展的县域经济短板实现重大发展突破，呈现出与市辖区齐头并进的发展局面，如图10.1所示。

（1）在经济总量与发展速度上：至2011年底，辽宁县域经济总量（GDP）由2006年的3300亿元增长到10486亿元，年均增长26%，远高于市辖区14.6%的年均增长速度，县域经济总量占全省比重由2006年的35.7%迅速上升到2011年的47.2%。从全国看，辽宁已成为苏、鲁、浙之后又一个县域经济强省，辽东半岛也紧随胶东半岛成为强县林立的区域，彰显出海洋经济在壮大县域经济发展中的独特竞争优势。

（2）在经济结构上：尽管农业在县域三次产业中的比重由2006年的23.2%下降到2011年的15.7%，但农业“一县一业”的发展战略带动专业化、标准化、规模化、集约化的现代农业体系的建立与加强；作为传统工业大省，工业在辽宁县域经济结构中处于先发优势，依托工业“五项工程”提高核心竞争力，不断加强产业集聚，第二产业年均增长31.1%，在三次产业中的比重达到54.7 %，主导地位突出；第三产业年均增长24.1%，在三次产业中的比重维持在30%附近（注：本报告相关增速指标均以当年价格计算，未扣除价格变动因素）。

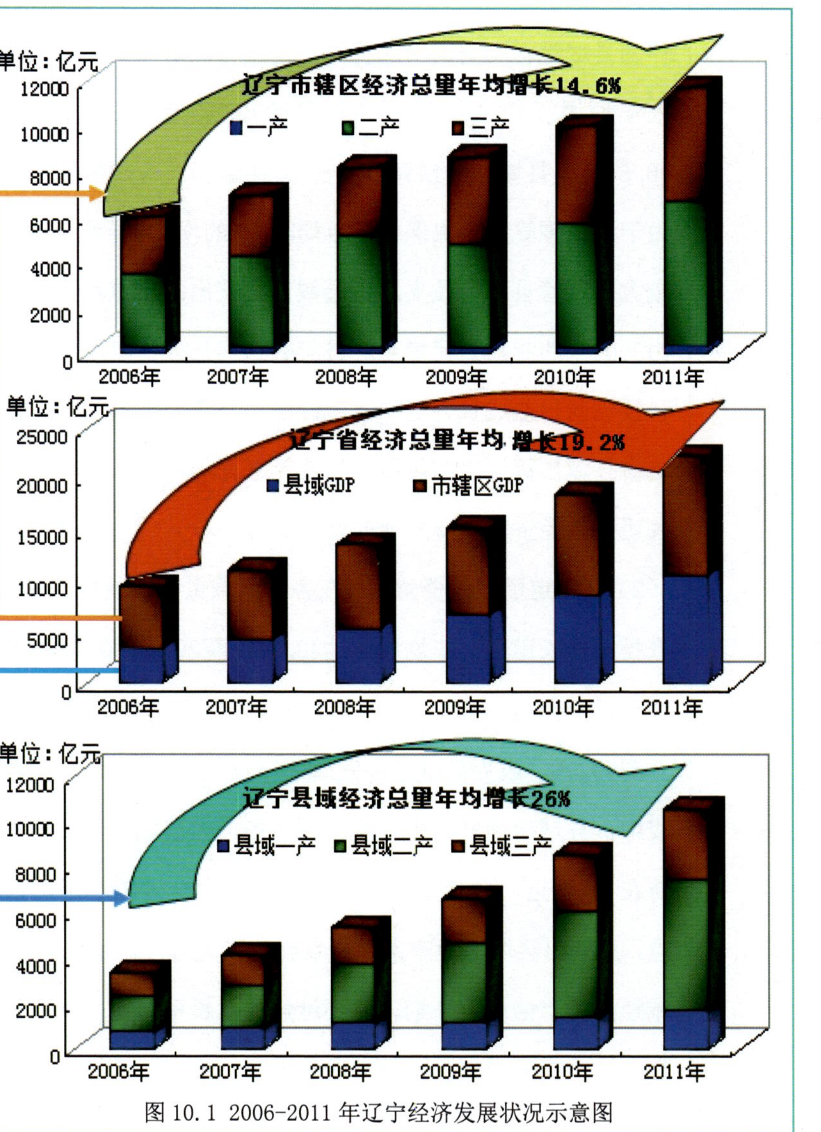

图 10.1 2006-2011 年辽宁经济发展状况示意图

2. 分项看：（1）从一般预算收支角度：6年间，依靠财政激励政策的实施，伴随县域综合实力的快速提升，辽宁县级财力明显壮大，县域一般预算收入年均增长43.6%，至2011年已达703亿元，占全省比重由14.1%上升到26.6%，但县域一般预算收入占GDP比重仍旧落后全省平均值约5个百分点。由于县级预算支出也保持了年均32.2%的增速，导致县级预算收支缺口仍然较大。尽管县域科技支出占县域预算支出的比重不足1%，但县域科技支出由2006年的2613万元增至2011年的10.4亿元，年均增长109%，充分反映出科技创新日益成长为辽宁县域经济中不可或缺的力量。此外，县域教育支出占县域预算支出的比重虽然逐年下调，但仍然高于全省对应的平均指标，表明县域经济对教育发展的持续支持。

（2）从固定资产投资角度：在各种区域重大发展机遇引导下，县域固定资产投资增长迅猛，年均增速达42.7%，至2011年底，县域固定资产6年间的累计投资额达22827亿元，占全省固定资产投资比重也由2006年的20.8%上升到39.5%，成为县域经济发展的“强力助推器”。在县域固定资产投资构成中，县域房地产投资发展较为平稳，占县域固定资产投资的比重基本维持在10%附近，落后于全省房地产投资占全省固定资产投资比重15个百分点，反映出县域房地产市场开发整体较为理性。今后4年中，为实现辽宁县域经济的“倍增”计划，需要继续优化投资结构，降低投资的盲目性，依靠主体功能区规划，加强对重点领域、重大项目的科学投资。

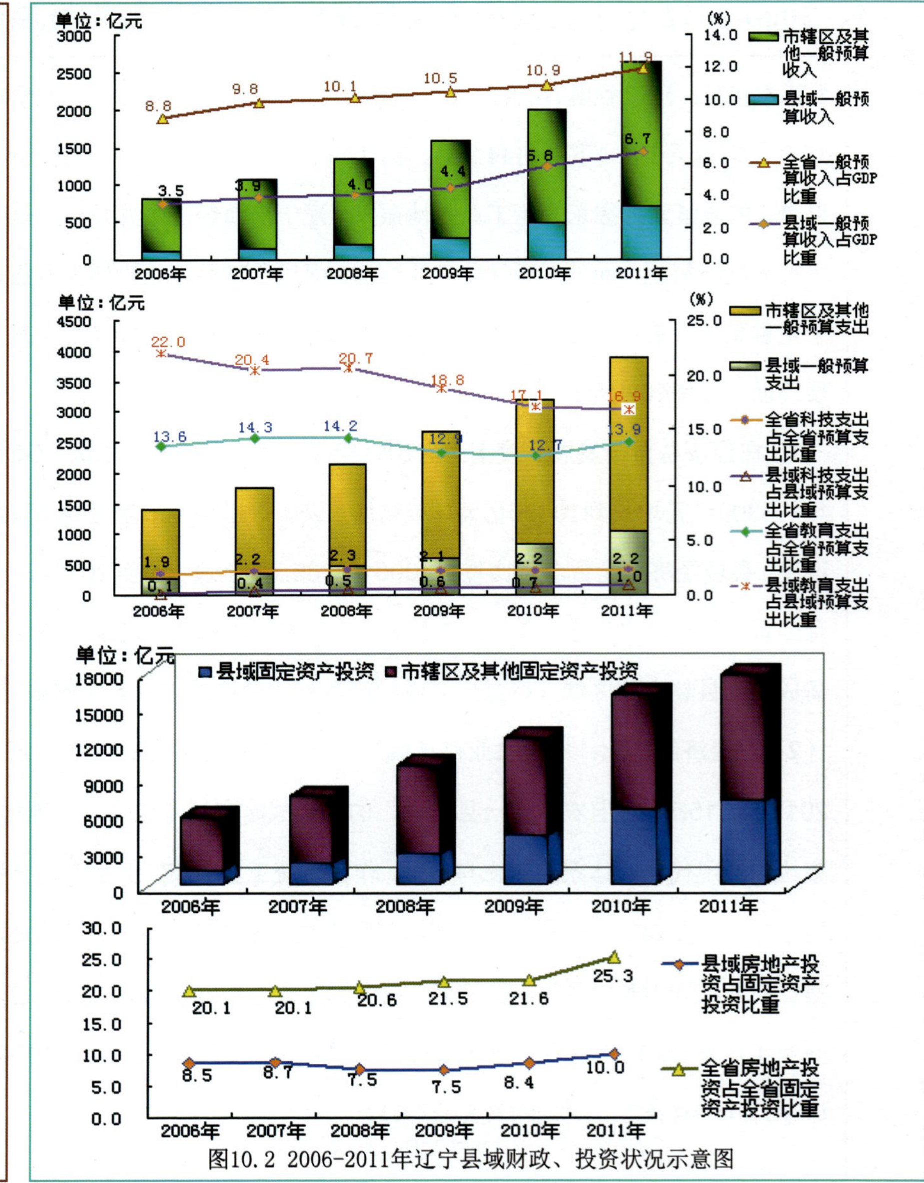

图10.2 2006-2011年辽宁县域财政、投资状况示意图

（3）从国内贸易角度：6 年间，伴随中央“扩内需、保增长、促消费”等一系列政策措施的实施，辽宁县域社会消费品零售总额实现年均 20.1%的增长，其中 2011 全年实现社会消费品零售总额为 2142 亿元，约占全省社会消费品零售总额的 26.8%，显然与县域经济、市辖区经济各占半壁江山的发展状况相比，县域消费市场的活跃程度还比较低，县域市场的消费能力还有待进一步提升。今后 4 年中，辽宁各县市应立足于中央扩大内需的战略基点，依托县域经济崛起进一步扩大城乡居民收入、提升县域城乡居民购买力，以加快城镇化建设带动提升中心城镇的市场集聚与辐射能力，持续改善县域市场消费环境，努力实现县域消费市场的繁荣。

（4）从国际贸易角度：6 年间，辽宁县域出口总额年均增长仅为 8.9%，县域出口额占全省比重始终不足 15%，县域出口依存度由 2006 年的 10%下降至 2011 年的 3.9%，反映出全球金融危机、欧债危机等一系列不利因素严重影响县域出口产业。尽管县域实际利用外资额年均增长 34.6%，但至 2011 年底，其占全省比重仅为 22.1%，与市辖区相比，辽宁县域经济在对外开放领域还存在较大的差距。今后 4 年中，各县市一方面应借助辽宁沿海经济带开放开发、沈阳经济区建设、突破辽西北等战略机遇。实施更加积极主动的开放战略，争取全方位、多渠道、多元化吸引外资，另一方面要积极优化对外贸易结构，丰富出口产品种类与附加价值，扩大对外服务贸易，使对外贸易成长为支撑辽宁县域经济持续发展的重要力量。

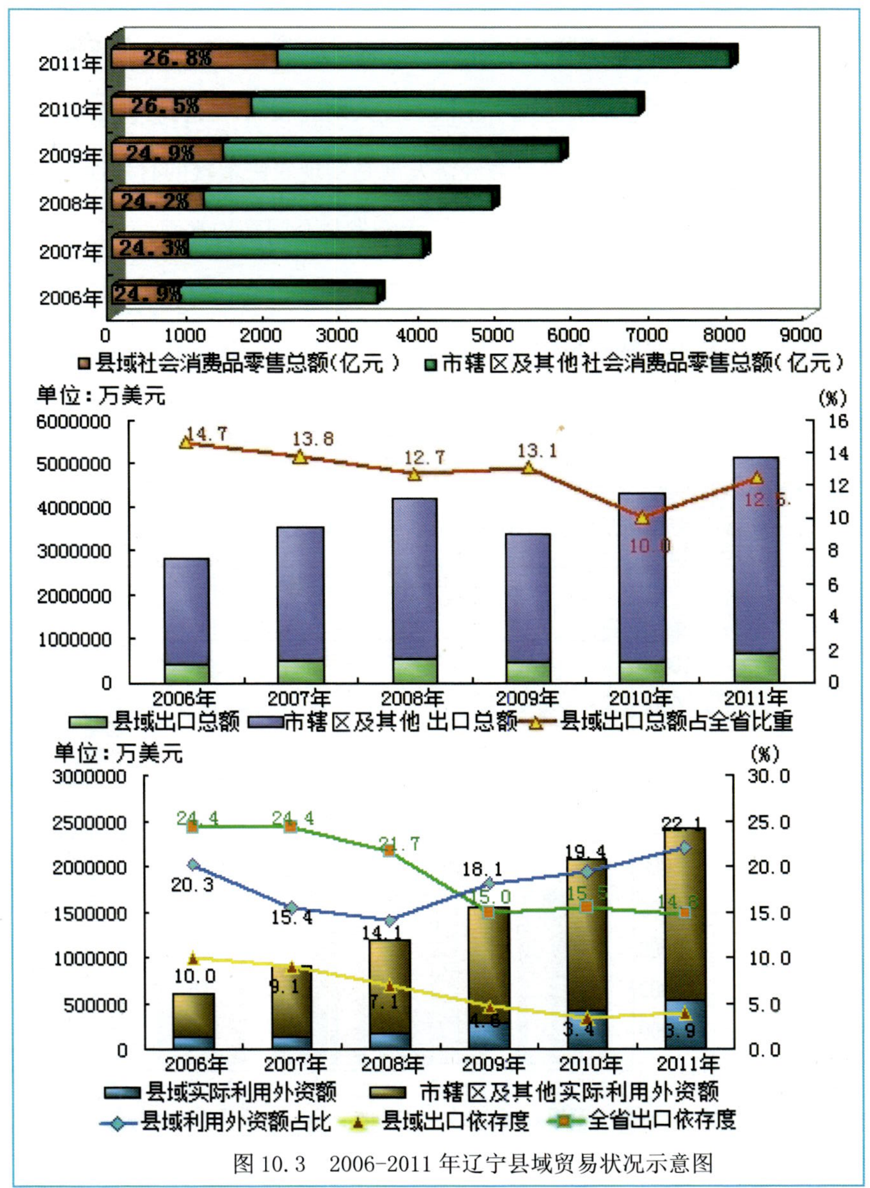

图 10.3　2006-2011 年辽宁县域贸易状况示意图

（5）**从人民生活角度**：6年间，辽宁县域农民人均纯收入平均值已远超过同时期全省、全国农民人均纯收入，农村居民生活水平取得较大改善，体现出县域经济发展是实现农民增收的有效途径；但县域在岗职工平均工资整体落后于全省与全国平均水平。辽宁各县在自然资源开发利用以及受中心城市辐射程度上存在较大差异，因此县域间发展不平衡现象较为突出。今后4年中，辽宁县域经济应在延伸第一个“三年倍增计划”有利影响的同时，把握工业振兴和经济区建设机遇，完成第二个“三年倍增计划”，努力实现县域居民收入与经济发展的同步增长，缩小不同群体、不同地区的收入差距。

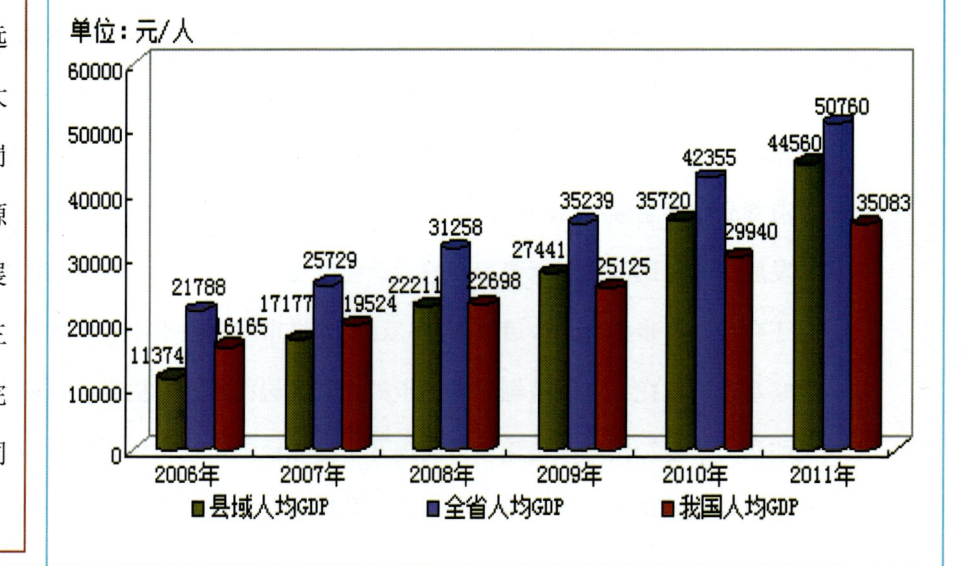

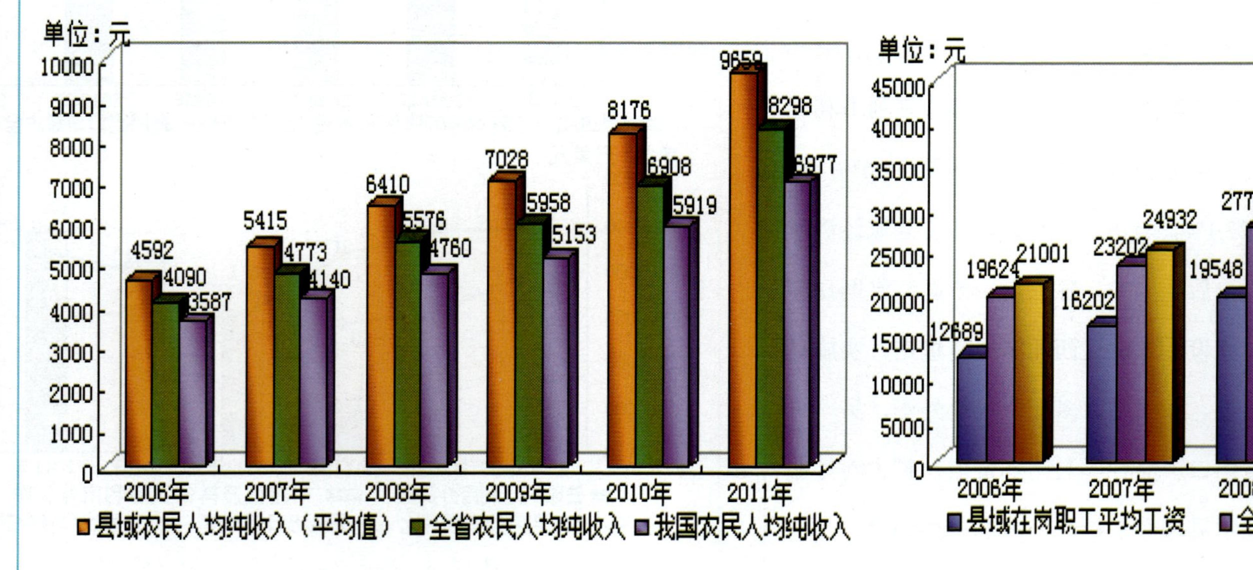

图 10.4　2006-2011 年辽宁县域民生发展状况示意图

“十二五”辽宁县域经济发展的SWOT分析

发展优势（S）

- 地处东北亚战略高地，地缘优势较为突出
- 经过近年的重点发展，县域经济整体实力已比较突出，发展支撑能力不断增强
- 工业基础比较雄厚，基础设施较为完善，以园区为载体的新型工业化初见成效

发展劣势（W）

- 产业集群规模偏低，集群特色、科技含量有待优化，龙头企业、特色品牌比较缺乏
- 县域经济发展不均衡，沿海县与内陆县差距较大，强县组团的带动效应有待提升
- 地方财政收入与政府宏观调控能力有待进一步提升
- 资源环境矛盾较为突出

建议：“十二五”期间，辽宁县域经济进一步科学发展的重点战略是：以“三化”协调发展为基础，壮大县域产业集群，全面构建以园区经济为增长极的县域发展格局。

发展机会（O）

- 辽宁省委、省政府高度重视县域经济发展，将大力发展县域经济、转变县域经济发展方式、提升县域集群实力摆在全省突出位置
- 东北振兴、辽宁沿海经济带开发、沈阳经济区建设等重大战略机遇为县域经济发展提供强大动力和政策支持

挑战与威胁（T）

- 辽宁省经济社会发展已进入快车道，对县域经济的加速发展提出新要求
- 与周边地区的竞争加剧，经济转型中的社会矛盾增加，制约科学发展的体制机制障碍依然较多

报告之十一：2006-2012 吉林省县域经济发展

1、数字吉林县域发展

以 2012 年年鉴数据为依据	县域总值	县域均值	最高县	数值	在全省县域经济对应指标中的比重	最低县	数值	在全省县域经济对应指标中的比重
生产总值（万元）	61961327	1549033	前郭县	4250181	6.86%	长白县	290162	0.47%
财政赤字（万元）	6141673	153542	榆树市	289563	4.71%	图们市	82103	1.34%
固定资产投资（万元）	35964569	899114	前郭县	1644252	4.57%	龙井市	256073	0.71%
社会消费品零售（万元）	17972569	449314	延吉市	1529800	8.51%	长白县	63295	0.35%
出口总额（万美元）	215913	5398	珲春市	87425	40.49%	通榆县	0	0.00%
实际利用外资（万美元）	97144	2429	大安市	7640	7.86%	和龙市	12	0.01%
粮食产量（吨）	31111028	777776	榆树市	3106781	9.99%	长白县	20501	0.07%
民用汽车拥有量（辆）	583721	14593	延吉市	77168	13.22%	长白县	1063	0.18%
城镇居民最低生活保障人数	694374	17359	蛟河市	57326	8.26%	磐石市	5821	0.84%
农村居民最低生活保障人数	682977	17074	梨树县	41787	6.12%	图们市	3055	0.45%
环境污染治理投资额(万元)	491852	12296	延吉市	71176	14.47%	农安县	0	0
人均生产总值（元/人）	-	33396	前郭县	72282	是全省县域均值的 2.2 倍	龙井市	17313	约占全省县域均值的 1/2
在岗职工平均工资（元）	-	26734	珲春市	31622	是全省县域均值的 1.2 倍	农安县	21660	约占全省县域均值的 4/5
城镇化率（%）	-	31.9	延吉市	86.33	是全省县域均值的 2.7 倍	德惠市	2.66	约占全省县域均值的 8%

注：本表相关数据均来自《2012 吉林统计年鉴》，其中长白朝鲜族自治县、汪清县、双辽市、长岭县、公主岭市、扶余县、梨树县、伊通满族自治县、通榆县无实际利用外资额数据，农安县无环境污染治理投资额数据。

2、吉林县域经济特色产业代表

(1) 榆树是吉林省著名的产粮大市，也是全国重点商品粮基地县（市）之一，有“天下第一粮仓”之称；

(2) 蛟河有长白山“立体宝库”之称，是全国四大花岗岩产地之一，镍矿探明储量居全省第二位；

(3) 抚松位于东南部长白山西麓，是重点林区县和著名人参产地，被誉为“人参之乡”；

(4) 临江特产众多，以高山红景天为最，是中国高山红景天之乡，也是国家北药基地。

高山红景天

3、吉林县域特色文化与民俗民间工艺

(1) 以农安为代表的黄龙文化

(2) 以九台、伊通满族为代表的萨满文化

(3) 朝鲜族等各少数民族文化

萨满文化

(1) 在民间工艺上，如满族刺绣、满族剪纸等均为吉林县域民间工艺代表。

(2) 在民风民俗上，有东北二人转、乌力格尔、朝鲜族跳板、朝鲜族秋千、朝鲜族农乐舞、朝鲜族摔跤、东北大鼓等。

朝鲜族跳板

4、2006-2012 吉林县域经济发展评析与“十二五”发展建议

1. **基本状况：**吉林省现有县级行政单位60个，其中市辖区20个、县级市20个、县17个、自治县3个（下文将40个县、县级市、自治县称为吉林县域经济）。作为我国重要的农业大省，县域是经济社会发展中的主力，吉林的全面振兴重点在县域，难点在县域，希望在县域。2006-2012年间，依靠深入实施县域突破战略和扩权强县改革，统筹县域工业化、城镇化、农业现代化的进一步发展，大力实施投资拉动、项目带动、创新驱动战略，吉林县域经济实现阶段性的跨越式发展，如图11.1所示。

（1）**在经济总量上与发展速度：**截至2011年底，吉林县域经济总量（GDP）达到6196亿元，是2006年2067亿元的3倍，年均增长24.6%，超过同时期市辖区经济总量年均增幅10个百分点，县域经济总量占全省比重由2006年的48.3%上升到2011年的58.6%。东北三省中，尽管吉林县均生产总值155亿元与辽宁县均生产总值238亿元相比仍存有较大差距，但已远远超过黑龙江县均生产总值85亿元的规模。

（2）**在经济结构**上：多年来出现的一产独大的格局已被彻底打破，县域经济三次产业结构由2006年的29.2:34.6:36.2调整到2011年的19.0:44.8:36.2。其中，尽管农业在经济结构中的比重下降10%，但农业科技创新指引农业综合生产能力稳步提高，例如，粮食产量由2760万吨增加到3111万吨，林特产业规模不断扩大。加快推进县域工业化进程带动县域第二产业实现高速扩张，6年间，工业增加值年均增长32.9%，工业在第二产业中所占比重由81%上升到86.9%，县域第二产业年均增长31.1%，但县域工业支柱地位不明显，增长方式偏粗放的问题依然存在。第三产业在长吉图先导区开发开放与长白山特色旅游产业带动下实现年均24.4%的增幅（注：本报告相关增速指标均以当年价格计算，未扣除价格变动因素）。

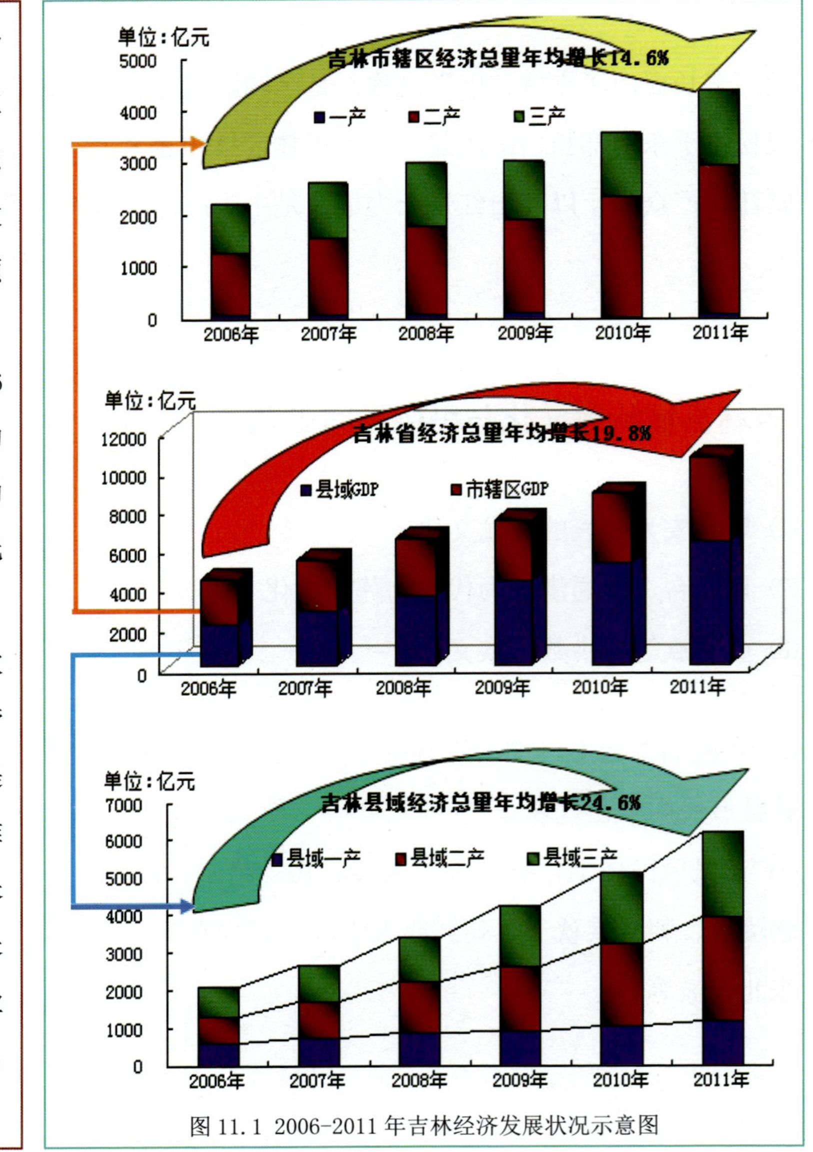

图 11.1 2006-2011 年吉林经济发展状况示意图

2. 分项看：

（1）**从一般预算收支角度：**依靠扩权强县改革，实行“省管县”财政体制，实施省县共享收入全部留成县级财政、转移支付与县级财政增长挂钩等一系列优惠政策，吉林县域财力获得一定的改善。6年间，县域一般预算收入年均增长28.9%，但其占全省一般预算收入比重仍旧维持在28%附近，县域一般预算支出年均增长26.2%，占全省一般预算支出比重基本维持在38%附近，与县域经济规模实力整体扩张、县域经济在全省经济地位有效提升的发展格局不相协调。从一般预算支出的构成看，尽管县域科技支出占县域预算支出的比重不足1%，但县域科技支出由2006年的3157万元增至2011年的4.5亿元，年均增长70.3%，反映出农业科技创新及创新驱动战略正逐渐强化对吉林县域经济的支撑作用。尽管县域教育支出占县域预算支出的比重呈波动状态，但始终高于全省平均指标表明县域经济对教育发展的持续支持。今后4年中，吉林县域应密切把握全省扩权强县改革的重大机遇，依靠大力发展民营经济、实施县域新型工业化提升县域工业集聚性创新性、加快推进城镇化等一系列措施，进一步改善县域发展质量，进而带动县域财力的有效增强。

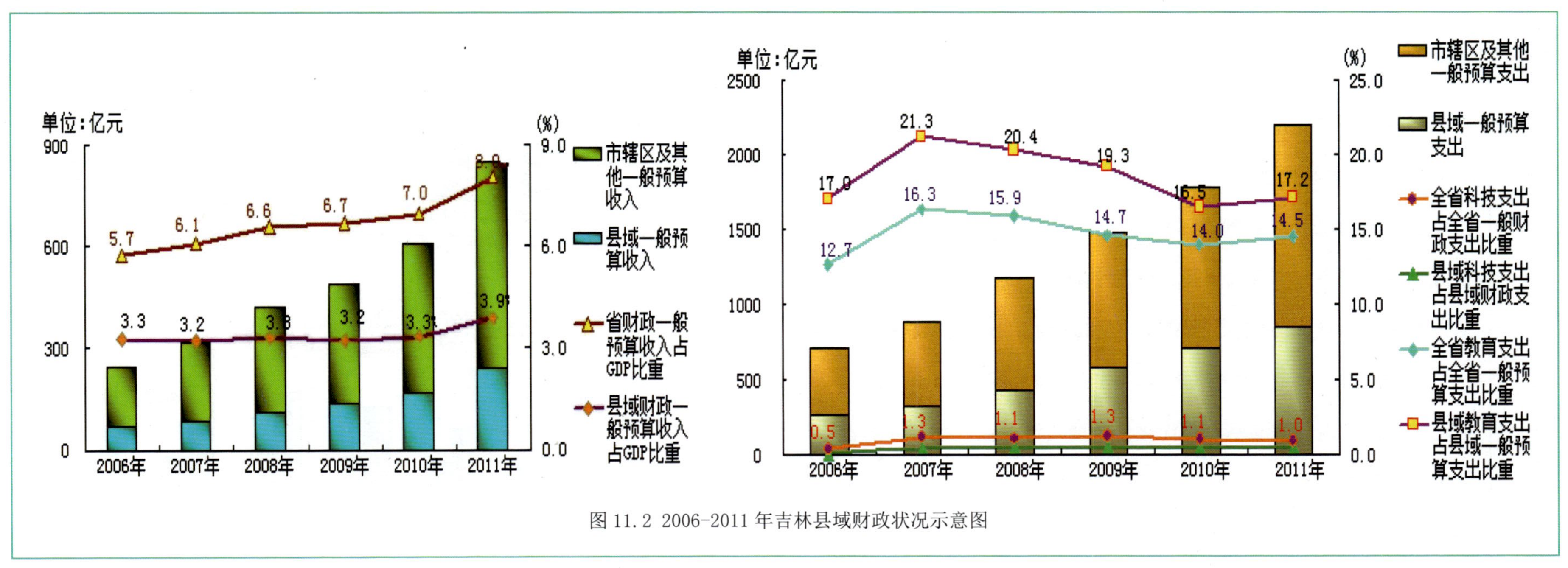

图 11.2 2006-2011 年吉林县域财政状况示意图

（2）**从固定资产投资角度**：由于2011年吉林省固定资产投资统计的起点标准从计划总投资50万元提高到500万元，因此2011年的固定资产投资额与2010年数据相比出现下滑。尽管因统计口径调整降低了增速的代表性，但调整后的数据相较于2006年，县域固定资产投资年均增长仍高达34.2%，且其占全省固定资产投资比重由2006年的29.4%上升到2011年的48.3%，均反映出投资拉动、项目带动战略对县域经济的有效支撑作用。受调整固定资产投资方向、加大基础设施建设投资等措施影响，县域房地产投资占县域固定资产投资比重呈现震荡发展趋势。今后4年中，吉林县域要进一步贯彻落实投资拉动与项目带动战略，在不断完善基础设施建设、打造支撑县域经济发展的载体和产业集聚区的基础上，科学筛选投资项目，将投资的重点放在培育特色优势产业集群，继续推动县域经济的跨越式发展。

（3）**从国内贸易角度**：6年间，县域社会消费品零售总额年均增长21.3%，其占全省比重上涨2.7%达到43.6%。从县域内部市场看，在全省加速推进县城建设成为中等城市、中心大镇建设成为小城市、提高县域城镇化质量引导下，城镇消费实现年均26.9%的显著增长，至2011年底所占县域社会消费品零售总额比重达82.4%；但乡村消费严重不足，年均增长仅有6.1%。今后4年中，吉林县域应立足扩大内需战略基点，优化传统商贸流通业，改善便民服务网络，创新产销对接模式，通过持续完善城镇消费市场，改善居民消费条件，提高居民消费能力，带动内外贸易相互促进、共同发展。

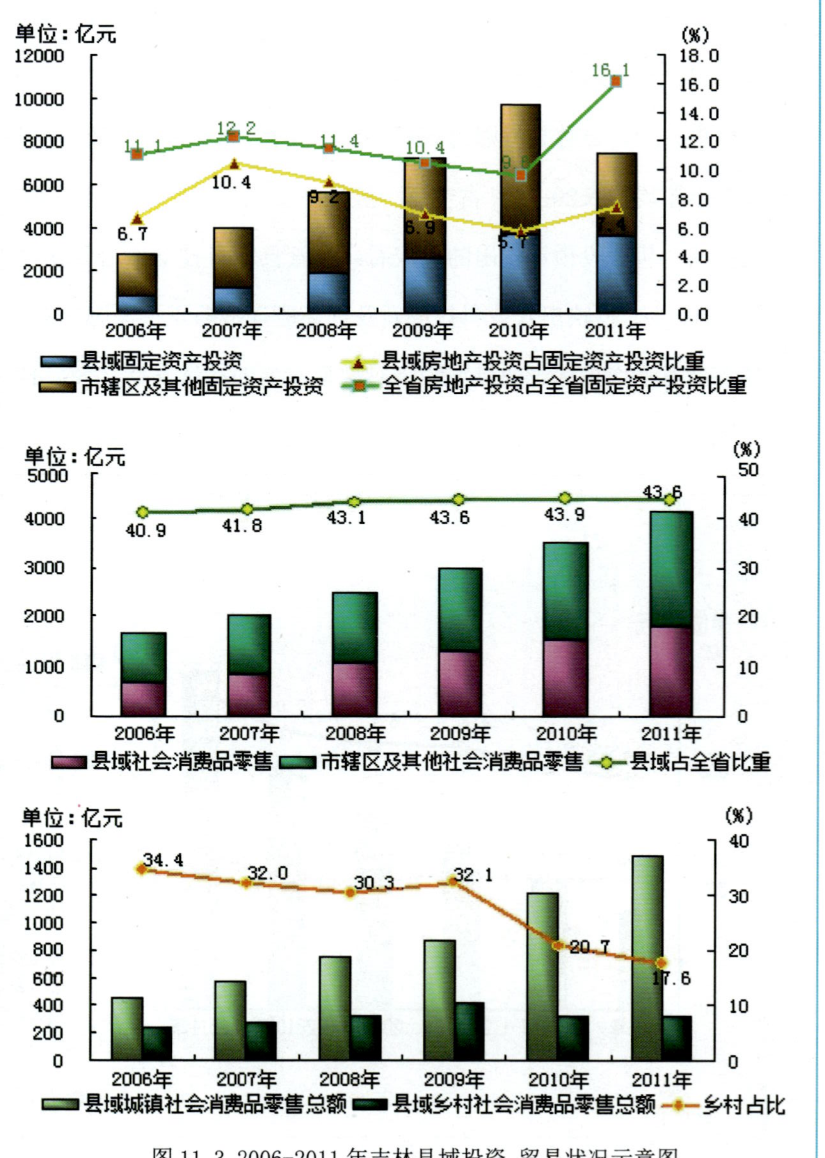

图 11.3 2006-2011 年吉林县域投资 贸易状况示意图

（4）从国际贸易角度：受全球金融危机影响，尽管吉林县域出口总额在6年间实现了增长，但年均增幅仅为5.9%，2011全年实现出口额仅为22亿美元，县域出口依存度由2006年的6.25%下降至2.25%。从实际利用外资额指标看，2007年达到“十一五”时期的最高值，进入“十二五”后，县域实际利用外资额开始企稳回升。今后4年中，吉林县域应紧密结合东北亚区域合作的机遇，充分利用“两个市场”、“两种资源”，加快长吉图开发开放与中国图们江区域（珲春）国际合作示范区建设，大力发展边境贸易，围绕优势特色产业的扩能升级、深度开发，优化升级出口结构，促进产业优势转化为出口竞争优势 ，形成一批县域特色出口产业，促进县域对外贸易增长。

（5）从人民生活水平角度：吉林省人均GDP超过全国平均水平、县域人均GDP低于全国平均水平的状况与吉林省在全国范围内处于中等发展水平的省情相符。从在岗职工平均工资指标看，6年间，吉林县域在岗职工平均工资年均增长17%，尽管增速略高于同时期全省、全国的对应指标，但平均工资水平仍与全省、全国平均水平差距巨大。今后4年中，为了有效提升县域城乡居民收入，一方面应依托县域工业化、城镇化、农业现代化加速发展的有利时机，努力促进劳动力就业转移，提高居民工资性收入；也要依托 “两区四轴两带”的省域城镇体系框架，加快区域性中心镇与特色小城镇建设，为县域城镇居民就业、创业创造有利契机。

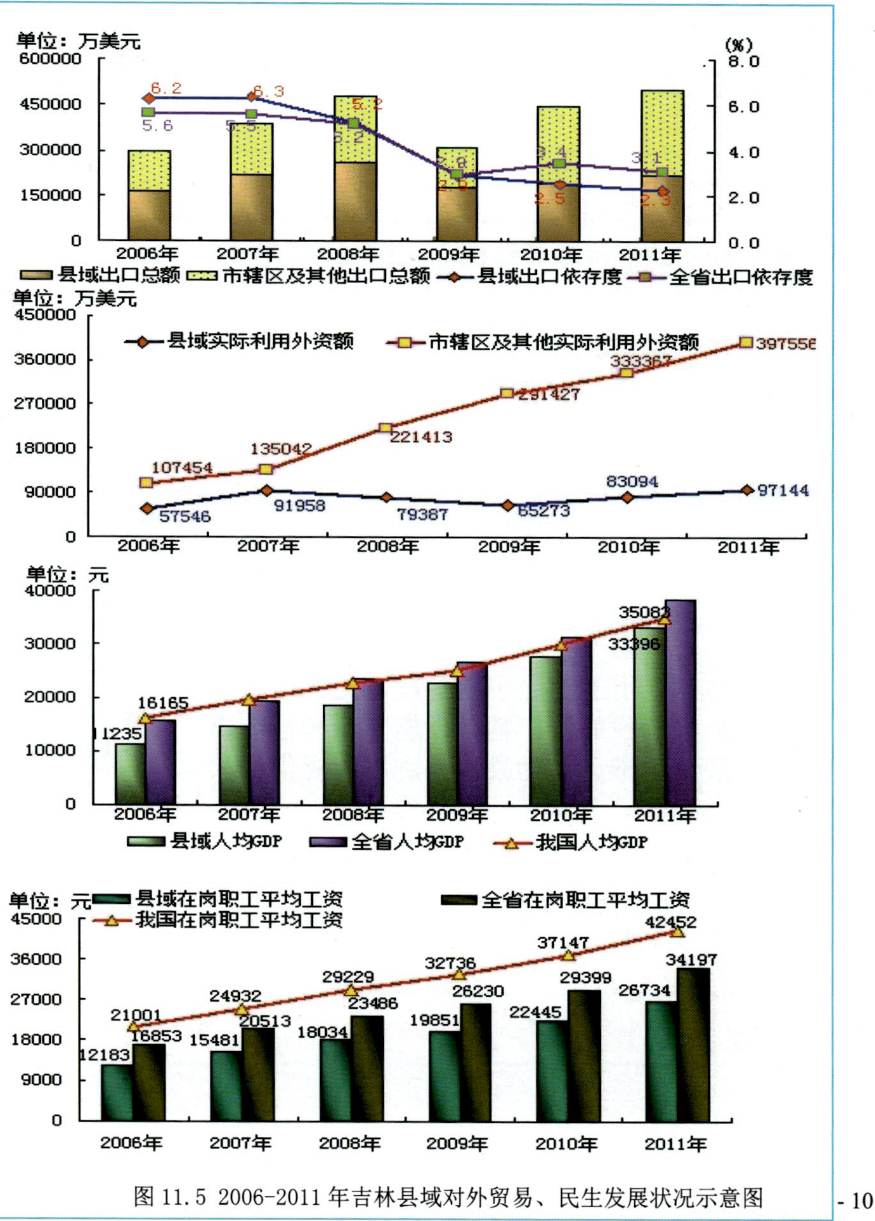

图 11.5 2006-2011 年吉林县域对外贸易、民生发展状况示意图

“十二五”吉林县域经济发展的SWOT分析

发展优势（S）

- 地处东北亚战略要地图们江区域核心区，县域经济具备扩大对内对外开放的地缘优势
- 扩权强县改革带动县域经济整体实力提升，产业结构获得优化，一产独大的格局已被打破
- 黑土之乡，农业生产条件得天独厚，生态环境优良、旅游资源丰富，具有发展旅游产业的优势

发展劣势（W）

- 县域经济发展落后的状态尚未改变，产业结构层次依然偏低，非农产业发展滞后，工业化、城镇化水平低
- 县域间、城乡间发展不平衡，基础设施仍较滞后，发展所需的人力、资本、技术等要素严重缺乏
- 县级政府负债较为严重，面临较强的财务风险

建议：“十二五”期间，吉林县域经济进一步科学发展的重点战略是：以富民强县为目标，聚焦产业互动、工农互动、城乡融合，突出县域比较优势，壮大民营经济。

发展机会（O）

- 吉林省处于工业化中期阶段，结构调整和产业升级步伐加快，基础设施建设和社会事业发展快速推进，为县域经济发展提供巨大空间
- 中央加大支持东北振兴力度，长吉图开发开放先导区建设全面推进，东北亚区域国际合作加快发展，为县域经济加快发展提供重要战略机遇

挑战与威胁（T）

- 老工业基地长期积累的体制性、结构性矛盾未能从根本上破解，发展的内生动力不足，对县域经济的扩大发展带来挑战
- 中心城市规模实力相对偏弱，对县域经济的辐射带动效应不强
- 黑吉两省经济结构、产业结构、资源优势相似，县域经济面临较强的竞争压力

报告之十二：2006-2012 黑龙江省县域经济发展

1、数字黑龙江县域发展

以 2012 年年鉴数据为依据	县域总值	县域均值	最高县	数值	在全省县域经济对应指标中的比重	最低县	数值	在全省县域经济对应指标中的比重
生产总值（万元）	54508203	851691	肇东市	3743880	6.87%	孙吴县	94052	0.17%
财政赤字（万元）	8189417	127960	双城市	262704	3.21%	漠河县	36771	0.45%
固定资产投资（万元）	25013686	390839	双城市	1218378	4.87%	甘南县	43958	0.18%
社会消费品零售（万元）	12856625	200885	肇东市	788102	6.13%	友谊县	23735	0.18%
进出口总额（万美元）	1867359	29177	绥芬河市	700495	37.51%	富裕县	9	0.00%
粮食产量（吨）	59943875	936623	肇东市	2931553	4.89%	绥芬河市	6698	0.01%
#大豆产量（吨）	5688067	88876	讷河市	500560	8.80%	安达市	764	0.01%
人均生产总值（元/人）	-	22358	绥芬河市	66493	是全省县域均值的 3 倍	兰西县	6689	约占全省县域均值的 3/10
农民人均纯收入（元）	-	8075	东宁县	14702	是全省县域均值的 1.8 倍	汤原县	1208	约占全省县域均值的 15%
城镇可支配收入（元）	-	13286	绥芬河市	22865	是全省县域均值的 1.7 倍	明水县	6540	约占全省县域均值的 1/2
注：本表相关数据均来自《2012 黑龙江统计年鉴》，其中，望奎、明水、塔河、呼玛县无进出口数据，集贤县无粮食、大豆产量数据，友谊县无农民人均纯收入数据。								

2、黑龙江县域经济特色产业代表

(1) 绥棱县是小兴安岭上的“立体宝库”，是黑龙江省“四大木材批发市场”之一，是俄罗斯、大兴安岭等地木材交易集散地；

(2) 兰西县是中国亚麻之乡，素有东方亚麻城的美誉，以亚麻产业为核心逐渐形成了中国亚麻纺编织名城、全国亚麻汽车坐垫生产基地县；

(3) 五大连池是“天然火山博物馆”，是矿泉水的主要产区之一，被誉为火山矿泉水之乡。

3、黑龙江县域特色文化与民俗民间工艺

(1) 以友谊县为代表的挹娄文化和北大荒精神

(2) 以牡丹江为代表的萨满文化

(3) 以大兴安岭为代表的鄂伦春族狩猎文化

青牛葫芦

双城皮影

萨满文化

(1) 在民间工艺上，如角雕、桦树皮画、方正剪纸、青牛葫芦、秋林牌大面包等均为黑龙江县域民间工艺代表。

(2) 在民风民俗上，有达斡尔族乌钦、鄂伦春族摩苏昆、鄂伦春族古伦木沓节、东北大鼓、五常东北二人转、达斡尔族鲁日格勒舞双城皮影戏、满族珍珠球、鞑子秧歌等。

4、2006-2012 黑龙江县域经济发展评析与“十二五”发展建议

1. 基本状况： 黑龙江省是我国最东北的省份，与俄罗斯隔江相望，现有县级行政单位129个，其中市辖区65个、县级市18个、县45个、自治县1个（下文将64个县、县级市、自治县称为黑龙江县域经济）。2006-2012年间，在全省深入实施老工业基地振兴、扎实推进“八大经济区”和“十大工程”建设的带动下，黑龙江县域经济获得稳步提升，如图12.1所示。

（1）**在经济总量与发展速度上：** 6年间，黑龙江县域经济总量由2006年的GDP 2113亿元增长到2011年的GDP 5451亿元，年均增长20.9%，明显高于同时期市辖区11.8%的发展速度，县域经济总量占全省比重由2006年的34.1%上升到2011年的43.3%。由于辽宁县域经济实现突破式发展，吉林县域经济以长吉图开发开放先导区为引领实现加速发展，东北三省中，黑龙江县域经济已处于落后的位置。

（2）**在经济结构上：** 黑龙江县域经济结构呈现出三产并举的独特格局，至2011年底，农业在县域三次产业中的比重高达35.4%，略微高于第二产业32.2%、第三产业32.4%的比重，充分反映出农业在黑龙江县域经济中的重要支柱地位。尽管至2011年底，第二产业在县域经济结构中所占的比重相对最低，但在以哈大齐工业走廊为代表的工业聚集区的辐射带动下，第二产业实现了三次产业中最快的25.5%的发展速度，并呈现出持续增长的态势，预计“十二五”末，第二产业在县域经济结构中将超越农业、第三产业（注：本报告相关增速指标均以当年价格计算，未扣除价格变动因素；根据黑龙江统计年鉴相关数据，历年全省第一产业增加值均低于县域经济第一产的增加值，数据存在问题，相关部门应根据实际情况予以修正。）

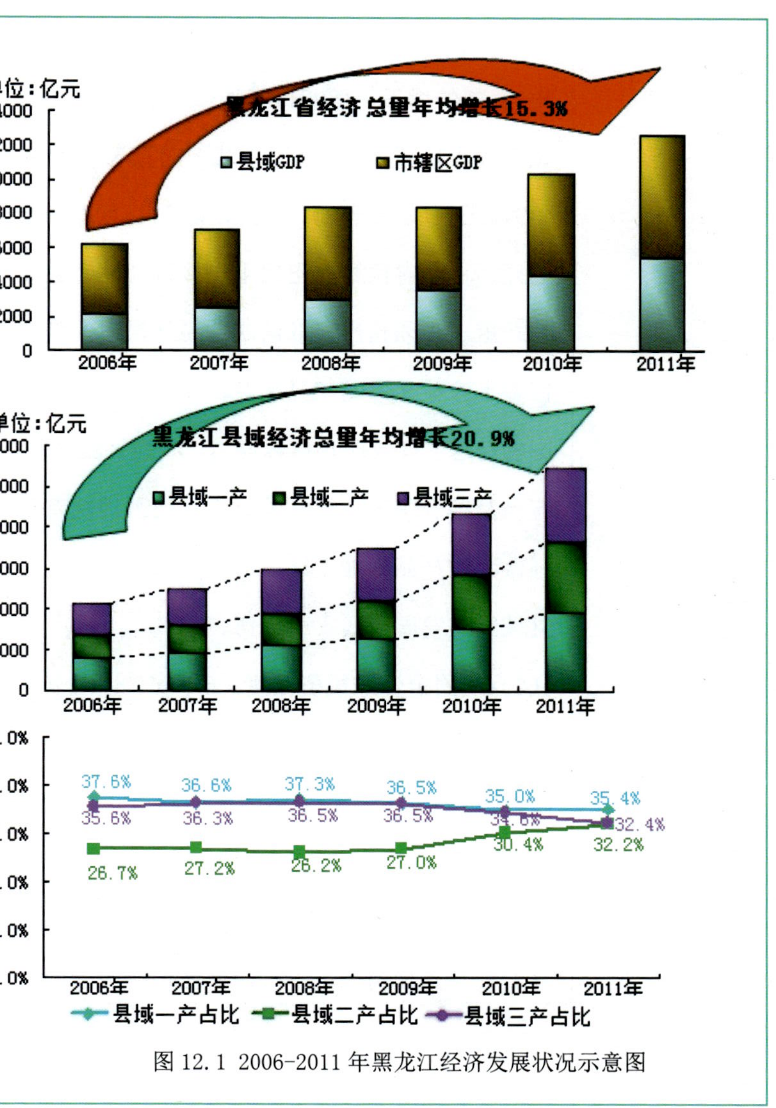

图 12.1 2006-2011 年黑龙江经济发展状况示意图

2. 分项看：

（1）**从一般预算收支角度**：6年间，尽管县域一般预算收入实现年均32.7%的增长，但2011年县域一般预算收入仅为267亿元，占全省预算收入比重不足12%，县域一般预算收入占县域经济比重也仅为4.9%。因县域一般预算支出逐年扩大，如2011全年预算支出已达1008亿元，占全省预算支出比重也接近 30%，县域财力吃紧的现象已较为严重。必须指出，取消农业税从根本上是一项利国利民的政策，但鉴于农业在黑龙江县域经济结构中的支柱地位，对县域财力有所影响。为了有效提升县域财力，增强县级政府调控能力，当务之急，应当是结合本地特色与发展实际，因地制宜延伸农业产业链条，做强做大农产品深加工产业体系，切忌盲目削减农业、扩张工业，对县域经济发展造成实质损伤。

（2）**从固定资产投资角度**：6年间，围绕老工业基地振兴与“八大经济区”建设重大机遇，通过加强基础设施建设，扩大招商引资力度，县域固定资产投资实现年均38.4%的迅猛增长，超过同时期全省27.3%的平均增速，占全省固定资产投资比重由2006年的22%上升到2011年的33.5%。今后四年中，黑龙江县域应依托主体功能区布局，在完善基础设施建设、加快城镇化进程的前提下，有计划地将县域投资向现代农业及农产品深加工产业、边贸加工与服务业等领域转移，充分释放出投资带动县域经济发展的效应。

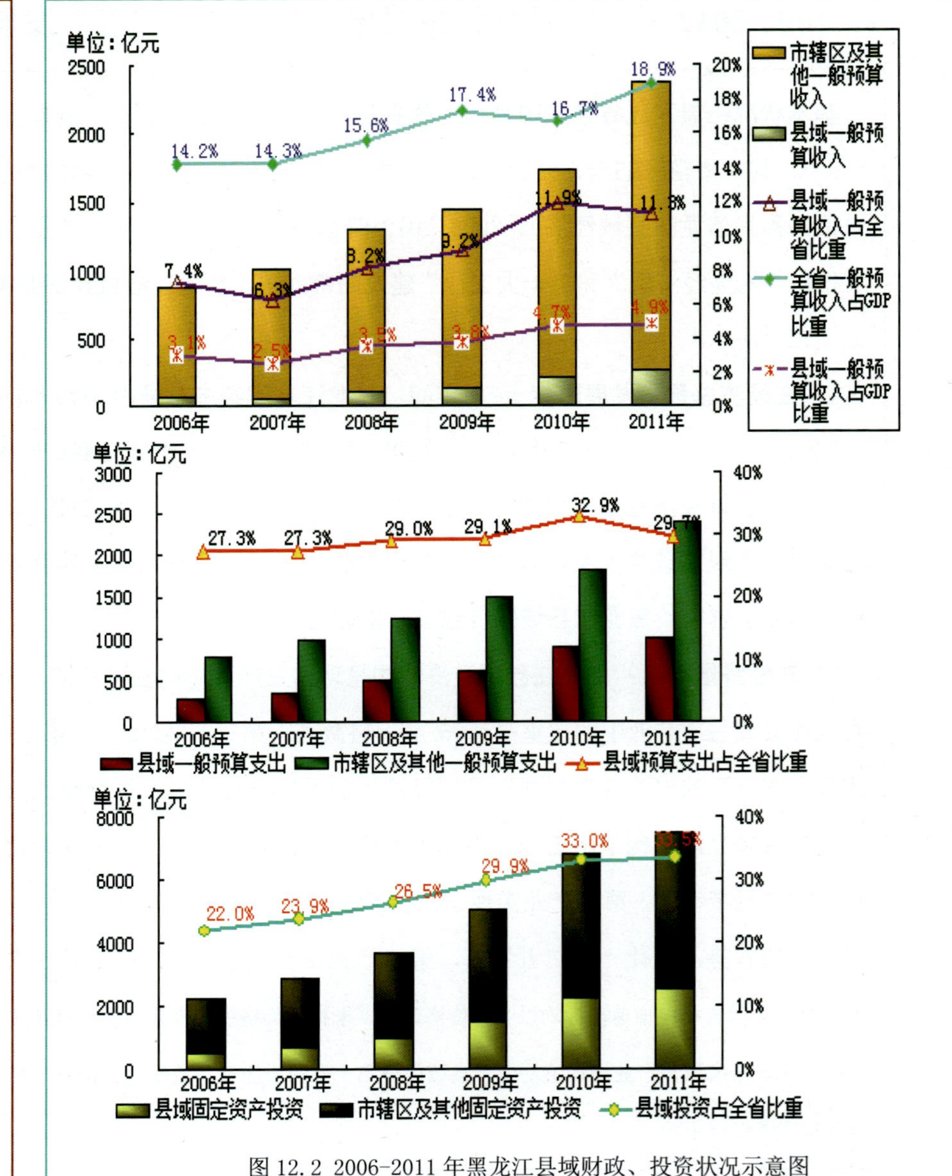

图 12.2 2006-2011 年黑龙江县域财政、投资状况示意图

（3）从国内贸易角度：在贯彻落实“扩大内需”政策基础上，6年间，黑龙江县域社会消费品零售总额由2006年的560亿元增长至2011年的1286亿元，年均增长18.1%，略低于全省18.9%的平均增速，占全省社会消费品零售总额比重基本维持在28%附近，县域消费市场活跃程度仍有待提升。今后四年中，黑龙江县域经济应将依靠城镇化建设调整优化需求结构、改善居民消费条件、提高居民消费能力作为重点，完善物流体系，搞活商品流通，提振边疆口岸贸易，使内贸、外贸相互促进，努力推动县域消费市场的繁荣。

（4）从国际贸易角度：黑龙江县域对外贸易虽然遭受金融危机重创而一度萎缩，如2009年黑龙江县域进出口总额跌至93亿美元，但6年间县域对外贸易整体呈现成长态势，如2011年县域进出口总额已迅速回升至187亿元，但县域对外贸易占全省对外贸易比重仍然逐年下滑，反映出相对于黑河、绥芬河等边境经济合作区，县域对外贸易在开放层次、流通渠道、基础设施等各方面仍存在差距，当前仍处于低水平的边贸服务阶段。今后四年中，黑龙江县域应在密切把握全省对俄经贸合作由单边向双向调整的重大战略机遇，充分发挥内河口岸优势，延伸口岸加工产业链条，以双向贸易为基础，扬长避短，扩大县域经济对外开放，促进县域经济发展。

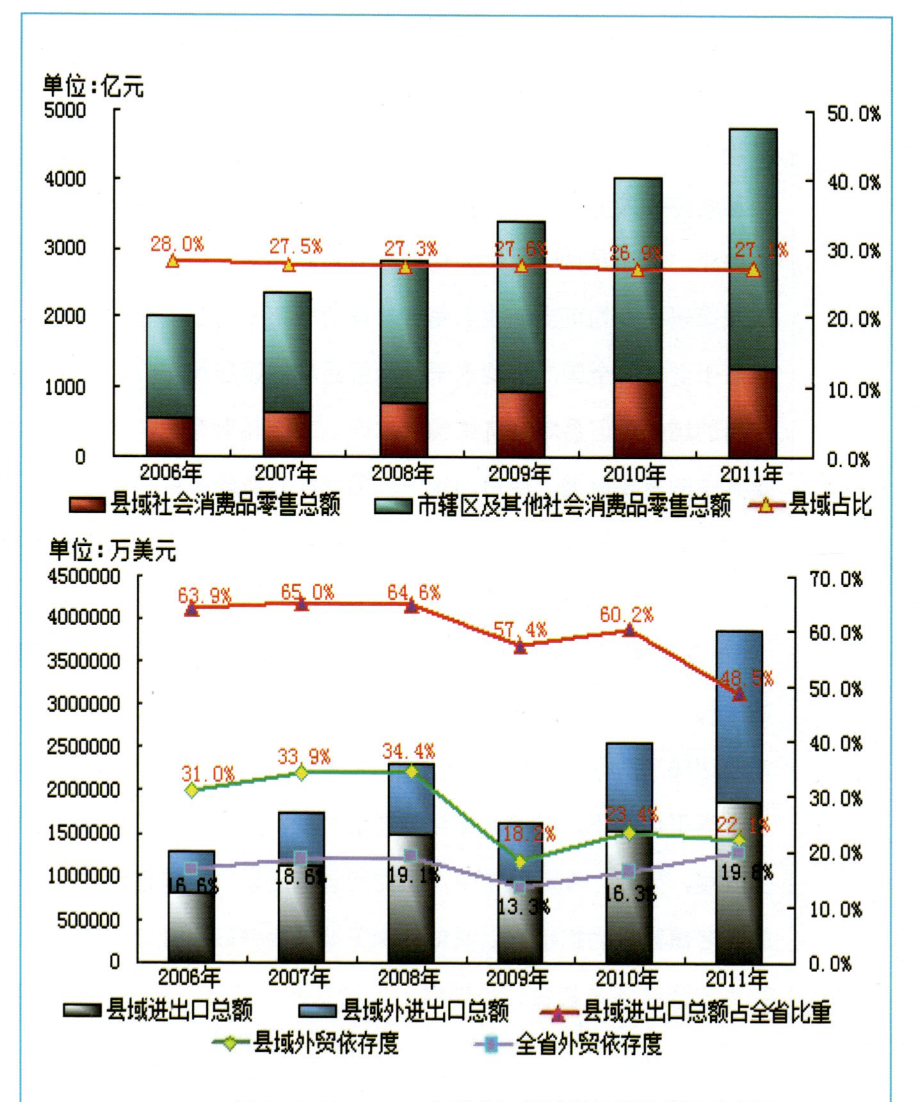

图 12.3 2006-2011 年黑龙江县域贸易发展状况示意图

（5）从人民生活角度：6年间，黑龙江县域农民人均纯收入实现年均20.1%的快速增长，至2011年底，县域农民人均纯收入（平均值）已超过全省全国平均水平，反映出取消农业税等一系列惠农政策在有效改善“三农问题”、增加农民收入上的积极作用，但从县域间看，强县与弱县间农民收入存在巨大差距，例如2011年农民人均纯收入最高的东宁县是最低汤原县的12.2倍。从城镇居民人均可支配收入角度与在岗职工平均工资看，县域平均指标明显落后于全省、全国的平均水平。尽管县域城镇居民增收乏力是多种因素共同作用的结果，但县域经济结构中二产、三产相对滞后，非公有制经济欠发达是其中的重要原因。今后四年中，黑龙江县域既要依托推进农业现代化产业化持续提升农民收入，也要通过鼓励发展民营经济、加快发展服务业等措施有效增加县域城镇居民收入。

（6）从县域城镇化建设角度：作为拥有大农垦、大油田、大煤矿、大森工的省份，黑龙江全省城镇化率一直走在全国前列，至2011年底，全省城镇化率已达56.5%，超过全国平均水平约5个百分点，但县域城镇化率却远远落后于全国平均水平。县域城镇化发展水平低，集聚效应差将制约县域经济进一步发展，因此，今后四年中，黑龙江县域应以“百镇建设试点工程”和重点旅游名镇建设为抓手，以农垦、森工城镇为突破，打造一批带动力较大、辐射力较强、各具特色的小城镇，促进农村人口与产业向中心集镇集聚，促进农村富余劳动力合理有序地向城镇转移，加快农民工市民化进程，实现县域城乡一体化发展。

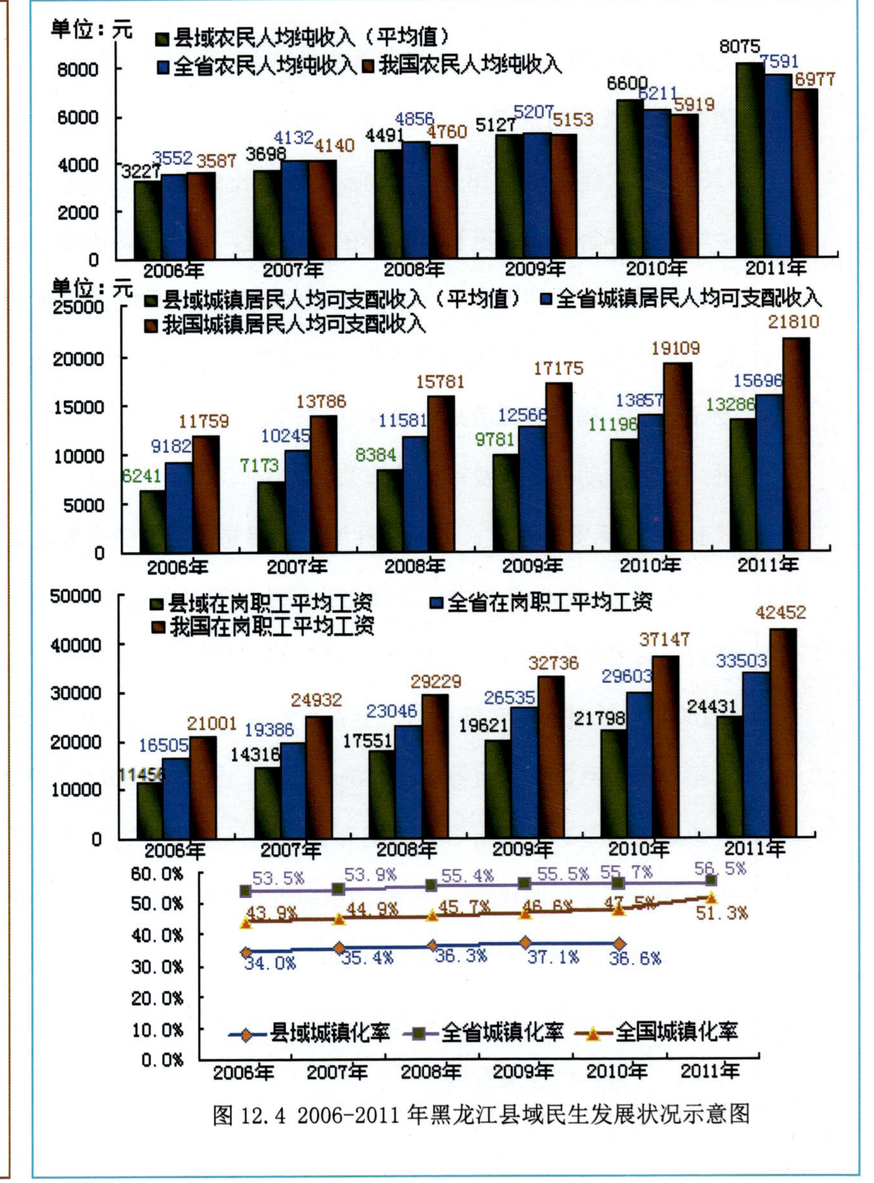

图 12.4 2006-2011 年黑龙江县域民生发展状况示意图

“十二五”黑龙江县域经济发展的SWOT分析

发展优势（S）

- 内河口岸与面向俄罗斯、东北亚的地缘条件使县域经济具备扩大对内、对外开放、发展边疆贸易、边疆产业的特殊优势
- 黑土之乡，农业生产条件得天独厚，农业基础雄厚，自然资源禀赋优势明显
- 生态环境良好，具备一定的科技、人文优势

发展劣势（W）

- 经济总量偏小，发展速度相对缓慢，工业化、城镇化水平偏低，整体竞争力较弱
- 县域间发展不平衡现象严重，强县与弱县差距巨大
- 民营经济欠发达，结构性矛盾较为突出，转型升级压力大
- 基本公共服务能力薄弱，社会保障体系不健全，面临改善民生的巨大压力

建议：“十二五”期间，黑龙江县域经济进一步科学发展的重点战略是：以加快城镇化建设为基础，以科技创新为先导，持续升级产业链条，建设龙江特有的特色农业、特色边贸工业与服务业大县。

发展机会（O）

- 中央加大力度实施东北老工业基地振兴战略为县域经济扩大化发展创造契机
- 全省“八大经济区”、“十大工程”的定位与布局为县域经济依靠项目建设实现结构调整升级提供机遇
- 中央高度重视农业与粮食安全问题，取消农业税等一系列政策有助于农业大县持续发展，建设龙江特色的农业现代化

挑战与威胁（T）

- 区域间竞合压力不断加大，周边省市县域经济的崛起已抢占发展空间
- 经济转型中的社会矛盾增加，制约科学发展的体制机制障碍依然较多
- 口岸经济、边疆贸易的纵深发展与全球贸易保护主义抬头的矛盾

报告之十三：2006-2012 上海市县域经济发展

1、上海县域经济特色产业代表

作为上海市唯一的市辖县，崇明县突出生态优势，依托崇明海岛美景打造以生态休闲旅游产业为支撑的海岛经济，2010 年崇明成为国家可持续发展实验区。

2、上海特色文化与县域民俗民间工艺

⑴ 海派文化

⑵ 2010 世博文化

⑶ 都市文化

崇明灶花

海派剪纸

豫园灯会

⑴ 在民间工艺上，如顾绣、海派剪纸、海派面塑、罗店彩灯、崇明灶花等均为上海民间工艺代表。

⑵ 在民风民俗上，有瀛洲古调派琵琶、江南丝竹、扁担戏、上海龙华庙会、豫园灯会、罗店龙船等。

3、2006-2012上海县域经济发展评析与“十二五”发展建议

1.基本状况：崇明县是上海所辖的唯一的一个县，由崇明、长兴、横沙三岛组成，总面积1411平方公里。2006-2012年间，崇明县紧紧围绕现代化生态岛建设总目标，逐步推进“三岛联动、三次产业融合发展、经济社会民生三管齐下”的战略方针，实现县域经济平稳较快发展。如图13.1所示。

（1）**在经济总量与发展速度上：**截至2011年底，崇明县经济总量由2006年的GDP 108.3亿元增长到2011年的GDP 224.1亿元，年均增长15.65%，虽然高于上海市辖区年均13.09%的增长速度，但其经济总量占全市比重过低，仅为1.17%，在上海市17个区县中位列最后。由于崇明县经济总量远远低于上海市辖区经济总量的平均值，因此，只超过上海市辖区2%的增长速度揭示出崇明的发展速度仍然过慢，明显滞后于上海市整体发展，必须进一步释放经济社会发展的活力与动力。

（2）**在经济结构上：**崇明以三岛联动、三次产业融合发展为目标，积极推进产业结构优化，其中，农业虽然仅实现年均4.64%的增速在三次产业结构中的比重由2006年的15.2%下降至2011年的9.24%，但重点发展的高效生态农业已使崇明成为上海市不可或缺的农业基地；海洋装备等产业的迅速发展加速崇明“一体两翼”工业格局的形成，至2011年底，崇明第二产业实现年均19.64%的增速，在三次产业中上升至56.22%的主导份额；崇明生态岛建设促进了休闲旅游产业等现代服务业的迅速崛起，第三产业年均增长13.71%，在三次产业中的比重维持在34%左右(注：本报告相关增速指标均以当年价格计算，未扣除价格变动因素)，

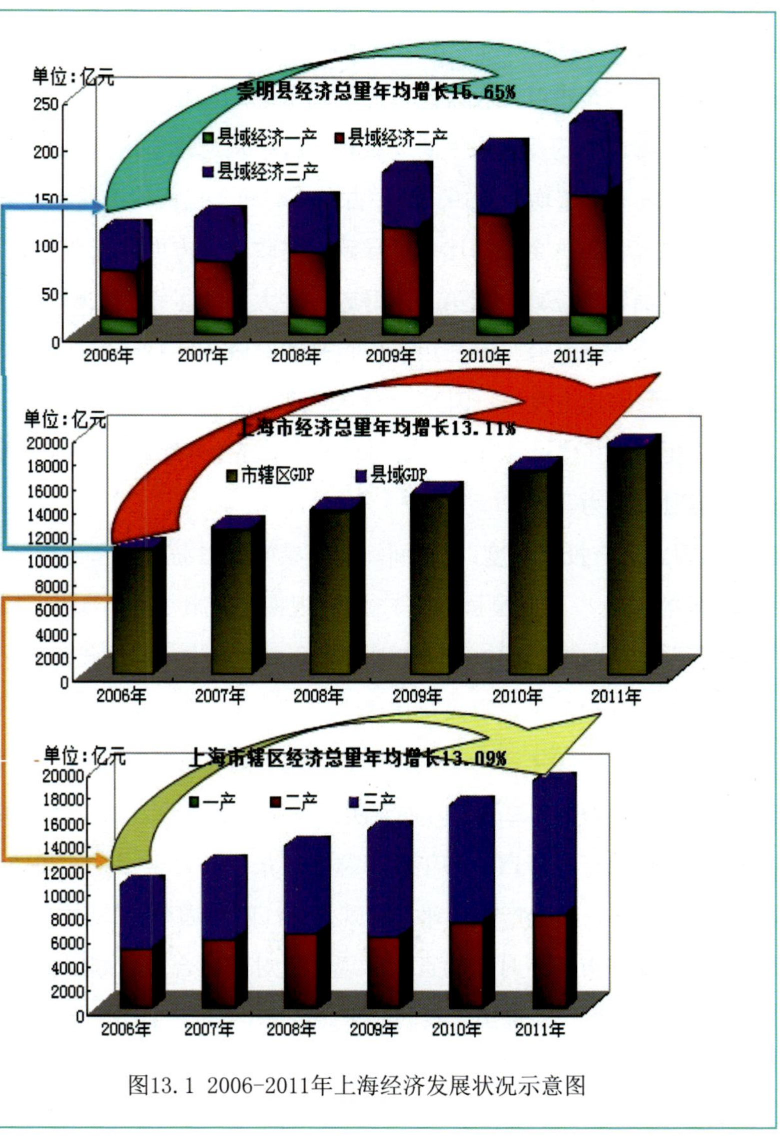

图13.1 2006-2011年上海经济发展状况示意图

2. 分项看：（1）从财政收支角度：6年间，崇明县财政收入保持较快增速，年均增长18.41%，但占全市一般预算收入的比重基本维持在0.9%，远低于市辖区占全市财政收入比重的平均水平，这与崇明经济社会发展滞后于上海市平均发展水平的现状相一致；从财政支出角度，六年间，全县财政支出年均增长19.88%，占全市财政支出的比重达到2.5%，明显超过财政收入占全市的比重，导致在财政赤字方面，崇明已成为仅次于四川绵竹市位列全国第二的财政赤字大县。尽管加大财政支出对于经济社会发展具有推动作用，但过高的财政赤字将造成严重的财政风险从而影响地方发展。因此，“十二五”期间，崇明在大力发展经济、提升社会公共建设管理水平的同时，必须注重对财政环境的改善，有效缓解财政压力。

（2）从固定资产投资角度：6年间，伴随崇明生态岛与国家可持续发展实验区的建设，崇明县固定资产投资规模迅速壮大，年均增速达30.45%，至2011年底已达130亿，其占上海全市比重也由2006年的0.88%上升至2.6%，其中基本建设投资在“十一五”期间快速增长，年均增速达40.22%，至2010年达60.7亿元，有力地促进了崇明经济社会及投资环境的改善，为“十二五”时期崇明的发展提供了良好的发展契机；此外，崇明房地产投资自2009年以来急速扩张，2011年相对于2010年几乎增长了一倍，房地产的快速扩张既是长江隧道通车、“隧桥效应”开启崇明房地产市场新时代的直接体现，也对崇明合理规划房地产板块，降低盲目炒房风险提出了新的要求。今后4年间，崇明应继续围绕生态岛建设，科学筛选投资项目，充分发挥投资对经济建设的拉动作用，推动崇明的跨越式发展。

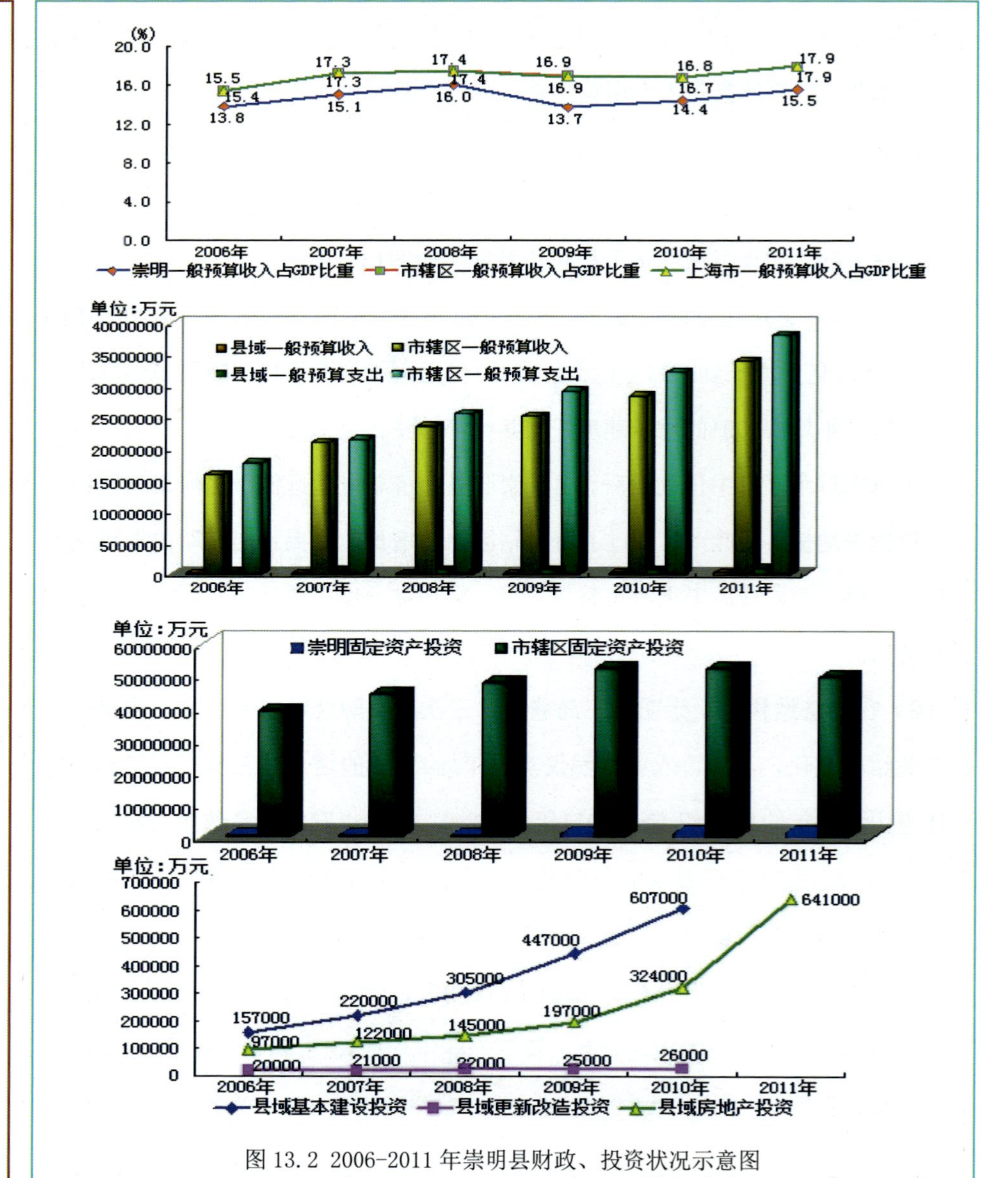

图 13.2 2006-2011 年崇明县财政、投资状况示意图

（3）**从国内贸易角度：**上海世博会的成功举办、崇明长江大桥的开通等因素在一定程度上打破了崇明传统意义上的商业发展“瓶颈”，在带动崇明与长三角融合的同时，改善了当地的消费环境，至2011年底，崇明社会消费品零售总额达到54.7亿元，年均增长19.1%，但占上海市社会消费品零售总额的比重仍旧过低，仅为0.8%，反映出崇明与上海现代国际金融都市、现代服务业为主导的整体地位的不相协调。今后4年中，崇明应立足现代生态岛建设契机，深入推进城镇化，结合交通格局变化和旅游资源分布，进一步完善和丰富现代商贸业态，强化商旅结合，积极配置综合购物中心等商业设施，促进崇明消费市场发展。

（4）**从国际贸易角度：**受上海国际贸易中心城市带动作用影响，伴随崇明海洋装备产业的迅速崛起，6年间，崇明县对外贸易获得了巨大发展，外贸出口额由2006年的31.3亿元迅速上升至2011年的147亿元，出口依存度也由28.9%猛增至至2011年的65.68%。但值得注意的是，随着欧美等国加大对我国出口产品的限制，我国对外贸易的整体环境日益严峻，而崇明外贸出口主要以海洋装备等为主，出口产品结构相对单一，面临着行业抗风险能力偏低、出口增长后劲不足的问题，2011年出口额较之2010年下滑就是一种体现。未来4年中，崇明应紧密围绕“一体两翼”工业格局建设，完善出口产业链，丰富出口产品种类，增加出口产品附加值，促进崇明对外贸易健康发展。

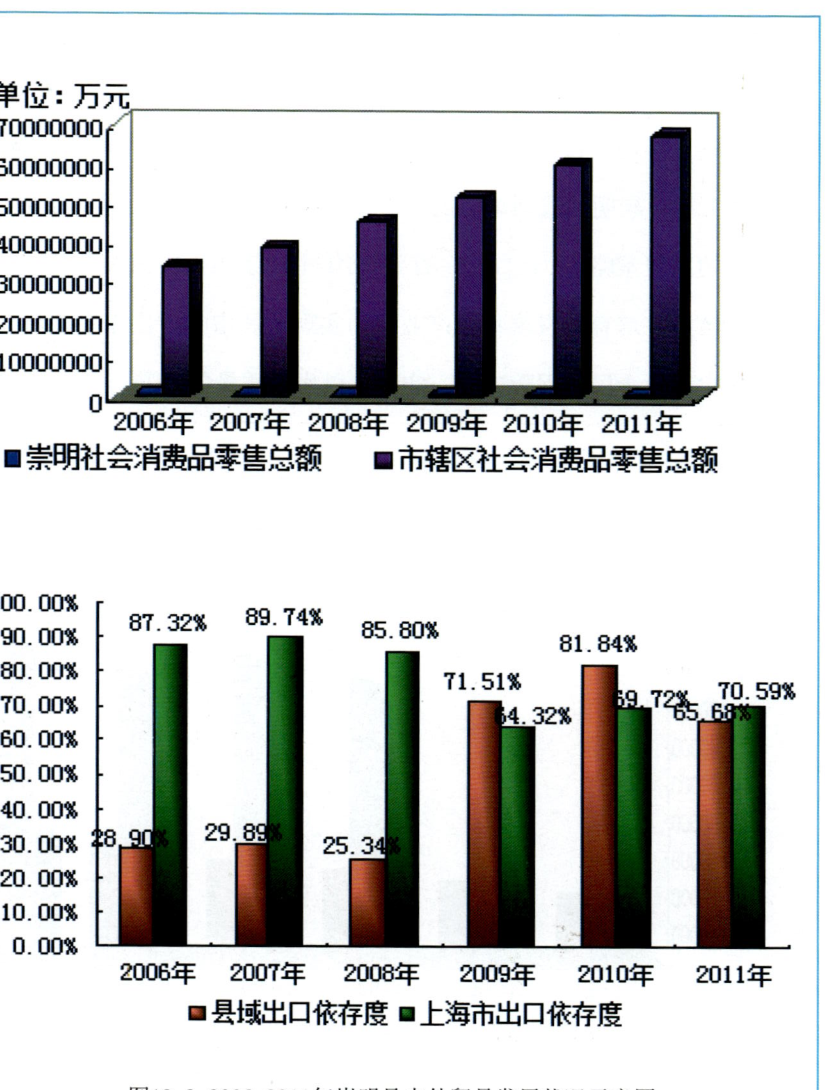

图13.3 2006-2011年崇明县内外贸易发展状况示意图

（5）**从人民生活角度**：六年间，崇明县农民人均纯收入始终高于全国平均水平，至2011年已达10854元，约是全国平均水平的1.6倍，但与上海市农民人均纯收入相比，崇明县差距仍较为明显，仅为上海全市农民人均纯收入的70%；从农民人均纯收入增长速度看，崇明县农民人均纯收入年均增长9.85%，低于上海市11.17%与全国14.23%的平均增速，一定程度上反映出在解决农民增收的问题上，崇明仍面临着较重的压力。此外，崇明是我国著名的“长寿之乡”，但也表明崇明已存在人口结构老龄化较为严重的实际问题。因此，按照“两轮驱动、两手抓、两促进”的发展策略，“十二五”的今后4年中，崇明需要在大力发展县域经济的同时，将提高居民收入、改善民生放在重要位置，围绕海岛经济、城镇经济培育并发展特色产业努力实现居民增收，依靠实施新型农村社会养老保险制度、稳步推行医疗保险制度改革、创新救助机制等，逐步完善社会民生保障制度，实现人民生活质量的提升。

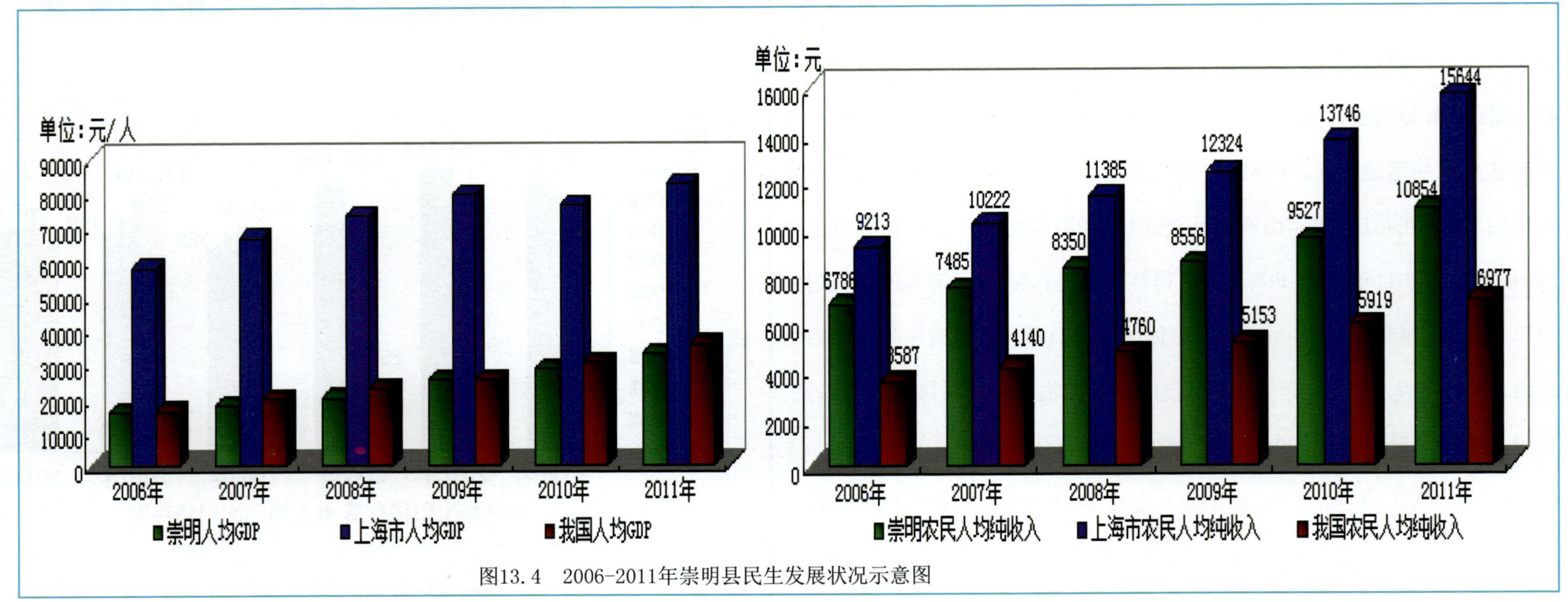

图13.4　2006-2011年崇明县民生发展状况示意图

“十二五”上海崇明县域经济发展的SWOT分析

发展优势（S）

- 地处长三角核心区拥有发达的区位优势
- 交通环境的改善带动崇明承接上海辐射力度显著增强
- 农业与生态环境优势尤其生态岛的功能定位使崇明成为上海新一轮吸引投资的热点地区，具有良好的后发优势
- 生态岛建设的重大发展机遇与政策支持

发展劣势（W）

- 水运为主的交通基础设施建设需要完善
- 经济基础相对薄弱、工业化进程加速与与生态、低碳发展的矛盾
- 教育、科技水平不足，城镇化水平低
- 政府负债严重，面临较强的财政风险
- 城镇布局分散与¡° 一体两翼¡±产业园集中分布的矛盾

发展机会（O）

- 人民币国际化进程加快、长三角世界级城市群正在形成以及国家对上海建设“四个中心”的支持政策，为上海参与全球竞争、抢占经济发展制高点带来了重大机遇，也为崇明带来了进一步的发展机遇
- 世博会后续效应持续释放，世博理念和创新科技为崇明现代生态岛建设带来新机遇

挑战与威胁（T）

- 生态岛建设目标的长期性与人民群众改善生活水平的现实要求之间的矛盾
- 经济社会发展与环境承载之间的矛盾
- 大量涌入的人流、物流带来的生态及社会压力
- 苏北地区的飞速发展给崇明带来的竞争与挑战

建议：“十二五”期间，崇明县域经济科学发展的重点战略是：强化海岛经济、坚持三岛联动、突出生态优势、逐步构建以现代服务业为载体的综合生态岛。

报告之十四：2006-2012 江苏省县域经济发展

1、数字江苏县域发展

以 2012 年年鉴数据为依据	县域总值	县域均值	最高县	数值	在全省县域经济对应指标中的比重	最低县	数值	在全省县域经济对应指标中的比重
生产总值（万元）	254384127	5191513	昆山市	24322533	9.56%	金湖县	1219600	0.48%
财政赤字（万元）	4986715	101770	沭阳县	268318	5.38%	昆山市	-256427	有财政盈余
全社会固定资产投资(万元)	112492141	2295758	江阴市	7119153	6.33%	金湖县	695673	0.62%
社会消费品零售额（万元）	65954205	1346004	江阴市	4519200	6.85%	响水县	372000	0.56%
年末居民储蓄存款（万元）	113231591	2310849	常熟市	8120828	7.17%	洪泽县	417326	0.37%
进出口总额（万美元）	19911902	406365	昆山市	8552961	42.95%	洪泽县	7218.2	0.04%
实际利用外资（万美元）	1371445	27989	昆山市	174979	12.76%	灌云县	1555	0.11%
人均生产总值（元/人）	-	57791	张家港市	148727	是全省县域均值的 2.6 倍	丰县	19867	约占全省县域平均值的 1/3
农民人均纯收入（元）	-	11371	江阴市	17460	是全省县域均值的 1.5 倍	灌南县	7451	约占全省县域平均值的 2/3
城镇可支配收入（元）	-	19313	吴江市	35212	是全省县域均值的 1.8 倍	泗洪县	14002	约占全省县域平均值的 3/4
在岗职工平均工资（元）	-	31970	江阴市	53357	是全省县域均值的 1.7 倍	睢宁县	26606	约占全省县域平均值的 5/6

注：江苏县域经济中共有省级以上开发区、工业园 64 个，昆山市以拥有 5 个省级以上开发区、工业园（昆山高新技术产业开发区、花桥经济开发区 、昆山经济技术开发区、淀山湖旅游度假中心、阳澄湖旅游度假中心）领先于其他县市。

2、江苏县域经济特色产业代表

⑴ 江苏东临黄海，沿岸港口经济发达，带动海洋产业兴起，如东、启东等地素有“海洋之乡”、“海鲜之乡”的美誉；

⑵ 宜兴市有“陶祖圣境”之称，是我国重要的陶瓷产区，而其紫砂工艺更被列为我国非物质文化遗产，紫砂茶具远销海外；

(3) 常熟市被誉为中国第一服装市场，已发展成为全球最大的服装服饰专业市场；

(4) 东海县以“水晶之都”而广为人知，是世界天然水晶原料集散地。

3、江苏县域特色文化与民俗民间工艺

(1) 以宜兴为代表的陶文化、竹文化

(2) 以丰县、沛县为代表的两汉文化

(3) 以铜山为代表的彭祖文化

(4) 以无锡、常熟为代表的吴文化

(5) 以太仓为代表的漕运文化等

漕运文化

宜兴紫砂

两汉文化

(1) 在民间工艺上，如桃花坞木版年画、苏州苏绣、扬州玉雕、扬州剪纸、如皋、海门、启东的蓝印花布印染技艺、惠山泥人、宜兴紫砂制作等均为江苏县域民间工艺代表。

(2) 在民风民俗上，如南京秦淮灯会、太仓丝竹、昆山昆曲、以及东台董永传说（市）、宜兴梁祝传说等。

秦淮灯会

惠山泥人

4、2006-2012 江苏县域经济发展评析与“十二五”发展建议

1. **基本状况：**江苏省现有县级行政单位103个，其中市辖区54个、县级市25个、县24个（下文将49个县与县级市称为江苏县域经济）。作为我国县域经济最为发达、县域对外开放程度最高的省份之一，2006-2012年间，在对外贸易发展受到全球金融危机、欧元危机沉重影响的背景下，江苏县域经济在“两个江苏”引领下，依靠产业转型升级、积极启动内需市场等措施，保持了良好的发展态势，如图14.1所示。

（1）**在经济总量与发展速度上：**截至2011年底，江苏省县域经济总量由2006年的GDP 10734亿元增长到2011年的GDP 25438亿元，年均增长18.84%，超过市辖区经济总量年均16.96%的增长速度，县域经济总量占全省比重由2006年49.8%上升到2011年的51.8%。

（2）**在经济结构上：**6年来，农业总量在稳步增长的前提下，在三次产业中的比重由2006年的10.3%下降到2011年的7.8%；第二产业受金融危机对江苏县域经济制造业冲击的严重影响，在三次产业中的比重略有下降，但在产业结构转型升级、科学延伸产业链附加价值等效用带动下，仍旧以年均17.9%的发展速度、54%的比重继续保持县域经济中的主导地位；受全省深入实施服务业提速计划的影响，以服务业为主体的第三产业获得巨大发展，年均增速达到三次产业中最高的22.1%，2011年在江苏县域经济结构中的比重达到38.1%（注：本报告相关增速指标均以当年价格计算，未扣除价格变动因素）。

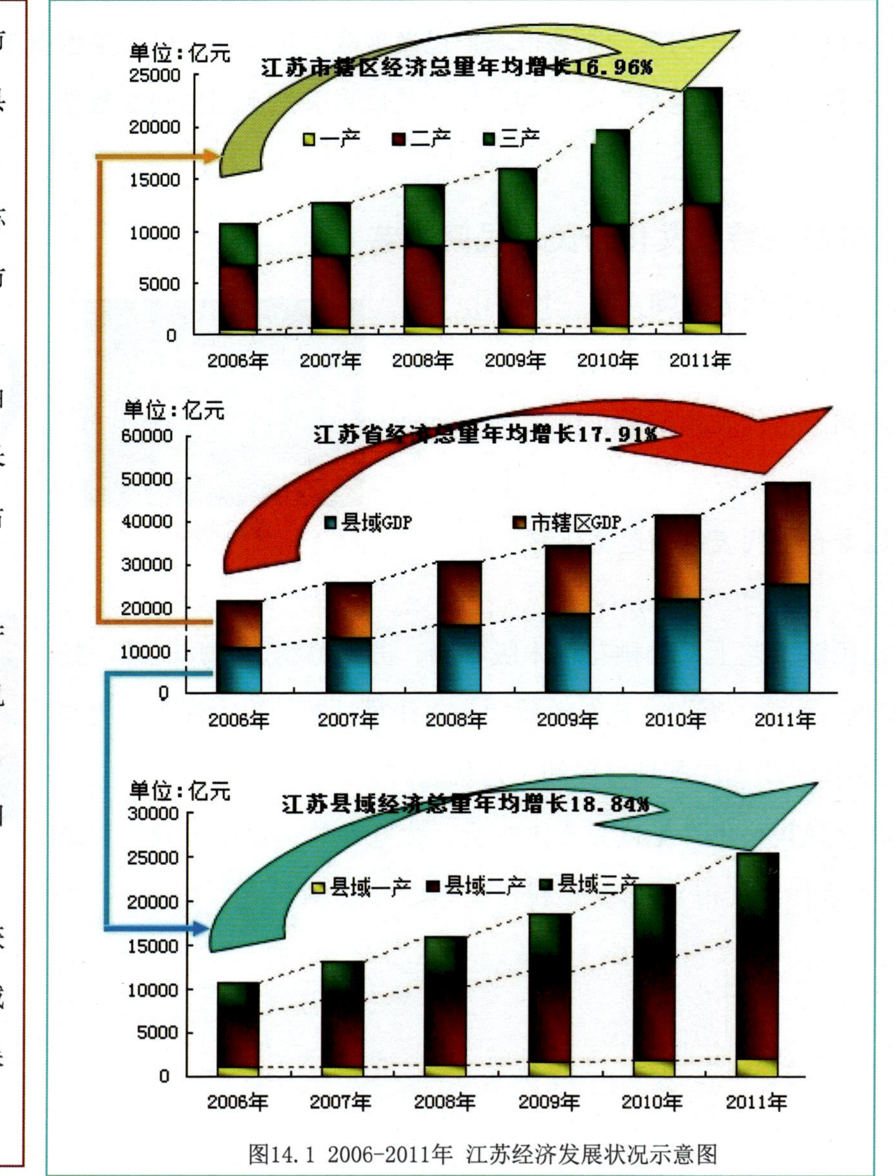

图14.1 2006-2011年 江苏经济发展状况示意图

2.分项看：

（1）从一般预算收支角度：在县域数量减少 2 个的前提下，6 年来县域一般预算收入以年均 28.7%的速度实现快速增长，其占全省一般预算收入的比重由 2006 年的 33.9%增加至 2011 年的 38.6%；县域一般预算支出与预算收入的增幅基本保持同步，至 2011 年底，其占全省一般预算支出的比重为 39.9%，从而使预算赤字稳定在百亿量级，县域经济的赤字风险相对可控，反映出经济发展是财政收入的基础，经济总量决定财政收入的规模，发达的县域经济为江苏县域财力提供巨大保障。从预算收入占 GDP 比重指标看，县域经济对应的指标基本维持在 6%-8%之间，与全省平均指标相比还略有差距。由于一般预算收入占 GDP 比重是衡量地方政府对经济社会发展调控能力大小的重要参数，因此，县域经济 7%左右的指标值在一定程度上反映出，江苏县级政府对经济发展的调控能力略有不足，尽管这与江苏县域经济是以发达的民营经济为代表、灵活性与创新性较高存在直接关系，但从县域经济科学发展角度，尤其是在常熟等县市出现民间资金借贷危机等事件后，为了增强江苏县域经济的持续发展能力，降低发展风险，今后 4 年中，江苏县级政府仍旧需要从县域经济发展方向、先进产业发展方向等战略角度把握好、规划好县域经济发展大局，从而进一步提升发展的软实力，引导江苏县域经济在全国范围内率先实现结构转型。

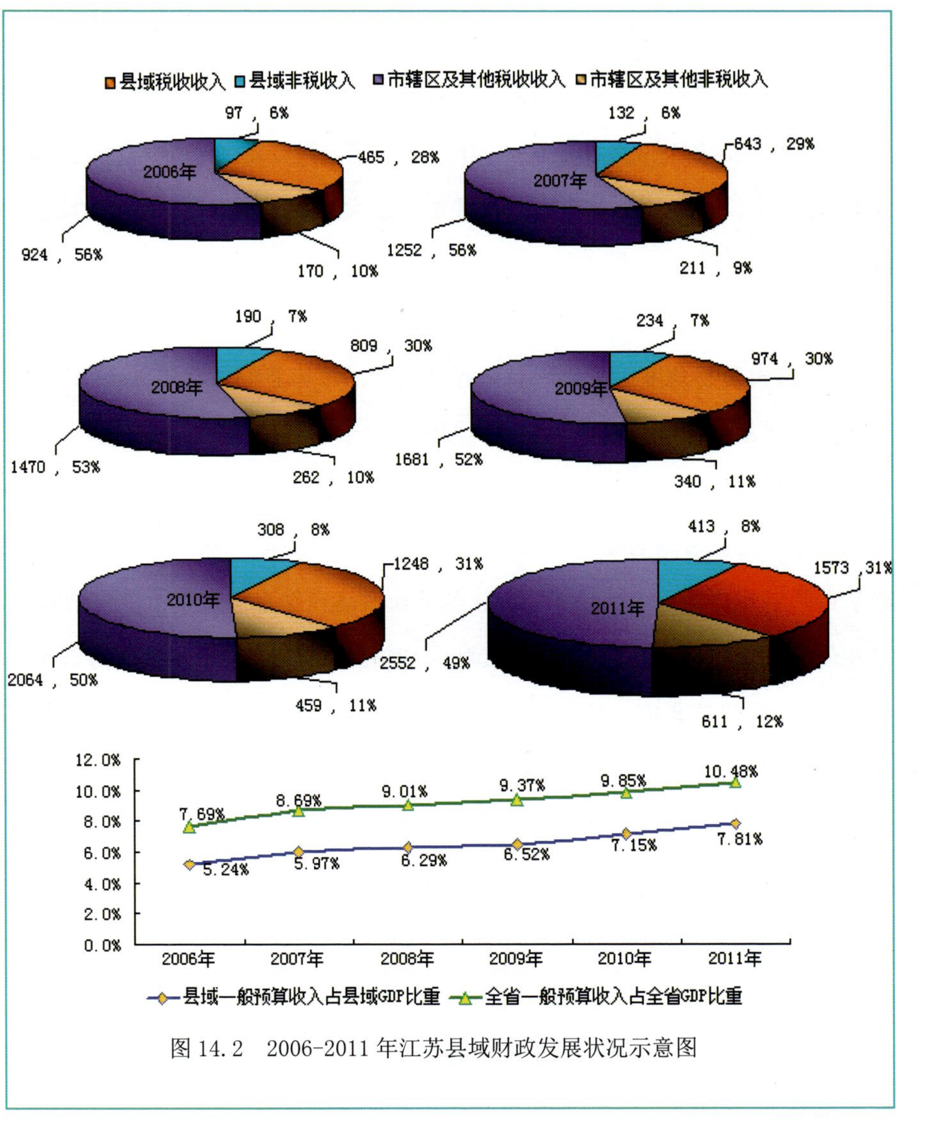

图 14.2 2006-2011 年江苏县域财政发展状况示意图

（2）从固定资产投资角度：6 年间，江苏县域固定资产投资年均增长 29%，保持快速增长趋势，但占全省固定资产投资比重呈现震荡发展态势，至 2011 年底，县域固定资产投资比重由最高峰时的 51%下降至 42.1%。这既反映出“十二五”开局年，多个市级以上重大项目启动的新形势，也在一定程度上揭示了 2008 年以来，为抵抗全球金融危机冲击，加大基础投资力度成为拉动县域经济发展的重要策略。今后 4 年中，县域经济的相关部门应注重科学释放投资的拉动效应，使投资在引领江苏县域经济转型中发挥重要作用。

（3）从国内贸易角度：6 年间县域社会消费品零售总额占全省社会消费品零售总额的比重整体保持在 42%附近，但作为“十二五”开局年的比重较之“十一五”后两年存在一定差距，反映出江苏市辖区流通经济的强势提升，也预示着江苏县域内需市场的活跃度仍有待加强。在“十八大“将扩大内需上升为战略基点的新形势下，今后 4 年中，江苏县域经济应结合自身特色，在城镇化、工业化加速进程中，依靠城镇化持续壮大城镇经济载体，进一步激活内需市场。

（4）从对外贸易角度：作为我国县域经济对外开放程度最高的省份之一，6 年间，江苏县域利用外资金额逐年上升。受全球金融危机、欧元危机等影响，县域外贸依存度与全省外贸依存度同步迅速下滑，尽管拐点在 2009 年出现，但 2011 年较之 2010 年依存度又有所下滑的状态表明：后金融危机时代，发达国家依靠加强贸易保护降低我国出口产品竞争力已使我国对外贸易形势日益严峻。市场经济下，只有实现最终的产权交易才能获得商品价值。今后 4 年中，在保持招商引资适度增长的同时，依靠产业转型升级提高产品科技含量来实现外需的增加，应成为江苏县域经济科学发展聚焦的重点。

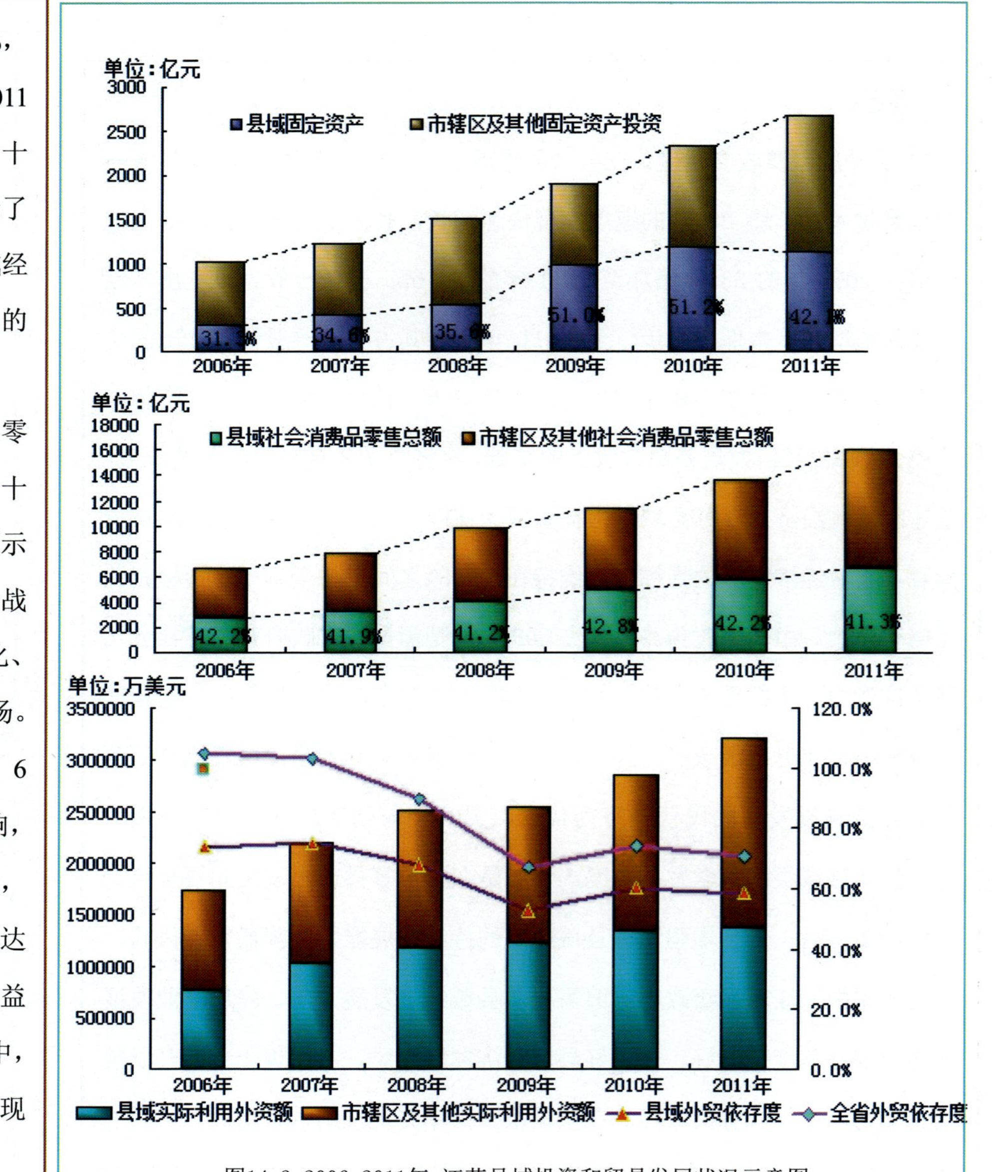

图14.3 2006-2011年 江苏县域投资和贸易发展状况示意图

（5）从人民生活角度：江苏县域经济存在特殊现象：县域城镇在岗职工平均工资、城镇居民可支配收入平均值落后于同时期全省、全国平均水平（城镇居民可支配收入略高于全国平均值），但县域农民人均纯收入远超过同时期我国农民人均纯收入、也高于江苏省平均值（2011 年江苏县域农民人均纯收入达 11371 元，高出全省农民人均纯收入 5 个百分点，仅次于浙江位列全国各省县域农民人均纯收入的第二位。其中苏南九县（市）作为我国县域经济最发达的地区之一，农民人均纯收入均突破 13000 元）。县域在岗职工平均工资与城镇居民可支配收入相对落后、县域农民人均纯收入较为领先的现象在一定程度上反映出江苏县域经济以民营经济为主导这一本质特征，凸显苏、浙两省城乡居民创新、创业的特质。江苏县域农民人均纯收入高但分布不平衡的现状既与江苏县域经济发展中较为严重的地区不平衡问题相呼应，也有力的证明县域经济的科学发展是带动农民增收最有效的途径，是统筹城乡发展、解决“三农”问题的关键路径。此外，解决江苏县域经济发展的不均衡问题，实现苏中、苏北地区县域经济的跨越式发展，需要在“十二五”乃至更长一段时期内更好地融入江苏省“两个率先”的发展大局，抓住新一轮沿海开发机遇，大力实施江海联动与跨江合作，依靠城镇化引领长江北翼经济中心建设带动苏北老工业基地转型跨越式发展，推动苏中、苏南融合发展，繁荣苏北、苏中地区的城镇经济来逐渐完善。

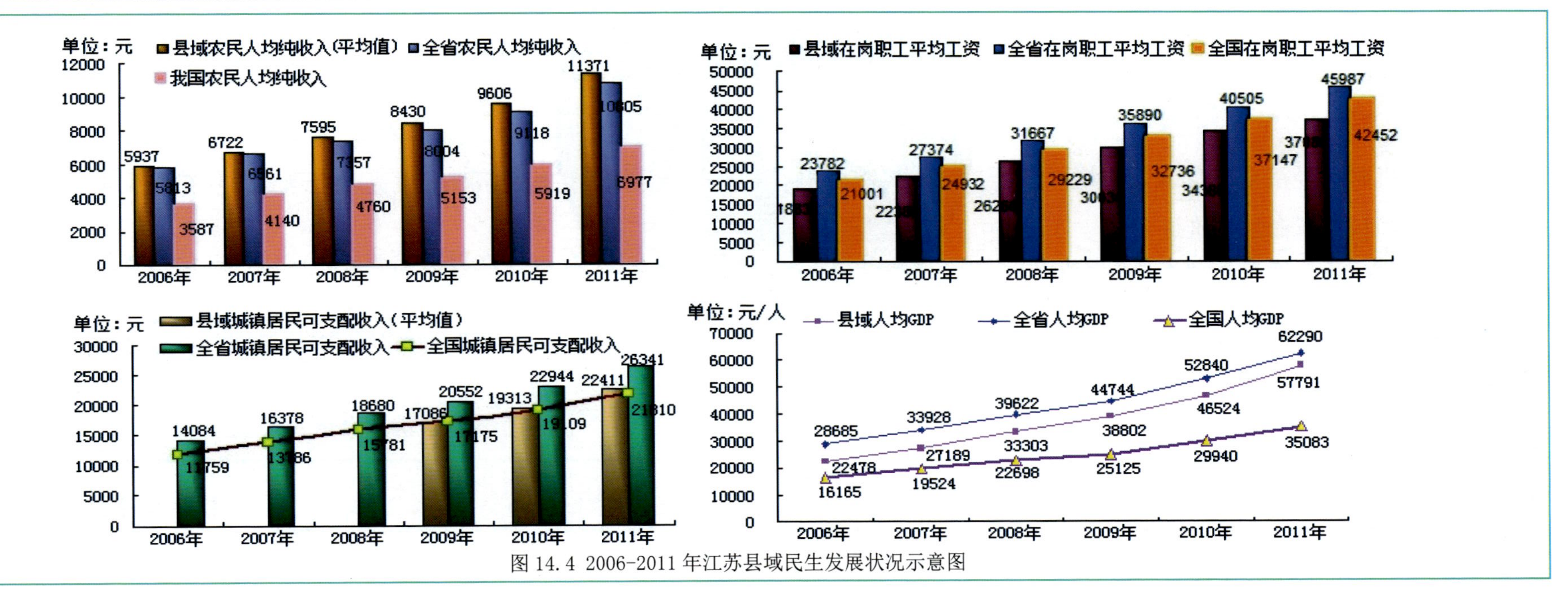

图 14.4 2006-2011 年江苏县域民生发展状况示意图

“十二五”江苏县域经济发展的SWOT分析

发展优势（S）

- 基础雄厚，区位发达
- 生态秀美，品牌集聚
- 规模优势突出，创新氛围浓郁
- 体制机制灵活，县域科学发展模式已在扬弃中形成

发展劣势（W）

- 县域南北差距突出，发展相对不平衡
- 产业结构、城镇定位趋同性强，特色经济不够鲜明
- 高端人才相对欠缺，要素资本比较匮乏
- 地方财政收入与政府宏观调控能力有待进一步增强

建议：“十二五”期间，江苏县域经济进一步科学发展的重点战略是：以城镇化建设与科技创新为先导，积极建设金融创新体系，推动民营经济转型升级与特色发展。

发展机会（O）

- 后金融危机时代经济全球化深入发展，新一轮产业革命和科技革命加快推进
- 我国宏观经济正处于转型升级的新时代，处于大有可为的战略机遇期
- 长三角区域经济一体化和江苏沿海地区发展进入国家战略

挑战与威胁（T）

- 经济外向度高与全球贸易保护主义抬头的矛盾
- 经济发展需要安定团结的环境与近年来贫富差距分化、社会矛盾比较突出的矛盾
- 全球进入自然灾害多发期、突发性自然灾害成为重大破坏性因素（江苏部分县地处郯庐断裂地震带、台风过境愈加频繁等）

报告之十五：2006-2012 浙江省县域经济发展

1、数字浙江县域发展

以 2012 年年鉴数据为依据	县域总值	县域均值	最高县	数值	在全省县域经济对应指标中的比重	最低县	数值	在全省县域经济对应指标中的比重
生产总值（万元）	166014000	2862310	绍兴县	9318000	5.61%	景宁县	324100	0.20%
财政赤字（万元）	4685800	80790	苍南县	177100	3.78%	绍兴县	-51300	有财政盈余
固定资产投资（万元）	68318300	1177902	绍兴县	3568000	5.22%	景宁县	200100	0.29%
社会消费品零售（万元）	57394800	989565	义乌市	3445200	6.00%	洞头县	126700	0.22%
城乡年末居民储蓄存款（万元）	112404700	1938012	义乌市	9185600	8.17%	龙泉市	50700	0.05%
进出口总额（万美元）	12221329	210712	绍兴县	1313964	10.75%	景宁县	1655	0.01%
出口总额（万美元）	9718044	167552	绍兴县	946909	9.74%	景宁县	1265	0.01%
实际利用外资总额（万美元）	429512	7405	慈溪市	41710	9.71%	瑞安市	20	0.005%
人均生产总值（元/人）	-	50801	绍兴县	128727	是全省县域均值的 2.5 倍	文成县	12520	约占全省县域平均值的 1/4
农民人均纯收入（元）	-	12439	绍兴县	19527	是全省县域均值的 1.6 倍	磐安县	7039	约占全省县域平均值的 4/7
城镇可支配收入（元）	-	27594	义乌市	40078	是全省县域均值的 1.5 倍	开化县	17518	约占全省县域平均值的 2/3

2、浙江县域经济特色产业代表

(1) 义乌素有“小商品海洋，购物者天堂”之称，是全国最大的小商品集散地，享有“世界第一大市场”的美誉；

(2) 永康以五金产业名誉中外，是世界三大五金产业基地之一；

(3) 绍兴是中国黄酒酿造的代表，绍兴也有“中国酒乡”之誉；

(4) 龙泉窑是我国现存烧制年代最为久远的青瓷名窑，龙泉青瓷传统烧制技艺被列入世界非物质文化遗产保护名录；

(5) 嵊泗列岛位于长江和钱塘江交汇处，是我国东海渔场的中心，有“东海鱼库”之称，嵊泗以独特的港、渔、景打造出我国唯一的国家级列岛风景名胜区，带动海洋旅游产业发展。

3、浙江县域特色文化与民俗民间工艺

⑴ 以慈溪、龙泉为代表的越窑青瓷文化

⑵ 以象山为代表的塔山文化

⑶ 以海宁为代表的良渚文化

⑷ 以嵊州为代表的小黄山文化

⑸ 以岱山、象山、嵊泗、洞头为代表的渔文化

⑹ 以天台为代表的佛教天台宗文化

⑺ 以云和、景宁为代表的畲族文化

⑻ 以龙游县为代表的龙游商帮文化

⑼ 以安吉、新昌为代表的茶文化

海宁皮影

嘉兴南湖荷花灯会

龙泉青瓷

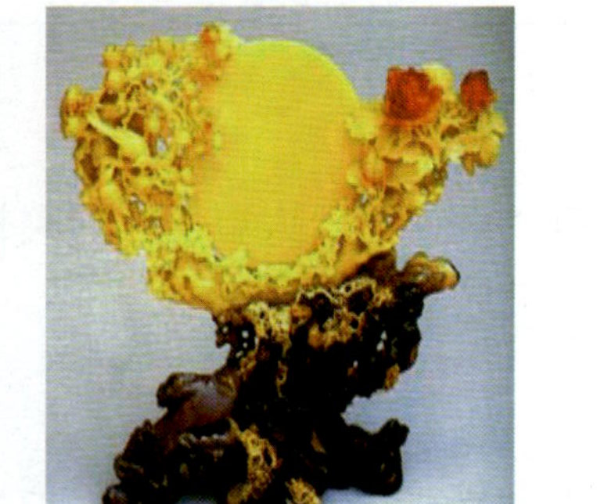

青田石雕

⑴ 在民间工艺上，如青田石雕、越窑青瓷等均为浙江县域民间工艺代表。

⑵ 在民风民俗上，有嘉兴南湖荷花灯会、水乡社戏、百家宴、西湖香市、浦江迎会、舟山锣鼓、宁海平调、海宁皮影戏、绍兴莲花落、以及南孔祭典、太公祭、洞头妈祖祭典等。

4、2006-2012 浙江县域经济发展评析与“十二五”发展建议

1. 基本状况： 浙江省现有县级行政单位90个，其中市辖区32个、县级市22个、县35个、自治县1个（下文将58个县、县级市、自治县称为浙江县域经济）。2006-2012年间，面对国际金融危机冲击和全省发展转型的双重考验，浙江县域抓住全省深入实施“八八战略”和“创业富民、创新强省”战略时机，扎实推进“全面小康六大行动计划”，县域经济取得平稳较快发展，如图15.1所示。

（1）**在经济总量与发展速度上：** 截至2011年底，浙江省县域经济总量（GDP）由2006年的7964亿元增长到2011年的16601亿元，年均增长15.82%，略高于市辖区年均15.1%的增长速度，县域经济总量占全省比重稳定在52%附近。从全国范围看，浙江县域经济与江苏县域经济、山东县域经济组成了我国县域经济中的三大领先阵营。

（2）**在经济结构上：** 6年间，浙江县域三次产业结构相对稳定，其中，农业虽然保持12.1%的年均增速，但产业规模进一步缩小，在三次产业中的比重由2006年的8.3%下降到7.0%，今后4年中，应依靠做强做优茶叶等特色精品农业，促进农业生产规模、标准和生态化；第二产业凭借块状特色产业优势及重大项目支撑，在全球经济复苏乏力、浙江制造业升级的冲击下，仍然保持年均14.98%的增长速度，在三次产业中的比重占据55.5%的主导份额；第三产业在浙江县域经济中发展最为迅速，年均增速达到17.99%，在三次产业中的比重由2006年的34.2%上升到37.5%（注：本报告相关增速指标均以当年价格计算，未扣除价格变动因素）。

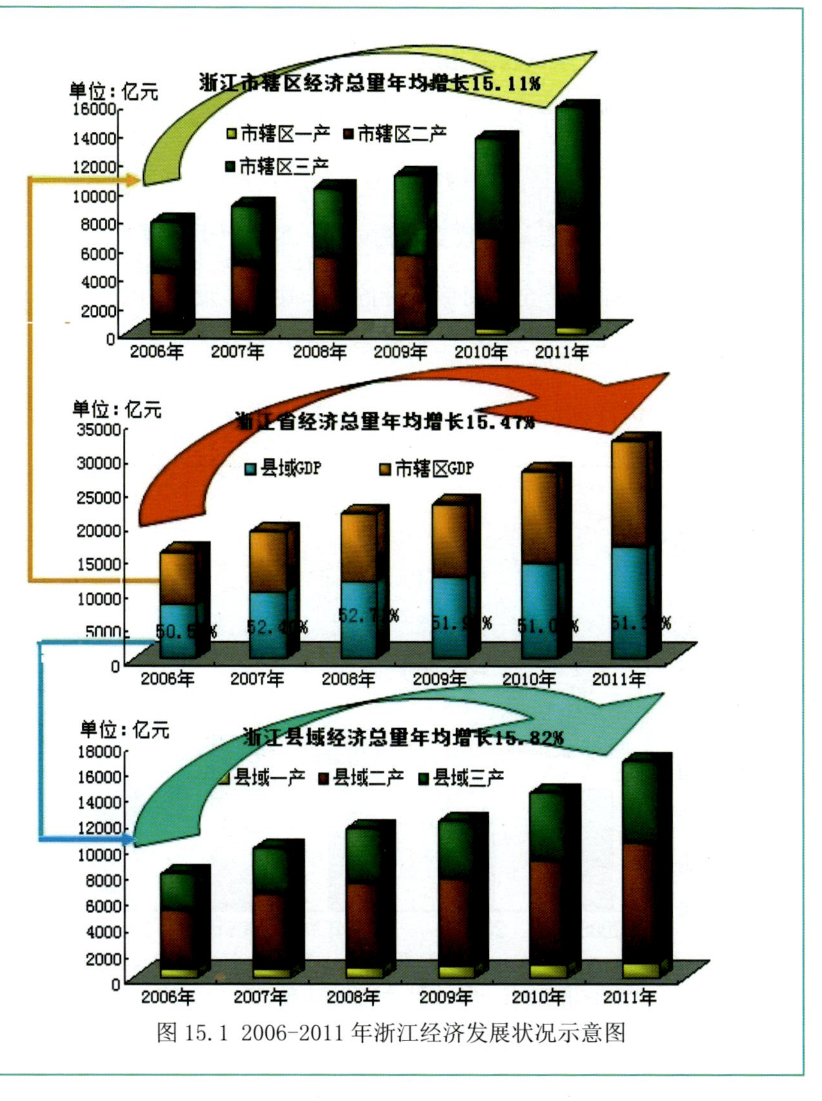

图 15.1 2006-2011 年浙江经济发展状况示意图

2. 分项看：

（1）**从一般预算收支角度**：6年间，在浙江县域经济总体平稳增长的背景下，县域一般预算收入也实现持续增长，年均增速达到21.3%，但其占全省比重始终维持在37%附近，与浙江县域经济总量超过市辖区经济总量的发展状况不协调；从一般预算收入占GDP比重看，浙江县域一般预算收入占县域GDP比重位于5%-7%区间，约低于全省对应指标2个百分点。从财政支出角度，6年间，县域财政支出年均增长23.5%，县域财政支出占全省的比重由38.8%上升到42.6%。在县域财政支出构成中，尽管用于教育支出的比重略微下调，但仍旧高于全省对应的平均水平，且县域教育支出总额在6年中保持年均22.98%的增长，略高于全省对应指标的增长速度，反映出浙江县级政府对发展教育的重视。科技创新是实现县域经济转型的重要推动力量，今后四年间，浙江县级政府应继续加大财政用于科技、教育的投入，加快推进县域经济增长由要素投入驱动为主向科技创新驱动为主的转变，科学延伸产业链附加价值，进一步提升民营经济、中小企业的发展水平，从而持续提升县域财力，推动经济结构实现转型。

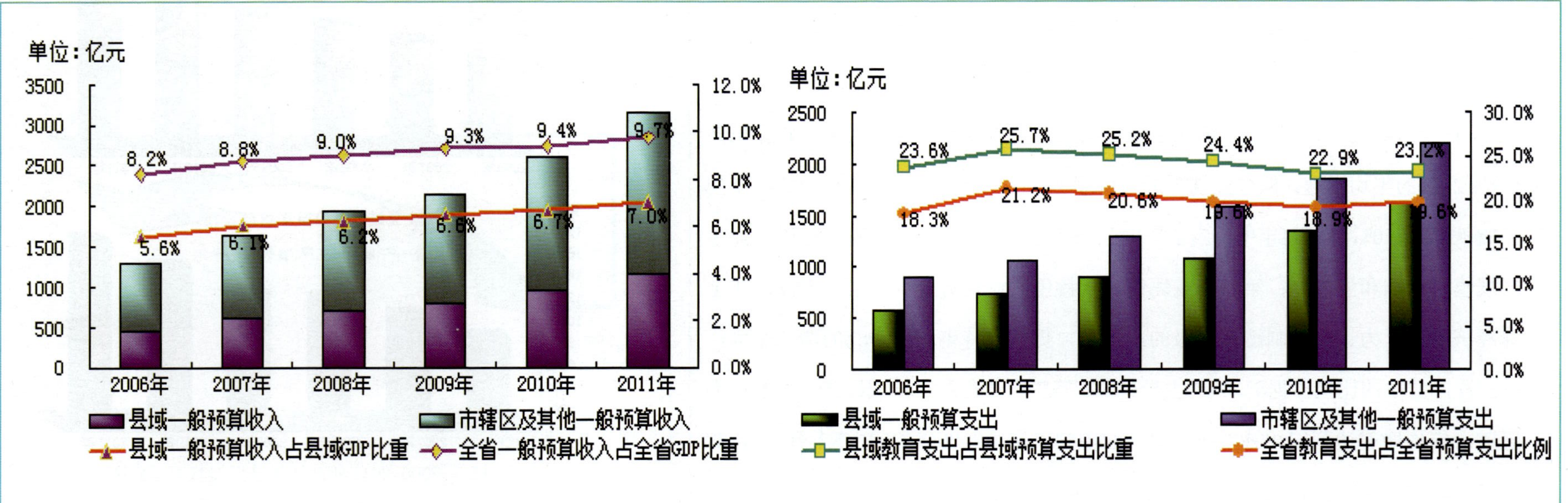

图 15.2 2006-2011 年浙江县域财政状况示意图

（2）从固定资产投资角度：6年间，浙江县域固定资产投资增长较为迅速，年均增长14.37%，由于浙江市辖区在“十二五”开局年加大了固定资产投资力度，因此县域固定资产投资占全省比重由“十一五”末的最高值50.7%回调至48.5%；在固定资产投资组成中，与全省整体情况一致，县域房地产投资总额占固定资产投资比重整体呈现上升趋势，尤其是近3年的增幅均超过3个百分点，这与后金融危机时代，依靠房地产等基础投资的乘数效应带动经济的复苏转暖密切相关。然而，浙江作为我国房地产投资最为集中的几个省份之一，房地产市场已经存在着片面哄炒楼市的现象，如县域住宅投资占县域房地产投资比重高达70%以上，过度依靠房地产尤其是楼市投资将会给浙江县域经济的结构转型带来实质性的负担。因此，今后4年中，浙江县域应以“全面小康六大行动计划”为依托，以重大项目为支撑，有效改善固定资产投资结构，科学调控房地产投资，降低经济风险。

（3）从国内贸易角度：2011年浙江县域消费品零售总额实现5739亿元，6年间年均增加18.53%，县域社会消费品零售总额占全省比重在保持48%左右的前提下，呈现震荡状态，一定程度上反映出浙江县域消费市场的稳定度不强、活跃度仍旧不足。伴随浙江省四大都市经济圈发展格局逐渐形成，在省域层面都市经济圈引领下，浙江县域消费市场的发展应在圈层化的城镇空间布局中通过不同层次的“中心城镇”作用，引导人口和产业的集聚，从而激活农村消费市场的潜能。

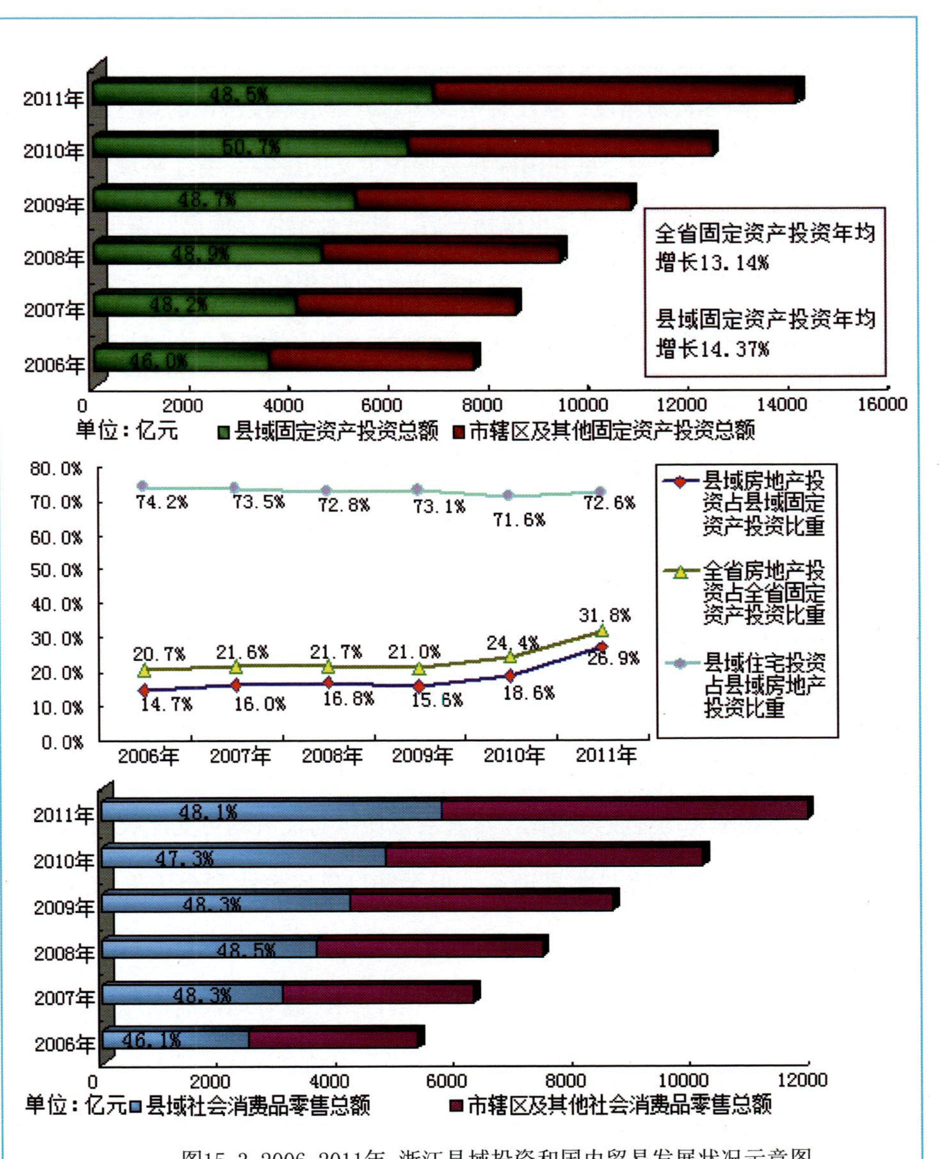

图15.3 2006-2011年 浙江县域投资和国内贸易发展状况示意图

（4）**从国际贸易角度**：浙江省是我国对外开放程度最高的地区之一，6年间，受国际金融危机和国际贸易保护主义的影响，浙江县域外贸依存度出现下滑，但自2009年出现拐点后，县域外贸依存度已回调至47.55%，县域实际利用外资金额占全省比重也由2006年的25.8%上升到2011年的27.9%。浙江特色的块状经济发挥独特的“集聚优势”，推动县域产业向专业化、国际化方向发展，在提升县域企业和产品的国际竞争力中发挥着不可替代的作用。今后4年中，浙江各县应充分利用深入推进块状经济转型升级“六六工程”的机遇，提高外资引进质量，依靠产业转型升级、提高产品科技含量等增加出口贸易，促进县域对外贸易的发展。

（5）**从人民生活角度**：浙江作为我国县域经济最为发达的省份之一，县域农民人均纯收与县域城镇居民可支配收入均位列全国领先，其中，县域农民人均纯收入平均值至2011年底已达到12439元，位列全国各省市之首；与农民人均纯收入相比，尽管县域城镇居民人均可支配收入领先于全国平均水平的优势略显逊色，但至2011年底也达到全国平均水平的1.25倍，发达的县域经济能够有效增加居民收入可见一斑。当然，需要注意，浙江发达县域主要集中在杭、甬、绍、温等地，浙西北、西南的山区县域经济发展仍较缓慢。今后4年中，应结合海洋经济开发、促进县域经济东西联动，努力推动欠发达县域经济发挥后发优势，成长为新的增长点。

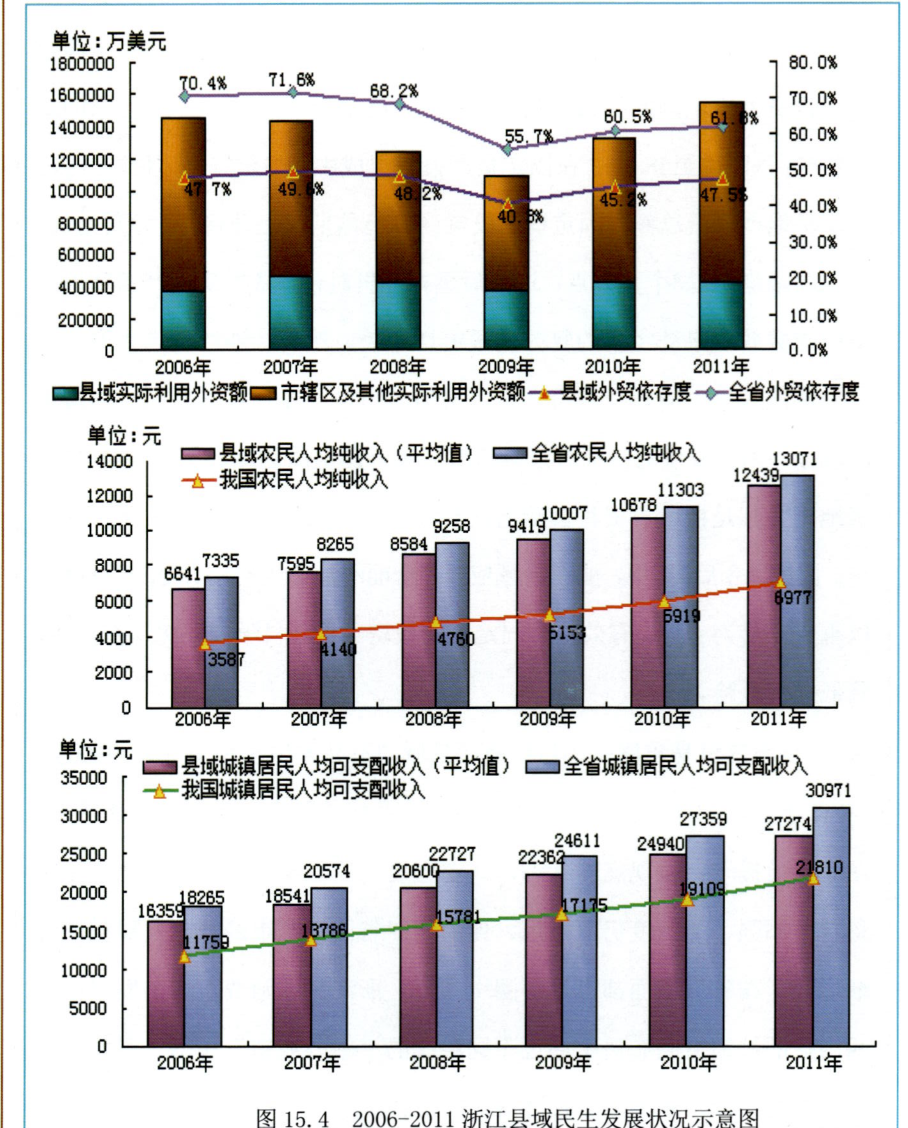

图 15.4　2006-2011 浙江县域民生发展状况示意图

“十二五”浙江县域经济发展的SWOT分析

发展优势（S）

- 产业基础雄厚、集群效应明显、民营经济发达
- 机制体制灵活，对外开放程度较高
- 创业创新氛围浓厚，山海资源优势明显
- 区域中心城市集聚辐射能力进一步增强，县城、中心镇和美丽乡村建设取得重大进展

发展劣势（W）

- 县域经济发展不均衡，浙西北、西南地区县域工业化进程缓慢，城镇化程度较低
- 制造产业层次较低，产业升级压力明显
- 过多依赖低端产业、低成本劳动力和资源环境消耗的增长方式尚未根本转变
- 部分民营企业因融资困难陷入信贷危机，民间资本市场有待规范

建议：“十二五”期间，浙江县域经济进一步科学发展的重点战略是：深化创业、创新先导优势，规范民间资本市场，壮大集群与块状经济。

发展机会（O）

- 后金融危机时代经济全球化深入发展，新一轮产业革命和科技革命加快推进
- 浙江海洋经济发展示范区、舟山群岛新区、义乌国际贸易综合改革试点上升为国家战略
- 长三角区域经济一体化的持续深化

挑战与威胁（T）

- 经济外向度较高与全球贸易保护主义抬头的矛盾
- 经济发展需要安定团结的环境与近年来贫富差距分化、社会矛盾比较突出的矛盾
- 愈加频繁的台风过境已成为影响浙江县域经济发展的重大自然灾害

报告之十六：2006-2012 安徽省县域经济发展

1、数字安徽县域发展

以 2012 年年鉴数据为依据	县域总值	县域均值	最高县	数值	在全省县域经济对应指标中的比重	最低县	数值	在全省县域经济对应指标中的比重
生产总值（万元）	73909200	1192084	肥西县	3443700	4.66%	石台县	152500	0.21%
财政赤字（万元）	9492062	153098	临泉县	300890	3.17%	黟　县	46001	0.48%
城镇固定资产投资（万元）	42232829	681175	当涂县	2751099	6.51%	石台县	40368	0.10%
房地产开发投资（万元）	7248487	116911	肥西县	565073	7.80%	界首市	9332	0.13%
农业总产值（万元）	28107946	453354	临泉县	958530	3.41%	石台县	47028	0.17%
社会消费品零售（万元）	21451864	345998	太和县	782805	3.65%	黟　县	53168	0.25%
人均生产总值（元/人）	-	14845	繁昌县	50653	是全省县域均值的 3.4 倍	临泉县	4603	约占全省县域平均值的 3/10
农民人均纯收入（元）	-	6775	当涂县	10845	是全省县域均值的 1.6 倍	石台县	3868	约占全省县域平均值的 4/7
在岗职工平均工资（元）	-	34412	凤台县	52636	是全省县域均值的 1.5 倍	明光市	26208	约占全省县域平均值的 7/9

2、安徽县域经济特色产业代表

(1) 界首素有“彩陶之乡”的美誉，是我国彩陶的主要生产地，界首彩陶在制陶技艺中自成流派，彩陶制作技艺已列入第一批国家级非物质文化遗产名录；

(2) 桐城有“中国文都”之称，是全国印刷包装三大基地之一，也是全国最大的玻纤生产基地，被誉为“江淮第一城”；

(3) 歙县是“中国徽墨之都”和“中国歙砚之乡”，歙砚制作技艺被列入第一批国家非物质文化遗产项目名录；

(4) 坐落于安徽境内的黄山有“天下第一奇山”之美称，为道教圣地，已列入世界文化与自然遗产名录。

3、安徽县域特色文化与民俗民间工艺

⑴ 以绩溪、歙县、休宁为代表的徽州宗族文化和徽商文化

⑵ 以安庆、池州、铜陵为代表的皖江文化

⑶ 以舒城为代表的龙文化和梁祝文化

⑷ 以寿县为代表的楚文化

⑸ 以望江为代表的雷池文化

⑹ 以怀远为代表的大禹文化

徽州宗族议事雕像

徽州三雕

⑴ 在民间工艺上，如界首彩陶、歙砚制作技艺、徽州三雕、芜湖铁画等均为安徽县域民间工艺代表。

⑵ 在民风民俗上，有当涂民歌、蚌埠花鼓灯、青阳腔、黄梅戏、泗州戏、凤阳花鼓、岳西高腔、池州傩戏等。

凤阳花鼓

4、2006-2012 安徽县域经济发展评析与“十二五”发展建议

1. 基本状况：安徽省现有县级行政单位107个，其中市辖区44个、县级市6个、县57个（下文将63个县与县级市称为安徽县域经济）。2006-2012年间，依托中部崛起及安徽深入实施“工业强省、东向发展、创新推动、中心城市带动、城乡统筹、可持续发展”重大战略机遇，立足推进“861”行动计划，围绕皖江示范区的布局与建设，安徽县域经济获得了有效的巩固与发展，如图16.1所示：

（1）在经济总量与发展速度上：截至2011年底，安徽县域经济总量由2006年的GDP2861亿元增长到2011年的GDP7391亿元，年均增长20.9%，略高于市辖区经济总量年均19.2%的增长速度，县域经济总量占全省比重由2006年的46.5%上升到2011年的48.3%，整体经济实力获得平稳提升。从安徽所属的中部六省看，安徽县域经济综合实力与发展程度略优于山西、江西，落后于湖南、湖北、河南，处于中等地位。

（2）在经济结构上：6年间，依靠紧紧把握皖江经济带融入长三角经济区建设及中部崛起契机，安徽县域经济结构呈现巨大变化。至2011年底，农业在保持年均增长13.2%的前提下，比重由2006年的30.2%下降到2011年的21.7%；在安徽深入推进产业基地和基础工程建设、优化升级产业结构的带动下，第二产业实现高速扩张，年均增长达30.2%，比重由2006年的35.9%上升到2011年52.1%的主导份额；第三产业相对增长乏力，年均增长仅为14.8%，比重由2006年的33.9%下降到2011年的26.2%。尽管“二三一”的县域经济结构已初步形成，但第三产业发展乏力将最终影响工业化、城镇化的进一步发展。因此，今后4年中，安徽县域经济需要在保持工业持续增长的同时，充分释放其在物流、文化、旅游等产业的优势与潜能，带动提升第三产业的发展（本报告相关增速指标均以当年价格计算，未扣除价格变动因素）

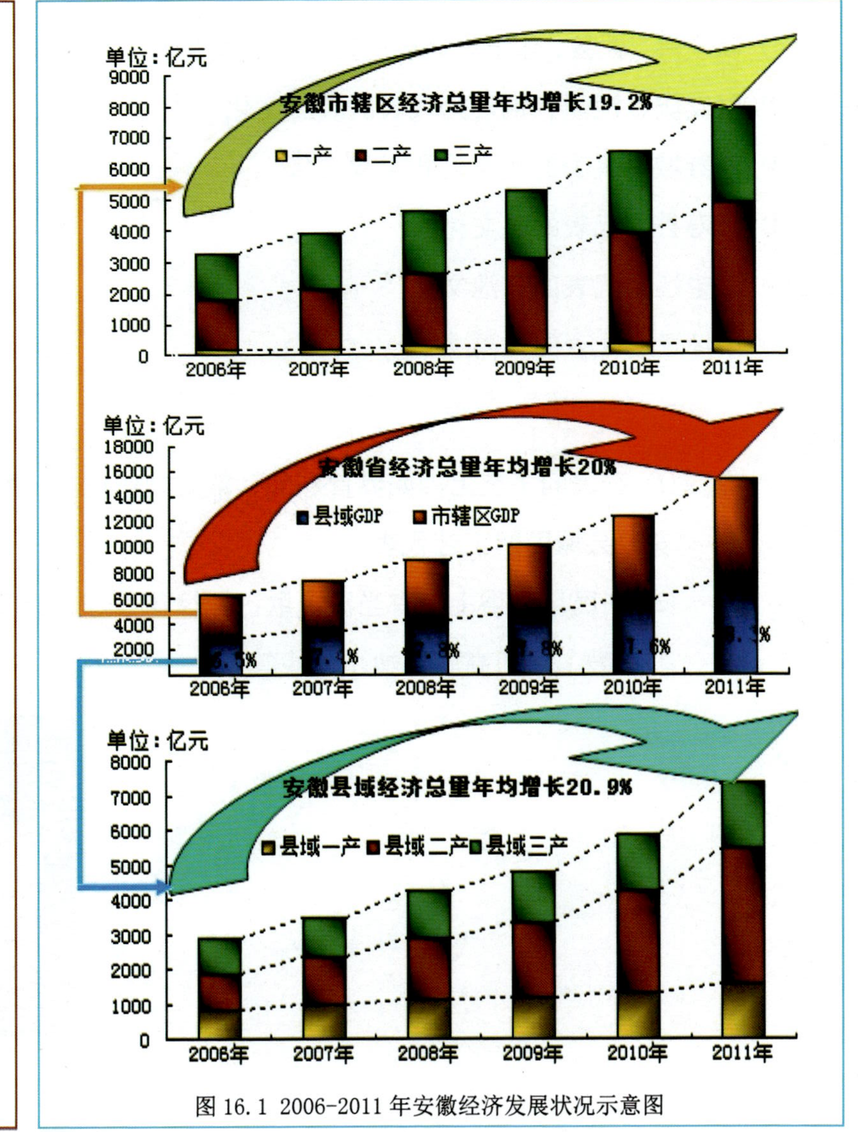

图 16.1 2006-2011 年安徽经济发展状况示意图

2. 分项看：

（1）从一般预算收支角度： 随着安徽县域经济的发展尤其是工业的迅速扩张，6年间，安徽县域一般预算收入获得显著提升，年均增长33.4%，占全省一般预算收入比重由2006年的25%增加到2011年的30.8%，县域一般预算收入占GDP的比重也上升至6.1%。从一般预算支出角度，县域一般预算支出力度逐年加大，年均增长33%，占全省一般预算支出的比重由2006年的35.8%上升至2011年的42.4%。尽管与全省的平均指标相比，安徽县域一般预算收入还存在明显差距，但不可否认县域综合财力环境已有较大改善。从一般预算支出的构成看，一方面，县域教育支出明显高于全省平均指标，一定程度上反映出安徽县域较为重视教育事业发展；另一方面，县域科技支出占一般预算支出的比重低于全省对应的平均指标，表明在县域科技创新和技术成果转化能力等方面，县域经济在全省中仍相对落后。经济发展是提升县域财力的根本途径，今后4年中，安徽县域应继续以推进工业化和城镇化进程为重点，提升产业集聚区和工业园区质量，努力依靠产业集聚带动实现产业创新，促进县域工业上水平，实现县级财力的有效增加。

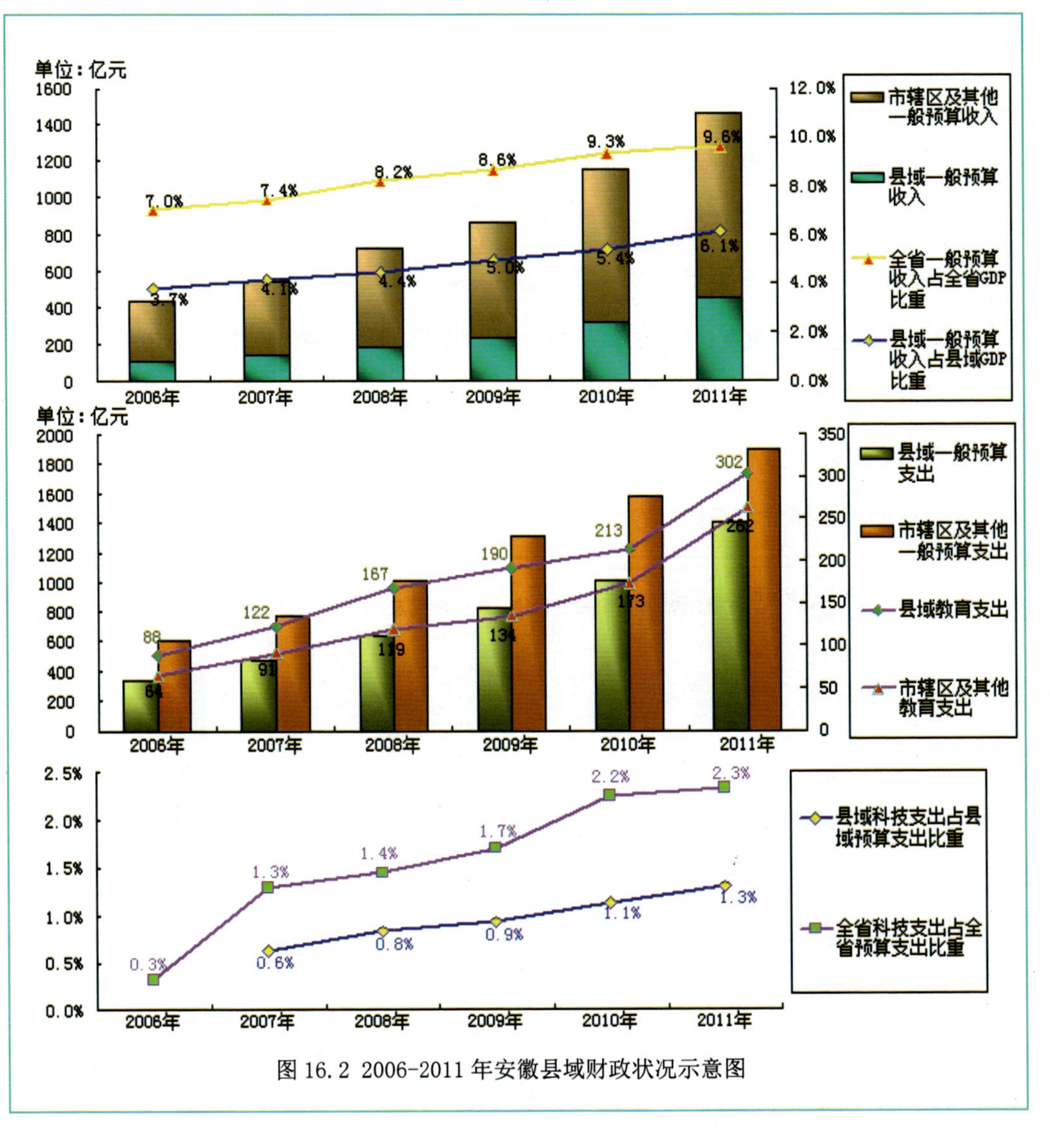

图 16.2 2006-2011 年安徽县域财政状况示意图

（2）从固定资产投资角度：6年间，安徽县域城镇固定资产投资年均增长37%，占全省城镇固定资产投资比重由2006年的28.6%上升到2011年的37.1%，反映出在工业化、城镇化的带动下，安徽县域基础设施获得有效改善。值得注意的是，同时期县域房地产投资增速高达43.4%，虽然六年间房地产投资接近翻两番的增幅是城镇化加速发展的直接体现，但对于综合实力还有待持续赶超与提升的安徽县域经济而言，房地产的暴涨脱节与居民的购买力、承受力，也增加了经济风险。今后4年中，安徽县域需要在密切把握皖江城市带建设契机、完善基础设施建设的前提下，有计划地将县域投资向现代农业和服务业、节能环保的先进制造业等领域转移，逐步完善多元化的投资结构，使投资带动经济发展的过程更加科学、作用日臻明显。

（3）从国内贸易角度：6年间，县域社会消费品零售总额年均增长19.6%，其中2011年实现2145亿元，占全省社会消费品零售总额的比重稳定在43%附近。从县域内部市场结构看，城镇消费实现年均26.5%的显著增长，至2011年底其所占县域社会消费品零售总额的比重已达68.1%；与之对应的则是乡村消费增长缓慢、市场活力严重不足一年均增长9.9%，其所占比重下降17个百分点。上述现象充分证明县域城镇化建设能够有效带动中心城镇辐射集聚作用，是扩大内需的重要路径与趋势。今后4年中，安徽县域应进一步依靠城镇化建设增强中心城镇在扩大县域消费中的作用。

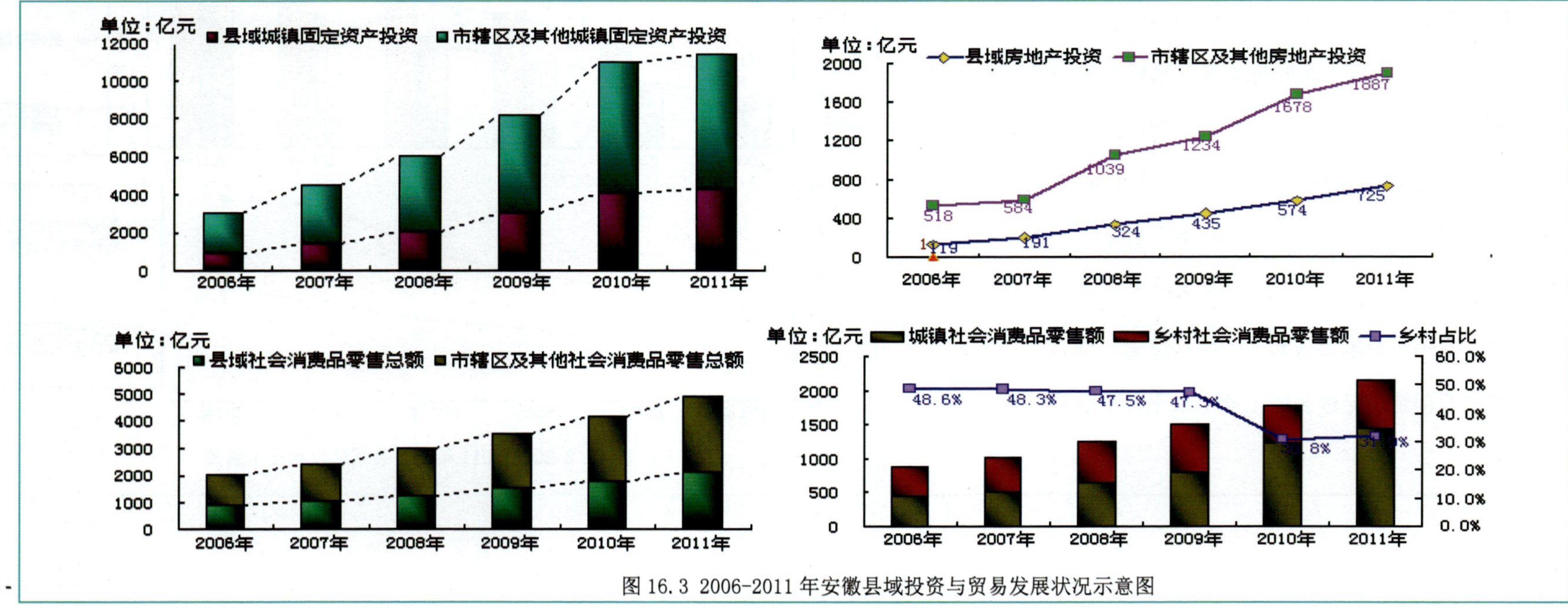

图 16.3 2006-2011 年安徽县域投资与贸易发展状况示意图

（4）从人民生活角度：6 年间，安徽县域农民人均纯收入实现年均 16.9%的增长，至 2011 年达到 6775 元，尽管仍然落后于全国农民人均纯收入，但已超过全省农民人均纯收入。一定程度上反映出，茶、桑、果等特种经济作物的种植、新型农业社会化服务体系的建立与农民专业合作组织的发展，带动了县域农民的增收。然而从农民人均消费角度，6 年间，安徽县域农民人均消费水平却始终低于全省平均水平，揭示出尽管农民收入有所增加，但县域农民消费观念仍偏于谨慎、保守，存在一定的提升空间。从在岗职工平均工资角度，6 年间，安徽县域在岗职工平均工资虽然实现了年均 18.3%的增长，增速明显超过全省与全国的对应指标，但 34412 元的平均工资却与全省与全国的平均值存在较大差距。此外，安徽县域经济发展的地区不平衡问题也依然突出。今后 4 年中，安徽县域一方面应抓住全省由农业大省向农业强省跨越的时机，努力提高农业综合生产能力和市场竞争力，实现县域城乡居民收入的多元化；另一方面，对于处在皖北、大别山地区相对贫困的各县，应依靠统筹布局，加速贫困地区劳动力转移就业，切实增加居民收入。

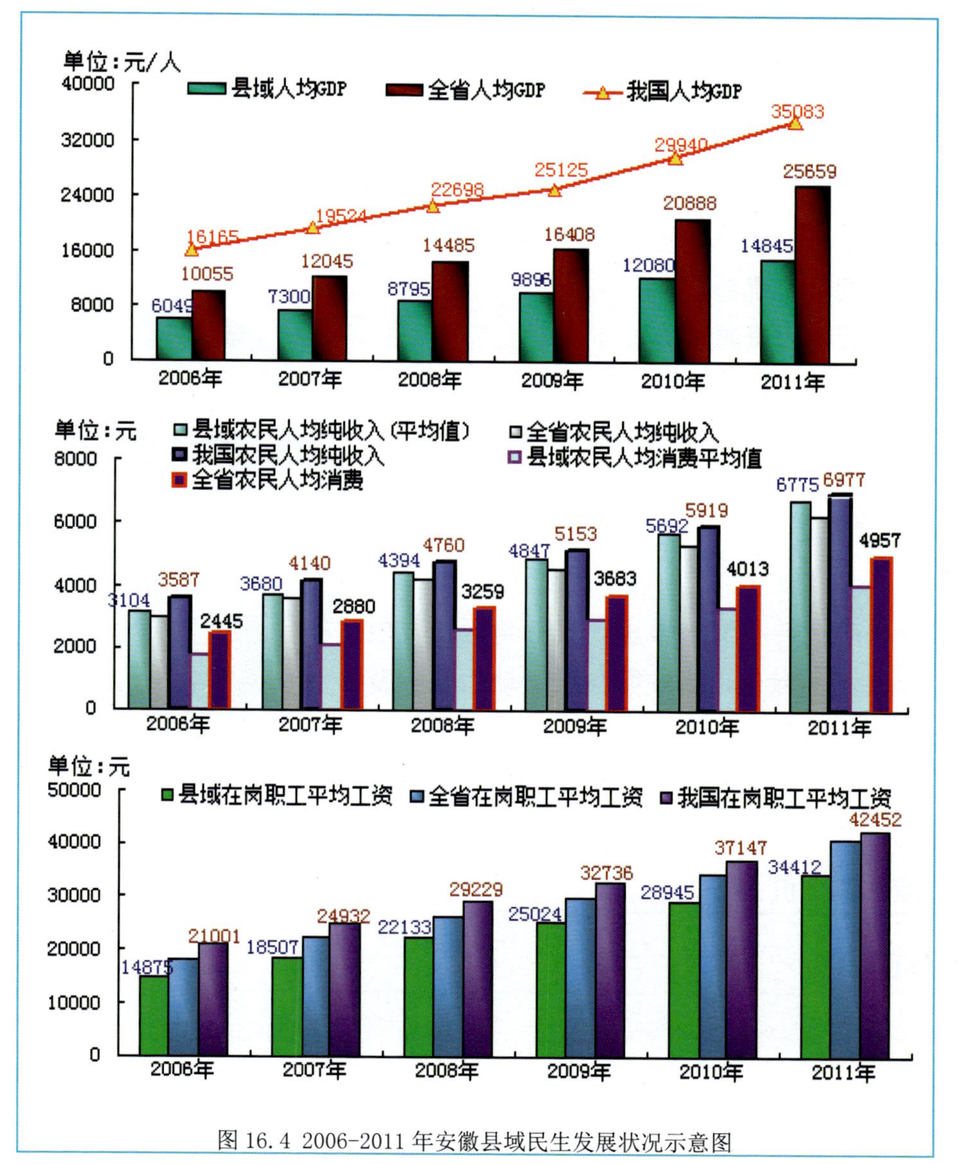

图 16.4 2006-2011 年安徽县域民生发展状况示意图

“十二五”安徽县域经济发展的SWOT分析

发展优势（S）

- 安徽各县紧临长三角经济区，是承接沿海发达地区经济辐射和产业转移的前沿地带，具有承东启西的区位优势
- 丰富的劳动力资源优势
- 皖江城市带、合芜蚌自主创新综合试验区的建设有效提升了安徽县域经济招商引资的吸引力

发展劣势（W）

- 县域经济基础与综合竞争力较为薄弱，整体发展水平还较为落后
- 县域间发展不平衡，城镇化程度偏低、中心城镇的聚集与辐射效益有待增强，城乡区域发展有待协调
- 产业结构层次偏低，科技创新力不强
- 基础设施有待进一步完善

建议：“十二五”期间，安徽县域经济进一步科学发展的重点战略是：依托“两圈两带一群”建设，推进县域城镇化进程，积极承接产业转移，带动县域特色产业集聚与优化升级。

发展机会（O）

- 国内外产业转移深入推进，长三角区域发展分工合作不断深化，为安徽县域劳动力转移及承接产业转移创造机遇
- 中央深化中部崛起战略，皖江城市带承接产业转移示范区上升为国家战略为安徽县域经济发展增加新契机

挑战与威胁（T）

- 经济转型中的社会矛盾增加，制约科学发展的体制机制障碍依然较多
- 面临加快发展与加快转型双重压力
- 周边省份产业结构竞相升级给安徽县域结构调整带来新的挤压

报告之十七：2006-2012 福建省县域经济发展

1、数字福建县域发展

以 2012 年年鉴数据为依据	县域总值	县域均值	最高县	数值	在全省县域经济对应指标中的比重	最低县	数值	在全省县域经济对应指标中的比重
生产总值（万元）	98138600	1692045	晋江市	10957000	11.16%	松溪县	286400	0.29%
财政赤字（万元）	4178913	72050	平潭县	362466	8.67%	永安市	33400	0.80%
固定资产投资（万元）	47288577	815320	福清市	3557652	7.52%	政和县	67121	0.14%
住宅投资（万元）	6278836	108256	闽侯县	789657	12.58%	明溪县	6868	0.11%
社会消费品零售	28527893	491860	晋江市	2872320	10.07%	柘荣县	72319	0.25%
茶叶产量（吨）	282716	4874	安溪县	43157	15.27%	晋江、石狮、平潭、东山无茶叶产量		
参加农村新型合作医疗人数	20758000	357897	南安市	1240000	5.97%	明溪县	88200	0.42%
农民人均纯收入（元）	-	8567	石狮市	14228	是全省县域均值的 1.7 倍	松溪县	5546	约占全省县域均值的 3/5
农民恩格尔系数（%）		45.9	霞浦县	54.9	比全省县域均值高 9%	石狮市	38.9	比全省县域均值低 7%
城镇居民可支配收入（元）	-	18825	石狮市	32365	是全省县域均值的 1.7 倍	长汀县	12378	约占全省县域均值的 7/10
城镇居民恩格尔系数（%）		42.8	云霄县	51.4	比全省县域均值高 8.6%	福清市	35.1	比全省县域均值低 7.7%
城镇化率（%）	-	45.9	石狮市	74.8	比全省县域均值高 28.9%	宁化县	30.5	比全省县域均值低 15.4%
注：本表相关数据均来自《2012 福建统计年鉴》，其中城镇居民可支配收入及城镇居民恩格尔系数均缺乏寿宁、屏南、柘荣三县数值。								

2、福建县域经济特色产业代表

(1) 闽清是全国釉面砖的重要生产基地之一，素有“陶瓷之都”的美誉，是全省最大的电瓷出口基地；

(2) 沙县以饮食文化引领产业发展，被誉为“小吃城”、“美食城”，其“沙县小吃”遍布全国；

(3) 晋江是我国九大五金产业基地之一，拉链制造享誉世界，有“中国拉链之都”的美称；

(4) 武夷山是我国茶叶主产区，乌龙茶、大红袍畅销全球，“世界双遗产”带动茶产业和旅游产业双发展。

沙县小吃

武夷岩茶

客家围村

3、福建县域特色文化与民俗民间工艺

(1) 以宁化、长汀为代表的客家文化

(2) 以莆田为代表的妈祖文化

(3) 以福鼎为代表的闽越和瓯越文化

(4) 以武夷山为代表的茶文化

(5) 以建瓯为代表的根艺文化

(6) 以罗源、顺昌为代表的畲族文化

妈祖文化

玉雕

(1) 在民间工艺上，如将乐擂茶、建瓯根雕、漳州棉花画、福建陶瓷、福州脱胎漆器、永春漆篮、福州纸伞等均为福建县域民间工艺代表。

(2) 在民风民俗上，有芷溪花灯、永安大腔戏、将乐南词、永安笋竹节、东山潮剧、武夷山的喝茶俗等。

永春漆篮

4、2006-2012 福建县域经济发展评析与“十二五”发展建议

1. **基本状况：** 福建省现有县级行政单位85个，其中市辖区26个，县级市14个，县45个（由于特殊历史原因，金门县数据暂不统计，因此本报告所指的福建省县域经济是除金门县之外的58个县级行政单位）作为祖国大陆面对台湾的重要窗口，2006-2012年间，以海峡西岸经济特区建设为抓手，福建县域经济经受住全球金融危机所带来的巨大冲击，巩固了经济发展的良好态势，如图17.1所示。

（1）**在经济总量与发展速度上：** 截至2011年底，福建省县域经济总量由2006年的GDP 4186亿元增长到2011年的GDP 9814亿元，县域经济总量年均增长18.6%，略高于市辖区经济总量年均17.9%的发展速度，县域经济总量占全省比重稳定在55%附近。尽管福建县域经济的综合实力与苏、浙、鲁三个县域经济大省相比尚存有一定的差距，但从全国范围看福建县域经济已较为发达，基本位于中等偏上地位。

（2）**在经济结构上：** 6年间，农业总量在年均增长12.6%的前提下，在三次产业中的比重由2006年的18.5%下降到2011年的14.2%；因第二产业受到金融危机对福建加工制造业的严重冲击，增长趋势在2009年减缓，但自2010年起随着经济形势好转逐渐走强，至2011年底，在三次产业中的比重达到53.6%，显示出二产（尤其是工业）在福建县域经济中的强劲优势地位；海西经济特区建设为福建县域经济第三产业的转型升级创造了机遇，第三产业年均增速17.3%，在福建县域经济中的作用日益提升（注：本报告相关增速指标均以当年价格计算，未扣除价格变动因素）。

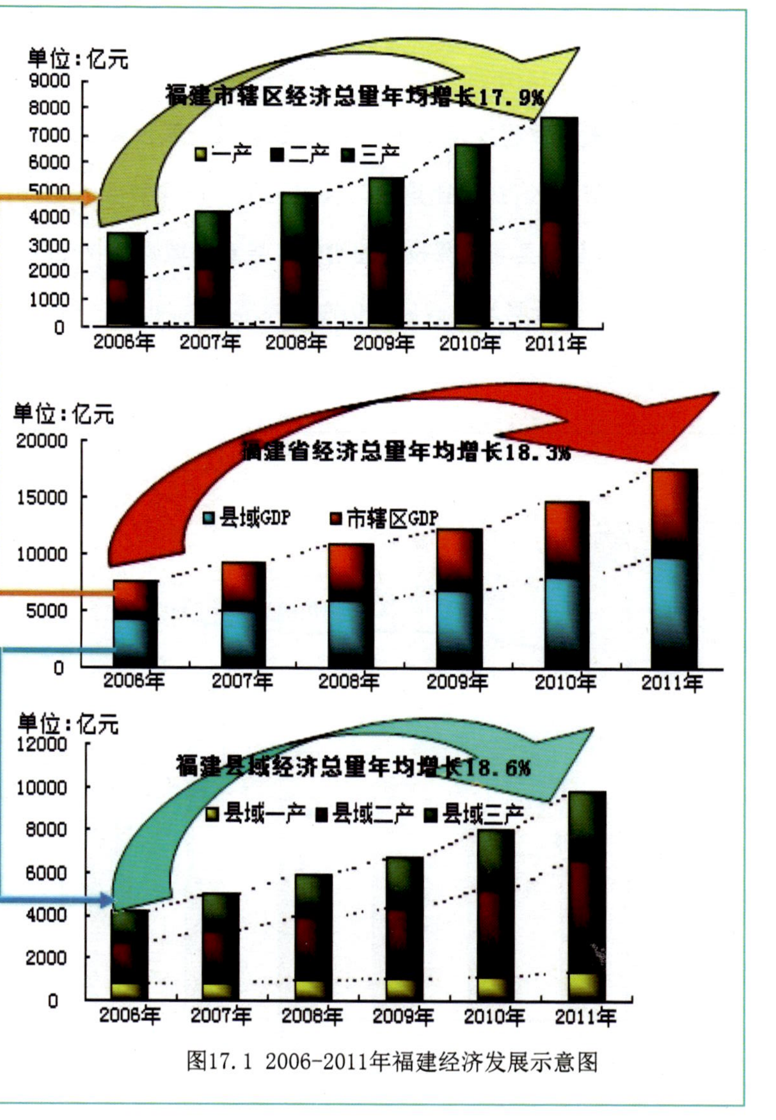

图17.1 2006-2011年福建经济发展示意图

2. 分项看：

（1）**从一般预算收支角度**：6年间，福建县域一般预算收入持续增长，年均增速25.4%，占全省一般预算收入的比重由2006年的30%增加到2011年的33.5%；从一般预算收入占GDP比重看，福建县域一般预算收入至2011年底仅为5.1%，低于全省8.6%的平均水平；由于县域一般预算支出在六年间年均增长29.8%，略高于县域预算收入的增幅，导致县域财政收支缺口逐年加大，但整体而言，由于福建县域经济相对发达，能够对县域财政收入产生重要的支撑作用，因此县域财政风险仍在可控范围之内。从一般预算支出构成看，教育支出占县域一般预算支出的比重要高于全省对应的平均指标，反映出福建县域对发展教育的重视。

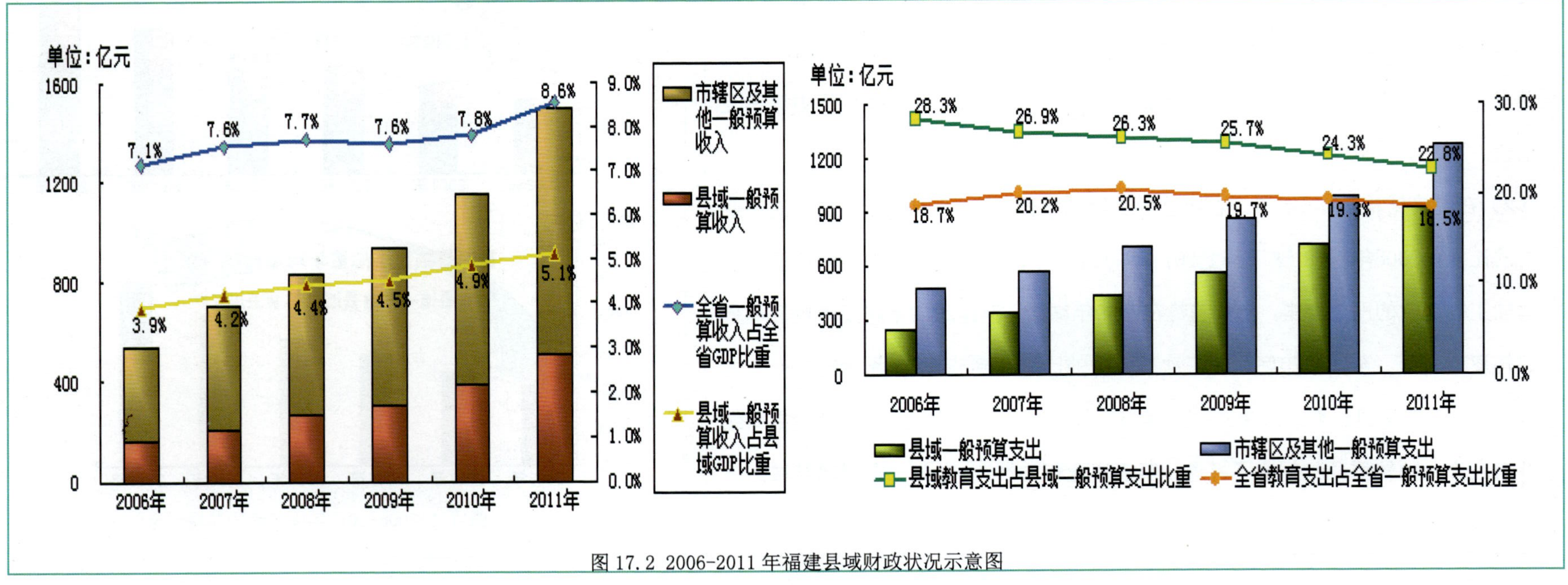

图 17.2 2006-2011 年福建县域财政状况示意图

（2）从固定资产投资角度：6年间，福建县域固定资产投资年均增速达35.8%，占全省固定资产投资比重由2006年32.8%上升到2011年42.7%。在投资组成中，尽管县域房地产投资年均增长34.4%，尤其住宅投资年均增速高达41.9%，但2009年房地产投资占固定资产投资比重与2010年住宅投资占房地产投资比重分别巨幅下滑至6年中的最低点并在次年因经济形势回暖而迅速反弹。福建县域房地产业已较为发达，2009年房地产比重跌至六年间的最低点是此消彼长的直接结果：一方面，福建县域为摆脱金融危机冲击，加大了基础设施投资力度；另一方面对易产生经济泡沫、消费需求明显不足的房地产投资采取有效控制。2010年住宅投资比重的大幅下滑则是由住宅作为房地产相对稳健的组成部分对市场反应的迟滞性引发的。房地产业的泡沫与乘数效应会对经济发展带来严重伤害，因此福建县域房地产投资在2011年的强势反弹必须引起重视。今后4年中，应通过科学调控降低房地产升温带来的泡沫风险。

（3）从国内贸易角度：6年间，尽管福建县域社会消费品零售总额实现了年均16.8%的增速，至2011年达到2853亿元，但占全省社会消费品零售总额的比重整体呈现下降趋势，尤其是2009年以来比重下降明显。反映出自中央扩大内需政策出台后，福建县域内需市场活跃程度有所增强，但福建中心经济区的商业聚集度与吸引力随着海西经济特区建设而显著提升，从而使福建县域内需市场活跃度明显落后于市辖区。今后4年中，福建县域经济应更好的平衡投资推动、内需拉动、出口带动之间的关系，依靠城镇化建设激发内需市场消费潜力，带动福建县域经济的扩大发展。

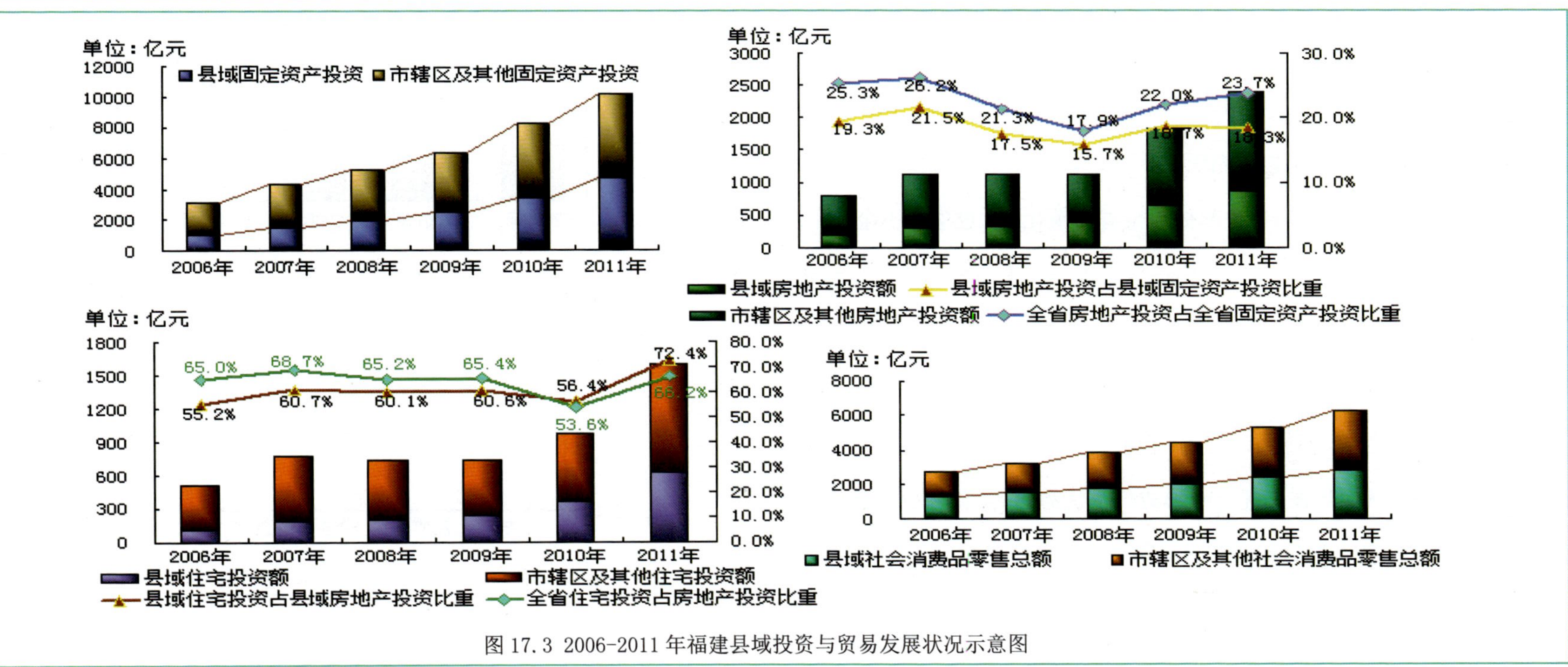

图 17.3 2006-2011 年福建县域投资与贸易发展状况示意图

（4）**从人民生活角度：**6年间，福建县域农民人均纯收入与全省农民人均纯收入基本一致，高于同时期全国农民人均纯收入，但县域在岗职工平均工资与全省在岗职工平均工资都低于同时期我国在岗职工平均工资。福建也是我国民营经济较为发的省份，这一现象与江苏、浙江等民营经济发达省份一致。此外，福建县域经济在沿海县与山区县之间存着较突出的不平衡现象：以晋江为代表的25个沿海县的经济发展水平要远远高于33个山区县。“木桶原理”揭示出木桶的最大容量是由构成木桶壁的最短的一块木板决定的，而县域发展差距悬殊以及由此衍生的区域、利益集团间的矛盾和冲突，将会进一步增加县域发展成本，从而制约福建县域经济的高速、健康发展。今后4年中，在巩固扩大沿海县发展成果基础上，要重点支持山区县发展，力争借助海西经济特区建设契机，打破福建全省县域经济发展的失衡状态。

（5）**从县域城镇化建设角度：**至2011年底，福建全省城镇化率已达58.1%，高于全国51.3%的平均水平，这与福建是我国开放程度较高、经济较为发达的省份地位是一致的。在福建省内部，县域城镇化率低于全省城镇化率，也落后于全国平均水平，与福建县域经济已较为发达尤其工业化程度较高的状态不相匹配。城镇化与现代化、工业化发展息息相关，从长期看，福建县域相对偏低的城镇化建设水平既不利于产业集聚效应的有效释放，也将给县域产业掌握前沿科技造成障碍，最终影响县域产业向更高水平的发展与转型。今后4年中，为实现民营经济的转型升级和县域经济的扩张，福建县域应当在依托已经形成规模优势的传统产业基础上，加大城镇化建设力度，更好的吸引与集聚经济转型所需的各种资源与人才。

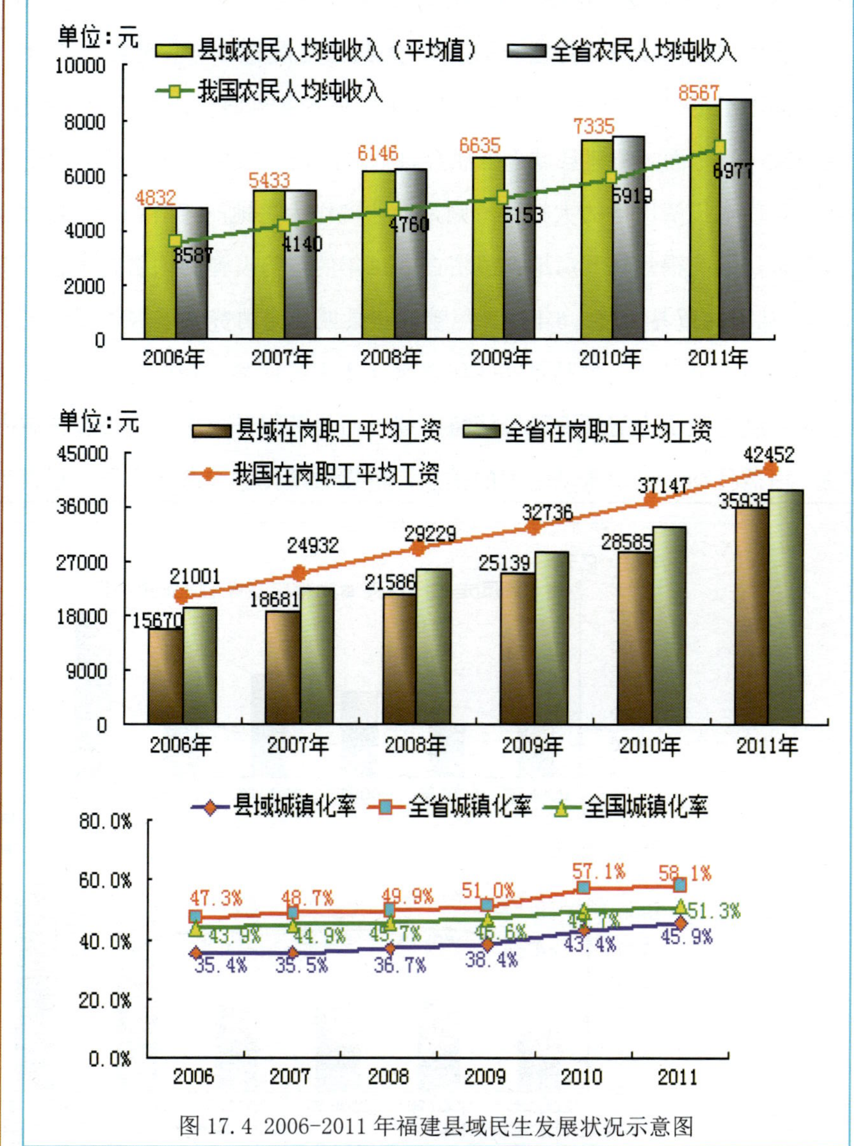

图 17.4 2006-2011 年福建县域民生发展状况示意图

“十二五”福建县域经济发展的SWOT分析

发展优势（S）

- 民营经济发达，特色产业已形成体系化
- 产业竞争力较强
- 具有一定的经济发展基础，区位优势较突出
- 侨乡的特殊地位使县域经济在招商引资领域具有独特的竞争优势

发展劣势（W）

- 沿海县与山区县差距突出，县域规模相对偏小，发展相对不平衡
- 基础设施有待进一步完善
- 高端人才相对欠缺，要素资本比较匮乏
- 财政收入相对不足，政府宏观调控能力有待增强

建议：“十二五”期间，福建县域经济进一步科学发展的重点战略是：以加速城镇化建设为先导，立足县域特色产业品牌化发展与升级，壮大优势产业集群，培育新兴服务业集群。

发展机会（O）

- 面向台湾，随着海西经济特区的建设及闽台合作的深化，将会为福建县域经济发展增添重大发展机遇
- 福建县域经济发展的特色与重心也在逐渐突出闽台合作优势效应

挑战与威胁（T）

- 经济外向度较高与全球贸易保护主义抬头的矛盾
- 经济发展需要安定团结的环境与近年来因贫富差距分化导致社会矛盾较为突出之间的矛盾
- 愈加频繁的热带风暴已经成为影响福建县域经济发展的重大自然灾害

报告之十八：2006-2012 江西省县域经济发展

1、数字江西县域发展

以 2010 年数据为依据	县域总值	县域均值	最高县	数值	在全省县域经济对应指标中的比重	最低县	数值	在全省县域经济对应指标中的比重
生产总值（万元）	54724312	675609	南昌县	3062254	5.60%	资溪县	165010	0.30%
财政赤字（万元）	6342296	78300	鄱阳县	270242	4.26%	金溪县	25896	0.41%
城镇固定资产投资（万元）	41450082	511729	南昌县	2891908	6.98%	铜鼓县	46510	0.11%
社会消费品零售（万元）	14746229	182052	南昌县	574316	3.89%	余干县	20156	0.14%
城乡居民储蓄存款（万元）	34677102	428112	丰城市	1382757	3.99%	共青城市	117562	0.34%
出口总额（万美元）	517709	6392	南昌县	43130	8.33%	石城县	126	0.02%
实际利用外资（万美元）	318379	3931	南昌县	31324	9.84%	寻乌县	226	0.07%
农民人均纯收入（元）	-	5092	南丰县	8732	是全省县域均值的 1.7 倍	广昌县	2735	约占全省县域平均值的 1/2
在岗职工平均工资（元）	-	24606	德兴市	30148	是全省县域均值的 1.2 倍	修水县	11267	约占全省县域平均值的 1/2

注：《2012 江西省统计年鉴》中没有县域经济的相关数据，因此本表采用《2011 江西省统计年鉴》的数据，本报告中的“2006-2012”江西县域经济发展评析与“十二五”发展建议，采用的也是 2011 年鉴的相关数据。

2、江西县域经济特色产业代表

(1) 景德镇是“瓷器之国”的代表和象征，以白瓷和青花瓷最具代表，驰名中外，陶瓷烧制技艺被列入中国非物质文化遗产名录；

(2) 大余有全世界著名的钨矿床，是享誉全球的“世界钨都”；

(3) 以瑞金、井冈山为代表的红色文化圣地带动江西红色文化旅游的发展，瑞金更有“红都”之称。

青花瓷

3、江西县域特色文化与民俗民间工艺

(1) 以芦溪为代表的傩文化

(2) 以都昌、三清山为代表的道教文化

(3) 以景德镇为代表的陶瓷文化

(4) 以瑞金、井冈山为代表的红色文化

(5) 以宜黄为代表的赣文化和禅文化

(6) 以婺源为代表的徽州文化

(7) 以德兴为代表的铜文化、赣南客家文化

(8) 以吉安为代表的庐陵文化

红色圣地—井冈山

(1) 在民间工艺上，如景德镇陶瓷、萍乡湘东傩面具、全丰花灯、徽州三雕等均为江西县域民间工艺代表。

(2) 在民风民俗上，有婺源傩舞、兴国山歌、南丰跳傩、永新盾牌舞、弋阳腔、广昌孟戏、宜黄戏、赣南采茶戏、徽剧等。

傩 戏

4、2006-2012 江西县域经济发展评析与“十二五”发展建议

1. **基本状况**：江西省共有县级行政单位100个，其中市辖区19个、县级市11个、县70个，县域土地面积15.55万平方公里，占全省总面积的93%。“十一五”时期，在成功应对全球金融危机严重冲击、战胜低温雨雪冰冻灾害、特大洪涝灾害的背景下，江西牢牢抓住“鄱阳湖生态经济区”上升为国家战略的发展机遇，带动全省县域经济实现较快发展。如图18.1所示。

（1）**在经济总量与发展速度上**：截至“十一五”末，江西县域经济总量成功翻一番，GDP由2006年的2672亿元增长到2010年的5472亿元，年均增长19.6%，略高于江西全省19.7%和市辖区年均增长18.8%的发展速度，江西是县域经济传统欠发达地区，尽管“十一五” 的较快发展揭示出江西县域经济良好的后发优势，但整体而言，县域经济总量仍旧欠发达，尤其“十一五”后两年，市辖区占全省GDP的比重明显增加，反映出江西市辖区更好地把握了鄱阳湖生态区的建设机遇。

（2）**在经济结构上**：作为我国重要农业大省，“十一五”期间，江西县域农业总量在保持年均增长12.56%的前提下，比重由2006年的23.2%下降到2010年的18.2%；第二产业实现年均24.6%的增速，比重由2006年的45.5%上升到2010年的53.5%，在三次产业中的主导地位日益突出，与江西由农业大省向工业强省转型的现状相一致；相对而言，江西县域经济中第三产业发展缓慢，年均增速只有11.98%。由于发达的第三产业既是现代化的必要特征，也对一二产结构提升具有重要作用，因此，在充分把握产业发展品质基础上，有效提升江西县域第三产业的发展，应成为“十二五”期间的重要方向。

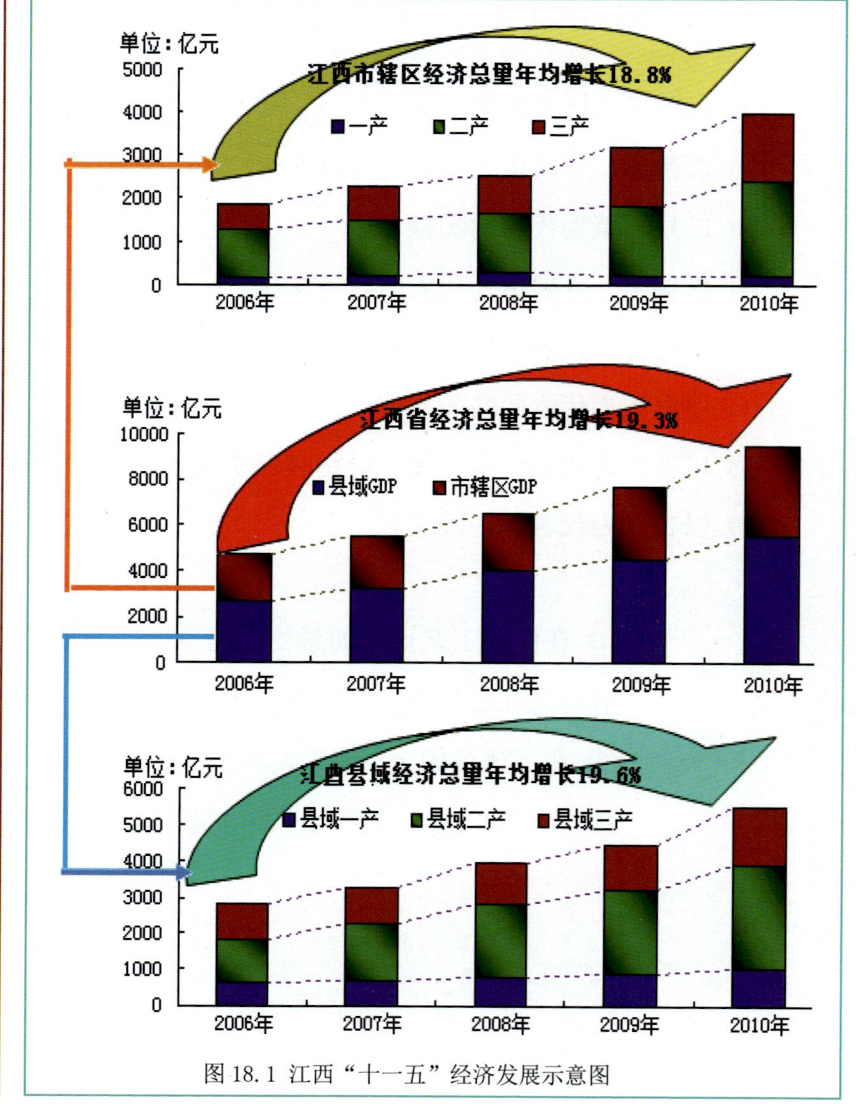

图 18.1 江西“十一五”经济发展示意图

2. 分项看：

（1）**从一般预算收入角度**：5年来，江西县域一般预算收入与一般财政支出均呈现快速增长，其中，县域一般预算收入年均增速31.5%，占全省的比重由2006年的24.7%上升到2010年的31.2%，县域一般预算收入占GDP的比重为5%，低于全省12%的水平；县域一般财政支出年均增长30.3%，占全省财政支出的比重基本稳定在52%附近。县域经济的财政收支均快速扩张反映出江西县域依靠积极的财政政策助推县域经济的发展，但财政赤字的逐年扩大（2010年收支差额达634亿元）也在一定程度上影响了县级政府的调控能力。

（2）**从城镇固定资产投资角度**：5年间，江西县域城镇固定资产投资年均增速达41.74%，占全省城镇固定资产投资比重由2006年的43.2%上升到2010年的52.8%，与此同时，由于县域房地产投资年均增速仅为25.34%，因此在县域固定资产的组成中，房地产投资所占比重逐年下滑，这一现象也出现在江西省和市辖区及其他的城镇固定资产投资结构中。相对于房地产投资，能源、交通等重大基础设施投资建设以及重大项目建设既能保持较高的乘数拉动效应，也因其更具合理性而降低了投资泡沫的风险。从此角度，江西县域固定资产投资的方向与策略值得肯定。

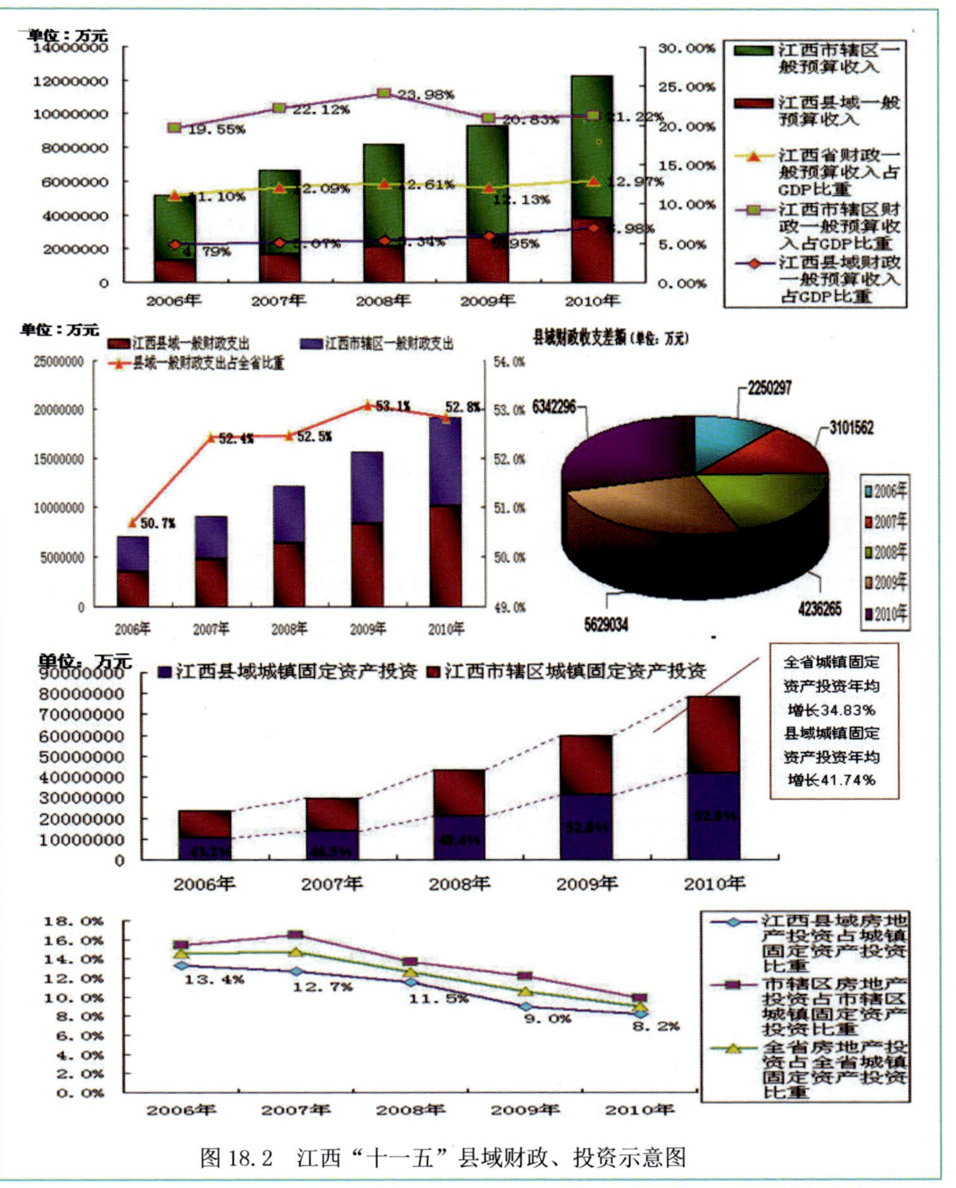

图 18.2　江西“十一五”县域财政、投资示意图

（3）**从国内贸易角度**：5年间，江西县域社会消费品零售总额年均增长19.0%，略低于市辖区年均20.8% 的增速，占全省社会消费品零售总额的比重由2006年的51.4%下降至2010年的49.9%，但数量由2006年的734.5亿元上升至2010年的1475亿元。相对而言，“十一五”后两年市辖区社会消费品零售总额的快速提升是市辖区的集聚效应在扩大内需市场时获得充分效释放的体现，反映出受客观环境限制，县域经济在零售业的发展与市辖区相比存在差距。“十二五”期间，江西县域应抓住国家扩大内需市场的时机，通过深入发掘县域市场消费特点与消费需求，在有效实现农民增收的前提下，积极培育消费增长点，使国内贸易成为提升江西县域经济品质的重要支柱。

（4）**从国际贸易角度**：全球金融危机对江西省的对外贸易造成严重冲击，其中市辖区2008、2009、2010年间的的贸易起落达4.5个百分点。与市辖区相比，江西县域对外开放程度相对低，受到的损失也相对低，但“十一五”期间江西县域出口总额由17亿美元快速提升至52亿美元，特别是2009、2010年对外贸易额相差25亿美元反映出对外贸易正成为推动江西县域经济发展的重要力量。可以预计，“十二五”将是江西县域扩大对外开放的重要期，应注重依靠创新提升传统优势出口产品（如陶瓷）等的附加值、拓展多元化出口市场带动提升江西县域产品对外的整体形象并有效规避贸易壁垒。在吸引外资方面，县域当年实际利用外资额从2006年的19亿美元增长到2010年32亿美元，“十二五”期间，为进一步提升对外引资实力，江西县域应积极依托赣商大会等交流平台，创新招商方式和投资促进机制，以产业链招商为重点，鼓励和引导各类资金对县域发展的投入，走以质取胜的发展道路。

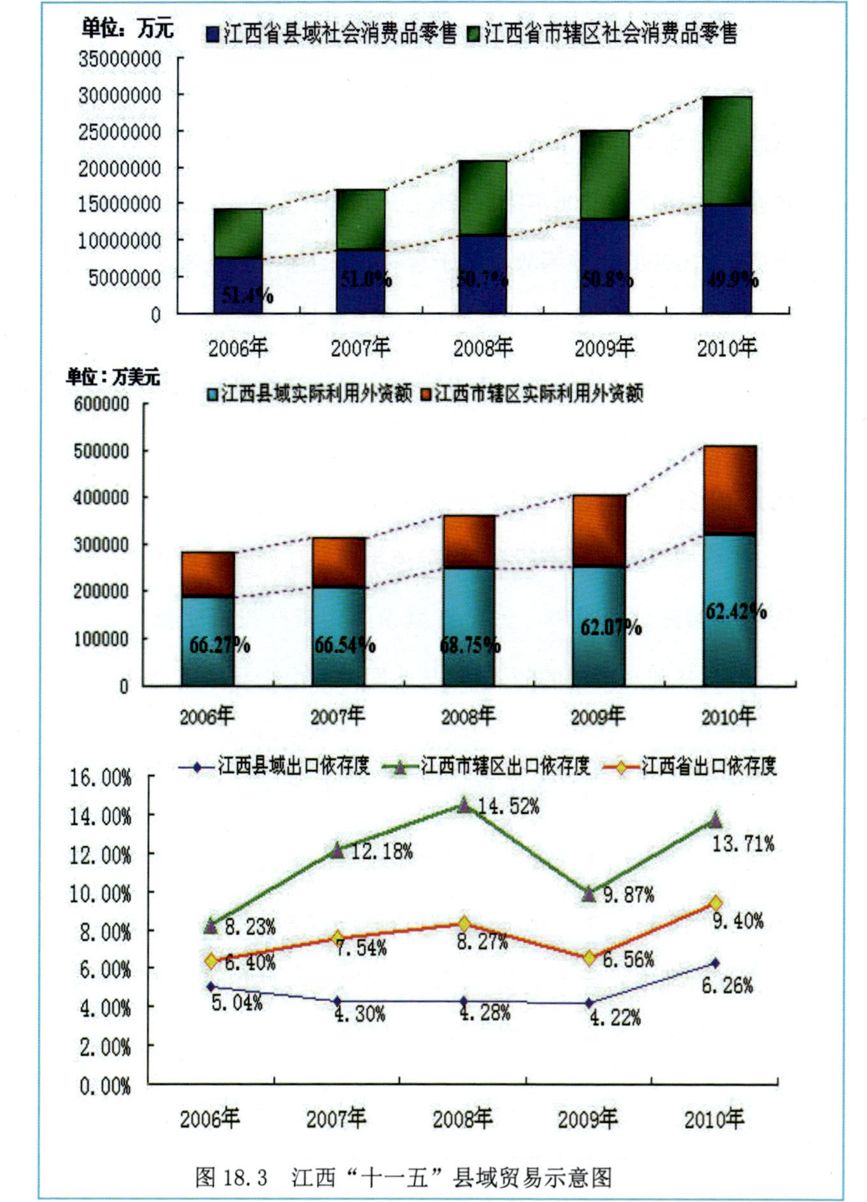

图 18.3　江西“十一五”县域贸易示意图

（5）**从人民生活角度**：“十一五”期间，江西全省农民人均纯收入与全国农民人均纯收入基本一致，但县域农民人均纯收入低于全省和全国水平。从在岗职工工资角度，县域在岗职工平均工资虽然保持年均16.9%的增长，至2010年达到20231元，但与全省与全国在岗职工平均工资比，尚存在较大差距。这与江西省目前整体经济相对欠发达，贫困人口相对较多的基本省情是相符的。“十二五“期间，江西县域需要依托“一、二、三产”的协调发展，在壮大特色产业集群的基础上，带动提升县域城乡居民收入的持续增长。

（6）**从县域城镇化建设角度**：“十一五”期间，江西省城镇化率略低于全国水平，至2010年全省城镇化率达到44.1%；但江西县域城镇化率远低于全省水平，至2010年，仅达到20.4%。城镇化是实现工业化、现代化的关键，是人口就业结构、经济产业结构的转化过程和城乡空间社区结构的变迁过程。城镇化水平偏低，居民呈大规模分散状态，不利于聚集效应的充分发挥，也对现代化建设带来影响，延缓整体发展速度。“十二五”期间，江西县域经济发展要抓住“鄱阳湖生态经济区”建设的契机，以加快城镇化发展为重点，充分发挥县域资源优势，壮大提升县域产业集群，进而带动县域经济发展。

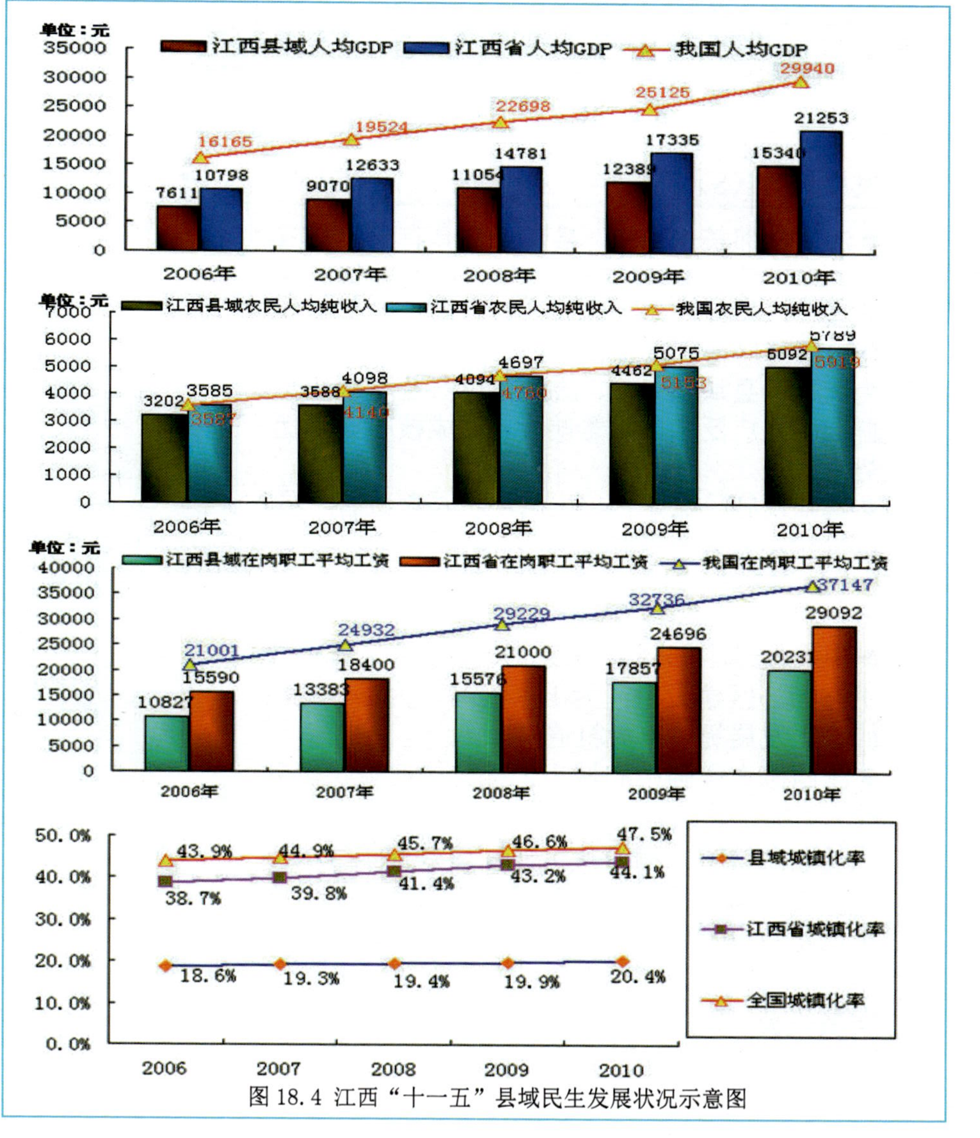

图 18.4 江西“十一五”县域民生发展状况示意图

“十二五”江西县域经济发展的SWOT分析

发展优势（S）

- 江西比邻长珠三角，县域经济具有承接长三角、珠三角、沿海经济发达地区产业转移的优势条
- 以赣南脐橙、景德镇瓷器、井冈山红色旅游为代表的县域农、工、旅游特色产业与产业集群已积累广泛的品牌影响力，形成核心竞争优势
- 基础设施日益完善、生态环境显著改善，县域综合实力有所提升

发展劣势（W）

- 县域经济基础与综合竞争力较为薄弱，城镇化发展缓慢，整体发展水平仍显滞后
- 民营经济仍欠发达，企业创新能力不足，产业升级慢，结构性矛盾比较突出
- 县域间发展不平衡现象已比较严重，发达县与落后县之间的差距逐年扩大
- 县域农民收入偏低，城乡收入差距扩大

建议：“十二五”期间，江西县域经济进一步科学发展的重点战略是：以“鄱阳湖生态经济区”建设为契机，突出特色产业品牌优势，因地制宜培育县域特色产业基地。

发展机会（O）

- 中央促进中部崛起力度进一步加大，鄱阳湖生态经济区建设上升为国家战略，为县域经济的扩大发展提供重大机遇
- 江西做大做强中心城市，提升中心城市辐射能力，加快建设南昌超大城市，积极培育九江、赣州、上饶特大城市，全面建成景德镇等大城市，为县域经济依托中心城市辐射能力提升而实现超常规发展创造机遇

挑战与威胁（T）

- 全球经济增长模式调整、国内经济增长条件和动力发生变化，区域间竞争激烈
- 面临加快发展和加速转型的双重压力；产业结构调整升级的内在要求更加迫切
- 南昌特大城市在规模、产业发展、吸引力等方面与全国其他中心城市相比还存在差距，在一段时期内对江西县域经济的带动作用还有待提升

报告之十九：2006-2012 山东省县域经济发展

1、数字山东县域发展

以 2012 年年鉴数据为依据	县域总值	县域均值	最高县	数值	在全省县域经济对应指标中的比重	最低县	数值	在全省县域经济对应指标中的比重
生产总值（万元）	229827372	3064365	龙口市	7780000	3.39%	长岛县	554572	0.24%
工业产值（万元）	603020311	6626597	广饶县	26232880	4.35%	长岛县	36690	0.01%
规模以上企业利润总额（万元）	44223363	485971	广饶县	2479300	5.61%	长岛县	2621	0.01%
财政赤字（万元）	8332515	91566	荣成市	219147	2.63%	兖州市	-707	有财政盈余
固定资产投资（万元）	141140655	1550996	胶州市	4240128	3.00%	长岛县	45849	0.03%
社会消费品零售总额（万元）	86498293	950531	即墨市	2275967	2.63%	长岛县	116493	0.13%
粮食产量（吨）	47386196	520727	平度市	1580011	3.33%	长岛县	436	0.00%
城乡居民年末储蓄存款（万元）	106233651	1167403	莱州市	2868275	2.70%	长岛县	201391	0.19%
出口总额（万美元）	4835042	53132	胶州市	556933	11.52%	沾化县	1158	0.02%
农民人均纯收入（元）	-	9183	荣成市	13743	是全省县域均值的 1.5 倍	泗水县	6357	约占全省县域均值的 7/10
注：《2012 山东统计年鉴》中缺乏各县生产总值的数据，本表中使用的与生产总值相关的数据主要来自统计公报，共有 75 个县市有对应的数据，因此总值与均值均与 75 个县市对应。								

2、山东县域经济特色产业代表

(1) 山东特色以“一山一水一圣人”最具代表，泰山是“天下第一山”，更被列为世界首例自然与文化双遗产；

(2) 曲阜因孔子而誉满中外，孔林、孔府、孔庙被列为世界文化遗产，以“祭孔”为代表的特色文化游成为引领山东文化、旅游产业的龙头；

(3) 位于山东半岛最北端的蓬莱，是我国葡萄酒的重要产区，因其地理优势突出，被列为“世界七大葡萄海岸”之一；

(4) 东阿是我国最大的阿胶生产基地，有“中国阿胶之乡”的美称，阿胶制作方法更被列为国家保密工艺。

3、山东县域特色文化与民俗民间工艺

⑴ 以章丘为代表的龙山文化

⑵ 以垦利为代表的黄河口文化

⑶ 以诸城为代表的龙文化

⑷ 以微山为代表的伏羲文化和微山湖文化

⑸ 以曲阜、兖州、邹城为代表的儒家文化

⑹ 以郓城为代表的水浒文化

⑺ 以青州为代表的东夷文化

⑻ 以汶上为代表的佛教文化

⑼ 以沂水为代表的沂蒙精神

⑽ 以文登、栖霞为代表的道教与养生文化

⑾ 以乳山为代表的母爱文化

祭孔大典

聊城杂技

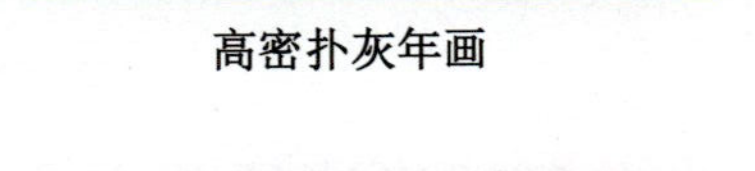

高密扑灰年画

莱州毛笔

⑴ 在民间工艺上，如莱州毛笔、莱州玉雕、高密扑灰年画、风筝制作技艺、杨家埠木版年画等均为山东县域民间工艺代表。

⑵ 在民风民俗上，有胶东大鼓、聊城杂技、鼓子秧歌、胶州秧歌、蓝关戏、茂腔以及祭孔大典、胡集书会等。

4、2006-2012 山东县域经济发展评析与“十二五”发展建议

1.基本状况：山东省现有县级行政单位140个，其中市辖区49个。县级市31个、县60个（下文将91个县与县级市称为山东县域经济）。2006-2012年，依托建设山东半岛蓝色经济区、黄河三角洲高效生态经济区、鲁南经济带等重点区域战略的带动，山东各县市以海陆资源互补、产业互动、布局互联为定位，以城乡区域协调发展为目标，以加快经济增长方式转变为手段，创新型建设与产业结构调整取得重大突破，带动县域经济综合实力显著增强（注：本报告相关增速指标均以当年价格计算，未扣除价格变动因素；本报告所使用的数据主要来自山东省统计年鉴及各县市统计公报，涉及县域经济总量的数据缺乏）。

2. 分项看：（1）从人民生活角度：6年间，山东县域农村居民生活水平持续提高，县域农民人均纯收入平均值由2006年的4770元增加到2011年的9183元，高于同期全省和全国平均水平，年均增长14%。山东是我国县域经济最为发达的省份之一，有25个县位列2012中国县域经济科学发展竞争力百强县，仅次于江苏省的26席，彰显了山东较为发达的县域科学发展综合实力。但从县域农民人均纯收入看，尽管已遥遥领先于全国平均水平，但与江浙两省的平均水平相比，还存在差距（浙江县域农民人均纯收入平均值12439元，江苏11371元）。一方面，这是山东以工业及国有集体经济发达、江浙地区以服务业及民营经济发达的直接体现—民营经济与服务业发达更有助于居民增收；另一方面也揭示出要在全国率先实现小康社会的建设目标，“富民”的相关举措还有待进一步加强。今后四年中，山东各县市应紧紧把握“黄蓝”经济区建设与文化大省建设的重大契机，通过大力发展现代高效农业、海洋经济产业、深度挖掘文化资源建设文化旅游重镇，积极鼓励和支持县域第三产业与民营经济的跨越式发展，带动县域居民依靠发展非农产业实现提升生活质量与持续增收的目标。

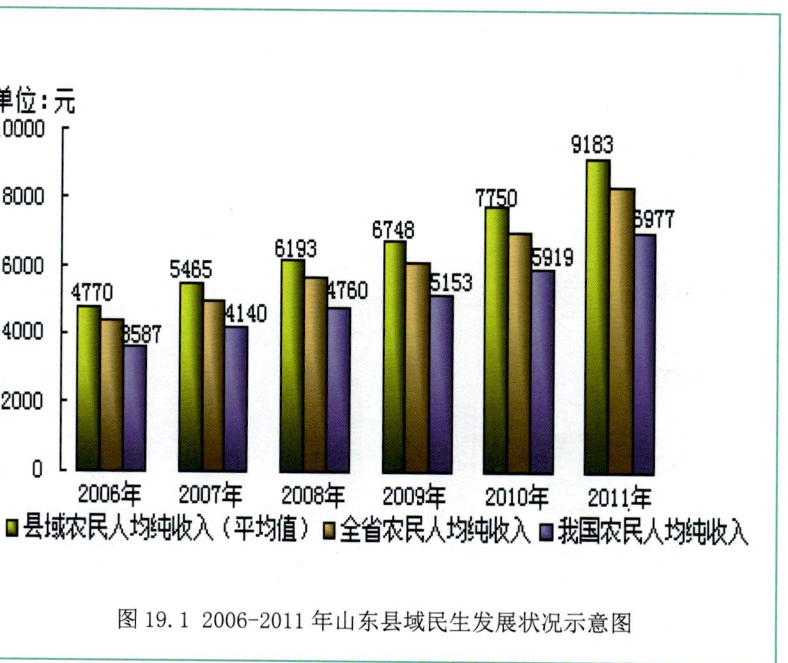

图 19.1 2006-2011 年山东县域民生发展状况示意图

（2）从一般预算收支角度：6年间，山东县域一般预算收入实现快速增长，年均增加22%，至2011年底，县域一般预算收入达到1280亿元，占全省比重由2006年的34.9%上升到2011年的37%，但相对于县域经济总量在全省经济总量中所占的比重以及众多的县域数量，县域一般预算收入总量仍旧偏低，这既与山东县域经济中工业及国有经济发达，但部分工业与国有企业的税收直接上缴上级财政有直接关系，也是民营经济相对于江浙两省还存在差距的一种体现。从一般预算支出看，县域一般预算支出增幅略高于县域一般预算收入，年均增加23.2%，但其占全省一般预算支出的比重呈现较大的波动，其中，2008年达到42.5%、2009年大幅下跌至40.7%、2011年又快速反弹至42.2%。上述现象揭示出，与市辖区等相比，县域行政单位运用财政工具调控地方经济的作用还有待提升。今后四年中，山东各县应通过鼓励和壮大民营经济来提升县级财政实力，同时，应进一步深化财政体制改革，加大财政转移支付力度，提高财政支出效益。

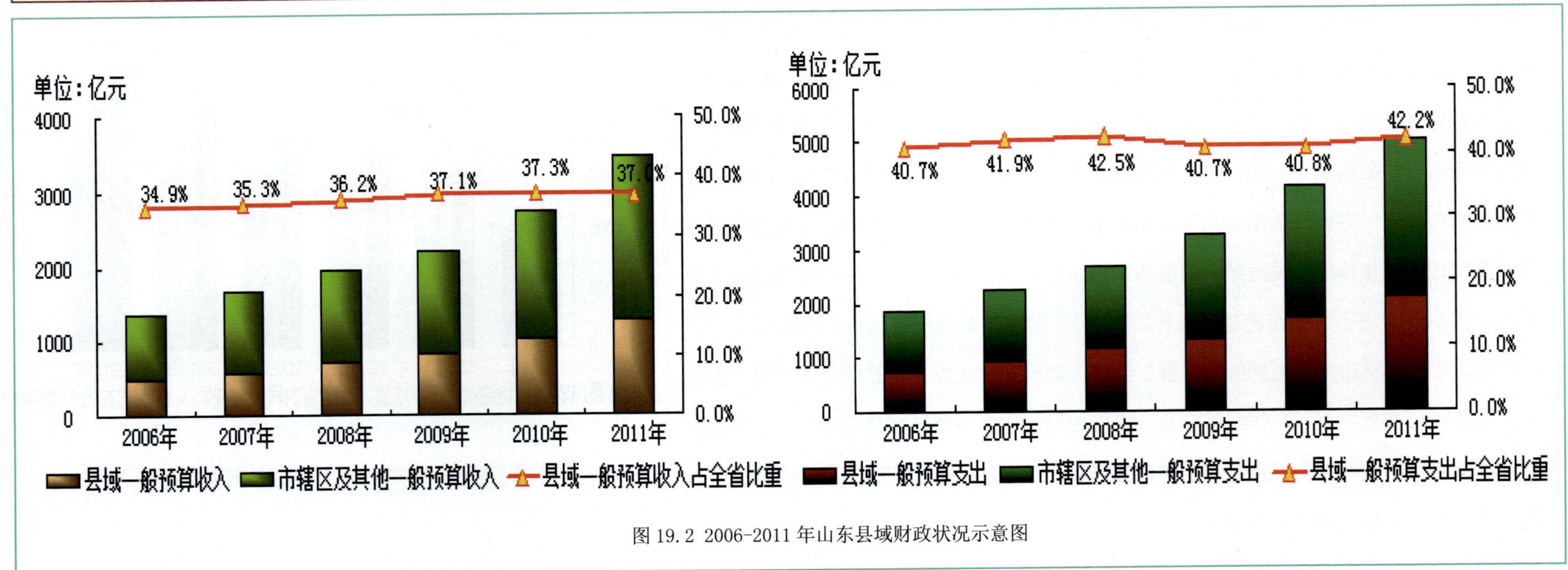

图 19.2 2006-2011 年山东县域财政状况示意图

（3）从固定资产投资角度：2009年以来，伴随山东半岛蓝色经济区和黄河三角洲高效生态经济区建设，县域固定资产投资快速增长，截至2011年底，山东县域完成固定资产投资14114亿元，其占全省比重稳定在55%附近。通过大规模的投资改造，山东县域产业结构进一步得到优化，优势产业持续集聚，增强了县域经济的竞争力。今后4年中，山东县域应抓住重点区域战略布局优势，着重将培养和支持有助于推动县域经济结构及县域产业转型升级的重大项目作为投融资的重点，统筹省内东、中、西部与南北经济协调发展，持续优化和改善投融资结构，促进县域经济全面发展（注：2006-2008年县域固定资产投资与2009年以后的数据在统计口径上有变化）。

（4）从国内贸易角度：在经济环境平稳向好、扩内需促消费政策有效实施、消费者信心稳步提升等多重因素作用下，山东县域城乡消费市场较为繁荣、发展态势良好。截至2011年底，县域社会消费品零售总额实现8650亿元，年均增长18.8%，其占全省比重稳定在51%附近。今后4年中，为巩固和创造良好的消费环境带动内需消费进一步扩大，山东各县市应在深入推进“万村千乡市场工程”、加快农村现代流通网络建设基础上，依托鲁南经济带和省会城市群经济圈建设机遇加强对省内相对欠发达地区的消费市场建设。此外，还应发挥齐鲁大地文化资源优势，推动消费与旅游、文化产业的融合，使文化消费成为刺激消费需求增长的新“热点”。

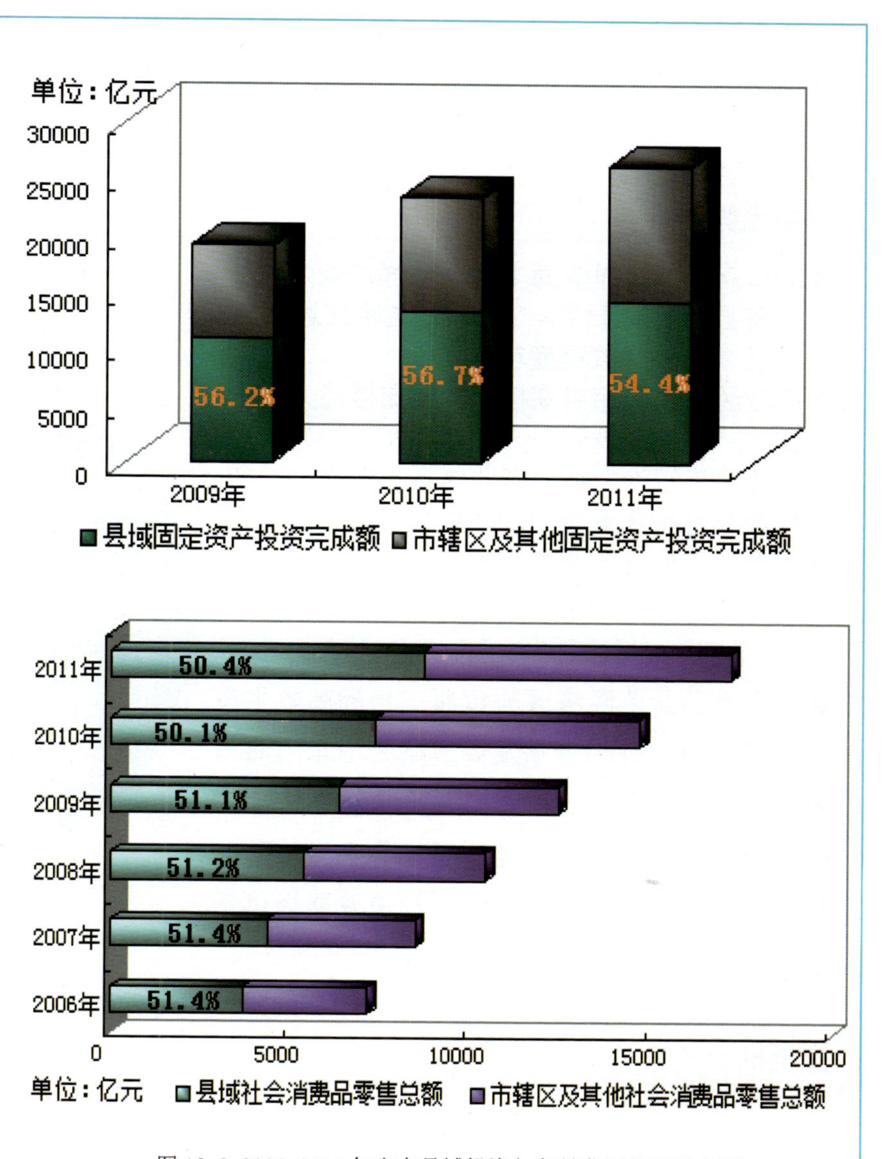

图 19.3 2006-2011 年山东县域投资与贸易发展状况示意图

“十二五”山东县域经济发展的SWOT分析

发展优势（S）

- 港口众多，海洋资源丰富，海洋产业发达
- 沿海县市比邻日韩，路海空立体交通网发达，县域对外开放程度较高
- 县域经济具备相当规模，发展支撑能力不断增强
- 民营经济较为发达，产业体系日趋合理，初步形成具有特色竞争力的产业集群
- 历史与文化资源厚重

发展劣势（W）

- 经济结构性矛盾仍然比较突出，服务业发展相对滞后
- 城乡发展尚需协调，东、中、西与南北县域间发展不均衡
- 新型工业化程度亟待提升，节能减排压力较大

建议：“十二五”期间，山东县域经济进一步科学发展的重点战略是：面向海洋、面向文化、以强带弱、突出特色，壮大民营与集群经济。

发展机会（O）

- 山东半岛蓝色经济区与黄河三角洲高效生态经济区建设上升为国家发展战略为山东沿海与黄河三角洲地区县域经济扩大发展创造机遇
- 环渤海经济圈、省会经济圈、鲁南经济带建设为山东欠发达地区县域经济加速发展提供重要机遇

挑战与威胁（T）

- 经济外向度高与全球贸易保护主义抬头的矛盾
- 兄弟省市区域竞合格局加速调整，围绕市场、资源、人才、技术等的竞争更加激烈
- 近年冬季频繁发生的雪灾已严重影响山东沿海地区县域经济发展

报告之二十：2006-2012 河南省县域经济发展

1、数字河南县域发展

以 2012 年年鉴数据为依据	县域总值	县域均值	最高县	数值	在全省县域经济对应指标中的比重	最低县	数值	在全省县域经济对应指标中的比重
生产总值（万元）	188896686	1749043	新密市	5004789	2.65%	卢氏县	528029	0.28%
财政赤字（万元）	13768962	127490	邓州市	251369	1.83%	栾川县	29931	0.22%
固定资产投资（万元）	124191191	1149918	中牟县	2697934	2.17%	台前县	340040	0.27%
社会消费品零售（万元）	54286604	502654	巩义市	1478729	2.72%	封丘县	197606	0.36%
居民储蓄存款（万元）	76944103	712445	新密市	1787061	2.32%	洛宁县	312353	0.41%
城镇居民最低生活保障人数	1016859	9415	滑县	120060	11.81%	新乡县	1562	0.15%
农村居民最低生活保障人数	3400307	31484	滑县	212948	6.26%	义马市	无数据	-
参加新农合人数	70681090	654455	邓州市	1460657	2.07%	义马市	45714	0.06%
参加农村社会养老保险人数	31397323	290716	固始县	920563	2.93%	义马等 9 县	无数据	-
人均生产总值（元/人）	-	26206	义马市	107175	是全省县域均值的 4.1 倍	封丘县	11359	约占全省县域均值的 3/7
农民人均纯收入（元）	-	6845	巩义市	11392	是全省县域均值的 1.7 倍	鲁山县	4350	约占全省县域均值的 2/3
城镇居民可支配收入（元）	-	15080	新郑市	18204	是全省县域均值的 1.2 倍	台前县	11575	约占全省县域均值的 7/9
在岗职工平均工资（元）	-	26082	永城市	39097	是全省县域均值的 1.5 倍	台前县	18833	约占全省县域均值的 5/7

注：本表数据出自《2012 河南省统计年鉴》，其中，郸城县、杞县、林州市、范县、汤阴县、博爱县、温县、渑池县、义马市“参加农村社会养老保险人数”无对应数据；义马市无农村居民最低生活保障人数数据；农民人均纯收入与城镇居民可支配收入“县域均值”的计算方法为各县对应指标的算术平均。

2、河南县域经济特色产业代表

(1) 新密是我国岐黄文化发祥圣地，素有天然药库之称，又因盛产煤炭，而被称为“乌金之乡”；

(2) 坐落于河南境内的嵩山入选世界地质公园和世界文化遗产名录，嵩山少林更以佛教禅宗和少林武术享誉世界，引领嵩山特色文化产业发展；

(3) 舞钢冶铁历史悠久，有中国冶铁文化之都的美称，现代钢铁产业发展良好，建有我国特宽特厚钢板生产基地，舞钢品牌远销海外；

(4) 汝窑位于汝州境内，是宋代五大名窑之一，汝瓷烧制技艺已列入中国非物质文化保护遗产。

3、河南县域特色文化与民俗民间工艺

(1) 以新郑为代表的黄帝文化

(2) 以登封嵩山为代表的少林文化

(3) 以孟津为代表的河洛文化和伏羲文化

(4) 以新安为代表的仰韶文化

(5) 以汝州为代表的汝瓷文化

(6) 以龙门石窟为代表的佛教古建文化

(7) 以安阳殷墟为代表的殷商文化

(8) 以洛阳为代表的牡丹文化

浚县泥咕咕

汝窑瓷器

嵩山少林寺

(1) 在民间工艺上，如朱仙镇木板年画、浚县泥咕咕、、镇平玉雕、汝瓷、钧瓷烧制工艺均为河南县域民间工艺代表。

(2) 在民风民俗上，有沁阳唢呐、河南梆子、河洛大鼓、马街书会、太康道情戏、以及太昊伏羲祭典、少林功夫等。

4、2006-2012 河南县域经济发展评析与“十二五”发展建议

1.**基本状况**：河南省现有县级行政单位159个，其中市辖区50个、县级市21个、县88个（下文将县、县级市称为河南县域经济）。2006-2012年，立足于“中原崛起、河南振兴”重大发展机遇，围绕中原经济区的发展与建设，依托全国“三化”协调发展示范区、全国重要的经济增长板块、全国综合交通枢纽和物流中心、华夏历史文明重要传承区“四大战略定位”布局，河南县域经济有效克服国际金融危机的不利影响，取得重大发展，如图20.1所示。

（1）**在经济总量与发展速度上**：截至2011年底，河南县域经济总量（GDP）由2006年的8636亿元增长到2011年的18890亿元，年均增长16.9%，超过市辖区年均15.8%的增长速度，县域经济总量占全省比重始终保持在70%左右，彰显出县域经济在河南由传统农业大省向全国重要经济大省、新兴工业大省和有影响的文化大省转型中的突出作用。河南县域经济在中部六省中最为发达，在全国范围内也已较为领先。

（2）**在经济结构上**：6年间，基于传统农业大省向新兴工业大省转型，河南县域经济在加快农业现代化进程、实现县域农业年均增加11.4%的同时，农业占三次产业中的比重由2006年21.6%调整到2011年的17%；第二产业在三次产业中的比重由53.7%上升到59.5%，年均增加19.4%，第二产业尤其是工业主导的经济格局已充分确立；河南县域拥有丰富的旅游、文化资源，在城镇化加速发展的背景下具备服务业扩张潜能，但第三产业发展较平稳，年均增加15.9%，比重稳定在24%左右（注：本报告相关增速指标均以当年价格计算，未扣除价格变动因素）。

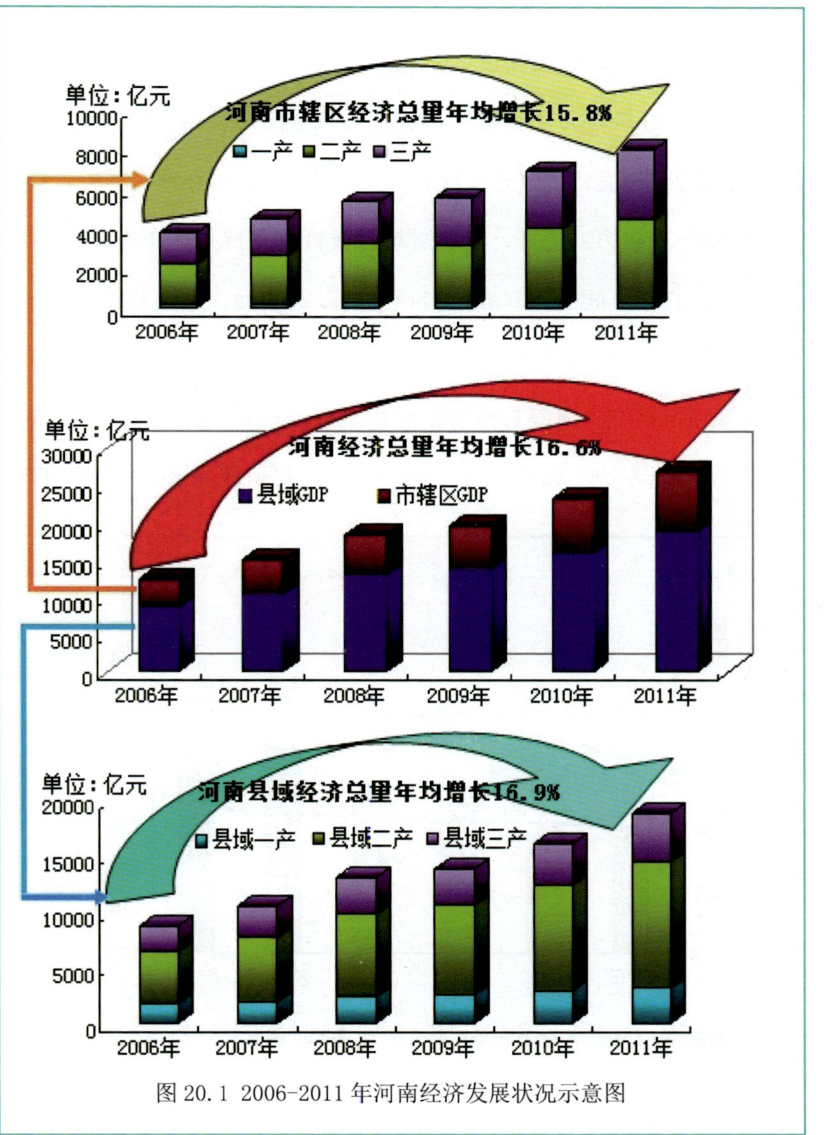

图 20.1 2006-2011 年河南经济发展状况示意图

2. 分项看：

（1）**从财政收支角度**：6年间，河南县域一般预算收入增长较快，年均增速达20.6%，但其占全省一般预算收入比重始终维持在38%附近，且县域一般预算收入占GDP比重不足4%，与河南县域经济总量占全省70%以上的经济地位是不相称的。从县域一般预算支出角度，6年间县域一般预算支出年均增长25.5%，至2011年底，占全省一般预算支出比重达到47.7%，其中，县域教育支出约占县域预算支出的1/4，超过同时期全省对应的指标值，表明近年来随着河南县域经济实力的提升，县域财政对教育的支持力度在逐年扩大。从预算收支平衡角度，河南县域一般预算赤字逐渐扩大，其中，2011年县域预算赤字达1377亿元，6年间的预算赤字累计高达5126亿元，河南县域经济发展面临巨大的财政压力、县级财政“造血”功能严重不足等问题已不容忽视。河南县域经济总量较高但县域财力严重不足归根到底还是由县域经济结构问题引发的，集中体现在县域经济结构中对提升县域财力具有重要帮助的第三产业比重偏低。今后4年中，河南县域应在密切把握中原崛起战略进一步壮大县域经济发展的基础上，一方面加快经济结构调整，大力发展有助于提升县域财力的民营经济与地方特色优势产业；另一方面，要积极争取上级财政的转移支付支持，加大预算平衡力度，降低县域财政风险。

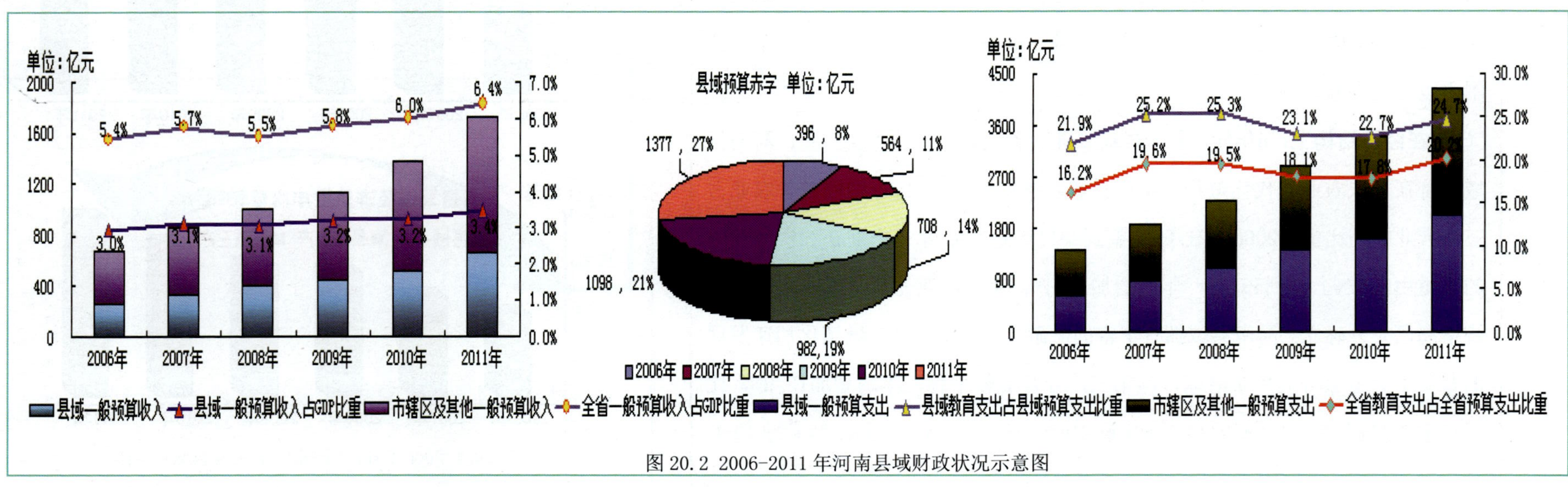

图 20.2 2006-2011 年河南县域财政状况示意图

（2）从固定资产投资角度：随着河南产业集聚区建设的推进，县域固定资产投资力度进一步加强，6年间河南县域固定资产投资总额由2006年的3882亿元增长到2011年的12419亿元，年均增长26.2%，超过全省年均增速1.6个百分点，县域固定资产投资占全省投资比重由2006年的65.7%增加到69.9%，与县域经济总量占全省比重基本持平，揭示出投资带动县域经济发展的重要作用。今后4年中，河南县域应把握中原经济区建设契机，在进一步完善县域基础设施建设，加快推进城镇化建设进程的基础上，加强固定资产投资引导，将投资重点放在有助于改善县域经济结构、有助于提升县域财力的地方特色优势项目领域。

（3）从国内贸易角度：6年间，河南县域社会消费品零售总额由2287亿元增长到5429亿元，年均增长18.9%，略低于全省社会消费品零售总额的增长速度，其占全省的比重基本维持在58%附近。今后4年中，为响应中央扩大内需的政策，河南县域既要立足于万村千乡市场工程，构建更加完善的县域商品物流体系，又要依托城镇化的加速发展，壮大县域城镇市场的集聚效应，使县域城乡居民就地消费更加便捷，实现县域零售市场的繁荣。

（4）从县域人员就业角度：乡村人员是河南县域经济中就业的绝对主体，6年间，乡村从业人员占全部县域从业人员比重始终高达80%以上。由于河南县域经济已进入城镇化的加速发展期，城镇就业人员过少将直接影响城镇居民的收入。此外，乡村从事农业生产人员占比由63.9%下降至54.2%，既反映出随着县域工业化城镇化发展，农村劳动力向二三产业转移的趋势，也带动了农民收入的增加。

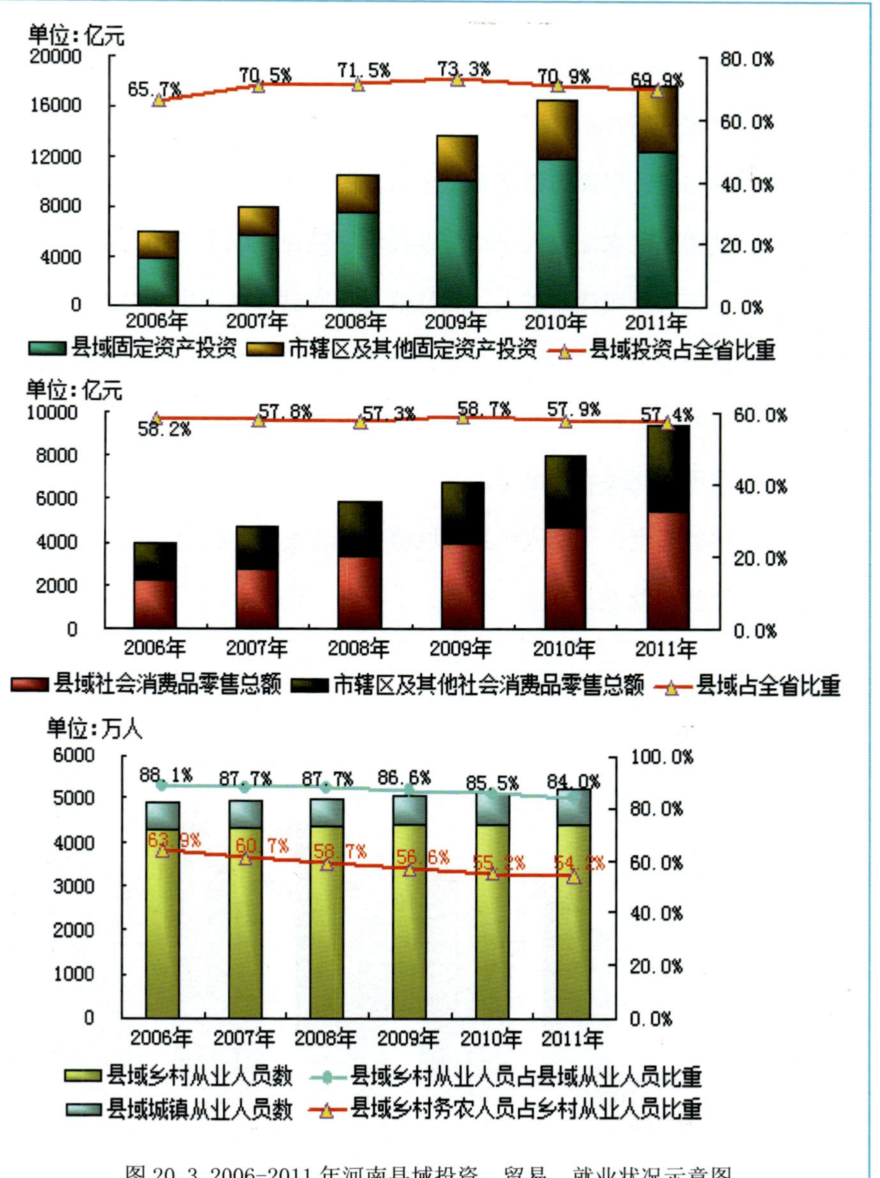

图 20.3 2006-2011 年河南县域投资、贸易、就业状况示意图

（5）**从人民生活角度**，6年间，伴随着河南县域经济的崛起，县域人民生活水平也获得提高，其中，县域农民人均纯收入平均值由2006年的3406元增长到6845元，尽管仍然落后于全国农民人均纯收入，但差距已逐渐缩小。但县域城镇居民可支配收入平均值及县域城镇在岗职工平均工资却与全省、全国对应指标间的差距逐年扩大，这恰恰与河南县域经济中，乡村人员占就业人员主体，城镇就业人员数量过少的现象相呼应。因此，今后4年中，为了有效提升县域城乡居民收入，既要立足于中原经济区建设与工业化加速机遇，在充分实施农业现代化及农产品深加工的基础上，进一步加大乡村从业人员向二、三产业转移的力度；又要依托县域城镇化加速发展与特色小城镇建设，积极支持县域城镇居民就业、创业。

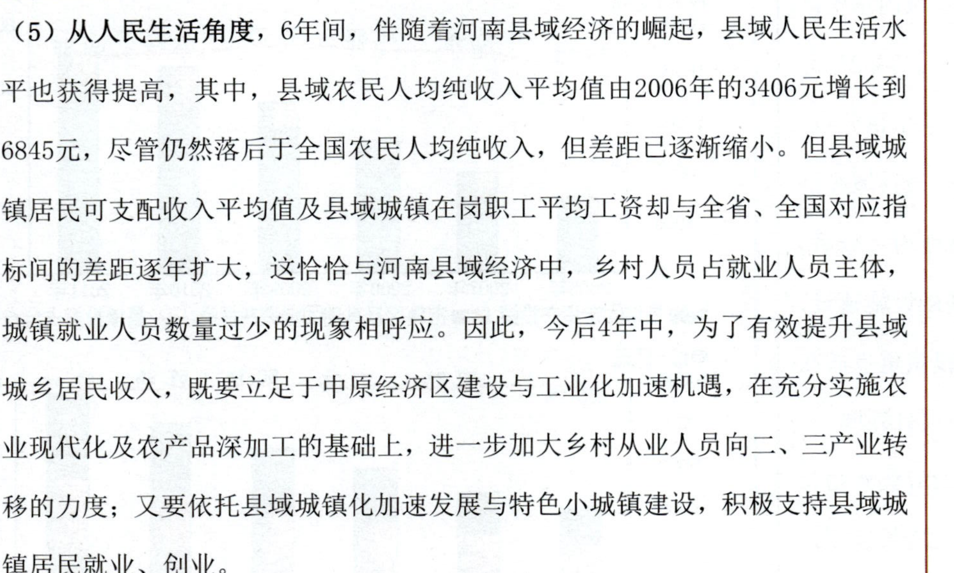

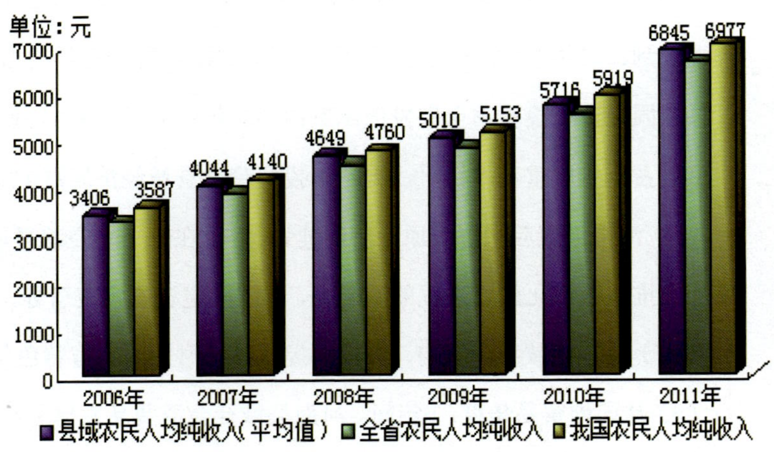

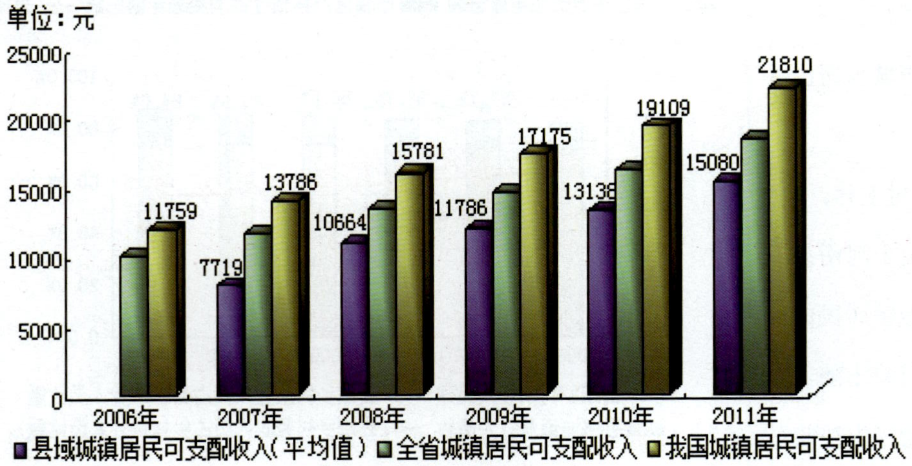

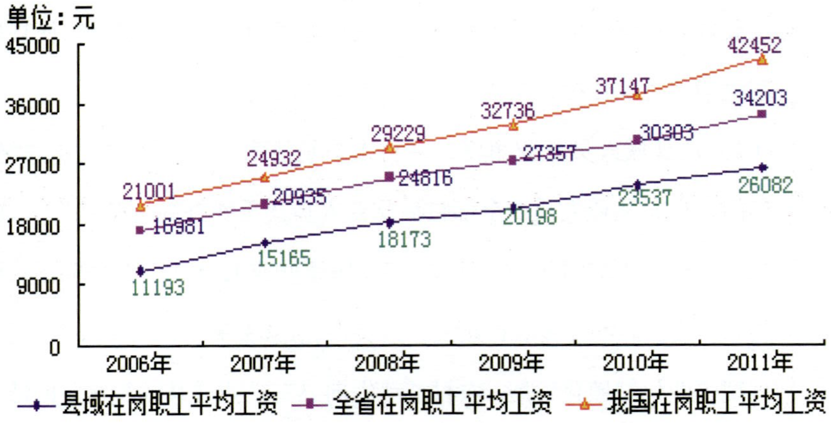

图 20.4　2006-2011 年河南县域民生发展状况示意图

“十二五”河南县域经济发展的SWOT分析

发展优势（S）

- 作为中部县域经济最发达的省份，县域经济基础已较为雄厚，县域工业体系较为发达
- 县域矿产资源、旅游资源、人文资源丰富，劳动力资源丰富
- 县域承东启西的地缘优势突出，交通发达

发展劣势（W）

- 县域经济结构性矛盾较为突出，第三产业发展滞后，县域经济增长的质量和效益有待提升
- 县域人口众多，人均公共服务水平相对较低，扩大就业任务繁重
- 县域间发展不平衡问题较为严重，县级财政赤字严重
- 县域产业科技创新度较低，资源环境瓶颈制约加剧

建议：“十二五”期间，河南县域经济进一步科学发展的重点战略是：立足于“三化”协调发展，全面融入中原经济区建设，培育并壮大第三产业特色品牌，实现城乡居民就业扩大化。

发展机会（O）

- 中央深化中部崛起战略，河南作为中部地区领头羊，在国家发展大局中的地位更加重要，有利于争取更多的政策支持，为县域经济发展提供机遇
- 中原经济区建设全面展开、郑汴一体化加速发展、“少林文化”在全球影响力的提升等为河南县域经济扩大对外开放创造契机

挑战与威胁（T）

- 中部六省均有各自对应的国家发展战略，在东部产业转移的背景下，河南县域经济与周边地区的竞争加剧，在中部地区领先发展的难度加大
- 经济转型中的社会矛盾增加，制约科学发展的体制机制障碍依然较多

报告之二十一：2006-2012 湖北省县域经济发展

1、数字湖北县域发展

以 2012 年年鉴数据为依据	县域总值	县域均值	最高县	数值	在全省县域经济对应指标中的比重	最低县	数值	在全省县域经济对应指标中的比重
生产总值（万元）	81317292	1270583	仙桃市	3784500	4.65%	鹤峰县	304330	0.37%
财政赤字（万元）	10353291	161770	天门市	306115	2.96%	远安县	68908	0.67%
固定资产投资（万元）	53100453	829695	大冶市	2178593	4.10%	兴山县	141152	0.27%
社会消费品零售（万元）	31410741	490793	天门市	1526993	4.86%	宣恩县	101235	0.32%
居民年末储蓄存款（万元）	46579415	727803	天门市	1979193	4.25%	鹤峰县	195736	0.42%
出口总额（万美元）	352479	5507	潜江市	34805	9.87%	五峰县	134	0.04%
农民人均纯收入（元）	-	6152	枝江市	9220	是全省县域均值的 1.5 倍	五峰县	3789	约占全省县域均值的 3/5
城镇可支配收入（元）	-	13743	大冶市	18015	是全省县域均值的 1.3 倍	郧　县	10009	约占全省县域均值的 3/4
城镇化率(%)	-	38.4	应城市	52.7	是全省县域均值的 1.4 倍	随　县	22.6	约占全省县域均值的 3/5
工业 SO_2 排放量（吨）		5.31	松滋市	24.02	是全省县域均值的 4.6 倍	郧　县	0.01	约占全省县域均值的千分之二

2、湖北县域经济特色产业代表

(1) 丹江口是“中国水都”，渔业资源丰富，其境内丹江口水电站，是华中电网的重要组成部分；

(2) 武当山是我国著名的道教圣地，规模宏大的古建筑群被列入世界文化遗产名录，武当武术享誉世界，带动旅游文化产业发展；

(3) 宣城是我国文房四宝之乡，盛产宣纸，目前宣纸制作技艺已被列入国家首批非物质文化遗产；

(4) 麻城以杜鹃花闻名于世，麻城杜鹃花是世界上迄今为止发现的面积最大、最集中、最古老、最壮丽的映山红群落，被列为世界自然遗产，杜鹃文化旅游节吸引海内外游客。

武当山

3、湖北县域特色文化与民俗民间工艺

⑴ 以宜都为代表的巴人文化和荆楚文化

⑵ 以当阳、沙洋为代表的楚文化

⑶ 以京山为代表的屈家岭文化

⑷ 以英山为代表的黄梅戏文化和茶文化

⑸ 以武当山为代表的道教文化和武当武术

⑹ 以麻城为代表的杜鹃文化

杜鹃花城—麻城

⑴ 在民间工艺上，如潜江木雕、楚式漆器、铅锡刻镂、雕花剪纸等均为湖北县域民间工艺代表。

⑵ 在民风民俗上，有青林寺谜语、兴山民歌、 宜昌丝竹、荆州花鼓戏、黄梅戏、土家族撒叶儿嗬、江汉平原皮影戏、鼓盆歌、武当武术等。

潜江木雕

楚式漆器

4、2006-2012 湖北县域经济发展评析与“十二五”发展建议

1. **基本状况：**湖北省现有县级行政单位102个，其中市辖区38个、县级市24个、县37个、自治县2个、林区1个（下文将63个县、县级市、自治县称为湖北县域经济）。2006-2011年间，依托中央促进中部地区崛起重大战略机遇，立足于全省深入实施“两圈一带”总体战略，基于“一主三化”的发展方针，湖北县域经济迎来了持续快速发展的良好态势，如图21.1所示。

（1）**在经济总量与发展速度上：**截至2011年底，湖北县域经济总量（GDP）由2006年的2917亿元快速增加到2011年的8132亿元，年均增长22.8%，增幅超过湖北市辖区3个百分点，县域经济总量占全省比重由2006年的38.5%上升至2011年的41.4%。从湖北所属的中部六省看，当前湖北县域经济综合实力与发展程度明显优于山西、江西，略优于安徽，落后于湖南、河南，在六省中处于中上游地位。

（2）**在经济结构**上：以调整优化农业结构为重点，通过发展油菜、棉花、水产养殖等七大优势产业，构建以特种经济作物和养殖业为主的“三区七带”，6年间，农业年均增长17.3%，成功翻一番，但在三次产业中的比重由2006年的28.2%下调到2011年的22.5%，反映出作为鱼米之乡，农业在湖北县域经济中具有特殊、特色地位。第二产业在县域抢抓机遇、将产业园区建成推动县域经济发展的重要平台等一系列政策推动下发展迅速，年均增长29.5%，比重由2006年的36.1%上升到2011年的47.3%，主导地位日益突出。第三产业年均增长18.8%，在三次产业中的比重为30.2%（注：本报告相关增速指标均以当年价格计算，未扣除价格变动因素）.

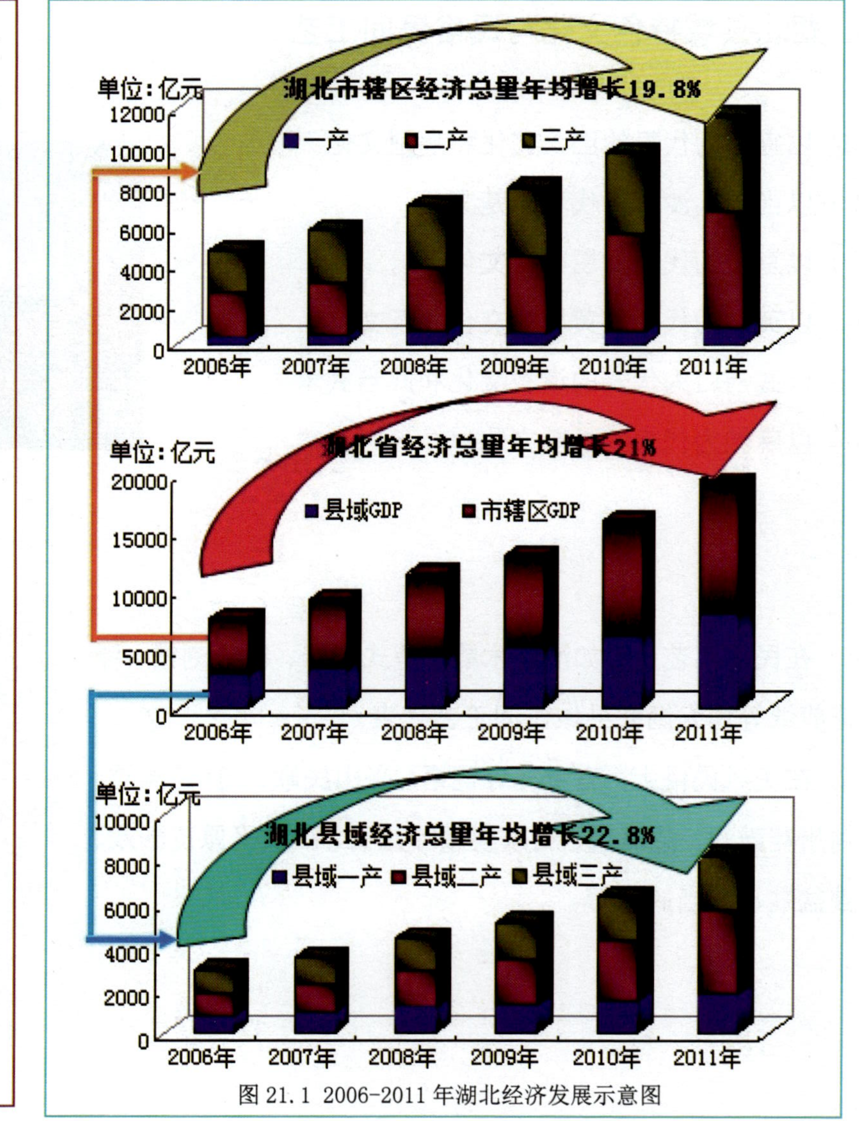

图 21.1 2006-2011 年湖北经济发展示意图

2. 分项看：（1）从一般预算收支角度：6年间，湖北县域一般预算收入年均增长31.4%，一般预算支出年均增长33.6%，尽管增幅均超过同时期全省对应指标约10个百分点，但由于财政基础薄弱，至2011年底县域一般预算收入占全省比重仅为22.6%。由于县域一般预算支出占全省比重已接近一半，致使县域收支差额逐年扩大，6年间，县域收支差额累计已达到3510亿元，其中仅2011年就高达1035亿元，赤字较严重；此外，湖北县域一般预算收入占GDP比重始终徘徊在4%附近，上述现象均暴露出湖北县域财力吃紧的严重问题。今后4年中，湖北县域必须强化“一主三化”方针，加快发展县域特色产业，增强财政造血功能，降低县域财政风险。

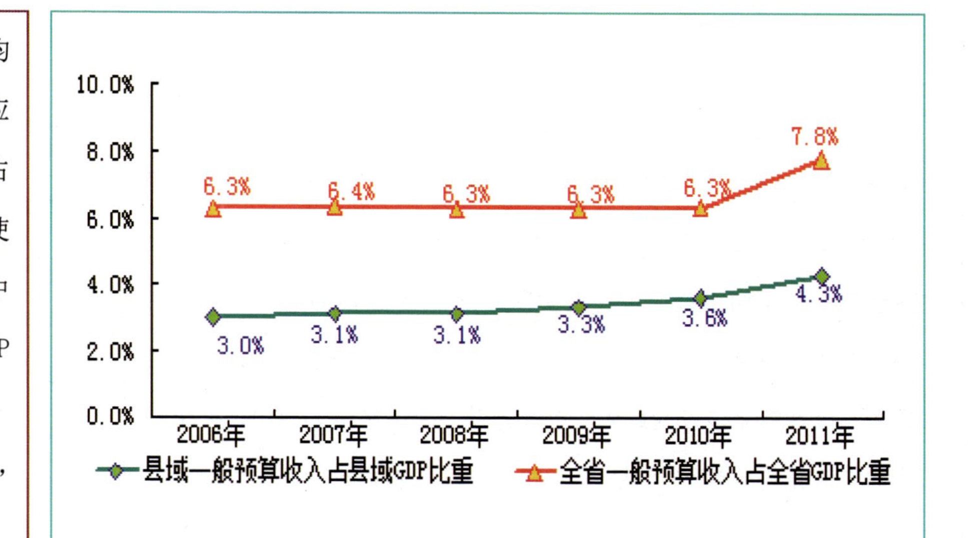

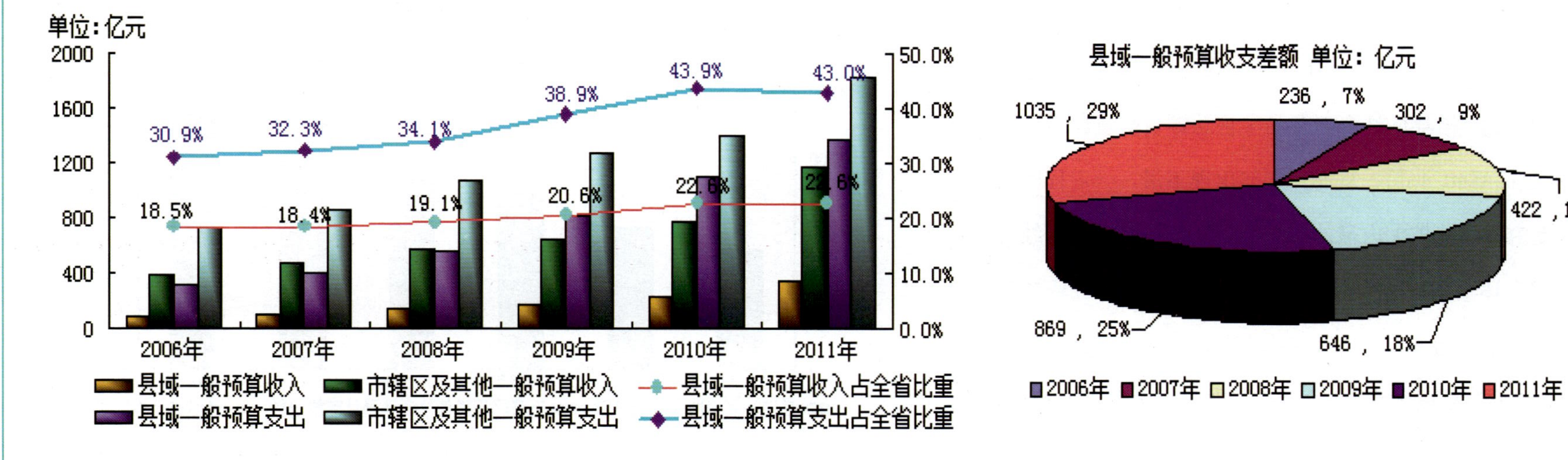

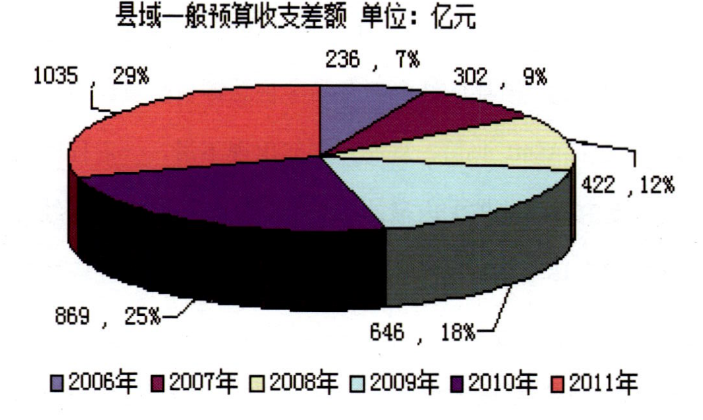

图 21.2 2006-2011 年湖北县域财政状况示意图

（2）**从固定资产投资角度**：6年间，湖北县域固定资产投资年均增长38%，高于全省年均29.3%的增速，占全省固定资产投资比重由2006年的29.70%上升到2011年的41.1%，表明“两圈一带”战略在推动湖北县域经济扩大招商引资、启动重大项目投资上发挥利好作用。今后4年中，湖北县域应在密切把握“两圈一带”建设基础上，依托县域资源优势，以城镇化建设为载体，以大力发展园区经济为手段，把招商引资与产业结构调整结合起来，积极发展现代特色农业、大力培育物流产业、带动县域特色产业升级，实现县域经济的持续发展与壮大。

（3）**从国内贸易角度**：6年间，在国家一系列扩大内需等宏观调控措施的指引下，湖北县域社会消费品零售总额实现较快增长，至2011年底，累计消费额已达12977亿元，年均增长19.6%。尽管增速略高于同时期全省平均增速，但县域社会消费品零售总额占全省比重自2009年达到6年中的最高峰40.4%后，从2010年起出现下滑，一定程度上揭示出近两年，受中央持续扩大内需的影响，湖北市辖区在流通经济与聚集经济上的优势逐渐显现。今后4年中，湖北县域经济应依托全省持续完善消费品市场流通体系，结合城镇化发展与城乡一体化的扩大试点，构建更加完善的县域消费流通体系，带动县域消费市场持续繁荣，使之成为推动湖北县域经济发展的重要力量。

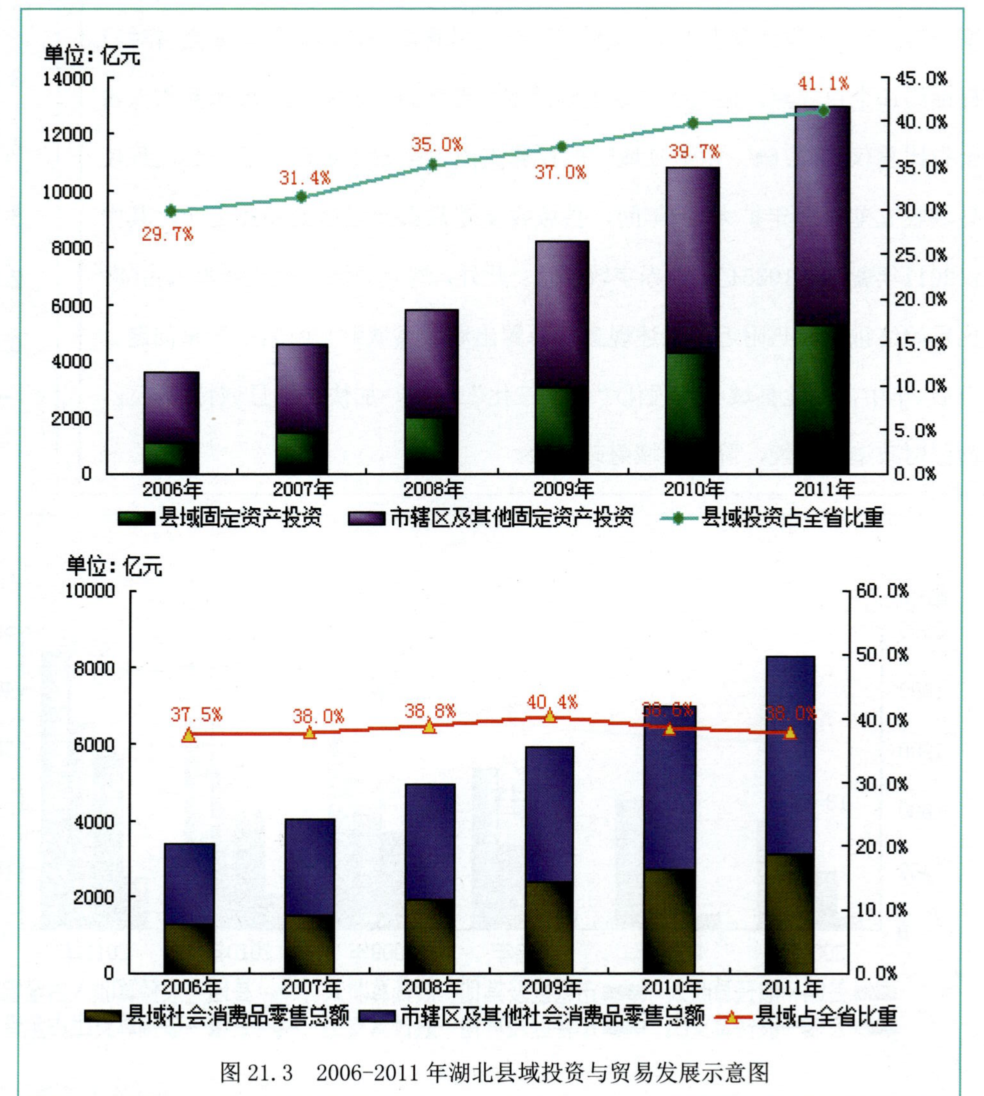

图 21.3　2006-2011 年湖北县域投资与贸易发展示意图

（4）**从人民生活角度**：6年间，湖北县域农民人均纯收入、城镇居民人均可支配收入的平均值均明显落后于全省、全国平均水平，但全省指标与全国指标间的差距逐渐缩小。既反映出湖北省整体实力的提升，也揭示出与市辖区相比，湖北县域经济还存在差距。对比县域农民人均纯收入和县域城镇居民人均可支配收入平均值，反映出县域城乡差距在逐渐加大，预示着统筹城乡发展的任务愈加艰巨。今后4年中，在努力提升县域经济综合实力的同时，湖北县域经济应重视城乡间的协调发展，缩小城乡差距。

（5）**从县域城镇化角度**：6年间，湖北省城镇化的平均发展水平与全国平均水平基本一致，2011年城镇化率达到51.5%，但县域城镇化发展明显落后于同时期全省城镇化发展步伐，至2011年底仅为38.4%。尽管早在“十五”时期，湖北省就强调 “一主三化”发展县域经济，但当前的发展状况反映出在具体执行过程中，“一主三化”方针的贯彻力度还需要进一步加强。今后4年中，湖北县域应按照全省新型城镇化要求，依托“一主两副”的城镇化格局，积极培育中心镇和特色小城镇，通过扩容提质、突出特色，发挥小城镇辐射带动与集聚作用，实现用新型城镇化引领湖北县域经济发展。

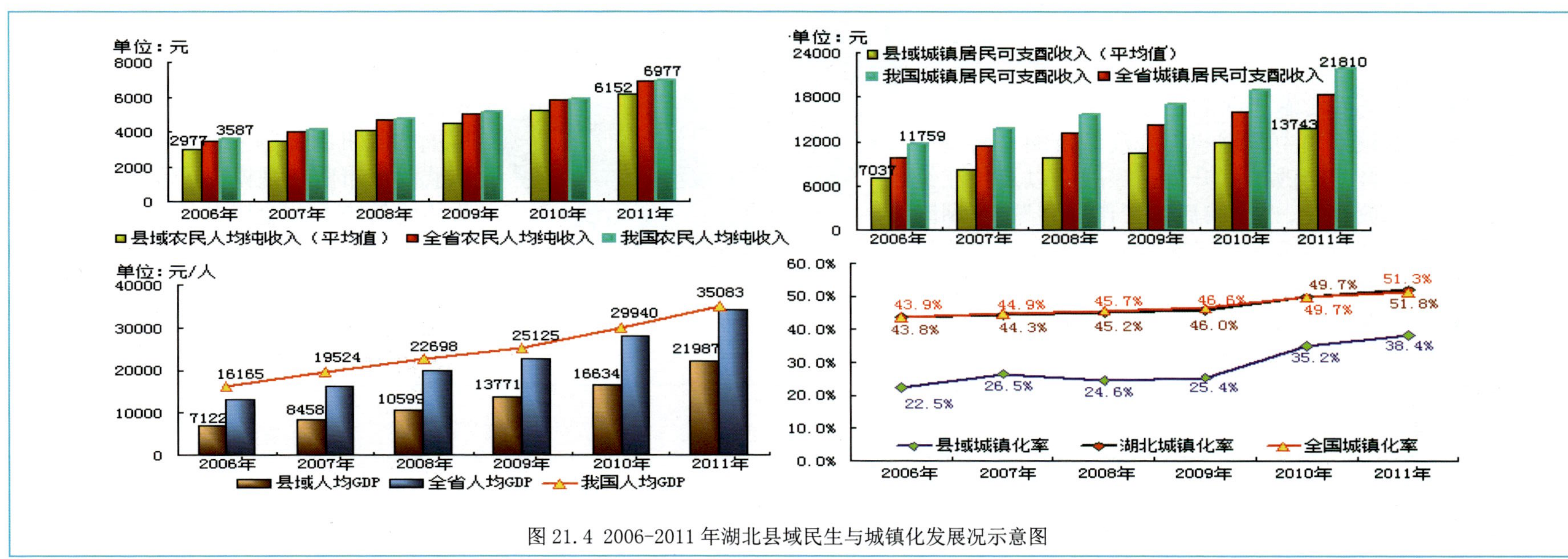

图 21.4 2006-2011 年湖北县域民生与城镇化发展况示意图

“十二五”湖北县域经济发展的SWOT分析

发展优势（S）

- 县域资源丰富，农业特色地位突出
- 九州通衢的枢纽地位使湖北县域在发展物流业上具有独特优势
- 作为老工业基地拥有较为雄厚的工业基础，生产要素成本较低，具有承接沿海地区产业转移的后发优势
- 鄂州城乡一体化试点的成功经验有利于更好的带动其他地区的统筹城乡发展

发展劣势（W）

- 县域经济基础仍然较为薄弱，城镇化程度偏低，城乡区域发展有待协调
- 土地尤其是工业用地供应相对紧张
- 民营经济仍欠发达，产业结构层次偏低，科技创新力不强
- 县域财政赤字偏高，县级财政压力较大，政府调控发展的能力受到限制

建议：“十二五”期间，湖北县域经济进一步科学发展的重点战略是：深入贯彻一主三化方针，以城镇化与园区经济引领县域特色产业集群发展，壮大民营经济。

发展机会（O）

- 湖北全面实施“两圈一带”总体战略，武汉城市圈领跑“中部崛起”武汉城市圈“两型”社会综合配套改革上升为国家战略以及长江经济带开放开发、“三峡后续工作规划”、东湖国家自主创新示范区等国家战略实施和重大项目建设，为湖北县域经济社会发展提供有力支撑
- 中央深入贯彻扩大内需的政策为湖北县域发展流通经济提供了契机

挑战与威胁（T）

- 经济转型中的社会矛盾增加，制约科学发展的体制机制障碍依然较多
- 武汉城市圈在规模、城际联系、产业发展、吸引力等方面与全国其他城市圈相比还存有差距，当前对湖北县域经济的带动作用还有待提升
- 周边省市县域经济发展势头强劲使湖北县域经济发展面临前所未有的竞争压力

报告之二十二：2006-2012 湖南省县域经济发展

1、数字湖南县域发展

以 2012 年年鉴数据为依据	县域总值	县域均值	最高县	数值	在全省县域经济对应指标中的比重	最低县	数值	在全省县域经济对应指标中的比重
生产总值（万元）	112213749	1289813	长沙县	7899458	7.04%	古丈县	128996	0.11%
财政赤字（万元）	10886576	125133	新化县	248697	2.28%	韶山市	38003	0.35%
固定资产投资（万元）	56678510	651477	宁乡县	3933504	6.94%	古丈县	78100	0.14%
社会消费品零售（万元）	29756179	342025	浏阳市	1389995	4.67%	古丈县	30352	0.10%
#批零贸易（万元）	25809540	296661	浏阳市	1217435	4.72%	古丈县	23861	0.09%
#住宿餐饮（万元）	4068292	46762	桃源县	214614	5.28%	双牌县	3809	0.09%
人均生产总值（元/人）	-	22130	长沙县	80356	是全省县域均值的 3.6 倍	桂东县	7601	约占全省县域均值的 1/3
农民人均纯收入（元）	-	5934	长沙县	14237	是全省县域均值的 2.4 倍	新田县	2458	约占全省县域均值的 2/5
城镇可支配收入（元）	-	15493	浏阳市	24235	是全省县域均值的 1.6 倍	隆回县	10569	约占全省县域均值的 68%
在岗职工平均工资（元）	-	30811	长沙县	48613	是全省县域均值的 1.6 倍	衡阳县	23343	约占全省县域均值的 3/4
万元GDP 综合能耗(吨标煤)	-	45.07	冷水江市	405.35	是全省县域均值的 9 倍	古丈县	0.97	约占全省县域均值的 2%
城镇化率（%）	-	35.1	冷水江市	75.8	是全省县域均值的 2.2 倍	隆回县	22.4	约占全省县域均值的 7/11

2、湖南县域经济特色产业代表

(1) 桂阳烤烟以其质量优、产量多、面积大而享誉神州，驰名海外，规模产量居全国前三、湖南第一，桂阳素有“烤烟王国”美誉；

(2) 冷水江市矿产资源富集，是湖南省重要的能源、原材料基地，享有“世界锑都”、“硅石宝库”等美誉；

(3) 凤凰县地处湘西土家族苗族自治州的西南角，凤凰古城是中国国家历史文化名城，有“中国最美的小城”之誉。

3、湖南县域特色文化与民俗民间工艺

(1) 以韶山、湘潭为代表的红色文化

(2) 江永为代表的女书文化

(3) 以岳州窑为代表的青瓷文化

(4) 以安化为代表的茶马文化

(5) 以里耶古城和凤凰古城为代表的古建筑文化

(6) 以“淳朴重义、勇敢尚武、经世致用、自强不息”为精髓的湖湘文化

毛主席故居

曾国藩家书

花瑶挑花

炎帝陵祭典

(1) 在民间工艺上，如隆回滩头木版年画、长沙湘绣、花瑶挑花、土家族织锦、邵阳宝庆竹刻等均为湖南县域民间工艺代表。

(2) 在民风民俗上，有桑植民歌、土家族摆手舞、湘西苗族鼓舞、岳阳巴陵戏、常德丝弦、辰河目连戏、邵阳布袋戏、侗族傩戏、辰河高腔以及炎帝陵祭典、女书习俗等。

4、2006-2012 湖南县域经济发展评析与“十二五”发展建议

1. 基本状况： 湖南省现有县级行政单位122个，其中市辖区35个、县级市16个、县64个、自治县7个（下文将87个县、县级市、自治县称为湖南县域经济）。2006-2012年间，依托长株潭两型社会配套改革试验区与湘江治污上升为国家战略的重大发展机遇，在深入推进“一化三基”——“四化两型”行动战略过程中，湖南各县市以建设“两型社会”为目标，加快产业结构优化升级，县域经济取得良好发展态势良好，如图22.1所示。

（1）**在经济总量与发展速度上：** 截至2011年底，湖南县域经济总量由2006年的GDP 4463亿元增长到GDP11221亿元，年均增长20.2%，略低于市辖区经济总量年均22.2%的增长速度，县域GDP占全省比重稳定在58%附近，从湖南县域经济所在的中部六省看，当前湖南县域经济综合实力与发展程度明显优于山西、江西，安徽，湖北，仅次于河南，在六省中处于中上游地位。

（2）**在经济结构上：** 6年间，农业在保持年均增长12.8%的背景下，在三次产业中的比重由2006年的25.9%下降到2011年的18.9%，但重点建设的长株潭都市农业圈、环洞庭湖适水农业区等农业主体功能区对农业产业集聚与现代化发展产生积极作用；坚持走湖南特色新型工业化道路建设现代产业体系引领湖南县域产业结构持续优化、升级，年均增速达到37.1%，比重由2006年的26.3%一跃上升到2011年50.6%的主导份额；第三产业年均增长17.4%，在三次产业中的比重调整至2011年的30.5%。（注：本报告相关增速指标均以当年价格计算，未扣除价格变动因素）

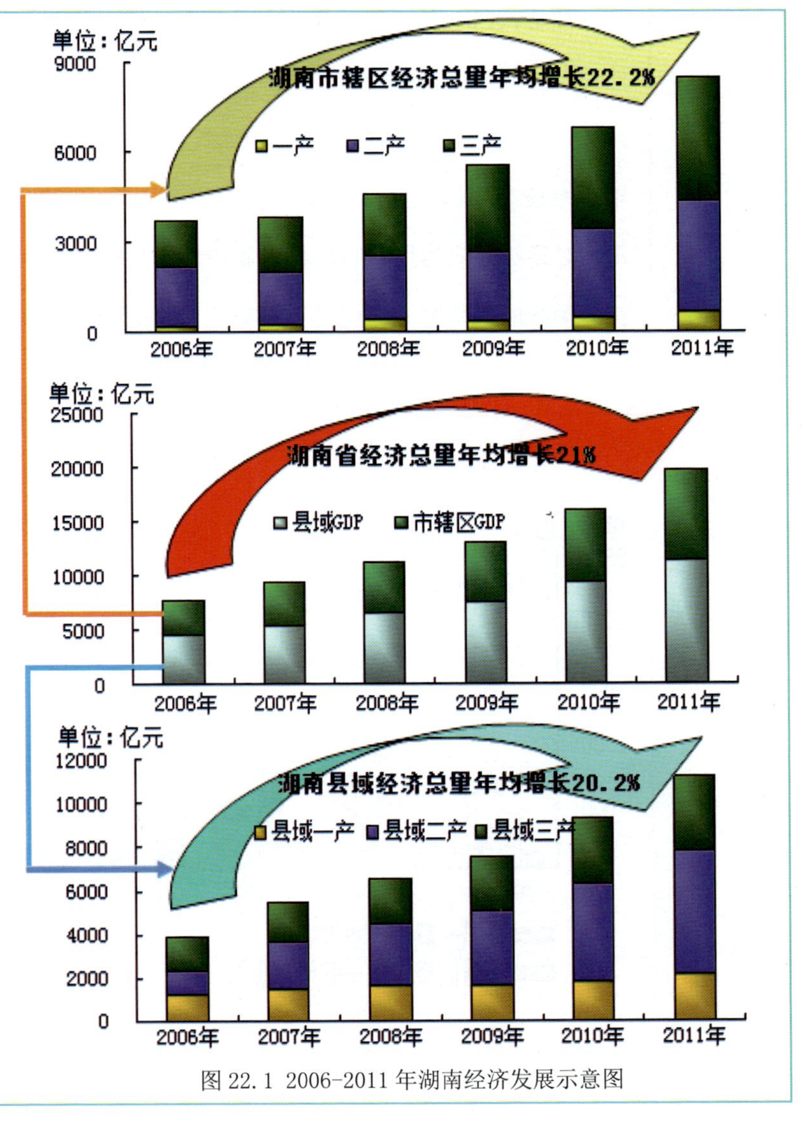

图 22.1 2006-2011 年湖南经济发展示意图

2. 分项看：（1）从一般预算收入角度：湖南县域经济发展尤其是工业的迅速扩张，带动湖南县域一般预算收入在6年间实现年均23.3%的快速增长，然而受同时期两型社会建设等一系列利好因素影响，全省一般预算收入年均增长26%，导致县域一般预算收入占全省比重不增反降至2011年的28.1%，县域一般预算收入占GDP的比重也始终位于3%-4%区间，与全省平均指标相差约4个百分点；从一般预算支出角度，县域一般预算支出力度逐年加大，年均增长27.7%，占全省一般预算支出的比重由2006年的41.9%上升至2011年的43.1%，湖南县域经济预算收支不平、县级财力紧张的问题已较为严重，对县级政府运用财政杠杆实施经济调控产生不利影响，湖南县域经济已面临沉重的财政负担。今后四年中，为了有效增加县域财源，一方面要在理顺政府间的财政分配关系基础上，加大财税体制改革，调整税负；另一方面要进一步加大新型城镇化、新型工业化力度，改善县域财源结构，有效扩大财源，充分释放出财政的杠杆效用。

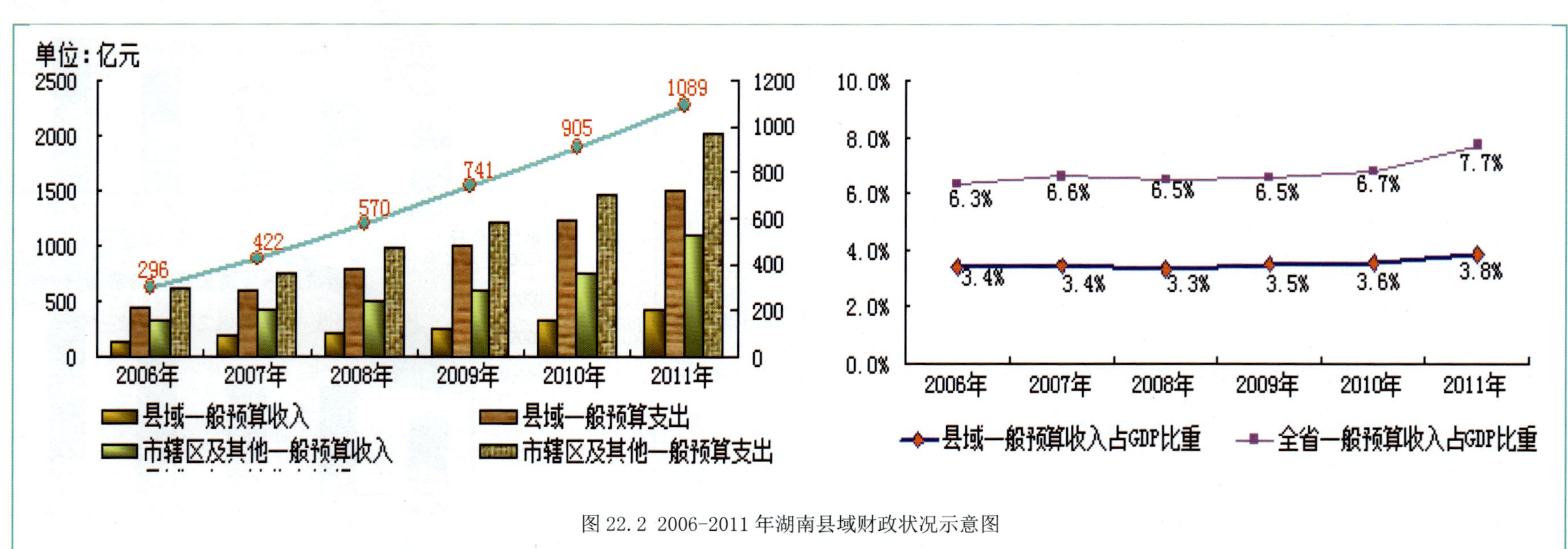

图 22.2 2006-2011 年湖南县域财政状况示意图

（2）从固定资产投资角度：6年间，湖南县域固定资产投资年均增长37.2%，超过全省固定资产投资年均32.6%的增幅，县域投资占全省比重也由2006年的41.8%上升到2011年的49.6%。从固定资产投资组成看，房地产投资在固定资产投资中整体呈现下滑趋势，其中，县域房地产投资占县域固定资产投资比重由12.1%下降到9.5%，全省对应指标值则由最高峰时的28.8%下调至6年中的最低点19.7%，一定程度上反映出，“一化三基”战略强调基础设施与基础产业投资，对投资结构产生重要影响。今后4年是湖南“四化两型”社会建设的重要时期，伴随湘江重金属污染治理工作的推进，相关县市需要通过调整投资结构加大对沿岸落后产能的淘汰，在此基础上，引导投资转向现代农业、新型工业、生态环保等领域，提升投资的经济效益、社会效益、环境效益。

（3）从国内贸易角度：6年间，在中央扩大内需以及全省推进“两型”社会建设带动下，湖南县域社会消费品零售总额实现较快增长，2011年实现全年社会消费品零售总额2976亿元，比2006年成功翻一番，但年均增速与同时期全省平均增速相比，仍存在差距，其占全省比重也由2006年的48.6%持续下降至2011年的43.2%，一定程度上揭示出随着长株潭城市群等一系列中心城市建设，中心城市对消费的集聚能力得到显著提升。今后4年中，湖南县域经济应依托全省积极发展小城镇的战略，结合城镇化发展与城乡一体化示范县建设，提升县域城镇市场的集聚能力，带动县域消费市场实现繁荣。

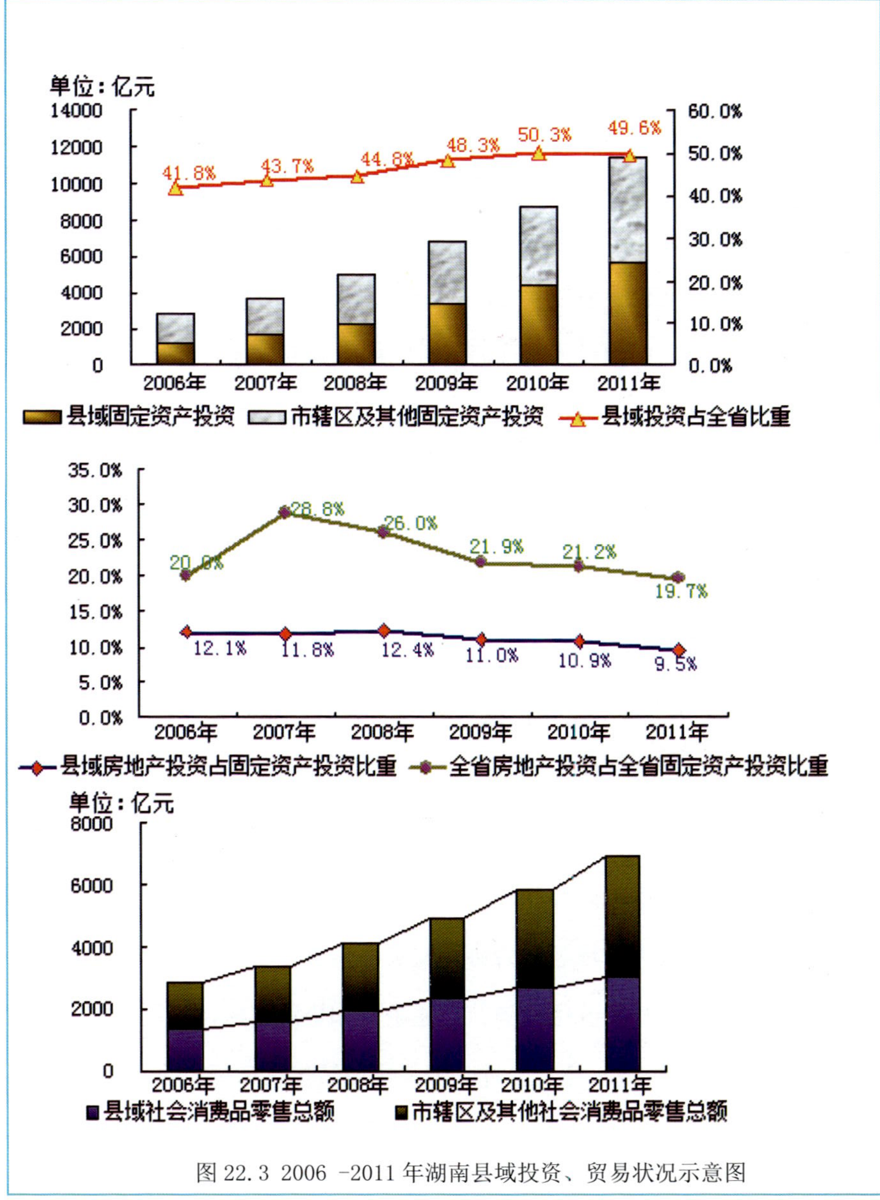

图 22.3 2006－2011 年湖南县域投资、贸易状况示意图

（4）**从人民生活角度**：6年间，湖南县域农民人均纯收入平均值年均增长13.4%，略低于全省、全国农民人均纯收入增速，县域农民人均纯收入平均值与全省、全国农民人均纯收入间的差距逐渐扩大。尽管县域在岗职工平均工资实现15.8%的增速，但工资水平与全省和全国平均水平之间仍存在较大差距。表明，尽管湖南县域经济总量已经过万亿，但县域居民因经济发展而获益的程度偏低。“四化两型”社会建设是湖南深入推进农业产业化、新型工业化和新型城镇化的重要战略，为了顺利实现四化两型战略目标，今后4年中，各县市需要通过积极调整产业结构，壮大民营经济、培育新兴服务业等一系列手段努力实现城乡居民收入增长与经济增长同步、劳动报酬提高与劳动生产率提高同步，遏制收入差距扩大趋势

（5）**从县域城镇化建设角度**：6年间，湖南县域城镇化水平一直较低，至2011年县域城镇化率仅为35.1%；尽管全省城镇化水平有大幅提高，至2011年底也仅为45.1%，明显落后于同时期全国平均水平。城镇化是现代化发展的必然趋势，对于扩大内需、改善城乡经济结构、促进国民经济良性循环和社会协调发展都具有重大意义。今后四年中，各县市立足本身的区位优势、交通条件和资源禀赋，发展新的区域次中心和经济增长极，通过 进一步强化城镇集聚和辐射带动作用， 必然能推进县域城镇化向更高水平的发展。

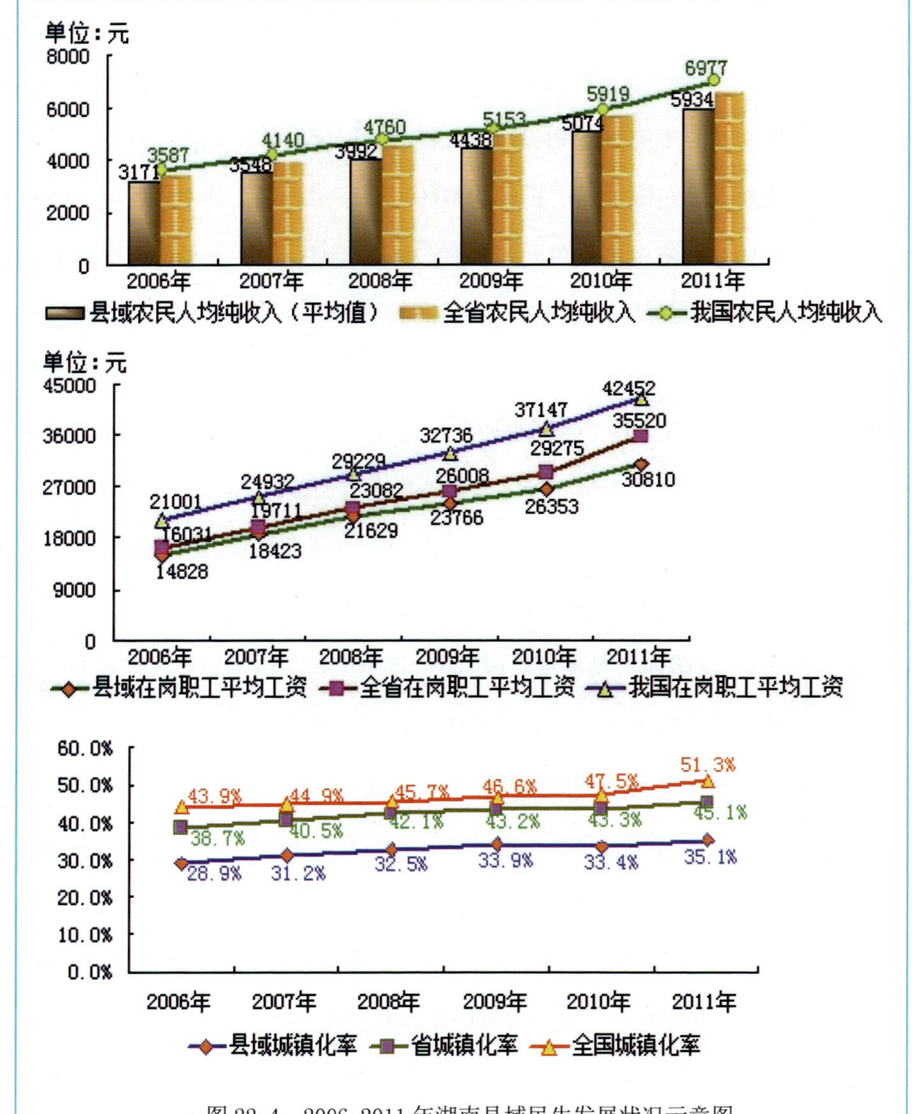

图 22.4 2006-2011 年湖南县域民生发展状况示意图

“十二五”湖南县域经济发展的SWOT分析

发展优势（S）

- 人文旅游资源富集，以旅游为代表的县域特色产业已初具规模
- 以农村土地流转制度改革和林地权制度改革为代表的制度创新有效推动相关产业专业化、规模化、集约化发展，县域经济结构日趋合理
- 承接珠三角产业转移的地缘优势

发展劣势（W）

- 县域经济总量仍旧偏小，工业化、城镇化程度仍旧偏低，县域对外开放度不高，全域发展的格局尚未形成
- 制约县域经济发展的体制机制问题依然较多，缺乏集约化、规模化的经营主体
- 县域间、城乡间发展不平衡现象较为严重，城乡居民收入增长较为缓慢

建议：“十二五”期间，湖南县域经济进一步科学发展的重点战略是：以“四化两型”社会建设为目标，深入推进城镇化与新型工业化，加快提升特色产业，壮大民营集群经济。

发展机会（O）

- 中央深入实施中部崛起战略，长株潭“两型社会”试点示范上升为国家战略等为湖南县域经济发展带来机遇
- 湘江重金属污染治理为湖南县域产业结构升级、县域经济科学发展创造重大契机

挑战与威胁（T）

- 经济社会发展中的不平衡、不协调、不可持续问题依然突出，面临加快发展与加快转型的双重任务、双重压力
- 长期困扰县域经济发展的煤、电、油、气、运等要素资源供给紧缺的局面难以在短时间内解决，生态环境综合治理任务仍比较艰巨

报告之二十三：2006-2012 广东省县域经济发展

1、数字广东县域发展

以 2012 年年鉴数据为依据	县域总值	县域均值	最高县	数值	在全省县域经济对应指标中的比重	最低县	数值	在全省县域经济对应指标中的比重
生产总值（万元）	101668559	1517441	增城市	7975891	7.84%	南澳县	112508	0.11%
财政赤字（万元）	7121791	106295	五华县	209534	2.94%	鹤山市	19886	0.28%
固定资产投资（万元）	40638838	606550	四会市	2213385	5.45%	连山县	25341	0.06%
房地产投资（万元）	7534147	112450	增城市	1449857	19.24%	饶平县	0	0.00%
社会消费品零售（万元）	42159712	629249	普宁市	2051282	4.87%	连山县	38802	0.09%
城乡居民年末储蓄存款(万元)	63932188	954212	增城市	4409792	6.90%	连山县	112283	0.18%
人均生产总值（元/人）	-	22758	增城市	76728	是全省县域均值的 3.4 倍	五华县	8065	约占全省县域平均值的 1/3
在岗职工平均工资（元）	-	28143	高要市	46613	是全省县域均值的 1.7 倍	雷州市	17517	约占全省县域平均值的 3/5

2、广东县域经济特色产业代表

(1) 惠东是广东女鞋名城，拥有一定规模的名牌商标群体，产品远销海外，被评为中国女鞋生产基地；

(2) 南澳是全国第二大风电场，亚洲海岛最大的风电场，南澳以其独特的港、渔、风、打造特色旅游产业，素有“粤东海上明珠”的美誉；

(3) 阳春位于中国大陆架南端典型的喀斯特地貌带，被称为“世界石灵芝王国”，盛产春砂仁、荔枝，树木繁多为阳春的根雕艺术提供丰富物质资源，阳春根雕被列为省级非物质文化遗产。

世界石灵芝王国

3、广东县域特色文化与民俗民间工艺

(1) 以从化、博罗为代表的岭南文化

(2) 以兴宁、始兴为代表的客家文化

(3) 以雷州半岛为代表的雷州文化

(4) 以普宁、揭东为代表的宗族文化

(5) 以新兴为代表的禅宗文化

(6) 以罗定为代表的南江文化

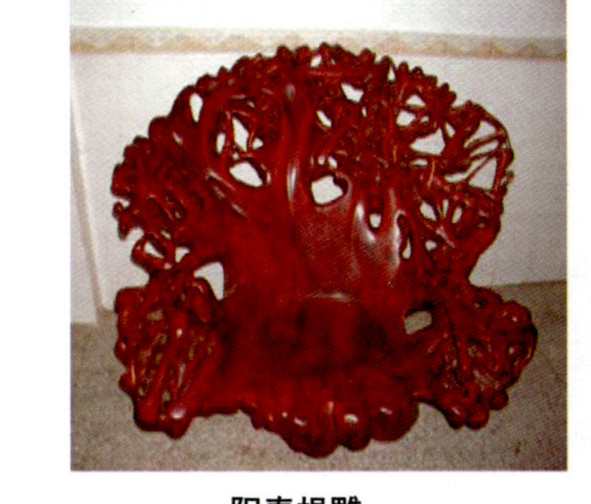
阳春根雕

石湾陶塑

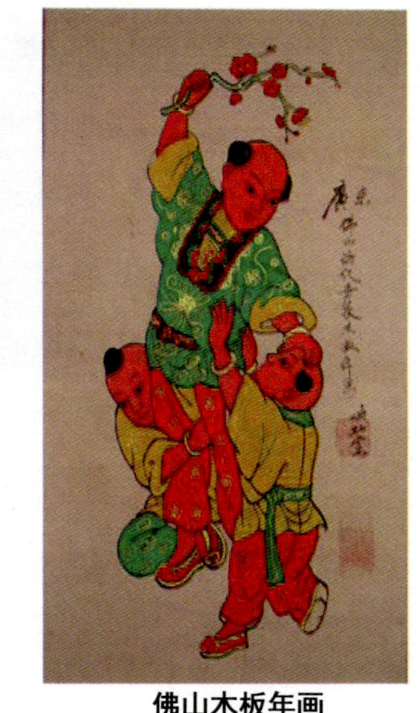
佛山木板年画

(1) 在民间工艺上，如佛山木版年画、潮州木雕、石湾陶塑、东莞千角灯、广东剪纸、陆丰皮影、等均为广东县域民间工艺代表。

(2) 在民风民俗上，有普宁英歌、潮阳英歌、广东汉乐、瑶族盘王节、花朝戏、西秦戏、湛江人龙舞、汕尾滚地金龙、高州木偶戏、广东醒狮等。

4、2006-2012 广东县域经济发展评析与“十二五”发展建议

1. 基本状况： 广东省毗邻香港、澳门特别行政区，是我国南方重要的通商口岸。广东省现有县级行政单位121个，其中市辖区54个、县级市23个、县41个、自治县3个（下文将67个县、县级市、自治县称为广东县域经济）。 2006-2012年间，广东县域紧紧把握珠江三角洲地区新一轮改革发展机遇，成功战胜雨雪冰冻洪涝等自然灾害及国际金融危机的严重冲击，县域经济保持稳步发展。如图23.1所示：

（1）**在经济总量**上：截至2011年底，广东县域经济总量（GDP）由2006年的4660亿元增长到2011年的10167亿元，在全国范围内属于县域经济较为发达的区域。但从省内看，县域经济总量仅约占全省经济总量的19%，远远落后于广东市辖区经济的发展。虽然这与广东特区经济发达、中心城市突出的发展格局相一致，但只有打破市辖区与县域的长期不平衡发展才真正有助于经济转型升级与幸福广东建设。

（2）**在发展速度**上：截至2011年底，广东县域经济总量年均增长16.9%，略高于广东全省15.2%和市辖区14.8%的增长速度。

（3）**在经济结构**上：截至2011年底，农业总量在保持年均增长11%的前提下，在三次产业中的比重由2006年的24.6%下降到2011年的19.0%；通过实行经济“双转移”（产业转移和劳动力转移）政策，广东县域第二、三产业获得较快发展，第二产业年均增长19.4%，在三次产业中的比重上升到2011年的45.6%；第三产业呈现上升发展趋势，在三次产业中的比重维持在35%左右，年均增速达17.5%（注：本报告相关增速指标均以当年价格计算，未扣除价格变动因素）。

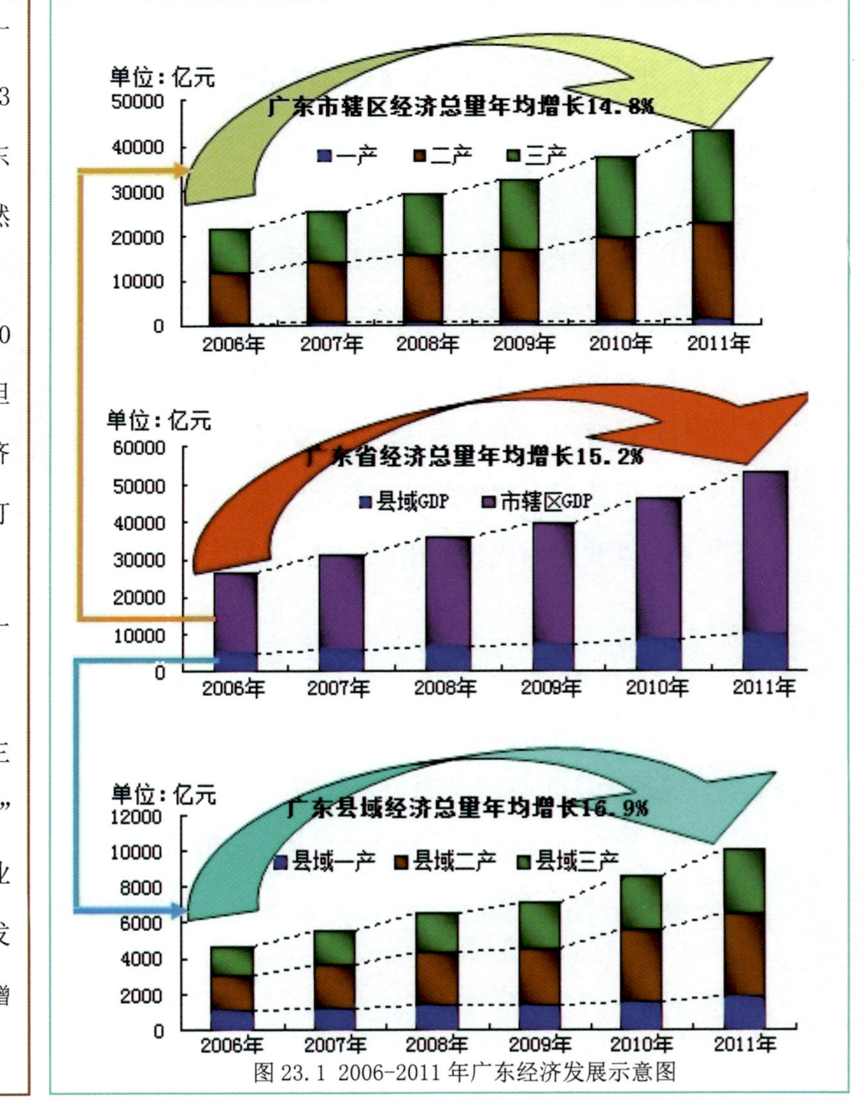

图 23.1 2006-2011 年广东经济发展示意图

2. 分项看：

（1）从一般预算收支角度：6年间，广东县域一般预算收入持续增长，年均增速达25.4%，高于全省20.4%的增长水平。尽管县域一般预算收入保持了快速增长，但在全省一般预算收入构成中的比重不足9%，与市辖区相比存在明显差距，也从侧面反映出广东县域经济与市辖区经济发展的失衡。从一般预算收入占GDP比重看，县域一般预算收入占GDP比重仅为4%左右，低于全省9%和市辖区11%的水平；尤其是县域财政支出在6年间也实现了年均22.7%的快速增长，但县域一般预算支出占全省比重却在2009-2011年呈现震荡，既反映出为降低全球金融危机给广东县域经济发展带来的消极影响，县域行政单位实施了积极的财政政策，也在一定程度上揭示出县域经济财政吃紧削弱其经济调控能力的实际情况。可以说，当前广东产业的优化升级，还主要集中在经济发达比邻港澳的粤中、粤东西南地区，粤东西北大部分县域发展规模偏小。今后4年中，广东县域应充分利用东西两翼沿海区位优势和粤北特色资源优势，促进县域经济的发展，实现县域财政收入的增长。

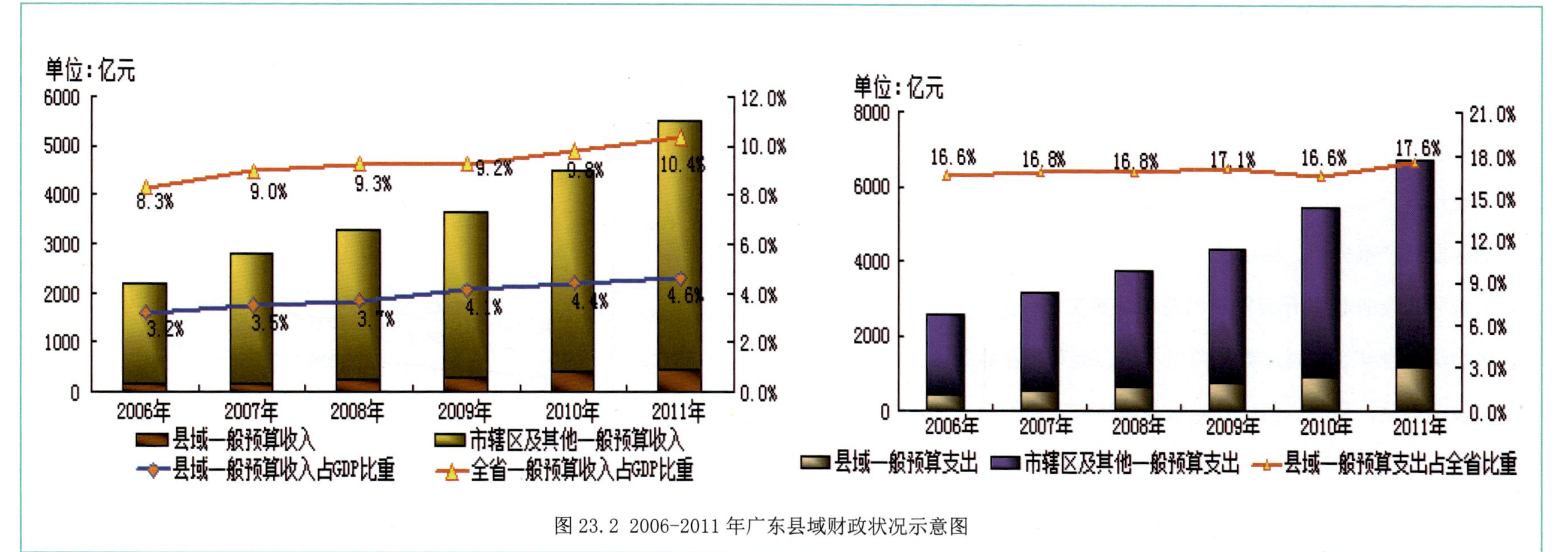

图 23.2 2006-2011 年广东县域财政状况示意图

（2）**从国内贸易角度**：截至2011年底，广东县域社会消费品零售总额达到4216亿元，年均增长19.1%，县域社会消费品零售总额占全省的比重整体呈现上升趋势，由2006年的19.3%上升到2011年的20.8%，反映出为应对国际金融危机的冲击，国家出台的一系列扩大内需、促进消费等政策措施，对广东县域消费品市场的稳定发展起到了明显的促进作用，而一系列的支农、惠农政策的贯彻落实，增强了县域农民购买能力，也提高了县域消费品市场的活跃度。今后4年中，各县市应加快连锁经营和电子商务发展，实现商品流通多元化，依靠大宗商品和农村商贸工程，带动广东县域城乡消费市场实现扩大化繁荣。

（3）**从人民生活角度**：6年间，广东全省人均GDP明显高于全国平均水平，但县域人均GDP却大幅落后于全国均值，至2011年底，全省人均GDP接近县域人均GDP的2.3倍。在岗职工平均工资对应的县域、全省、全国指标值也呈现梯形分布态势。多年来，尽管广东是我国经济最发达的省份，但当前地区发展严重失衡、县域经济在全省发展中被严重边缘化、进而释放消极力量阻碍全省转型升级发展已是不争事实。今后4年中，一方面应通过县域经济自身结合发展形势、突出特色、提升产业品质，扭转在全省发展中的被动地位，另一方面广东应为县域经济发展创造条件，既要通过产业转移布局与规划带动广东东西两翼和粤北县域的发展；也应加大对老、边、少地区基础设施建设和经济发展的支持力度，促进县域经济的加速发展。

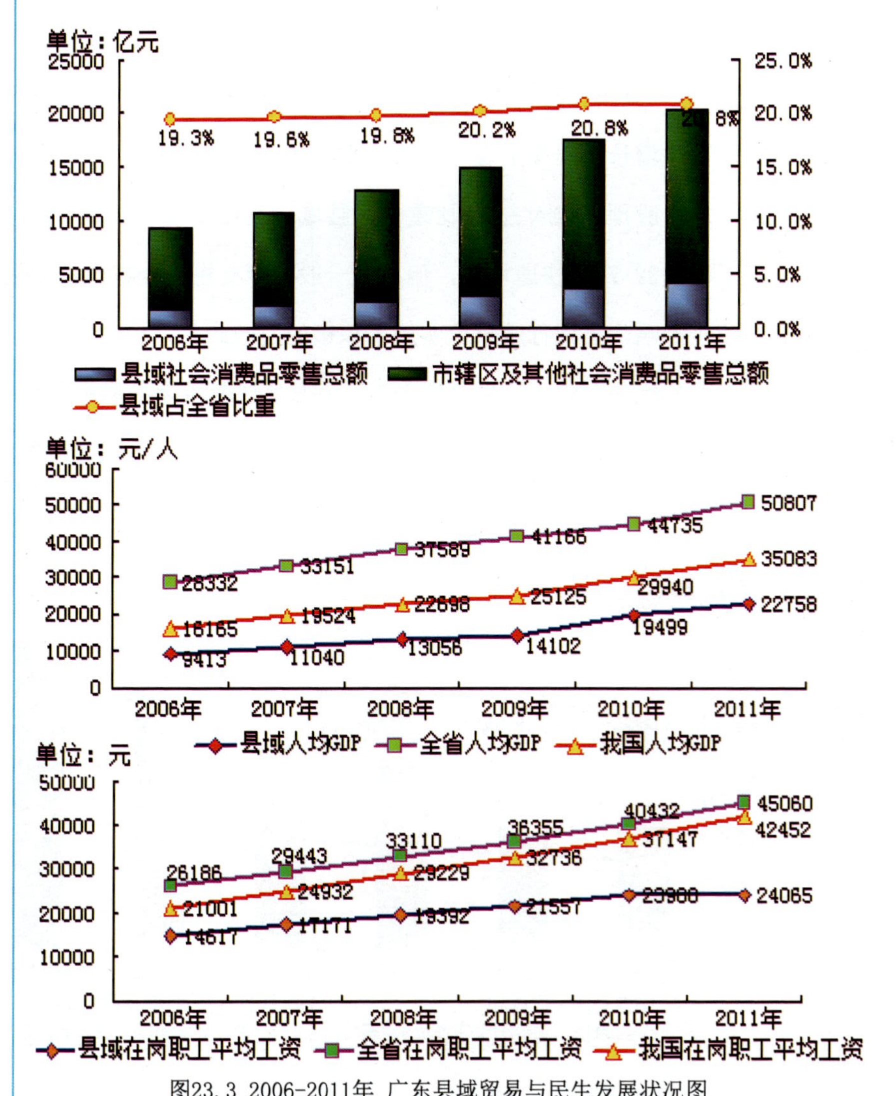

图23.3 2006-2011年 广东县域贸易与民生发展状况图

十二五”广东县域经济发展的SWOT分析

发展优势（S）

- 毗邻我国港澳与东南亚地区，及侨乡的特殊地位，使县域经济在对外贸易、招商引资等领域具有独特竞争优势
- 基础设施比较完善，产业基础雄厚
- 市场化程度较高，活力和创新力相对较强
- 岭南的文化特色与粤北的资源优势

发展劣势（W）

- 区域发展失衡，沿海县与北部山区县差距显著，粤西发展滞后
- 产业层次总体偏低，升级压力大，整体竞争力有待提升
- 资源环境约束趋紧、土地、能源、水资源短缺，土地和劳动力等生产要素成本加快上升
- 人口压力大，基本公共服务水平不高

建议：“十二五”期间，广东县域经济进一步科学发展的重点战略是：立足于创新驱动民营经济发展，扩大县域特色产业集群培育，推进县域“三化并举”。

发展机会（O）

- 珠三角改革发展上升为国家发展战略
- 粤港澳三地经济加快融合，泛珠三角区域合作深入推进，广东积极参与“中国-东盟¡”自由贸易区合作的区域互动新格局正在形成等为县域经济内外合作与发展创造了机遇

挑战与威胁（T）

- 县域经济对外开放度高与国际经济环境日趋复杂，贸易保护主义抬头间的矛盾
- 公共服务需求多样化与供给不足的矛盾
- 制约科学发展的体制性障碍仍较多，行政与社会管理体制改革任务繁重
- 社会矛盾加大、地区间的竞争压力加大

报告之二十四：2006-2012 广西壮族自治区县域经济发展

1、数字广西县域发展

以 2012 年年鉴数据为依据	县域总值	县域均值	最高县	数值	在全省县域经济对应指标中的比重	最低县	数值	在全省县域经济对应指标中的比重
生产总值（万元）	57788325	770511	桂平市	2010540	3.48%	那坡县	131002	0.23%
财政赤字（万元）	8536197	113816	博白县	278678	3.26%	凭祥市	56831	0.67%
固定资产投资（万元）	54724100	729655	鹿寨县	2742253	5.01%	西林县	144486	0.26%
房地产开发投资（万元）	4961027	67041	临桂县	778045	15.68%	灌阳县	550	0.01%
社会消费品零售（万元）	14989323	199858	桂平市	765788	5.11%	西林县	34477	0.23%
城乡居民储蓄存款(万元)	30921042	412281	桂平市	1321159	4.27%	西林县	80492	0.26%
糖料产量（吨）	48391476	672104	扶绥县	6405131	13.24%	兴安县	2163	0.00%
城镇最低生活保障人数（人）	403249	5377	博白县	17318	4.29%	田阳县	1080	0.27%
农村新型合作医疗人数（人）	31521631	420288	桂平市	1464399	4.65%	合山市	68667	0.22%
人均生产总值（元/人）	-	18115	东兴市	35650	是全区县域均值的 2 倍	都安县	5951	约占全区县域均值的 1/3
农民人均纯收入（元）	-	5171	东兴市	8006.50	是全区县域均值的 1.5 倍	那坡县	3041.6	约占全区县域均值的 2/3
城镇可支配收入（元）	-	17329	阳朔县	23730	是全区县域均值的 1.4 倍	罗城县	12537	约占全省县域均值的 5/7
在岗职工平均工资（元）	-	25759	桂平市	43888	是全区县域均值的 1.7 倍	凌云县	5772	约占全省县域均值的 2/9
注：本表数据出自《2012 广西统计年鉴》，其中天峨县无房地产开发投资额数据，龙胜、资源、恭城县无糖料生产数据。								

2、广西县域经济特色产业代表

(1) 阳朔县位于漓江西岸，属典型的喀斯特岩溶地貌，素有“桂林山水甲天下，阳朔山水甲桂林”的赞誉，旅游产业已成为阳朔的支柱；

(2) 合浦淡水资源丰富，淡水养殖产业发达，合浦是珍珠的重要产地，也是珍珠的集散地，被誉为“南珠之乡”；

(3) 马山水电资源丰富，建有大化水电站和百龙滩水电站，是我国重点开发红水河 10 座大型梯级水电站之一，马山黑山羊获准使用中国原产地标志，马山有“中国黑山羊之乡”的称号。

3、广西县域特色文化与民俗民间工艺

(1) 以百色为代表的红色文化

(2) 以合浦为代表的南珠文化

(3) 以北部湾为代表的海上丝路文化

(4) 以巴马和凤山为代表的福寿文化

(5) 以漓江为代表的山水文化

红色旅游胜地—百色

福寿文化

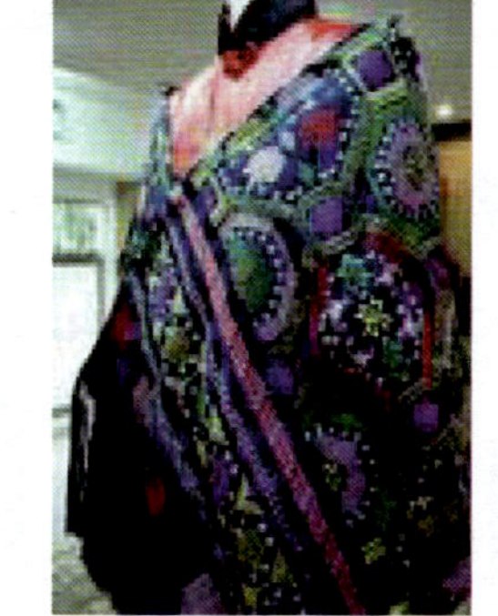

壮族织锦

钦州陶器

(1) 在民间工艺上，如壮族织锦、钦州陶器等均为广西县域民间工艺代表。

(2) 在民风民俗上，有刘三姐歌谣、柳州彩调剧、黎平侗族大歌、仫佬族依饭节、瑶族盘王节、苗族系列坡会群、桂南采茶戏以及壮族铜鼓习俗等。

4、2006-2012广西县域经济发展评析与“十二五”发展建议

1. 基本状况：广西壮族自治区现有县级行政单位109个，其中市辖区34个、县级市7个、县56个、民族自治县12个（下文将75个县、县级市、自治县称为广西县域经济）。广西是我国西南地区最快捷的出海通道，是我国与东南亚诸国交往的中转站，具有特殊战略地位。2006-2012年间，借助西部大开发战略深度实施、北部湾建设上升为国家战略以及中国-东盟自由贸易区全面建成的重大发展机遇，广西县域经济实现了平稳发展，如图24.1所示。

（1）**在经济总量与发展速度上：**截至2011年底，广西县域经济总量（GDP）由2006年的2430亿元增长到2011年的5779亿元，年均增长18.9%，略低于市辖区年均增长19.9%的发展速度。在县域数量是市辖区一倍的前提下，县域经济总量占全区比重却逐年下降反映出，在依托全区战略机遇、提升科学发展质量等方面，广西县域经济需要借鉴市辖区发展经验找寻到适合的发展路径；也表明广西中心城市辐射带动效应需要进一步提升。从全国范围看，广西县域经济尚处于欠发达的状态。

（2）**在经济结构**上：6年间，农业增长相对放缓，年均增长14%，在三次产业中的比重由2006年的32.7%下降到2011年的26.4%。第二产业在西部大开发和北部湾经济区建设的带动下，发展迅速，年均增加23.9%，在三次产业中的比重由2006年的38.4%上升到2011年的47.2%，主导性日益凸显；尽管中国—东盟自贸区的建成以及文化、旅游资源优势对广西县域经济第三产业发展产生影响力，但由于广西县域经济整体处于工业化加速发展阶段，面临着经济结构的重大调整，因此，县域第三产业增长也较为平缓，年均增长16.8%，至2011年底，在三次产业中的比重调整至26.4%（注：本报告相关增速指标均以当年价格计算，未扣除价格变动因素）。

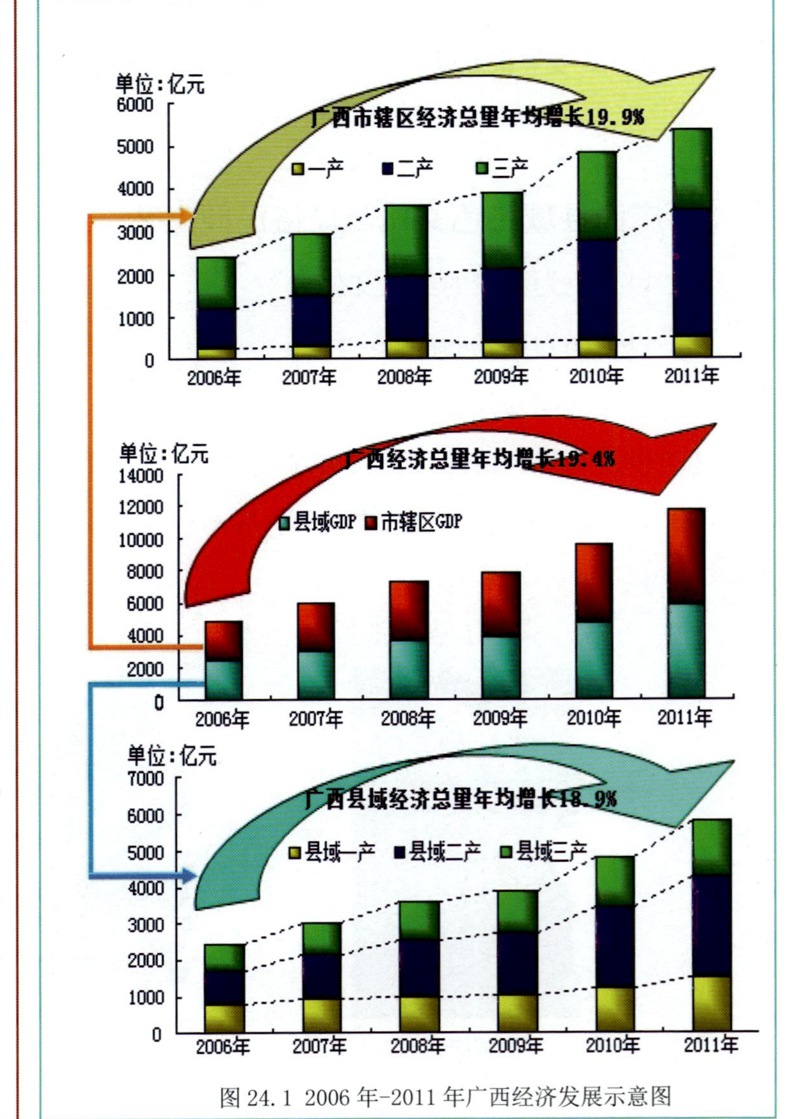

图 24.1 2006 年-2011 年广西经济发展示意图

2. 分项看：（1）从财政收支角度：6年间，县域财政预算收支均实现一定幅度的增长，其中县域一般预算收入年均增长20.6%，但因县域预算收入的基数较低导致县域一般预算收入占全区预算收入的比重呈现逐年下降，2011年仅占全区预算收入的25.3%，县域一般预算收入占县域经济总量比重也低于全区平均指标近4个百分点。由于县域预算支出占全区预算支出的比重逐年增加，至2011年底达43%，年均增长31%，县域经济中收支不平衡的矛盾已较为突出，县域经济发展面临着财政压力。今后4年中，改善广西县域经济中财政吃紧的问题，一方面要充分把握相关机遇推动县域经济加速发展，另一方面要科学地量入为出，将有限的县域预算支出用于关键领域，降低不必要的财政开支。

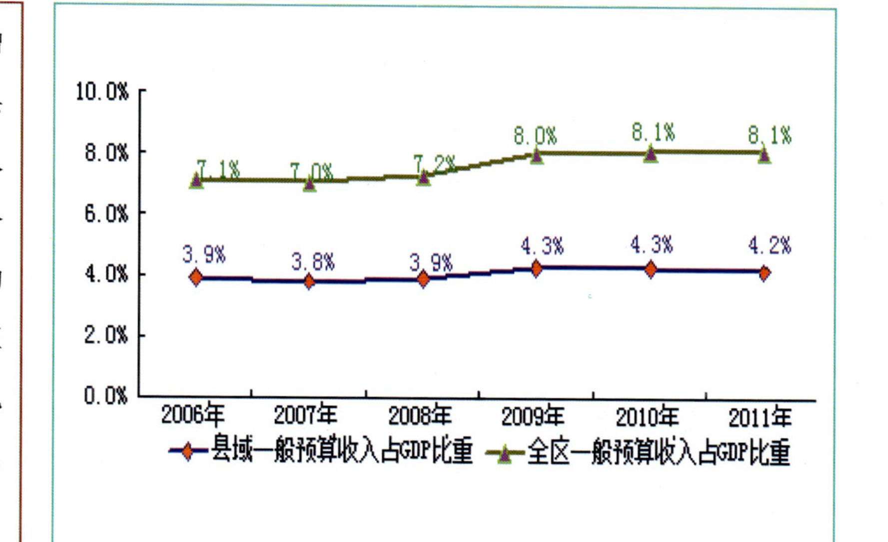

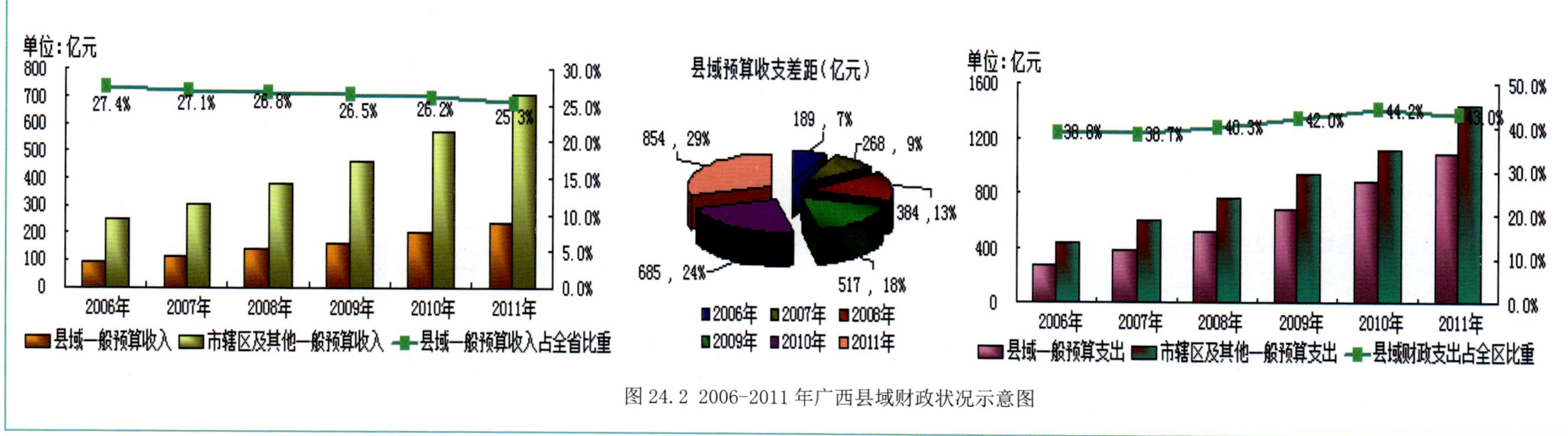

图 24.2 2006-2011 年广西县域财政状况示意图

（2）从固定资产投资角度：6年间，广西县域固定资产投资年均增长36.7%，占全区固定资产投资比重至2011年底为53.9%。尽管县域房地产投资占县域固定资产投资比重不足10%，但县域住宅投资却占县域房地产投资的3/4。房地产投资中过高的住宅比重既助涨楼市泡沫，也增加消费者购买负担，从长期看，会限制居民的实际消费能力。今后4年中，必须合理化调整县域固定资产投资组合，牢牢把握“两区一带”建设机遇，优化投资结构配置，一方面加强城镇投资中基础设施的比重，另一方面要筛选出有利于带动县域经济发展的特色项目给予优先投资；在房地产投资中，广西县域经济需要适度增加商业性地产项目以改善与提升广西县域的商业服务业经济氛围，真正融入到中国-东盟自贸区建设的发展环境中。

（3）从国内贸易角度：依托中央实行扩大内需、刺激消费政策以及广西加强与东盟诸国的贸易合作、“南宁渠道”效应扩大化等积极因素，广西县域消费品市场表现活跃。6年间，县域社会消费品零售总额年均增长19%共完成6127亿元，其中2011年县域零售总额达到1499亿元，但县域消费品零售总额占全区比重始终维持在39%附近，表明市辖区的消费聚集效应以及上述利好因素对广西市辖区内贸市场的带动效应更强。伴随广西城镇化进程加快，消费结构已呈现多元化，今后4年中，广西县域应通过加强中心城镇建设、促进“农超对接”等手段，增强县域消费市场的集聚效应，带动内需消费的持续扩大。

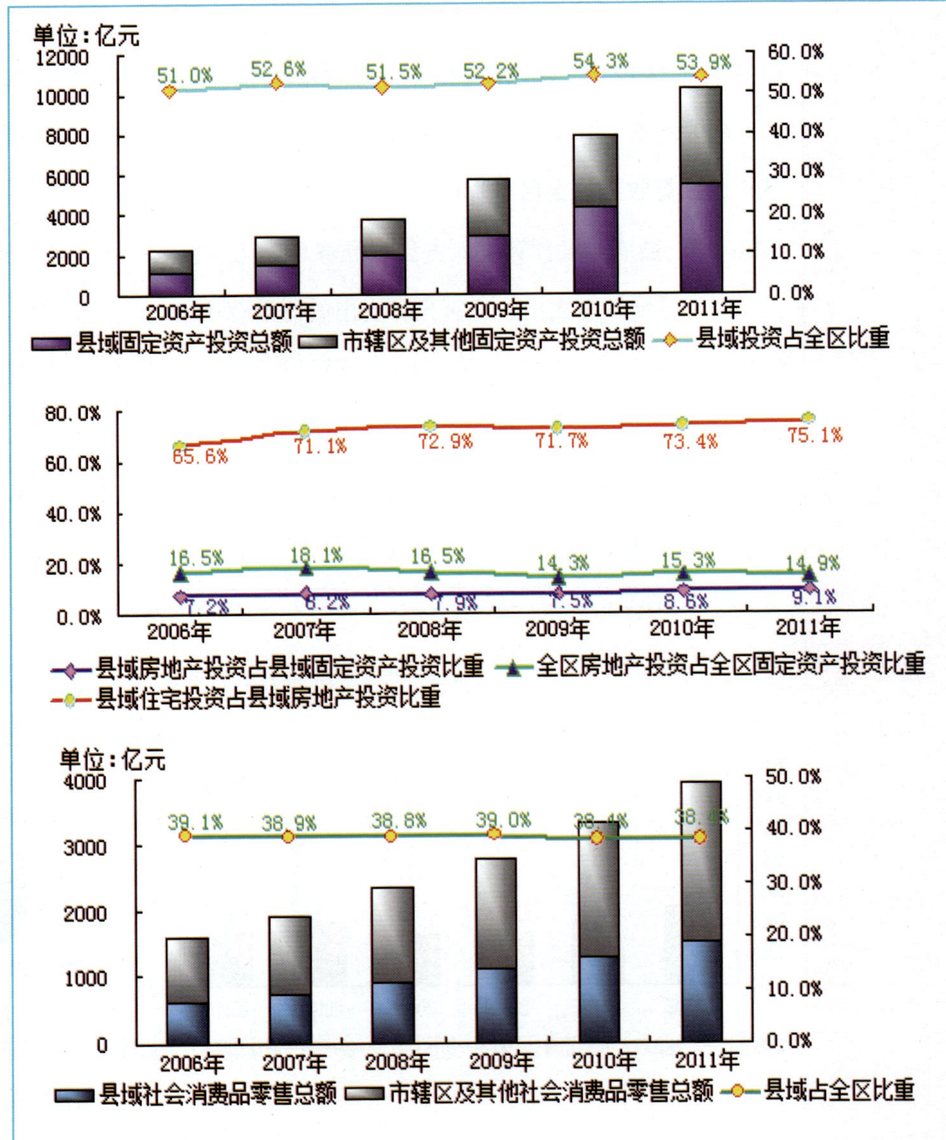

图24.3 2006-2011年广西县域投资与贸易发展状况示意图

（4）从人民生活角度：广西县域农民人均纯收入、城镇居民人均可支配收入、在岗职工平均工资三项指标的分布情况基本相同：6年间，县域各项指标均低于全区、全国的平均值，全区平均也与全国平均差距明显。上述现象反映出尽管广西综合实力有明显提升，“强桂”已有突破，但人民生活质量的改善却滞后于全区整体发展，“富民”还存在较大差距。对比县域农民纯收入和县域城镇居民人均可支配收入的平均值不难发现，6年间，县域城乡居民收入比由3.1:1上升到3.4:1,，统筹城乡发展的任务愈加繁重。今后4年中，广西县域应在扩大县域经济发展的基础上，强化“富民”目标；立足城镇化发展，缩小城乡差距，使城乡居民享受到发展所带来的变化与幸福。

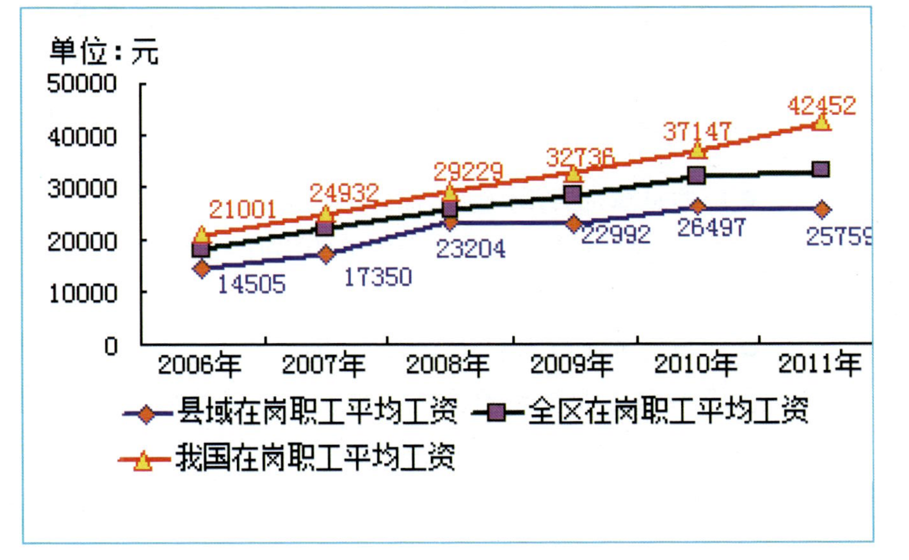

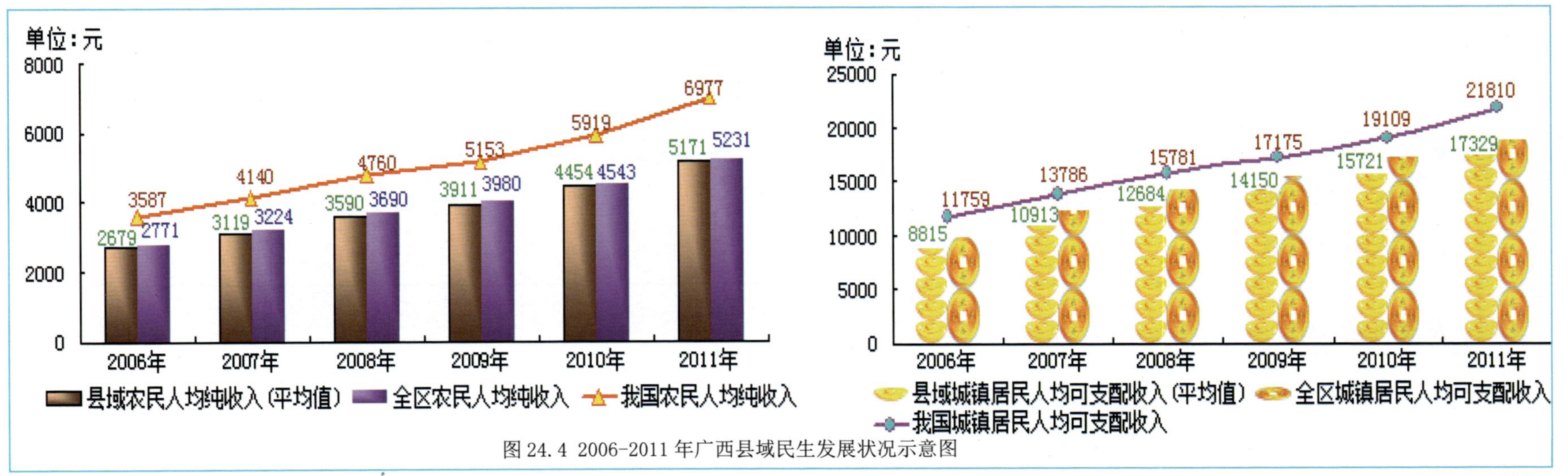

图 24.4 2006-2011 年广西县域民生发展状况示意图

“十二五”广西县域经济发展的SWOT分析

发展优势（S）

- 广西县域拥有沿海、沿江、沿边的特殊区位优势，北部湾是西南地区最便捷的出海大通道为广西县域的对外经济交流提供便利
- 广与粤港澳台为邻，丰富的水能、矿产、旅游资源与工业体系的日益完善使广西县域成为承接珠三角产业转移重要基地

发展劣势（W）

- 县域经济总量较小、人均水平低，经济发展水平仍较为落后，产业结构体系有待提升
- 县域市场化、工业化、城镇化水平不高，城乡差距明显
- 基础设施有待完善，对外开放度偏低，人才与科技实力亟待提升

建议：“十二五”期间，广西县域经济进一步科学发展的重点战略是：把握北部湾发展与中国-东盟自贸区机遇，构建更有助于富民强县的产业体系，扩大民营经济与对外开放。

发展机会（O）

- 中国-东盟自由贸易区全面建成与“南宁渠道”的日益扩大为广西县域经济扩大对外开放提供重要契机
- 北部湾经济区开放开发上升为国家战略及“两区一带”协调发展为广西县域经济发展提供重大战略机遇

挑战与威胁（T）

- 广西全区仍处于经济欠发达的阶段，面临转变经济发展方式的巨大挑战
- 广西位于地震多发地带，潜在自然灾害成为破坏广西县域经济发展的重要影响因素

报告之二十五：2006-2012 海南省县域经济发展

1、数字海南县域发展

以 2012 年年鉴数据为依据	县域总值	县域均值	最高县	数值	在全省县域经济对应指标中的比重	最低县	数值	在全省县域经济对应指标中的比重
生产总值（万元）	14940798	933800	儋州市	3726228	24.94%	五指山市	159037	1.06%
财政赤字（万元）	2758238	172390	儋州市	622243	22.56%	五指山市	88911	3.22%
房地产投资（万元）	3390720	211920	陵水县	736193	21.71%	昌江县	0	0
社会消费品零售总额（万元）	2679437	167465	儋州市	421584	15.73%	琼中县	33989	1.27%
城乡居民存款余额（万元）	7873483	492093	儋州市	1213004	15.41%	白沙县	178647	2.27%
热带水果产量（吨）	2513604	157100	东方市	495070	19.70%	五指山市	19362	0.77%
万元 GDP 综合能耗（吨标煤）	-	0.73	东方市	3.017	是全省县域均值的 4.1 倍	陵水县	0.30	约占全省县域平均值的 2/5
人均生产总值（元/人）	-	25024	儋州市	39716	是全省县域均值的 1.6 倍	琼中县	14621	约占全省县域平均值的 3/5
农民人均纯收入（元）	-	5911	文昌市	7248	是全省县域均值的 1.2 倍	琼中县	4383	约占全省县域平均值的 3/4
城镇可支配收入（元）	-	16056	昌江县	18033	是全省县域均值的 1.1 倍	五指山市	13584	约占全省县域平均值的 5/6

2、海南县域经济特色产业代表

(1) 海南国际旅游岛建设为构建以旅游产业为引领的特色县域产业集群带来重大发展机遇，而作为海岛旅游业的重要载体，海南 16 个县级行政单位均拥有丰富的旅游资源，如，五指山市有“翡翠山城”和“天然别墅”美誉，山城景色和民族风情是其最主要的旅游内容；博鳌亚洲论坛已成为琼海旅游品牌的代表；作为对近代中国具有深远影响的“宋氏家族”的故乡，文昌市享有“国母之乡”的美誉；

(2) 屯昌素有“槟榔之乡”的美称， 是“全国槟榔生产十强县”；

(3) 乐东黎族自治县有热作宝地、绿色宝库之誉，是我国著名的腰果基地、香蕉之乡；

(4) 保亭县是我国重要的南药种植基地，拥有沉香、降香、萝工芙、大血藤、砂仁等 148 种南药品种，南药种植面积达 7 万多亩。

3、海南县域特色文化与民俗民间工艺

⑴ 经历了 3000 多年的历史沉淀，黎族形成发展了璀璨独特的黎族文化，分为物态文化、制度文化、符号文化和观念文化四个层面，其中物态文化主要包括住宅、服饰、饮食及生产生活交通用具等。如船形屋是黎族代表性的住宅与最古老的住宅建筑；黎锦是驰名于世的纺织工艺品，色彩绚丽鲜艳、种类变化繁多，具有丰富的文化内涵；黎族文身历经数千年，是黎族一笔极其宝贵的文化遗产；独木器功能多样，集立体雕刻与平面雕刻于一身。制度文化主要有社会组织峒和合亩制，符号文化包括故事歌谣、音乐舞蹈、礼仪风俗等。

⑵ 在民间工艺上，海南民间工艺历史悠久、品种繁多，如：黎锦、苗绣、根雕、贝雕、蝴蝶画等。

⑶ 在民风民俗上，有崖州民歌、儋州调声、黎族打柴舞、黎族三月三节、临高人偶戏等。

黎锦

船屋

打柴舞

三月三节

4、2006-2012 海南县域经济发展评析与“十二五”发展建议

1. 基本状况： 海南省现有县级行政单位20个，其中市辖区4个、县级市6个、县4个、自治县6个（下文将16个县、县级市、自治县称为海南县域经济）。作为海南国际旅游岛建设的重要载体，2006-2012年间，海南各县市以海南国际旅游岛建设为契机，紧紧围绕构建具有海南特色的经济产业结构，着力提升县域综合实力，保持了县域经济快速发展的良好态势，如图25.1所示：

（1）**在经济总量与发展速度上：** 截至2011年底，海南省县域经济总量（GDP）由2006年的548亿元增长到2011年的1494亿元，县域经济总量翻一番，年均增长22.2%，高于海南全省19.1%和市辖区经济总量年均增长15.3%的发展速度县域GDP占全省比重由2006年的52%上升到2011年的59.2%。从全国范围看，海南县域经济的综合实力已超过大多数西部省份和部分中部省份。

（2）**在经济结构上：** 至2011年底，海南县域农业总量在保持年均增长14.4%的前提下，在三次产业中的比重由2006年的52.4%下降到2011年的37.7%，仍远高于同时期全国平均水平，这与热带农业是海南特色经济重要代表相一致，也应在今后发展中坚持特色化与现代化相融合；第二产业年均增长33.6%，在三次产业中的比重由2006年的20.3%上升到2011年的31.7%，反映出随着洋浦经济开发区打造国家级石油化工一体化基地、东方工业园发展精细化工、儋州工业区承接洋浦产业转移等支柱工业布局体系的确立，海南县域工业获得加速扩张；伴随海南国际旅游岛建设、旅游业由观光型向休闲度假型转型升级，以旅游业为引领的县域第三产业获得快速发展，年均增速25.1%，在三次产业中的比重上升到30.6%（注：本报告相关增速指标均以当年价格计算，未扣除价格变动因素）。

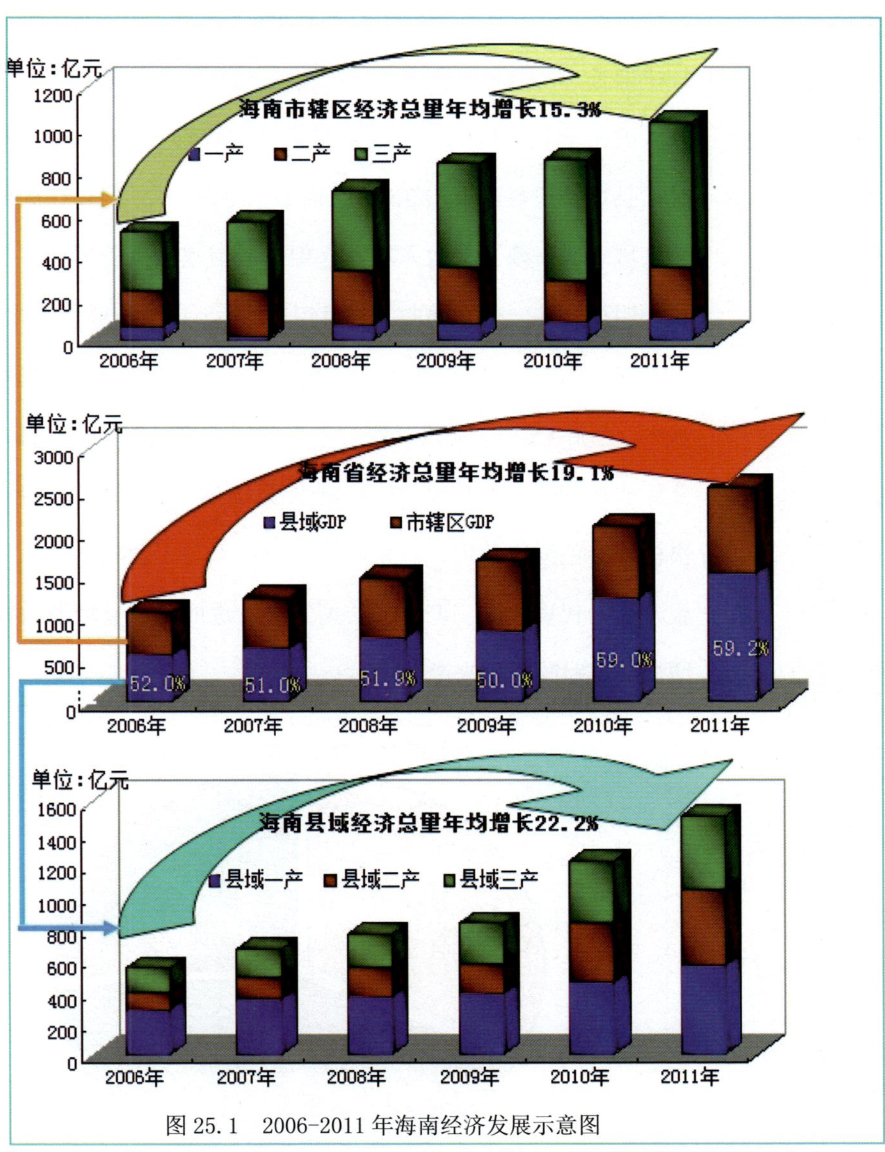

图 25.1　2006-2011 年海南经济发展示意图

2. 分项看：（1）从县域财政收支角度：6年间，海南县域财政收支均呈现较快增长，其中海南县域一般预算收入年均增速达43%，占全省一般预算收入的比重上升到34.1%，对海南全省财政收入贡献度明显提高；与此同时，县域一般财政支出在6年间也增长迅速，年均41.1%的增速虽然略低于县域一般财政预算收入增速，但县域财政收支差额逐年加大的趋势仍较为明显；从一般预算收入占GDP比重看，县域一般预算收入占GDP比重由2006年的3.54%上升到2011年的7.77%，但比重仍低于海南全省的平均水平。今后4年中，海南县级行政单位应积极发挥省直管县市的优势，充分释放扩权强县的政策效应和制度活力，以国际旅游岛建设为引领，加快构建特色鲜明的现代热带农业产业体系与工业支柱体系，加快促进以旅游业为代表的第三产业的转型升级，进而稳固县域财政收入的基础，增加县域财政收入来源。

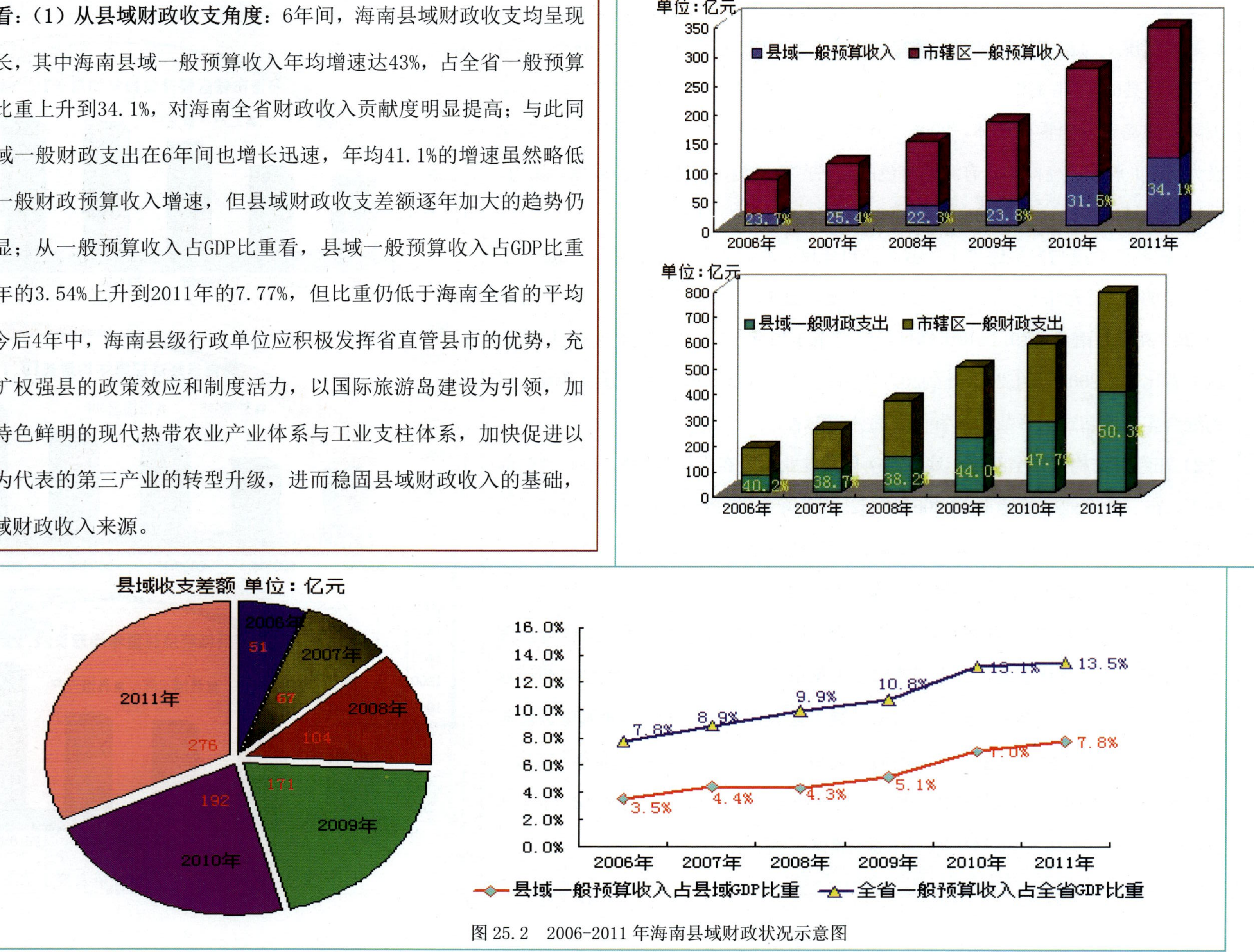

图 25.2　2006-2011 年海南县域财政状况示意图

（2）从固定资产投资角度：6年间，海南县域固定资产投资快速扩张，年均增速47.2%，超过全省固定资产投资年均增速15个百分点，县域固定资产投资占全省固定资产投资的比重也由2006年的30.95%上升到2011年的54.4%，充分说明东环高速铁路的建成进一步完善了城乡基础设施，为海南实现“扁平化”区域发展注入新动力，也提升了海南县域经济的融合。房地产业一直是海南经济的重要组成部分，受金融危机影响，6年间，海南市辖区房地产投资的增长相对平稳，但县域房地产投资则以年均增长111.6%呈现迅猛扩张，其占县域固定资产投资比重也由2006年的6.1%上升至2011年的37.2%。尽管房地产业对于经济发展具有较强的拉动作用，但房地产业投资短时间内的暴涨却极易给经济注入大量泡沫，造成严重的经济风险。因此今后4年中，海南县域必须在完善房地产市场发展机制的基础上，加强对房地产等固定资产投资的宏观调控，借助全省推进以主题公园为代表的世界级旅游项目建设与打造琼东国家滨海休闲度假海岸、琼西国际旅游岛金色西岸的机遇，促进县域固定资产投资的科学化与合理化，降低和避免盲目性投资所造成的风险。

（3）从国内贸易角度：截至2011年底，海南县域社会消费品零售总额达268亿元，年均增长18.97%，在全省中所占的比重基本维持在36%附近。从县域内部看，海南县域城镇社会消费品零售年均增长达28.9%，远远高于乡村消费品零售的增速，农村市场活跃度不高的问题可见一斑。今后4年中，伴随海南“国际旅游岛战略”的实施，旅游经济所释放出的消费潜力将进一步加大，海南县域应抓住契机，通过拓展中心城镇建设、发展专业商品市场和特色商业街区吸引旅游消费，同时依靠农民增收等途径，加强农村消费能力，进一步激活农村市场。

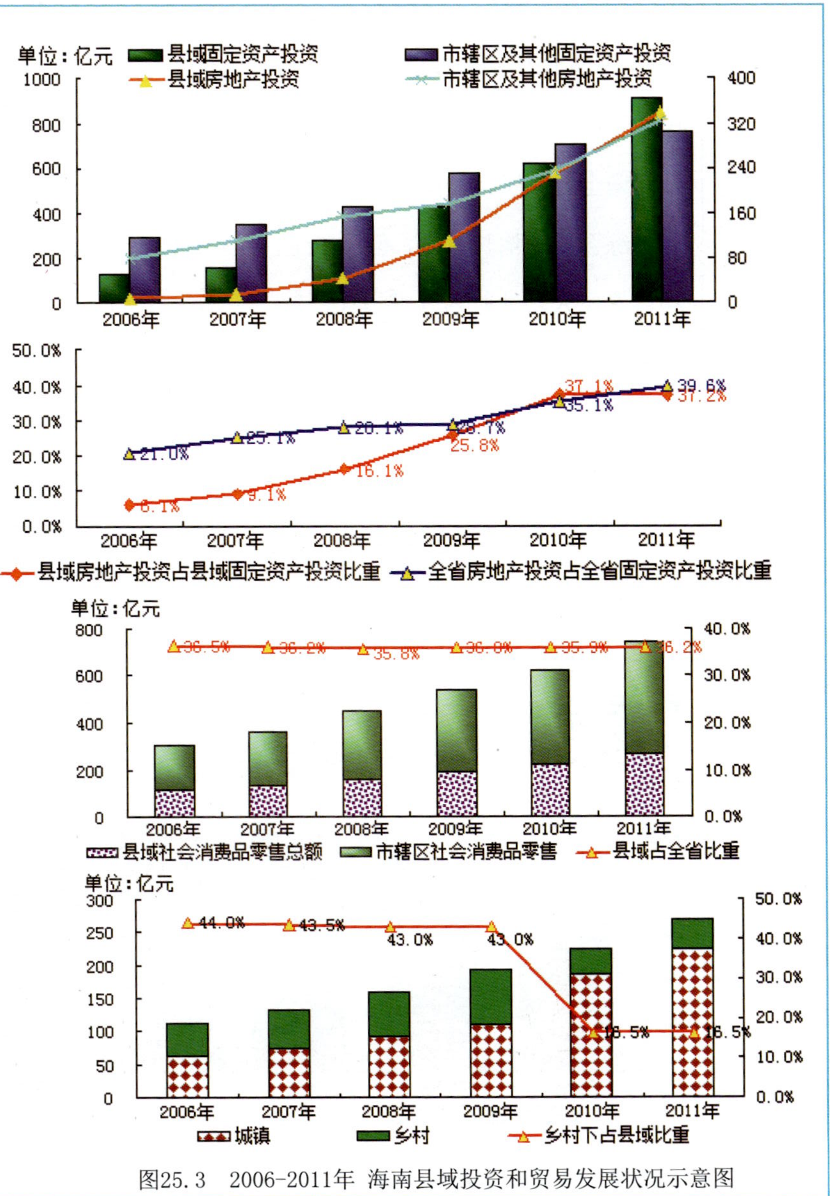

图25.3　2006-2011年 海南县域投资和贸易发展状况示意图

（4）从人民生活角度：6年间，海南县域、海南省、全国平均等3组数据在农民人均纯收入、在岗职工平均工资基本呈梯形分布状态。即，海南县域水平低于海南全省水平，海南全省水平落后于全国平均水平。反映出，尽管海南县域经济综合实力增长较快，但居民生活质量与水平却未能保持同步发展，尤其是县域农民人均纯收入与城镇在岗职工平均工资之间差距显著。海南现有6个民族自治县，少数民族人口众多，巨大的城乡与生活质量差距容易导致社会环境的复杂化，设法增收、缩小差距必须成为海南县域经济发展的重点。今后4年中，海南县域应借助国际旅游岛的发展建设需要大量劳动力的机遇，探索建立城乡统一的公共就业服务体系，为城乡尤其是农村劳动者参与国际旅游岛建设发展创造空间，带动提升海南县域居民的整体生活质量。

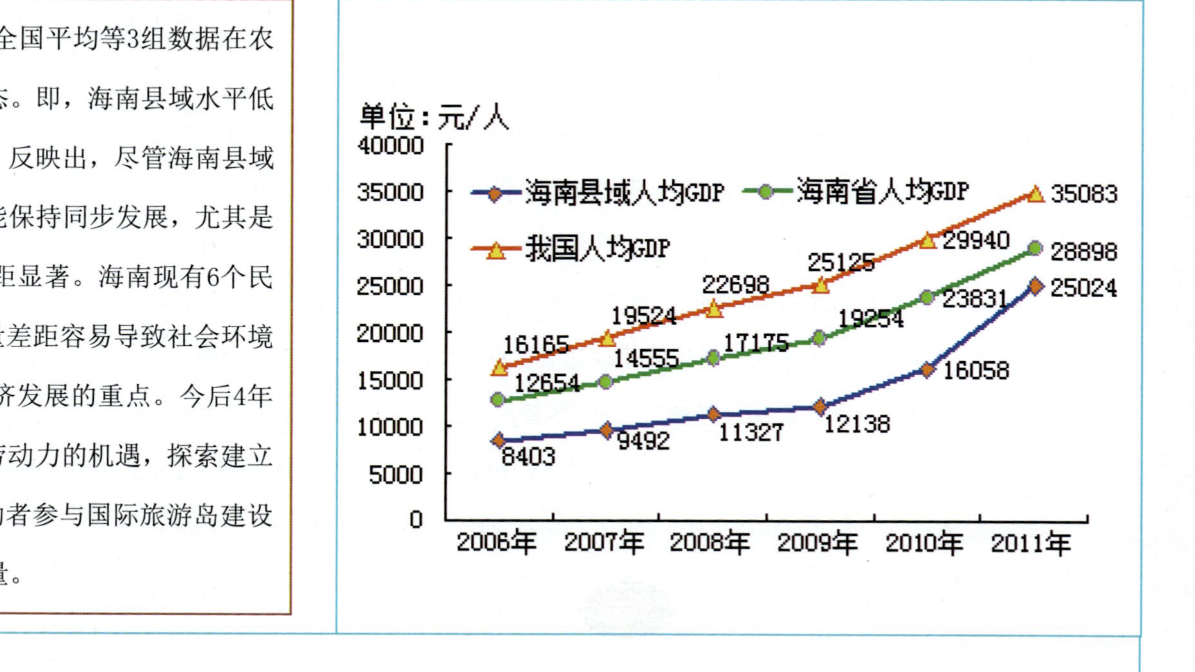

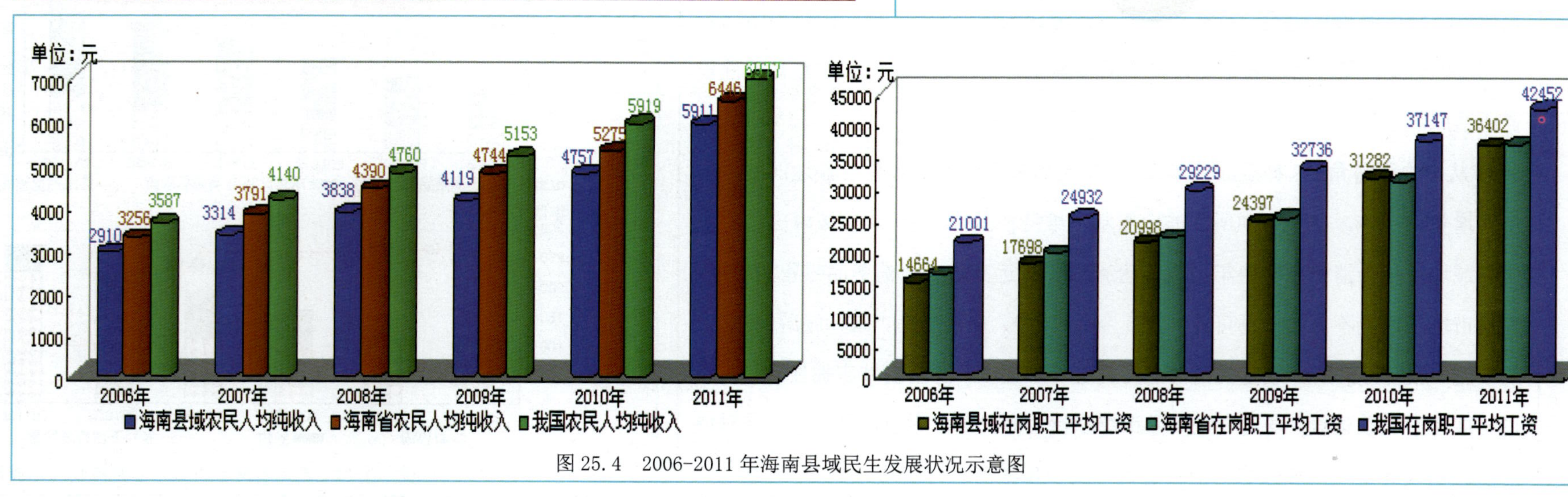

图 25.4　2006-2011 年海南县域民生发展状况示意图

“十二五”海南县域经济发展的SWOT分析

发展优势（S）

- 海南国际旅游岛建设上升为国家战略，政策优势明显
- 位于中国最南端，是联系亚洲和大洋洲、印度洋和太平洋诸国的交通要道，地缘优势明显
- 旅游、矿产、油气、热带农业、海洋资源等丰富的资源优势为海南县域经济的加速发展提供了充足的资源基础与发展条件

发展劣势（W）

- 县域经济实力仍然比较薄弱，经济发展水平仍然相对落后，县域之间经济发展不平衡
- 作为国际旅游岛载体，其综合产业对外开放度低，未能有效的引进和利用外资
- 发展的观念仍较为保守，需要进一步解放思想

建议：“十二五”期间，海南县域经济发展的重点战略是：牢牢把握国际旅游岛建设契机，深度发掘文化内涵，以构建科学的现代服务业+热带农业体系引领县域经济实现集群扩张。

发展机会（O）

- 博鳌亚洲论坛、“中国-东盟”自由贸易区与“9+2”泛珠三角区域合作等日趋频繁的国际合作为海南县域快速发展注入活力
- 海岛文化与黎族文化是海南县域特色文化建设的基础，也为海南县域抓住文化产业大发展机遇提供了先决条件
- 全球能源危机持续深化

挑战与威胁（T）

- 海南全省仍处于经济欠发达的发展阶段，面临转变经济发展方式的巨大挑战
- 国际旅游岛建设上升为国家战略，但当前海南旅游业的建设与管理尚不完善、旅游从业人员的素质能力等软实力未达到国际旅游岛的要求，有待进一步提升

报告之二十六：2006-2012 重庆市县域经济发展

1、数字重庆县域发展

以 2012 年年鉴数据为依据	县域总值	县域均值	最高县	数值	在全市县域经济对应指标中的比重	最低县	数值	在全市县域经济对应指标中的比重
生产总值（万元）	22730627	1196349	璧山县	2082959	9.16%	城口县	371646	1.64%
财政赤字（万元）	3907746	205671	开　县	358267	9.17%	城口县	126657	3.24%
固定资产投资（万元）	22018058	1158845	璧山县	2213555	10.05%	城口县	434744	1.97%
房地产开发投资（万元）	2688208	141485	璧山县	372729	13.87%	城口县	13931	0.52%
商品房销售总额（万元）	4261465	224288	开　县	591871	13.89%	城口县	28471	0.67%
社会消费品零售（万元）	7472133	393270	开　县	815012	10.91%	城口县	77663	1.04%
居民储蓄存款（万元）	18006740	947723	开　县	1906720	10.59%	城口县	241329	1.34%
进出口总额（万美元）	111149	5850	荣昌县	28387	25.54%	巫山县	105	0.09%
高技术制造业总产值(万元)	2149502	113132	璧山县	449673.8	20.92%	城口县	无高技术产值	0
人均 GDP（元/人）	-	19541	璧山县	35254	是全市县域均值的 1.8 倍	巫溪县	11484	约占全市县域平均值的 0.59
商品房销售均价（元）	-	3550	丰都县	4778	是全市县域均值的 1.3 倍	云阳县	2489	约占全市县域平均值的 7/10
农民人均纯收入（元）	-	6188	璧山县	8863	是全市县域均值的 1.4 倍	巫溪县	4526	约占全市县域平均值的 0.73
城镇可支配收入（元）	-	16595	璧山县	20615	是全市县域均值的 1.2 倍	巫溪县	13236	约占全市县域平均值的 4/5
在岗职工平均工资（元）	-	35683	忠县	39935	是全市县域均值的 1.1 倍	梁平县	30091	约占全市县域平均值的 0.84
城镇化率（%）	-	35.2	璧山县	43.9	是全市县域均值的 1.2 倍	酉阳县	25.4	约占全市县域平均值的 0.72

2、重庆县域经济特色产业代表

(1) 丰都以“鬼城”闻名于世，以鬼城庙会为特色的文化游吸引众多游客；

(2) 忠县是全国粮食主产县、国家瘦肉型猪基地县、油菜大县、全国农产品加工创业基地县和重庆市优质水稻、柑橘、大豆、蚕桑、榨菜、苎麻等生产基地县，尤以柑橘享誉中外，其柑橘育苗规模已居世界第一；

⑶ 武隆各种矿产资源储量较大，尤其是铝土矿，为重庆氧化铝、电解铝、铝材工业的最重要原料支撑之一。

3、重庆县域特色文化与民俗民间工艺

⑴ 以铜梁为代表的铜梁文化

⑵ 以梁平为代表的禅宗文化

⑶ 以城口为代表的巴蜀文化和红色文化

⑷ 以丰都为代表的道教文化和鬼城文化

⑸ 以巫山为代表的大溪文化

⑹ 以巫溪为代表的巫文化

⑺ 以土家、苗族为代表的少数民族文化

丰都鬼城

⑴ 在民间工艺上，如梁平木版年画、蜀绣、梁平竹帘、荣昌陶器等均为重庆县域民间工艺代表。

⑵ 在民风民俗上，如石柱土家啰儿调、南溪号子、梁平癞子锣鼓、梁山灯戏、铜梁龙舞、秀山花灯、开县巫舞以及丰都庙会等。

梁平竹帘

4、2006-2012 重庆县域经济发展评析与“十二五”发展建议

1. 基本状况：截至2011年底，重庆市下设38个行政区划单位，其中市辖区19个、县15个、自治县4个（下文将县与自治县称为重庆县域经济）。2006-2012年间，成渝经济区、两江新区上升为国家发展战略，重庆成为五个国家中心城市之一，重庆将建设成为长江中上游地区的经济中心、金融中心、创新中心等一系列重大战略机遇与实施有效带动了重庆县域经济发展，如图26.1所示。

（1）在经济总量与发展速度上：截至2011年底，重庆县域经济总量（GDP）由2006年的1001亿元增长到2011年的2273亿元，成功实现翻一番。受2011年重庆市行政区划调整的影响（2011年10月27日重庆綦江县与万盛区合并为綦江区，大足县与双桥区合并为大足区），重庆县域经济年均增速明显低于市辖区增速，其占全市经济总量的比重也由2010年最高峰时的31.2%下降至22.7%的最低点，从一个侧面反映出相对于市辖区，重庆县域经济在利用各种机遇加速发展上还存在差距。如何把握各种机遇更好的融入重庆市整体发展，实现县域经济赶超，是今后一段时期重庆县域经济发展面临的重点。

（2）在经济结构上：重庆县域经济结构逐步获得优化，其中，在建设国家现代农业科技示范园区的带动下，通过重点发展蔬菜、柑橘、生猪优势产业，加快发展渔业、中药材、烟叶等特色产业，农业年均增加12.2%，至2011年底，在三次产业中的比重达到17.7%，表明农业在重庆县域经济中的重要地位。重庆建设国家重要的先进制造业基地、重点打造各区县特色优势产业共同支撑的区县万亿板块为县域第二产业的发展注入强大动力，六年间，县域第二产业年均增长21.6%，在三次产业中的比重由2006年的41%上升至47.9%。第三产业年均增加16.5%，至2011年底，在三次产业中的比重为34.4%（注：本报告相关增速指标均以当年价格计算，未扣除价格变动因素）。

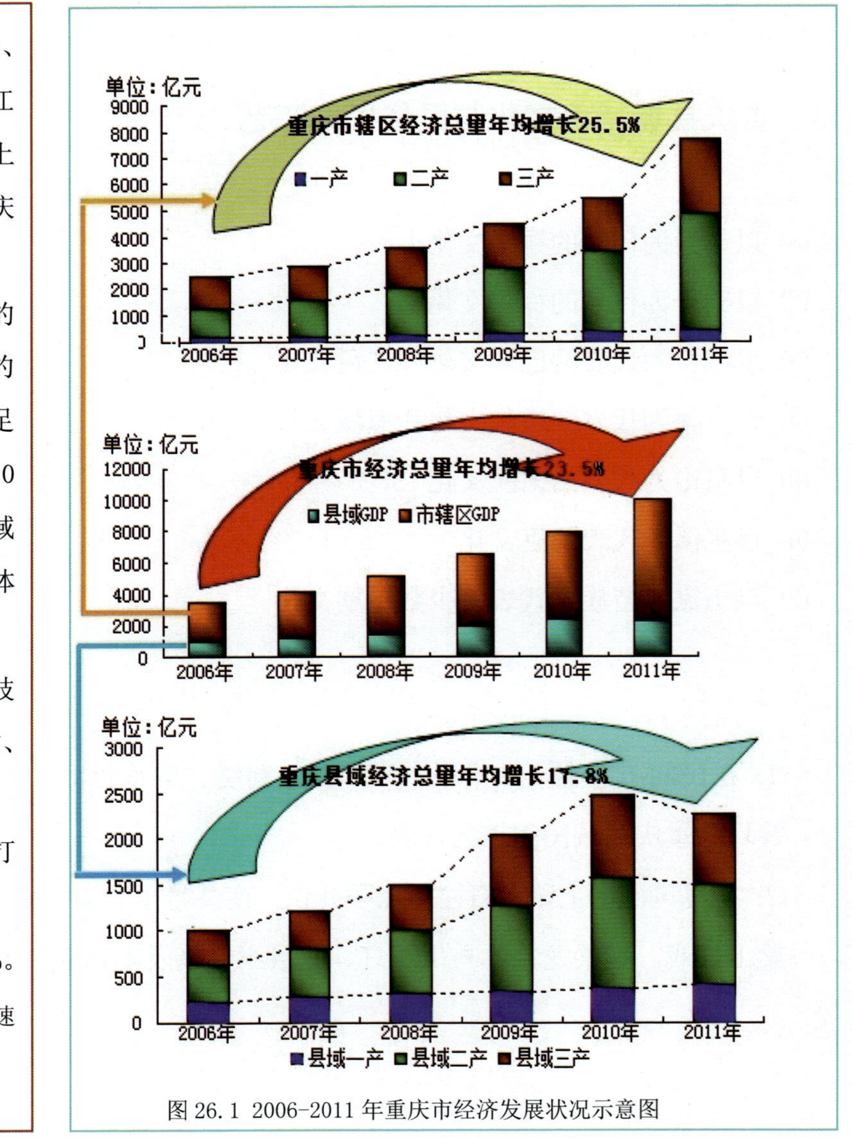

图 26.1 2006-2011 年重庆市经济发展状况示意图

2. 分项看：

（1）从一般预算收支角度（重庆行政区划调整也对其产生直接影响）：2006-2011年间，尽管重庆县域一般预算收入增长迅速，年均增加33.7%，但县域一般预算收入占全市比重始终偏低，至2011年底仅为11.6%；同时，县域一般预算收入占县域GDP比重与全市对应指标间的差距也逐渐加大。6年间，县域一般预算支出也保持较快增长，年均增长31.7%，至2011年底占全市比重为21.9%。其中，县域教育支出占全市教育支出比重达到31.8%，县域教育支出占县域一般预算支出比重也明显高于全市的平均水平，反映出重庆县域对教育投入的重视。此外，县域一般预算收支差额在6年中逐年扩大，至2011年底，已累计达到1391亿元，全市一般预算收支差额也累计达到3510亿元。地方政府负债是刺激经济发展的一项重要手段，但逐年增加的负债累积到一定程度会引发地方政府的财政风险，进而对地方发展产生不利影响。因此，今后4年中，重庆各县应充分发挥直辖效应，释放扩权强县的制度活力，加快构建与国家重要先进制造业基地、西部地区现代服务业高地相协调的工业、服务业支柱体系，拓宽财政收入渠道，降低财政风险，增加县域财力，为重庆县域经济长期可持续发展提供支撑。

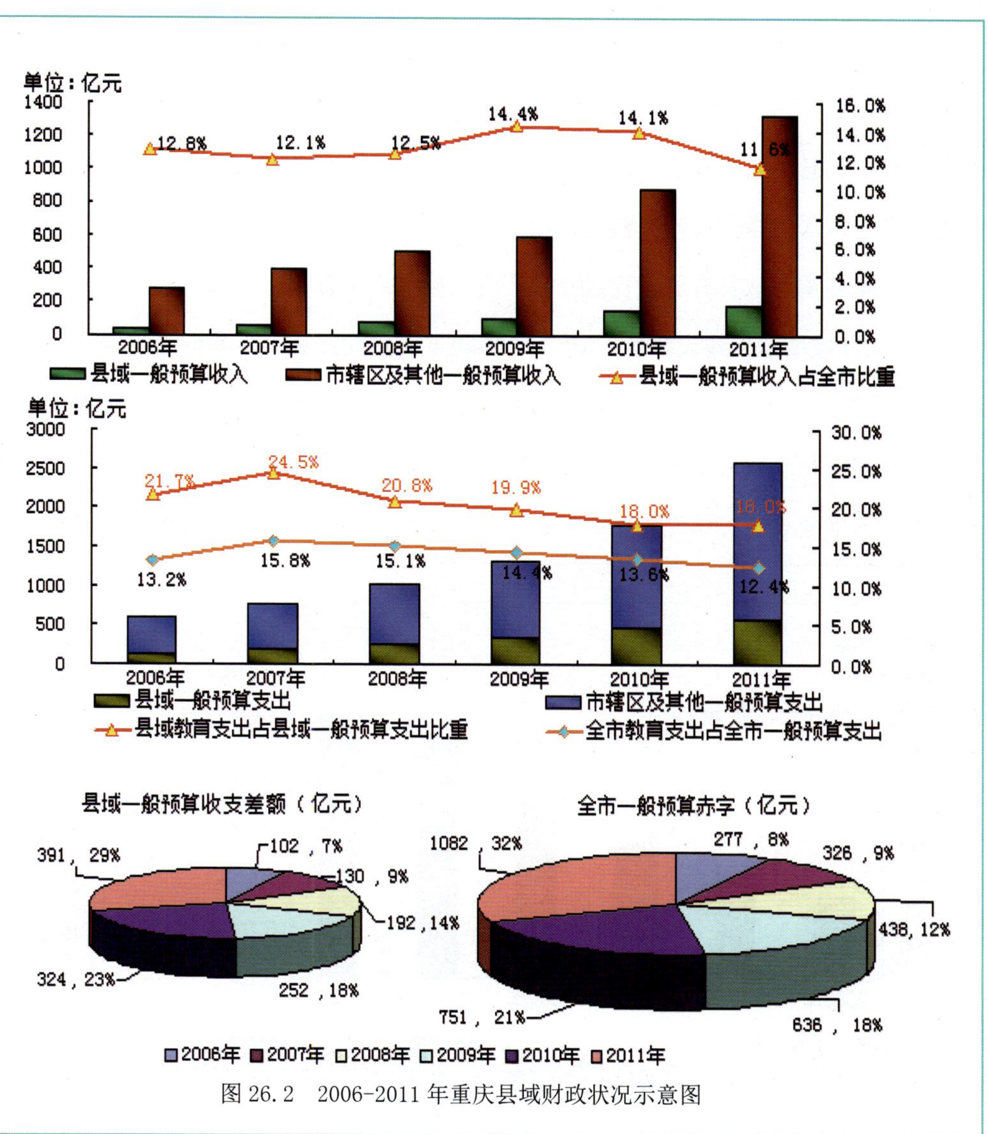

图 26.2　2006-2011 年重庆县域财政状况示意图

（2）从固定资产投资角度：6年间，重庆县域固定资产投资年均增长29.6%，超过全市年均增幅约4个百分点，占全市比重由2006年的24.6%上升到2011年的28.6%。从固定资产投资内部结构看，县域房地产业年均增长高达42.1%，其占县域固定资产投资比重已上升到12.2%；虽然市辖区房地产投资也实现持续增长，但2008-2010年间增幅明显减缓。一方面反映出重庆县域房地产市场起步晚、发展程度低、受金融危机影响程度小，未来具备一定的发展潜力；也揭示出重庆市辖区房地产投资占固定资产投资比重较高的现象，应有重点地予以调控。今后4年中，重庆县域在保持房地产适度发展的同时，应将固定资产投资的重点放在有利于促进县域产业结构升级、有利于融入重庆整体发展、代表先进生产力的重大项目上，充分释放投资的经济发展助推器效用。

（3）从县域城镇化建设角度：6年间，伴随重庆建设国家中心城市的城镇体系，重庆市城镇化建设步伐加快，至2011底重庆市城镇化率已达55%，超过全国城镇化率平均水平。但在重庆市内部，重庆县域城镇化率却与全国平均水平存在较大差距。由于重庆县域是重庆大库区、大山区和民族地区的重点区域，长期面临比较突出的城乡二元结构矛盾，只有加快城镇化进程，才能有效实现统筹城乡发展。今后4年，重庆县域应充分依托全国统筹城乡综合配套改革试验区建设，持续完善中心城镇与特色小城镇功能，在推动县域城镇化建设的基础上，发挥小城镇辐射带动与集聚作用，推进重庆县域经济发展。

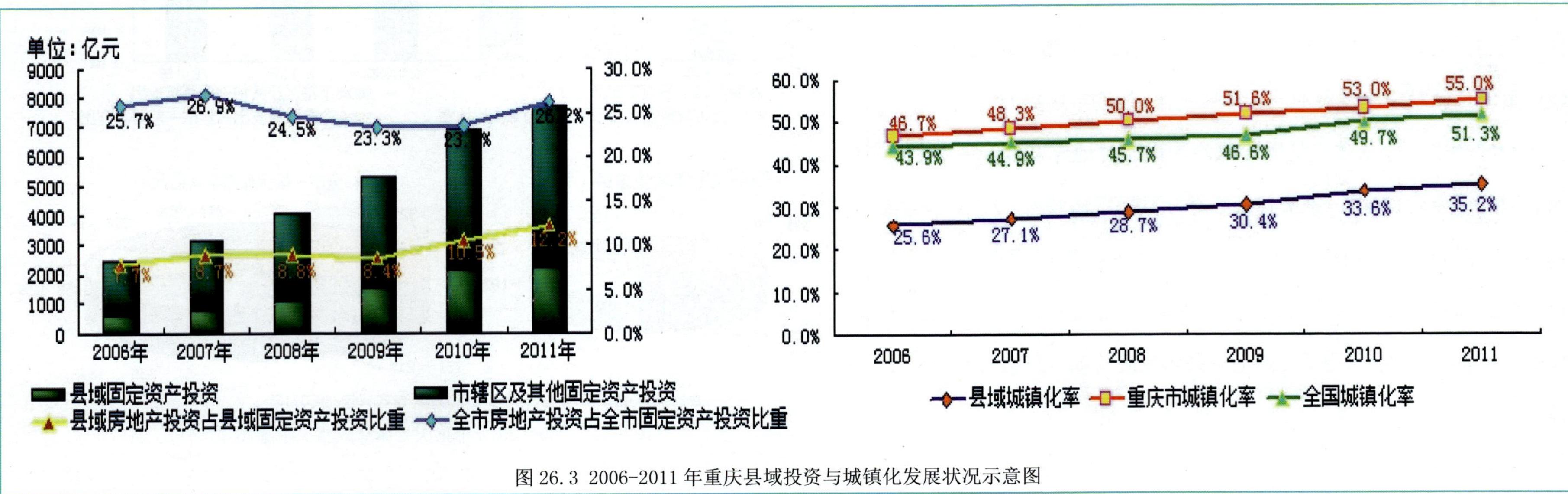

图 26.3 2006-2011 年重庆县域投资与城镇化发展状况示意图

（4）从国内贸易角度：6年间，重庆县域社会消费品零售总额年均增长15.2%，至2011年底为747亿元，然其占全市社会消费品零售总额的比重始终较低且呈现下降趋势。中央当前实施的扩内需、保增长宏观调控政策尽管使重庆县域内需市场活跃程度有所增强，但在两江新区等的建设带动下，重庆市辖区的商业聚集度与吸引力得到显著提升，导致重庆县域内需市场活跃度相对不足。今后4年中，重庆县域经济应将依靠城镇化建设调整优化需求结构、改善居民消费条件、提高居民消费能力作为重点，努力推动县域消费市场和市辖区消费市场的同步繁荣。

（5）从国际贸易角度：5年来，尽管重庆县域对外贸易年均增幅高达138.4%，但由于起步较低，至2011年底，县域进出口总额仅为111149万美元，约占全市进出口总额比重的3.8%，县域外贸依存度为3.16%，远远落后于全市18.85%的整体水平。表明重庆县域经济对外开放程度较低，与重庆是我国西部对外贸易口岸的整体地位不相符合。今后4年中，重庆县域经济应将对外贸易作为推动县域经济发展的重要途径，充分利用重庆市“一江两翼三洋” 国际贸易通道的独特区位优势，积极参与区域协作，科学调整县域外贸进出口结构，努力实践利用外资和对外投资并重，从而充分利用“两种资源”、“两个市场”发展和壮大重庆县域经济（注：重庆市统计年鉴未统计重庆各县2006年外贸情况，特此说明）。

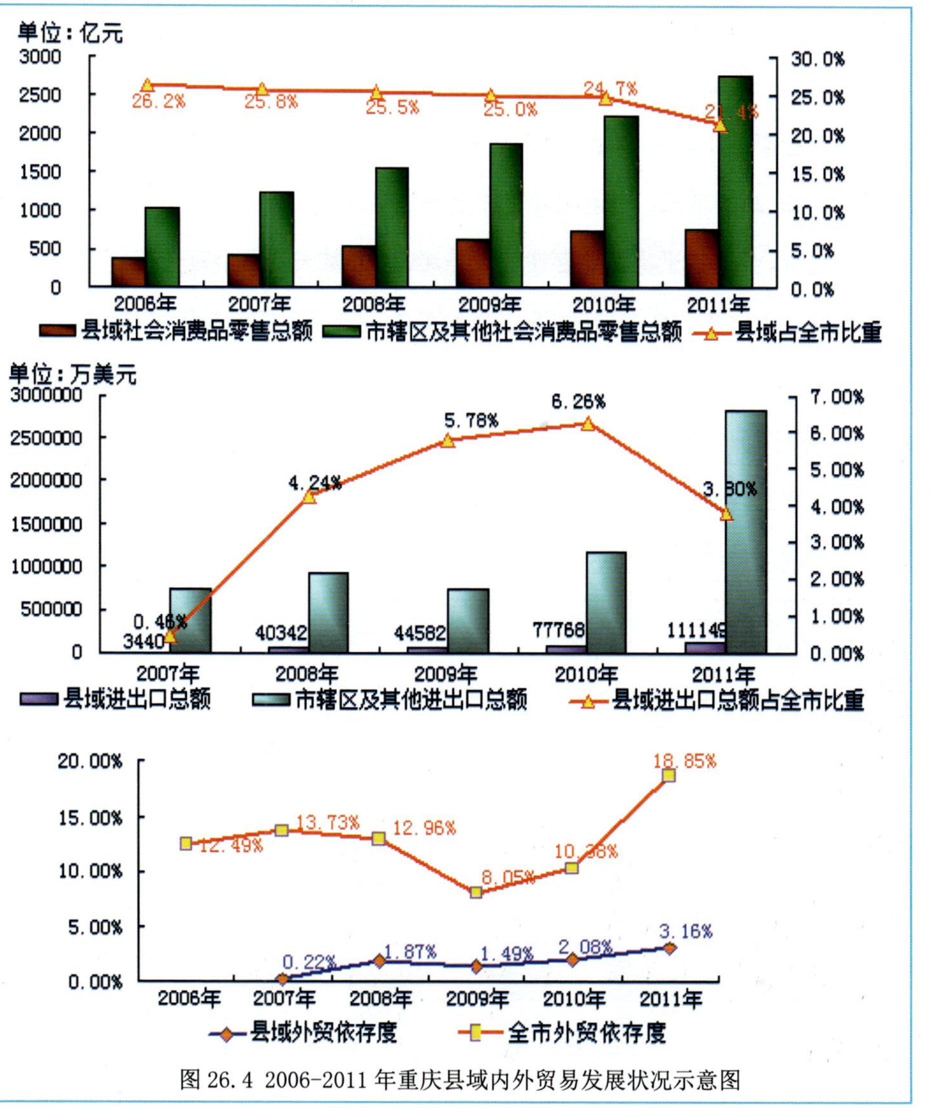

图 26.4 2006-2011 年重庆县域内外贸易发展状况示意图

（6）从人民生活角度：6年间，重庆县域农民人均纯收入平均值实现年均17.9%的快速增长，至2011年达到6188元，尽管仍然落后于全市、全国农民人均纯收入，但差距已逐渐缩小。从在岗职工平均工资看，重庆县域在岗职工平均工资虽然实现了年均19.2%的增长，增速明显超过全市与全国的对应指标，但35683元的平均工资与全市、全国的平均值还存在较大差距。由于重庆是四个直辖市中唯一在“农民人均纯收入（平均值）、在岗职工平均工资”指标上低于全国平均水平的直辖市，一定程度上反映出重庆的发展任重而道远。今后4年中，重庆县域应一方面依托“一圈两翼”的发展模式，创新开发式扶贫，增加居民收入；另一方面应继续对接国家三峡后续工作规划，完善移民后期扶持和社会保障措施，解决移民安置遗留问题，持续改善居民生活质量。

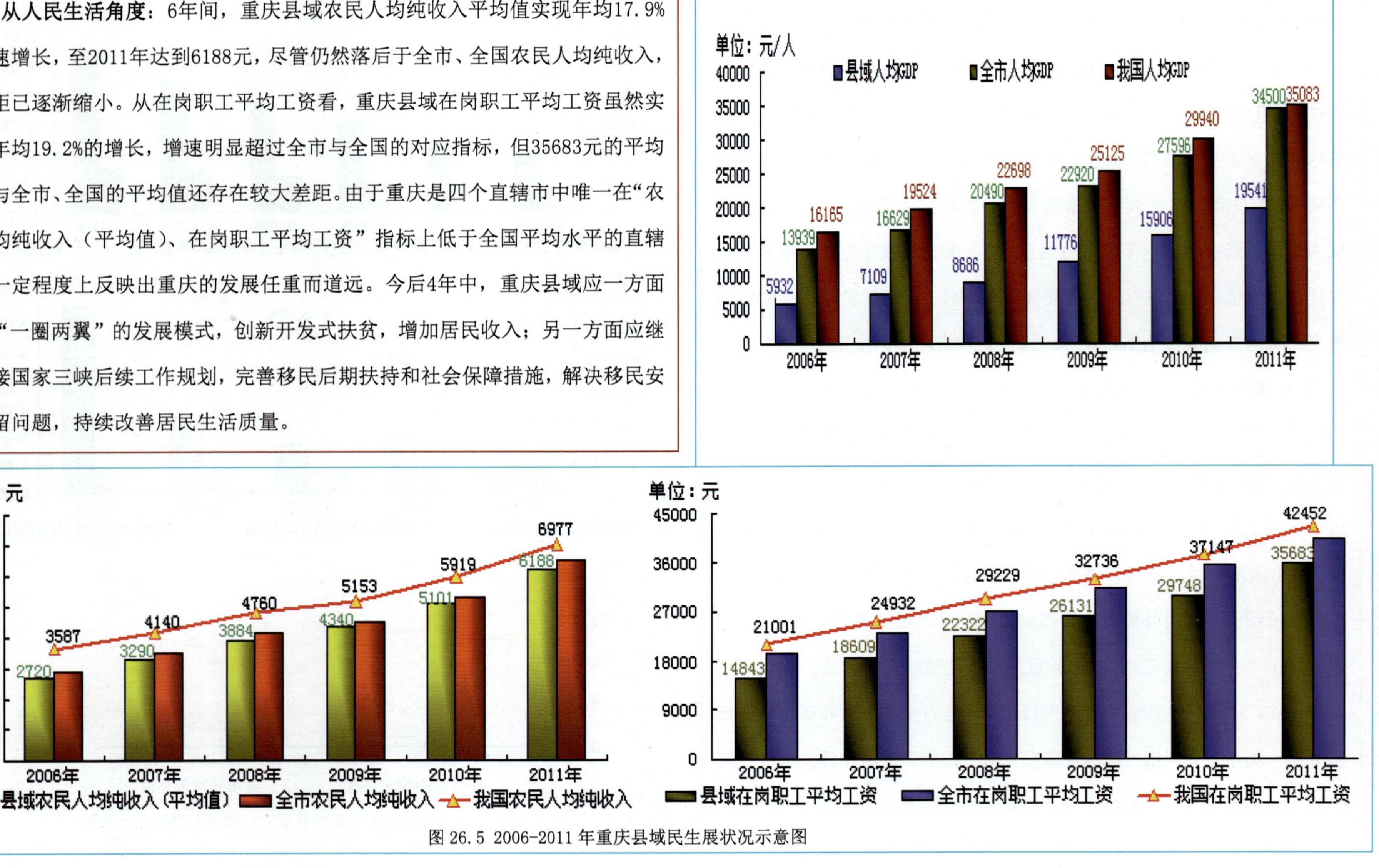

图 26.5 2006-2011 年重庆县域民生展状况示意图

“十二五”重庆县域经济发展的SWOT分析

发展优势（S）

- 作为我国西部地区唯一的直辖市下辖县，拥有发达的区位优势与政策优势
- 重庆是连接欧亚大陆桥和南亚国际物流通道的重要枢纽，重庆县域发展物流业具有独特优势
- 拥有丰富的自然景观、历史人文、生态环境及人力资源
- 区县万亿板块建设带动重庆县域现代工业体系初步建立，工业集群实力雄厚

发展劣势（W）

- 经济基础与发展水平还较为落后，产业结构有待调整，自主创新能力有待提升
- 区域城乡间、“圈翼”间发展不平衡，二元结构矛盾突出
- 重庆各县大多处在革命老区、民族地区、三峡库区，面临的发展困难较多
- 资源环境问题比较突出，生态修复和污染防治任务严重

建议：“十二五”期间，重庆县域经济进一步科学发展的重点战略是：巩固与加强党的领导，持续改善民生；依托政策优势，加快城镇化进程，推进县域特色产业升级。

发展机会（O）

- 国家中心城市建设，成渝经济区、两江新区建设，以及中央实施三峡后续工作规划为重庆县域经济发展提供重大战略机遇
- 受成本影响，国内先进制造业、资本与人才正逐渐向内陆转移。重庆作为西部地区唯一的直辖市在承接先进产业、资本与人才转移上具

挑战与威胁（T）

- 经济转型中的社会矛盾增加，制约科学发展的体制机制障碍依然较多
- 面临加快发展与加快转型双重压力

报告之二十七：2006-2012 四川省县域经济发展

1、数字四川县域发展

以 2012 年年鉴数据为依据	县域总值	县域均值	最高县	数值	在全省县域经济对应指标中的比重	最低县	数值	在全省县域经济对应指标中的比重
生产总值（万元）	113879319	825212	双流县	5834214	5.12%	炉霍县	35944	0.03%
民营经济增加值（万元）	65345938	473521	双流县	3623528	5.55%	得荣县	12088	0.02%
财政赤字（万元）	15698277	113756	平昌县	305340	1.95%	阿坝县	-250266	有财政盈余
固定资产投资（万元）	85168230	617161	双流县	4884088	5.73%	新龙县	20028	0.02%
社会消费品零售总额（万元）	36773114	266472	双流县	1485832	4.04%	美姑县	0	0
出口总额（万美元）	506541	3671	双流县	152044	30.02%	西昌市等	无出口额	0
实际利用外资（万美元）	140543	1018	双流县	18600	13.23%	阆中市等	无利用外资额	0
人均生产总值（元/人）	-	17146	新津县	48295	全省县域均值的 2.8 倍	德格县	5670	约占全省县域均值的 1/3
人均民营经济增加值	-	9839	新津县	35272	全省县域均值的 3.9 倍	炉霍县	2964	约占全省县域均值的 0.3
非私营单位职工平均工资	-	34121	盐边县	51251	全省县域均值的 1.5 倍	天全县	22569	约占全省县域均值的 2/3

注：本表数据出自《2012 四川省统计年鉴》，其中，社会消费品零售总额指标，美姑县对应数据为 0；西昌市、会理县等 47 个县（市）出口总额指标对应数据为 0；阆中市、南部县等 69 个县（市）实际利用外资额指标对应数据为 0。

2、四川县域经济特色产业代表

(1) 坐落于四川境内的峨眉山是世界自然文化遗产和我国四大佛教名山之一，特色旅游成为峨眉山旅游文化产业的支柱；

(2) 位于中国白酒金三角地区的崇州，自古就是我国的酿酒之乡，是我国最大的白酒原酒基地；

(3) 万源是我国三大富硒茶产区之一，是中国富硒茶之都，“巴山雀舌”为代表的万源富硒茶品牌畅销海外。

3、四川县域特色文化与民俗民间工艺

(1) 以古蔺为代表的苗族文化

(2) 以盐亭为代表的螺祖文化

(3) 以北川、平武为代表的羌族文化

(4) 以峨眉山、乐山为代表的佛教文化

(5) 以华蓥为代表的红色文化

(6) 以万源，名山为代表的茶文化

(7) 以汉源为代表的富林文化和狮子山文化

(8) 以安岳为代表的湘鄂文化

(9) 以炉霍为代表的石棺文化

峨眉金顶四面佛

蜀　绣

(1) 在民间工艺上，如绵竹木版年画、蜀绣、成都漆艺等均为四川县域民间工艺代表。

(2) 在民风民俗上，有川北薅草锣鼓、彝族火把节、都江堰放水节、川北灯戏、泸州雨坛彩龙、川北大木偶、卡斯达温舞等。

泸州雨坛彩龙

4、2006-2012 四川县域经济发展评析与“十二五”发展建议

1. **基本状况：** 四川是我国县级行政单位数量最多的省份，现有县级行政单位181个，其中市辖区43个、县级市14个、县120个、自治县4个（下文将138个县、县级市、自治县称为四川县域经济）。2006-2012年间，面对“5·12”汶川特大地震灾害的严峻考验，在中央高度重视与全国各省市大力支持下，四川省委、省政府带领全省各族人民积极应对，全力以赴推进灾后家园重建，取得抗震救灾的伟大胜利。在此过程中，借助新一轮西部大开发战略实施与成渝经济区建设上升为国家战略，立足于加快建设灾后美好新家园、加快建设西部经济发展高地，四川县域经济实现平稳增长，继续保持了良好的发展态势，如图27.1所示。

（1）**在经济总量与发展速度上：** 截至2011年底，四川县域经济总量（GDP）由2006年的4775亿元增长到2011年的11388亿元，年均增长19%，略低于全省19.5%和市辖区20.1%的发展速度，县域经济占全省比重始终保持在57%附近。虽然四川是我国各省市中为数不多的县域经济总量过万亿的省份，但这一现象是因其县域数量多而非县域经济发达的体现— 一方面，四川县域经济总量高，但县域平均值较低；另一方面，四川县域经济发展不平衡问题严重，例如，位于三个少数民族自治州的48个县属于集中连片的贫困县，与强县间的差距过大。

（2）**在经济结构上：** 民营经济在四川县域经济中的比重由2006年的48.9%上升至2011年的57.4%，超过公有制经济成为四川县域经济的主导。从三次产业构成角度，第一产业年均增长13.2%，在三次产业中的比重下调到20.2%；第二产业年均增长24.3%，在三次产业中的比重上升至52.3%的主导份额，反映出围绕“一主三化三加强”的发展思路，依托川酒、川烟、川茶品牌优势，饮料食品等特色工业在四川县域经济中发挥日益重要的作用；受汶川大地震对特色旅游等服务业冲击的影响，县域第三产业年均增长15.4%，在三次产业中的比重由2006年的32.1%下降至2011年的27.5%。从民营与公有制经济在三次产业中各自对应的比重看，在县域一产增加值中，民营经济所占的比重维持在40%以下；在县域二产增加值中，民营经济所占的份额由2006年的55.2%上升至2011年的67.5%；在县域三产增加值中，民营经济所占的份额已与公有制经济持平，达到53.3%。充分反映出随着近年来四川县域经济开放度的提升，民营经济已经在县域经济中崛起。此外，还需要看到，尽管民营经济具有体制机制灵活、适应性强、有利于增加就业等一系列优点，但在企业规模、技术创新、永续经营等方面仍旧存在一系列问题，一定程度上影响到民营经济所属行业与经济结构的转型升级。今后4年中，四川县域经济要依靠新型城镇化建设引领民营经济升级，提升民营经济的集聚性、创新性、先进性，使之成为四川县域经济跨越式发展的动力源泉（注：本报告相关增速指标均以当年价格计算，未扣除价格变动因素）。

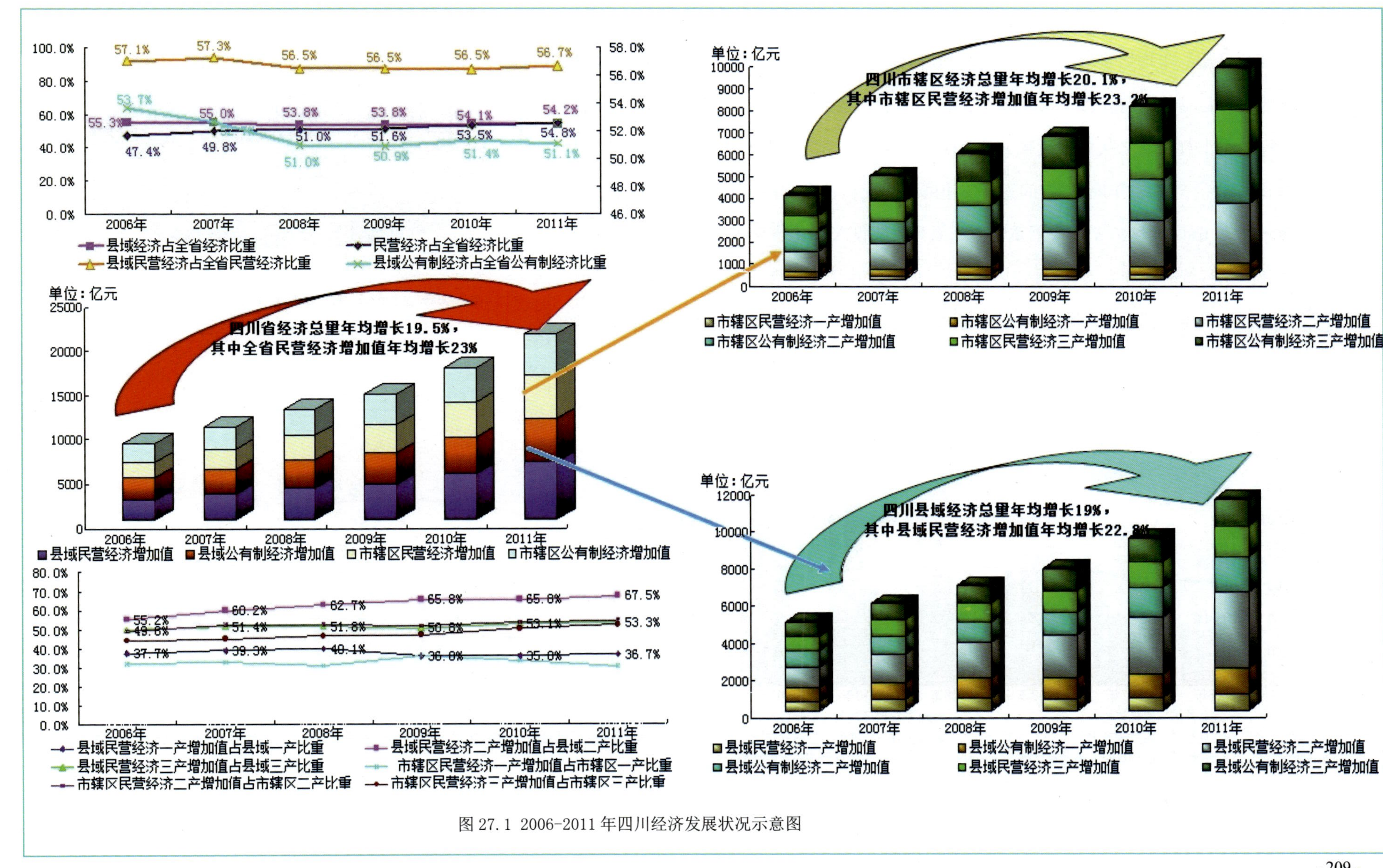

图 27.1 2006-2011 年四川经济发展状况示意图

2. 分项看：（1）从一般预算收支角度： 伴随民营经济的崛起与县域工业化程度的提升，加之汶川大地震后中央财政对相关受灾县市的大力支持，6年间，四川县域一般预算收入增长迅速，年均增长34.5%，占全省一般预算收入比重由2006年的22.9%增加到2011年的29.9%；县域一般预算收入占县域经济总量的比重上升至5.4%，落后于市辖区对应指标约10个百分点。从一般预算支出角度，受灾后重建因素影响，县域财政支出年均增长29.6%，至2011年底，6年间累计支出9092亿元，占全省财政支出比重由灾后最高峰时的53.6%调整到46.7%。灾后重建等一系列财政投入引发县域财政赤字严重，至2011年底四川县域财政赤字累计已达7193亿元，地方财政风险较为严重。今后4年中，四川县域既要以工业强县为导向，深入实施扩权强县政策，持续壮大民营经济，扩大财政收入来源；又要优化专项资金使用，提高财政支出的效率、效用、效益。

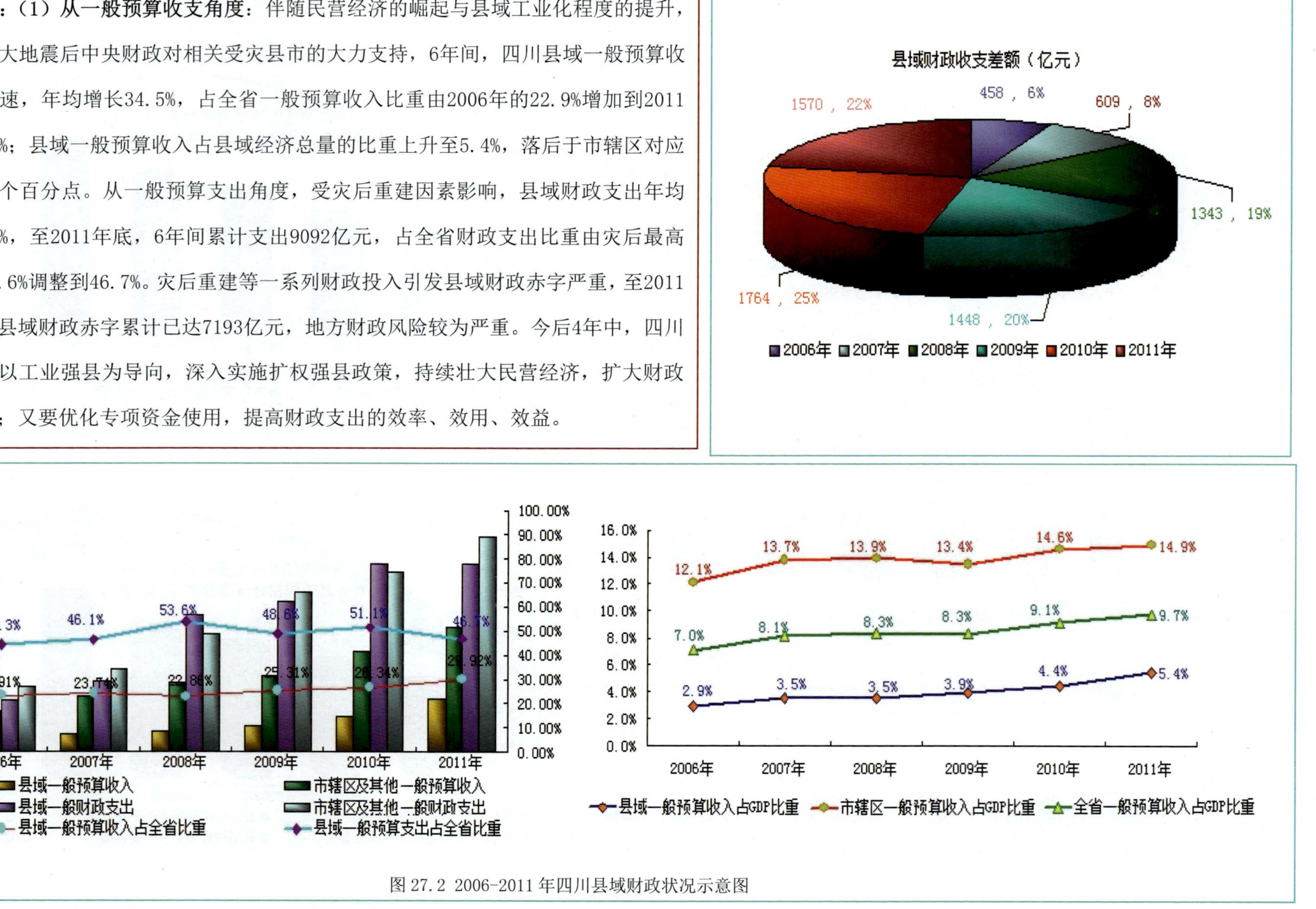

图 27.2 2006-2011 年四川县域财政状况示意图

（2）**从固定资产投资角度**：6年间，四川县域固定资产投资在灾后恢复重建项目投资的带动下，保持快速增长，年均增长30.5%，县域固定资产投资占全省比重已超过一半以上达到56.3%，其中，灾后重建最为关键的2009年、2010年的投资比重也达到6年中最高的57.8%。由于近三年来，四川县域固定资产的增长受政策性影响明显，因此今后4年中，四川县域应着重解决在灾后重建基本结束，国家政策支持作用逐渐弱化后，如何通过成渝经济区建设、建设西部经济发展高地、推动新型城镇化建设等一系列战略规划的实施进一步拓宽县域融资渠道、保持县域投资的有效增长、进而带动县域经济持续发展。

（3）**从国内贸易角度**，6年间，四川县域社会消费品零售总额年均增长18.6%，至2011年底累计达到14926亿元。除2008年汶川大地震影响县域消费品零售总额占全省比重有所下滑外，其余5年的比重稳定在46%附近，显示出在中央继续实施扩大内需方针和家电下乡等惠民政策带动下，四川消费品市场保持良好发展态势。当然，由于四川县域居民收入仍旧偏低、消费增长基础不牢、居民消费预期不高等制约消费市场发展的不利因素依然存在，今后4年中，为进一步扩大内需消费，四川县域应在积极推进城镇化建设、壮大民营经济实力基础上，依靠增加居民收入、培育消费热点、带动提升居民消费能力，实现县域消费市场持续繁荣。

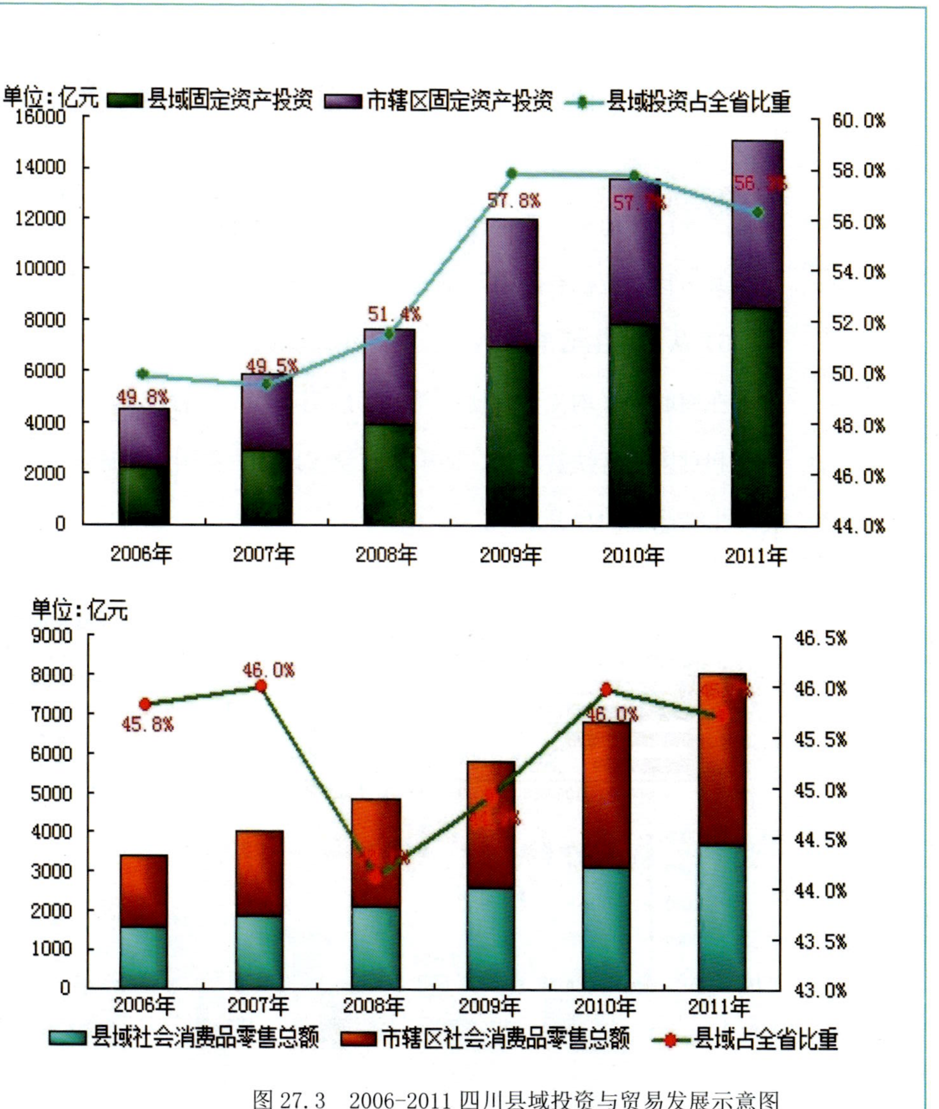

图 27.3　2006-2011 四川县域投资与贸易发展示意图

（4）从对外贸易角度：在做大做强特色优势产业的推动下，6年间，四川县域对外贸易年均增长31.1%，2011年实现对外贸易额51亿美元；县域实际利用外资额由2006年的4.7亿美元上升至14亿美元，年均增长24.4%。尽管县域经济的上述两项指标均取得一定的进步，但较之市辖区差距十分明显—县域出口额占全省比重始终不足20%，县域实际利用外资额占全省比重由06年的32%下滑至12.7%，县域对外依存度仅为2.9%，表明四川县域经济对外开放程度依然偏低。应该看到，因欧债危机等一系列国际经济问题的影响，东部沿海地区部分对外出口产业已遭受重创，在产业成本剧增的进一步挤压下，相关产业已加速向中西部地区转移，而四川县域经济工业基础牢固且资源丰富，已成为承接产业转移的重要载体。今后一段时期中，四川县域应充分利用沿海转移产业已有的国际渠道，积极吸引外部资本与技术的投资，在创造具有竞争优势的新产品基础上，开拓国际市场，适度扩大对外贸易。

（5）从人民生活角度：6年间，四川县域城镇在岗职工平均工资年均增长17.4%，至2011年底达到34121元，已超过全省城镇在岗职工平均工资，但与全国在岗职工平均工资相比，差距仍然明显，一定程度上反映出四川县域经济尚处于欠发达的状态。今后4年中，四川县域经济既要继续做好灾后恢复重建和贫困地区扶贫工作，持续改善受灾地区、贫困地区居民的生活质量，也要依靠城镇化与民营经济的发展，带动与扩大就业，改善与带动县域居民整体生活品质的提升。

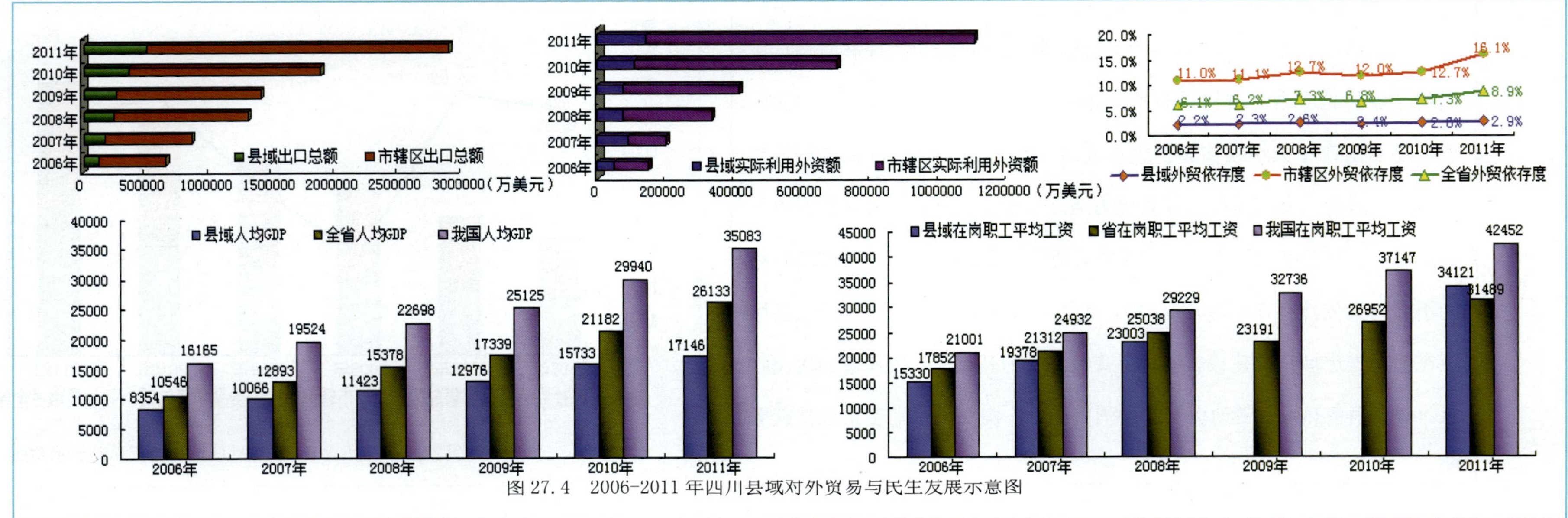

图 27.4 2006-2011 年四川县域对外贸易与民生发展示意图

“十二五”四川县域经济发展的SWOT分析

发展优势（S）

- 旅游、生物、矿产、水能等资源丰富，劳动力丰富，具有发展县域特色产业的基础
- 工业基础比较雄厚，民营经济比较发达
- 中央对汶川地震灾后重建的高度重视，18 个省对口援建 18 个重灾县为四川县域经济尤其是贫困落后地区县域经济发展提供了政策优势及丰富的人财物资源
- 四川西部交通综合枢纽建设扩大了县域对外开放的窗口

发展劣势（W）

- 人口多、底子薄、欠发达的县情未改变，县域间发展不平衡，城乡二元结构矛盾突出
- 县域数量众多，产业结构雷同，尚未形成特色县域集群，面临较为严重的内部竞争
- 县级财政赤字严重，政府宏观调控能力有待增强
- 高端人才缺乏，县域产业创新能力亟待提升

建议：“十二五”期间，四川县域经济进一步科学发展的重点战略是：弘扬汶川抗震救灾重建精神，以县域集群为导向，加快县际间合作与县域城镇化进程，发展壮大县域特色品牌经济。

发展机会（O）

- 成渝经济区上升为国家发展战略，成渝经济区四川部分“一极一轴一区块”建设为四川相关县域经济扩大发展创造机遇
- 国家启动新一轮西部大开发战略、支持藏区发展、加大对贫困地区、革命老区的扶持力度等政策措施，为四川欠发达地区县域经济跨越式发展提供支撑

挑战与威胁（T）

- 与周边地区的竞争加剧，经济转型中的社会矛盾增加，制约科学发展的体制机制障碍依然较多
- 近年来四川自然灾害比较频繁，经济发展需要健康有序的自然环境与突发性自然灾害成为重大破坏因素的矛盾

报告之二十八：2006-2012 贵州省县域经济发展

1、数字贵州县域发展

以 2012 年年鉴数据为依据	县域总值	县域均值	最高县	数值	在全省县域经济对应指标中的比重	最低县	数值	在全省县域经济对应指标中的比重
生产总值（万元）	37810734	504143	仁怀市	2580241	6.82%	雷山县	113627	0.30%
财政赤字（万元）	8368537	111580	威宁县	335501	4.01%	龙里县	60122	0.72%
固定资产投资（万元）	30210722	402810	盘县	1653224	5.47%	雷山县	80590	0.27%
社会消费品零售（万元）	8951810	119357	兴义市	731599	8.17%	册亨县	13624	0.15%
#市（县）	6621674	88289	兴义市	602002	9.09%	册亨县	10229	0.15%
#市（县）以下	2330136	31068	兴义市	129598	5.56%	兴仁县	1912	0.08%
城乡居民年末储蓄存款（万元）	21302730	284036	兴义市	1062412	4.99%	水城市	无数据	-
人均生产总值（元/人）	-	13720	仁怀市	47154	是全省县域均值的 3.4 倍	望谟县	6197	约占全省县域均值的 5/11
农民人均纯收入	-	4387	清镇市	6898	是全省县域均值的 1.6 倍	望谟县	3156	约占全省县域平均值的 5/7
城镇化率(%)	-	25.5	凯里市	59.3	是全省县域均值的 2.3 倍	水城市	2.4	约占全省县域均值的 1/10

2、贵州县域经济特色产业代表

(1) 赤水有“千瀑之市”、“丹霞之冠”、“竹子之乡”、“桫椤王国”、“长征遗址”五大特色，旅游业已成为赤水市的一项支柱产业；

(2) 凤岗有“黔中乐土”之称，是贵州省十大产茶县之一，“凤冈锌硒茶”获得国家地理标志产品保护，被誉为锌硒茶乡；

(3) 仁怀是全国最大的酱香型白酒生产基地，茅台酒驰名中外，被誉为“中国酒都”。

丹霞地貌

苗 硒 茶

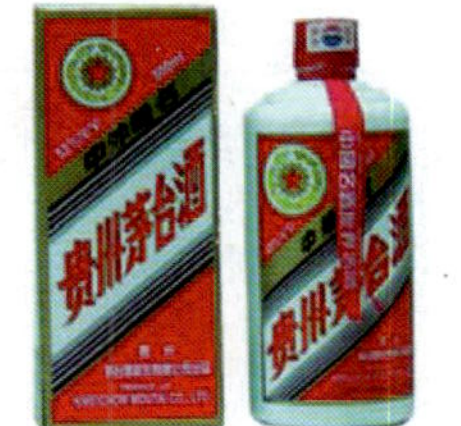

茅台

3、贵州县域特色文化与民俗民间工艺

(1) 以平坝为代表的傩文化和屯堡文化

(2) 以江口为代表的红色文化

(3) 以长顺为代表的夜郎文化

(4) 以仁怀、习水为代表的酒文化

(5) 以黔西观音洞为代表的史前文化

(6) 土家族、苗族、布依族、仡佬族、彝族等各少数民族文化

苗 绣

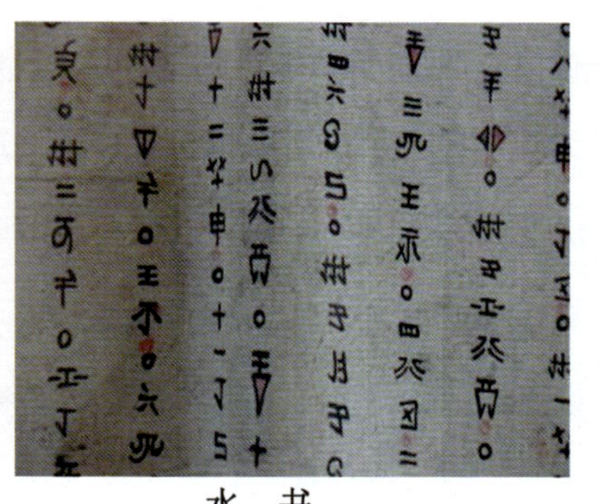
水 书

安顺地戏

(1) 在民间工艺上，如苗绣、水族马尾绣、苗族银饰锻造、丹寨苗族蜡染等均为贵州县域民间工艺代表。

(2) 在民风民俗上，有苗族古歌、侗族大歌、铜鼓十二调、石阡木偶戏、德江傩堂戏、苗族芦笙舞、苗族木鼓舞、思南花灯戏、安顺地戏、苗族鼓藏节、侗族萨玛节、仡佬毛龙节以及水书习俗等。

4、2006-2012 贵州县域经济发展评析与“十二五”发展建议

1. 基本状况： 贵州省现有县级行政单位88个，其中市辖区13个、县级市7个、县56个、自治县11个、特区1个（下文将75个县、县级市、自治县称为贵州县域经济）。贵州省县域经济覆盖面积为165936平方公里，约占贵州全省面积的94.2%。2006-2011年间，依托黔中经济区的规划建设与贵阳、遵义、毕节、安顺、凯里五大都市区的赶超发展，贵州县域经济实现平稳增长，如图28.1所示。

（1） **在经济总量与发展速度上：** 受2011年贵州县域行政区划调整的影响(撤销原县级毕节市、万山特区、铜仁市)，贵州县域经济总量由2006年的GDP1635亿元增长到2011年的GDP3781亿元，年均增长18.3%，低于同时期贵州市辖区年均24.3%的经济发展增速，县域经济占全省的比重由2006年的71.6%降至2011年的66.3%。贵州县域经济总量平均值为50.41亿元，显著落后于13个市辖区147.75亿元的经济总量平均值，县、区之间发展严重失衡，既反映出当前贵州中心城市辐射与带动力不强，也表明区域重点节点经济建设对贵州县域经济发展具有重要意义。

（2）**在经济结构上：** 围绕科学降低农业在三次产业中的比重，持续增强工业比重以及旅游大省建设带动县域第三产业发展，贵州县域经济结构呈现一产快速下滑、二产、三产同步提升的发展态势。其中，第一产业年均增长8.41%，在三次结构中的比重降至17.3%；第二产业年均增长20.4%，在三次结构中的比重上升至44.4%，已具一定的主导性；第三产业年均增长22.1%，比重上升至38.3%（注：本报告相关增速指标均以当年价格计算，未扣除价格变动因素）。

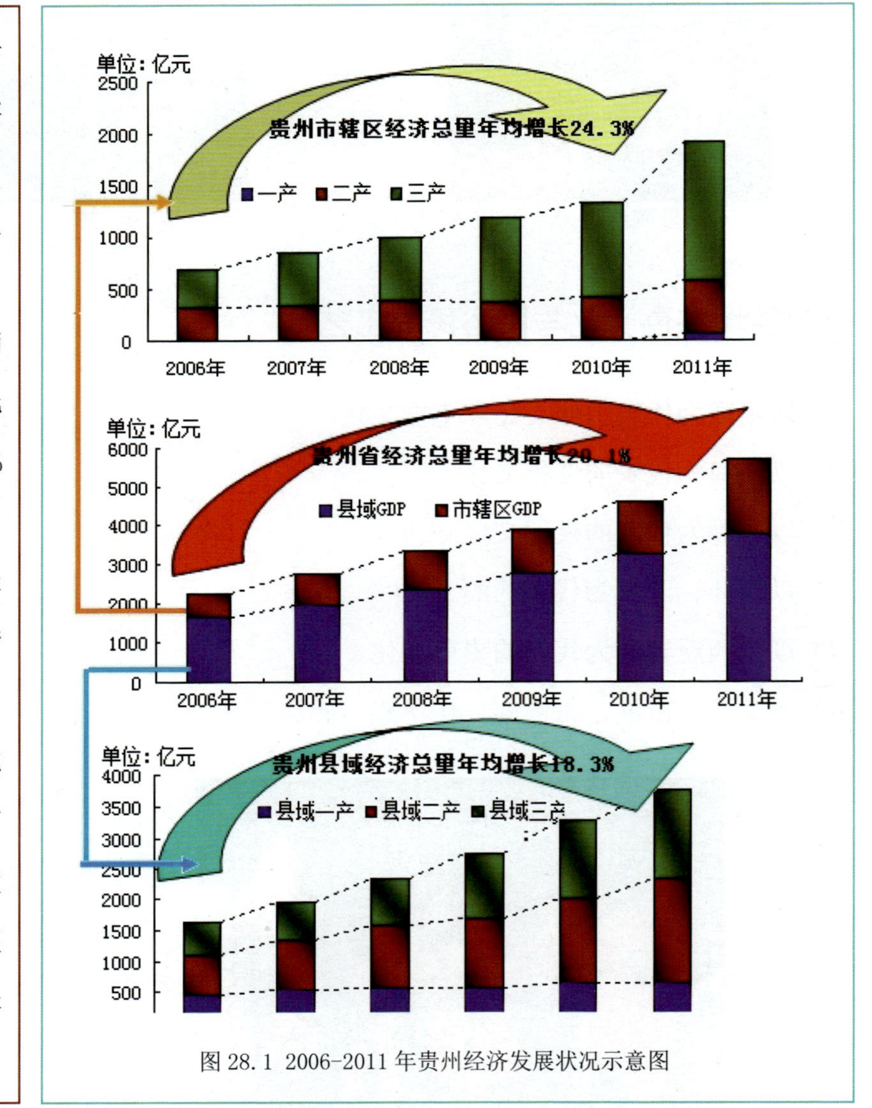

图 28.1 2006-2011 年贵州经济发展状况示意图

2. 分项看：（1）从一般预算收支角度：6年间，贵州县域一般预算收入年均增长29.5%，与县域一般预算支出年均增长31.1%基本同步。至2011年底，两项指标占全省比重分别达到40.9%、51.3%，县域财政收支差额累计达3020亿元。由于贵州县域经济欠发达，为实现加速发展，在今后较长的一段时期内，财政支出的力度还将进一步加大，必须通过积极吸引上级财政转移支付等手段有效增加预算收入，降低县域经济面临的财政风险。在县域财政支出的组成中，县域教育支出年均增加25.3%低于县域一般预算支出的平均增幅，导致县域教育支出占县域预算支出比重下滑至21.8%，尽管仍然超过全省教育支出占全省预算支出的比重，但由于县域经济整体欠发达、贫困县数量较多，需要继续加大对教育的投入与保障力度，持续改善就学环境，降低学龄儿童失学率。

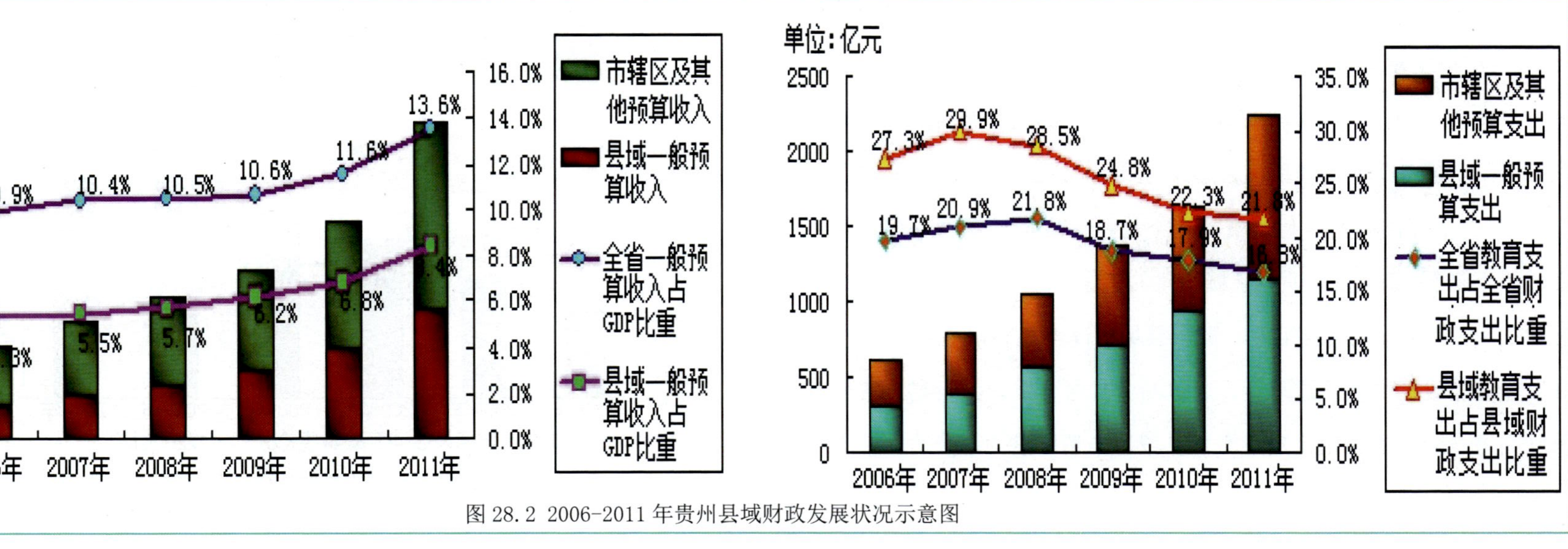

图 28.2 2006-2011 年贵州县域财政发展状况示意图

（2）从固定资产投资角度：6年间，加大基础设施投资力度、改善县域投资环境等一系列措施带动贵州县域固定资产快速提升，年均增速达38.1%，超过全省33.6%的平均增幅，县域固定资产投资占全省比重由2006年50.2%上升9个百分点至2011年59.2%。近年来，贵州地区受灾情况严重，基础设施长期滞后已成为贵州县域经济发展的薄弱环节。今后4年中，贵州县域经济既要加大对农村“水、电、路、气”等基础设施的投资，推进城镇化建设，增强经济抗风险能力，又要把固定资产用到改善县域经济结构提升县域发展实力的重大项目尤其是与贵州特色工业经济体系建设相符合的项目，充分发挥特色产业优势，带动县域经济的发展。

（3）从国内贸易角度：6年间，县域社会消费品零售总额年均增长19.3，但占全省社会消费品零售总额比重呈震荡下调的趋势，其中2011年实现895亿元仅占51.1%。从县域内部市场结构看，受推进黔中城市群建设、加大重点县域城镇化建设力度等影响，城镇消费年均增长25.1%，至2011年底其所占县域社会消费品零售总额的比重已达74%；与之对应的则是乡村消费严重不足，年均增长仅为8.7%，其所占比重下降至26%，充分证明了城镇化的集聚优势与城镇化在扩大 内需中的积极作用。今后4年中，贵州县域应高度重视城镇新区开发中商业设施建设和商业流通培育，通过商业片区开发，使新老城实现有机联结进一步依靠城镇化建设激发县域市场消费潜力，带动县域内需市场的增长。

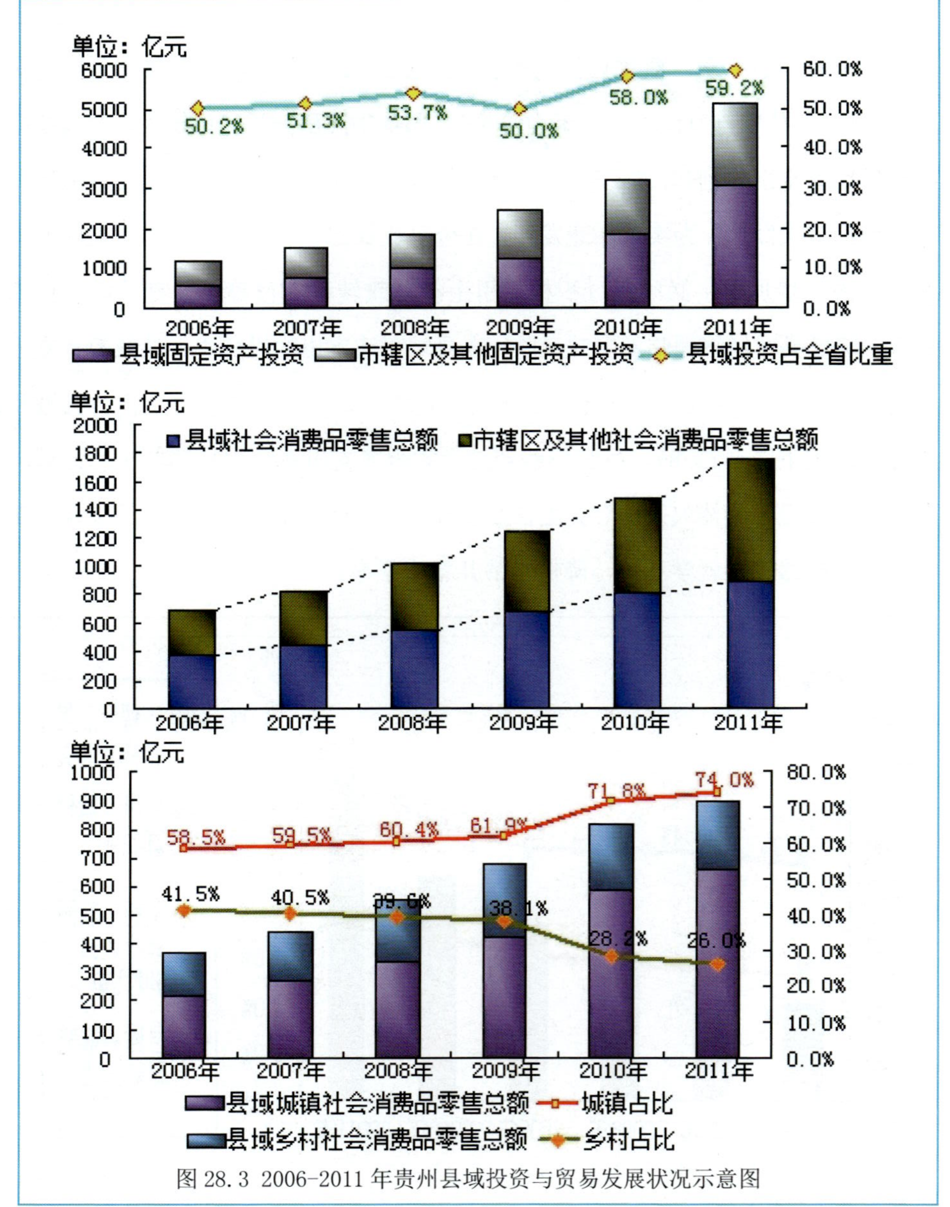

图 28.3 2006-2011 年贵州县域投资与贸易发展状况示意图

（4）从人民生活角度，由于贵州属于西部地区的传统农业大省，当前县域经济整体有待开发，县域广大农村贫困面广、贫困程度深，城乡发展不平衡，故6年来，尽管贵州县域农民人均纯收入平均值实现年均16.9%的增幅，但仍然落后于全国农民人均纯收入，且与全国平均收入间的差距逐年加大。显然，如何通过完善扶贫开发机制、增强贫困地区自我发展能力、促进农村劳动力转移等多种方式拓宽农民增收渠道，努力缩小收入差距，是贵州县域经济进一步发展面临的严峻问题。今后4年中，贵州县域行政单位应将解决民生问题作为工作重点，以市场为导向，开发农村优势农产品，发展农村特色经济；依托贵州旅游文化大省与重点旅游城镇建设、五大工业基地建设，强化对农村劳动力的技能培训，有效推进贫困地区劳动力转移；按照统筹城乡发展能力分类推进新农村建设，对于依托中心城市的一类县市，坚持乡镇连片整体推进，大力发展城郊农业，加快城乡一体化发展，在新农村建设中实现率先突破；依托中小城市的二类产业，大力发展特色产业，以乡镇为单位实行整体推进；依托小城镇的三类地区，实施整村连片推进，带动农民增收。

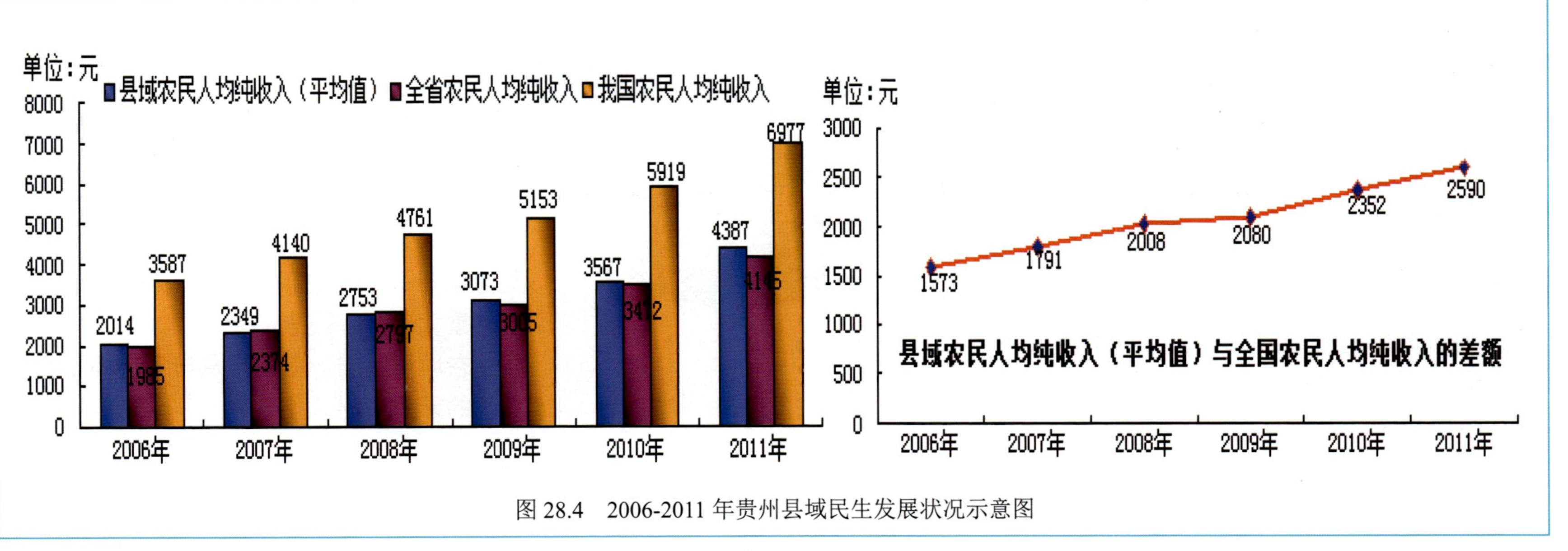

图 28.4　2006-2011 年贵州县域民生发展状况示意图

“十二五”贵州县域经济发展的SWOT分析

发展优势（S）

- 水、电、煤多种能源兼备，矿产资源丰富，具备发展工业经济的基础
- 丰富的自然旅游资源、民族与红色文化旅游资源等为贵州县域依托旅游产业发展带动县域经济提升与居民收入增加创造先决条件
- 以优质烟酒、民族制药、特色食品、旅游商品为主的县域特色产业体系逐渐形成，带动县域经济发展

发展劣势（W）

- 经济总量小、人均水平过低、发展速度慢
- 县域之间发展不平衡，产业结构不合理，工业化水平低，城镇化进程慢
- 存在集中连片的贫困县域，面临发展的困难较多
- 城乡发展不协调，农村贫困面广贫困程度深、人口资源环境压力大

建议：“十二五”期间，贵州县域经济进一步科学发展的重点战略是：依托节点城市布局，整合资源优势，构建特色城镇化经济。

发展机会（O）

- 中央持续推进西部大开发和新阶段扶贫开发，为贵州县域经济发展提供政策保障
- 贵州构建以快速铁路为发展主轴，以黔中经济区为战略重点，以其它重点城市化地区为重要组成的城镇化空间布局扩大了重点城市的辐射范围，开放了贵州县域发展的空间

挑战与威胁（T）

- 经济发展需要安定团结的环境与近年来贫富差距分化、社会矛盾比较突出的矛盾
- 贵州地处自然灾害多发地带，经济发展需要健康有序的自然环境与突发性自然灾害成为重大破坏性因素的矛盾
- 生态环境脆弱，资源开发与生态环境保护之间的矛盾突出

报告之二十九：2006-2012 云南省县域经济发展

1、数字云南县域发展

以 2012 年年鉴数据为依据	县域总值	县域均值	最高县	数值	在全省县域经济对应指标中的比重	最低县	数值	在全省县域经济对应指标中的比重
生产总值（万元）	56352600	485798	大理市	2163200	3.84%	贡山县	46000	0.08%
财政赤字（万元）	12090200	104226	镇雄县	293900	2.43%	安宁市	39400	0.33%
国有固定资产投资（万元）	34358900	296197	大理市	1250600	3.64%	孟连县	30600	0.09%
社会消费品零售（万元）	15216400	131176	宣威市	735300	4.83%	西盟县	14800	0.10%
城乡居民储蓄存款（万元）	36515000	314784	大理市	1669300	4.57%	贡山县	24500	0.07%
人均生产总值（元/人）	-	14602	安宁市	48956	是全省县域均值的 3.4 倍	孟连县	952	约占全省县域均值的 6.5%
农民人均纯收入（元）	-	4358	安宁市	8104	是全省县域均值的 1.9 倍	福贡县	1832	约占全省县域平均值的 3/7
在岗职工平均工资（元）	-	32192	德钦县	51200	是全省县域均值的 1.6 倍	西盟县	21500	约占全省县域均值的 2/3

2、云南县域经济特色产业代表

(1) 晋宁县磷矿资源丰富，被誉为世界四大磷都之一，当地利用其丰富的磷矿资源，正打造精细磷化工生产基地；

(2) 腾冲西部与缅甸毗邻，是我国著名的翡翠集散地，被誉为“中国翡翠第一城”；

(3) 云南盛产茶叶，茶马古道久负盛名，凤庆被誉为“滇红”之乡，是世界种茶的原生地之一，宁洱是普洱茶的故乡。

腾冲翡翠

茶马古道

普洱茶

3、云南县域特色文化与民俗民间工艺

(1) 以石林为代表的阿诗玛文化和彝族文化

(2) 以江川为代表的青铜文化

(3) 以施甸县为代表的布朗文化和契丹后裔文化

(4) 以个旧为代表的锡文化

(5) 以漾濞为代表的沧洱文化

(6) 各少数民族风情

江川青铜文化

(1) 在民间工艺上，如纳西族东巴画、傣族剪纸、白族扎染、彝族刺绣、傣族织锦等均为云南县域民间工艺代表。

(2) 在民风民俗上，有迪庆锅庄舞、傣族孔雀舞、傣族泼水节、景颇族目瑙纵歌、独龙族卡雀哇节、怒族仙女节、傈僳族刀杆节、白族绕三灵、玉溪花灯戏等。

4、2006-2012 云南县域经济发展评析与“十二五”发展建议

1.基本状况：云南省现有县级行政单位129个，其中市辖区13个，其他类型县级行政单位共116个（11个县级市、76个县、29个自治县）。作为我国少数民族数目最多、少数民族自治县数量最多的省份，2006-2012年间，在密切把握云南全省实施“绿色经济强省、民族文化大省和中国连接东南亚、南亚国际大通道”三大战略机遇，以发挥区域比较优势为着力点，云南县域经济获得稳步发展，如图29.1所示：

（1）**在经济总量与发展速度上：**6年间，云南县域经济总量由2006年的GDP2772亿元增长到2011年GDP5635亿元，年均增长15.2%，落后于同时期全省年均17.3%、市辖区年均21.4%的经济增长速度，县域GDP占全省比重也由2006年的69.2%下降至2011年的63.4%。尤其值得注意的是，云南是仅次于四川省的我国县级行政单位数量第二多的省份，但全省县域经济总量未突破万亿元，在全国范围内整体处于欠发达的态势。

（2）**在经济结构上：**6年间，云南县域经济结构努力向“调优一产、调强二产、调快三产”的方向发展。“云系”、“滇牌”特色农产品产业向区域化专业化推进，促使县域第一产业年均增长12.4%，占三次产业比重始终超过20%；第二产业在特色工业带动下，实现实现年均17.2%的增速，占三次产业比重达到43.8%，但尚未形成二产尤其工业为主导的发展格局，县域经济整体处于工业化中前期阶段；通过充分发掘云南民族特色、历史文化与自然资源优势，依靠大力发展精品旅游业，县域第三产业得到有效提升，在三次产业中达到1/3（注：本报告相关增速指标均以当年价格计算，未扣除价格变动因素）。

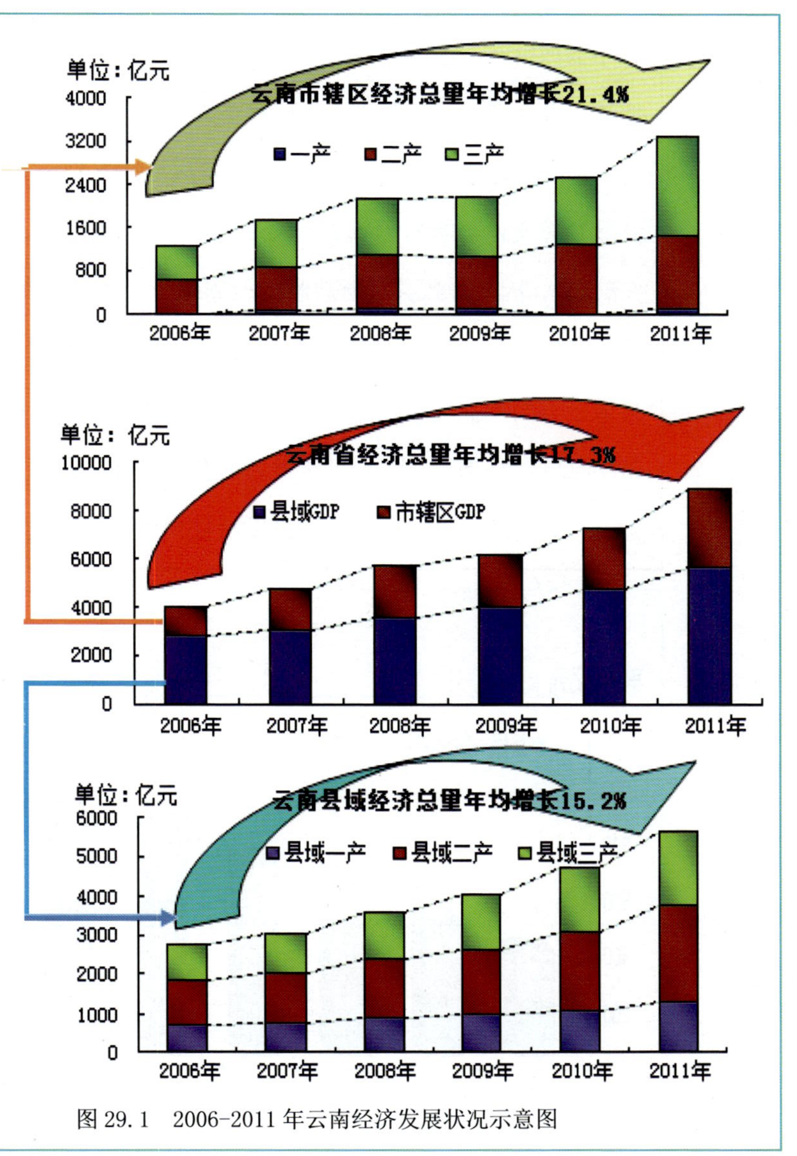

图 29.1　2006-2011 年云南经济发展状况示意图

2. 分项看：（1）从一般预算收支角度：6年间，云南县域财政收支均实现稳步增长，其中县域财政一般预算收入年均增长20%，落后于同时期全省一般预算收入23.9%的增速，占全省一般预算收入的比重下降明显，至2011年仅占全省预算收入比重仅为34.7%，县域工业经济、民营经济欠发达，缺乏稳定有效的税源的状况可见一般。县域预算支出与全省预算支出实现26.8%的同步增长，占全省财政支出的比重维持在54.5%，因而导致县域财政收支差额逐年加大，财政支持乏力的问题已日益显现。县域财政压力问题归根到底是要依靠大力发展县域经济来改善，今后4年中，云南县域一方面要抓住城镇化、工业化、农业现代化发展契机，依靠积极培育民营经济带动县域经济增长，实现县级财力的有效提升；另一方面全省应进一步加强“扩权强县”和金融扶持，为县域经济发展提供宽松的财税环境，促进县域财力增长。

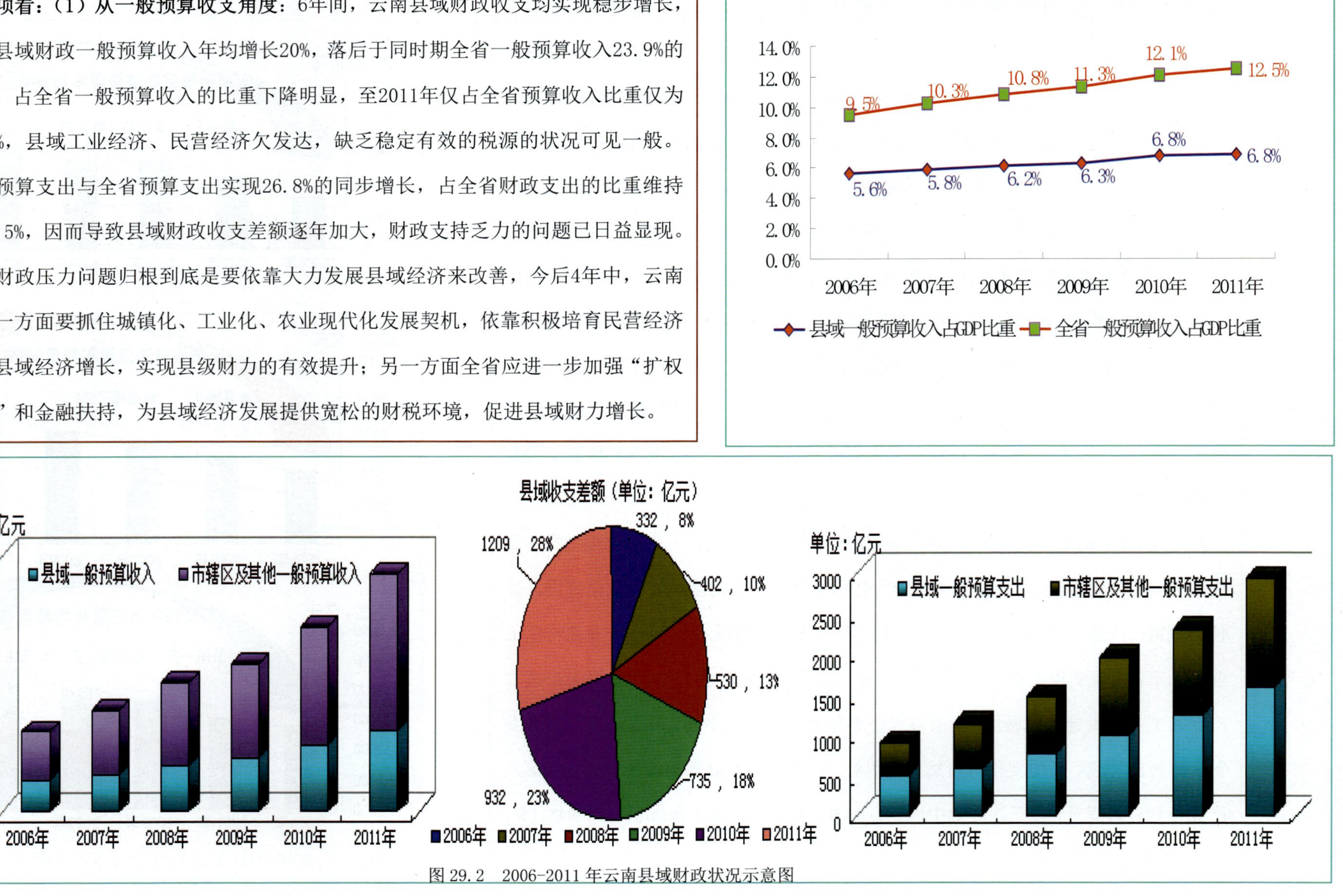

图 29.2　2006-2011 年云南县域财政状况示意图

（2）从固定资产投资角度：“十一五”期间，在加大基础设施建设的带动下，云南县域国有固定资产投资年均增长29.9%，高于全省25.2%的增速，县域国有固定资产投资占全省比重由2006年的48.4%上升到2010年的56.0%，县域综合交通体系得到改善，能源、水利建设不断加强，今后4年中，云南县域应进一步完善基础设施建设，稳固县域经济发展基础，同时，密切把握桥头堡建设机遇，积极贯彻大项目带动战略，坚持把抓好项目建设、扩大投资规模作为带动经济结构调整，推动县域经济发展的重点，积极吸纳国家和省级投资计划，带动县域经济的发展（注：云南统计年鉴2012中，县域国有固定资产投资总和大于全省数量，存在数据缺陷）。

（3）从国内贸易角度：在国家扩大内需政策的指引下，云南县域消费市场呈现积极稳步发展态势。截至2011年底，县域社会消费品零售总额达到1522亿元，年均增加16.9%。但由于增速落后于同时期全省增速，其占全省的比重也由2006年的58.6%下降到2011年的50.7%，反映出县域消费品市场由于存在聚集程度低、产品数量少等不利状况，其活跃度与市辖区相比差距巨大。今后4年中，云南县域应着重解决乡村人口比重大，但消费量偏小的问题，通过健全农村消费市场建设，积极引导消费热点，改变农村消费单一现状；深入挖掘城乡潜在消费能力，促进云南县域消费市场的进一步繁荣。

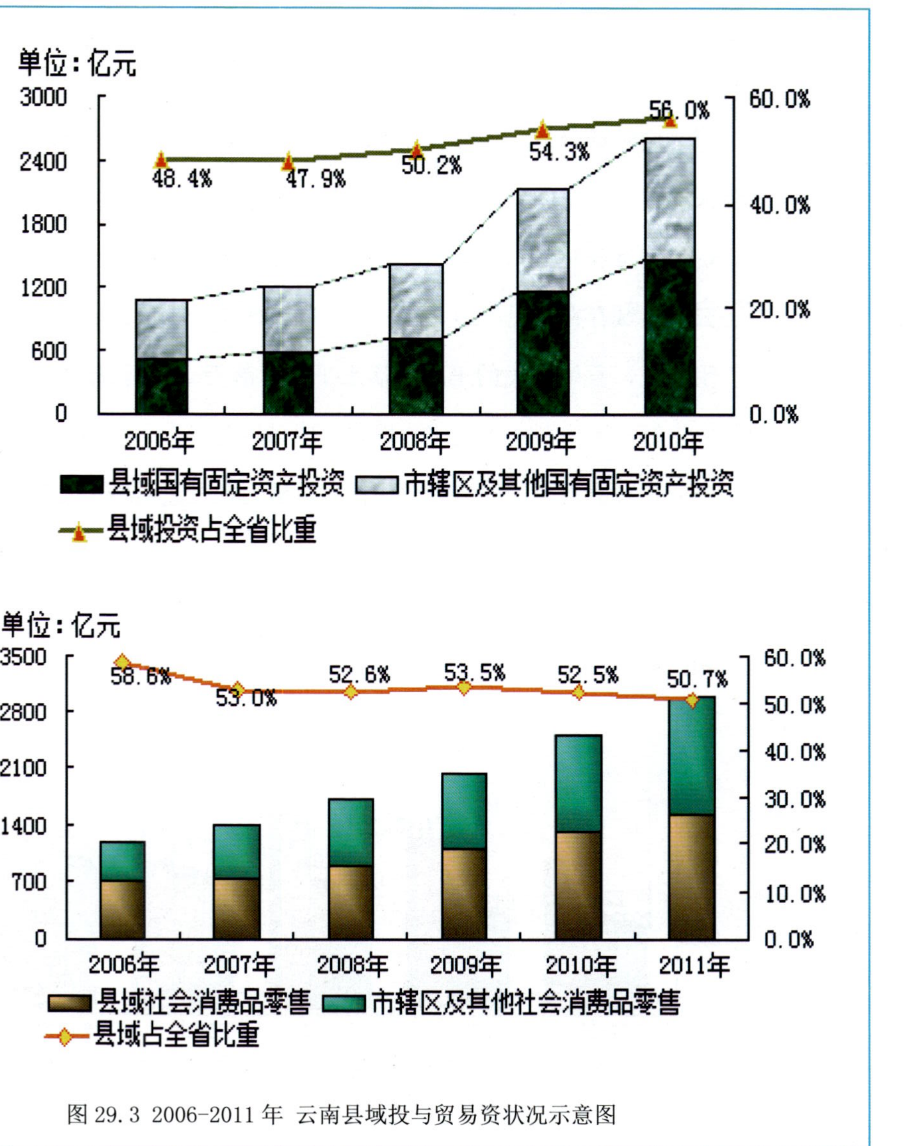

图 29.3 2006-2011 年 云南县域投与贸易资状况示意图

（4）**从人民生活角度**：6年间，云南县域农民人均纯收入年均增长16.6%，超过同时期全省、全国农民人均纯收入的增速，但与全国农民人均纯收入仍存在一定的差距。从在岗职工平均工资角度，县域在岗职工平均工资年均增长12.9%，落后与云南全省与全国平均水平。整体而言，由于云南县域存在“民、边、贫、山”的特殊原因，因此存在集中连片的贫困地区，县域居民的平均生活水平相对落后。今后4年中，云南各县市要将解决民生问题作为工作重点，以市场为导向，加快民营经济与特色产业集群的培育，创新开发式扶贫，努力在推进县域经济发展的进程中实现县域城乡居民收入的稳定、健康增长。

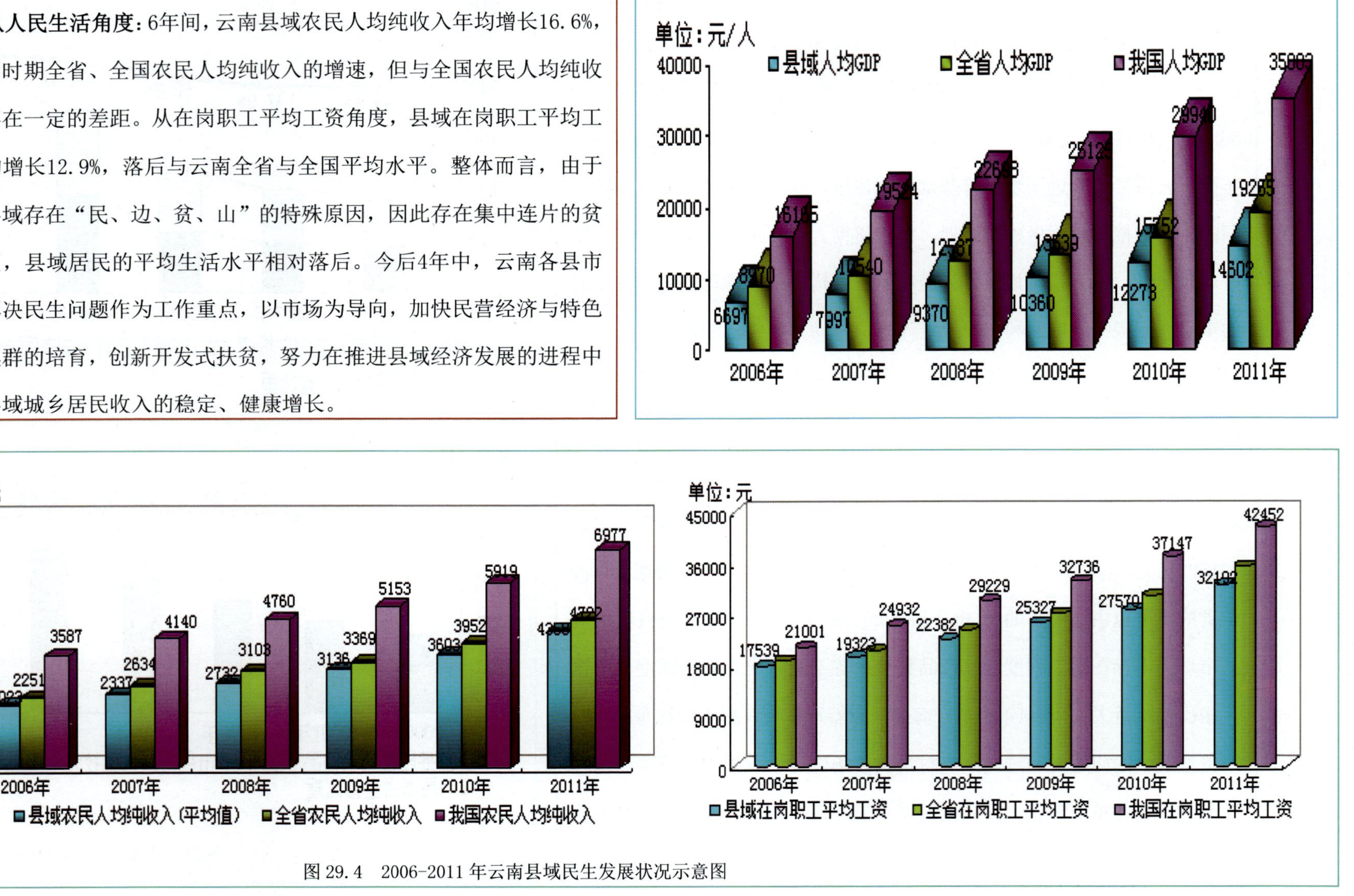

图 29.4　2006-2011 年云南县域民生发展状况示意图

“十二五”云南县域经济发展的SWOT分析

发展优势（S）

- 发达的对外区位优势，是连接中国、东南亚、南亚的重要通道
- 县域气候条件优越，水能、矿产、生物资源丰富，旅游资源富集，民族风情多姿，为以旅游业、轻型工业为代表的县域特色产业发展提供基础
- 试点县的成功发展经验是扶贫开发县新一轮发展的有效参照与借鉴

发展劣势（W）

- 县域经济总量小，整体发展水平偏低，竞争力弱
- 传统农业效率偏低、县域工业发展迟缓，县域经济结构矛盾较为突出
- 县域城镇化水平低、基础设施滞后
- 存在集中连片的贫困区域，脱贫难度大，自我发展能力差
- 民营经济与外向型经济实力弱小，创新能力不强、资源环境矛盾突出

建议：“十二五”期间，云南县域经济进一步科学发展的重点战略是：立足“一圈、一带、六群、七廊”战略布局，以稳步健康推进城镇化、壮大特色产业集群引领县域经济发展。

发展机会（O）

- 云南建设中国面向西南开放的重要桥头堡为加速县域开发、开发带来重大机遇
- 中央扩大西部大开发战略，实施扩大内需战略，重视城镇化的发展为云南县域经济提升发展质量带来契机

挑战与威胁（T）

- 生态环境比较脆弱，环境约束压力大
- 云南全省仍处于欠发达的状态，面临加快发展与加快转型的双重压力
- 云南地处自然灾害多发地带，近年来地震、泥石流等自然灾害频发，严重影响县域经济的发展

报告之三十：2006-2012 西藏自治区县域经济发展

1、数字西藏县域发展

以 2012 年年鉴数据为依据	县域总值	县域均值	最高县	数值	在全省县域经济对应指标中的比重	最低县	数值	在全省县域经济对应指标中的比重
农业总产值（万元）	1072360	14894	日喀则市	44061	4.11%	墨脱县	2297	0.21%
工业总产值（万元）	644216	9336	堆龙德庆县	124199	19.28%	拉孜县	12	0.001%
乡村从业人员（人）	1246444	17312	芒康县	50648	4.06%	札达县	3026	0.24%

2、西藏县域经济特色产业代表

⑴ 西藏地处高寒气候区，但生物及资源种类繁多，西藏冰川矿泉水成功进入香港、澳门地区销售，西藏青稞啤酒从雪域高原走向世界，成为啤酒奇葩；

⑵ 雪域高原旅游、林下资源加工、野生食品加工、畜禽制品加工等逐渐发展成为西藏特色产业。

3、西藏县域特色文化与民俗民间工艺

⑴ 以大昭寺为代表的藏传佛教文化

⑵ 藏族特色文化

⑴ 在民间工艺上，如藏族唐卡、藏毯、藏族面具等均为西藏县域民间工艺代表。

⑵ 在民风民俗上，有芒康弦子舞、那曲热巴舞、山南昌果卓舞、山南门巴戏、雪顿节、昌都锅庄舞等。

藏族唐卡

4、2006-2012 西藏县域经济发展评析与“十二五”发展建议

西藏自治区现有县级行政单位73个，其中市辖区1个（城关区），县级市1个（日喀则市），县71个。作为地处世界屋脊、以藏族为主体的民族自治区，2006-2012年间，依托中央与自治区政府的坚强领导、全国省市对口援助，在成功战胜雪域高原各项自然灾害、取得与藏独分裂势力斗争的阶段性成功中，西藏各县围绕本地资源优势和特色藏区文化，坚持走有中国特色、西藏特点的发展道路：

（1）**从经济总量看：**6年间，西藏全区经济总量由2006年的GDP290.76亿元增长到2011年的GDP 605.83亿元，年均增长15.8%。（注：因相关数据缺乏，且西藏只有一个市辖区，故用全区总量数据替代县域总量数据，特此说明）

（2）**从经济结构看：**受历史及地理环境影响，西藏县域呈现出农牧经济为主体、工业、商贸特色旅游服务业为补充的格局。6年间，县域农业总产值由2006年68.19亿元增长到2011年107.24亿元，年均增加9.48%，在农业总产值构成中，农业由2006年48.21%的比重下降至2011年的45.58%，牧业产值由2006年的45.24%上升至2011年的49.57%，反映出虽然受气候因素影响西藏县域以青稞为主的种植业结构单一，但特色养殖业和畜牧业的发展提升了农牧业经济的整体效益。“十二五”的今后四年中，西藏县域农业应加快推进种植业“粮、经、饲”三元结构，加大高原特色农畜产品生产，建设现代特色农牧业基地，逐步形成“一江三河”区域为重点、“七区七代”农牧业战略格局；西藏县域工业规模较小，尽管6年间工业总产值实现年均21.07%的增速，但至2011年底，县域工业总产值仅为农业总产值的60%。今后四年中，县域工业应依托资源优势，建立以农畜产品深加工、藏药、民族手工业等轻工业为主的体系，科学提高工业在西藏县域经济结构中的比重（注：本报告相关增速指标均以当年价格计算，未扣除价格变动因素）。

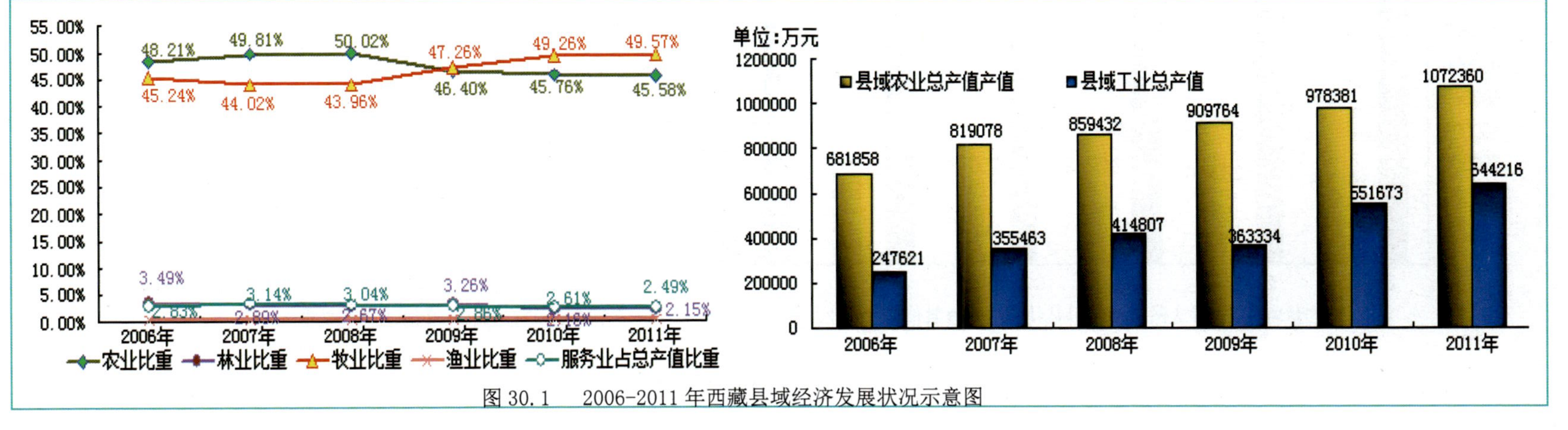

图 30.1　2006-2011 年西藏县域经济发展状况示意图

（3）**从劳动力就业角度**：由于西藏县域经济以农牧业为主体，故劳动力资源大多集中于农牧产业，如图32.2所示，六年间，在全部乡村从业人员逐年增加的背景下，农林牧渔业从业人员占乡村从业人员比重呈现整体下降趋势，但至2011年底，其所占比重仍高达73.1%；县域工业的发展了带动了从业人员数量的增加，然而由于工业在西藏县域经济中尚处于起步状态，故工业从业人员占全部乡村从业人员比重保持在2%附近；旅游业等特色产业的崛起有效提升了其他非农产业的从业人员数量，其所占乡村从业人员比重已由2006年的18.64%迅速增加至2011年底的24.78%，整体反映出随着西藏“一产上水平，二产抓重点，三产大发展”发展战略的实施，西藏各县农业劳动力正稳步向其他产业转移。今后四年中，基于西藏自治区加快建立与经济社会跨越式发展相适应的交通、能源、水利和通信等基础设施体系、优化产业发展环境，以及继续深入实施西藏特色的发展战略，在给西藏县域经济发展带来新机遇的同时，也将为县域劳动力转移提供良好的平台；此外，西藏县域旅游资源得天独厚，伴随拉萨历史文化旅游中心和林芝生态旅游中心的加快形成，不断完善的旅游体系也将进一步提升第三产业吸纳转移劳动力的能力，上述产业间劳动力的转移也将成为今后四年间有效增加西藏县域农牧民收入的重要途径。

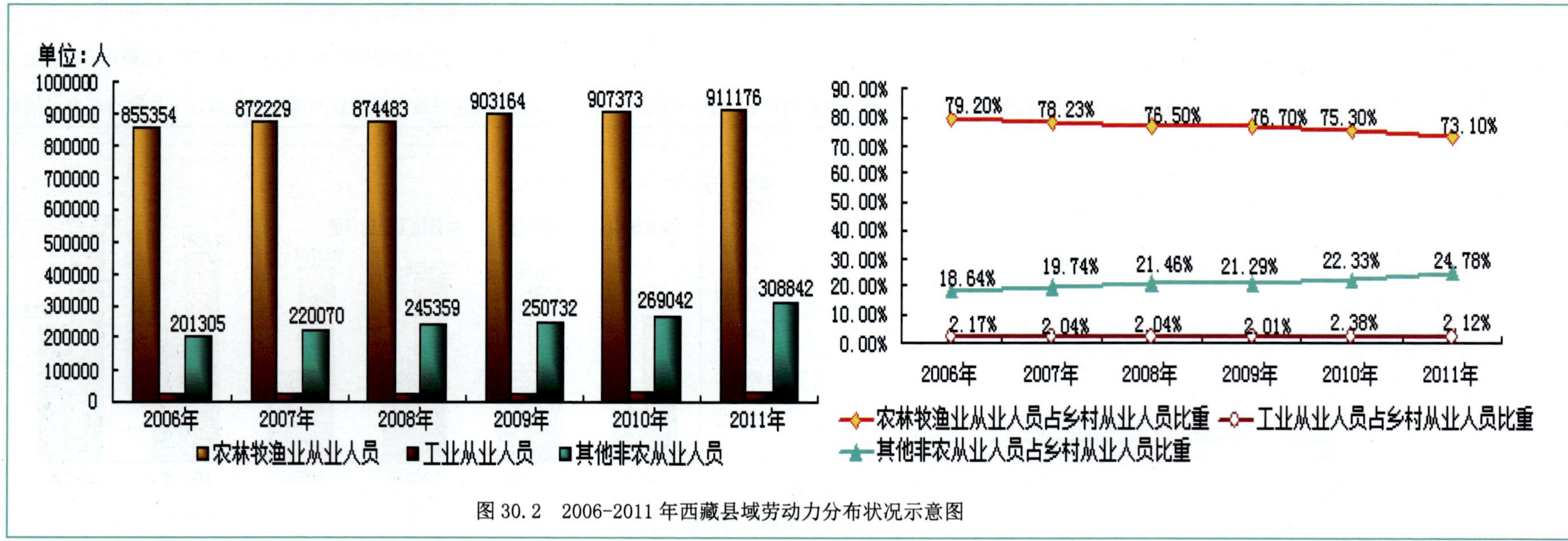

图 30.2　2006-2011 年西藏县域劳动力分布状况示意图

“十二五”西藏县域经济发展的SWOT分析

发展优势（S）

- 对口援藏力度加大、援藏基金稳定增长机制建立及政策优势为西藏县域发展提供重要政治保障
- 口岸建设的加强推动西藏县域经济形成依靠国内市场、扩大边境国际市场的对内对外开放局面
- 自然资源的厚积优势
- 特色民族宗教文化和旅游资源开发潜力巨大

发展劣势（W）

- 雪域高原生态承载环境脆弱，交通、通讯、电力等基础设施落后
- “地广人稀”使西藏县域经济难以形成规模，经济基础仍旧薄弱，生产经营方式落后，市场发育不足尚未建立完整的产业体系
- 农牧业产品结构不合理，种植结构单一
- 基本公共服务水平较低，科技与人才支撑能力匮乏

建议：“十二五”期间，西藏县域经济科学发展的重点战略是：发挥资源优势合力，围绕“一江三河”与节点区域建设，逐步构建以块状和集群经济为特色的县域经济。

发展机会（O）

- 中央坚持扩大内需的战略方针，有利于西藏县域集中力量解决基础设施建设、生态环境保护、保障和改善民生等全局性、战略性和关键性重大问题，推动经济社会协调发展
- 国家西部大开发、支持藏区发展为西藏县域实现跨越发展和长治久安提供坚实的支撑

挑战与威胁（T）

- 特殊的地理气候阻碍西藏县域与外界接触，相对封闭的“高原圈”，不利于对外开放
- 西藏县域抵御风险和波动能力较差
- 生态环境脆弱，资源开发与生态环境保护之间的矛盾突出
- 各族人民同达赖集团为代表的分裂势力间的斗争依然尖锐，反对分裂、维护稳定任务艰巨

报告之三十一：2006-2012 陕西省县域经济发展

1、数字陕西县域发展

以 2012 年年鉴数据为依据	县域总值	县域均值	最高县	数值	在全省县域经济对应指标中的比重	最低县	数值	在全省县域经济对应指标中的比重
生产总值（万元）	66712930	803770	神木县	7710000	11.56%	佛坪县	40900	0.06%
财政赤字（万元）	7582320	91353	富平县	181104	2.39%	吴起县	27310	0.36%
社会消费品零售（万元）	11992375	144486	户　县	388564	3.24%	佛坪县	13958	0.12%
农业总产值（万元）	16401739	197611	礼泉县	601820	3.67%	佛坪县	16335	0.10%
人均 GDP（元/人）	-	25653	神木县	184439	是全省县域均值的 7.2 倍	周至县	9833	约占全省县域均值的 3/8
农民人均纯收入（元）	-	6108	神木县	10798	是全省县域均值的 1.8 倍	柞水县	4580	约占全省县域均值的 3/4
城镇可支配收入（元）	-	19249	神木县	26064	是全省县域均值的 1.4 倍	黄龙县	15181	约占全省县域均值的 7/9
在岗职工平均工资（元）	-	35729	神木县	53881	是全省县域均值的 1.5 倍	高陵县	25221	约占全省县域均值的 7/10
县域城镇化率（%）	-	78.8	丹凤等 14 县	100	是全省县域均值的 1.3 倍	佛坪县	42.8	约占全省县域均值的 54%
注：本表数据出自《2012 陕西统计年鉴》，其中岐山县、凤县、韩城市、兴平市、泾阳县、麟游县、华阴市、合阳县、山阳县、镇安县、洛南县、商南县、丹凤县、柞水县等 14 县市均无乡村人口。								

2、陕西县域经济特色产业代表

(1) 华县是中国钼业之都，钼储量居世界第三、亚洲第一；

(2) 府谷以优质的煤炭资源蜚声海外，同时也是全国载能火电第一县、全国最大的金属镁、电石生产基地；

(3) 紫阳素有茶乡之称，紫阳富硒茶是当今全球首个通过科学鉴定的特种保健功效优质绿茶，也是我国唯一获得国家原产地地域保护的天然富硒茶产品；

(4) 陕西各县盛产中药材，山阳、镇安等地更有“西部药乡”、“天然药库”之称。

3、陕西县域特色文化与民俗民间工艺

(1) 以蓝田为代表的蓝田猿人遗址

(2) 以凤翔为代表的秦文化和凤文化

(3) 以岐山为代表的周文化

(4) 以华阴为代表的石碑文化

(5) 以延川为代表的黄河文化和黄土风情

(6) 以黄陵为代表的黄帝祭祀文化

(7) 以绥德为代表的龙山文化和石雕文化

(8) 以子长瓦窑堡为代表的红色文化

郃阳提线木偶

凤翔泥塑

(1) 在民间工艺上，如凤翔木版年画、凤翔泥塑、郃阳提线木偶、安塞剪纸绥德石雕等均为陕西县域民间工艺代表。

(2) 在民风民俗上，有紫阳民歌、安塞腰鼓、洛川蹩鼓、商洛花鼓、华县皮影戏、老腔皮影、陕北秧歌以及黄帝陵祭典等。

洛川蹩鼓

4、2006-2012 陕西县域经济发展评析与“十二五”发展建议

1.基本状况：陕西省现有县级行政单位107个，其中市辖区24个、县级市3个、县80个（下文将83个县与县级市称为陕西县域经济）。2006-2012年间，依托陕甘宁老区、关中—天水经济区、呼包银榆经济区、西咸新区等重点区域战略的带动，陕西各县市突出资源与农业特色优势，以加快城乡区域协调发展为目标，实现了县域经济的加速发展。其中，2011年，陕西县域经济总量已达6671亿元，约占全省经济总量比重的53.3%，县域经济在陕西经济社会发展中的地位与作用日渐突出（注：本报告相关增速指标均以当年价格计算，未扣除价格变动因素；本报告所使用的数据主要来自陕西省统计年鉴及各县市统计公报，涉及县域经济总量的数据不完整）。

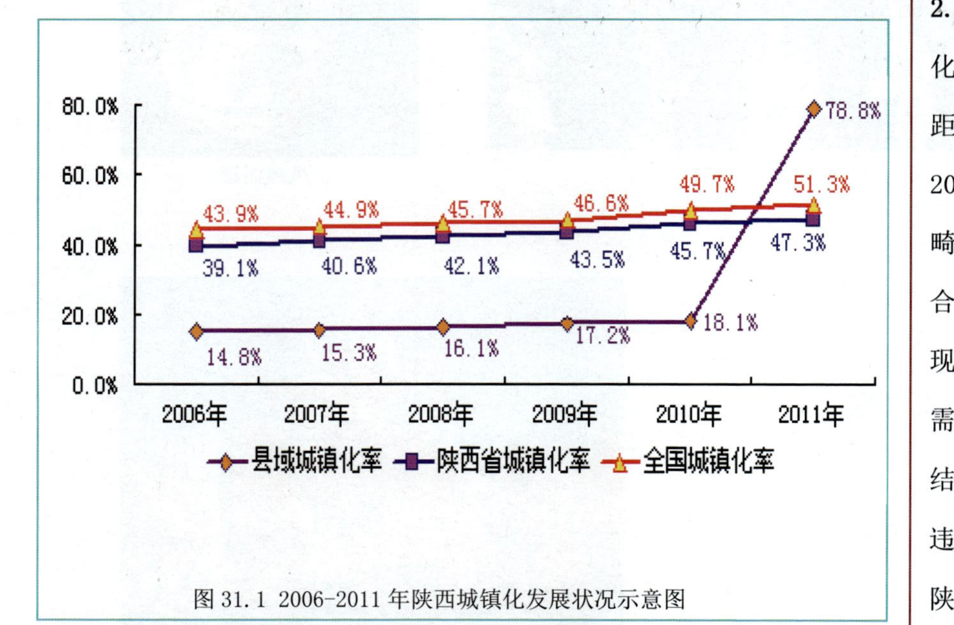

图 31.1 2006-2011 年陕西城镇化发展状况示意图

2. 分项看：（1）**从县域城镇化角度：**陕西全省欠发达的省情没有改变，体现在城镇化角度，即为6年间全省城镇化建设力度逐步增强但与全国城镇化平均水平比仍有差距。与此同时，陕西县域城镇化建设却出现有悖于客观发展规律的畸形高速发展，2010年陕西县域城镇化率仅为18.1%，但2011年猛增至78.8%。引发陕西县域城镇化畸形提升的重要原因是岐山县、凤县、韩城市、兴平市、泾阳县、麟游县、华阴市、合阳县、山阳县、镇安县、洛南县、商南县、丹凤县、柞水县等14县在2011年均出现只有城镇人口、无乡村人口的现象。城镇化是经济社会发展到一定阶段的产物，需要一定的经济基础，高城镇化率是经济发达的一种体现，在缺乏经济基础与产业结构支撑的背景下，片面盲目地提升城镇人口比重有悖于实事求是与科学发展，有违于中央推进城镇化建设的宗旨，必须引起足够重视并尽快予以纠正。今后4年中，陕西县域城镇化发展应在相关区域战略的引导下，立足于“一核四极两轴两带”的城镇发展新体系，突出地域特色与产业特色，使城镇化成为推进县域经济结构调整、增强县城城乡居民收入、促进县域经济科学发展的重要途径。

（2）**从一般预算收支角度**；资源型工业与农业产业化发展带动陕西县域一般预算收入在6年间实现年均29.3%的快速增长，然而受同时期以西咸新区为代表的陕西中心城市扩大发展等一系列利好因素影响，全省一般预算收入年均增长32.9%，导致县域一般预算收入占全省比重不增反降至2011年的19.5%，2011年陕西县域一般预算收入占县域GDP比重为4.2%，远远落后于全省12%的对应指标；从一般预算支出角度，县域一般预算支出力度逐年加大，年均增长34.8%，超过全省对应指标的年均增速，占全省一般预算支出的比重由2006年的28.7%上升至2011年的35.8%，陕西县域经济预算收支不平衡、县级财政赤字快速增长、财力紧张的问题已较为严重。今后4年中，为了有效增加县域财源，一方面要在理顺政府间的财政分配关系基础上，加大财税体制改革，调整税负；另一方面应通过鼓励和壮大民营经济来提升县级财政实力，改善县域财源结构，有效扩大财源。

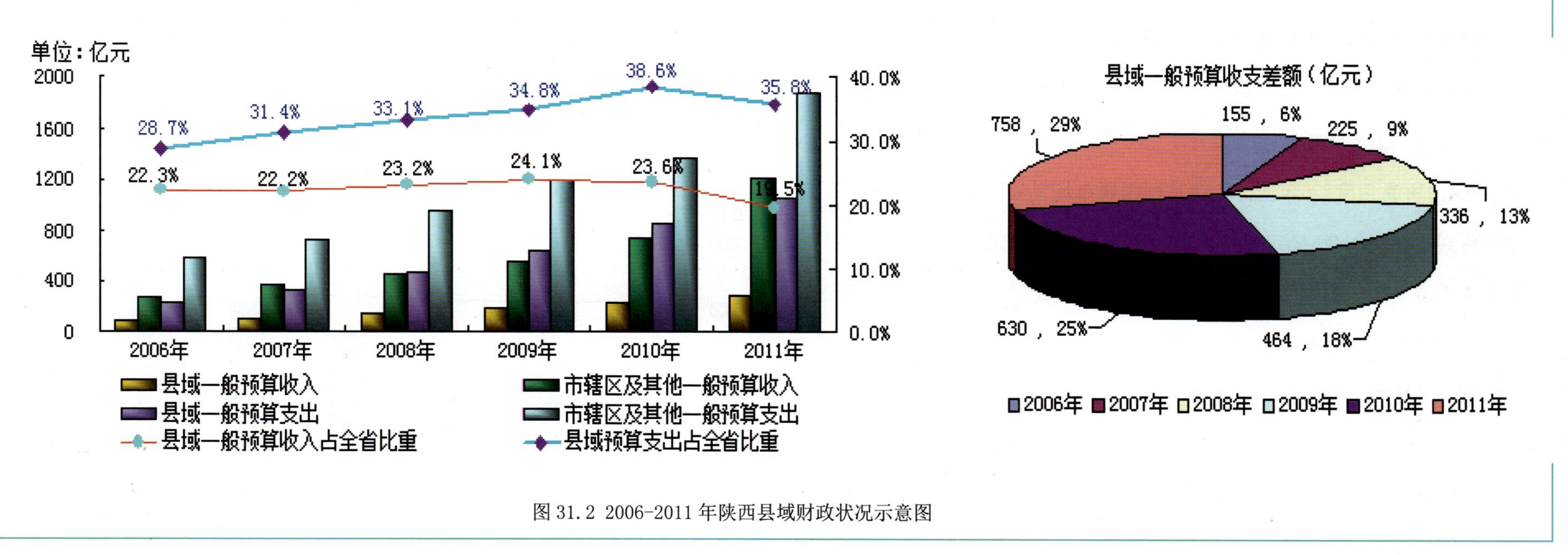

图 31.2 2006-2011 年陕西县域财政状况示意图

（3）从固定资产投资角度，一系列国家级战略的实施，尤其是资源型工业经济的快速发展与城镇化建设带动陕西县域城镇固定资产投资总额由2006年的723亿元增长至2010年的3323亿元，年均增长46.4%，占全省固定资产投资比重由2006年的57.4%上升到2010年的81%，揭示出区域重大发展战略在推动陕西县域经济加快发展方面发挥重要作用。今后4年中，陕西县域应抓住重点区域战略布局优势，着重将培养和支持有助于推动县域经济结构及县域产业转型升级的重大项目作为投融资的重点，以大力发展园区经济为手段，把招商引资与产业结构调整结合起来，积极发展现代特色农业、科学提升资源型产业的附加价值、有重点地培育新兴产业，实现县域经济的持续发展与壮大（注：2011年县域城镇投资数据缺失）。

（4）从国内贸易角度，6年间，陕西县域消费市场发展平稳，县域社会消费品零售总额由2006年475亿元增长到1199亿元，年均增长20.3%，与全省的平均增速基本持平，县域社会消费品零售总额占全省比重始终在32%附近震荡，表明与市辖区相比，陕西县域消费市场发展相对较缓，活跃度不高。今后4年中，陕西各县市应在深化“万村千乡市场工程”和“农超对接工程”的基础上，依托城镇化建设与文化旅游产业发展，加快特色商业街、商贸聚集区建设，支持便利店、中小超市等社区商业发展，提升酒店、餐饮接待能力和水平，积极发展具有地方特色的名牌餐饮，为城乡居民提供便利、安全的生产生活服务，有效释放出“扩大内需”对县域经济发展的带动效用。

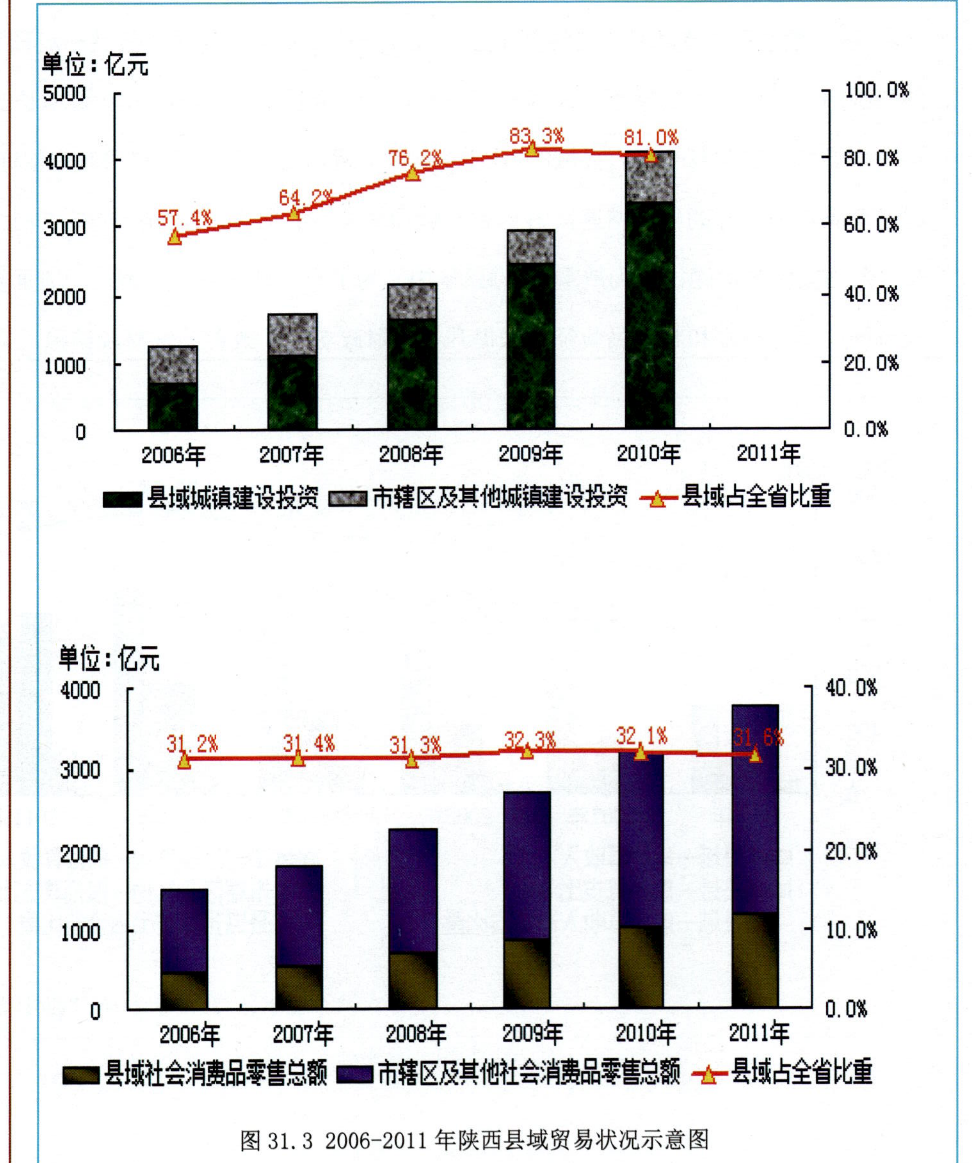

图 31.3 2006-2011 年陕西县域贸易状况示意图

（5）从人民生活角度： 尽管6年间，陕西县域城镇在岗职工平均工资年均增长21.4%，高于全省18.2%的平均增速，但县域在岗职工平均工资与全省、全国对应指标相比，还存在差距。县域农民人均纯收入（平均值）与县域城镇居民可支配收入（平均值）均低于全国平均水平，但县域农民人均纯收入与县域城镇居民可支配收入之间的收入差距比在逐渐缩小，一定程度上反映出特色农业与农业产业化发展带动县域农民收入的增长。今后4年中，为有效增加县域城乡居民收入，既要进一步加大特色农业与农业产业化力度，又要利用各种区域性战略机遇转移就业，提高经营性和工资性收入。通过大力发展民营经济带动扩大城乡创业就业，增强贫困县域的自我发展能力，促进县域全面发展与城乡居民收入的有效提升。

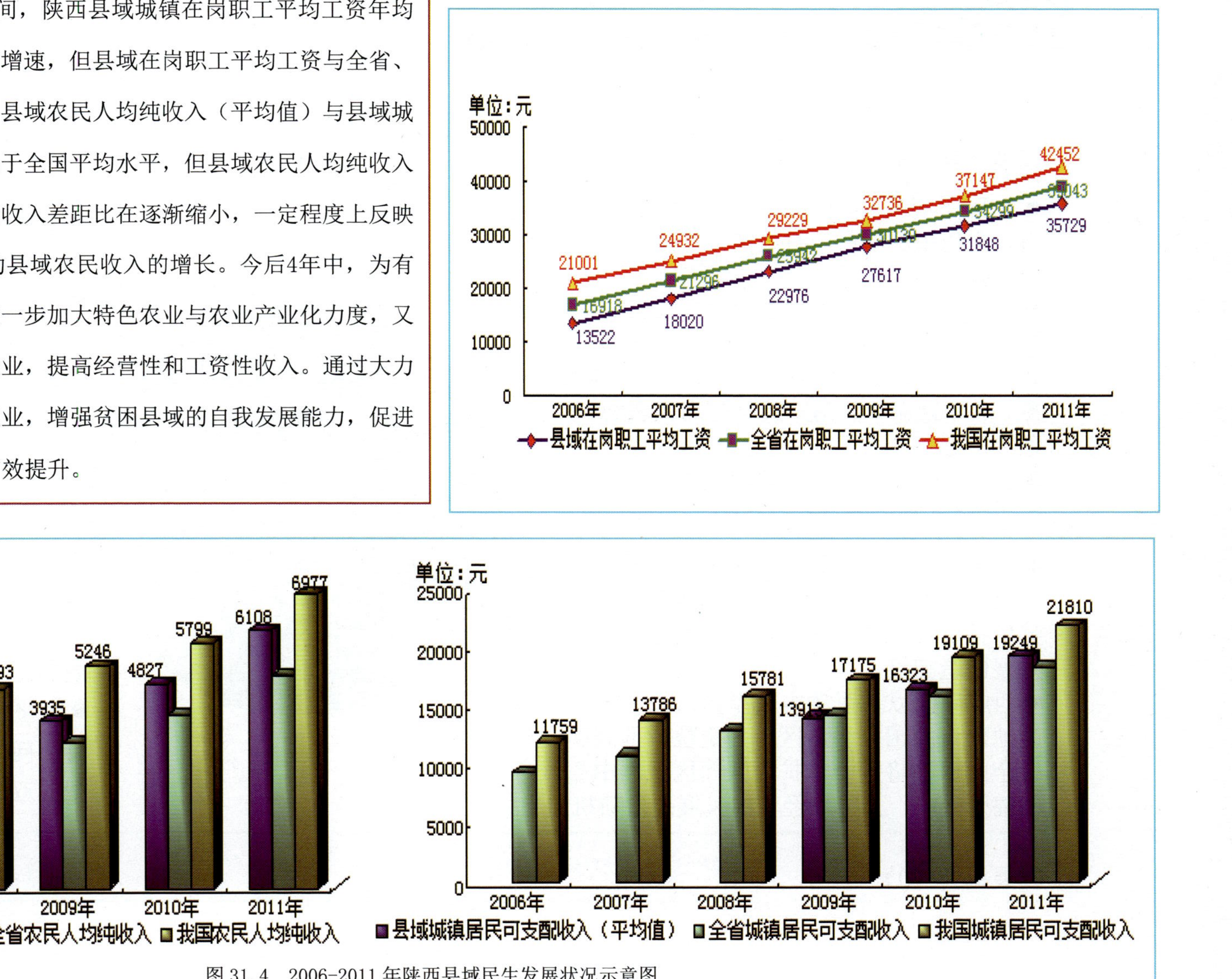

图31.4 2006-2011年陕西县域民生发展状况示意图

“十二五”陕西县域经济发展的SWOT分析

发展优势（S）

● 华夏文明发祥地，历史遗产及旅游资源丰富，文化积淀深厚，科教实力雄厚，县域第三产业具备后发优势

● 自然资源丰富，以装备工业为代表的工业基础雄厚，县域新型工业化后发优势明显

● 农业产业化进程加快，以渭北水果、陕北红枣、关中蔬菜、陕南中药材等为代表的农业特色经济逐步壮大

● 县域基础设施、生态环境改善显著

发展劣势（W）

● 县域经济总量偏低，结构不尽合理，第三产业长期滞后

● 强县弱县间差距大，强县主要依靠资源支撑，产业优势不明显，缺乏发展的稳定性和可持续性

● 民营经济发展相对缓慢，城乡居民增收缓慢

建议：“十二五”期间，陕西县域经济科学发展的重点战略是：立足“西咸一体化与关中创新、陕北持续、陕南循环”发展，以园区经济、民营经济引领县域工业化发展，全面提升城镇化发展质量。

发展机会（O）

● 关中-天水经济区、呼包银榆经济区、陕甘宁革命老区发展上升为国家战略为陕西资源富集县依托资源优势持续发展、欠发达县域跨越式发展创造契机

● 西咸新区以“引领内陆型经济开发开放战略高地建设的国家级新区”为定位，西咸新区建设全面启动将进一步扩大陕西区域性中心城市的辐射效应，为县域经济的发展提供新机遇

挑战与威胁（T）

● 欠发达仍然是陕西的基本省情，发展不足仍然是陕西经济社会发展中面临的突出矛盾，区域竞争的日益激烈对县域经济加快发展提出了挑战

● 经济社会发展中的不平衡、不协调、不可持续问题依然突出，面临加快发展与加快转型的双重任务、双重压力

报告之三十二：2006-2012 甘肃省县域经济发展

1、数字甘肃县域发展

以 2012 年年鉴数据为依据	县域总值	县域均值	最高县	数值	比例	最低县	数值	比例
生产总值（万元）	20373781	295272	玉门市	1247372	6.12%	徽县	43013	0.21%
财政赤字（万元）	7205648	104430	会宁县	185617	2.58%	阿克塞县	24357	0.34%
固定资产投资（万元）	23144765	335431	瓜州县	1992082	8.61%	碌曲县	39812	0.17%
社会消费品零售（万元）	5387141	78075	敦煌市	235996	4.38%	阿克塞县	11207	0.21%
城乡居民年末储蓄存款（万元）	16726323	242410	敦煌市	884574	5.29%	肃北县	23789	0.14%
羊毛产量（吨）	23012	334	肃南县	2250.32	9.78%	静宁县	0.55	0.00%
人均生产总值（元/人）	-	11963	肃北县	167019	是全省县域均值的 14 倍	东乡县	3419	约占全省县域均值的 29%
农民人均纯收入（元）	-	4040	阿克塞县	10000	是全省县域均值的 2.5 倍	东乡县	2062	约占全省县域均值的 1/2
农民恩格尔系数（%）	-	42.3	卓尼县	60.01	是全省县域均值的 1.4 倍	敦煌市	26.08	约为全省县域均值的 62%

2、甘肃县域经济特色产业代表

(1) 坐落于敦煌境内的莫高窟是我国的四大石窟之一，是著名的世界文化遗产，敦煌文化吸引中外游客，特色文化旅游产业已成为敦煌的支柱产业；

(2) 玉门是我国第一个天然石油基地，被称为“中国石油工业的摇篮”；

(3) 陇西是全国地道药材的重要产区之一，素有“千年药乡”之称，是全国重要的中药材集散地。

莫高窟壁画

3、甘肃县域特色文化与民俗民间工艺

⑴ 以广河为代表的齐家文化

⑵ 以西和为代表的乞巧文化

⑶ 以敦煌为代表的敦煌文化和佛教古建文化

⑷ 以景泰为代表的黄河文化

⑸ 以天水为代表的伏羲文化

⑹ 以会宁、陇东为代表的红色文化

夜光杯雕

苦水高高跷

⑴ 在民间工艺上，如夜光杯雕、临夏砖雕、环县道情皮影等均为甘肃县域民间工艺代表。

⑵ 在民风民俗上，有裕固族民歌、庆阳西峰唢呐、兰州太平鼓、敦煌曲子戏、华亭曲子戏、凉州贤孝、苦水高高跷、陇东道情、莲花山花儿会以及太昊伏羲祭典等。

4、2006-2012 甘肃县域经济发展评析与“十二五”发展建议

1. 基本状况：甘肃省位于我国西北地区的中心地带，是黄河、长江的重要水源涵养区，是多民族交汇融合地区，对保障国家生态安全、促进西北地区民族团结、繁荣发展和边疆稳固，具有不可替代的重要作用。甘肃省现有县级行政单位86个，其中市辖区17个、县级市4个、县58个、自治县7个（下文将69个县、县级市、自治县称为甘肃县域经济）。2006-2012年间，依托西部大开发战略与《关于进一步支持甘肃经济社会发展的若干意见》深度实施的重大机遇，甘肃各县市深入贯彻“四抓三支撑”总体工作思路和区域发展战略，成功战胜汶川特大地震、舟曲特大山洪泥石流等巨大自然灾害，实现了县域经济的平稳发展，如图32.1所示。

（1）在经济总量上：6年间，甘肃县域经济总量（GDP）由2006年的921亿元增长到2011年的 2037亿元，年均增长17,2%，与市辖区的增幅基本持平；甘肃县域经济总量平均值为29.52亿元，显著落后于17个市辖区175.47亿元的经济总量平均值，县、区之间发展严重失衡，中心城市辐射与带动力不强的问题较为突出。甘肃县域经济在全国县域经济中处于相对落后位置，缩小差距、加快发展是当前的首要问题。

（2）在经济结构上：尽管中药材、酿酒原料、草食畜牧业等特色农业有所发展，但河西、陇东、甘南等四大特色农产品区及现代农业尚未形成；以石油化工为代表的规模型传统能源工业占据工业主体，新型工业化程度偏低；具备发展物流、旅游等产业的优势，但受制于基础设施等瓶颈要素影响，发展迟缓。从2006年的26.4:40.1:33.5到2011年的22.4:43.8:33.9反映出县域结构调整缓慢，必须提升县域经济集聚化程度，增强县域经济增长方式的转型能力（注：本报告相关增速指标均以当年价格计算，未扣除价格变动因素）。

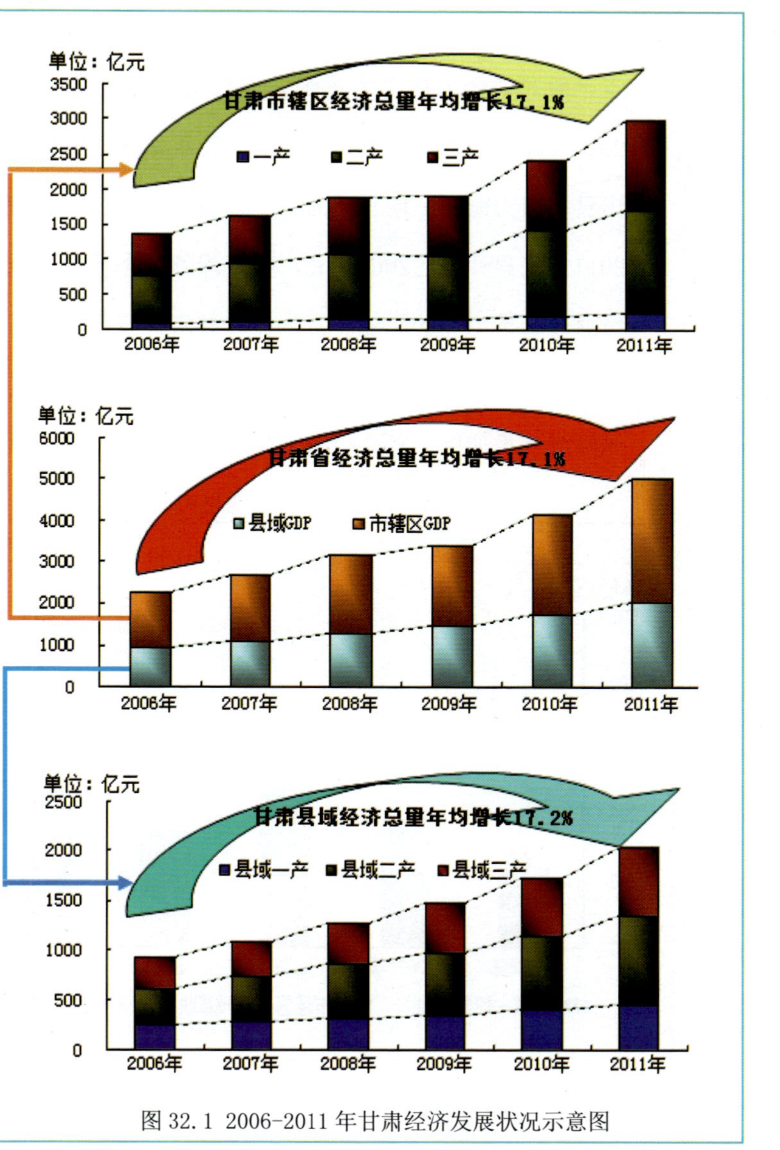

图 32.1 2006-2011 年甘肃经济发展状况示意图

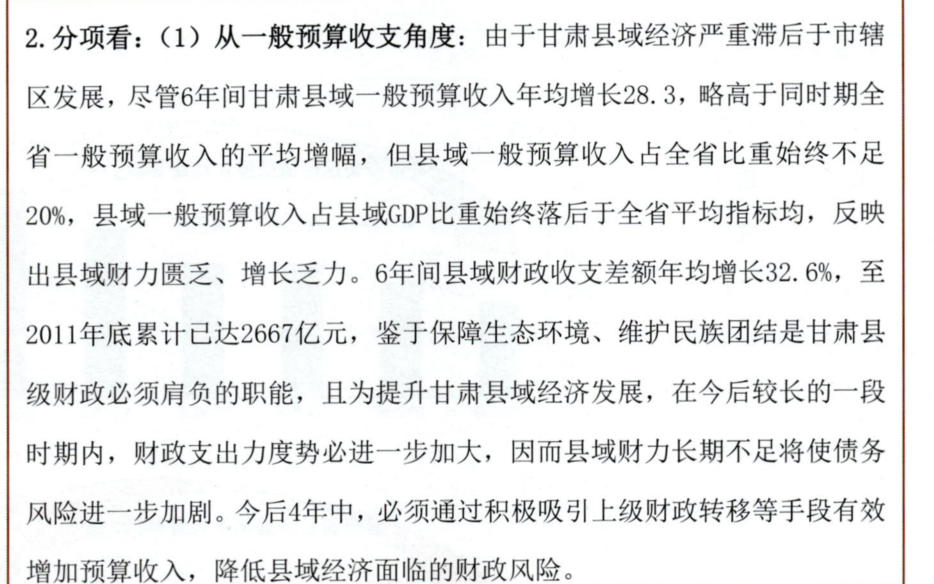

2. 分项看：（1）从一般预算收支角度：由于甘肃县域经济严重滞后于市辖区发展，尽管6年间甘肃县域一般预算收入年均增长28.3，略高于同时期全省一般预算收入的平均增幅，但县域一般预算收入占全省比重始终不足20%，县域一般预算收入占县域GDP比重始终落后于全省平均指标均，反映出县域财力匮乏、增长乏力。6年间县域财政收支差额年均增长32.6%，至2011年底累计已达2667亿元，鉴于保障生态环境、维护民族团结是甘肃县级财政必须肩负的职能，且为提升甘肃县域经济发展，在今后较长的一段时期内，财政支出力度势必进一步加大，因而县域财力长期不足将使债务风险进一步加剧。今后4年中，必须通过积极吸引上级财政转移等手段有效增加预算收入，降低县域经济面临的财政风险。

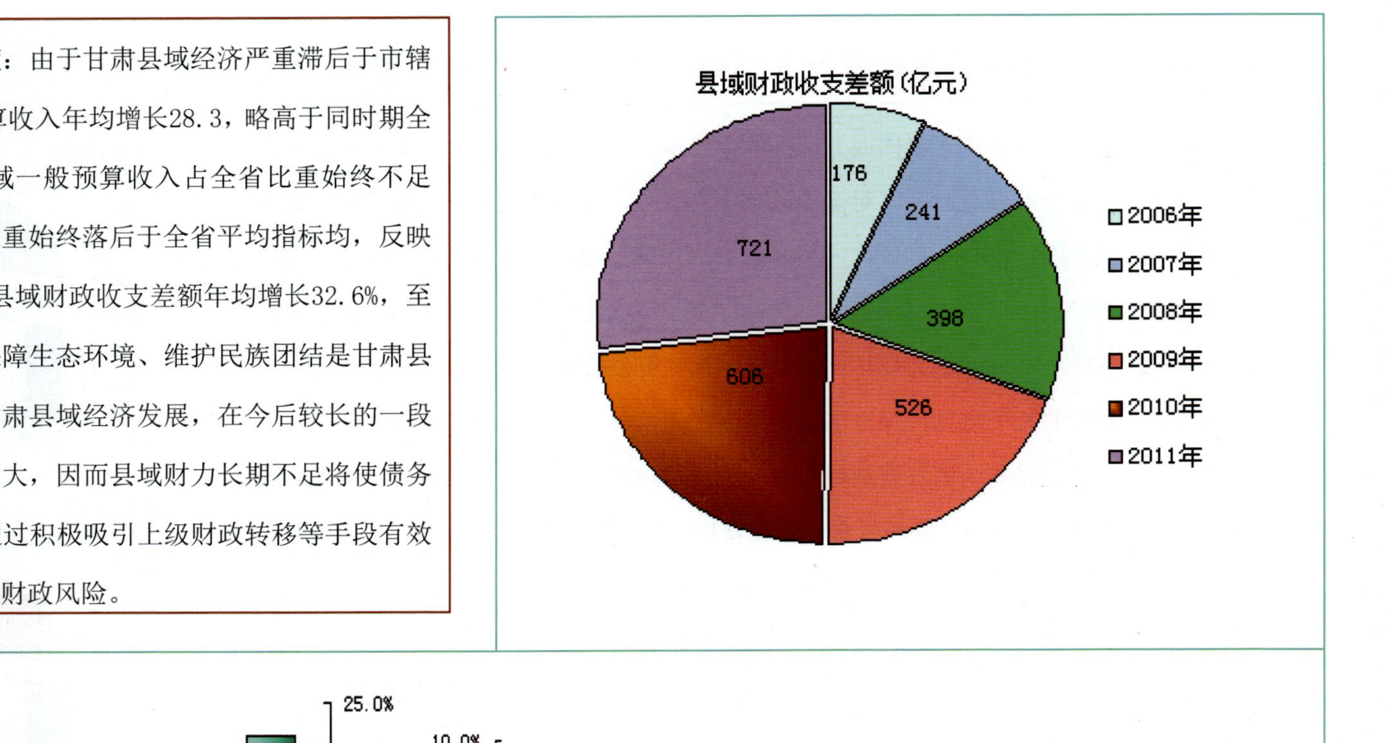

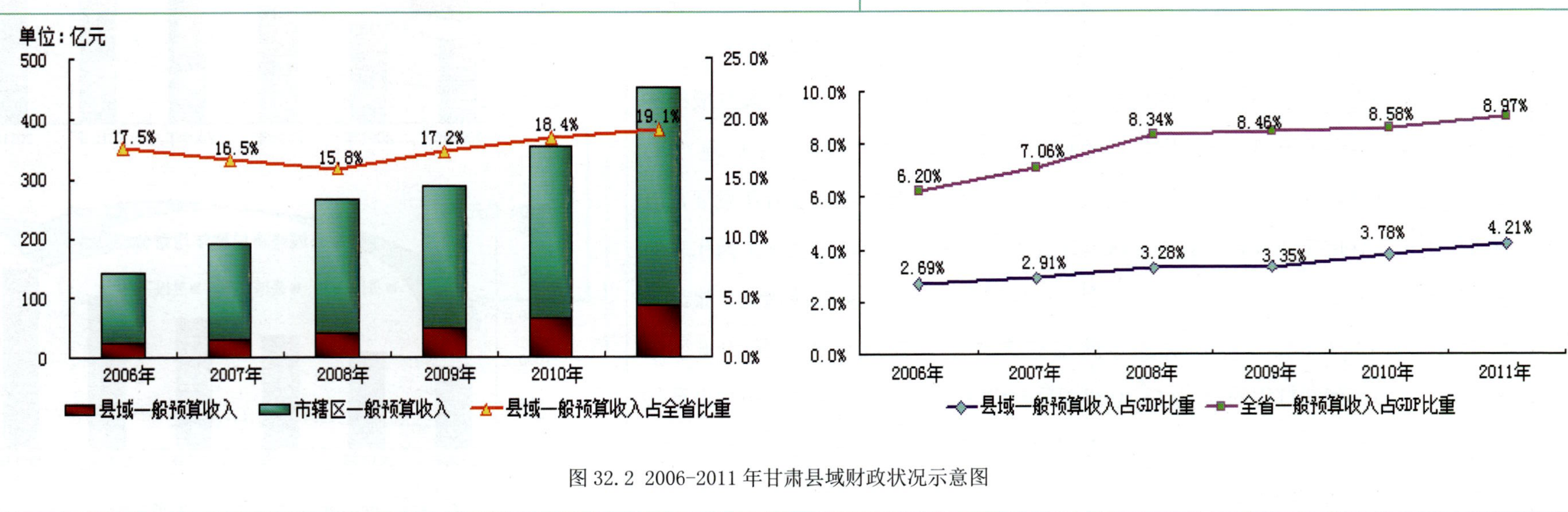

图 32.2 2006-2011 年甘肃县域财政状况示意图

（2）从固定资产投资角度：6年间，甘肃县域固定资产投资年均增长38.8%，高于全省32.5%的年均增速，占全省固定资产投资比重由2006年的43.8%上升到2011年的55.4%，同时，县域住宅投资在经历了2008、2009两年的高速发展后，整体回落，至2011年底县域住宅投资占县域固定资产投资已由最高峰时的13.4%回调至7.09%。甘肃县域经济欠发达是多种因素作用的结果，但依托甘肃支持兰（州）白（银）核心经济区率先发展、推动平（凉）庆（阳）、酒（泉）嘉（峪关）经济区加快发展、形成甘肃东西两翼齐飞的经济增长新格局的区域发展战略，改善县域基础设施环境，培育规模型特色优势产业毫无疑问应成为今后四年县域固定资产投资的重要方向。

（3）从国内贸易角度：6年间，县域社会消费品零售总额虽然保持年均18.5%的增速，但其占全省社会消费品零售总额的比重基本维持在33%附近，这与经济欠发达地区县域城乡居民收入水平偏低、消费能力不足、主要购买力通常集中在经济中心区的现象吻合。尽管受甘肃县域城乡居民收入增长迟缓的影响，扩大县域内需难以在短时间内发挥效力，但在今后4年中，甘肃县域应依托大宗商品和农村物流工程建设机遇，通过加强农产品市场建设，积极发展农资和农村消费品物流配送中心等措施改善县域城乡市场消费环境，借助于繁荣流通经济带动县域内需消费的适度扩大。

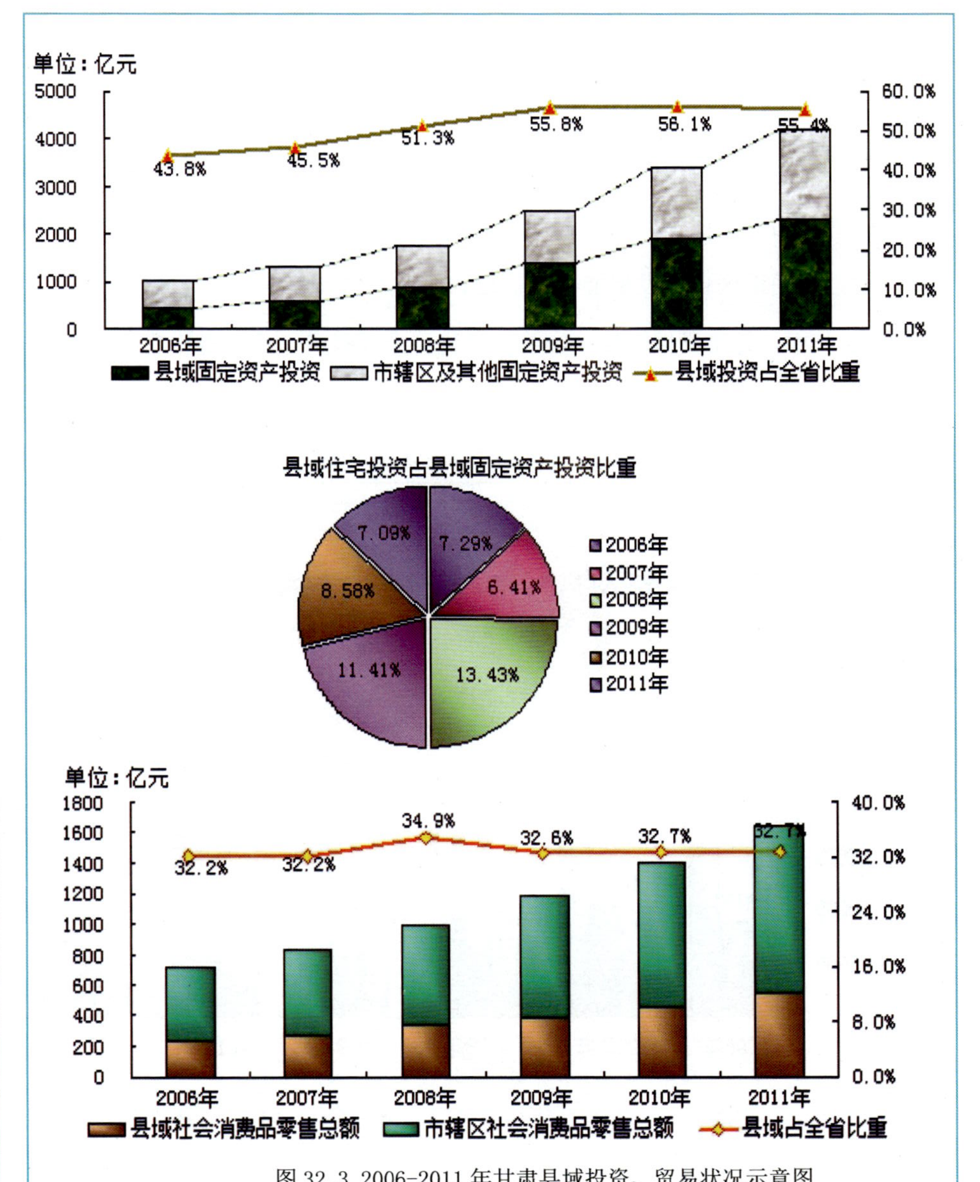

图 32.3 2006-2011 年甘肃县域投资、贸易状况示意图

（4）从人民生活角度：甘肃县域分布在陇东黄土高原、陇南山区、河西走廊、肃北草原等不同的区域环境，资源禀赋各异，发展水平参差不齐，县域经济省内发展不平衡问题严重，县域广大农村贫困面广、贫困程度深，城乡发展不平衡。6年间，甘肃县域农民人均纯收入（平均值）与全国农民人均纯收入间的差距逐步扩大，至2011年底、县域农民人均纯收入、全省农民人均纯收入仅约占全国农民人均纯收入的58%。显然，如何通过完善扶贫开发机制、增强贫困地区自我发展能力、促进农村劳动力转移等多种方式拓宽农民增收渠道，努力缩小收入差距，是甘肃县域经济进一步发展面临的严峻问题。今后4年中，甘肃县域要继续实施特色优势产业提升、草食畜牧业发展、农村二三产业推进、农村人力资源开发等农民增收“六大行动”，以“两州两市”为重点，突出少数民族地区、革命老区、中部干旱片带、南部高寒阴湿山区、河西特困移民区及“两西”建设区等集中连片区的扶贫开发攻坚，加强农村贫困地区基础设施建设，全力抓好整体推进项目建设，带动县域城乡居民收入的持续增加，全面提高居民生活质量。

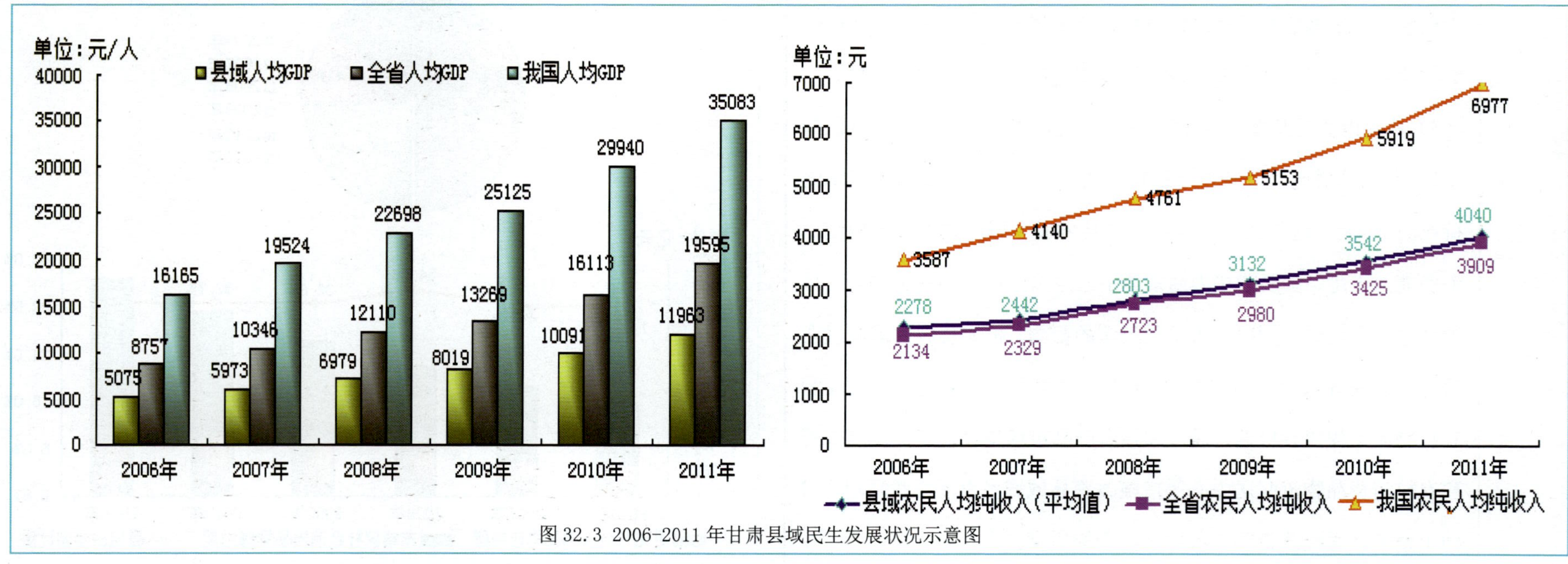

图 32.3 2006-2011 年甘肃县域民生发展状况示意图

“十二五”甘肃县域经济发展的SWOT分析

发展优势（S）

- 甘肃位于西北地区中心，是中原联系新、青、宁、藏的重要枢纽，甘肃县域具有发展现代物流业的比较优势
- 拥有较为富集的石油、天然气资源，具备承接发达地区产业转移的基础
- 冰川雪峰、沙林丹霞、河西绿洲等独特的地理地貌，丝绸之路、莫高窟等厚重的历史文化资源是县域发展特色旅游的竞争优势

发展劣势（W）

- 县域经济总量小、人均水平低、对外开放程度低、整体欠发达、结构矛盾突出
- 县域生态环境脆弱，基础设施薄弱，城乡居民生活质量亟待进一步改善，发展受制于瓶颈要素
- 县域间、城乡间不平衡发展进一步扩大，财政基础薄弱，民营经济发展缓慢
- 存在集中连片的贫困县域，贫困攻坚难度大

建议：“十二五”期间，甘肃县域经济进一步科学发展的重点战略是：依托区域发展战略，以“四抓三支撑”引领县域三化建设，加大民营经济比重，构建具有比较优势的县域特色经济体系，努力改善民生。

发展机会（O）

- 中央制定《关于进一步支持甘肃经济社会发展的若干意见》，明确给予甘肃支持实施“中心带动、两翼齐飞、组团发展、整体推进”的区域发展战略，大力支持兰（州）白（银）核心经济区率先发展，积极打造陇东、河西两大能源基地，构建各具特色的组团式发展格局以及陕甘宁革命老区发展上升为国家发展战略为县域经济依托区域战略加快发展创造重大机遇

挑战与威胁（T）

- 近年来甘肃自然灾害比较频繁，经济发展需要健康有序的自然环境与突发性自然灾害成为重大破坏因素的矛盾
- 甘肃近年间爆发数起群体性事件，经济发展需要安定团结的社会环境与甘肃因区位、民族、宗教等的特殊性而导致社会矛盾复杂、潜在不稳定因素高之间的矛盾

报告之三十三：2006-2012 青海省县域经济发展

1、数字青海县域发展

以 2012 年年鉴数据为依据	县域总值	县域均值	最高县	数值	在全省县域经济对应指标中的比重	最低县	数值	在全省县域经济对应指标中的比重
生产总值（万元）	11006868	282227	格尔木市	2425144.7	22.0%	玛多县	14212.5	0.13%
财政赤字（万元）	3864474	99089	互助县	220309	5.7%	治多县	42485	1.10%
全社会固定资产投资（万元）	8041523	206193	湟中县	1253531	15.6%	达日县	23375	0.29%
社会消费品零售（万元）	1559353	39983	格尔木市	339302	21.8%	班玛县	2885	0.19%
城乡居民储蓄存款余额（万元）	4148645	106376	格尔木市	759540	18.3%	玛多县	4383	0.11%
参加农村新型合作医疗人数	3341799	85687	湟中县	394603	11.8%	玛多县	10528	0.32%
环境污染治理投资（万元）	33843	868	格尔木市	15726	46.5%	囊谦县	13	0.04%
人均 GDP（元/人）		24251	天峻县	200616	是全省县域均值的 8.3 倍	囊谦县	5334	约占全省县域均值的 22%
农民人均纯收入（元）	-	4429	天峻县	7819.1	是全省县域均值的 1.8 倍	甘德县	1274.4	约占全省县域均值的 29%
城镇化率（%）		19.1	格尔木市	70	是全省县域均值的 3.7 倍	湟中县	3.4	约占全省县域均值的 18%
在岗职工平均工资（元）		42183	化隆县	54444	是全省县域均值的 1.3 倍	贵南县	28829	约占全省县域均值的 68%

注：本表数据出自《2012 青海统计年鉴》，其中玉树县、杂多县、久治县无“城乡居民储蓄存款余额”数据，门源县、循化县、玉树县、同仁县、杂多县、称多县、祁连县、玛沁县、刚察县、甘德县、治多县、达日县、曲麻莱县、久治县、乌兰县、班玛县、玛多县等 17 县无环境污染治理投资数据。

2、青海县域经济特色产业代表

(1) 同仁作为青海唯一的一座国家级历史文化名城，水电资源得天独厚，是我国首批农村初级电气化县；

(2) 河南蒙古族自治县位于三江源生态自然保护区的腹地，是全国面积最大的有机畜牧业生产基地和全省蒙藏药产业化示范县；

(3) 杂多县因境内所产“冬虫夏草”体大、质优享誉国内外，有“中国虫草第一县”之美誉。

3、青海县域特色文化与民俗民间工艺

⑴ 以兴海为代表的大乘佛教文化

⑵ 以湟中为代表的卡约文化

⑶ 以柴达木都兰县为代表的诺木洪文化

土族盘绣

藏毯

⑴ 在民间工艺上，如土族盘绣、青海藏毯、青海氆氇等均为青海县域民间工艺代表。

⑵ 在民风民俗上，如黄南藏戏、老爷山花儿会、湟源排灯、土族於菟、藏族拉伊以及纳顿节等少数民族习俗。

黄南藏戏

土族於菟

湟源排灯

4、2006-2012 青海县域经济发展评析与“十二五”发展建议

1.基本状况： 青海省现有县级行政单位 44 个，其中市辖区 5 个、县级市 2 个、民族自治县 7 个、县 25 个（下文将除市辖区以外的 39 个县级行政单位称为青海县域经济）。青海省县域经济覆盖面积为 631152 平方公里，约占青海全省面积的 87.4%。2006-2011 年间，依靠紧紧把握中央支持“西部大开发”、支持青海等省市藏区发展、支持玉树灾后重建等各项重大政策机遇，围绕深入推进青海“四区两带一线”区域协调发展，青海省县域经济整体呈现较快发展趋势，如图 33.1 所示：

（1）在经济总量与发展速度上： 截至 2011 年底，青海省县域经济总量由 2006 年的 GDP 384 亿元增长到 2011 年的 GDP 1101 亿元，年均增长 23.5%，超过青海全省经济总量年均增长 21.1%和市辖区经济总量年均增长 17.2%的发展速度，县域 GDP 占全省比重由 2006 年 59.8%上升到 2011 年的 65.9%。

（2）在经济结构上： 6 年间，依靠加快农牧业结构调整，发展油菜、中藏药、特色果品、奶牛、毛绒等十大农牧特色产业，推进河湟流域特色农牧业百里长廊及农牧产业园区建设，青海县域农业实现年均 18.3%的增速；第二产业以年均增加 27.5%的速度快速发展，在县域经济总量中所占比重由 2006 年的 53.1%上升至 2011 年的 62.5%，即反映出青海县域经济正处于工业化发展前期，第二产业加速发展是该时期显著特征，也说明 6 年间依托资源优势与承接发达地区产业转移，青海县域经济工业体系已初具规模，有色金属、盐湖化工、纺织、油气化工、农牧产品深加工等产业链已初步建立；第三产业年均增长 17.9%，至 2011 年底在三次产业中的比重为 23.7%（注：本报告相关增速指标均以当年价格计算，未扣除价格变动因素）。

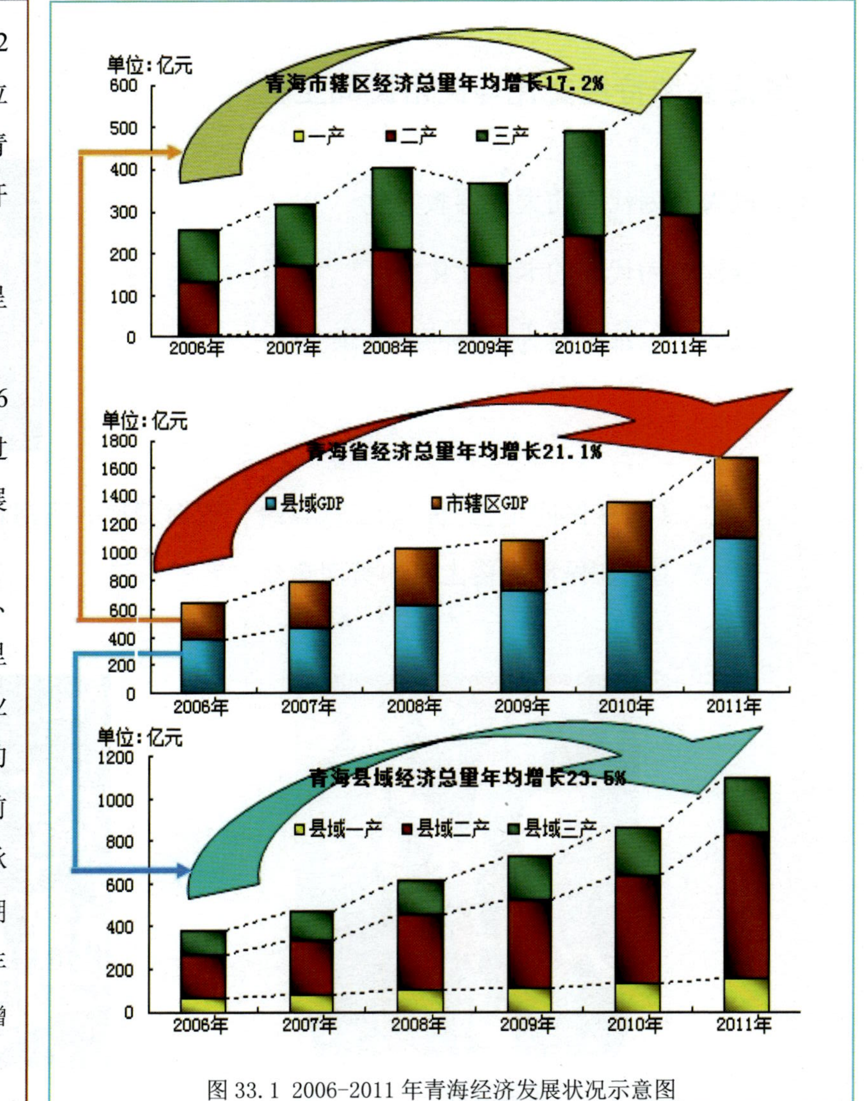

图 33.1 2006-2011 年青海经济发展状况示意图

2. 分项看：（1）从县域财政收入角度：6年间，青海县域一般预算收入年均增长26.1%（其中，税收收入年均增长26.7%，其他财政一般预算收入年均增长23.4%），至2011年底达到43亿元，约占全省财政一般预算收入的30%。由于青海县域经济总量占全省比重达到65.9%，而一般预算收入占全省比重却仅为30%，且县域一般预算收入占GDP比重基本维持在3%附近，远远落后于市辖区，如图33.2所示，青海县域财力紧张的状况可见一斑。（2011年，昆山以一般预算收入200亿元位列全国1999个县级行政单位一般预算收入之首，昆山的一般预算收入已几乎达到青海县域一般预算收入的5倍）。由于县级财政收入是支持县域经济发展、保障县域民生的重要源泉，是支持县域产业发展的风向标，青海县域经济的财力匮乏一方面极大削弱县级政府对县域经济发展的调控能力，也阻碍了县域教育、科研、医疗卫生、社会保障等民生领域的扩大发展。尤其青海地处高寒地区，生态环境较为脆弱，同时又是我国少数民族主要聚集区，与东部发达地区相比，保障生态环境和维护民族团结是青海县级财政必须肩负也是额外承担的职能，因而县域经济财力长期不足导致潜在债务风险加剧，也难以在县域经济进一步发展所急需的投融资及县域社会可持续发展领域发挥更加积极的作用。因此，今后4年中，青海县域一方面应合理依据相关政策、积极引进中央财政资金支持；另一方面要抓住城镇化建设机遇，依靠城镇化建设引领县域产业发展，推动县域财政收入的规模化扩张。

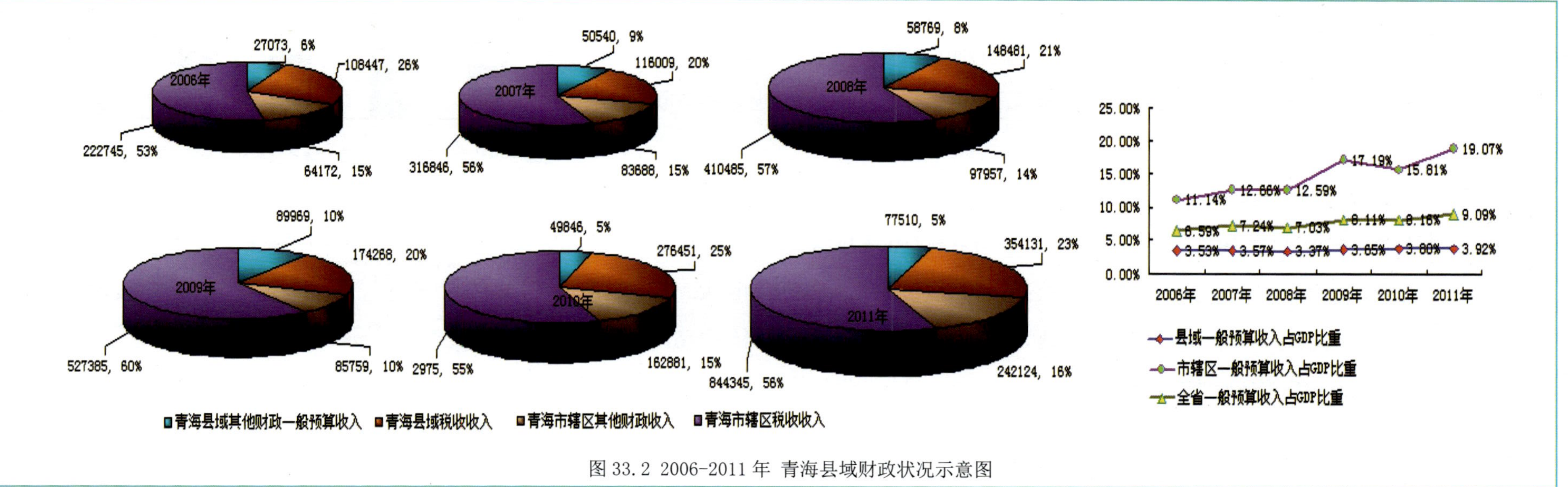

图 33.2 2006-2011 年 青海县域财政状况示意图

（2）从固定资产投资角度：6年间，青海县域固定资产投资年均增长18.1%，占青海省固定资产投资比重由2006年的83.6%下降至2011年的56.1%，既反映出市辖区作为青海经济社会发展的中心，随着西部大开发战略的深入实施，经济外向度快速提升，招商引资实力明显增强；也在一定程度上进一步揭示出青海县域财力紧张、县域经济对内、对外开放和招商引资程度都相对偏低的状况。"十二五"的今后4年中，如何进一步以资源优势带动和扩大青海县域经济开放度，在有效缓解县域财政压力的前提下更好的扩大投资，是青海县域经济亟待解决的问题。

（3）从国内贸易角度：6年间，县域社会消费品零售总额虽然保持年均17.4%的增速，但其占全省社会消费品零售总额的比重基本维持在38%附近，这与经济欠发达地区居民消费不足、主要购买力通常集中在经济中心区现象吻合。尽管由于居民收入的影响、扩大内需难以在短时间内发生显著改变，但在今后四年中，应把握城镇化建设的重大战略机遇，依靠繁荣流通经济刺激县域内需市场的适度扩大。

（4）从城镇化发展角度：6年间，尽管青海省城镇化建设落后于全国平均水平，但自2009年以来，随着三江源生态保护、部分农村牧区人口向城镇地方迁移等影响，青海省城镇化建设进程有所加快；但县域城镇化建设差距更为巨大。由于城镇化是经济社会现代化的综合标志，是实现现代化、工业化的必经之路，城镇是发挥集聚效应的有效载体，是推动经济社会进一步发展的有效途径，因此，科学布局青海县域中心城镇，发展建设特色、专业城镇，全面提升青海县域城镇化水平应当成为青海县域今后4年中聚焦的重点。

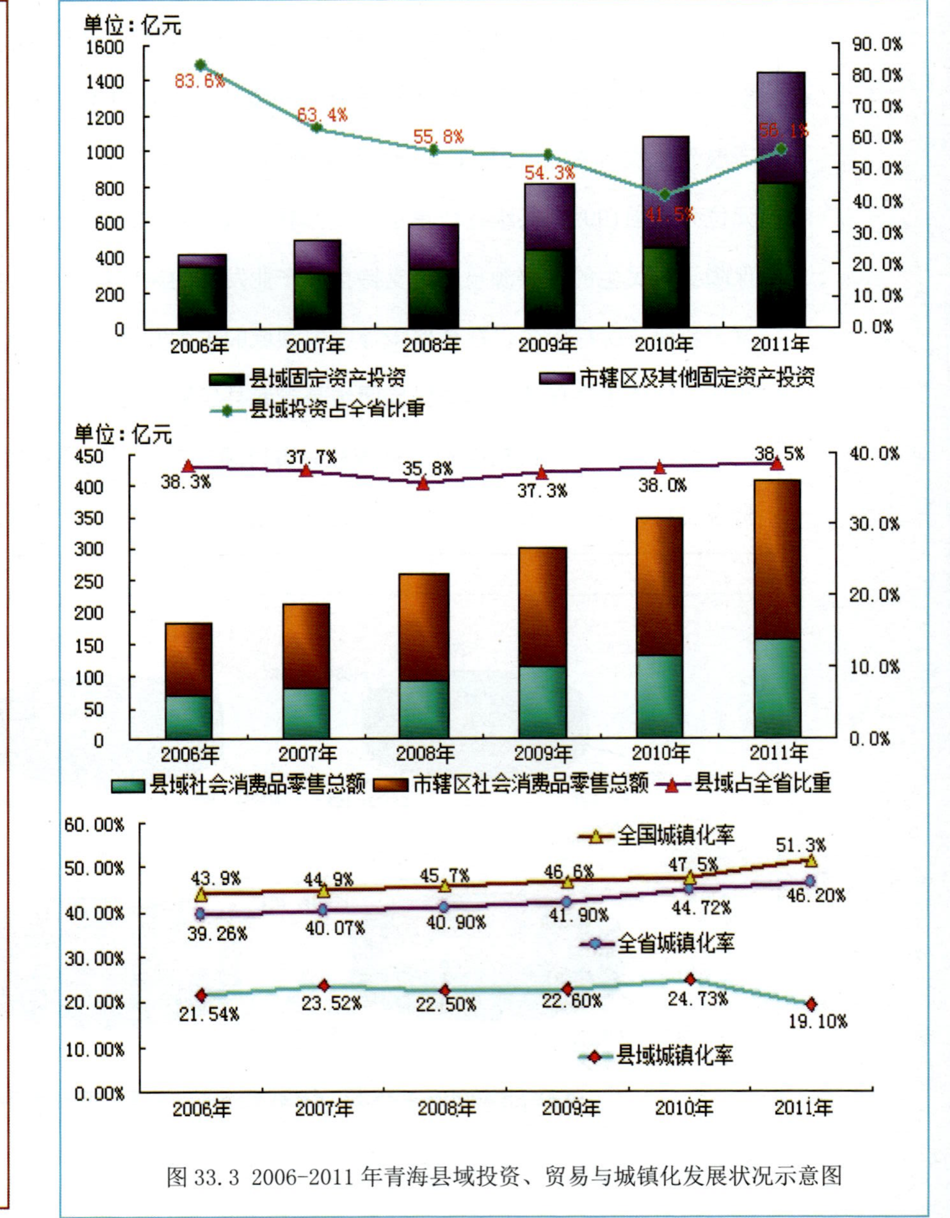

图 33.3 2006-2011 年青海县域投资、贸易与城镇化发展状况示意图

（5）**从劳动力就业角度**：6年间，县域从业人员占全省从业人员比重逐年增加，但乡村务农人员占县域从业人员比重逐年降低，如图33.4所示，表明随着青海县域经济发展及工业化的加速，乡村劳动力稳步向工业转移。由于这种劳动力转移既要以工业良好发展为基础，又是有效提升农民收入的重要途径，因此建设更加科学化、规模化的县域工业体系，提升青海县域工业的科学发展能力和产业竞争力，进一步提升吸纳转移劳动力的能力，应成为今后4年中的一个重点。

（6）**从人民生活角度**：6年间，青海县域农民人均纯收入与全省农民人均纯收入基本一致，仅约占全国农民人均纯收入的2/3。由于收入是民生的基础，故青海县域农民生活相对艰苦、生活质量尚处于温饱解决阶段是基本事实。从在岗职工平均工资看，6年间，青海县域城镇在岗职工平均工资年均增加14%，至2011年底已达到42183元，接近全国平均水平。青海县域在岗职工平均工资与农民人均纯收入之间巨大的差距反映出青海县域“三农”问题突出、城乡差距突出的现状。今后4年中，实现青海县域农民收入增加、实施统筹城乡发展，归根结底还是需要回到全面提升青海县域经济发展水平上来：既要依靠发展与农民增收密切相关的特色农牧产品深加工等产业提升农民文化程度与科技兴农力度等来有效增加农民收入；又要依靠科学的城镇化布局与建设、充分发挥城镇的集聚效应来壮大县域经济实力(注：2010年县域在岗职工平均工资年鉴数据有误，此处未计入)。

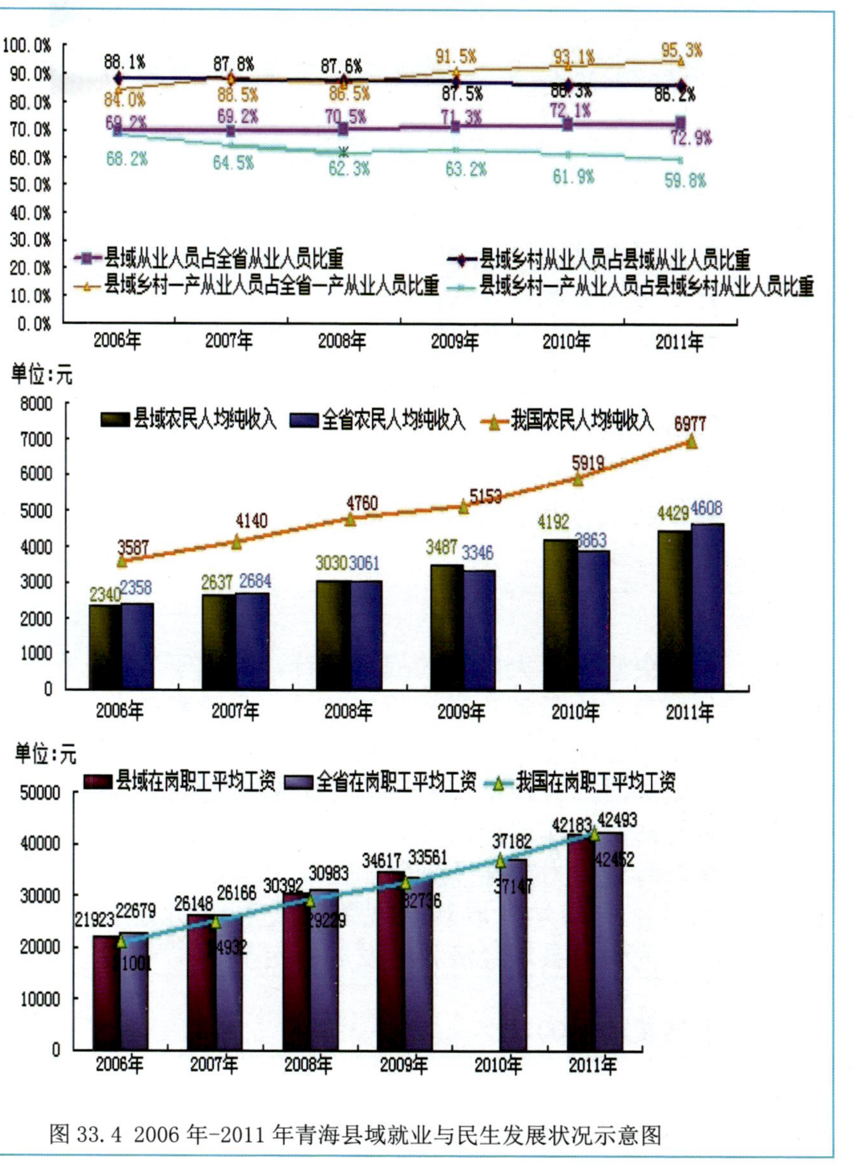

图 33.4 2006 年-2011 年青海县域就业与民生发展状况示意图

“十二五”青海县域经济发展的SWOT分析

发展优势（S）

- 青藏铁路全线贯通以及之后的安全运行打开了青海县域对外联系的通道
- 独特的“冷凉“性气候与丰富的自然资源优势，劳动力资源优势与承接发达地区产业转移优势
- 中央对玉树灾后重建的高度重视为青海县域经济发展提供了政策优势及一定的人财物资源

发展劣势（W）

- 高寒、脆弱的自然生态环境与相对薄弱的基础设施导致县域经济长期处于相对封闭状态，以资源优势招商引资带动县域经济发展难以在短时间内实现突破
- 青海县域经济整体处于工业化前期阶段，经济基础与产业基础薄弱，尚未形成县域特色产业体系
- 民营经济活力不足，城镇化发展迟缓，财政基础薄弱，人才欠缺，研发创新投入严重不足

建议：“十二五”期间，青海县域经济进一步科学发展的重点战略是：立足资源与生态，以县域中心城镇及特色小城镇建设为先导，推进县域城镇化、工业化发展，提升县域特色产业发展质量。

发展机会（O）

- 中央坚持扩大内需的战略方针，有利于青海县域集中力量解决基础设施建设、保障和改善民生等全局性、战略性问题
- 国家西部大开发、支持藏区发展等政策措施，为青海县域实现跨越发展提供支撑
- 青海省大力实施“四个发展”，探索在欠发达地区落实科学发展观实现跨越发展已初见成效，为青海县域经济科学发展奠定基础

挑战与威胁（T）

- 资源开发与生态环境保护之间的矛盾
- 国内外经济发展的不确定、不稳定性明显增加，青海县域经济总体发展水平低，经济总量小，自身财力弱，抵御风险能力较差，保持经济持续较快发展的难度增大
- 青海地处自然灾害多发地带，经济发展需要健康有序的自然环境与突发性自然灾害成为重大破坏性因素的矛盾

报告之三十四：2006-2012 宁夏回族自治区县域经济发展

1、数字宁夏县域发展

以 2012 年年鉴数据为依据	县域总值	县域均值	最高县	数值	在全省县域经济对应指标中的比重	最低县	数值	在全省县域经济对应指标中的比重
生产总值（万元）	8469268	651482	灵武市	2236446	26.41%	泾源县	82687	0.98%
财政赤字（万元）	1874312	144178	西吉县	250093	13.34%	青铜峡市	46889	2.50%
固定资产投资（万元）	7690272	591559	灵武市	2276612	29.60%	泾源县	82653	1.07%
房地产开发投资（万元）	1106134	85087	贺兰县	325393	29.42%	海原县	3000	0.27%
房地产开发总收入（万元）	484539	40378	永宁县	112215	23.16%	泾源县	1818	0.38%
社会消费品零售（万元）	1601089	123161	贺兰县	592218	36.99%	泾源县	23346	1.46%
城乡居民年末储蓄存款（万元）	3919300	301485	灵武市	603200	15.39%	泾源县	67900	1.73%
人均生产总值（元/人）	-	26199	灵武市	84748	是全省县域均值的 3.2 倍	海原县	6475	约占全省县域均值的 1/4
农民人均纯收入（元）	-	5444	青铜峡市	7585.32	是全省县域均值的 1.4 倍	海原县	3632.65	约占全省县域均值的 2/3
城镇居民可支配收入（元）	-	14722	灵武市	17523	是全省县域均值的 1.2 倍	同心县	12602	约占全省县域均值的 6/7
在岗职工平均工资（元）	-	38843	青铜峡市	47355	是全省县域均值的 1.2 倍	永宁县	30963	约占全省县域均值的 4/5
工业 SO_2 排放量（吨）	-	11852	青铜峡市	58881	是全省县域均值的 5 倍	海原县	206	约占全省县域均值的 2%

注：本表数据出自《2012 宁夏统计年鉴》，其中海原县无房地产开发总收入数据。

2、宁夏县域经济特色产业代表

⑴ 盐池历史上是中国农耕民族与游牧民族的交界地带，是滩羊的主要产区，被誉为“中国滩羊之乡”；

⑵ 灵武地处宁夏中部经济核心区，灵武长枣的栽培已有 800 至 1300 年的历史，灵武所产灵武长红枣以果形美观、果色紫红、果味浓郁享誉全国，宁武下辖的宁东镇被称为宁夏第一镇，宁东能源化工基地被国家列为 13 个重点发展的亿吨级煤炭基地之一，是我国“西电东送”的电源点；

⑶ 青铜峡位于贺兰山东麓，是宁夏平原 2000 年水利技术发展和农业文明的活化石、塞上江南的发祥地，她与造就了成都平原的都江堰齐名，自然景观、工程景观和人文景观等旅游资源独具特色，远近闻名。

盐池滩羊

灵武红枣

青铜峡

3、宁夏县域特色文化与民俗民间工艺

⑴ 以灵武为代表的黄河文化

⑵ 以贺兰为代表的西夏文化

⑶ 以固原地区为代表的游牧文化、伊斯兰文化

⑷ 在民风民俗上，有宁夏回族山花儿、回族民俗等

西夏王陵

宁夏山花儿

4、2006-2012 宁夏县域经济发展评析与“十二五”发展建议

1. **基本状况：**宁夏回族自治区位于我国西北内陆、黄河上中游，其地貌包括绿洲灌溉农业、荒漠半荒漠草原、黄土丘陵沟壑、沙漠化、盐渍化等5种具有代表性的西部干旱、半干旱地区生态类型，是我国西部地区的缩影。宁夏现有县级行政单位21个，其中市辖区8个，县级市2个，县11个。2006-2012年间，在全区逐步构建现代农业产业体系，推进新型工业化和实现特色城市化的带动下，宁夏县域立足“进一步促进宁夏经济社会发展的若干意见”及西部大开发战略机遇，充分发挥能源资源优势，县域经济实现快速发展，如图34.1所示：

（1）**在经济总量与发展速度上：**截至2011年底，宁夏县域经济总量由2006年的GDP 271亿元快速扩张至GDP 847亿元，年均增长25.6%，超过市辖区23.3%的年均增长速度，县域经济总量占全区比重基本稳定在39%附近。宁夏13个县市县域经济平均值为65.12亿元，从全国范围看，县域经济仍旧欠发达。

（2）**在经济结构上：**6年间，依靠推进北部引黄灌区现代农业示范区、中部干旱带旱作节水农业示范区、南部山区生态农业示范区建设，提高特色优势农产品集中度，宁夏县域农业实现年均18.6%的较快增长，在三次产业中的比重为14%。以宁东基地为重点的能源工业快速崛起带动县域第二产业实现年均29.5%的快速扩张，在三次产业中的比重由2006年的52.0%进一步上升到60.5%，工业主导地位日益突出，但能源化工业对生态资源的破坏性也必须引起重视；第三产业年长22.1%，在三次产业中的比重调整至25.5%（注：本报告相关增速指标均以当年价格计算，未扣除价格变动因素。）

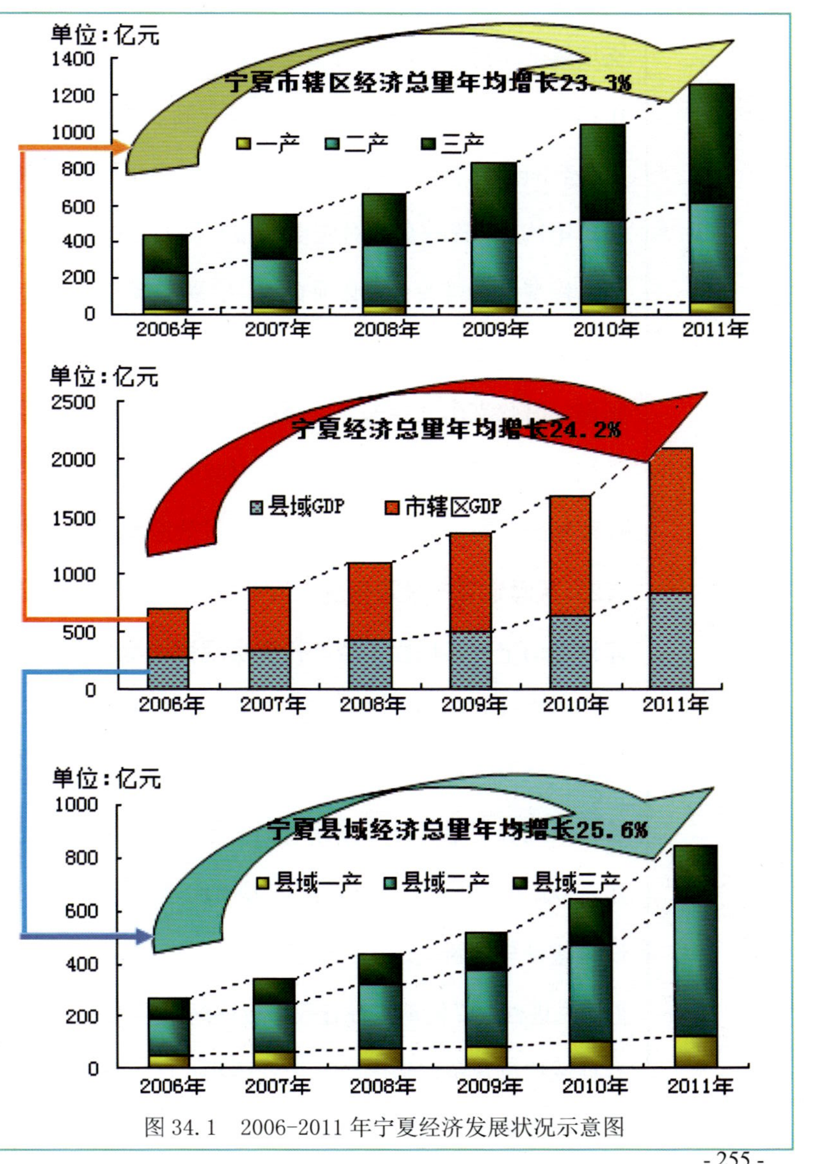

图 34.1　2006-2011 年宁夏经济发展状况示意图

2. 分项看：（1）从一般预算收支角度：6年间，宁夏县域一般预算收支增幅基本持平，年均增长37%，县域一般预算收入占全区比重由2006年19.6%增加至2011年26.8%，县域一般预算支出占全区比重由26.1%上升到34.9%；县域一般预算收入占县域GDP比重由2006年4.4%上升至2011年7%，尽管与全区对应指标相比仍旧存在差距，但县域财力已在一定程度上获得改善。必须看到，宁夏县域经济总量、县域经济整体仍欠发达决定了县域财力根本上仍旧薄弱，同时，公共财政体系日渐完善，财政支出逐年加大，将严重影响县域财力。今后4年中，宁夏县域既要通过发展民营经济增加财政收入来源，又要持续依靠深化财政体制改革充分释放扩权强县的政策效应和制度活力。

（2）从固定资产投资角度：西部大开发战略的深入实施、宁东基地建设带动宁夏县域固定资产投资实现快速增长，6年间，宁夏县域固定资产投资年均增长37%%，比全区平均增速高11个百分点，其占全区固定资产投资比重由2006年的30.8%上升到2011年的46.5%。鉴于当前各县市综合交通运输体系建设仍旧滞后，水利设施老化等问题依然存在，今后4年中，宁夏县域应在城镇化建设进程中，加大对县域基础设施建设与更新改造工程的投资，为了有效提升能源化工产业的集聚性、先进性，降低重复性建设，应逐渐引导投资转向能化产业之外具有县域特色竞争优势的清真产业体系，有效改善县域经济结构，带动县域经济发展。

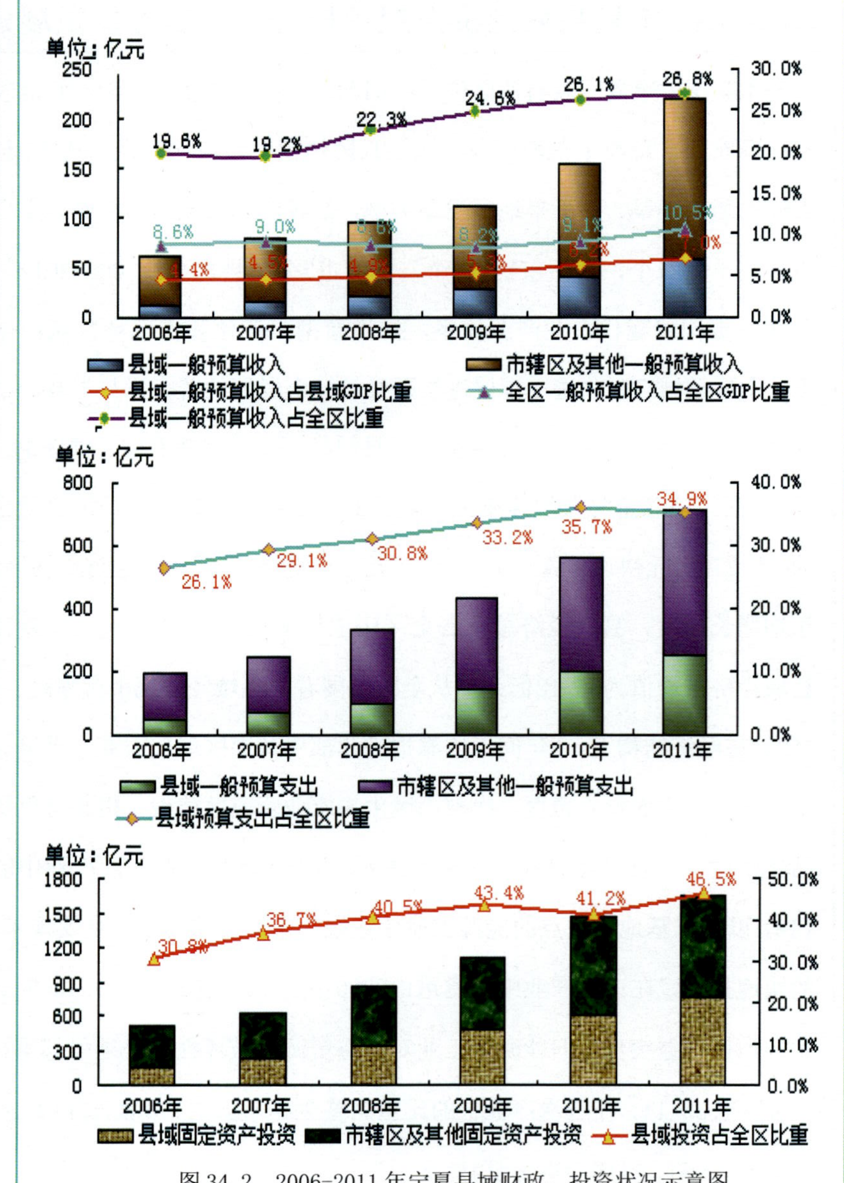

图 34.2　2006-2011 年宁夏县域财政、投资状况示意图

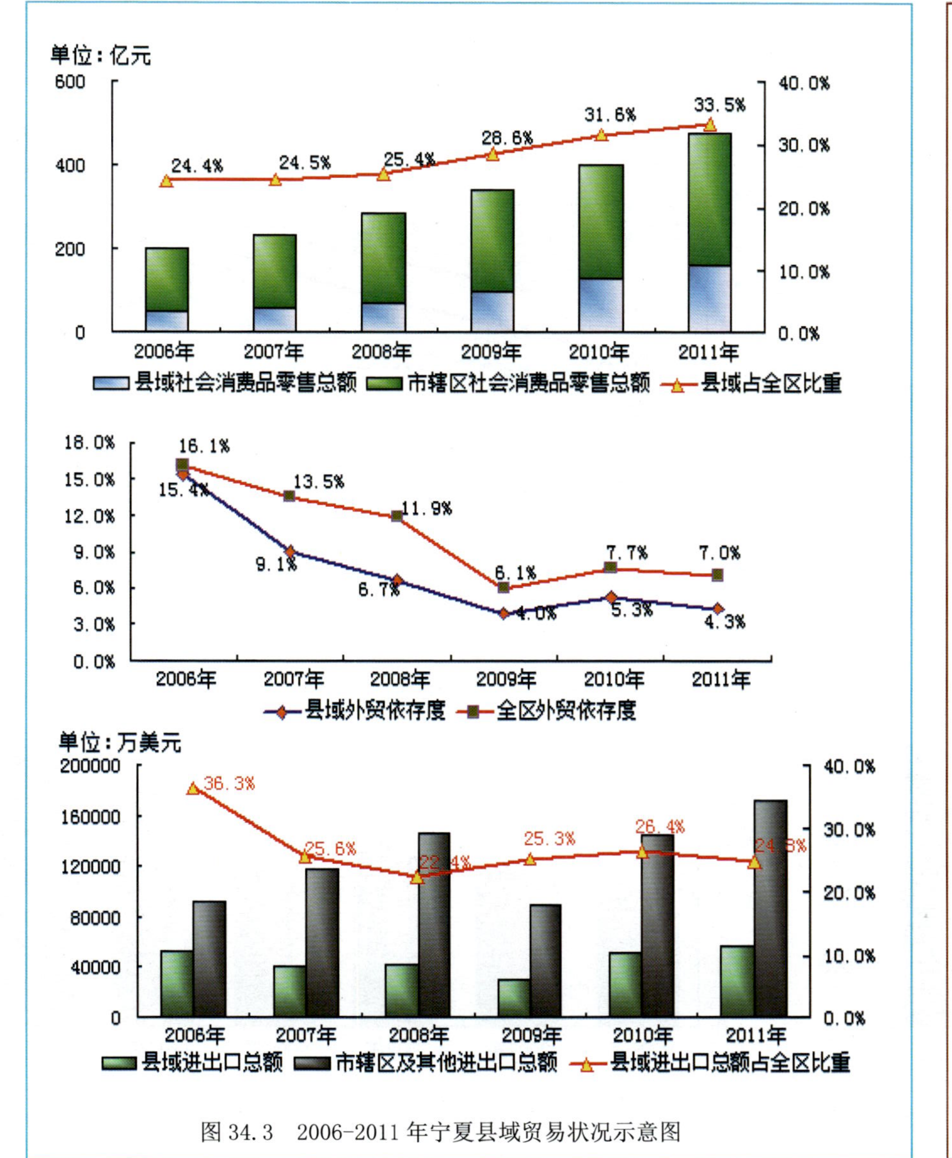

图 34.3　2006-2011 年宁夏县域贸易状况示意图

（3）**从国内贸易角度**：6年间，在中央扩大内需战略指引下，伴随宁夏县域消费环境的逐渐改善，县域社会消费品零售总额实现27%的快速增长，其占全区消费比重由2006年的24.4%上升到33.5%。今后4年中，围绕扩大内需战略基点，宁夏县域应在完善交通设施基础上，加快建立覆盖城乡的现代化流通体系，以工业园区、物流园区和县乡农贸市场、超市、农家店、外埠销售窗口以及流通企业和合作组织为基础，构建多式联运体系，加快商贸流通业改造步伐，优化传统商贸流通业，改善便民服务网络，创新产销对接模式，实现商贸数字化、网络化，在县域城乡居民消费环境的巨大改善中，推动县域城乡居民消费升级。

（4）**从国际贸易角度**：受金融危机、欧债危机的后续影响及全球贸易保护主义的泛滥，6年间，宁夏县域进出口总额与全区进出口贸易额保持一致，整体呈震荡发展的态势，至2011年，县域进出口总额仅为5.6亿美元，与2006年基本持平，年均增长仅为1.7%；从外贸依存度指标看，县域外贸依存度整体呈现下滑趋势。宁夏作为我国回族居民分布最广的自治区，与阿拉伯世界间存在得天独厚的联系，宁夏县域经济的发展，需要充分释放出对外贸易作为经济建设三驾马车之一的作用，今后4年中，宁夏各县市应充分发挥回族穆斯林文化优势，加快建设与阿拉伯国家、穆斯林地区国际经贸文化合作交流平台，积极吸引外商直接投资，带动县域特色优势产业的壮大、升级。

（5）从人民生活角度： 尽管宁夏县域经济总量实现快速增长，但由于县域经济基础薄弱，县域与全国水平差距大，对县域城乡居民收入也产生沉重影响。6年间，县域农民收入平均值年均增长14%，与我国农民人均纯收入间的差距略有加大；从在岗职工平均工资看，全区平均工资水平高于全国平均水平，但县域在岗职工平均工资则落后于全国平均水平，此外，宁夏县域间发展不平衡的现象十分明显，存在巨大的经济差距，容易引发社会矛盾和冲突。今后4年中，宁夏县域应调动一切积极因素，通过深化工业基地建设的带动作用，大力发展民营经济带动扩大城乡创业就业，增强贫困县域的自我发展能力，促进县域全面发展与城乡居民收入的有效提升。

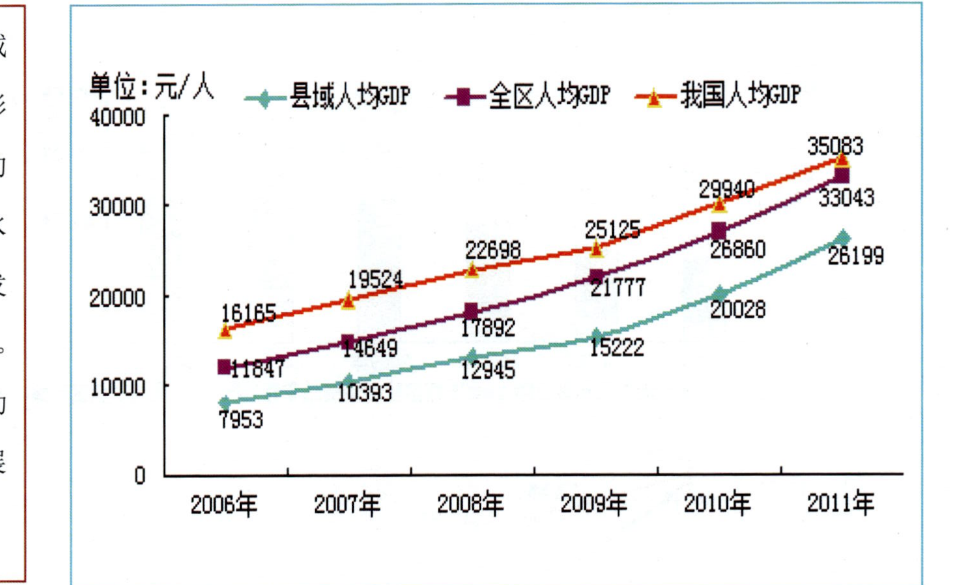

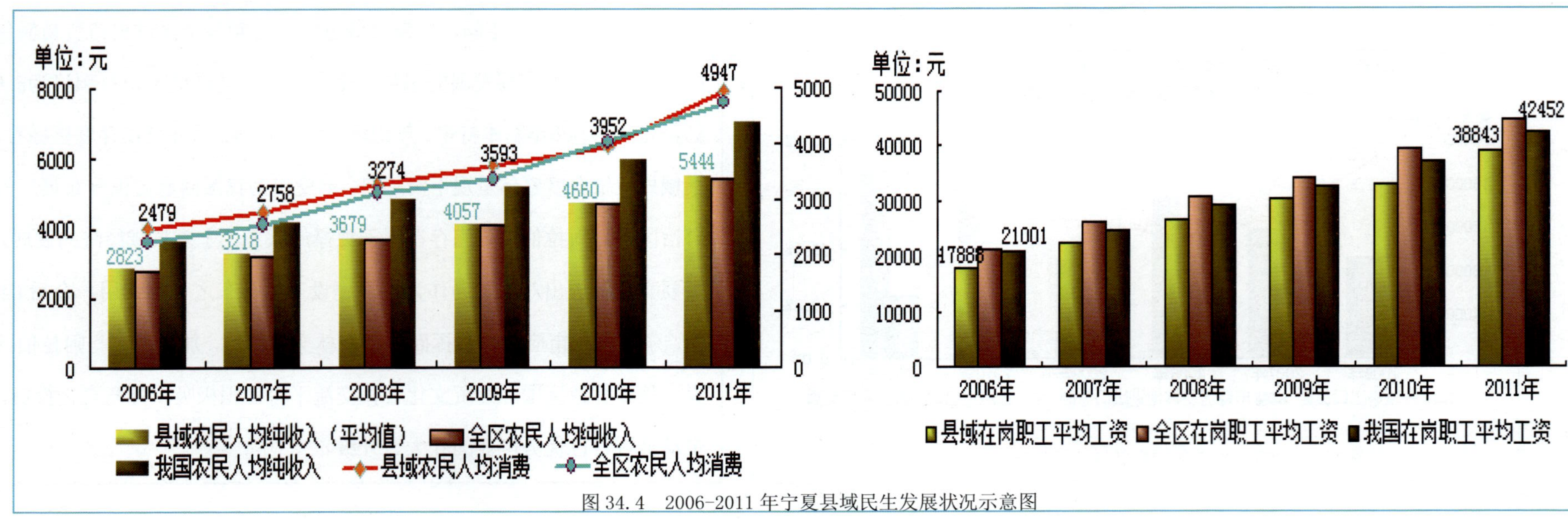

图 34.4　2006-2011 年宁夏县域民生发展状况示意图

“十二五”宁夏县域经济发展的SWOT分析

发展优势（S）

- 水、煤、土资源丰富，具有发展农业与能源产业的突出资源优势
- 穆斯林文化资源厚重，具有发展清真、文化旅游、会展等特色产业优势
- 作为回族聚集区，宁夏县域具有面向阿拉伯地区对外开放的特殊优势
- 以宁东基地为重点的工业快速崛起，有效带动县域新型工业化发展

发展劣势（W）

- 县域经济总量小，载体数规模小，经济市场化程度偏低，自我发展能力亟待提升
- 县域农村贫困面广，县域间、城乡间发展不协调，保障与改善民生任务艰巨
- 生态环境脆弱，生产生活条件差，基础设施发展滞后，人口资源环境压力大
- 县域受农耕文化影响较深，重农轻商的理念根深蒂固，民营经济欠发达

建议：“十二五”期间，宁夏县域经济进一步科学发展的重点战略是：以能源金三角开发引领工业化、城镇化发展，壮大提升民营经济，构建以清真产业为核心的特色经济体系。

发展机会（O）

- 呼包银榆经济区、陕甘宁革命老区发展上升为国家发展战略，为宁夏各县抓住契机扩大发展创造机遇
- 全球能源危机持续深化、国家能源战略西移、能源化工金三角开发，为宁夏县域基础设施与产业结构升级提供战略机遇
- 中央持续推进西部大开发和新阶段扶贫开发，为宁夏县域经济发展提供政策保障

挑战与威胁（T）

- 资源环境约束加大，资源开发与生态环境保护之间的矛盾突出
- 社会建设和管理任务艰巨，面临加快发展与加快转型双重压力
- 区域性大中城市的规模实力不强，对县域经济的辐射带动能力有待提升

报告之三十五：2006-2012 新疆维吾尔自治区县域经济发展

1、数字新疆县域发展

以 2012 年年鉴数据为依据	县域总值	县域均值	最高县	数值	在全省县域经济对应指标中的比重	最低县	数值	在全省县域经济对应指标中的比重
生产总值（万元）	43739106	520704	库尔勒市	5582944	12.76%	乌恰县	42900	0.10%
财政赤字（万元）	8486996	97552	莎车县	335483	3.95%	阿拉尔市	443750	5.23%
城镇固定资产投资（万元）	27571573	316915	库尔勒市	1982258	7.19%	木垒哈萨克自治县	25764	0.09%
社会消费品零售（万元）	79797675	969392	昌吉市	552568	0.68%	柯坪县	3208	0.00%
人均生产总值（元/人）	-	22653	库尔勒市	99094	是全省县域均值的 4.4 倍	墨玉县	4138	约占全省县域均值的 18%
在岗职工平均工资（元）	-	34134	乌鲁木齐县	57652	是全省县域均值的 1.7 倍	额敏县	21127	约占全省县域均值的 5/8

注：本表数据出自《2012 新疆统计年鉴》，其中阿尔山、五家渠、图木舒克市是新疆生产建设兵团所在的师市，因统计口径存在差异，年鉴中无三市生产总值、人均生产总值数据；北屯市成立于 2011 年 12 月 28 日，年鉴中暂未有相关数据。

2、新疆县域经济特色产业代表

(1) 库尔勒市位于塔里木盆地东北边缘，油气资源充裕，开发前景广阔，有中国石油化工名城之称，是西气东输工程的气源地；

(2) 和田以丝绸、地毯、和田玉闻名中外，和田玉已被提名为中国的“国石”，和田也被赞为“玉石之都”；

(3) 新疆是我国葡萄和哈密瓜的主要产区，库车、喀什等地均有瓜果之乡的美誉。

3、新疆县域特色文化与民俗民间工艺

(1) 以哈密市为代表的东天山文化

(2) 以特克斯为代表的乌孙文化

(3) 以阿克苏为代表的龟兹文化和多浪文化

(4) 以石河子为代表的军垦文化

(1) 在民间工艺上，如维吾尔族印花布织染、柳编、艾德莱斯绸织染、卡拉库尔胎羔皮帽制作等均为新疆县域民间工艺代表。

(2) 在民风民俗上，如塔吉克族鹰舞、哈萨克族阿依特斯、维吾尔族达瓦孜、锡伯族西迁节、塔吉克族引水节和播种节、维吾尔刀郎麦西热甫等。

印花布织染

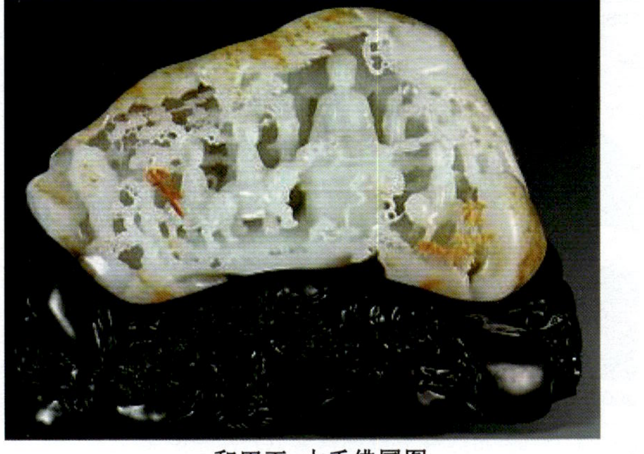

和田玉-大千佛国图

维吾尔刀郎麦西热甫

4、2006-2012 新疆县域经济发展评析与“十二五”发展建议

1.基本状况：新疆维吾尔自治区位于我国西北边陲、亚欧大陆腹地，全区面积166万平方公里，是我国面积最大的省级行政区，现有县级行政单位99个，其中市辖区11个、县级市20个、县62个、自治县6个（下文将88个县、县级市、自治县称为新疆县域经济）。2006-2012年间，依托中央与自治区政府的坚强领导、对口援疆政策的大力支持，在坚决排除国内外敌对势力的破坏干扰、取得与疆独分裂势力斗争的阶段性成功过程中，新疆各县市围绕资源优势，全面贯彻稳疆兴疆、富民固边战略，实现了县域经济的平稳发展，如图35.1所示：

（1）在经济总量与发展速度上：新疆县域经济总量由2006年的GDP1917亿元增长到2011年的GDP4374亿元，年均增长17.9%，超过市辖区14.7%的年均增长速度。尽管6年来，新疆县域经济总量占全区比重保持在66%附近，但8倍于市辖区的县市数量仅对应一倍的经济量既表明新疆县域经济与市辖区相比还存在很大差距，也在一定程度上反映出，疆域辽阔、地广人稀导致当前区内中心城市的辐射效应乏力，今后一段时期内，需要强化建设以乌昌都市区为核心的“一核两轴多组群”城镇发展格局，扩大城镇群的集聚与辐射效应。

（2）在经济结构上：依靠大力推进农牧业现代化、发展粮、棉、果、畜区域特色农业，加速推进新型工业化、做强特色优势产业，加快特殊经济开发区建设提升服务业，6年间，县域经济三次产业基本实现同步均衡发展。其中，农业年均增长15.9%，在三次产业中的比重为24%；第二产业年均增长19.6%，占比达到44.5%；第三产业年均增长17.4%，占比达到31.5%（注：本报告相关增速指标均以当年价格计算，未扣除价格变动因素）。

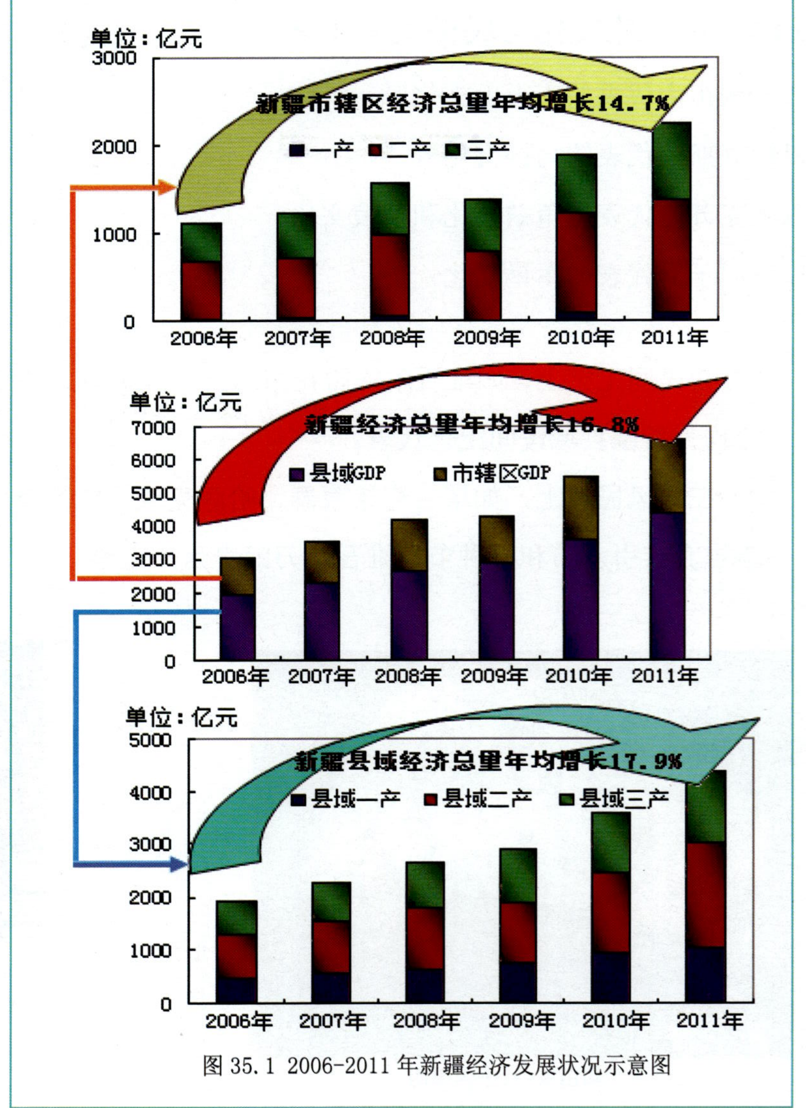

图 35.1 2006-2011 年新疆经济发展状况示意图

2. 分项看：

（1）**从一般预算收支角度**：6年间，新疆县域一般预算收入年均增长30.9%，超过同时期全区一般预算年均26.8%的增幅，县域一般预算收入占全区比重由2006年的41.2%上升到2011年的48.2%，县域一般预算收入占GDP比重上涨约3个百分点，均在一定程度上反映出，对口援疆等一系列政策与机制的实施，增强了县域经济进而较为有效的增加了新疆县域财力。县域一般预算支出年均增长35.4%，高于全区一般预算支出年均27.5%的增长速度，其占全区比重由2006年的38.7%快速上升至2011年的52.4%，导致县域预算收支差额由2006年的172亿元增加至2011年的849亿元，预算赤字逐年快速扩大。为推进新疆跨越式发展与长治久安，今后一段时期将成为全面建设与改善民生的关键时期，财政支出的力度势必进一步加大，为了改善财政压力、有效降低财政风险，新疆县域既要继续以农牧业现代化、工业化、城镇化为重点，大力发展县域特色产业，扩大财政基础与来源，又要优化专项资金使用，提高财政支出的效率、效用、效益。

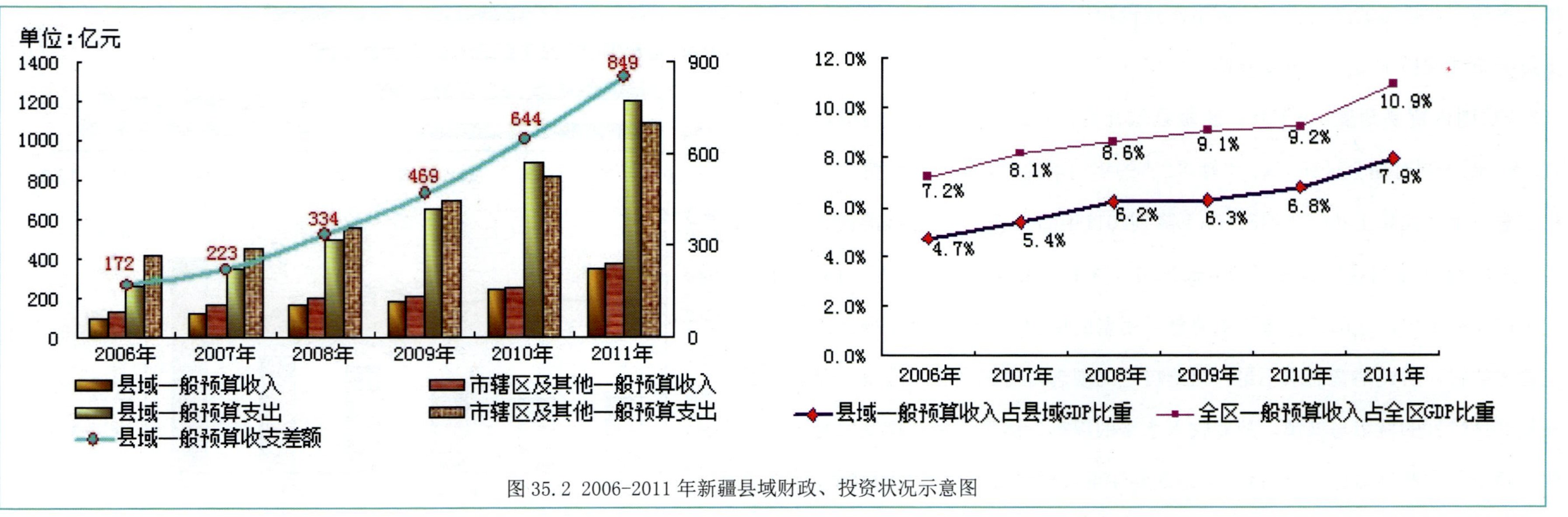

图 35.2 2006-2011 年新疆县域财政、投资状况示意图

（2）**从固定资产投资角度**：6年间新疆县域累计完成城镇固定资产投资8438亿元，年均增长31.5%，超过同时期全区对应指标年均增速约7个百分点，县域投资占全区城镇固定资产投资的比重由2006年的49.5%快速上升至65.6%，尤其是作为“十二五”开局年，2011年新疆县域城镇固定资产投资达2757亿元，是2010年的1.5倍。“新欧亚大陆桥”与能源战略基地建设、“新疆板块”与对口援疆的巩固扩大将继续带动新疆投资的攀升，鉴于基础设施仍然是制约新疆县域经济发展的薄弱一环，今后4年中，各县市一方面应将改善农业、水利、交通设施建设作为重点的投资领域，同时，要在加大优势产业投资的基础上，注重生态建设和环境保护，使循环经济成为支撑新疆县域科学发展的重要载体。

（3）**从国内贸易角度**：6年间，新疆县域社会消费品零售总额年均增长12.8%，低于同时期全区16.4%、市辖区20%的年均增速，县域社会消费品零售总额占全区比重由2006年的52.6%下降到2011年的44.8%；从县域消费品内部构成看，6年间城镇消费年均增长26.8%，乡村消费年均增长仅为5.4%。上述现象揭示出，辽阔的区域面积降低了消费的便利性，在消费市场有待完善的农村，居民消费需求不足，自给自足的观念短时间内难以改变；而在集聚性较好的城市与城镇，随着收入水平的提高，居民消费结构发生变化，消费需求明显增加。今后4年中，既要注重农村消费市场体系的健全，也要通过大力发展小城镇、完善城镇消费市场增强城乡居民消费的便利。

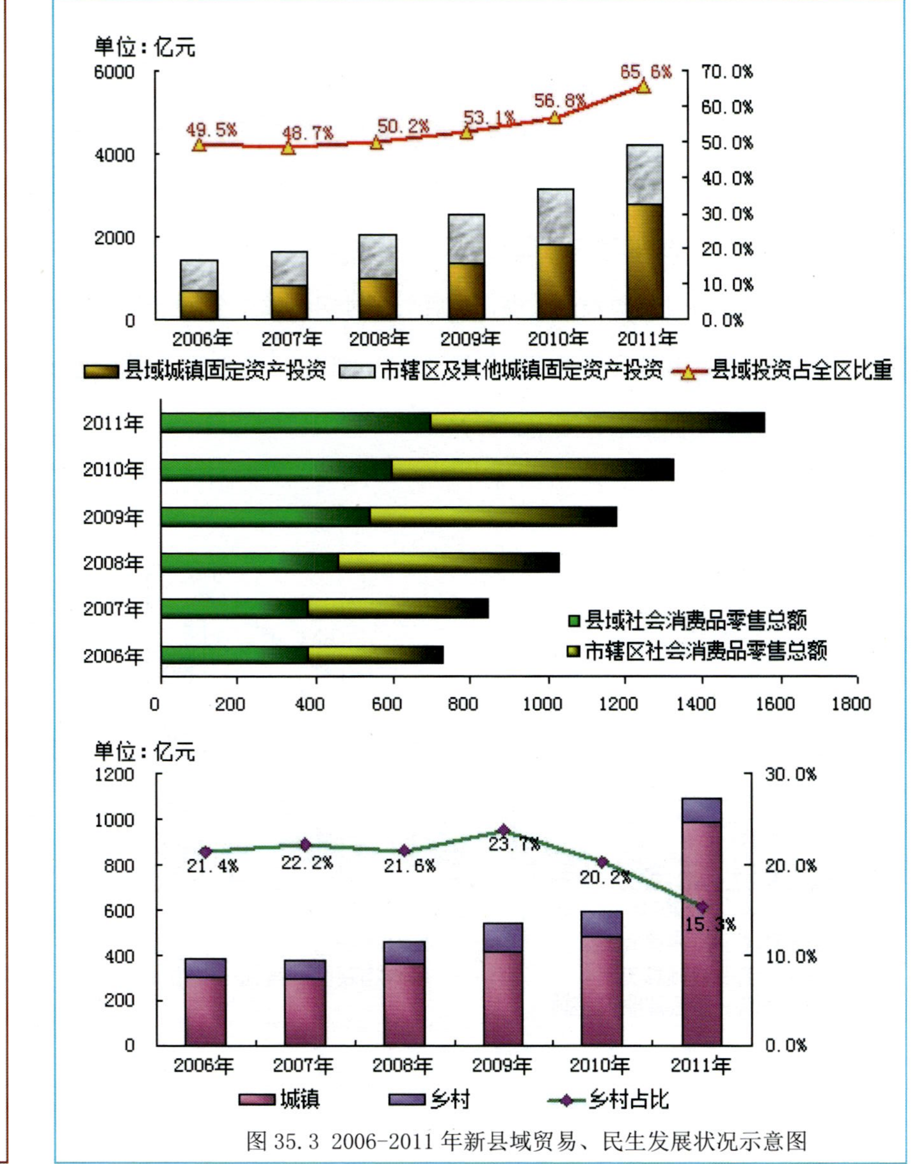

图 35.3 2006-2011 年新县域贸易、民生发展状况示意图

（4）**从人民生活角度**：6年间，新疆县域在岗职工平均工资年均增长15.9%，但与全区和全国对应指标相比，仍旧存在较大差距。从2010年的县域农牧民人均纯收入看，强县与弱县之间差距巨大，整体增长较为缓慢。有效增加城乡居民收入，使新疆各族居民从发展中获益，既是新疆在2020年全面建成小康社会的先决条件，也是有效反对分裂势力、实现民族团结与社会安定的重要途径。今后4年中，各县市既要通过加快农业现代化建设、推进特色农业产业化经营带动农牧民收入的持续增加，也要依靠城镇化、园区建设与大力发展边疆贸易壮大服务业，加强农牧民就业转移，全面提高居民生活质量。

（5）**从县域城镇化建设角度**：高城镇化率是经济发达的一种体现，新疆县域经济整体欠发达，但县域城镇化率却高于全区、全国平均水平。多个县级市只有城镇人口、没有乡村人口是导致新疆县域城镇化率与一般规律相背离的重要原因，实际上，在全部的城镇人口中，还存在大量农业户口居民，且与城镇化密切相关的城镇居民消费乏力，未能发挥城镇化是扩大内需最有效途径的作用。因此，新疆县域城镇化是一种虚高的城镇化，必须排除相关水分。今后4年中，新疆县域城镇化发展应立足于"一核两轴多组群"城镇发展格局，在区域中心城市的带动下，建设各具特色的工贸型、商贸型、边贸型小城镇，使城镇化对县域经济的促进作用得以充分发挥。

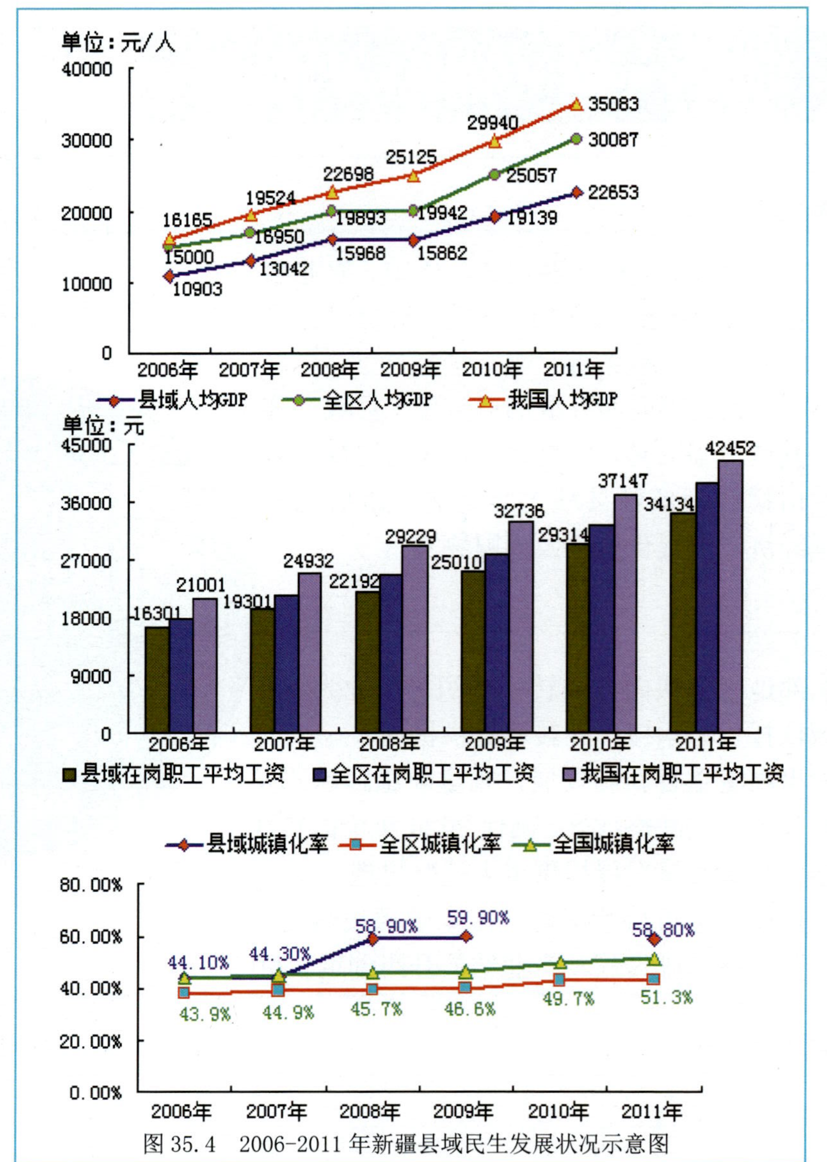

图 35.4 2006-2011 年新疆县域民生发展状况示意图

“十二五”新疆县域经济发展的SWOT分析

发展优势（S）

- 矿产、油气等战略资源富集，旅游、农业独具特色，为新疆县域经济跨越式发展提供充足的资源基础与发展条件
- 新疆作为我国向西开放的桥头堡，县域经济具备发展边疆贸易、加快对外开放的地缘优势
- 对口援疆为新疆县域尤其是贫困落后地区县域经济发展提供政策及人财物支持

发展劣势（W）

- 县域经济总量小，整体发展滞后，经济结构较雷同
- 民营经济发展缓慢，科技与信息化程度偏低，基础设施建设滞后，人才严重匮乏
- 县域间、城乡间发展不平衡现象严重，农牧民收入偏低
- 生态环境脆弱，县域可持续发展能力不强

建议：“十二五”期间，新疆县域经济进一步科学发展的重点战略是：立足特色资源优势，以园区与小城镇建设为先导，构建具有新疆特色的现代产业体系，促进农牧业、工业、服务业的繁荣。

发展机会（O）

- 东部地区加快向内陆转移纺织等产业为新疆县域依托资源承接产业转移提供机遇
- 中央高度重视新疆发展，推进新疆跨越式发展和长治久安战略部署、确保 2020 年全面实现小康为县域经济发展提供重大战略机遇
- 全球能源危机持续深化、国家能源战略西移为新疆县域基础设施与产业结构升级创造契机

挑战与威胁（T）

- 社会不稳定影响因素仍然存在，各族人民反对分裂、维护稳定的任务艰巨
- 资源环境约束加大，资源开发与生态环境保护之间的矛盾突出
- 幅员辽阔与区域性大中城市规模实力不强、不能有效发挥辐射效用带动县域经济发展的矛盾

三、县域经济发展模式与县市特色发展篇

报告之三十六：我国县域经济发展模式的类别研究

开展中国县域科学发展竞争力评价绝不是为了评价而评价，而是在我国宏观经济转型升级发展的背景下，通过系统研究中国县域经济的发展状态，为更有效地提升县域经济科学发展竞争力找到适合之道。要达到这一目的，既要对县域经济科学发展竞争力进行全面、客观、科学的评价分析，准确把握县域经济科学发展竞争力的现状、水平差距、不同县域的比较优劣势所在，更要依靠深入探究县域经济科学发展竞争力变化发展的基本规律，找出提升县域经济科学发展竞争力的正确路径和方法，找到适用于县域经济发展的理论支持与发展模式借鉴，为我国县域经济的科学发展提供系统化、科学化的建议与对策。

1、县域经济发展模式的界定

最早提出县域经济“模式”概念的是费孝通。1983 年，在全国政协小城镇调查苏州总结会上，他提出“我感觉到苏南这个地区在农村经济发展上自成一格，可以称为一个‘模式’”；之后，在其《四年思路回顾》一文中，他进一步指出：“我所说的‘模式’是指在一定地区一定历史条件下具有特色的经济发展过程。”所谓经济模式，是指各种经济成分的构成形式以及调节经济运行机制的一定样式，是现实经济活动和经济增长方式的框架原则的理论抽象，也是国民经济基本运行规则、增长类型及主要经济政策在理论上的一种设计和构造。经济模式的本质特征就是形成于一定时空之中、不断发展变化、具有鲜明特征的经济发展方式。而经济模型是指经济理论的数学表述。经济模型是一种分析方法，它极其简单地描述客观现实世界的情况，通过做出某些假设，排除次要因素，建立起模型，对假设所规定的特殊情况进行分析。经济模型本身可以用带有图表或文字的方程来表示。

所谓经济发展模式，是指与一定生产力水平、一定经济体制和经济发展战略相适应，能反映特定经济增长动力结构和经济增长目标的经济范畴。其实质是指推动经济增长的各种生产要素投入及其组合的方式，也就是依赖什么要素，借助什么手段，通过什么途径，怎样实现经济增长。要素不同、手段不同、途径不同，所带来的增长质量和结果也不同。经济发展模式不仅取决于一个国家或城市的实际情况和发展阶段，还取决于占主导地位的发展观。

经济发展模式的内涵包括了两方面重要内容：特色经济发展的路径以及制度变迁的类型。正如诺贝尔经济学奖获得者 Simon Kuznets（西蒙·史密斯·库兹涅茨）与 Douglass C.North（道格拉斯·C·诺斯）曾分别指出："现代经济增长意义上的经济发展将引起社会经济结构的巨大变化，这种变化主要表现在两个重要方面：一是产品的来源和资源的去处从农业活动转向非农业生产活动，即工业化的过程；二是城市和乡村之间的人口分布发生变化，即城市化的过程。""有效率的经济组织是经济增长的关键。有效率的组织需要在制度上做出安排和确立所有权，以便造成一种刺激，将个人的经济努力变成私人收益率接近社会收益率的活动。"因此，研究区域经济发展模式，就是研究区域的特色经济发展路径以及与之相匹配的区域特色发展制度。

2、县域经济发展模式类型

县域经济发展模式是从县域实际出发的具有地方特色的县域经济发展类型，是对不同类型县域经济成功发展的条件、优势、途径、措施、效果等方面的高度概括，是县域经济发展道路的总结。研究县域经济发展模式，就是要研究县域的特色经济发展路径，即县域的产业结构及经济增长方式；特色发展制度，即县级政府在县域经济发展中的作用。

因为模式是映射的函数，而映射是集合的反映，所以，同一集合其模式应该相同。县域经济发展模式的本质含义是县域工业化、现代化、城镇化实践中形成的特色化的发展过程和路径，其核心内容包括县域经济发展的主导资源和动力源泉，以及相应的资本结构、产业结构、所有制结构和运行机制等。我国县域经济在生产力发展水平、资源禀赋以及经济发展阶段等方面的差异性非常明显，诸多县域经济在发展过程中形成了自己独特的发展模式，如苏南模式、温州模式、珠江模式、晋江模式、义乌模式等都已经为人们所熟知。各种县域经济发展模式自身也在不断完善和创新的过程中获得新的内涵和生命。县域经济是一个复杂的经济系统，其运行过程受到生产要素、市场、经济主体、制度环境等多种因素的影响。县域经济发展（D）可以首先概括为区位（P）、资源（R）、资本(C) 、技术(T)、市场(M)、企业(E)、产业(I)、制度体制(S)等诸多变量的函数，但在不同时期、不同地区，每种变量对于县域经济发展的贡献是不同的，有的变量处于主导地位，有的变量处于从属地位，且变量的地位也会发生变化。尤其需要关注的是，区位与资源是县域经济发展模式的内生性发展要素—无论资本、技术、市场，都可以说是基于县域区位优势或者县域资源优势而引发的累积效应，最终出现多种要素共同作用带动县域经济发展的结果。因此，归根到底，县域经济发展模式可以归纳为两大类型：由区位优势引发的县域经济发展模式，由资源优势引发的县域经济发展模式，基于两大要素，进一步将县域经济发展模式分解为以下四种特征，如图 36.1 所示：

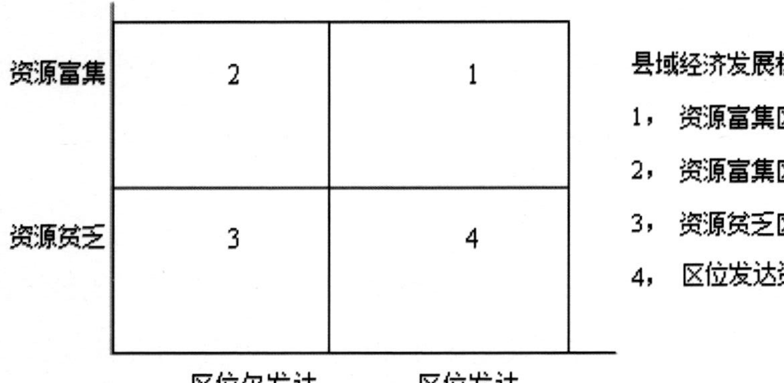

图 36.1 县域经济发展模式特征示意图

2.1 区位导向型县域经济

区位导向型县域经济是凭借得天独厚的地理区位优势获得县域经济发展的各种有利条件，进而谋求县域经济发展的一种模式。优越的区位是决定县域经济发展的主导因素，区位优势的发挥程度决定着县域经济发展的兴衰。近年来中央为促进东部、中部、西部协调发展，先后启动了西部大开发与中部崛起战略，为了摆脱全球经济衰退的影响，先后实施了一系列国家级的区域发展战略，因此，当前的区位导向型县域经济发展模式具有如下特点：

(1) 邻近现代化大都市、交通条件便利、便于承接大城市的辐射效应。我国县域经济发展程度较高的苏、鲁、浙等省以及京、津、沪下辖的县与县级市多呈现这种特征。

(2) 尽管周边大城市的辐射带动效应不强，但受益于一个或多个国家级的区域发展战略，结合自身特色，实现县域经济发展。例如，受益于图们江开发开放中崛起的吉林省延吉市、依托口岸优势拓展对外贸易中壮大的绥芬河市等，其周边均欠缺辐射带动效应强的大都市，但结合自身比邻境外的特色，通过大力发展边境贸易、临边产业带动县域经济的扩大发展。

(3) 在一个至多个大城市的中间地带，承接辐射效应的条件低于比邻大城市的县市，但受到重大利好因素影响，县域经济的实力得到增强。例如，尽管固安位于北京市周边，但因其是廊坊下辖县，承接北京的辐射效应不高，由于北京第二机场的选址紧邻固安，临空经济将有效提振固安的县域经济。

总之，区位导向型县域经济的优点在于，当区位优势已经确定，原有经济社会发展中的各种壁垒都容易突破，从而推动经济社会的跨越式发展；同时，得益于区位优势的相对稳定性，经济社会的发展动力具有持久性。

2.2 资源导向型县域经济

资源导向型县域经济是依靠本地区丰富的自然资源，优先发展自然资源采掘、开发行业，进而带动县域经济发展的一种经济发展模式。资源导向型县域经济发展模式需要县域范围内必须拥有丰富的自然资源（尤其是矿产资源），丰富的自然资源是推动县域经济发展的主导因素，在发展初期，县域经济活动多数围绕资源的开发利用展开，对县域自然资源的开发利用状况决定着县域经济发展的成败。资源导向型县域经济发展模式的特征如下：

(1) 资本结构总体呈多元化特征，其中，国有资本在资源开发领域居于优势地位，民间资本的作用范围相对较小，国外资本则面临更高的进入壁垒。

(2) 资源开采和加工以及相关产业在县域经济中占有相当大的比重，资源开发及相关产业对劳动力和资本的聚集效应为第三产业提供了良好的发展机遇，资源开发相关服务业在整个产业结构中具有重要地位，农业往往由于自然条件的限制和比较利益的影响难以获得发展空间，例如，依靠丰富的煤炭资源，近年来在我国县域经济中崛起的准格尔旗、神木县、府谷县等都呈现上述特征。

资源导向型县域经济的优点在于，在条件具备的情况下起步难度比较小，能在较短的时间内取得可观的经济效益，特别适用于县域经济发展的初期阶段。然而，对资源的高度依赖使该发展模式面临诸多问题的制约，例如，资源的开采往往引致一系列环境问题，从而增加经济发展的社会与环境成本，资源开发利用传统的粗放式经营带来的环境污染和资源浪费等问题会使资源开发产业面临更为严格的管制约束，因此，在县域经济具备一定的发展基础后，经济结构与产业结构的升级与转型发展是资源型县域经济必须妥善规划的发展路径。

3、县域集群式发展——县域经济发展模式创新演进的路径

由于我国县域众多，存在与单个县市所具备的特色与优势相近似的其他县市，产业的趋同性将导致县域间发展存在竞争。因此，需要在两种县域经济发展模式的基础上进一步探究长期发展的共性路径。

产业集群理论揭示出，在一定空间范围内产业的高集中度有利于降低企业的制度成本（包括生产成本、交换成本），提高规模经济效益和范围经济效益，提高产业和企业的市场竞争力。基于产业集群理论的思想，立足于县域经济的性质、地位、作用，可以发现，县域集群式发展代表着我国县域经济未来的发展方向。

县域集群是指：为了谋求县域综合实力的发展，在特定区域内相对集中、形成若干个联盟的县域集合，是为创造区域竞争优势而形成的一种空间组织形式。县域集群绝非大量县域的简单聚集，而是在一个区域内相互联系、相互作用的县域网络：通过县域产业的分工、合作、优势互补，增强县域产业的综合市场竞争力；通过县域政府间联盟，节省政府开支，降低公务浪费，提高政府工作效率；通过县域文化联盟，形成特色区域文化，提升县域集群及单个县域的认知度和影响力，依靠县域间经济、政治与文化联盟，实现县域及县域集群的科学发展。

县域集群具有如下特性：

⑴ 空间上的区域性：县域集群是特定空间区域内的多个县域的联盟，这就决定了集群内各县域之间应紧密分布，必须具有相同或相似的空间区位条件。

⑵ 合作上的战略性：组建县域集群的目的是为了谋求集群内各个县及整个集群的持续发展，组建的前提是县域间可以形成县域产业的长期优势互补，提升综合市场竞争力。

(3) 组织上的相对松散性：县域集群是县域间的联盟，其目的是带动县域及集群的持续发展。因此，这种联盟虽然由县域政府主导，但在合作之初，更多的是一种经济上的联盟，不需要设立专门的机构对整个县域集群进行管理，而可以采用会议、论坛等更加灵活的形式加强集群内县域间的交流与合作。当然，随着县域集群的发展，集群内将需要制定一定的政策、建立一定的制度以进一步提升集群的对内合力和内外竞争力，此时，可以考虑组建由集群内各县域政府联合“执政”的一种管理联盟。事实上，在更高层的国家角度，欧洲诸国由最初的经济共同体发展为欧盟，已为从经济到政治的合作进行了最佳的探索与宣示。

(4) 文化上的同质性：从某种程度上说，区域性决定了文化的同质性。这种文化同质表现在同一个县域集群内各县域之间具有相同或相似的民族风情和风俗习惯，具有较为典型的区域亚文化特征。只有文化上的同质，才可以使民间的合作更为稳固与持久；同时，这种文化同质，也使县域集群对外时表现为更突出的文化特色，具有更明显的文化吸引力和感召力。

事实上，尽管“县域集群”概念由徐菁蔚首创，但我国近年来已出现了部分县域间实行联盟的合作形式。例如，山东烟台市多年以来形成的“蓬莱＋长岛”旅游联盟发展到“蓬莱（蓬莱阁）＋长岛＋龙口（南山）＋莱州（三山岛）＋芝罘（烟台山）＋牟平（养马岛）＋栖霞（牟氏庄园）”的特色旅游联盟，不但带动烟台各区县的旅游经济，也提升了烟台旅游城市的整体影响力。当然，这种旅游联盟更多的是一种产业合作形式，它的出现是为了凸现区域特色旅游文化的较为简单的成因，而对于县域集群这个新事物，它的成因更为复杂。

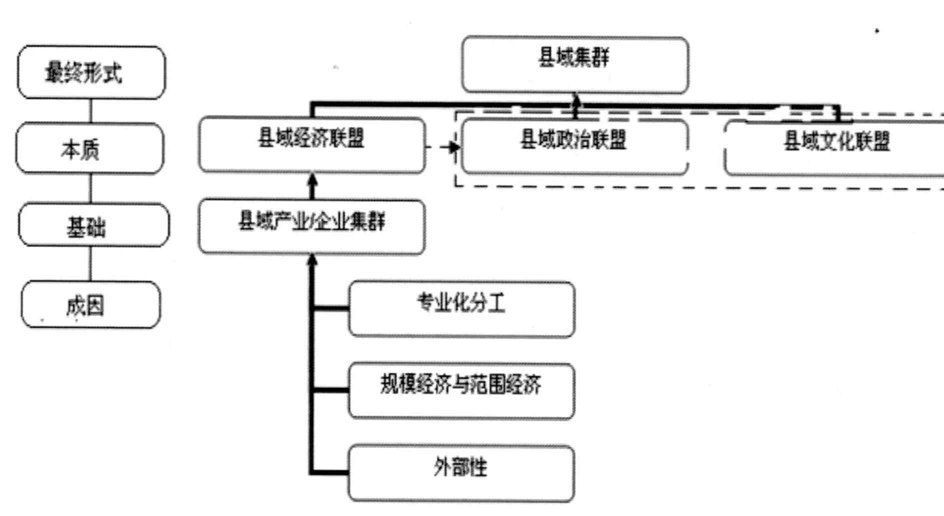

图 36.2 县域集群的形成机理图

县域集群的本质是县域的经济、政治、文化联盟，其中经济联盟是县域集群的直接成因，而政治与文化联盟则是基于经济联盟的衍生。因此，探究县域集群的形成机理，也就是寻找县域经济联盟的产生原因。由于县域经济联盟最主要的表现形式为县域产业集群，因此，这一问题最终落在县域产业集群是如何产生的，如图 36.2 所示。

(1) 县域间的分工与专业化促进县域产业集群的产生。县域产业集群首先就是一种专业化分工。专业化分工包含分工和专业化两个概念。分工，就是两个或两个以上的个人或组织将原来一个人或一个组织在生产活动中所包含的不同职能的操作分开进行；专业化，则是指一个人或组织减少生产活动中的不同职能的操作的种类，或者说将生产活动集中于较少的不同职能的操作上。企业总是追求效益最大化，这是经济学的基本原理。实现企业效益最大化的主要手段就是提高生产效率，分工与专业化正是提高生产效率的最佳途径。通过分工与专业化，单个企业可以不断分离其在经济活动中处于劣势的职能，保留并持续提升其优势职能；而被分离的职能也逐渐转移到其他擅于此类职能的企业中，最终形成了多个企业间借助经济互补而共同提升经济效益的正反馈局面；同时，由于交易费用等的限制，多个企业也势必出现在空间较近的区域中，这就形成了企业集群。上述的单个企业改为某个产业进一步演绎，得出产业集群的产生原因。因此，专业化分工是县域产业集群产生与发展的根本原因；而集群的特性也促使这种专业化分工不断深化，最终促进县域集群内产业集群综合效益的提升。

(2) 县域规模经济与范围经济带动县域产业集群的产生。西方经济学认为，规模经济是给定技术条件下(指没有技术变化)，对于某一产品(无论是单一产品还是复合产品)，如果在某些产量范围内平均成本是下降的，就认为存在着规模经济。范围经济则是由于当同时生产两种产品的费用低于分别生产每种产品时，所存在的状况就被称为范围经济。简言之，规模经济是指在一个给定的技术水平上，随着规模扩大，产出增加，则平均成本逐步下降；范围经济是指同一核心专长使各项活动多样化，多项活动共享一种核心专长，从而导致各项活动费用的降低和经济效益的提高。

当然，将规模经济与范围经济的概念引入县域产业集群时，自然而然产生了内部与外部两种“规范”经济。即县域产业集群内的某产业随着专业化分工的加深，即使单个企业规模较小，但整个产业规模也会因企业数量的增加而不断扩大。各企业共同分享辅助性生产、基础设施与服务、劳动力供给和培训等，带动单个企业经营成本的降低，并最终提升整个产业的竞争力；同时，对于同类产品生产企业的大规模集中可以扩大产品差异化程度，增加满足不同消费者偏好的能力，吸引更多的需求，从而使每个企业获得其他企业产品多样化带来的外部范围经济。因此，正是企业对规模经济和范围经济的追求导致了县域产业集群的产生。

⑶ 县域经济的外部性特征激发县域产业集群的产生。所谓外部性，是指产业发展带来个别企业成本的下降，个别企业所获收益来自企业个体成本—收益决策之外的那部分利益就是外部性。

对于县域产业集群，其外部性主要通过以下途径获得：可以利用具有比较优势的自然资源、地理资源和人力资源；可以共享社会基础设施，减少对基础设施要求的复杂性，节约建设基础设施的费用；可以形成较为高效率的地方劳动力市场；可以共享辅助性行业提供的专门服务；有利于专业技术的对外扩散。

实际上，县域产业集群正是满足了获得外部性的两个主要条件—共享和互补（依赖）。当然，县域集群绝对不是规模越大越好。当企业和居民过分集中时，同样会产生和扩大外在的不经济，明显地增加生产和流通费用，造成环境污染，破坏合理的经济结构和比例，最终导致集群效益的下降，甚至出现负效益。因此，县域聚集存在一个合理的“度”，也就是需要一个最佳的集群规模。在最优规模的前提下，县域集群将会产生最大的价值，也势必会带动城镇化进程。

总之，作为我国国民经济的重要单元，在当前推进城镇化发展、在 2020 年实现全面建设小康社会伟大任务的时代背景下，县域经济的科学发展对推动我国国民经济整体的健康、持续发展具有战略意义。在中央及地方相关政策措施的大力支持下，随着各具特色的县域集群的建立，县域经济势必在推动我国国民经济转型升级的建设进程中发挥显著作用。

报告之三十七：我国县域经济的区位导向型发展模式

1、区位导向型县域经济的主要发展模式

改革开放以来，一部分具有区位优势的县域通过密切把握机遇、迅速将区位优势转化为经济发展的动力，带动县域经济获得了蓬勃发展，并逐渐形成了独具特色的发展模式。这些发展模式是对县域经济发展的可贵探索与经验总结。在这其中，既有早已名震全国的苏南模式、温州模式、晋江模式，也有后起之秀的瓦房店模式，而以资源整合、品牌与旅游产业引领的长白山模式因发展时间短尚未实现前四种模式的辉煌成就，但在带动相关县域摆脱落后发展状态上却已经发挥出巨大效应，彰显出强大的发展空间。

1.1 苏南模式——政府主导、不断扬弃的县域经济发展模式

苏南模式传统意义上是指江苏的苏州、无锡、常州等地区通过发展乡镇企业实现非农化发展的方式。其主要特征是：农民依靠自己的力量发展乡镇企业；乡镇企业的所有制结构以集体经济为主；乡镇政府主导乡镇企业的发展。20 世纪 80 年代以来，苏南经济得以迅速发展的关键是以集体所有制为基础的乡镇企业发展的推动，以及乡镇政府对乡镇企业的控制与影响。早期的乡镇企业经济总量约占乡镇经济总量的 95%；在产业结构上，以第二产业为主；在经营方式上，以市场为导向，高度参与市场竞争。80 年代后期，随着资源、需求、体制的变化，企业经营环境复杂性增强，企业面临日益激烈的市场竞争，传统的苏南模式出现了发展的危机。20 世纪 90 年代以来，苏南乡镇企业在政企分开、产权明晰、企业资产重组与多元化发展等方面的改革取得明显成效，传统的苏南模式通过对自身发展的扬弃进入了新的历史阶段，呈现出许多新特征：一是经济发展速度明显提高、经济规模迅速膨胀；二是工业化进程迅速推进，形成以制造业为主体的产业格局；三是经济国际化特征日益明显，招商引资成绩显著，这就是所谓的“新苏南模式”，尤以“昆山之路”为代表。“苏南模式”从最初的发展多元产业到明确制造业的主体地位；从最初依靠自身的灵活性来实现产业的发展到结合本地实际，通过对外开放引进资本与技术，依靠科技进步和提高劳动者素质提升企业实力促进经济增长，与时俱进，对自身不断的扬弃式发展成为苏南模式的鲜明特征。在苏南模式发展的过程中，当地政府的作用主要体现在制度创新、资源配置、行政推动经济增长。苏南乡镇企业在创立初期，当地政府就积极参与，

控制并影响企业的发展；在宏观经济体制向市场化转轨后，面对集体经济属性导致产权不明、政企不分、限制企业发展的实际情况，苏南当地政府又推动乡镇企业进行“企业承包责任制”、“租赁经营和拍卖”、“股份合作制经济”等多种形式的产权制度和管理体制的改革，使乡镇企业融入民营经济、股份制经济和开放型经济；在产业日渐雷同、面临的市场竞争环境日益激烈时，苏南当地政府深化“政府为企业服务”职能，借助已有的成功经验，抢先一步搭建更具竞争力的平台与载体，从而使县域经济在发展中始终保持优势（注：与苏南模式相关的详细内容，请参阅本书第三篇中的“苏南重镇，魅力鹿城—江苏昆山市”）。

1.2 温州模式——从无为而治的“小狗经济”到政府引导率先改革型发展模式

温州是我国最早发展个体与私营经济的地方，也是浙江省内发展专业化加工和专业化市场最具特色的地区。温州私营经济在长期的发展过程中形成了明确的社会化分工、协作，每个企业专注于各自核心能力的培养和成本潜力的挖掘，累积形成多个强大的企业群，大量的企业集群加上合理的分工协作、对品牌、技术专长等无形资产的共享、产生了许多协同优势，进而带动提升各个企业的规模与实力，最终实现了县域经济的壮大。在此期间，温州以“无为而治”著称，市场机制成为温州区域配置资源的基本形式，处于基础和主导地位，地方政府则着重于解决外部性问题，弥补市场不足，工作重点放在社会保障体系及社会公平机制的构筑上。20 世纪 90 年代以来，传统温州模式所表现出的产权障碍、家族管理制度不能适应企业规模化成长、产业粗放以传统劳动密集型为主等局限促使温州模式突破了传统以家庭经营为基础、单纯以市场经营为导向的限制，走向企业联合、重组、优化的寻求资产经营与资本经营综合发展的集团化规模发展道路，进一步提振了县域经济的发展。然而，温州模式起始于高度发达的私营经济，民间资金充裕，制造业在发展中始终伴随的资金需求激活了温州的民间金融市场。由于缺乏相关的监管政策，受全球金融危机以来的各种不利因素的影响，民间资本链条出现断裂，温州频现“老板跑路”现象。正是在这种时代背景下，2012 年 3 月 28 日，国务院决定设立温州市金融综合改革试验区。温州国家金融综合改革试验区将在地方金融组织体系、金融服务体系、民间资本市场体系、金融风险防范体系等方面先行试验，开展金融综合改革，通过体制机制创新，构建与经济社会发展相匹配的多元化金融体系，引导民间融资规范发展，提升金融服务实体经济的能力，切实解决温州经济发展存在的突出问题，使防范和化解金融风险能力明显增强，金融环境明显优化，为全国金融改革提供经验。毋庸置疑，随着温州在金融领域内的改革探索，“温州模式”也将重新焕发出新的生机。

1.3 晋江模式——品牌与资本引导型发展模式

改革开放以来，福建省借助其侨乡的地位和率先开放的政策优势，大力发展外向型经济和民营经济，依靠引进外资积极发展以“三来一补”为主要特征、以品牌经济为特色的出口加工业，带动当地县域经济的发展，其中最主要的代表是晋江、石狮，被称为“晋江模式”。晋江模式的典型特征表现在：专业镇成为县域经济的生力军，民营经济成为县域经济的主导经济，传统制造业集群因品牌与资本优势产生强大的生命力。全球金融危机爆发以来，由于传统制造业在国际市场上难以获得更高的市场价值，一度使晋江模式陷入危机。然而通过利用已经形成的聚集优势，大力实施技术创新与产业升级，变制造为创造提高附加价值，同时依靠资本聚集积极培育高新技术产业，使晋江模式再度焕发生机。与地方政府积极参与的苏南模式和早期“无为而治”的温州模式相比，晋江模式中地方政府的作用主要体现在积极营造适宜的政策环境，既强调制度创新，也看重政府服务：积极培育和规范市场体系，发展了商品交易、人才、土地、产权交易市场，努力营造良好的城市环境、政务环境、法制环境、市场环境与人文环境，形成吸引人才、吸引资金、引进技术的综合环境优势（注：与晋江模式相关的详细内容，请参阅本书第三篇中的“海滨邹鲁之地，品牌资本之都—福建晋江市”）。

1.4 瓦房店模式——现代工业带动型发展模式

近年来，在振兴东北老工业基地与辽宁沿海经济开发开放战略引领下，瓦房店市委、市政府抓住大连市重化工业转移的重要机遇，立足面海发展，全域谋划出“两轴、一带、三园、四区”的产业布局和“弓箭型”发展空间，在此基础上，立足于轴承、化工、核电、风电、造船、光电等特色优势产业，通过加强园区载体建设，在园区内实现上下游产品专业化生产的链条型模式，有效实现了产品在园区内的协作与衔接，实现了工业的集约经营。例如，瓦房店从 2004 年就开始着手建立专门生产和研发轴承、机床的祝华工业园区，并确立“做强轴承、扩大机床、聚集产业、形成基地”的园区发展思路，目前正在规划建设专门用以吸纳和承接轴承及其关联产业的项目基地，真正将轴承产业做大、做优、做强。可以说，瓦房店市在立足特色轴承工业的基础上紧紧抓住大连市产业转移的机会，将大机床、大化工、大重工、大制船这些航母型的现代工业成功地引进瓦房店，形成了以现代工业为主体的特色产业集群。地方政府能够真正立足当地特色，不盲从，注重以科学规划引导特色产业实现集群布局与发展，进而依靠现代工业壮大县域经济是瓦房店模式的突出特色（注：与瓦房店模式相关的详细内容，请参阅本书第三篇中的“渤海明珠，轴承之都—辽宁瓦房店市”）。

1.5 长白山模式——以资源整合集聚壮大品牌效应带动特色产业发展的模式

长白山是欧亚大陆东缘的最高山系，地处吉林省东南部，位邻中国与朝鲜边界。长白山区域总面积为 19.64 万公顷，核心区为 7.58 万公顷，主要位于吉林省安图县、抚松县、长白朝鲜族自治县境内。长白山系的最高峰是朝鲜境内海拔 2749 米的将军峰，我国境内最高峰为白云峰，海拔 2691 米，也是东北三省的最高峰。长白山因其主峰多白色浮石与积雪而得名，“千年积雪万年松，直上人间第一峰”，长白山曾先后被确定为首批国家级自然保护区、首批国家 5A 级旅游景区、联合国“人与生物圈”自然保留地和国际 A 级自然保护区。长白山及其天池、瀑布、雪雕、林海等多次入选“吉尼斯”世界之最记录，更有中华十大名山、中国最美的五大湖泊、中国最美的十大森林等美誉，以其丰饶广袤、博大深厚、独特多样、悠久厚重的自然资源和人文积淀而驰名天下。

然而，在经济利益驱使下，20 世纪 80 年代以来，长白山一度遭受掠夺式开发，长白山生态环境被严重破坏，而长白山所属范围内的安图县、抚松县、长白朝鲜族自治县则因缺乏核心竞争力、缺乏特色支柱产业等“瓶颈”要素，县域经济处于欠发达状态。

进入 21 世纪以来，吉林省为了实现发展由“快走”变“快跑”的目标，决定将旅游作为特色产业，长白山旅游资源是其重要依托。为了保护长白山生态环境，规范长白山资源的合理永续利用，解决多年来的“条块”分割问题，2005 年吉林省委、省政府本着“统一规划、统一保护、统一开发、统一管理”的原则，成立长白山管委会，为进一步加大生态保护工作力度，统筹区域资源环境与经济社会的全面、协调、可持续发展提供了重要保障。

在吉林省委、省政府的大力支持与指导下，长白山管委会坚持“大长白山”的思维和站位，在深入分析长白山保护区面临的发展形势与特色优势基础上用规划引领长白山保护区的发展，将其定位为“以欧亚大陆北半部典型自然综合体为特征的世界自然保留地、国际 A 级保护区；以火山地质、水文、气象、物种基因库和垂直植物景观带为核心的科研科普基地；以“观赏乐园、避暑胜地、冰雪世界、休闲天堂”为主题的世界级旅游目的地；以林下产品、矿（泉)产品、绿色食品、中草药加工为重点的生态经济示范区”，突出长白山“吉林第一名片”地位，促进长白山旅游产业向休闲度假复合型、功能服务综合型、生态文化融合型转变，合力推进以长白山为龙头的旅游经济带建设，使长白山成为长吉图、大东北乃至东北亚的重要旅游目的地和集散地，旅游产业得以发挥巨大效能。根据长白山保护区的战略定位，进一步明确长白山管委会管辖区域的产业发展战略为“大旅游带动战略”：以增加全省经济总量、建设全省生态产业典范、带动吉林东部经济发展为目的，以长白山保护开发区为载体，全力构建以旅游产业发展为主导、以旅游商品生产加工为辅助、以地方产业发展为补充的产业体系，通过提高长白山品牌知名度培育并发展人参生产加工、山珍种植加工、木制品、工艺品、矿泉水、医药、绿色食品等具有地方特色的产业集群发展格局特色的地方产业集群；形成以自然保护区为核心、三个旅游服务基地为基础、五个主题功能区为重点、其他景区景点为补充“一核、三地、五区”的永续利用的空间发展格局。

一核是指长白山自然保护区，总面积 196465km^2，发展的重点是在加强长白山生态环境保护的前提下提高长白山的世界级品位。

三地是指三个旅游服务基地，是以原安图二道白河镇、原抚松东岗镇（包括周边 30 平方公里）、漫江镇为依托的长白山保护开发池北、池西、池南区。其中，池北区中心城区规划建设为 “森林中的小镇”为特色的生态宜居小镇和休闲旅游小镇，是长白山保护开发区的政治、经济、文化中心，是长白山北坡的旅游集散和服务中心；池西旅游服务基地规划建设为以“环抱森林的旅游新城区”为特色的生态宜居新城区和休闲旅游新城区、长白山旅游的第一目的地、中转中心和接待中心，长白山西坡的旅游集散和服务中心；池南区中心城区是以生态居住和水为特色的旅游接待和服务中心。

五区是指分布在长白山自然保护区周边地处长白山天池的可视范围内的五个主题功能区，包括和平旅游度假主题功能区、参花健身休闲主题功能区、卧龙国际会议主题功能区、池西交通枢纽主题功能区、望天鹅冰雪旅游主题功能区。五个主题功能区的布局是遵循“功能链”的开发模式，在自然保护区外围的适当区域布置五处主要旅游活动场所，在五个功能区内，形成分别以温泉、高尔夫、会展、交通和冰雪为主题特色的旅游活动场所。例如，和平旅游度假主题功能区面积约 10 平方公里，位于池北区与长白山北坡山门之间，是远距离欣赏长白山的绝佳位置，且地热资源丰富，开发温泉度假、休闲滑雪功能潜力巨大。长白山和平滑雪场就位于该区，它是长白山北坡唯一的滑雪场，距长白山山门仅 6 公里，建在海拔 1034 米山体落差 140 米处，环境适宜，自然条件优越，滑雪期长，现已建成中初级雪道 5 条和全长 3 公里的越野雪道一条，设施和设备先进齐全。和平滑雪场是通往长白山北坡景区旅游观光的必经之地，坐在滑雪场的缆车上可以纵览北坡天池景区，因此是面向大众消费群集滑雪、生态旅游、风光旅游和民俗旅游四位一体的休闲旅游度假地。

长白山和平滑雪场与北坡天池景区剪影

2012 年 7 月 28 日，位于抚松县松江河镇临近长白山天池西坡景区的长白山国际度假区正式开门迎客。长白山国际度假区以复合型稀缺旅游资源为依托，建立了观光、休闲、度假、娱乐、运动、商务、会展、居住、购物……相互依存、互为支撑的产业链条，实现了度假功能最大程度整合，业态齐全多元，是国内乃至世界罕见的一次性综合规划的度假项目。参与长白山国际度假区开发的国内商业地产领军企业万达集团坚定地宣称，中国旅游度假格局将因长白山而发生改变。

万达长白山国际度假区与长白山西坡天池剪影

事实上，与国内知名企业联合打造长白山国际度假区仅仅是近年来长白山各种浓墨重彩中的一笔：通过吉林全省上下的全力以赴、资源的整合集聚、领先的发展规划、有效的地域组合项目配套、商贸金融联动，“休闲养生地、大美长白山”的观念深入人心，长白山名山效应凸显，长白山保护区的品牌效应与旅游价值已经发挥出巨大的优势，进而带动所在县市县域经济的整体提升，一个以长白山为核心，覆盖周边三县市的“长白山模式”已经跃然升起。

⑴ 县域经济飞速发展，均超过同时期我国国民经济 17.49%的平均发展速度，其中，抚松县的发展速度最快，其县域经济总量在 2010 年已经突破百亿元（注：相关 GDP 数据均为现价计算，未扣除价格变动影响因素）。

表 37.1 2006-2011 年三县县域经济总量发展状况

GDP（万元）	2006 年	2007 年	2008 年	2009 年	2010 年	2011 年	平均增速
安图县	183197	231277	288280	330036	404032	500482	22.26%
抚松县	388961	487508	614600	800858	1022196	1268838	26.68%
长白朝鲜自治县	105837	131653	149863	173967	236290	290162	22.35%

⑵ 从县域经济结构角度：6 年来，长白山三县经济结构由第一、二、三产业的基本均衡逐渐调整为第二、三产业主导的发展格局。长白山保护区的规划管理区主要位于抚松、安图县境内，受其影响，两县第三产业呈现齐头并进的态势，且明显高于长北朝鲜族自治县，充分说明“大美长白山”的整合优势在带动周边县域的旅游及相关服务业发展上发挥了积极作用。值得注意的是，由于长白山腹地是天然的“物种基因库”，盛产种类繁多的土特名产，具有发展特色农业得天独厚的优势，且人参生产加工、山珍种植加工、绿色食品等是长白山重点规划发展的产业群，因此，在今后的发展过程中，应该突出特色农业的地位，大力发展现代农业、绿色农业，订单农业，通过农产品深加工产业提升农业的含金量，带动当地农民的增收。

表 37.2 2006-2011 年三县三次产业结构状况

第一产业（万元）	2006 年	2007 年	2008 年	2009 年	2010 年	2011 年	平均增速
安图县	38062	45348	47552	49139	56281	64706	11.20%
抚松县	106590	128683	129477	142646	164374	169352	9.70%
长白朝鲜自治县	27789	32523	33618	37092	43479	45394	10.31%
第二产业（万元）	**2006 年**	**2007 年**	**2008 年**	**2009 年**	**2010 年**	**2011 年**	**平均增速**
安图县	64801	79031	109616	115473	133606	168000	20.99%
抚松县	154103	182966	259162	357062	479609	673036	34.29%
长白朝鲜自治县	32141	44797	48637	67091	97397	131289	32.51%
工业（万元）	**2006 年**	**2007 年**	**2008 年**	**2009 年**	**2010 年**	**2011 年**	**平均增速**
安图县	39071	44934	60626	78081	102505	143866	29.78%
抚松县	146741	173752	251574	339073	459223	648318	34.60%
长白朝鲜自治县	30489	42521	46402	64631	92952	125968	32.81%
第三产业（万元）	**2006 年**	**2007 年**	**2008 年**	**2009 年**	**2010 年**	**2011 年**	**平均增速**
安图县	80334	106898	131112	165424	214145	267776	27.23%
抚松县	128268	175859	225961	301150	378213	426450	27.16%
长白朝鲜自治县	45907	54333	67608	69784	95414	113479	19.84%

(3) 从县级财政角度：6 年间，三县的财政支出均大于财政收入，相对而言，抚松县与长白县的一般预算收支均增长迅速，安图县的预算收支相对增长缓慢。但整体上，三县的一般预算收入均未突破 10 亿元，与经济发达的县域相比，还存在一定的差距。究其原因，县域民营经济不发达、特色产业集群实力不强是其中的重要影响因素，还需要在今后的发展历程中借助“长白山”效应，大力培育并引导民营经济、特色产业的发展。

表 37.3 2006-2011 年三县县级财政收支情况

财政收入（万元）	2006 年	2007 年	2008 年	2009 年	2010 年	2011 年	平均增速
安图县	10518	11278	12836	14974	18593	23909	17.85%
抚松县	15082	19907	30192	41468	55068	80158	39.67%
长白朝鲜自治县	5224	7284	9092	11900	15144	23466	35.05%
财政支出（万元）	**2006 年**	**2007 年**	**2008 年**	**2009 年**	**2010 年**	**2011 年**	**平均增速**
安图县	52292	54186	69500	86960	130104	142481	22.20%
抚松县	61918	77488	110473	152501	178075	254958	32.72%
长白朝鲜自治县	32569	40408	52539	67467	90432	122325	30.30%

(4) 6 年间，三县农民人均纯收入有显著增加，至 2011 年底，抚松县农民人均纯收入已超过 6977 的全国平均水平，安图县与长白县农民人均纯收入也与全国平均水平较为接近。

表 37.4 2006-2011 年三县农民人均纯收入状况

农民人均纯收入（元）	2006 年	2007 年	2008 年	2009 年	2010 年	2011 年	平均增速
安图县	2336	2890	3301.85	3434.99		6550	22.90%
抚松县	4369	4955	5585.47	6039.02	7021	8291	13.67%
长白朝鲜自治县	3452	3961	4540.64	4948.12	5660	6961	15.06%

(5) 从国内外贸易看，国内贸易中，三县的增速基本与同时期吉林省县域的增速持平；但从对外贸易角度，安图县由于地处延边州，在图们江开放等相关区域战略的影响下，对外贸易增长迅速，长白县与抚松县也保持了一定的增长。由于三县的特色产业尚不明显，因此，整体对外贸易的额度还很不足。

表 37.5 2006-2011 年三县内外贸易发展状况

社会消费品零售总额（万元）	2006 年	2007 年	2008 年	2009 年	2010 年	2011 年	平均增速
安图县	48568	56995	70752	82253	97100	113803	18.57%
抚松县	137626	157455	191261	235750	271900	313560	17.90%
长白朝鲜自治县	28864	33974	41160	49013	55000	63295	17.00%
出口额(万美元)	**2006 年**	**2007 年**	**2008 年**	**2009 年**	**2010 年**	**2011 年**	**平均增速**
安图县	1566	1595	1180	1010	5193	9823	44.37%
抚松县	5019	5578	7130	6274	8908	9293	13.11%
长白朝鲜自治县	1070	1451	2942	2942	3200	4215	31.55%

总之，自 2006 年以来，长白山所属三县在“长白山”效应的带动下，县域经济均取得了较快的发展，究其发展原因，不难发现：

- 借助长白山品牌效应，打破了区域概念，以区域整体的资源优势，吸引外来投资发展关联性旅游产业及配套产业，有利于更好地积累资本与人才优势。
- 延伸农产品深加工产业链，大力发展特色农业，实现农民收入增加。“三农问题”是制约县域经济发展的关键问题，三农之中，又以“农民增收难”为难点。由于长白山独特的资源优势，造就土特产丰富，而农产品深加工进一步扩大了产业的附加价值。
- 在长白山保护开发的过程中，不断提高基础设施建设与投入，进一步扩大了对外开放的窗口。

当然，因长白山整体开发的时间有限，长白山的效应尚未能充分发挥，且三县建立特色产业集群也存在一定周期，因此，可以预计，随着长白山各大项目的建设和运营，相关县域将迎来更加有利的发展时机，预计三县在“十二五”剩余时间以及今后的更长时期内，将会面临县域经济腾飞的重大转折期。

2、五种区位导向型县域经济发展模式的启示

五种区位导向型县域经济发展模式是特定时代背景下的产物，也是区域历史文化背景下的产物，既有融合互补，殊途同归的一面，也有继续存在并分化的一面，概括起来，五种区位导向型县域经济发展模式的启示是：

⑴ 五种模式都是立足当地的实际发展状况，将机制、资源、环境三大发展因素有机地结合，通过培育与发展特定的县域核心竞争力来促进经济发展。

⑵ 尽管在农业现代化、城镇化、工业化、信息化与市场化的过程中，五种模式选择的发展路径不同，但最终都是需要因地制宜培育并形成特色产业带动县域经济发展。

⑶ 民营经济是县域经济发展的方向。苏南、温州、晋江、瓦房店的县域综合实力之所以突出，就在于民营经济的支撑；由于长白山模式形成的较晚，民营经济的发展还存在差距，在县域综合实力上相对欠发达。

⑷ 五种模式成功的关键都在于制度创新。制度经济学认为，如果制度变迁的主体通过制度变迁获得的收益大于所支付的成本，制度变迁就可能发生。浙江和苏南地区，受资源的限制农村经济在发展前几乎停滞，农民生活长期难以改善。政府推行乡镇企业以及个体、私营企业等制度创新，收益必然大于成本；同时，由于这种改革是代表了人民的意愿，因此制度变迁的成本大大降低；长白山通过实施管委会的统一管理，突出了品牌的集聚效应，也使保护区的开发更加科学合理富有特色。

报告之三十八：我国县域经济的资源导向型发展模式——以鄂尔多斯县域经济发展模式为例

1、鄂尔多斯五旗县县域经济发展的历史回顾

鄂尔多斯是蒙古语，汉语译为众多的宫殿。内蒙古鄂尔多斯市位于内蒙古自治区西南部，西、北、东三面被黄河环绕，属黄河上中游地区，南面毗邻毛乌素沙漠。全市辖东胜区、达拉特旗、准格尔旗、伊金霍洛旗、乌审旗、杭锦旗、鄂托克旗、鄂托克前旗 7 旗 1 区，总面积 8.7 万平方公里，其中，准格尔旗、伊金霍洛旗、乌审旗、杭锦旗、鄂托克旗、鄂托克前旗五个旗的面积为 5.58 万平方公里，约占全市面积的 64%。

鄂尔多斯是人类文明的发祥地之一，萨拉乌苏文化、青铜文化源远流长，著名的河套文化更是 35000 年前“河套人”的创举。历史上的鄂尔多斯曾经是一个水草丰美、“风吹草低见牛羊”的富庶之地。然而因自然气候的变迁、战乱、放垦等原因，当地的生态环境遭受严重破坏，土地沙漠化严重，毛乌素沙漠不断扩张，沙漠面积一度占到全市面积的 48%以上。受恶劣的生态环境影响，沙漠周边及腹地的准格尔等五个旗县人口稀少，县域经济处于长期迟滞发展的状态，五个旗境内的贫困人口一度占总人口的 60%以上，并严重影响到鄂尔多斯市的整体经济情况，鄂尔多斯市一度沦为内蒙古经济最不发达的地区之一。2002 年，国家将鄂市五个旗县评定为国家级贫困县，以期通过各种优惠政策，利用西部大开发的机遇，促进五个旗县的经济发展，改变鄂尔多斯市长期贫困落后的状态。

2、鄂尔多斯五旗县县域经济发展现状分析

2003 年以来，以准格尔旗、乌审旗、伊金霍洛旗、鄂托克前旗、杭锦旗组成的鄂尔多斯市国家级贫困县县域经济获得巨大发展，县域综合实力不断提高，一举脱贫。其中：准格尔旗位列我国县域经济科学发展竞争力百强县第 10 位，是西部县域经济最发达的县；伊金霍洛旗紧随其后，位列县域经济科学发展竞争力百强县的第 23 名，乌审旗、鄂托克前旗、杭锦旗也分别位列县域经济科学发展竞争力的第 101、208、与 599 位。五个旗县的跨越发展推动鄂尔多斯与包头、呼和浩特组成了内蒙古经济发展的“黄金三角”地带。纵观五个旗

县县域经济九年内的发展情况，不难看出：

⑴ 县域经济飞速发展，均超过同时期我国国民经济 18%的平均发展速度。其中，准格尔、乌审、伊金霍洛三旗更是出现了年均增长 39%以上的高速发展。经济的飞速发表明，鄂市五旗已经寻找到了适合自身县域经济发展的有效途径。

表 38.1 2003-2011 年五旗县县域 GDP 发展状况

GDP（万元）	2003 年	2004 年	2005 年	2006 年	2007 年	2008 年	2009 年	2010 年	2011 年	平增增速
准格尔旗	570050	950100	1378399	2000027	3000267	3955000	5394800	6711362	8300235	39.76%
乌审旗	149837	196506	304557	426443	700082	1060000	1531300	1894911	2400110	41.44%
伊金霍洛旗	383953	546600	896781	1300031	2003806	2922400	3934876	4729668	5639536	39.92%
鄂托克前旗	102167	131579	143924	168199	228845	295700	365703	502269	680637	26.75%
杭锦旗	144227	182000	230322	288630	298142	314200	417900	501409	584800	19.12%

⑵ 城镇化水平整体呈现稳定增长的趋势。2011 年，五旗县的城镇化率均高于同时期我国城镇化率 51.3% 的平均水平。进一步观察五旗县城镇化率的增速可以发现，准格尔与乌审旗在 2003 年的城镇化率与其他三旗间的差距较大，也低于当时全国城镇化率 40.53%的平均水平，因此，它们在 8 年中实现城镇化 8%以上的增速；伊金霍洛、鄂托克前旗、杭锦旗在 2003 年的城镇化水平就高于当时全国的平均水平，在其后 8 年间，它们的城镇化率并没有实现较快的增速，这与我国当前城镇化率的发展水平是基本吻合的。

表 38.2 2003-2011 年五旗县城镇化水平发展情况

单位：%

城镇化率	2003 年	2004 年	2005 年	2006 年	2007 年	2008 年	2009 年	2010 年	2011 年	平均增速
准格尔旗	30.80	36.40	41.00	45.30	50.18	53.60	57.10	66.10	67.10	10.22
乌审旗	28.60	35.00	38.60	43.30	46.60	49.50	52.80	54.40	52.70	7.94
伊金霍洛旗	44.40	55.00	56.90	53.10	53.29	57.40	58.90	54.80	56.80	3.13
鄂托克前旗	43.90	46.60	51.50	49.90	51.35	49.80	50.60	52.60	52.90	2.36
杭锦旗	52.40	42.70	46.50	51.50	53.24	55.60	55.40	54.60	53.80	0.33

⑶ 从县域经济结构的角度：8 年来，鄂市五个旗县第二产业尤其是工业在整个县域经济中已处于绝对优势地位；从产业结构的整体

发展角度，五个旗县第二、三产业均获得了高速增长，第一产业在 8 年来稳步增长，与第二、三产业的增速相比，发展缓慢。进一步观察五个旗县的产业结构，准格尔旗、乌审旗、伊金霍洛旗相对其余二旗的第二、三产业增速都更为明显，而它们目前整体的经济实力也更为强劲，这恰恰证明，工业化加速将会为县域经济的发展带来巨大的发展力量。这也正是县域经济作为国民经济的基础单元，虽然是一、二、三产兼顾，也强调突出特色发展；但为了寻求县域经济的跨越式发展，最后仍旧要落脚到第二产业与第三产业兼顾发展、强调县域经济发展应坚持新型工业化发展的原因。

表 38.3 2003-2011 年五旗县三次产业结构

一产（万元）	2003 年	2004 年	2005 年	2006 年	2007 年	2008 年	2009 年	2010 年	2011 年	平均增速
准格尔旗	38564	51000	45046	45864	54812	60800	63800	72616	81272	9.77%
乌审旗	45281	46733	48314	49991	58767	63851	68125	87988	107212	11.38%
伊金霍洛旗	34101	38201	37979	37418	44532	48500	52001	56511	66479	8.70%
鄂托克前旗	38059	42686	40000	41860	50102	58800	60232	79231	91871	11.65%
杭锦旗	45336	50000	52791	59656	68892	80700	90000	112915	136100	14.73%
二产（万元）	2003 年	2004 年	2005 年	2006 年	2007 年	2008 年	2009 年	2010 年	2011 年	平均增速
准格尔旗	359932	614770	889476	1296189	1818910	2535700	3352300	4155552	5234245	39.74%
乌审旗	66928	106069	201716	307403	540099	838477	1102639	1389516	1786491	50.76%
伊金霍洛旗	234585	346301	364835	597260	1029329	1678300	2416407	3009551	3635195	40.86%
鄂托克前旗	30075	43830	38687	40525	78403	114300	149071	246342	347604	35.79%
杭锦旗	57714	86000	111375	148546	129258	112600	147800	187630	217500	18.04%
工业（万元）	2003 年	2004 年	2005 年	2006 年	2007 年	2008 年	2009 年	2010 年	2011 年	平均增速
准格尔旗	318216	489770	808599	1140144	1517563	2224800	3095000	3834444	4794359	40.36%
乌审旗	61428	100069	170700	262175	459910	740723	976838	1240654	1593139	50.22%
伊金霍洛旗	176557	261021	294007	469175	858464	1494200	2211001	2766761	3332606	44.37%
鄂托克前旗	17640	25230	22700	23366	52859	83800	113173	191759	251129	39.37%
杭锦旗	48678	75000	96630	130150	100932	79600	95000	132250	154700	15.55%

三产（万元）	2003 年	2004 年	2005 年	2006 年	2007 年	2008 年	2009 年	2010 年	2011 年	平均增速
准格尔旗	171554	284330	443877	657974	1126545	1358500	1978700	2483194	2984718	42.91%
乌审旗	37628	43704	54527	69049	101216	157672	360535	417407	506407	38.40%
伊金霍洛旗	115267	162098	493967	665353	929945	1195600	1466467	1663606	1937862	42.30%
鄂托克前旗	34033	45063	65237	85794	100340	122600	156400	176696	241162	27.73%
杭锦旗	41177	46000	66156	80428	99992	120900	180100	200864	231100	24.06%

(4) 从县级财政角度：2003-2011 年间，鄂市五个旗县财政收入与财政支出都有大幅增长，其中，准格尔旗与伊金霍洛旗均实现了财政的正增长。财政收入的总额增加表明，五个旗县为经济发展创造了更有利的财政环境，政府财政收入的增加使政府有更多的资金投入到县域经济的发展中，而县域经济的不断发展又促进了县级财政的增加，从而实现了一种财政收支上的良性互动。

表 38.4 2003-2011 年五旗县县级财政收支情况

财政收入	2003 年	2004 年	2005 年	2006 年	2007 年	2008 年	2009 年	2010 年	2011 年	平均增速
准格尔旗	35163	64111	130105	169613	230183	285492	388116	558462	781531	47.35%
乌审旗	6339	12463	19680	26675	30187	54861	78984	87541	110901	43.01%
伊金霍洛旗	23883	38061	68731	93480	118885	208082	316199	442135	665482	51.58%
鄂托克前旗	3453	4843	10192	9735	9370	13656	30568	51018	105836	53.39%
杭锦旗	6644	8318	10131	12527	12807	17417	27831	35491	49663	28.59%
财政支出	2003 年	2004 年	2005 年	2006 年	2007 年	2008 年	2009 年	2010 年	2011 年	平均增速
准格尔旗	51064	85844	129293	164538	249482	279554	355770	448984	578281	35.44%
乌审旗	18908	29669	42862	52255	60812	104688	165342	161416	187256	33.19%
伊金霍洛旗	35821	53600	83235	113903	131403	201380	236339	401878	462295	37.67%
鄂托克前旗	16326	20901	27666	31623	39959	65691	107467	140915	232904	39.41%
杭锦旗	26349	43340	40039	45469	51534	107042	152402	184031	212752	29.83%

(5) 2003-2011 年间，鄂市五个旗县农民人均纯收入有显著增加，截至 2011 年，五个旗县农民人均纯收入均远远超过当年全国农民人均纯收入（6977 元），城镇职工平均工资也高于同期我国城镇职工平均工资的基本水平（42452 元）。尽管五个旗县农民人均纯收入保持高速增长，远远高于同时期全国农民人均纯收入的增长水平，但与其城镇职工平均工资的增长水平相比，农民人均纯收入的增速仍旧要落后于城镇职工平均工资的增速，从而再次揭示了伴随我国经济的发展，城乡收入差距逐年拉大这一普遍现象。从此角度看，如何在"十二五"剩余时期缓解并改善城乡收入差距这一中国经济目前面临的普遍问题，实现和谐民生的建设，任重而道远。

表 38.5 2003-2011 年五旗县农民人均纯收入状况

农民人均纯收入（元）	2003 年	2004 年	2005 年	2006 年	2007 年	2008 年	2009 年	2010 年	2011 年	平均增速
准格尔旗	3060	3891	4705	5412	6288	7155	7945	8766	10093	16.09%
乌审旗	3435	4130	4783	5443	6289	7241	7945	8755	10054	14.37%
伊金霍洛旗	3191	3986	4742	5446	6301	7262	7959	8774	10098	15.49%
鄂托克前旗	3189	4135	4796	5485	6318	7289	7966	8764	10093	15.49%
杭锦旗	2814	3578	4136	4997	5995	6954	7783	8694	9956	17.11%

表 38.6 2003-2011 年五旗县城镇职工平均工资状况

城镇职工平均工资（元）	2003 年	2004 年	2005 年	2006 年	2007 年	2008 年	2009 年	2010 年	2011 年	平均增速
准格尔旗	14954	20999	25201	33971	35997	38702	46895	55164	61464	19.33%
乌审旗	12029	12591	15991	19297	23147	35328	44197	54244	59650	22.16%
伊金霍洛旗	16399	20344	25308	34057	38582	42657	46256	54800	59356	17.44%
鄂托克前旗	12150	14048	15645	19926	24053	34476	42765	53640	59427	21.95%
杭锦旗	10167	12307	13204	15176	20332	30460	39467	47536	50669	22.23%

(6) 从劳动力结构看：8 年间，五个旗县劳动力在第一产业中的结构整体呈现下降趋势。但总体而言，除准格尔旗外，其余四个旗劳动力在一产中所占的比例仍旧很高，由于准格尔旗是五旗中工业化程度最高、县域经济总值最高、第二产业在县域经济中的份额最高的旗

县，这充分表明，劳动力从第一产业转移出来，既是工业化程度高的体现，也有利的促进了当地县域经济的发展。

表 38.7 2003-2011 年五旗县农村劳动力从事第一产业的比例

一产占农村劳动力比例	2003 年	2004 年	2005 年	2006 年	2007 年	2008 年	2009 年	2010 年	2011 年	平均增速
准格尔旗	62.00	59.60	57.60	56.00	54.87	55.20	53.30	66.70	48.80	-2.95
乌审旗	93.00	90.90	89.50	89.10	79.15	77.30	77.30	79.40	75.40	-2.59
伊金霍洛旗	74.30	72.80	72.20	82.10	77.92	73.80	79.80	75.60	75.30	0.17
鄂托克前旗	86.10	90.70	92.70	88.50	91.86	90.00	86.00	86.90	85.60	-0.07
杭锦旗	71.00	78.70	76.40	79.60	82.83	91.10	90.80	87.50	88.50	2.79

(7) 从规模以上工业看，外资比例所占份额极小。这种情况既说明在经济外向吸引力方面，鄂市五个旗县与东部经济发达县市之间存在较大差距，也是鄂市五个旗县借助资源优势带动县域经济发展而国家对资源性行业的监管与控制导致外资较难进入这一产业政策的有力体现。然而，从“十二五”时期我国经济产业结构转型发展角度，如何吸引外来技术投资从而推动我国战略性新兴产业发展，也是必须引起注重的。尽管五个旗县目前的规模工业中外资比例很低，但在“十二五”直至更长的发展时期内，如何在科技创新的基础上依托资源优势建设现代能源工业发展体系，以及如何吸引更多的先进技术带动其新兴产业的培育发展，应该是未来五个旗县在考虑外资引入时的重点。

表 38.8 2003-2011 年五旗县规模工业总产值及其组成

规模工业总产值（万元）	2003 年	2004 年	2005 年	2006 年	2007 年	2008 年	2009 年	2010 年	2011 年	平均增速
准格尔旗	331132	525215	1184718	1697789	2125865	3700208	4599638	6859600	10296900	53.67%
乌审旗	104468	174501	362842	568194	981977	1617008	2043821	2858858	3828845	56.86%
伊金霍洛旗	192881	330657	504289	758062	1518167	2765408	4047700	5371300	7646200	58.41%
鄂托克前旗	13751	15963	27623	31474	79861	138494	178448	339100	591047	60.02%
杭锦旗	80880	133229	185117	232000	187223	120617	94519	87900	118771	4.92%

内资规模工业总产值（万元）	2003 年	2004 年	2005 年	2006 年	2007 年	2008 年	2009 年	2010 年	2011 年	平均增速
准格尔旗	331132	525215	1184718	1697789	2123491	3637869	4557127	6820800	10244500	53.57%
乌审旗	104468	174501	321164	484042	719332	1178817	1669393	2628146	3670577	56.03%
伊金霍洛旗	191153	326647	499949	752708	1513920	2763150	4027400	5310000	7553500	58.34%
鄂托克前旗	13751	15963	27623	31474	79861	138494	178448	339100	591047	60.02%
杭锦旗	80880	133229	185117	232000	187223	120000	94519	87900	118771	4.92%
外资规模工业总产值（万元）	**2003 年**	**2004 年**	**2005 年**	**2006 年**	**2007 年**	**2008 年**	**2009 年**	**2010 年**	**2011 年**	**平均增速**
准格尔旗	0	0	0	0	0	0	0	0	0	-
乌审旗	0	0	41678	84152	197755	297920	271989	175599	158268	24.91%
伊金霍洛旗	1728	4010	4340	5354	0	0	0	0	0	-
鄂托克前旗	0	0	0	0	0	0	0	0	0	-
杭锦旗	0	0	0	0	0	617	0	0	0	-

3、鄂尔多斯五旗县县域经济“脱贫”发展的原因分析

资源型脱贫县是富集资源型贫困县中实现脱贫的县，因此，在其摆脱贫困的县域经济发展过程中，同样面临着人才短缺、资本匮乏、基础薄弱、信息闭塞对外开放度不高四项制约富集资源型贫困县县域经济发展的关键因素。在 8 年间县域经济获得飞速发展的实践证明，鄂尔多斯五个旗县寻找到了解决制约富集资源型贫困县县域经济发展的关键要素。

(1) 借助集群资源优势，发展资源深加工产业，有效解决人才短缺与资本匮乏的制约。自身已经拥有丰富资源的鄂市五个旗县在 8 年的发展过程中打破了区域概念，以区域整体的资源优势吸引外来投资；通过兴建工业园区，开展大项目合作；通过大项目合作，吸引资本、技术与人才。

按照鄂尔多斯市“集中发展、沿河布局”的总体要求，全市规划确定有八个重点工业园区，分别为大路、树林召、蒙西、棋盘井、上海庙、乌审召、纳林河及乌兰木伦工业园区，八个重点工业园区在鄂尔多斯市的布局如图 38.1 所示，其中，除杭锦旗外，其余四旗县中均布局有重点工业园区。按照工业向园区集中、产业向基地集中的发展思路，八个工业园区构筑了煤化工、天然气化工、氯碱化工等循环产业链，形成了各具特色的循环经济示范园。园区内的主要项目侧重于资源深加工产业，如世界第一条 500 万吨煤直接液化生产线、国内第一条 48 万吨煤间接液化生产线、年产 60 万吨合成氨、104 万吨尿素大化肥生产线、年产 100 万吨天然气制甲醇生产线、国内最大的 300 万吨煤制二甲醚生产线等一大批具有国际先进水平的大项目，同时支持企业形成上下游产品有序链接循环发展的关系，煤炭回采率由 2000 年的不足 30%提高到目前的 75%，推动了工业经济强劲增长。

图 38.1 鄂尔多斯工业园区布局图

(2) 延伸农产品深加工产业链，大力发展特色农业，实现农民收入增加。“三农问题”是制约县域经济发展的关键问题，三农之中，又以“农民增收难”为难点。为了提高农民收入，鄂市五个旗县没有仅仅将目光盯在资源产业的发展上，在结合当地农业种植业落后但牧业发达的实际情况，大力发展鄂尔多斯羊绒产业。羊绒产业的发展既带动了当地的县域经济，也使农民实现了整体的脱贫致富，从羊绒产业起步的鄂尔多斯集团是鄂尔多斯羊绒产业的旗帜，是县域集群中产业集群发挥作用的最佳实践。伴随着鄂尔多斯集团的壮大，羊绒产业成长为对促进农民增收最有价值的产业，五个旗县的农牧民收入也获得了持续的增加。可以说，农产品深加工产业链的建设在五个旗县农民脱贫致富过程中功不可没。

⑶ 不断提高基础设施建设与投入，用信息化手段冲破长期闭塞的状态，用大力发展旅游业打开对外开放的窗口。截止 2008 年，鄂尔多斯五个旗县电话入户普及率为 48.9%，平均公路里程为 1810.6，达到全国县域经济的平均水平。基础设施薄弱会极大的限制对外开放的市场，因此改善基础设施是打开对外通道的重要途径。由于鄂尔多斯高原的特殊地理位置，因此在公路里程与信息化建设上相对于我国经济发达地区，它们仍旧有一定差距。差距意味着未来的赶超发展，所以，从此角度，如何更好地改善当地的基础设施环境，为其经济社会的长期持续发展创造更好的保障也需引起当地相关部门的重视。由此，利用鄂尔多斯累计的历史文化及特有的大漠旅游资源，在带动第三产业发展的同时，也树立起鄂尔多斯更具特色的城市-县域形象，这无疑也为其今后的发展打下了鲜明的品牌特色。

总之，鄂尔多斯五个旗县六年间实现“脱贫”的县域经济发展历程是以内生为动力、外生为支撑的发展典范，五个旗县县域经济发展由于立足于富集资源型贫困县的实际情况，从根本上缓解了制约富集资源型贫困县县域经济发展的关键要素，因此，它是适用于富集资源型贫困县县域经济发展的模式，将其称之为鄂尔多斯县域经济发展模式，如图 38.2。

⑴ 以县域集群提升资源优势，以资源优势吸引重大项目，以重大项目解决资本、人才与技术问题。

⑵ 以产业集群推动特色农业（羊绒产业）发展，以特色农业发展增加农民收入，以农民收入增加改善发展基础。

⑶ 以信息化促进对外开放，以旅游产业发展带动对外开放，冲破信息闭塞，提升对外开放度。

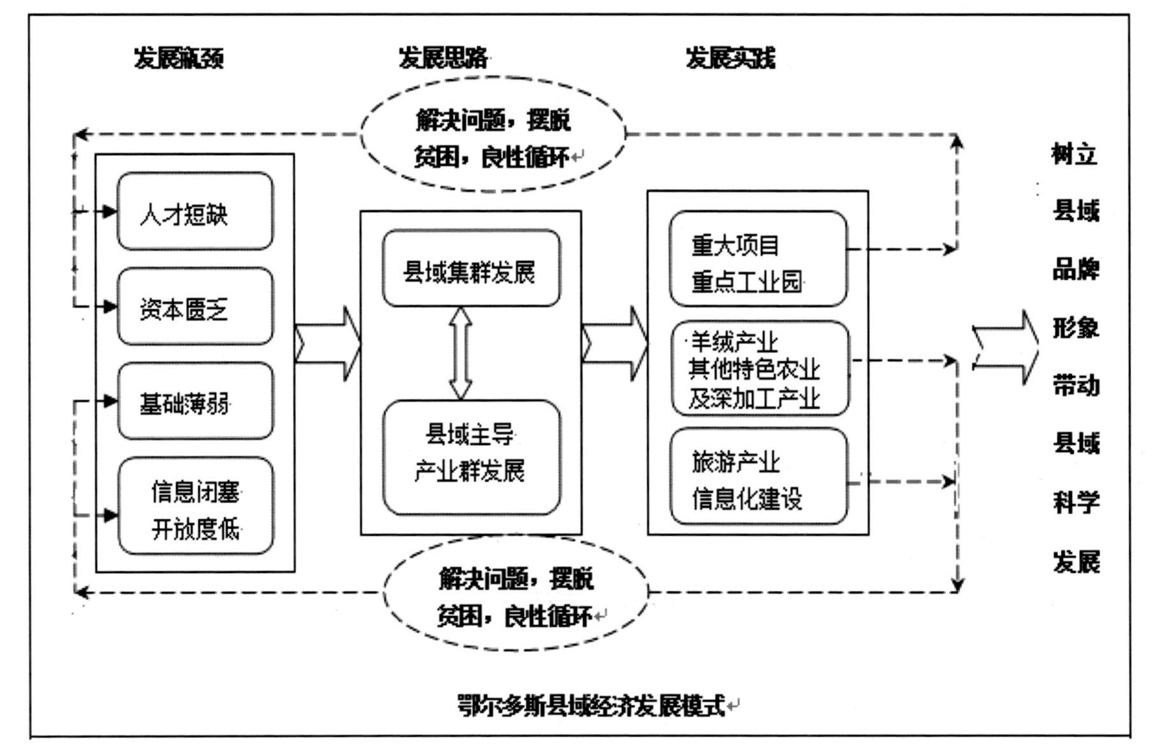

图 38.2 鄂尔多斯县域经济发展模式

4、鄂尔多斯县域经济发展模式总结与启示

鄂尔多斯县域经济发展模式是富集资源型贫困县谋求农民收入增加、摆脱贫困的县域经济发展模式。概括而言，鄂尔多斯县域经济发展模式呈现以下特征：

⑴ 依托资源优势，以重点工业园区建设作为带动县域经济发展的突破口。大路、树林召、蒙西、棋盘井、上海庙、乌审召、纳林河

及乌兰木伦工业园区都是依据区域资源优势而新建的工业园区，试举四例：

大路工业园区是煤化工基地位于准格尔旗，其建设思想是充分利用准格尔旗及周边旗县的煤炭资源，依照循环经济发展思路，建设绿色环保化工基地。园区内采用“一体化”管理理念，通过对基地内产品项目、公用辅助、物流传输、环境保护和管理服务的整合，做到专业集成、效益节约，用大约 20 年的时间建成世界级的煤化工基地，园区重点产业是煤制油、甲醇及下游产品、PVC、化肥等。大陆工业园区的定位已立足于我国富煤贫油的实际情况，立足于现代煤化工产业的发展前景与生命力。

乌兰木伦工业园区位于伊金霍洛旗，其发展思路是以产业聚集定位城镇发展，以城镇建设为产业集聚人口集中市场扩大和园区发展提供平台，围绕构筑大煤田、大煤化，大力发展符合国家政策的高附加值、高效益和高度节能环保的项目，规划重点以煤炭深加工为主，大力发展循环经济，带动交通运输、商业服务、建筑建材和工矿区旅游等产业发展。近年来，随着神华集团的大开发，园区内初步形成了以煤炭产业为支柱，建筑建材、交通运输、商业服务、特色农牧业并举的经济发展格局。可以说，乌兰木伦工业园区的建设正是依靠资源优势吸引到神华集团长期资金、技术与人才的支持。

纳林河工业园位于乌审旗，基地采用上下游一体化的发展战略，注重产品链的延伸，构筑以清洁能源、有机原料、合成材料等产品为主干的产品结构，建设成为规模经济、技术先进、清洁生产、循环经济特色鲜明的大型新能源化工生产基地。2006 年 1 月由自治区发改委组织召开的“内蒙古蒙大新能源化工基地发展规划论证会”上，与会专家一致通过，认定纳林河工业园定位科学合理，是符合工业循环经济的代表园区。

上海庙工业园区位于鄂托克前旗，根据鄂前旗的环境资源条件，上海庙工业园区定位于低污染、低能耗的工业发展。依托当地特色资源，兴建以煤炭和天然气资源为依托的能源化工（黑色产业），以石膏深加工和中高密度纤维板为主的产业（白色产业），以麻黄素和生物制药为主的产业（橙色产业）。

仅上述四个工业园区，规划建成后将实现年收入 200 多亿元，重点工业园区的兴建和发展为五个旗县未来县域经济的发展不断注入“强心剂”。

⑵ 立足于提高农民收入，以工业化引领农业产业化发展。重大项目的建设为五个旗县县域经济发展提供了充足的资金，也为五个旗县农牧业产业化的形成与发展提供了契机。以羊绒业起步的鄂尔多斯集团随着集团的壮大，也进入到能源深加工等产业，从而为羊绒产业的持续发展提供了强大的资本支持；以神华集团为代表的一批外来投资集团在投资重点能源产业项目的同时，也对部分农牧业产品进行了注资。农牧业产业化的不断发展，增加了农民的收入。

以准格尔旗为例，全旗以养殖业为主导的农牧业生产格局初步形成。2006 年，全旗共有自治区级农牧业产业化龙头企业 1 家、市级龙头企业 4 家、年产值 1000 万元以上的农畜产品加工企业 3 家、建成农牧业产业化基地 4 个、注册自治区名优农畜产品品牌 23 个。按照“减少农民、致富农民”的思路，全年新增转移农村剩余劳动力 9694 人，农民从第二、三产业中获得收入占到人均纯收入的 55%。“以工哺农”措施及各项惠农政策的落实见到成效。

⑶ 以工业化推动城镇化的发展。城镇是工商业的载体，是发展旗县经济的龙头。加快城镇建设不仅能推进工业化进程，同时可为农村劳动力的转移提供空间，带动农村经济结构的调整和产业化的发展。自 2003-2006 年，在五个旗县县域经济获得突破性发展的同时，城镇化建设也实现了突破，基本达到全国城镇化的平均水平。城镇化的发展又为工业化发展提供了有利的支撑，如伊金霍洛旗的乌兰木伦工业园区正是以园区促进城镇化以城镇化推进工业化建设的典范。

⑷ 县、市级政府在经济发展中始终发挥主导作用。集中体现在县市级政府立足于五个旗县的实际情况，提出了以资源促发展的发展路线，进而充分依靠资源优势，合理配置资源，八大工业园区的合理布局既重点突出又相互衔接；在五个旗县县域经济发展的过程中，政府用市场解决资金问题，用引入外来投资支持内部发展，用不断提升基础设施建设与对外开放程度实现县域经济的可持续发展，最终实现了县域经济的脱贫致富。

综上，鄂尔多斯县域经济发展模式可以总结为：立足于内生发展的实际，按市场经济的要求转变政府职能，积极探索制度创新，以整合资源优势为基础，以县域集群发展为依托，在科学发展观的指引下建设基于循环经济的产业园区平台，科学发展有市场前景的资源深加工产业，积极吸引有实力的集团投资，将资源优势转换为支撑县域经济发展、提升县域综合实力的竞争优势，并以此为龙头，带动农村经济发展，推动现代工业化、城镇化建设，依靠县域整体实力的提升来持续增加农民收入，推动贫困问题解决，并实现县域经济又好又快的全面发展。

与苏南、温州、珠江等县域经济发展模式相比，鄂尔多斯县域经济发展模式特征如图 38.3 所示。

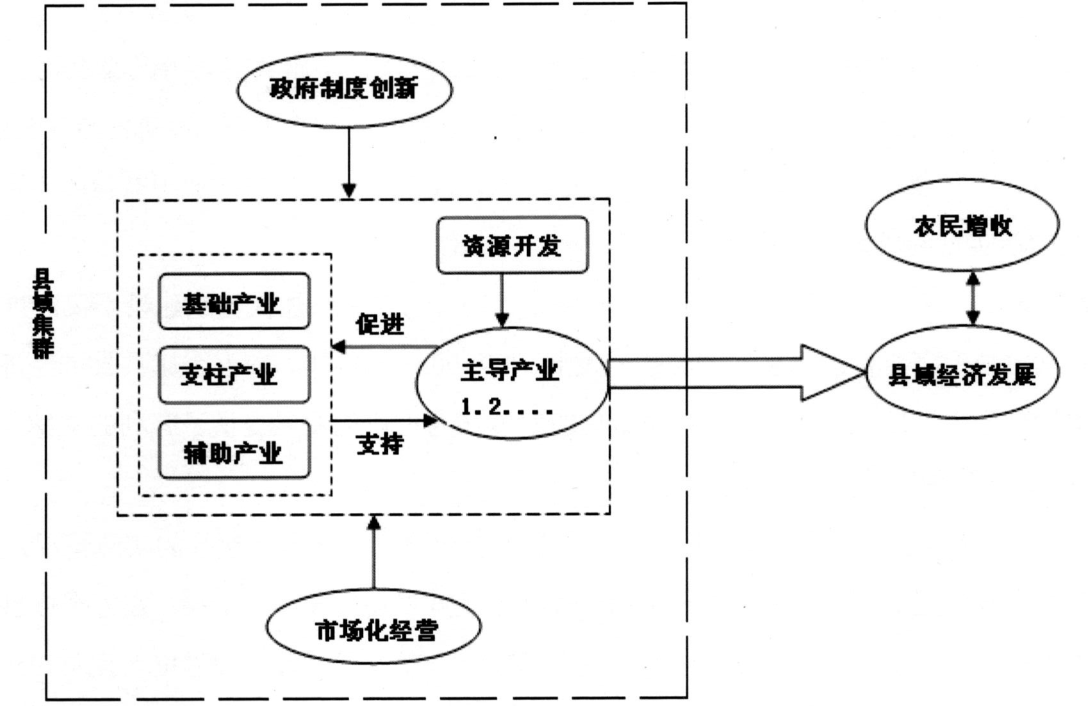

图 38.3 资源型县域经济发展模式

(1) 在县域经济的发展途径上，结成县域经济联盟，发展优势产业群，选择以开发资源型的工业作为第一轮主导产业，且主导产业依托大项目发展，坚持循环经济的开发理念，具备高科技实力，避免重走“小作坊”加工的老路，依靠主导产业促进和带动相关产业的发展。

(2) 在实践中落实科学发展观，结合资源利用的实际情况，更加注重主导产业的升级转化。

(3) 始终强调农业的基础性地位，为了增加农民收入，注重特色农业发展，实施农业产业化经营与农产品深加工。

(4) 在县级政府的职能上，既强调政府通过更新观念、招商引资等方式主导县域经济的发展方向，强调政府对经济发展的控制；也重视县级政府的服务职能，根据贫困县的实际情况，政府更要兼顾公平与效率。

鄂尔多斯市下五旗县域经济的发展表明，这种依靠县域经济集群、发展优势资源产业以及始终将特色农业产业作为县域经济发展重心的发展方式，是有助于农民脱贫致富、县域经济整体摆脱贫困的发展模式。而由于它从根本上解决的恰是制约富集资源型贫困县县域经济发展的关键要素，因此鄂尔多斯模式可以被富集资源型贫困县借鉴。

在经历了辉煌的高速发展后，2010 年以来，关于鄂尔多斯经济结构中存在大量泡沫、鄂尔多斯已成一座“鬼城”的报道屡屡见诸报端。而造成鄂尔多斯陷入泡沫危机的根源，正是在政府对房地产的严格调控下，当初大量涌入房地产业进行投机性炒作的民间资本出现资金链断裂所引发的连锁反应。与老板“跑路潮”频发的温州一样，在我国民间金融体系监管仍旧存在严重缺陷的当下，如果不能对民间资本进行有效的监管与合理的利用，那么快速暴富下大量闲置资本的投机行为将会对地方经济带来沉重打击。毫无疑问，已经“羊、煤、土、气”的鄂尔多斯只有发掘出民间资本的准确释放途径，降低盲目投机性，才能在新一轮的发展中实现扬弃。而如何解决民间资本的高效监管与科学使用，虽然中央已经将温州作为金融创新的先行试点区，但仍然是一个任重而道远的过程。

报告之三十九：苏南重镇、魅力鹿城——江苏昆山市

1、昆山市县域经济发展现状

1.1 昆山市基本情况

昆山地处中国经济最发达的长江三角洲，是上海经济圈中重要的新兴工商城市，是“百戏之祖”昆曲的发源地，是一座充满灵气的江南水乡城市。昆山东靠上海，与嘉定、青浦两区接壤，西依苏州与吴江交界，全市总面积 931 平方公里，其中超过 24%是水面。昆山下辖 3 个国家级开发区（经济技术开发区、国家级综合保税区、国家级高新技术产业开发区）、2 个省级开发区（花桥经济开发区、阳澄湖旅游渡假区）和 8 个镇，常住人口 165.87 万，户籍总人口 68 万。

改革开放以来，昆山以“敢于第一个吃螃蟹”的精神自费开发建设工业新区，继而开启了一条成功的“昆山之路”—全球 55 个国家和地区的投资者在昆山兴办了超过 5500 个项目，注册外资超过 230 亿元，实际利用外资超过 140 亿元，注册民资超过 500 亿元；作为台商投资的密集区，昆山利用台资总额占苏州的半壁江山、江苏省的 1/4、全国的 1/9，台湾 6 大笔记本电脑厂商在昆山投资设厂，笔记本电脑年产量占世界的 40%，数码相机产量占全球的 1/8；尤其是以龙腾光电为重点的光电产业，已形成从液晶面板到软件开发再到整机的完整电子信息产业链，预计未来 3-5 年，年产值将超过 1000 亿元，成为中国乃至国际上重要的电子信息生产基地。可以说，昆山以占全国万分之一的土地和万分之五的人口，集聚了占全国 1.7%的到账外资，实现了占全国 2.4%的进出口总额，创造了占全国 0.5%的 GDP，县域经济综合实力多年来位居全国第一。

2011 年，昆山市实现地区生产总值 2432.3 亿元，比 2010 年增长 15.8%，人均 GDP 达到 147186 元；三次产业结构由“十一五”末的 0.9:64.1:35.0 调整到 0.9:62.1:37.0，在保持工业主导地位的同时，现代服务业在经济结构中的比重稳步增强；实现地方财政一般预算收入 200.2 亿元，比 2010 年增长 22.7%。伴随海峡两岸交流的日益密切、昆台合作日渐深化以及上海“两个基地”的建设，昆山这座中国大陆最富庶的县级城市步入了新的腾飞大道。

在 2012 首届中国县域经济科学发展竞争力评选中，昆山市遥遥领先于全国其他县市，位列科学发展竞争力百强县之首。

昆山市景

昆山开发区

1.2 “与时俱进、敢为人先、创新争优”的昆山之路引领昆山的科学发展

“昆山之路”起源于昆山抢抓国家确立以经济建设为中心、实施沿海城市对外开放的宏观战略机遇，自费开发建设“工业新区”，1992 年 8 月获得国务院批准跻身国家级经济技术开发区序列。在昆山的建设与发展实践中，“与时俱进、敢为人先、创新争优”的“昆山之路”凸显出强大的生命力。

1983 年 1 月的中央 1 号文件支持发展社队企业，昆山大力推进横向经济联合，加快发展乡镇工业。1984 年，中央大力实施沿海开发开放战略，昆山市以此为契机，提出“东依上海、西托三线、内联乡镇、面向全国、走向世界”的发展思路，并于 1984 年 8 月自费开辟工业新区，开始了从传统农业经济向乡镇工业经济的历史性跨越。1990 年 4 月，昆山再一次把握住了中央“开发浦东”的战略机遇，昆大力实施开放带动战略，昆山经济技术开发区于 1992 年 8 月成功转型为国家级开发区，全市逐步形成以开发区为龙头带动乡镇工业区发展的格局，全面进入“引进外资、发展工业和扩大出口”的工业化发展新阶段。进入21世纪以来，昆山在密切把握中国入世机遇的基础上开始实现发展方式的转型—由依赖土地资源的外延扩张向依靠科技进步为内涵的提高型转变，由布局分散向集中立体的园区型转变，由以制造业为主向制造业与服务业双轮驱动转变，由粗放低端型向精致高端型转变。2008 年以来，面对全球金融危机与欧债危机影响，昆山提出并实施“四并举”发展方针，即“发展先进制造业与现代服务业并举、利用外资与利用内资并举、拓展境外市场与内需市场并举、工业化与城市化发展并举”，对外开放进入到以促进经济质量提升、内外源经济融合共赢的全面深化新阶段。通过区域性政策鼓励和引导企业自创品牌、自主研发、自主销售，鼓励和引导企业增资扩张、跨业发展、全球整合产业资源、垂直整合产业资源，鼓励和引导外资企业进一步扩大对内销售，提升内需市场对企业发展的支撑，大力发展一般贸易、货物贸易、技术贸易，推动全区内外资企业配套协作、融合共生。至2011年底，昆山集聚内资配套企业2445家、配套项目3443个，当年实现销售收入846亿元；至2012年8月，昆山集聚了45个国家和地区的1912个外资项目，投资总额为326亿美元，其中，投资3000万美元以上项目163 个、1亿美元以上项目 52 个，世界500强企业投资兴办了80家企业，昆山成为全球产业资本、技术、人才的集聚地和海峡两岸产业合作示范区，以及中国对外贸易加工和进出口的重要基地。

总结昆山的发展历程可以发现，昆山取得的每一步发展成就，都离不开昆山人“与时俱进、敢为人先、创新争优”的精神：

⑴ 昆山之路体现在坚持以经济建设为中心、区域主导产业持续转型和经济结构持续优化的创新实践。20世纪80年代初，昆山利用自己的区位、人力优势，先闯先试，允许外资控股甚至独资，实行全新的工业用地政策吸引外资进入。赢得“国批”之后，昆山开发区抢抓浦东开发开放、江苏沿江重点发展和纳入沿海城市开放格局的三大机遇，大力实施外向带动战略，在发达国家或地区的制造业在全球范围流动、进行资源重组的过程中，以园区载体建设和配套基础设施完善为重点，形成了四次引资高潮，工业经济“内转外”、第三产业“慢转快”、主导产业“散转聚”、支柱产业“大转强”、新兴产业“短转长”，带来了园区功能的持续提升，产业结构的持续优化，经济抵御风险能力持续加大。

⑵ 昆山之路体现在从自发的行动指南到自觉的制度完善，形成并确立环境保护与生态优先的发展理念。20世纪90年代初，一个规

模超过 3000 万美元的投资项目因为水气污染被昆山婉拒，引出“金山银山，有污染不进昆山”的发展理念和行动指南，此后影响全国开发区 20 余年。2010 年起，昆山开发区全面构建并完善低碳发展产业支撑体系、低碳城市功能提升体系、低碳技术创新服务体系、低碳发展制度保障体系。

(3) 昆山之路体现在构建和谐政商关系、劳资关系、新老昆山人关系，并逐步形成诚信务实、廉洁高效的行政服务体系。昆山确立了“官员就是服务员”的理念，形成了昆山“诚信、务实、廉洁、高效”的政府服务品牌、区域竞争软实力。围绕非公企业新型劳资关系构建，昆山在全国率先探索建立“党工组织一体化”的组织建设和日常运作机制，外资企业党建和工会工作多项创新在全国推广。围绕庞大的跨区域就业人口，昆山在全国率先探索建立打破户籍差别和城乡差别的高水平社会保障体系、社会慈善救助体系和全市统筹的同等义务教育体系，覆盖百万“新昆山人”。

(4) 昆山之路体现在从“亲民、安民、富民”到“民有、民享、民主”的制度建设持续提升和体系不断完善。在“工业新区”开发之初，开发区就探索“拆一还一”的动迁补偿机制，此后，历经四次“扩容”的开发区工业化进程持续加快推进，逐步建立了高水平的“拆一还三”、有偿使用和农民长期分享利益的“土地流转”补偿政策体系和他制度保障体系机制。

与时俱进的江苏“昆山之路”是一条“敢想、敢当、敢为”的自下而上、敢为人先的开拓进取之路，是一条“不等、不靠、不要”的解放思想、改革创新的艰苦创业之路。它所凝聚而成的区域发展和民族振兴的荣誉意识、责任意识、使命意识必将在新型城镇化发展的新时代引领我国众多县市把握时代机遇，积极探究具有鲜明地方特征的科学发展之路。

2、“十二五”昆山市发展计划

2.1 指导思想

以邓小平理论和“三个代表”重要思想为指导，深入贯彻落实科学发展观，以科学发展引领率先基本实现现代化为主题，以转型升级、创新发展为主线，以深化改革开放为根本动力，大力实施国际化提升、创新驱动、城乡一体化发展、可持续发展、社会和谐发展五大战略，建设新城市，发展新产业，集聚新人才，把昆山建设成为面向世界、依托苏州、融入上海、对接台湾、连接长三角的现代化大城市，确保到 2012 年初步形成现代化的基本形态，到 2015 年总体发展水平赶上中等发达国家和地区，成为现代化建设的样本区、创新型经济的先导区、可持续发展的示范区、全社会和谐的首善区。

2.2 发展目标

到“十二五”期末，总体发展水平赶上中等发达国家和地区。加快建成现代化的产业体系、现代化的城市格局、现代化的社会事业、现代化的人居环境、现代化的公共政府构架，以及与现代化建设相适应的人才队伍。“十二五”时期，全市经济社会发展的主要预期目标是：力争到 2015 年完成地区生产总值 4200 亿元，年均增长 15%，财政收入实现同步增长；高新技术产业产值、新兴产业产值占规模以上工业产值的比重分别超 45%和 40%，服务业增加值占地区生产总值的比重超过 40%，全社会研发投入占地区生产总值的比重提高到 3%，科技进步贡献率达 62%；资源综合利用率提高到 80%，每万元地区生产总值能耗下降 10%，主要污染物排放总量削减 10%，环境质量综合指数达 93；城镇居民人均可支配收入超 5 万元，农村居民人均纯收入超 3 万元，城镇登记失业率控制在 3%以内。

2.3 主要任务

⑴ 加快建成以高新技术产业为先导、先进制造业为支柱、现代服务业为支撑、现代都市农业为特色的现代产业体系。以战略性新兴产业为导向，大力培育制造业产业集群，在全市形成“高端电子信息、新显示、新整车、新装备、新技术”五大制造业产业集群。以大力发展总部经济、加速发展服务外包、提升发展现代物流、转型发展休闲旅游、加速完善金融服务体系、积极发展文化创意产业、加快发展现代商贸会展、融合发展科技服务业为重点，推进现代服务业跨越发展，力争到“十二五”期末，现代服务业占服务业的比重达到 60%。以服务城市、改善生态和增加农民收入为目标，加快拓展农业产业链，大力发展现代都市农业，不断推进农业现代化、工业化、城市化“三化融合”，全面推进国家现代农业示范区和海峡两岸农业合作试验区建设，提升农业载体水平，建立与城市发展相协调的现代农业产业体系。按照产业集聚与土地集约利用的原则，建立和完善“一带、四区、十基地”的空间格局，形成既分工又协作的空间体系，实现功能合理、定位明确的产业布局。

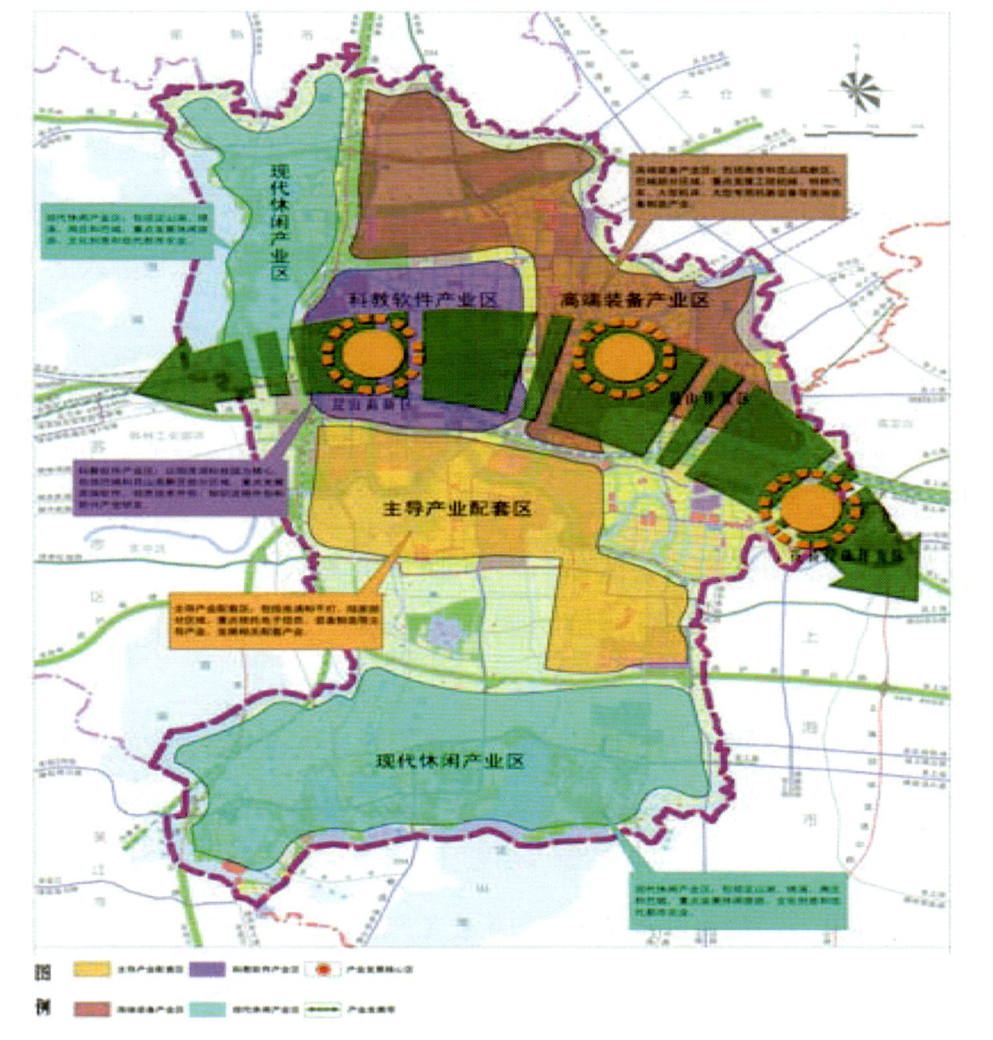

昆山市“一带四区十基地”布局规划图

(2) 以构筑人才高地为支撑、大力发展创新型经济为关键，全力加快建设国家级创新城市。突出人才“第一资源”的核心地位，深入实施人才强市战略和人才生根计划，把昆山建设成为国际化人才的集聚地。围绕重点技术领域培育一批潜力大、带动力强、有出口创汇能力的高新技术示范企业，营造区域科技创新集群优势，提升创新型产业整体竞争力。进一步改善创新载体水平，完善专业科技企业孵化体系，形成“创业导师+天使投资+专业孵化”的综合孵育运营模式，提升创新创业环境。抓住国家“两化融合、三网融合”的机遇，加快建设覆盖城乡、超大容量、安全可靠的信息基础网络，推动现代信息技术在社区服务、城市管理、电子政务、电子商务等领域的应用，以物联网企业为基础、产业基地为载体、产业联盟为支撑，加快发展智慧产业，初步形成以数字化、网络化、智能化为主要特征的智慧城市基本框架。

(3) 按照“大城市、现代化、可持续”的总体要求，深入实施城乡一体化发展战略，优化城市空间格局，推进基础设施现代化和生态宜居城市建设，加快形成现代化新兴大城市格局，着力建设现代化大城市。以“智慧城市”的理念优化整合城市管理职能和资源，根据现代产业发展布局，加快形成“一核、五副”的城市发展新格局与四层五级市域城市体系，加快构建以“三环、四轨、五高”为重点的现代城市交通支撑体系，完善城市功能设施；提倡低碳发展、生态发展，形成现代城市架构。充分发挥昆山开发区、昆山高新区、花桥经济开发区、旅游度假区、阳澄湖科技园的产业集聚作用，不断提升发展质量，加快形成新的增长极，引领全市经济社会发展转型。把握全球经济调整重组、长三角经济一体化发展及上海“两个中心”和“新浦东”、“新虹桥”建设的契机，充分利用好“后世博”效应，积极融入上海，深入对接台湾地区，着力加强区域经济合作，全面提升开放合作水平。

⑷ 以促进社会事业均衡发展、提高城乡居民基本公共服务均等化水平为宗旨，进一步适应全市社会管理和公共服务需要，丰富和拓展社会事业发展内容。着重提升优质教育、医疗、文化等公共资源供给能力，实现城乡公共服务全覆盖，满足和保障人民群众的基本需要和权益。加快改善民生、建设“和谐昆山”的进程，实现经济社会的全面协调发展。

⑸ 以新一轮的思想解放推进体制机制创新，加快形成有利于科学发展与社会和谐的体制机制，深化行政管理体制改革，推进综合配套改革，强化社会管理体制改革，积极建立现代政府构架，营造更加科学、更为开放、更富活力的体制机制环境。

2.4 加快建设现代化新昆山的九大行动计划

⑴ 主导产业升级计划。加快建设一批产业研发中心、市场营销中心、标准设计中心与产业国际论坛，大力发展集成电路、数字移动通信产品、光纤通信系统、数字程控交换机、多媒体通信产品，加快发展云计算、显示信息系统、信息安全等高端软件产业，积极推进日月光半导体封装测试、神舟电脑、远望谷物联网产业园等项目建设，推进电子信息产业做大、做强、做高。

⑵ 新兴产业壮大计划。加快培育新的千亿级主导产业，重点提升新显示产业，加快发展新整车和新装备产业，积极发展服务外包产业，形成昆山经济发展的新支柱。

⑶ 商贸服务提速计划。进一步发挥商贸业在扩大内需、拉动消费、增加就业、服务民生、促进转型发展中的作用，优化商业网点布局，加快重点项目建设，提升商街市场水平，提升商贸业发展能级，基本形成现代化的商贸格局。

⑷ 居民收入增长计划。实施富民优先战略，推进工资集体协商工作，提升工资上升空间，扩大居民经营性收入，提高居民财产性收入，加大政府转移支付力度，确保收入结构与经济结构同步优化。

⑸ 科技人才生根计划。以高层次创新创业领军人才和团队为重点，培养一批能够突破关键技术、具有自主知识产权的创新型科技人才和依靠核心技术自主创业的科技企业家，大力引进“双创”人才，积极引进新产业人才，积极培养新技能人才，建成一支高层次创新创业人才队伍。

⑹ 消费水平提升计划。围绕信息、旅游、健康等新兴消费热点，加快提升全市消费水平，优化消费设施功能，提升消费业态水平，促进消费结构的转型升级，提升消费对经济的拉动作用，形成低碳健康的消费习惯。

⑺ 城市功能优化计划。坚持交通引导、资源约束、统筹发展，构建现代化综合交通体系，强化中心城区服务功能，营造生态宜居环境，形成现代化大城市格局。

⑻ 新型载体培育计划。按照“集聚、共享、整合、提升”的要求，加快新载体功能建设，重点发展昆山综合保税区、海峡两岸（昆山）商贸合作区、昆山商贸城等载体以及特色产业基地，提升发展能级。

⑼ 社会建设创新计划。打破城区、街道、社区与村的发展界限，着力推动公共资源向农村倾斜，积极实施“同在一片蓝天下”工程，全面实施医疗卫生机构新改扩建工程，加快实施文化发展平台打造工程与社会保障城乡一体化工程，促使公共服务实现城乡全覆盖，不断提高公共服务均等化和社会保障水平。

（注：上述内容部分来源于《昆山市国民经济和社会发展第十二个五年规划纲要》。）

3、昆山市发展点评

发展点评

作为我国县域综合实力最为发达的城市，以开发区经济引领县域经济发展正是昆山 30 年发展历程的缩影。在这座市域面积不足 1000 平方公里的土地上，孕育并创造了太多的奇迹，“与时俱进、敢为人先、创新争优”的昆山之路的确可以称之为我国县域经济发展的代表与典范。然而，在昆山实现辉煌发展成就的同时需要看到，昆山立足于开发区发展的模式实质是以外向型经济发展为主且偏重于制造业，在今后的经济社会发展中，内资经济、现代服务业与高新技术产业应该成为昆山转型升级的发展方向。

建议一：昆山善于把握各种战略发展机遇，推动产业结构升级，提升县域综合发展实力。当前昆山的发展侧重于实业，而实业的发展需要庞大的资金支持，需要金融创新。今后一段时期内，昆山应积极对接上海“两个中心”建设的重大发展机遇，加速金融业、总部经济等现代服务业的发展，在持续改善昆山县域经济结构的同时，也为在昆企业构建更加有利的发展环境。

建议二：加强民营企业的孵化功能与载体建设。“载体优势”以及与之配套的各项成熟的服务功能是推动昆山经济发展的重要因素，集中体现在昆山的国家级和省级开发区、海峡两岸商贸服务区等，然而上述载体侧重于对外招商引资。尽管自全球金融危机与欧债危机以来，以外向型经济为主导的昆山开启了“两轮驱动”计划，注重发展内资企业，昆山民营企业总数量突破万家，占全部工业企的 79.1%，但 95%以上为小微企业。从经济发展的长期趋势看，壮大并扶植本地小微企业发展具有重大意义。因此，在全国各地学习“昆山之路”的同时，昆山应放下身段，向民营经济为主导的晋江学习如何有效地培植本地企业，壮大本地产业集群。

建议三：依托于上海的发展，近年来昆山市房地产业迅速壮大，已经成为一项支柱性产业，但“土地经济”的实质是不可持续的。从此角度，全国县域经济最为发达的昆山有责任也该有勇气去探求摆脱土地经济、土地财政的发展方式，使昆山的经济与产业结构更加合理。

报告之四十：海滨邹鲁之地，品牌资本之都——福建晋江市

1、晋江市县域经济发展现状

1.1 晋江市基本情况

晋江地处福建东南沿海，与台湾隔海相望，隶属泉州市。晋江市总面积为 721.7 平方公里，其中陆域面积 649 平方公里，海岸线长 121 公里；下辖 1 个省级开发区晋江经济开发区、13 个镇、6 个街道、389 个行政村（社区）；户籍人口 107 万，其中非农业人口 36.7 万、常驻外来人口 100 多万。改革开放以来，晋江充分发挥侨台优势和海交文化优势，率先走出一条依靠民营经济和产业集聚形成产业集群，以发展产业集群提升工业化、带动城市化的独具特色的县域经济发展道路。

2002 年，时任福建省省长的习近平同志在晋江调研时将晋江的发展总结为“晋江经验”，他指出：“晋江人民在历史上就敢拼、爱拼、善拼，敢为天下先。在改革开放的大潮中，晋江的广大干部群众和企业家们一直是在市场竞争最为激烈、附加值又很小的传统产业领域中摸爬滚打、逆势而上，在逆境中求生存、求发展。晋江人民正是凭着这种‘爱拼才会赢’的顽强拼搏精神硬是把制鞋、纺织服装、陶瓷建材、食品、纸制品、制伞六大传统产业发展成为晋江的支柱产业，集‘中国鞋都’、‘中国纺织产业基地’、‘全国食品工业强市’等称号于一身，并有多种产品的市场占有率居全国第一。” 在总结晋江成功经验的同时，习近平同志高瞻远瞩地提出晋江在新世纪需要突出创新和发展的几个方向，包括：在对外开放、对区域内经济引领和辐射、对接长三角、珠三角等方面发挥更大作用；做大做强企业，培育企业竞争力；加快发展高新技术产业，优化产业结构；推动城市化与工业化互促共进，协调发展；以及建设新型服务型政府。

目前，晋江市海内外上市企业达 38 家，募集股市资金约 205 亿元人民币，市值约 1800 亿元人民币；上市企业数排在全国各县（市、区）首位，形成证券市场的“晋江板块”；拥有 123 枚国字号品牌，在产业领域，形成了以制鞋、纺织服装为代表，在国内拥有很强竞争优势的产业集群和上下游贯通的完整产业链；在市场竞争中，产生了恒安、安踏等一批百亿级企业，1.6 万余家民营企业使晋江涌动着生生不息的“爱拼才会赢”的激情与活力。

2011 年，晋江市实现地区生产总值 1095.68 亿元，比 2010 年增长 13.6%，三次产业结构由 2010 年的 1.7:65.1:33.2 调整为 1.6:67.4:31.0，以实业集群为主体的发展格局进一步巩固；实现地方一般预算收入 63.92 亿元，比 2010 年增长 41.4%。在海西经济区建设上升为国家战略、泉州市环湾发展建设“大泉州”的时代背景下，“爱拼会赢、敢为人先，特色引领、集群带动，党政有为、政企互动，民生优先、包容共享”的侨乡晋江将肩负起更大的重任。

在 2012 首届中国县域经济科学发展竞争力评选中，晋江市遥遥领先于福建省其他 57 县市（暂未含金门县），位列科学发展竞争力百强县第 9 位。

晋江市全景

1.2 晋江市经济发展特色——品牌与资本之都，历史文化名城

(1) 特色鲜明的产业集群。晋江产业发展经历了从大办企业到形成产业再到发展产业集群的历程，逐渐集聚起以民营经济为主体的纺织服装、制鞋、陶瓷建材、食品饮料、玩具文具、制伞等一批在全国处于领先地位的产业集群，有力推动了晋江的工业化进程。目前，晋江已经拥有年产值超 500 亿元的产业集群 2 个、超 100 亿元的 7 个，茄克产量占全国的 41.61%、世界的 20.49%，运动鞋、旅游鞋占全国总产量的 40%、世界总产量的 20%；外墙砖产量占全国总产量的 65%，琉璃瓦基本垄断全国市场，糖果产量约占全国总产量的 20% ，“一村一品、一镇一业”的块状经济格局十分明显。传统产业已经形成了完备的上下游产业链，集聚了一大批生产类和服务类企业。全球金融危机、欧债危机爆发以来，在原材料价格持续上涨、用工成本提高、人民币不断升值的不利因素影响下，晋江的众多劳动密集型企业开始实

施战略转移，将生产基地转往内陆，留在晋江的总部侧重于发展设计、创意、研发能力，成功实现了传统产业的创新式发展。例如，利郎男装通过建设文化创意园，注重服装的创意、设计，丰富了利郎男装的品牌价值与内涵；361°成立亚洲鞋业研发中心，重点开发高性能面料；欧美龙集团通过与相关高校联合开展科研项目，探索 4—12 岁儿童各年龄阶段的足底压力分布特征及其成熟变化机制和规律，为童鞋的研发提供更精密的数据等。在传统特色产业占晋江经济主体地位的同时，为了进一步优化晋江产业结构、提升产业发展水平，近年来，晋江市着力破解高新技术产业发展滞后的局面，专门制定高新技术产业发展中长期规划，按照“引进核心项目—拉长产业链条—培育产业集群——建设产业基地”的思路，积极引进国内外高新技术企业和项目，金保利、冠科、太古等一批高新技术项目已经落地投产，高新技术产业正在加快形成。

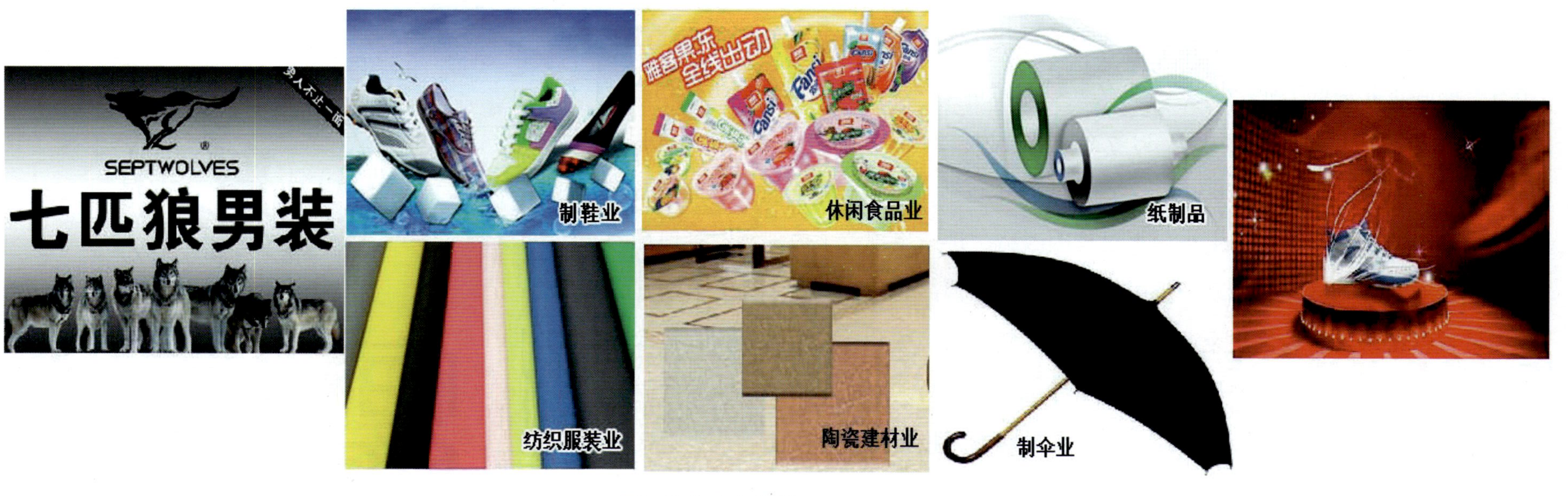

晋江特色产业集群

⑵ 品牌与资本之都。从 20 世纪 90 年代中后期以来，晋江扎实推进品牌建设，致力于创建品牌产品、打造品牌企业、培育品牌产业、建设品牌集群、发展品牌经济，迅速实现由贴牌生产向“品牌之都”的跨越。晋江市现拥有国家工商总局认定的中国驰名商标 30 枚、中国名牌产品 24 项、中国国际知名品牌 2 项，10 项品牌入选“中国 500 个最具价值品牌”、5 项品牌入选“亚洲品牌 500 强”、3 项品牌入选“中国行业标志性品牌”、4 项品牌入围首批 300 家“全国重点保护品牌”，有 25 万多家品牌专营店遍布全国各地，同时有 24 家企业主导或参与国家标准制修订，17 家企业参与行业标准制修订，拥有国家级企业技术中心 5 个，以及中国鞋都、中国伞都等国字号产业区域品牌 14 项。在 2009 年第三届中国品牌节上，晋江市荣获“品牌城市特别奖”，成为唯一获此殊荣的县级市。2011 年晋江 117 家“国字号”品牌企业实现工业产值 821.9 亿元，占全市工业总产值的比重达 33.3%，。自 1998 年恒安第一家上市以来，晋江已有 38 家企业在境内外上市，累计募集资金折合人民币超 200 亿元，证券市场总市值超 1500 亿元，并建立一个包括 105 家上市后备企业的储备库。企业通过上市前的股份制改革和上市申报过程的改造，进一步规范了内部经营管理行为，建立了现代企业管理制度，并带动一批中小企业规范经营，企业核心竞争力大大增强。上市企业通过直接融资，有效推进企业内涵提升和外延扩张，顺利完成设备换代、技术升级、网点铺设，并进一步延伸了产业链条，催生并带动一批与之相配套的中小企业共同发展，巩固了晋江产业集群的优势地位，而企业上市后的返程投资和迅速扩张则成为晋江的重要经济增长源，促进了区域经济整体竞争力的提升。

晋江名牌

首家上市的恒安集团

(3) 侨乡与闽南文化。闽南文化是中华文化的重要组成部分，有着独特的内涵。闽南文化是在从晋唐传入的中原文化的基础上融合了原土著居民的本土文化，经过一代代闽南人在社会实践中不断挖掘、弘扬、创造，并吸收采纳了阿拉伯文化、南洋文化、西方文化等外来文化的特质和合理因素，有机地融入其体系内孕育发展起来的。它具有鲜明的地方特色，是中华文化的一朵奇葩。闽南文化除包含广义中的农耕文化、海商文化外，还包括建筑文化、民俗文化、宗教文化、民间艺术、宗族文化及方言等。作为古越文化和中原文化的传承，闽南文化具有浓厚的中华传统文化色彩；但由于历史上海外交通和海外贸易发达，也培植了闽南文化中与汪洋大海勇敢拼搏以及同舟共济的开放、创新、竞争、与风险意识，这些特质或是在晋江精神中得以彰显，或是成为海内外晋江人世代相传和弘扬光大的宝贵精神财富和优秀文化遗产。晋江素有“泉南佛国”之称，是泉州“世界宗教博物馆”的一个重要的组成部分，其摩尼教遗址、伊斯兰教遗迹、众多的基督教教堂和佛教、道教遗迹等，都具有重大的历史价值和旅游价值，是发展宗教文化旅游业的宝贵资源。晋江是我国著名的侨乡，“十户人家九户侨”是晋江最大的人文特色，祖籍晋江的华侨、华人和台港澳同胞达 200 多万人，素有“海内外 300 万晋江人”之称，遍布于东南亚及世界各地。华侨、华人和家乡宗亲的血缘亲情以及与家乡的密切交流活动，形成了一种宗亲文化，它对于增强乡土观念、文化认同和社会稳定等方面也有积极意义。在晋江经济的起步阶段，家族传统对企业发展起了很大作用。

闽南古镇

草庵摩尼教遗址

施氏宗祠

2、“十二五”晋江市发展计划

2.1 指导思想

坚持以邓小平理论和“三个代表”重要思想为指导，深入贯彻落实科学发展观，围绕科学发展的主题，抓住加快转变经济发展方式、加快建设经济强市、推动跨越发展的主线，把握海西建设和泉州环湾发展机遇，实施“产业提升、城建提速”战略，不断深化改革开放和城乡统筹，不断创新发展“晋江经验”，全力推动产业结构调整、城建大干快上、社会和谐进步，努力把晋江建设成为综合实力强、民生质量高、发展环境好的现代产业基地、滨海园林城市。

2.2 发展目标

至“十二五”末，晋江在继续保持经济快速增长势头的基础上，努力在推动转变经济发展方式实现新突破，确保县域经济综合实力继续保持全国十强和全省首位，基本建成经济强市，全力打造幸福晋江。

⑴ 经济实力显著增强。地区生产总值达到 1652 亿元，财政总收入实现 230 亿元，其中地方一般预算收入达到 100 亿元，规模以上工业总产值达到 4105 亿元，全社会固定资产投资五年累计突破 3000 亿元，社会消费品零售总额实现 598 亿元，实际利用外资五年累计达到 37.5 亿美元。

⑵ 产业结构更加合理。三次产业比例调整为 0.97：61.03：38.0，高新技术产业增加值和 R&D 占 GDP 比重分别提高到 12%、2.6%。

⑶ 社会建设成效凸显。城镇居民人均收入 36832 元，农民人均纯收入 16072 元，城镇、农村恩格尔系数分别下降到 36%、37%，基本建立覆盖城乡居民的社会保障体系，高中阶段毛入学率 90%以上，高等教育毛入学率 36%以上，每千人卫技人员数增加到 4.6 人、床位数增加到 3.65 张，每千名老人养老服务床位数增加到 30 张，人均体育场地面积增加到 2.65 ㎡，群众对社会治安满意率达 92%以上。

⑷ 城市面貌深刻变化。“拥湾面海、一核两翼，三大走廊、多区联动”的构架基本形成，城市规划区建成面积达到 90 平方公里，中心市区人口达 90 万人，城镇化水平提高到 65%，交通、供水、能源、通讯、环保、防灾减灾等基础设施适度超前、更加完善。

⑸ 环境质量较大改善。城市垃圾无害化处理率 99.85%，城市污水处理率 85%，二氧化硫排放量年均削减 3.1%；化学需氧量 COD 排放

量年均削减 1.6%，氮氧化物减排量年均削减 3.1%，氨氮减排量年均削减 1.68%，单位生产总值能耗完成上级下达任务，土地、水资源等资源要素利用效率高于全国、全省平均水平，山体、水系、海域、岸线、湿地等重要生态系统保护得力、治理得当，森林覆盖率达到 16.5%，中心城区绿地率达到 36.7%，人均公共绿地面积 11.4 平方米，初步建成滨海园林城市。

2.3 主要任务

⑴ 打造现代产业基地。围绕构建“641”现代产业体系，加快推动支柱性传统产业转型升级，培育战略性新兴产业、现代服务业，形成“制造与创造融合、传统与新兴并重、第二产业与第三产业并举”的局面。实施“235”工业发展工程，优先发展先进制造业，加快推动晋江制造向晋江创造跨越提升，力争到 2015 年，制鞋、纺织服装等两个产业集群产值达到 1000 亿元以上，食品饮料、装备制造、纸制品等三个产业集群产值达到 500 亿元以上，培育 5 家以上年销售收入超百亿元企业。按照“标准提升、发展提速、结构做优、规模做大”思路，全面推动实施现代服务业 5 年跨越计划，带动提升第三产业占 GDP 比重，凝聚产业升级、城市转型的内在动力。全力推进经济开发区、出口加工区、填海造地、品牌工业园等载体建设，打造经济增长支撑平台。

⑵ 建设滨海园林城市。树立“全市一城”理念，融入海西城市群和大泉州环湾发展，紧扣“拥湾面海、一核两翼，三大走廊、多区联动”布局，探索“政府主导、市场运作，自求平衡、滚动发展”模式，科学制定城乡发展规划，高密度、快节奏、组团式推进城市建设，提升城市管理水平，完善公路网络体系、口岸体系、供水体系、市政保障体系、防灾减灾体系、信息化支撑体系等基础设施保障体系建设。

晋江市滨海园林城市规划图

(3) 全力推进生态文明建设。深入开展“全民动员、绿化晋江”活动，实施重点区域高强度绿化，全力推进城乡绿化一体化“四绿”工程建设，构建城乡一体的森林网络。通过系统的水治理和利用、生态环境保护和重整，构建集防洪、排涝、景观、休闲于一体的亲水景观带，做足“水”文章，打造闽南水乡。加强污染源整治和生态建设，努力构建绿色低碳的增长方式、消费模式，促进人与自然和谐相处，实现可持续发展。

(4) 加快社会主义新农村建设。坚持以工业化谋划农业发展，以产业化带动农业升级，全力打造海洋捕捞、工厂化养殖、浅海资源开发、无公害水产品生产、水乡渔村建设五大特色板块，按照全市一座城的理念，以建设新市镇视野全面推进现代宜居农村建设，加快构建有利于农民持续增收、农村集体经济发展的体制机制，激发农村发展活力。

(5) 提升对外开放水平。在保持出口规模继续适度稳定增长基础上，逐步推动外贸增长方式由数量速度型向质量效益型的转变，增强贸易综合竞争力和抗风险能力，确立“缺什么招什么”的理性招商原则，深化实施大招商、招大商活动。鼓励有实力的企业到境外建立生产基地，实现“原产地多元化”。充分利用国家赋予海峡西岸经济区特殊政策，发挥“五缘”优势，全方位、多层次推动晋台经济深度对接。发挥世界晋江同乡总会、晋江市海外联谊会、晋江市侨联、世界晋江青年联谊会和港澳海外各同乡会的作用，加强与海内外重点人士、重点社团的联谊交流。

(6) 实施科教兴市战略。鼓励引导企业密切与国内外著名高校、科研院所深度合作，加快科研成果产业化应用进程，以建设“教育强市”为主要抓手，鼓励社会力量捐资办学和捐资助学，推动形成多元化办学格局，加快实施“人才强市”战略，充分发挥政府的导向作用、企业的主体作用和全社会的推动作用，努力构建与城市、产业发展相适应的人才支撑体系。

(7) 提升城市文化软实力。结合公民道德建设“宣传月”、“宣传日”和重大节庆纪念日活动，大力推进社会主义核心价值体系建设，着力塑造“现代晋江人”。坚持公益、基本、均等、便利性原则，完善公共文化服务体系，促进文化与科技、教育、体育、旅游、休闲相互融合，积极催生新的文化业态。

(8) 提高人口健康素质。坚持从统筹体育产业与体育事业协调发展高度，加快推进体育强市建设步伐，把晋江打造成为全民健身的乐园、后备人才的基地、体育财富的源泉。

（注：上述内容部分来源于《晋江市第十二个五年规划纲要》。）

3、晋江市发展点评

发展点评

改革开放以来，晋江创造出独特的“晋江经验”、“晋江速度”、“晋江精神”，取得了世人瞩目的发展成就，逐步汇集大量特色鲜明的传统产业集群，成为名副其实的“品牌之都”；而海西经济区建设、大泉州“980”环湾城市发展，以及晋江立足区域海洋资源与产业背景构建“一带、三港、六区、四示范”的海洋经济集聚发展格局，为晋江立足传统主导产业集群，发展高新技术产业集群，转型与升级产业结构，建设现代产业基地与滨海生态城市带来重大发展机遇。

建议一：针对晋江市最新提出的海洋经济发展构想，深度分析晋江海洋经济资源特色，破除以渔业为主的发展现状，开发具有自主知识产权的海洋生物科技、水产品精深加工等产业，积极发展海洋装备等临港工业，拓宽港口物流、滨海文化体育旅游等产业，不断延伸海洋产业链，优化海洋产业结构，建立特色海洋产业集群。

建议二：深入分析闽台合作及泉州环湾发展对晋江市发展的重要影响，明确与周边县市的相互辐射效用，依托品牌与资本之都优势，发挥机场与港口的优势，壮大金融、会展等现代服务业，将晋江建设成为厦漳泉三角的区域金融与现代服务业中心。

建议三：在体育产业发展方向上要丰富产业内涵，积极拉动竞赛、娱乐、旅游、传媒等相关产业发展，形成完整的产业链条，改善晋江体育制造独大的发展局面。

建议四：整合名人遗迹、宗族文化、妈祖文化、宗教文化等特色旅游与闽南文化资源，紧密结合晋江特色的民间寻根祭祖活动，构建具有丰富历史传统与闽南文化内涵的特色侨乡旅游文化。

报告之四十一：渤海明珠、轴承之都——辽宁瓦房店市

1、瓦房店市县域经济发展现状

1.1 瓦房店市基本情况

瓦房店市位于辽东半岛中部，北距沈阳 292 公里，南离大连 100 公里，是连接沈阳和大连的重要经济区。全市总面积 3794 平方公里，下辖 11 个街道、13 镇、6 乡、2 个民族乡；总人口 100.3 万，其中乡村人口 73 万。瓦房店素有辽南工业重镇之美誉 ，工业基础雄厚、园区经济发达：辖区内有 1 个省级开发区（辽宁瓦房店炮台经济开发区）、3 个市级开发区（大连瓦房店工业园区、瓦房店祝华工业园区、大连松木岛化工园），4 个经济区（沿海经济区、红沿河核电循环经济区、太平湾临港经济区、龙门温泉旅游经济区），初步构建“两轴、一带、三园、四区”的产业布局与优化“弓箭型”发展空间，形成具有地方特色的轴承、化工、清洁能源、风电装备、LED 光电、食品加工、机床装备、长兴岛临港配套产业等八大产业，其中，轴承产业已成为瓦房店第一大主导产业 。

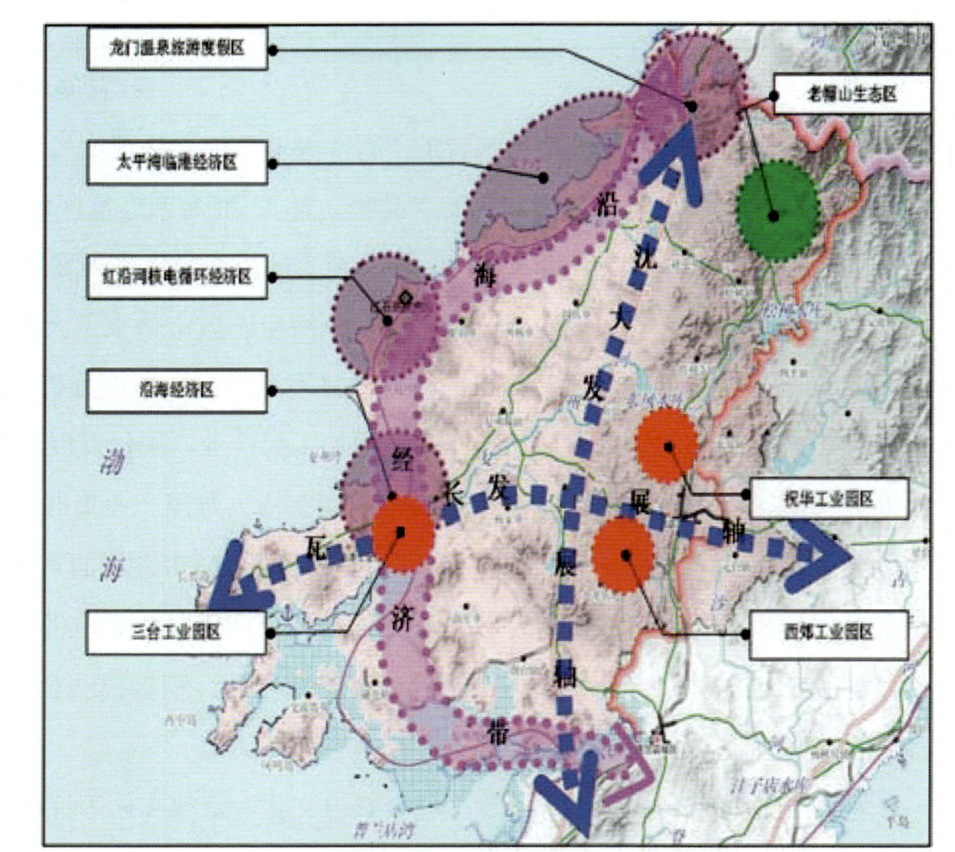

瓦房店产业发展布局示意图

2011 年，瓦房店市实现地区生产总值 823.1 亿元，比 2010 年增长 26.6%，人均 GDP 达到 82065 元；三次产业结构由“十一五”末的

11.0:60.9:28.1 调整到 9.8:65.5:24.7，工业占主体地位的产业格局更加明显；实现地方财政一般预算收入 51.1 亿元，比 2010 年增长 43.6%。伴随东北老工业基地振兴、辽宁沿海经济带开发、沈阳经济区建设以及长兴岛临港工业区上升为国家工业区的重大战略机遇，“瓦—长”连动发展为这座现代化的工业都市注入了新的勃勃生机。

在 2012 首届中国县域经济科学发展竞争力评选中，瓦房店遥遥领先于辽宁省其他 43 县市，位列科学发展竞争力百强县第 14 位。

1.2 瓦房店市经济发展特色——资源富集，产业集聚

⑴ “钻石之乡”的矿业大县。瓦房店市矿产资源丰富，有金属和非金属矿藏 30 余种，非金属矿因其储量大、品位高，拥有巨大开发价值，尤以储量占全国已探明储量 54%的金刚石为代表，被誉为“东方钻石城”。瓦房店的金刚石多呈 8 面体和 12 面体，其质地优良，晶形完整，色泽晶莹剔透，首饰级含量占 70%。除金刚石外，地热、石灰石、矿泉水等资源也在瓦房店境内广为分布，其中，位于许屯镇龙门汤的地下热矿泉，水温达 63℃，日供水量达 2000 吨，含有 10 余种人体所需的微量元素，是理想的沐浴和饮用双重型高温热矿泉；石灰石分布 10 余个乡镇，纵跨 3 个地质时代，存储量 10 亿立方米以上，开发潜力巨大。

⑵ 独具特色的“轴承之都”。轴承是国民经济的战略物资，也是装备制造业的关键基础件。新中国成立 60 多年来，特别是改革开放以来，我国轴承工业持续较快发展，已成为轴承产量和销售额位居世界第三的轴承生产大国。作为中国轴承之都，瓦房店市是中国轴承工业的发祥地和摇篮，自 1938 年瓦轴集团的前身诞生，瓦房店轴承工业走过近 80 年的辉煌历程，曾生产出中国第一套工业轴承、第一套核工业轴承、第一套坦克诱导轮轴承、第一套铁路货车无轴箱轴承、第一套大型跟踪望远镜轴承，援建了哈尔滨、洛阳、西北、襄阳轴承厂等中国轴承行业骨干企业，为民族工业发展与国防建设做出了特殊贡献。瓦房店目前已建立起生产布局基本合理、产业门类比较齐全、大中小企业并存的较为完整的轴承工业体系，轴承产业在国民经济中具有举足轻重的地位，共有区域轴承及配套企业 600 余家、企业集团 9 家，从业人员 5 万人，能生产 10 大类、3 万余个品种，主要产品包括大型、特大型风力发电机组轴承，冶金轧机轴承，铁路货车轴承，石油机械轴承，精密机床轴承与矿山机械轴承，工程机械轴承和港口机械轴承等，已成为全国知名的轴承产业制造基地和集散地，全国最大的轴承产业集群，2011 年实现轴承销售收入 390 亿元。

⑶ 丰富的海洋与旅游资源。作为辽东半岛重要的沿海城市，瓦房店海洋资源丰富：全市海岸线长 461 公里，居全国县级第二位，近海滩涂面积 1.8 万公顷，盛产各种海产品；作为环渤海经济圈最优良的出海口，境内的将军石港与太平湾港是东北亚国际航运中心的重要节点；作为重要的旅游大市，瓦房店已经确立了海滨、温泉、文物古迹、奇特景观、工业观光和生态农业观光等六大类旅游产品，尤以仙浴湾旅游度假区、长兴岛旅游度假区、龙门温泉旅游度假区、龙王庙旅游度假区等突出海滨与温泉资源的产品为特色。

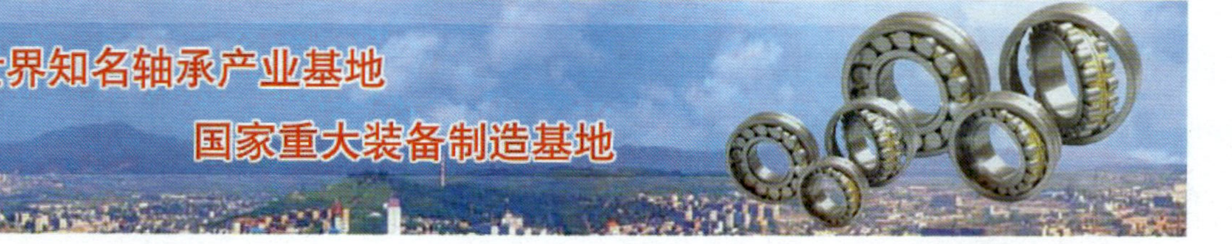

资源富集产业集聚的瓦房店

2、“十二五”瓦房店市发展计划

2.1 指导思想

以邓小平理论和三个代表重要思想为指导，深入贯彻落实科学发展观，抢抓国家进一步实施东北老工业基地振兴战略和辽宁沿海经济带开发战略升级为国家战略及大连市实施全域城市化战略的有利时机，实施“工业强市、面海发展、生态立市、科教兴市”四大战略，坚持面海发展、瓦长互动、全域谋划，以实现科学发展为主题，以转变经济发展方式为主线，以改革开放为动力，以科技创新为支撑，以实现全域城市化为载体，以保障和改善民生为出发点及落脚点，大力发展先进装备制造业、现代服务业、都市型现代农业，加快构建绿色低碳现代产业体系，形成“两轴、一带、三园、四区”和“弓箭型”空间发展格局，推进资源节约型和环境友好型社会建设，促进经济、政治、文化、社会和生态全面协调可持续发展。

2.2 发展目标

“十二五”期末，全市经济实力明显增强，产业结构进一步优化，民生质量显著提高，生态环境明显改善，培育形成一批竞争力强的产业集群，沿海经济带开发开放形成一定的规模，新的城镇体系框架基本形成，将瓦房店市打造成为具有竞争力的现代新兴工业城市和海滨生态宜居城市，经济、政治、文化、社会、生态全面发展的现代文明城市，进入全国百强县前 10 位。

(1) 经济发展再上新台阶。地区生产总值实现 1600 亿元，财政一般预算收入突破百亿元，规模以上工业总产值达到 2700 亿元，全社会固定资产投资突破 2280 亿元，社会消费品零售总额实现 270 亿元，自营出口额达到 11 亿美元，人均 GDP 达到 22050 美元，继续保持在东北地区领先的位置。

(2) 结构调整实现新突破。三次产业结构调整为 6:58:36，高新技术产品产值占工业总产值的比重达到 40%以上。

(3) 自主创新能力获得新提升。全社会 R&D 投入占 GDP 比重达到 2%以上，科技进步对经济增长的贡献率达到 45%以上。

(4) 资源环境建设达到新高度。万元地区生产总值综合能耗和水耗达到国家先进水平，二氧化硫、氮氧化物、氨氮等减排指标与国家目标同步，中水回用率不低于 40%，耕地保有量达到 8 万公顷，生态破坏得到有效恢复，空气质量二级以上天数达到 320 天，森林覆盖率不低于 46%。

(5) 城市建设跨入新阶段。城市化率提高到 65%以上，城市建成区绿化覆盖率达 60%，人均公共绿地面积达到 15 平方米，城市生活垃圾无害化处理率 100%，城市生活污水集中处理率达到 100%，城市集中供热率达到 99%，城市管道气化率达到 80%。

(6) 人民生活水平得到新提高。城市居民人均住宅面积不低于 28 平方米，农民人均住房使用面积达到 35 平方米，城镇人均可支配收入达到 30810 元，农民人均纯收入达到 21240 元，城镇登记失业率控制在 3%以内。

⑺ 社会事业取得新成效。新增劳动力人均受教育年限达到 13.5 年，高中阶段毛入学率达到 98%以上，万人受高等教育人数高于全国县级平均水平，新型农村合作医疗参合率保持 99%以上，城镇居民基本医疗保险参保率及基本养老保险参保率达到 99%。

2.3 战略方向

以“工业强市、面海发展、生态立市、科教兴市”战略引领“十二五”时期瓦房店市经济社会发展，依托百里海岸线拉开城市带状空间布局，建设现代化产业集聚区、具有国际水平的现代化中心港区、独具地方特色的现代化旅游目的地，将瓦房店打造成为环渤海地区具有竞争力的现代新兴工业城市，适宜人居的现代海滨城市，经济、政治、文化、社会、生态全面发展的现代文明城市。

2.4 主要任务

⑴ 大力发展先进制造业。依托“三园、四区”，推进工业结构战略性调整，坚持把提高自主创新能力作为调整产业结构、转变发展方式的中心环节，积极推动传统工业向高端产业发展，加速推进产业结构优化升级，增强对生产要素的集聚能力：重点培育优势产业集群，力争形成 3—5 个超百亿元的产业集群；着力提高装备技术水平，形成特色和优势产业，重点发展轴承、数控装备、船舶制造等产业；发挥资源产业优势，大力发展以核能、太阳能、风能为主的新能源产业，以 LED 等光电子为主的电子信息产业，以海洋工程、生物医药等为主的海洋新兴产业，以及新材料和节能环保等新兴产业。鼓励企业与科研院所和高校之间的联系与合作，着力推动建设以企业为主体、以市场为导向、产学研相结合的技术创新体系，形成优势互补、利益共享、风险共担的合作机制。

⑵ 加快发展现代服务业。围绕太平湾临港经济区和沿海经济带建设，大力培育发展一批物流企业和采购配送中心，形成为第二产业发展提供服务的物流配送体系；围绕港口运输、商品配送和电子商务为主的现代物流业，大力发展金融、保险、咨询、中介等相关产业，使瓦房店成为渤海沿岸港航物流体系的重要枢纽。市区现代商贸服务业以提升业态档次和水平、改造老商贸区为主，向规模化、特色化、品牌化方向发展；依托推进“千村百镇”市场工程建设，带动农村商贸业发展；加快沿海经济区、龙门温泉旅游度假区、太平湾临港经济区、红沿河核电循环经济区商贸服务业发展建设步伐，形成与区域开发建设和发展相匹配的商贸服务业发展格局。深入挖掘瓦房店各类旅

游资源，构筑全市“两带、四区、七组团”现代旅游业发展格局。逐步扩大建设用地的土地储备保有量，引进国内外有实力的房地产企业，促进房地产业发展。

⑶ 积极发展都市型现代农业。以生态化、高效化和现代化为发展方向，优化农业结构，提升农业科技含量和竞争力，加快建立与瓦房店城市功能相适应的都市型现代农业体系，重点发展生态农业、设施农业、精品农业、休闲农业和创汇农业。依托国家级现代农业示范区，积极推进畜禽养殖、水果栽培、蔬菜种植、水产养殖等优势产业发展，扶持和培育一批生产经营、农副产品深加工和流通领域的现代农业龙头企业，大力发展创汇农业。推进农业生产经营专业化、标准化、规模化、集约化，鼓励合作组织、龙头企业和农民建立互动发展的长效机制，努力提升新型农村经济合作组织发展水平。建立现代都市农业多元化投入机制，加强农产品质量安全体系、动物疫病防控体系、农产品信息网络体系和农产品检测体系建设，为现代都市农业发展提供强有力的保障。

⑷ 大力发展民生和社会事业。以改善民生作为和谐社会建设的出发点和落脚点，实施更加积极的就业政策，建立扩大就业与经济发展良性互动机制，加强公共就业服务体系建设，规划建设功能完善的劳动保障大厦，促进城乡统筹就业；健全社会保障体系，进一步扩大养老、医疗、失业、工伤、生育保险覆盖范围，实现城镇职工基本医疗保险和城镇居民基本医疗保险全覆盖，稳步推进“农转城”人员和被征地农民参加社会养老保险，推进住房保障工程建设，建设廉租房和经济适用房 50 万平方米；提高居民收入水平，提升人口素质，切实加强教育、科技、文化体育、医疗卫生等社会事业建设，不断提高公共服务水平，提升居民的幸福指数。

⑸ 推进城镇化和新农村建设。按照全域城市化发展目标的要求，加快推进城乡一体化进程，培育新的经济增长极，使产业向城镇集聚，人口向城镇集中，努力构建瓦房店 “一个主城区、一个新市区、七个重点镇、四个城镇组团”的城镇体系，形成主城区和新市区两个发展核，不断增强城镇产业集聚能力和综合承载能力；加大对新农村建设的投入力度，完善统筹城乡的政策支撑体系，壮大农村集体经济，实现城乡公共服务均等化。

(6) 加强资源开发与环境保护。按照国家对土地资源开发利用的要求，坚持从瓦房店实际出发，加强土地开发与储备，严格保护耕地和基本农田，严格控制非农业建设占用农用地，严格按照土地利用总体规划，执行建设项目用地预审和土地审批制度，实行耕地保有量、基本农田保有量和建设用地规模总量控制，提高土地利用效率；坚持开源节流并举，科学开发利用水资源，加强水源监督管理，对河流发源地和大中型水库流域全面实施生态建设和保护，加强水利工程建设，提高雨水蓄积能力，加大农村饮水工程建设力度，大力发展高效节水型灌溉农业，积极推进中水回用，推动海水淡化应用；全面科学地制定海洋经济发展战略，加强海洋资源开发与保护，严格执行海域功能区划，合理开发利用海洋与海岸资源，建设海洋牧场，保护海洋生物；加强生态环境治理，加快发展循环经济。

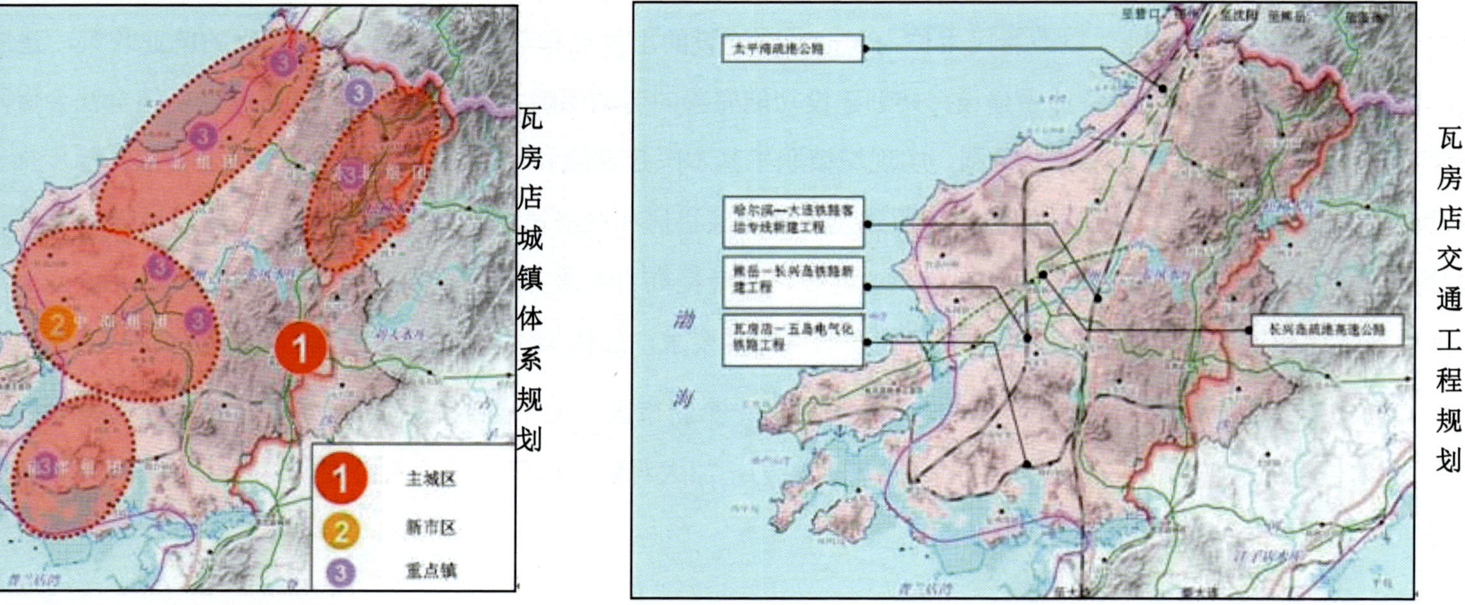

瓦房店城镇体系规划

瓦房店交通工程规划

⑺ 加强基础设施建设。以有效支撑经济社会协调发展为目标，统筹规划、合理布局，做好各种运输方式相互衔接，完善运输网络，优化运输结构，形成便捷通畅高效的市域现代化综合交通体系；以发展清洁能源为目标，加强能源工程建设，建立多种能源保障体系，努力打造东北能源大市；继续实施“北水南调”工程，加快新市区供排水系统建设，为城市发展提供基本保障；完善区域型燃气输配系统，大力发展管道燃气，提高城市气化率，实现热源合理布局，推进核电余热利用工程和沿海经济区供热工程；加强信息资源的开发和利用，建设现代化信息传输网，积极推进电信网、互联网和广播电视网“三网融合”和综合管理，积极推进“数字化瓦房店”工程，强化信息安全保障。

（注：上述内容部分来源于《瓦房店市第十二个五年规划纲要》。）

3、瓦房店市发展点评

发展点评

2010 年 4 月，国务院正式批准长兴岛升级为国家级经济技术开发区，这是瓦房店继老工业基地振兴、辽宁沿海经济带和沈阳经济开发区建设三大发展机遇后迎来的新的发展优势——一桥相连的长兴岛与瓦房店逐渐呈现出“瓦—长联动”发展的新局面。作为辽宁省县域经济的代表性县市，近年来，瓦房店以轴承产业为支撑，借助陆海突破、资源支撑、产业集聚形成了以工业经济为主导的现代产业体系，在辽宁省“向县域突破”的发展战略中彰显出独特的竞争优势，是位居全国第 14 位的县域经济科学发展竞争力百强县，是辽宁 44 个县（市）中综合实力最为领先的县市。

建议一：结合国际、国内轴承产业发展状况及产业相关发展标准，深入分析瓦房店轴承产业的优势、劣势、机遇与挑战，把握轴承产业发展走向，依靠科技进步与技术创新，借助“官、产、学、研、金、媒”的强强联合，延伸轴承产业链，破除质量和品牌的“瓶颈”，推动轴承产业领军企业发展，引导瓦房店由轴承生产大市向轴承生产强市的转变。

建议二：应深入分析当前机遇对瓦房店今后一段时期发展的重要影响，梳理出与之密切相关的特色产业，明确特色产业发展的现状与趋势，明确招商引资方向，积极培育代表性企业。

建议三：应把握瓦房店面临的海洋经济发展机遇，借鉴江苏、山东、浙江等沿海经济较为发达的相关县市的发展经验，制定瓦房店海洋经济的科学发展战略以及与之对应的重点发展产业，壮大瓦房店海洋经济实力。

建议四：以海滨温泉为特色，以大连“浪漫之都”的品牌为导向，进一步发掘瓦房店旅游资源，使复州古城等景点融入瓦房店整体文化旅游产业发展布局，增强城市文化底蕴，提升瓦房店以休闲度假为特色的旅游产业的附加价值。

报告之四十二：山海灵秀之城，朝日乐舞之地——山东荣成市

1、荣成市县域经济发展现状

1.1 荣成市基本情况

荣成市位于山东半岛最东端，三面环海，是中国大陆距离韩国最近的地区。荣成市总面积为 1526 平方公里，下辖 1 个省级经济开发区、1 个省级工业园、2 个省级旅游度假区、12 镇、10 个街道，826 个行政村，总人口 67 万。荣成是我国著名的海洋经济大市，海洋资源丰富，水产品产量、渔业总收入连续 24 年名列全国县级第一。在其 500 里海岸线上，分布着 10 大海湾、72 个岛屿、10 大天然海水浴场，拥有石岛、龙眼两个一类开放口岸，3 个一类作业区，6 个临时开放港口码头，8 处商港、12 个万吨级以上码头。依靠发达的区位优势，经过多年的持续发展，荣成市综合实力不断增强：已形成以汽车与机械制造、船舶及零部件、食品与生物技术的特色产业体系，以海产品养殖加工、临港装备制造和成山头、赤山旅游等为特色的海洋经济体系，并同全球 100 多个国家和地区建立长期稳固的经贸合作关系。

荣成成山头

荣成之晨

荣成天鹅湖

2011 年，荣成市实现地区生产总值 699.4 亿元，比 2010 年增长 26.6%，人均 GDP 达到 82065 元；三次产业结构由“十一五”末的 9:55:36 调整到 9.5:52.9:37.6，以海洋经济为主导的产业格局更加明显；实现地方财政一般预算收入 36.06 亿元，比 2010 年增长 14.1%。在山东半岛建设蓝色经济区、山东建设“文化大省”的时代背景下，海洋经济与海洋文化交相辉映的魅力荣成方兴未艾。

在 2012 首届中国县域经济科学发展竞争力评选中，荣成市位列科学发展竞争力百强县第 20 位，在山东各县市中仅次于位列第 13 位的龙口市。

1.2 海洋经济引领县域经济发展——荣成市县域经济特色

作为胶东半岛重要的沿海城市，荣成海洋资源优势得天独厚：全市海岸线长 500 公里，约占全省的 1/6、全国的 1/36，20 米等深线以内浅海面积达 200 万亩，盛产海参、鲍鱼、海胆等海珍品以及鱼、虾、贝等海产品 300 余种，海岸多为山地基岩地质，水深坡陡，发展港口和船舶修造业条件优越，海、岛、滩、湾、林、山、奇珍等滨海旅游资源独具特色。

立足蓝色经济先行区、城乡统筹先行区建设，坚持“海陆统筹、联动发展，科学开发海洋资源，培育海洋优势产业，使优势产业集群化，传统产业高端化、高端产业聚集化”的发展方向，荣成海洋经济获得良好发展，已初步形成门类比较齐全、结构比较合理、技术装备水平较高的海洋产业体系：2010 年，全市实现渔业总收入 495 亿元，其中大洋渔业产量约占山东省的 50%，海带产量接近全国的一半；临港工业逐步扩大，造船能力达到 150 万载重吨；年加工和经营水产品 500 多万吨；新型能源、石化和临港物流等新兴产业也快速崛起；现代海水养殖技术处于世界领先水平，海洋食品、保健品、药品等的科研成果产业化尤为突出，实现海洋高新技术产业产值 653.6 亿元，占规模以上工业的 34.2%；海岸开放水平不断提升，拥有石岛、龙眼两个一类开放口岸，3 个一类作业区，6 个临时开放港口码头，8 处商港、12 个万吨级以上码头，完成港口吞吐量 1609.8 万吨，接待国内外游客 800 万人次，旅游收入 64 亿元；以“公路升级、港口扩建、铁路补缺”为目标的海陆基础设施日益完善，“三纵、五横、一环”的交通路网已具雏形。

山海有奇观 威海看赤山
游览山海风光／品尝生猛海鲜／体验渔家民俗／分享原创游记 赢现金大奖
chishan
赤山旅游
国家AAAA级旅游景区
www.chishan.cn
渤海晶珠
BO HAI JING ZHU

荣成市海洋产业剪影

2、“十二五”荣成市发展计划

2.1 指导思想

高举中国特色社会主义伟大旗帜，全面贯彻党的十七大和三中、四中、五中全会精神，坚持以邓小平理论和“三个代表”重要思想为指导，以科学发展为主题，以加快转变经济发展方式为主线，以“两个先行区”建设为统领，以改善保障民生为基石，深度挖掘和高效整合海洋经济优势，大力开展科技、体制和管理创新，全面推进产业、社会、需求、城乡和生态结构优化调整升级，加快形成内需主导、创新驱动、公共服务完善和社会管理健全的发展模式，提高经济发展质量、社会发展水平和人民富裕文明程度，增强综合竞争力和抗风险能力，率先全面建设现代小康社会。

2.2 发展目标

按照转方式、调结构、稳增长、惠民生的要求，至“十二五”末，荣成市要全面实现“双突破、三率先”，建成“山东半岛蓝色经济区先行区”与“统筹城乡一体化发展先行区”。

⑴ 建成人人有富足感的新兴发达城市。全市生产总值突破 1000 亿元，人均 GDP 达到 2 万美元以上，地方财政收入突破 60 亿元，服务业增加值占 GDP 比重年均提高 2 个百分点以上，社会消费品零售总额年均增长 18%，三次产业结构调整为 6:50:44，城镇在岗职工平均工资和农民人均纯收入分别增长 10%，城市居民人均住房面积达到 40 平方米，农村居民人均住房面积达到 45 平方米，每百户家庭轿车拥有量达到 40 辆以上，恩格尔系数调整到 30%，现代高成长性新兴产业体系全面建立，海洋经济特色更加鲜明。

⑵ 建成人人有幸福感的和谐保障城市。综合型社会保障体系全面建立，新型城乡医疗、养老保险实现全覆盖，全市五保老人集中供养率达到 80%以上，残疾家庭、城乡低保等弱势群体得到全面照顾，城镇登记失业率控制在 2%以下，人口出生率控制在 5.2‰以内，亿元 GDP 生产安全事故死亡人数控制在 0.04 人以内，基尼系数控制在 0.4 以内，率先基本实现教育现代化。

⑶ 建成人人有舒适感的生态宜居城市。全面完成陆地、海域、水源污染治理，“三废”集中处理率达到 100%，城镇绿化率达到 41.5%，生态、循环经济比重达到 80%以上，太阳能、风能、海洋能、沼气等新型能源比重达到 50%以上，万元 GDP 能耗年均下降 4%， COD 与 NOx

排放量在 2010 年的基础上削减 10%，SO_2 排放量在 2010 年的基础上削减 5%，城市化水平达到 70%，开发节能住宅 300 万平方米以上，生态环保、节能降耗等低碳理念深入人心。

⑷ 建成人人有责任感的创新进取城市。全市 R&D 经费投入占 GDP 的比重达到 3%以上，新建省级以上技术开发和工程技术研究中心 24 处以上，高新技术产业产值占规模以上工业产值的比重达到 44%以上，全面建立起以企业为主体、市场为导向、政府为推动、项目为载体、大学与科研机构为依托的创新机制和科技支撑体系，形成依靠科技驱动发展的新动力。

⑸ 建成人人有归属感的文明开放城市。消除户籍、身份限制，实现社会保障均等化，全面拓展信息软件、金融、物流、咨询、会展等综合服务功能，国际化要素市场体系日益完善，吸引更多跨国公司、国有大型企业和金融机构落户，社会主义核心价值体系全面形成，全民思想文化道德素质不断提高。

2.3 战略定位

以资源要素大整合、人居环境大改善、主导产业大扩张、社会生产力大释放为目标，按照“扩大城市、提升城镇、缩减农村”的思路，统筹城乡资源配置和区域功能定位，调整优化城乡空间布局，打造“一城、两带、三片区”的总体框架，规划崖头中部综合经济隆起带、石岛南部海洋经济隆起带、成山北部服务经济隆起带三大板块，立足区位优势、资源禀赋、产业基础和科技力量，按照城市地缘发展的客观规律和区域发展的必然要求，确定荣成发展的战略定位：

⑴ 蓝色经济先行区。大力发展海洋经济，科学开发海洋资源，培植海洋优势产业，提升海洋科技支撑能力，打造现代渔业及食品和生物技术、修造船及零部件、汽车机械及零部件、特色滨海旅游、港口物流和能源石化“六大产业”，建设国家级新兴海洋产业示范基地，率先建成蓝色经济区先行区和高端产业聚集区。

⑵ 城乡统筹先行区。坚定实施统筹发展战略，加快以工促农、以城带乡、以沿海带内陆和城乡对接融合，实现区域经济、社会、文化、生态等各项事业协调发展，率先形成城乡经济社会发展一体化新格局。

⑶ 和谐幸福宜居区。科学利用土地、岸线等资源，全面建设资源节约型、环境友好型社会，全力推进富民强市进程，打造“幸福海

岸、宜居典范”的城市品牌，建设国家文明城市和国际滨海旅游度假特色城市。

2.4 主要任务

⑴ 优化调整产业结构。优先发展高新技术产业，大力发展战略性新兴产业，积极发展新兴服务业，加快发展现代农业，形成以船舶及海洋装备制造、食品及冷链物流、汽车及现代制造为主体的蓝色高端产业群，以新能源石化产业、生物医药、电子和新材料产业为主体的战略新兴产业群，以现代旅游、港口物流、金融保险、商贸流通、公共服务等为主体的城镇低碳产业群，以现代海洋渔业、现代农业、特色牧业为基础的生态循环经济群，构建区域特色鲜明的现代产业体系。其中，为了打造山东半岛蓝色经济区先行区，蓝色高端产业群所覆盖的船舶及海洋装备制造业应加快建立以设计为先导、总装船为核心、中间产品为导向的现代造船模式，将省级造船基地上升为国内乃至东北亚地区重要的造修船基地；应按照“上抓开发，下抓品牌，两头延伸”的发展思路，拉长食品精深加工产业链条，推进食品产业由量的竞争向质的竞争转变，着力建设以国际、国内知名品牌群为支撑的中国海洋食品名城；积极发展冷链物流产业，规划建设石岛湾、成山、港西等 6 个海产品加工冷链物流园、海洋大宗商品电子交易市场，建成具有国际竞争力的国家级冷链物流基地；以低碳、环保、新能源汽车为研发投入方向，推进汽车产业由少数企业支撑向完整链条支撑转变。

⑵ 以保障和改善民生为根本途径，以繁荣发展服务业为重要载体，优化调整需求结构，推动经济增长由投资主导向内需主导转变。实施扩大就业战略，深入推行养老、医疗、教育等领域改革，增强居民消费能力；大力发展电子信息通讯、教育文化、休闲旅游、医疗、房地产、家政服务、电子商务、现代物流等新兴服务业态，加快培植消费热点，拓展消费领域；按照政府引导、市场主导、社会参与的原则，保持投资规模适度增长，增强投资对经济增长的持续拉动力。

⑶ 按照统筹城乡、合理布局、节约土地、完善功能的原则，坚持以人口城镇化、产业园区化为核心，实施新型城镇化战略，优化调整城乡结构，加强中心城区规划建设，形成人文景观、自然景观、功能景观的有机统一，提升城市品位形象；统筹沿海镇与内陆镇各种比较优势，加快形成优势互补、协调联动、相互促进、竞相发展的镇域经济发展新格局，形成配套齐全、功能完善、结构合理的城镇发展格局；建立健全以工促农、以城带乡机制，建立城乡统筹的公共财政制度、户籍制度和劳动力市场体系，促进公共资源在城乡间均衡配置、

生产要素在城乡间自由流动，统筹城乡发展规划、土地利用、产业布局和基础设施建设，促进城乡共同繁荣。

⑷ 以体现公平正义为重点，以建设和谐社会为目标，推进基本公共均等化，优化调整社会结构，努力扩大社会就业，加强民主法制建设，完善社会保障体系，创新社会管理形式，强化公共安全管理，实现经济与社会、精神文明、物质文明与政治文明协调发展。

⑸ 高度重视资源、环境、生态对经济社会发展的要素作用、支撑作用和保障作用，将节约资源、保护环境、涵养生态放在优先位置，优化调整生态结构，以节地、节能、节水、节材为重点，大力推进资源节约型社会建设，突出抓好重点行业和企业的节能改造；推进资源在不同企业之间和不同产业之间的充分利用，建立起以二次资源的再利用和再循环为重要组成部分的循环经济机制；严格实行生态环境一票否决制，加强污染专项整治，实行总量控制；实施保护治理自然生态工程，加强对岸线、河流、湖泊、湿地、库区等重要水源地以及近海岛屿、滩涂、山林等自然生态系统的综合治理和修复保护，加强生态建设。

（注：上述内容部分来源于《荣成市第十二个五年规划纲要》。）

3、荣成市发展点评

发展点评

作为山东半岛“蓝色经济区”核心区内的城市，荣成今后的发展已与海洋经济、蓝色经济区建设休戚与共，命运相连。尽管荣成是全国知名的海洋经济大市，依靠近年间的快速发展，其以工业经济为主导、以海洋经济为特色的产业格局已较为突出，县域科学发展竞争力在全国范围内也较为领先；但与同在蓝色经济核心区的龙口相比，荣成的整体竞争力还稍显不足，尤其是在龙头企业的发展规模上存在一定的差距。例如，截至 2012 年底，龙口市已经有七家上市企业，企业累计融资近 130 亿元，成功破解了骨干企业发展中的融资难问题，进而带动龙口经济社会的跨越式发展；而荣成尽管也存在好当家、赤山集团、靖海集团等一批龙头企业，但上市公司数量为零。此外，与荣成比邻的文登所辖之南海新区是山东重点打造的三个海洋经济新区之一，已呈现较强竞争优势，区域间的竞合无疑给荣成建设蓝色经济先行区带来考验。

建议一：加快荣成龙头企业上市步伐，重点支持与蓝色经济相关的“六大产业”中的龙头企业上市。由于“六大产业”均为实业，而实业扩张需要充足的资本保障，因此，企业上市将会有效改善发展过程中的巨大资金压力。更为重要的是，通过上市可以加强企业的现代公司治理结构，提升企业发展软实力，最终带动所在行业的整体提升。

建议二：面向全体市民、全体投资者宣传与普及核安全教育，避免因“谈核色变”影响石岛海洋经济的发展。石岛湾核电站是我国“十二五”获批的第一个核电项目，有自主研发的技术优势，项目建成后将有效缓解荣成及威海地区的能源短缺现象。然而，由于石岛港是荣成境内的一类港口，石岛板块也聚焦海洋经济，因此，树立风险防范与安全意思，做好核电站建设运营与石岛板块经济社会发展的平衡，具有重要意义。

建议三：荣成市旅游产业的发展应在整合自然资源、历史与民风民俗的基础上充分融入海洋文化。

报告之四十三：杨家将故里，边塞煤海之城——陕西神木县

1、神木县县域经济发展现状

1.1 神木县基本情况

神木县位于晋陕蒙三省区交界地带，北接内蒙古，东跨黄河入山西，西越榆林、定边直通宁夏，素为“南卫关中，北屏河套，左扼晋阳之险，右持灵夏之冲”的塞上重地，隶属榆林市。全县总面积为7635平方公里，是陕西省面积最大的县，辖15个镇、629个行政村，总人口42万，其中非农业人口16.1万人。神木县是陕北国家级能源化工基地的核心区域，自20世纪80年代神府东胜煤田开发以来，已成为国家西煤东运的源头、西电东送的枢纽、21世纪重要能源接续地。神木县已成为中国第一产煤大县（亿吨级）、全国最大的兰炭基地（千万吨级）、全国最大的聚氯乙烯基地（百万吨级）、西部最大的火电基地（600万千瓦）、西部最大的浮法玻璃基地（600万重量箱）、西部最大的电石基地（百万吨级），在国家能源安全体系中占有重要位置。

2011年，神木县实现地区生产总值771亿元，按可比价格计算，比上年增长11.7%，三次产业结构由2006年的3.8:76.1:20.1调整为2011年的1.25:70.7:28.03，三产比例有所提升，但工业占据绝对主导地位的格局未发生改变；实现地方财政收入45.3亿元，比2010年增长60%。随着我国工业化和城镇化进程的加快，对能源资源的需求将进一步加大，依托呼包银榆经济圈和陕蒙宁国家能源化工基地的核心区位，神木县的资源优势将更加凸显。

神木全景图

在2012首届中国县域经济科学发展竞争力评选中，神木县遥遥领先于陕西省其他县市，位列科学发展竞争力百强县第28位。

1.2 神木县经济发展特色——资源富集，底蕴深厚

(1) 矿产资源丰富的“产煤第一县”。县境内富藏煤炭、岩盐、天然气、石油、石英砂、膨润土、铁矿、石灰石等数十种矿产资源，其中以煤炭储量最为丰富，储煤面积达4500平方公里，占全县总面积的59%，已探明储量500亿吨，占神府—东胜煤田总储量的近1/4。煤层地质构造简单，埋藏浅，易开采，且煤质优良，属“三高一低”优质动力环保煤，煤的化学性和热稳定性好，是优质的动力、气化、液化、民用、建材和化工用煤。神木岩盐属于榆林盐田的一部分，该盐田地处西安、太原、包头、乌海、银川等化工用盐市场的中心，区位优势明显。目前，神木岩盐正在进一步勘测中，伴随着榆林新盐都的建设，神木岩化工将成为继煤炭之后又一个新的资源和经济增长亮点。

神木特色资源

⑵ 底蕴深厚的文化名城。神木县是陕西省政府公布的省级历史文化名城之一，同时也是国务院公布的对外开放县之一，旅游文化资源丰富而独特，有以明长城为代表的古代防御工程，以杨家城（麟州故城）为代表的古城堡，以凯歌楼为代表的古建筑，以二郎山、天台山为代表的宗教建筑群，以石峁新石器遗址和大保当汉墓群为代表的古遗址，也有以红碱淖为代表的风景名胜，还有以贺家川烈士陵园为代表的红色革命纪念地。酒文化，唢呐、三弦等民间乐器，民歌、秧歌、说书等民间文艺，地毯、剪纸、铜器等民间工艺共同构成独具神木地方特色的民俗文化。在神木可以饱览塞上大漠风光、体验黄土文化风情，感受黄、河长城的雄宏壮阔、领略现代化煤都的开发盛况。

2、“十二五”神木县发展计划

2.1 指导思想

以邓小平理论和三个代表重要思想为指导，以科学发展观为统领，以转变发展方式、实现协调发展为主线，以全面建成更高水平小康社会、率先进入现代化初期阶段为目标，努力推进“民生神木、创新神木、民主神木、人文神木、生态神木”建设，着力构建高端低碳的现代产业体系，建成具有区域优势和竞争力的绿色煤化基地，着力构建以人为本的公共服务体系，再造一个发展水准高、人民幸福感强的新神木。

2.2 发展目标

实施“3666”工程：实现“三个翻番”，构建“六大产业体系”，推进“六大工程”，推动“六个上台阶”：

⑴ 综合实力进一步增强。2015 年全县生产总值达到 1320 亿元，地方财政收入达到 65 亿元。全社会固定资产投资 5 年累计完成 1500 亿元，城乡一体化全面推进，城镇化水平达到 80%，县域经济综合实力进入全国一流县行列，争取撤县设市。

⑵ 发展方式加快转变。经济结构更加优化，高端低碳的现代产业体系基本建立，特色优势产业带动作用大幅增强，现代服务业比重稳步上升，战略新兴产业成为新的经济增长点，所有制结构趋于合理，非公有制经济比重提升至 40%以上。

⑶ 人民生活更加幸福。实现居民收入和经济发展同步增长，城镇居民可支配收入和农民人均纯收入分别达到 38000 元和 19000 元，

城乡收入比达到2:1；社会充分就业，城镇调查失业率控制在4%以下；社会保障体系全面建立，实现各类社会保障全覆盖；健全公共住房保障体系，贫困人口继续减少；人口自然增长率控制在6.2‰以内，全县总人口控制在44万人左右；社会文明程度进一步提高，社会管理明显加强，社会事业全面进步。

(4) 生态环境持续改善。全县林草覆盖率达到59%以上，城乡居民生活垃圾和污水实现集中有效处理，主要河流水质达到水功能规划要求，环境空气质量达到或好于二级标准的天数超过280天，节能减排取得明显成效，万元GDP能耗、各项污染物排放总量达到控制目标，固废利用率明显提高。

(5) 政府服务全面提升。推进行政体制改革，完善市场调节机制，优化资源配置，着力构建“市场调节、政府调控、社会监督”三位一体的政府管理模式。

2.3 主要任务

(1) 构建高端低碳的现代产业体系。依托煤、延伸煤、跳出煤、超越煤，把优势特色产业融入国家能源安全和低碳发展大局谋划发展，以“六园八区”为载体，大力提升以煤为主的优势产业，积极延伸产业链条，着力培育新兴战略产业，推进产业结构由资源主导向多业并举、多轮驱动转型，构建“技术高端化、产业集群化、绿色低碳化、布局合理化”的现代产业体系，做优支柱产业，做强高端产业，做精特色农业，大力发展现代服务业，积极培育战略性新兴产业。

(2) 发展壮大民营经济。坚持民营经济的主体地位，按照“大集团引领、大项目支撑、集群化发展、园区化承载、所有制混合”的思路，进一步拓宽投资渠道、优化发展环境、强化政府扶持。充分调动群众的创业和创新精神，引导民营经济向“管理现代化、生产规模化、产品终端化、责任社会化”发展。到“十二五”末，民营经济产值占GDP的比重再提高10个百分点以上。

神木县兰炭产业

(3) 加快城乡一体化进程。以县城为中心，大柳塔、店塔、锦界三镇为副中心，强力推进城乡一体化建设。到“十二五”末，城镇人口突破35万，城镇化率达到80%以上。统筹城乡规划布局，推进新型城市化；加快镇村经济发展，加快撤县建市工作。

(4) 加强基础设施建设。继续加快以交通、水源、电力、信息为重点的基础设施建设，夯实经济发展的基础，提供高品质的公共服务。构建大交通格局，建设对外成链、对内成网的现代化交通运输体系，缓解境内交通拥堵、资源外运压力；提高水资源保障能力，要建立起最严格的水资源管理制度，进一步完善水利投入稳定增长机制，切实增强水利支撑保障能力，实现水资源可持续利用；完善供电网络体系，形成布局合理，功能完善的城乡电网格局，全面提高输供电保障能力，打造坚强神木电网、智能神木电网，使供电网络体系基本完善；全面提升信息化水平，全面实施“数字神木”工程，实现城市管理、政务管理、公共安全、公共服务数字化。

(5) 推进生态文明建设。加快生态林业建设，加强生态修复治理，加大环境保护力度。

(6) 构建以人为本的公共服务体系。优化制度设计，加强监管力量，在更高层次的基础上提供更高水平的公共服务，让人民群众生活得更有尊严、更有品位；深入推进“十大民生体系”建设，设立“文化教育、医疗卫生、社会保障”三大基金，确保民生保障永续实施。

（注：上述内容部分来源于《神木县第十二个五年规划纲要》。）

3、神木县发展点评

发展点评

神木县是我国产煤第一大县，自神府煤田开发以来，神木依托其资源优势，在经济和社会事业各方面取得了长足的发展，综合实力不断增强，成为陕西省第一经济强县。然而由于初期发展缺少规划性，对产业发展预见性不足，神木当前的经济与产业结构存在着对资源依赖程度过高的问题，能源深加工及利用率欠缺，从长期看不利于经济社会的可持续发展，这些是神木县域经济发展转型的关键问题。神木县未来发展要结合能源基地的核心区位，对煤炭产业、岩盐产业等面临的国内、国际形势进行深入分析，提高产业发展的前瞻性。

建议一：结合国内国际煤炭产业的相关标准与规律，深入分析目前神木煤炭产业的优势、劣势、机遇与挑战，加大在科研方面的投入，依靠科技进步与技术创新，延伸煤炭产业链，进一步提升煤炭产业附加价值。

建议二：，加大循环经济力度，将传统工业发展与循环经济理念相结合，走出资源型城市发展怪圈。神木县应将重点产业的循环经济发展列入未来发展规划，针对产业发展过程中资源浪费、水资源污染、采空区过多等问题，提出合理化方案并严格执行。

建议三：神木民营经济发展是“十二五”发展的重要任务，在借鉴东部民营经济发展模式的基础上，神木应该结合本地特色，制定适合本地发展的针对性策略，整体规划民营经济布局，提高政策性和技术性引导效率。

建议四：结合特色民俗旅游与休闲农业，将神木特色的民俗文化融入到实际发展中，提升休闲农业的可观赏性，提高民俗文化的经济价值，延伸产业链条；同时，要整合旅游资源，合理规划旅游产业和休闲农业的发展方向，完善旅游产业基础设施建设。

报告之四十四：古蜀广都，天府之窗——四川双流县

1、双流县县域经济发展现状

1.1 双流县基本情况

双流县古称“广都”，与古蜀国的成都、新都并称“三都”，位于成都平原腹地，三面环绕成都，是四川省政府规划“天府新区”的起步区和核心区，是成都加快建设“天府新城功能区”、“新能源产业功能区”、“国际航空枢纽综合功能区”的核心区和主体区。双流县总面积为1032平方公里，下辖四川双流经济开发区、西南航空港经济开发区两个省级经济开发区，18个镇、6个街道，总人口94.2万，其中农业人口34.3万，非农业人口59.9万；境内的双流机场，是我国四大国际航空港之一。按照国务院批准的“成都城市向南（双流）发展”的规划，双流被定位为成都市副中心的园林式空港城市，临空经济正逐渐成为支撑双流经济社会发展的主导产业。

2011年，双流县实现地区生产总值583.4亿元，比2010年增长16.4%，人均GDP达到47845元；三次产业结构从“十一五”末的6.2:50.4:43.4调整为5.4:53.3:41.3，第二、三产业呈现齐头并进的发展态势；实现地方财政一般预算收入44.17亿元，比2010年增长42.2%。伴随成渝新区开发、成都打造西部核心增长极、天府新区建设等重大战略机遇，一座以临空经济为特色的空港现代生态田园城市正迅速崛起于天府之国。

四大空港之一的双流机场

在2012首届中国县域经济科学发展竞争力评选中，双流县遥遥领先于四川省其他137县市，位列科学发展竞争力百强县第31位。

1.2 临空经济引领产业发展—双流县经济发展特色

临空经济是以航空货流和商务人流为支撑的经济，它是以航空运输（人流、物流）为指向的产业在发展中形成具有自我增强机制的聚集效应，并不断引致周边产业调整，使其在机场周边形成经济发展走廊、临空型制造业产业集群，以及各类与航空运输相关的产业集群，进而形成以临空产业为主导、多种产业有机关联的独特经济发展模式。20 世纪 70 年代后期，新技术革命的兴起，突破了资源分布对生产力布局的严重限制，带动了适宜于航空运输的大规模集成电路、微电脑、生物工程等高新科技产业高速发展。由于高技术产品发展速度快，产品生命周期短，竞争激烈，因此，对航空运输的依赖很强。随着枢纽机场规模扩张、客货运量大幅增长以及航线网络在全球的扩展，机场周边地区的土地利用模式、经济产业结构发生改变，逐步形成以枢纽机场为核心，汇集电脑芯片、软件、生物医药、精密机械制造以及会展、金融、娱乐餐饮等服务业的特色经济区—临空经济区。根据美国北卡罗来纳大学卡萨达教授提出的“第五波理论”，在世界上大城市发展先后依托内河航运、海运、铁路、高速公路之后，新的国际经济中心城市崛起的重要因素是依托大型枢纽机场，而法兰克福、苏黎世等内陆城市崛起成为国际经济中心城市，也证明了现代航空运输对城市功能形成的重要作用。双流发展临空经济具有三大明显优势：

(1) 发达的空港资源优势。双流国际机场在全球排名百强之列，已开通 160 多条航线，其中国际航线 29 条。2011 年双流国际机场全年空运进出境人员达 155.6 万人次，进出口货物 6.46 万吨，是仅次于北京、上海、广州之后的中国航空第四大枢纽，也是西部地区最大的航空枢纽港。除机场外，双流境内有 8 条国道、7 条省道、3 条高速公路以及铁路货运站、水运码头，为双流以航空枢纽为核心向腹地延伸，建立陆、海、空全方位的综合交通口岸，打造承东启西的桥头堡创造了机遇。

(2) 便捷的区位优势。双流县位于成都市近郊区，是“乐—成—绵”轴带型发展区的重要节点，是成都城市向南发展的核心区。成都是我国著名的休闲之都，也是四川省打造西部战略高地的核心增长极，具有广阔的发展前景，为双流依托成都发展临空经济提供了巨大的市场空间。

(3) 独具特色的产业优势。尽管农业在双流三次产业构成中所占的比例较低，但双流却有着发达的特色农业资源，双流县拥有 3 个省级农业标准化示范镇、5 个良好农业规范认证、70 个国家无公害农产品认证、73 个有机食品认证、76 个绿色食品认证，尤其是双流枇杷、双流冬草莓、双流二荆条辣椒等特色农产品既适宜于航空运输，也为机场配餐服务业创造了条件。从第二产业角度，双流县已初步形成以新能源为重点的 48 平方公里现代制造业产业集群，以现代商贸、临空商务、总部经济为主的 40 平方公里临空服务业产业集群，以航空物流为主的 5.1 平方公里航空物流产业集群发展框架，为产业的跨越式发展奠定了基础。双流沿袭古蜀文化，处处承载着千年秦汉古韵，全力打造的蜀风牧山文化旅游走廊、锦绣东山生态观光旅游走廊、麓山大道国际社区休闲走廊提升了双流的旅游品位。随着世界一流的国际现代五项赛事中心、亚洲最大的国际网球赛事中心、全国一流的体育中心和运动公园等高端体育休闲设施建成投运，运动休闲旅游产业正在蓬勃发展。独具特色的三次产业为双流构建以“航空枢纽服务、航空物流、临空高科技制造、临空总部经济、临空会展、临空商务服务、临空体育休闲、临空文化旅游”等八大临空产业为主体的临空经济创造了先决条件。

双流发展临空经济的特色基础

2、“十二五”双流县发展计划

2.1 指导思想

以邓小平理论和“三个代表”重要思想为指导，深入贯彻落实科学发展观，认真贯彻省委“一主、三化、三加强”的基本思路，按照市委城乡统筹、“四位一体”科学发展总体战略和建设世界现代田园城市的战略部署，坚持县委“统筹城乡、跨越发展，加大投入、扩大内需，群众殷实、实现和谐”的基本取向，大力实施“一主线、三战略、五加强”发展思路，全力打造“空港现代田园大城市”和“三大产业基地”，加快实现争先进位和“两率先两示范”，奋力在中西部率先基本实现现代化。

2.2 发展目标

到“十二五”期末，在全省率先建成全面小康示范县、率先建成城乡一体化示范县，在中西部率先基本实现现代化， 使双流发展成为集产业、生态、文化、宜居、时尚为一体的空港空港现代田园城市示范县，进入全国“百强县”前 10 位。

⑴ 经济发展实现跨越。地区生产总值达到 1500 亿元，人均 GDP 达到 18800 美元，三次产业结构调整为 2:53:45，成为成都全域乃至全省的经济增长极。

⑵ 城乡统筹基本形成。城乡一体化的体制机制进一步完善，城乡收入差距进一步缩小，城乡收入比降至 2.3:1，现代城市与现代农村和谐相融、历史文化与现代文明交相辉映的新型城乡形态基本形成，力争成为全国统筹推进城乡一体化发展的样板。

⑶ 对外开放显著提升。充分利用国际空港资源优势，成为参与国际产业分工的引领区，实际使用外资年均增长 30%，进出口总额年均增长 35%，在双流投资的世界 500 强企业和知名跨国公司持续增加，区域国际化水平和知名度得到显著提升。

⑷ 社会民生有效改善。城乡居民收入水平大幅提升，农民人均纯收入年均增长 14%以上，城镇居民人均可支配收入年均增长 13%以上，努力实现城乡充分就业，年度城镇登记失业率控制在 1.9%以内，努力实现城乡人居环境、社会保障、义务教育、医疗卫生、人口计生等基本公共服务均衡化、等质化。

⑸ 文化发展取得突破。着力打造文化新城，加快建设西部国际动漫城和国际文化旅游度假目的地，到 2015 年，实现文化旅游产业

产值 150 亿元以上。加快文化事业发展，广泛开展群众性文化活动，建设城乡文明和谐的精神家园。

(6) 生态文明得到尊重。构建完整的“山水田林”景观格局和生态网络体系，资源节约型、环境友好型社会建设取得明显成效，建成低投入、高产出、低消耗、少排放、能循环、可持续的县域经济体系，万元 GDP 能耗控制在 0.6 吨标煤，森林覆盖率达到 30.3%，形成“青山绿水绕林盘，大城小镇嵌田园”的整体风貌。

2.3 主要任务

奋力推进现代产业跨越发展。围绕四川建设西部经济高地和成都构建“世界现代田园城市”战略定位和总体目标，按照“空港现代田园大城市”建设要求，以加快经济发展方式转变和经济结构调整为中心，以建设国际化航空枢纽、成都新能源产业国家高技术产业基地和成都国家新能源装备高新技术产业化基地为依托，以重大产业化项目为支撑，瞄准高端产业和产业高端；以新能源装备制造和电子信息产业为突破口，着力打造现代制造业；以临空经济为引领，着力发展现代服务业；以集体化集约化为特征，着力提升农业现代化水平。

(1) 开创“空港现代田园大城市”建设新局面。坚持统筹城乡基本方略，以加快城市化进程为核心，大力推进城乡统筹规划、建设和管理。到 2015 年，规划人口达 300 万人（户籍人口 120 万人），城市建成区面积达 260 平方公里，城市化率达到 70%。

(2) 全面推进和谐社会建设。在深入推进城乡全覆盖、均衡配置公共服务资源的基础上，提升服务和管理水平，实现更高水平的均衡发展，让城乡居民在更大程度上更加充分共享改革发展成果，创建全国和谐社会建设典范区。

(3) 大力实施改革开放战略。坚持把改革开放作为加快转变经济发展方式的强大动力，加快“创新型双流”建设，深化统筹城乡综合配套改革，围绕深入推进统筹城乡和现代产业跨越发展，深入扩大对内对外开放，加强多层次区域合作，进一步融入国际分工体系，形成对内合作与对外开放统筹、互动、共赢的新局面。

(4) 全面推进生态文明建设。推进资源节约型、环境友好型社会建设，以创建全国生态文明县为契机，有机融合自然生态系统和城市绿化景观，有效保护田园特色，加大环境保护力度，提升“空港现代田园大城市”的生态质量，打造“生态双流”。

（注：上述内容部分来源于《双流县第十二个五年规划纲要》。）

3、双流县发展点评

发展点评

2011 年 5 月，国务院正式批复《成渝经济区区域规划》，标志着成渝经济区建设上升为国家战略。《规划》中提出建设的天府新区（1578 平方公里）涉及双流 15 个镇、5 个街道（880 平方公里），是双流面临的重大发展机遇。双流机场作为我国西部地区最大的国际空港，临空经济是双流在此轮重大发展机遇到来时应全力打造的主导产业。发展临空经济需要满足 6 个条件：政府的政策导向及推动、龙头产业或龙头企业拉动、交通基础设施条件，货运发展水平及潜力、客运发展水平及潜力以及辐射范围的经济发展水平。从此角度，双流县在龙头产业/企业拉动环节上存在短板，主要表现在高新科技产业支撑不强，现代服务业发展不足；在支撑临空经济快速发展的基础设施建设领域仍然存在改善空间；在客货运发展水平及潜力方面需要进一步科学评估。根据 ACI 对全球 142 个机场的调查评估，国际枢纽机场每年每 100 万旅客产生的就业岗位是 1100-1600 个，大中型机场（旅客吞吐量>500 万）每年每 100 万旅客产生的就业岗位是 750- 1100 个，也受到客货运结构以及容量利用率等因素影响。因此，发展临空经济不但需要具备一定的客货流量，还必须满足国际航班占有一定的量，中转旅客占有一定的比例，有大型基地航空公司，有很大的运力扩展空间等条件。

建议一：双流发展临空经济离不开将双流国际机场建成大型国际枢纽机场，需要发展本地市场与中转市场并举、客运和货运并举、国内和国际并举。为优先确立并巩固双流机场在我国西部的货运骨干枢纽地位，既要率先建设大型空港物流园区，也要加速集聚国际和国内主要航空公司的资源优势，在为川航发展提供更多本地支持的同时，要吸引更多的航空公司在双流开辟支线航线。

建议二：除了重点发展双流规划的八大临空产业外，结合双流特色农业，还应进一步发展临空型现代农业示范区，大力发展生物育种、现代园艺、休闲观光、农产品深加工、航空食品、工艺农产品等高科技都市农业、创意农业、有机农业、外向型农业，为带动农民收入增加，统筹城乡发展提供保障。

报告之四十五：东海大目湾，休闲在象山——浙江象山县

1、象山县县域经济发展现状

1.1 象山县基本情况

象山县位于浙江省中部沿海象山港与三门湾之间，三面环海，两港相拥，由象山半岛东部和沿海 656 个岛礁组成，陆域面积为 1382 平方公里，海域面积为 6618 平方公里，海岸线长 925 公里，属于典型的半岛县，素有“东方不老岛、海山仙子国”之美誉。全县辖 10 镇、5 乡、3 街道，总人口 54 万，其中非农业人口 11.9 万。象山县海洋资源丰富，集“渔、港、岛、滩”等各种海洋资源于一体，北部象山港为著名深水良港，南部石浦港是国家级中心渔港和二类开放口岸。改革开放以来，象山充分发挥其“海湾+半岛”的独特资源禀赋，深度开发海洋产业和渔文化，初步形成“两港、一带、一廊”的海洋经济空间发展格局与“一带、四区、六大产品”的旅游发展框架，涌现出以船舶制造、海洋装备制造等临港工业为主体的工业体系，松兰山、象山影视城、中国渔村、石浦渔港等精品旅游项目，以及中国开渔节为代表的海洋文化节事活动。

2011 年，象山县实现地区生产总值 318.2 亿元，比 2010 年增长 17.9% ；人均 GDP 达到 58818 元；三次产业结构由 2010 年的 15:50:35 调整至 16.7:46.9:36.5，临港工业迅速崛起，滨海旅游蓬勃发展，现代农业提质增效，滨海产业体系已基本形成；实现地方财政一般预算收入 24.83 亿元。大力发展海洋经济正成为推动象山深入实施“桥海兴县”战略、建设现代化滨海休闲城市、实现“接轨、转型、提升、跨越”发展的动力引擎。

在 2012 首届中国县域经济科学发展竞争力评选中，象山县位列第 110 位。。尽管其发展现状在浙江省 67 个县市中仅位列第 22 位，但“桥海联动”的效应以及在全国范围内具有影响力的大目湾低碳生态城的建设将会给象山带来更加广阔的发展空间。

象山开渔节

1.2 海洋经济与大桥效应——象山县的特色发展优势

21 世纪是人类挑战海洋的新世纪。海洋科技突飞猛进，海洋石油工业、滨海旅游业、现代海洋渔业、海洋交通运输业四大海洋支柱产业的形成，使海洋成为巨量财富源泉，海洋经济成为全球经济新的增长点。海洋经济包括为开发海洋资源和一览海洋空间而进行的生产活动，以及直接或间接为开发海洋资源和空间的相关服务产业活动。经过多年努力，象山海洋经济总量不断扩大，已形成具有较强竞争力的临港、造船、水产食品、滨海旅游等海洋产业集群，滨海旅游年接待游客 735 万人次，实现旅游综合收入 76 亿元，获得“中国水产食品加工基地”、“中国梭子蟹之乡”、“省旅游经济强县”等诸多荣誉。

象山造船业

象山港大桥

伴随宁波杭州湾跨海大桥、象山港大桥的建设，象山已成为连接“上海—杭州湾大桥—宁波（东钱湖）—象山—温台地区”长三角南翼黄金旅游轴线上的重点旅游目的地城市，进入“宁波半小时、杭州两小时、上海三小时”快速交通圈，使象山从长三角、大上海远郊的临海型旅游地进一步提升为长三角核心区的综合性滨海旅游休闲目的地，释放出巨大的发展潜力。

2、“十二五”象山县发展计划

2.1 指导思想

高举中国特色社会主义伟大旗帜，以邓小平理论和“三个代表”重要思想为指导，认真贯彻科学发展观，以“接轨、转型、提升、跨越”为主线，以“千百十”工程为总抓手，深入实施“桥海兴县”总战略，持续强化“工业强县、生态立县、旅游富民、和谐惠民”，加快建设宁波大都市滨海特色新区、浙江省海洋经济示范区、长三角金色港湾休闲区、国家海洋文化与生态保护区，全面建成惠及全县人民的小康社会，为打造现代化滨海休闲城市奠定坚实基础。

2.2 发展目标

按照科学发展走在前列、提前基本实现现代化的要求，“十二五”时期象山县的总体目标为：经济社会实现跨越发展，惠及全县人民的小康社会全面建成，现代化滨海休闲城市新格局基本形成。

(1) 综合实力显著增强。地区生产总值达到 550 亿元，财政一般预算收入超 70 亿元，规模以上工业总产值超 1000 亿元，累计固定资产投资 850 亿元以上，社会消费品零售总额实现 200 亿元，实际利用外资累计实现 6.4 亿美元，出口创汇实现 32 亿美元。

(2) 转型升级取得成效。以海洋经济为特色的产业体系初步形成，海洋经济增加值占地区生产总值比重提高到 55%，服务业增加值占地区生产总值比重达到 37%，R&D 占地区生产总值比重提高到 2%，高新技术产业增加值占工业增加值比重达到 25%。

(3) 民生保障更趋完善。新增劳动力平均受教育年限达到 13.8 年，每千人医生数和床位数分别达到 2.2 人和 3.3 张，百名老人拥有养老床位数达到 3 张，累计建设保障性住房 54.8 万平方米，五年新增就业岗位 4 万个，养老保险参保（障）人数达到 26 万人，基本实现充分就业和人人享有社会保障，城镇居民人均可支配收入和农渔民人均纯收入年均分别达到 48700 元和 21000 元。

(4) 城乡面貌明显改观。与宁波大都市的“同城效应”加速形成，中心城区集聚辐射能力增强，面积拓展至 32 平方公里，环象山港、环石浦港、环大塘港区域城镇得到组团式发展，森林覆盖率达到 55.6%，城市化率达到 60%。

2.3 战略方向

(1) 加快建设宁波大都市滨海特色新区。基本建立符合滨海特色新区要求的城镇、产业、文化和基础设施体系，加快推进区域功能转型，全面提升滨海城市品质，成为宁波大都市提升滨海内涵的战略新空间。

(2) 加快建设浙江省海洋经济示范区。加快构筑海陆一体化发展平台，加速推进宁波市海岛综合开发试验区建设，着力打造理念先导、产业先进、机制先试、生态优先的浙江省海洋经济示范区。

⑶ 加快建设长三角金色港湾休闲区。科学利用港湾、沙滩、岛礁等稀缺资源，全面开发百里黄金海岸，突破推进海洋海岛旅游，打造面向大都市的具有休闲、生态、人居、养生等功能的宁波滨海休闲核心区，凸显“海湾+半岛”的区位地理价值。

⑷ 加快建设国家海洋文化与生态保护区。牢固确立蓝色文明发展理念，实现海洋文化与海洋生态的融合发展，全面提升渔山列岛、韭山列岛和海洋渔文化等三大国家级保护区建设水平，进一步打响“中国渔文化之乡”品牌，建成国家级生态县。

2.4 以大目湾低碳生态城建设引领象山县域经济发展

⑴ 大目湾低碳生态城规划背景与定位。随着海洋经济时代的到来，中国休闲经济大潮的涌动，宁波杭州湾跨海大桥和象山港大桥的建设使象山从交通末端跃升为浙江省和宁波市海洋经济发展的最前沿，为象山抢占海洋经济的制高点、提升城市能级、融入长三角、对接大上海创造了战略机遇，而大目湾低碳生态城正是象山实现战略突破，打造海洋象山、文化象山、休闲象山的重要抓手。

大目湾低碳生态城规划效果图

大目湾低碳生态城地处象山百里黄金海岸旅游带的中心，是象山中心城区的重要组成部分和 21 世纪象山新一轮发展的重要承载地。规划建设中的大目湾低碳生态城总面积 15 平方公里，以“长三角海洋游乐中心、大宁波滨海休闲新城”为主体战略定位，“休闲象山核心代表区”、“宁波游乐港、东海度假城”为辅助性战略定位，通过整合、挖掘、提升海景、海岛、海鲜、沙滩等资源，着重构建外海、内湾、不老岛的空间格局，形成八个功能片区，打造具有长三角区域稀缺滨海资源优势，国际化、智慧化、可持续、高品质的低碳生态、休闲、旅游、度假城市，建设期限为20年，预计总投资约660亿元。

⑵ 大目湾低碳生态城建设进展。在城市建设方面：根据大目湾低碳生态城“三年基础、五年成形、十年基本建成”的总体目标，2011-2013年，着力推进场平、路网、水系、桥梁、景观绿化及水、电、气等市政综合管线工程建设，其中在2012年整体拉开新城启动区块的建设框架；到2015年，新城中心示范区等5平方公里的建设将初显轮廓；到2020年，大目湾10平方公里区域内将基本建成设施配套、环境优美、功能齐全、智慧时尚的低碳生态新城。

在招商引资领域：已实现6大项目落户，主要包括中铁建、世茂、汤臣、保利等集团投资的新城综合体项目，大羊屿岛国际游艇项目，中国移动、华为联合实施的“智慧大目湾”特色项目，山东格瑞德投资的新能源开发利用项目等。在特色旅游产业建设方面，通过引进主题乐园、海洋世界、学校、养生康疗等功能性项目，开发有轨电车观光道、水上巴士、游艇俱乐部、海上竞技等新兴产业，塑造休闲旅游、商务旅游、体验旅游等特色主题，丰富旅游文化内涵。

⑶ 建设大目湾低碳生态城在象山科学发展中的意义与作用。大目湾在低碳、生态、智慧城市等领域的规划与建设理念赢得广泛认可，先后获得财政部、住建部等部委的财政补贴支持，世行捐赠及长期低息贷款，多家中央、省级媒体对大目湾展开系列专题报道，带动提升象山的整体形象与知名度，为引进重大项目和高端人才、创造一流的生产宜居环境进而发展总部经济提供了动力源泉。尤其是生态城相关基础与配套设施的启动，有效缓解了一段时期以来象山面临的经济形势疲软局势，释放出较强的投资拉动效应，成为象山新一轮发展的平台。

（注：上述内容部分来源于《象山县十二五规划纲要》与《大目湾生态城规划》。）

3、象山县发展点评

发展点评

在当前海洋经济正逐渐成长为我国经济、社会发展中潜力巨大的经济增长点，上升为国家发展战略的重大历史机遇期，象山作为拥有独特资源禀赋的“海湾+半岛”县，毋庸置疑，应将大力发展海洋经济作为其今后较长一段时期内的科学发展主线。然而必须看到，尽管象山海洋资源丰富，但因其地处我国海岸线中部，存在海水浑浊、泥沙量大、风浪大、缺少成片优良沙滩、易受台风等自然灾害影响的不利因素，因而与我国其他地区的海洋资源相比，象山在海洋景观、海水质量、海洋旅游季节性和城市依托度等方面还存有劣势，进而影响其海洋经济的深度开发。此外，大目湾低碳生态城作为休闲象山的载体，规划前瞻科学、建设合理有序，凝聚着象山的希望。然而，大目湾的整体建设周期毕竟较长（20 年），未能使其在当前转型升级的时代背景下释放出应有的效用。

建议一：象山发展海洋经济，应坚持有所为有所不为。与我国其他沿海城市相比，象山的海洋文化历史积淀深厚、内涵丰富多元，拥有渔文化、象（吉祥）文化、丹（不老）文化、塔山文化、海防文化、海商文化等八大海洋特色文化。因此，“蓝色文明、海上象山”的发展，应以其特色海洋文化为先导、构建海洋经济产业体系与空间布局，注重对海岛资源的科学利用开发。

建议二：应进一步深入分析“象山港”大桥贯通对象山今后一段时期发展的重要作用，通过结合宁波市经济社会发展中的功能分区与产业分工，发掘出旅游产业之外的新兴特色产业，进而明确其发展的现状与趋势，招商引资方向，积极培育代表性企业。

建议三：大目湾低碳生态城应走“边开发、边利用、边释放效用”的新型城市开发模式，要充分利用大目湾已经聚焦的注意力，做好象山的整体城市营销，为象山其他区域借力大目湾开发实现区域振兴创造机遇。

报告之四十六：金达莱盛开的地方——吉林延吉市

1、延吉市县域经济发展现状

1.1 延吉市基本情况

延吉市位于吉林省东部，长白山脉北麓，是延边朝鲜族自治州首府，东与图们市长安镇相邻，西接安图县，南与龙井市东盛涌乡交壤，北与敦化市、汪清县毗邻。延吉市总面积为1748.3平方公里，下辖延吉国家高新技术开发区、6个街道（61个社区）、4镇（54个行政村），总人口52万。延吉市是联合国开发计划署拟定的图们江流域开发大“金三角”的三个支点城市之一，具有鲜明的朝鲜族民族特色，以工业、商贸、旅游为主，逐渐发展成为图们江区域的宜居旅游开放中心城市。

2011年，延吉市实现地区生产总值250.7亿元，比2010年增长21.5%，人均GDP达到48530元，三次产业结构调整至1.9:46.4:51.7，第三产业已占据县域经济主导地位，形成了以旅游业为龙头、商贸流通业为主体、新兴服务业为后劲、房地产业为支柱的服务业发展体系；实现地方财政收入163125万元，比2010年增长23.5%。图们江及东北亚地区对外开放中，延吉市县域经济呈现出以边境贸易、区域合作为主体的新格局。

在2012首届中国县域经济科学发展竞争力评选中，延吉市领先于吉林省其他59县市，位列科学发展竞争力的第162位。

延吉市全景图

1.2 延吉市经济发展特色——边贸发达，朝鲜民俗引旺旅游产业

延吉市地处中、朝、俄三国接壤的图们江区域，周边有 12 个对外开放口岸，陆、海（借港）、空交通便捷，已成为韩国、日本和北美国家通向中国东北亚及亚欧大陆最便捷的国际通道和国际客货海陆联运的最佳结合点，延吉机场已获批国际空港，开通了至北京、上海、长春、沈阳、广州、大连、青岛等国内大中型城市的十几条国内航线和至韩国首尔的国际航线，已成功举办“中国延吉·图们江地区国际投资贸易洽谈会”、“中国朝鲜族民俗文化旅游博览会”、“中国北方旅游交易会”、“环日本海据点城市市长会议”、“中韩（延边）IT 论坛”、“全国朝鲜族政企高层论坛”等大型活动，对外竞争力和影响力显著提高。

延吉地处长白山区，森林、矿产、土特产资源丰富。拥有 700 多平方公里茂密的森林和肥沃的草原，900 余种经济植物和数十种珍贵野生动物。按照发展“都市型”、“企业型”、“出口型”农业的思路，近年来，延吉市巩固和完善企业带基地、基地带农户的产业化发展模式，农业龙头企业达到 36 家，协会及农民专业合作组织达到 137 个，发展万亩蔬菜基地、光荣花卉基地等专业农场 16 家，建立东兴养鹿基地标准化规模养殖场等 22 个，土地流转总面积达到 8217 公顷，土地规模经营 20 公顷以上户数 17 家。

延吉特色朝鲜象帽舞

延吉市素有海兰江畔“不夜城”、东北地区“小首尔”的美誉，延吉市人文、自然景观丰富。人文景观有历经古沃沮—渤海国—元时

期的建筑城子山山城、爱丹城、大小墩台（渤海国）、古长城等近百处古代遗址，以及石器时代安图人遗址等。自然景观南有长白山，北接镜泊湖。近年来，延吉市着力打造融生态、民俗、冰雪、边境于一体的国际旅游集散地和国内旅游目的地，旅游业产业贡献率居第三产业首位，成为支柱产业。2011 年，全市共接待海内外游客 431.76 万人次，旅游收入完成 70.25 亿元，被誉为“中国优秀旅游城市”。

2、“十二五”延吉市发展计划

2.1 指导思想

高举中国特色社会主义伟大旗帜，以科学发展观为指导，全面贯彻落实党的十七届六中全会和市第十四次党代会第一次会议精神，坚持“诚信立市、工业强市、依法治市”的战略方针，以科学发展为主题，以加快转变经济发展方式为主线，以解放思想、改革创新为动力，以改善民生、促进社会和谐为目的，统筹推进工业化、城镇化和农业现代化，着力实施投资拉动、项目带动、创新驱动战略，不断加强经济建设、社会建设、城乡建设、党的建设，全力打造“诚信延吉、繁荣延吉、平安延吉、美丽延吉、快乐延吉”，加快提升延龙图在长吉图先导区中的开放前沿功能，加快推进具有民族特色的吉林省东部宜居旅游开放中心城市建设进程。

2.2 发展目标

到 2016 年，全市地区生产总值达到 616.18 亿元，年均增长 20%，人均生产总值达到 95532 元，年均增长 14.8%；一般预算全口径财政收入达到 122.18 亿元，年均增长 17%，其中，地方级财政收入达 35.32 亿元，年均增长 16%；全社会固定资产投资五年累计完成 1209.58 亿元，年均增长 15%；社会消费品零售总额达到 388.63 亿元，年均增长 20%；城镇居民人均可支配收入达到 34789 元，年均增长 12%；农民人均纯收入达到 13315 元，年均增长 9%。

2.3 主要任务

(1) 倾力做强工业经济。坚定不移地实施“工业强市”战略，加快工业化进程，推动工业经济提速增效。以“扩容提质、提速增效”为目标，强力推进“两区”发展，充分利用好国家高新技术产业开发区的优惠政策，加快完善 IT 产业园、朝鲜族特色食品园等特色园区功能，加快打造具有自主创新能力和核心竞争力的产业体系。加大对新兴工业区培育力度，加快现代工业制造区、人参食品加工区、现代物流保税区、综合配套服务区等园区建设，着力打造新的经济增长极。围绕“040后劲工程”，全力推进敖东国药基地、韩正人参、百威英博年产30万吨啤酒、紫鑫药业人参制品、科源汽车空调、德康生物食用菌等40个重点工业项目建设，着力构筑工业经济发展的战略支撑点。围绕“030扶持工程”，积极扶持延吉卷烟厂、敖东药业、长白山印务等24户重点工业企业做大做强；依托龙头企业，不断壮大食品医药等支柱产业，形成龙头企业集群。

⑵ 繁荣发展第三产业。全力打造图们江区域服务中心、生活中心和旅游目的地。整合全市物流资源，统筹建设物流园区，大力推进商贸物流公共信息化平台建设，打造便捷的物流网络，坚持扩大产业规模与提升产业层次相结合，大力发展金融、信息、中介服务业，全面提升支持和服务经济社会发展的能力。以“旅游兴市”为目标，深度挖掘旅游资源，大力开发民俗旅游产品，全力办好朝鲜族民俗饮食展、啤酒节、中国朝鲜族秋夕民俗节、冰雪旅游节等节庆活动，做活旅游产业，有效利用区位优势，加快国际旅游合作，开拓俄、朝、韩、日国际旅游市场，培育和发展跨境游品牌。

⑶ 深入推进开发开放。全面贯彻落实《长吉图规划纲要》，加快外向型经济发展步伐。强势推进招商引资，充分发挥17个招商机构的专业职能，充分利用“第三批加工贸易梯度转移重点承接地”优势，建立招商联络人制度，加强与长三角、珠三角，东南亚、欧美等国内外发达地区的交流与合作，统筹利用周边口岸资源，加快开通延吉至日本、延吉至俄罗斯空中航线，全力推进延吉至龙井城际公路拓宽工程、吉林至珲春高速客运专线延吉段、汪延公路延吉段工程建设。积极承接国外发达地区加工贸易转移，提升经济外向度和国际化水平，着力培育秀爱食品、大地单板、大京纺织等一批发展潜力大、出口成长快的龙头企业，不断拓展延吉对外开放的深度和广度。

⑷ 科学谋划城乡布局。按照“一山、两河、三城、八区、百巷、万民”的城市建设总体思路，围绕“东优西扩、南控北延”的城市发展战略，继续完善中心城区二期控制性详细规划，加快编制西部新区三期修建性详细规划，不断优化城乡空间发展布局；高标准做好阿里郎广场、布尔哈通河两岸、长白山路、站前街（延西街）等专项景观设计，切实提升城市品位；强化规划的刚性约束力，健全规划管理长效机制，坚决维护规划的权威性和严肃性。

（注：上述内容部分来源于《延吉市第十二个五年规划纲要》。）

3、延吉市发展点评

发展点评

延吉市的发展同时享受西部大开发、东北老工业基地振兴和边疆少数民族政策，是各项优惠政策的叠加区。近年来，延吉市充分利用《长吉图规划纲要》赋予的先行先试政策，大力实施开放带动战略，综合经济实力始终位居吉林省县（市）第一。但深入分析延吉市产业发展状况不难发现：延吉市工业体系不健全，工业经济发展相对滞后，企业竞争力不强，传统产业的科技创新和科技进步滞后，高新技术产业所占比重较低，支柱性产业更是发展缓慢，第二产业对经济贡献率明显低于第三产业。针对这些问题，延吉市应将各项优势政策切实落实到产业升级和转型发展，以及民生改善的发展中去，积极利用地缘优势招商引资，增强产业集聚，提高优势产业竞争能力，逐渐壮大县域经济规模。

建议一：充分利用延吉的地缘和政策优势，以推进“延龙图”一体化发展为契机，明确相关特色产业发展的现状与趋势，积极培育代表性企业，发挥龙头企业在发展中的带动作用。

建议二：加快发展园区经济，走产、学、研用相结合的道路，从共性、关键性技术上形成突破，实现高新技术产业的扩张性增长和传统产业的改造升级。

建议三：充分发挥民营经济在县域经济发展中的作用，积极引导民营经济发展方向，为民营企业发展提供全方位扶持。

建议四：延伸旅游产业链，充分利用延吉市本地自然资源和气候特征，将生态旅游和冰雪旅游更加充分地融入到产业中去，融入到“大长白山”旅游经济圈中，完善相关配套的基础设施，为旅游产业添加新的特色。

报告之四十七：山水龙城，红色摇篮——湖南湘乡市

1、湘乡市县域经济发展现状

1.1 湘乡市基本情况

湘乡古称龙城，位于湖南省中东部，隶属湘潭市，湘江一级支流涟水河及韶灌流经全境，距省会长沙 80 公里，是长株潭城市群“两型社会”建设综合配套改革试验区重要工业基地。湘乡市总面积为 2012 平方公里，现辖 18 个乡镇、4 个街道办事处、707 个行政村，总人口 92.8 万。湘乡自古人杰地灵，它既是红军将领黄公略，开国大将陈赓、谭政，爱国将领宋希濂以及贺国强、成思危等党和国家领导人的故乡，又是一代领袖毛泽东同志青年时期求学的地方。

湘乡市景

东山书院

2011 年，湘乡市实现地区生产总值 202.4 亿元，人均 GDP 达到 25635 元；三次产业结构由 2010 年的 26.8:42.3：30.9:调整至 19.6 :51.0 :29.4，以第二产业为主导的格局进一步增强，反映出随着长株潭两型社会建设，湘乡工业发展有了新突破，实现地方财政收入 7.42 亿元。

在 2012 首届中国县域经济科学发展竞争力评选中，湘乡市位列第 472 位，在湖南省 87 个县市中列第 14。尽管在湖南省内湘乡市县域经济已处于县域经济相对发达的位置，但在全国范围内，湘乡的发展状况仍显落后，存在进一步提升的巨大空间。

2、“十二五”湘乡市发展计划

2.1 指导思想

全面贯彻党的十七大和十七届三中、四中、五中、六中全会精神，以邓小平理论和“三个代表”重要思想为指导，深入贯彻落实科学发展观，坚持“工业强市、开放兴市、产业强市”发展战略，紧紧围绕推进城乡统筹发展“五个一体化”、构建社会事业“六大服务体系”、进军县域综合实力全省七强三大目标，全面落实抓发展、惠民生、促和谐、树新风四项任务，全力推进新型工业化、新型城镇化、农业现代化、信息化和“两型社会”建设，更加注重提高经济运行质量和效益，更加注重改善民生社会全面进步，更加注重生态环境保护，率先实现城乡统筹发展，努力建设“宜居、宜业、宜商、宜游”的幸福湘乡。

2.2 战略定位

区域发展定位：长株潭城市群辐射湘中的主要平台和重要枢纽，湖南最具活力的“两型”示范市县。

产业发展定位：在主攻“两翼”的基础上，努力打造长株潭城市群战略性新兴产业的重要配套基地、长株潭城市群休闲旅游的“后花园”、长株潭城市群现代都市农业示范区和长株潭西部重要商贸物流中心。

城镇建设定位：主城区为具有中等城市规模的滨河型宜居山水洲城。全市域构建以新型城镇化为接点的城乡一体化体系。

2.3 发展目标

紧紧围绕推进城乡统筹发展“五个一体化”、构建社会事业“六大服务体系”和进军全省县域综合实力七强的总体目标，努力建设经济实力强、城市品位高、体制机制活、人文气息浓、生态环境美的新湘乡。

⑴ 市域经济跃上新台阶。地区生产总值实现 312.6 亿元，人均地区生产总值达到 36100 元；地方财政收入实现 21.2 亿元；产业结构明显优化，三次产业比重调整为 16.2:51.8:32。

⑵ 中等城市框架基本形成。基础设施支撑能力显著提升，城市综合功能特别是要素集聚和经济辐射功能明显增强，城市建成区面积扩大 10 平方公里，到 2015 年达到 28 平方公里以上；城乡结构进一步调整，城镇化水平达到 45%。

⑶ “两型社会”建设取得实质进展。资源利用效率有较大提高，单位生产总值综合能耗比“十一五”期末下降 20%，主要污染物二氧化硫和 COD 削减 10%，二氧化碳排放强度达到国家要求；城乡生态环境明显改善，全市森林覆盖率达到 47%，城市空气质量达标率达到 85%以上，城镇生活污水处理率达到 85%。

⑷ 人民生活更加殷实。覆盖城乡的社会保障体系基本建立，社会就业比较充分，五年累计新增城镇就业 3.5 万人，新增农村劳动力转移就业 12 万人，城镇登记失业率控制在 4.2%以内；城乡居民收入水平和生活质量进一步提高，全市城镇居民人均可支配收入达到 31887 元，农村居民人均纯收入达到 13251 元。

2.4 主要任务

⑴ 推进新型工业化，建设长株潭重要工业基地。通过加快建设湘乡经济开发区、特色专业园区、培育支柱龙头企业，着力打造工业发展战略平台，加快传统产业改造升级，培育发展装备制造等战略新兴产业，全面促进经济社会信息化建设。

⑵ 提升城市发展层次，建设新型魅力龙城。全面融入长株潭及“3+5”城市群交通体系，加快构建外联内畅的大交通网络，加快“主城区—次中心—中心镇—基础镇-中心村”五级城镇体系建设，深入实施“南拓、北进、东延”空间拓展战略，倾力打造滨河型中等城市。

⑶ 推进农业现代化，建设社会主义新农村。加快发展现代农业，大力推进农业区域化布局、标准化生产、规模化发展、产业化经营，

扶持主导产业，打造湘乡农业品牌；统筹城乡规划，全面提高乡村规划建设水平，继续实施新农村建设示范和帮扶工程；强化农民增收措施，挖掘农业增收潜力，拓宽农民增收渠道，加快建立促进农民持续增收的长效机制，促进农民持续增收。

(4) 发展现代服务业，建设长株潭休闲旅游城市。充分发挥湘乡人文、生态优势，推动文化旅游产业大发展，加快建设长株潭休闲旅游城市，创建全国红色旅游目的；构建大市场、大流通、大商贸格局，努力把湘乡打造成为区域性商贸中心和立足长株潭、辐射湖南中西部的重要物流节点；加快构建多层次的资本市场体系和多样化的金融综合服务体系。强化信用担保体系建设，着力发展壮大金融服务业。

(5) 深入推进对外开放，着力建设“两型社会”。把招商引资作为借助外力、加快发展的重要手段，大力推进区域合作，提升对内对外开放水平；加快推进涟水河流域环境综合整治与生态修复，着力打造种养一食品一皮革、冶金一化工一建材、节能环保型新兴产业 3 条循环经济产业链，加大生态环境治理力度，大力推进沼气池和太阳能等农村能源和生态环境建设。

(6) 突出保障和改善民生，着力构建和谐湘乡。把扩大就业作为经济社会发展的优先目标，落实更加积极的就业政策，坚持广覆盖、保基本、多层次、可持续方针，加快推进覆盖城乡居民的社会保障体系建设，提高人民健康水平；加快推进医药卫生体制改革，到 2015 年基本实现城乡基本医疗卫生服务一体化；加快建立包括廉租住房、经济适用房、公共租赁住房、棚户区改造住房在内的多元化保障性住房供给体系，改善居民住房条件，统筹做好人口工作。

（注：上述内容部分来源于《湘乡市第十二个五年规划纲要》）。）

3、湘乡市发展点评

发展点评

湘江流域综合治理是湖南省启动的一项重大治理工程，已于 2011 年 3 月获得国务院正式批复，获批后的治理经费达到 595 亿。湘乡境内的涟水是湘江的一级支流，属于湘江流域综合治理的范畴，但湘乡在“十二五”的发展规划中关于此方面内容提及甚少。湘江治理的重点是重金属污染，但冶金、化工、建材、皮革、机械、食品饮料等能够造成水体污染的产业仍旧是湘乡市“十二五”发展的重点产业，重点发展的工业产业仍旧偏高耗能与污染，与湘江治理产业升级的大背景是有矛盾的。

建议一：认真结合湘江流域综合治理的背景，结合湘乡特色，对于大力发展的支柱型工业产业要强调其资源节约、环境友好的特质，对于重金属产业则要真正限制其发展；同时发掘出农产品深加工产业等新的产业载体，提升湘乡工业的科技含量，使湘江治污成为切实推动湘乡产业结构升级的机遇。

建议二：要充分结合湘江流域综合治理相关规划，加强对湘乡境内水府庙湿地及东台山森林公园的保护性建设与开发规划。

建议三：要紧密结合长株潭一体化与城市群建设，明确湘乡市“十二五”及今后较长时期内重点发展的特色产业，在充分调查产业发展背景、资源发展现状、代表性企业等基础上，通过专项发展规划与产业园区载体建设，培植特色产业集群。

报告之四十八：北国风光、湿地之乡——黑龙江宝清县

1、宝清县县域经济发展现状

1.1 宝清县基本情况

宝清县位于黑龙江省东北部，三江平原腹地，是黑龙江东部地区重要的商贸重镇和区域交通枢纽，是通往饶河、密山、虎林对俄口岸的黄金通道，隶属黑龙江省双鸭山市。宝清县总面积为10001平方公里，下辖六镇四乡，总人口42万人，其中非农业人口19.8万人。“大煤田、大粮仓、大森林、大湿地”是宝清这块富饶、美丽的黑土地的特色，其中，煤炭储量86亿吨，是国家11个重点煤炭开发区和七个煤化工基地之一；是“宝青红”红小豆、‘宝清大白板’白瓜籽生产之乡，黑龙江省东部重要的次生林区、天然林区；七星河、雁窝岛、长林岛3个国家级湿地自然保护区和省级东升湿地自然保护区共同组成了世界仅存的三块内陆水域生态系统类型湿地，也使湿地旅游成为宝清独特的风景。

宝清湿地风光

2011年，宝清县实现地区生产总值149.5亿元，比2010年增长49.5%；人均GDP达到35414元，三次产业结构由2010年的

50.7:29.2:20.1 调整至 55.0:29.8:15.1，在特色农业大县基础地位巩固的背景下，以农产品深加工、煤炭采掘及精深加工业为主导的特色产业获得发展；实现地方财政一般预算收入 4.23 亿元，比 2010 年增加 30.2%。伴随黑龙江“八大经济区”中的“两大平原农业综合开发试验区”、“北国风光特色旅游开发区”、“东部煤电化基地建设区”重点战略的实施，宝清县正加速驶向经济社会发展的快车道。

在 2012 首届中国县域经济科学发展竞争力评选中，宝清县位列第 617 位，在黑龙江省 64 个县市中列第 13。作为一个农业大县，尽管宝清在黑龙江已处于县域经济相对发达的位置，但在全国范围内，宝清的发展状况仍显落后，存在进一步提升的巨大空间。

2、“十二五”宝清县发展计划

2.1 指导思想

以邓小平理论、“三个代表”重要思想为指导，深入贯彻落实科学发展观，强力推进宝清发展“三步走”战略，以加快转变经济发展方式为主线，以打造“全省煤电化循环经济示范基地、安全优质农产品精深加工基地、辐射带动力强的现代市场体系和功能齐全的新兴工业城”为重点，以实现“六大”主要经济指标翻番为目标，依靠“七大战略”指引，依托“八大功能区”建设，全面启动“十大工程”，构建经济发展、资源节约、文化繁荣、生态友好、社会和谐的新宝清。

2.2 发展目标

总量上规模、发展上水平、实现“十二五”县域经济全面协调可持续发展：

⑴ 经济总量快速增长。地区生产总值实现 300 亿元，人均地区生产总值达到 61224.5 元，财政一般预算收入实现 12 亿元，工业增加值达到 145 亿元，社会消费品零售总额达到 24.6 亿元，外贸进出口总额突破 2 亿美元，招商引资到位资金五年累计 230 亿元，引进固定资产投资超亿元项目 15 个。

⑵ 结构调整取得重大突破。按照稳固发展第一产业、加快发展第二产业、提升发展第三产业的要求，三次产业结构调整到 23.3:51.7:25。

⑶ 社会事业全面进步。城乡一体化的教育、就业、医疗、养老等社会保障体系基本建立，基本公共服务均等化取得明显进展，高中毛入学率达到 85%以上，万人拥有卫生技术人员 54 人，人口自然增长率控制在 4.5‰以内，城镇登记失业率控制在 3.8%以内，城镇化率达到 50%。

⑷ 人民生活水平明显提高。城镇居民人均可支配收入达到 30000 元，农民人均纯收入达到 20000 元，城乡自来水入户率均达到 100%，农村砖瓦化住宅比重达到 90%以上。

⑸ 生态环境明显好转。单位地区生产总值综合能耗比“十一五”末降低 16%，森林覆盖率达到 34.7%，化学需氧量、二氧化硫排放量得到有效控制，城区空气质量持续好转。

2.3 战略方向

⑴ 实施“资源富县”战略。按照“有效整合，有序开发”原则，在继续开发利用煤炭资源基础上重点推进石油、天然气、石灰石、黄金、硅藻土等矿产资源的勘探开发，尽快实现资源向资产、资产向资金的转化，使宝清真正富起来。

⑵ 实施“工业强县”战略。以“招商引资和项目建设”为牵动，加速新型工业化进程，在扶持壮大现有骨干企业基础上强力推进中石化石油天然气、国电龙兴煤电一体化、国电热电联产、华电风电等项目的前期工作，为全县经济发展提供有力支撑。

⑶ 实施“农业稳县”战略。依托毗邻农场的有利条件，以北岗现代农业综合示范区为引领，推进土地规模经营和农民新型合作组织建设，加快现代农业发展步伐，争创“国家级现代农业示范区”。实施“商贸活县”战略。以打造“立足宝清、辐射三江、面向俄罗斯远东”的现代市场体系为目标，突出专业市场建设，将宝清建设成为龙江东部重要的商品集散中心、物流配送中心和价格引领中心。

⑷ 实施“科教兴县”战略。坚持教育为本，加大科技和教育投入，壮大创新人才队伍，全面推进素质教育，积极发展基础德育和职业教育。

⑸ 实施“生态立县”战略。加大退耕还林、还湿、还草力度，大力发展科技型、环保型、循环型、低碳型经济，实施生态环境保护与建设工程，努力构建资源节约型、环境友好型社会。

⑹ 实施“文化名县”战略。深入挖掘北大荒、知青和闯关东文化，加强对文物遗址、遗迹的保护和宣传，打响宝清文化品牌。

2.4 主要任务

⑴ 实施现代农业建设工程。围绕农业增效和农民增收，大力发展现代农业，支持各类农业专业合作社发展。以全省实施“千亿斤粮食产能巩固提高工程”为契机，加强粮食市场体系和储备体系建设，突出发展玉米生产，建设优质专用玉米生产基地50万亩，建成名牌粳米生产基地25万亩，建设优质大豆基地50万亩，发展壮大红小豆、万寿菊、向日葵、地产水果、地栽木耳等特色鲜明的种植业；以“奶牛、肉牛、生猪”产业为重点，构建现代畜牧产业体系，培育高品质奶牛养殖基地；逐步建设链条完善的农业大产业，力争到2015年，国家级、省级著名商标达到10个，全县市级以上龙头企业达到15家。

⑵ 实施煤电化循环经济示范基地工程。加快煤田开发与生产，积极建设鲁能宝清朝阳露天煤矿，鼓励引导大中型煤炭企业对小型煤矿进行合理兼并，提高煤矿安全生产，淘汰落后产能；提升煤炭洗选规模，积极推进煤电化综合开发，构建煤电化循环经济产业链、新型煤化工产业链、新型建材产业链，重点推进鲁能宝清（2×600MW）坑口电厂、国电龙兴煤电一体化（2×1000MW）项目、鲁能宝清煤电化等项目建设；推进风能、太阳能、生物质能等新能源项目，依托中石化集团加快石化产业开发。

⑶ 实施农副产品精深加工基地工程。充分发挥宝清传统种植业优势，坚持绿色牌、特色路，大力发展水稻、大豆、玉米加工业，建设稻米深加工产业、油脂加工产业、玉米深加工产业集群；以“宝清•中国白瓜籽大市场”为平台，进一步整合资源，打造白瓜产业集群；在现有农副产品资源优势和加工产业优势的基础上，构建“农副产品种养殖——农副产品加工——食品制造”产业链条，增加农副产品附加值，打造全省东部农副产品及绿特产品精深加工集散区。

⑷ 实施服务业提升工程。充分发挥服务业在促进经济增长、结构调整、拉动内需、扩大消费、活跃市场和增加就业中的重要作用，加快发展商贸流通业，繁荣居民消费市场，大力发展白瓜籽、五金、建材、装饰材料等专业市场和永康国际商贸城等综合市场建设，打造龙东地区商贸物流集散中心，形成畅通的城乡双向流通网络；充分利用区位优势和交通条件，大力发展以连锁经营、物流配送和电子商务为主要形式的现代物流业，积极建设以宝清中心区物流园为主体，以七星泡镇、龙头镇、青原镇、朝阳乡为支撑点的现代化物流业运输体

系，使宝清成为商贸物流重镇；围绕“大冰雪”、“大湿地”、“大森林”等独特资源优势，加快发展特色旅游业，重点开发宝清“生态游、历史游、红色游、文化游、节会游、工业游”六大精品品牌，加强景区规划，形成“一环五线”黄金旅游线路，依托“北大荒文化”、“知青文化”，积极开发具有地方特色的文化产品，使文化旅游成为带动宝清经济提升的新增长点。

(5) 实施中小企业发展壮大工程。加快中小企业在农副产品加工业、配套工业、服务业等方面的发展，构建合理的中小企业产业布局及发展方向，积极实施中小企业育成计划，培育壮大中小企业产业集群，引导中小企业发展方式由“小而全”向“大协作”、布局结构由“小集中”向“大集聚”、产品结构由“小品牌”向“大战略”的转化升级，鼓励创建精品名牌，充分发挥中小企业在扩大市场规模、搞活经济、带动就业、提高城乡居民收入等方面的重要作用，为拉动经济增长、优化经济结构提供重要支撑。

(6) 实施中心建设工程。按照《宝清县城市总体规划(2009-2030年)》“东强、西优、南拓、北移、中兴”的发展方向，拓展城市框架，打造“一心、一轴、一环多基地”的中心型城镇空间格局，突出中心城市的提质扩容，加强中心城区道路及其附属设施建设，完善城区综合配套功能，以富密公路、依宝公路交通线为发展轴，规划建设环绕中心城区的循环经济工业、现代农业、旅游基地联系通道，形成“一地五园”发展布局。

(7) 实施新农村建设工程。以规划为先导，交通干线为纽带，撤乡并镇为契机，特色产业为支撑，加快七星泡镇、七星河乡、青原镇、尖山子乡、朝阳乡、龙头镇等小城镇建设，逐步将七星泡镇打造成为“龙江东部商贸物流大镇、现代农业重镇和人文旅游名镇”；将青原镇建设成“省级有机水稻大镇、绿色烤烟重镇、高油大豆强镇、富裕和谐名镇”；将龙头镇建设成“省级旅游名镇、绿特重镇和畜牧强镇”；将尖山子乡打造成“全省乃至全国现代农业发展样板镇、专业合作组织先进镇、高油大豆生产和精深加工示范镇”；将朝阳乡打造成“龙江东部新兴工业先进镇、县场共建示范镇、煤电化工品牌镇；”将七星河打造成“龙江东部生态旅游名乡和全市乃至全省第一甜菜大乡”。

(8) 实施基础设施建设工程。实施基础设施优先发展战略，规划建设55个重点项目，建立立体交通网络体系，强化城市对外交通功能，加快综合交通枢纽建设；统筹城乡信息网络建设，提高通讯网络覆盖率，推进信息网络“到镇进村”工程；加快“一地五园”园区基础设施建设，推进农田水利设施建设，完善电网布局，创建国家基础设施达标城市。

⑼ 实施生态建设工程。以生态文明为核心，以节能减排为重点，树立绿色、低碳发展理念，着力发展循环经济，努力建设低碳城市。继续加大七星河、挠力河两个国家级湿地自然保护区和省级东升湿地自然保护区的生态保护力度，加快草原湿地生态功能恢复；全面落实《宝清县生态县建设规划》，推进国家级循环经济示范基地建设，明确提出控制温室气体排放的范围、标准和具体措施，积极探索低碳发展方式，建设低碳城市。

⑽ 实施民生平安工程。坚持以人为本，加快社会保障体系建设，加大保障性住房建设力度，加快完善促进就业和再就业的长效机制，充分发挥就业导向作用，加快发展教育体育事业、繁荣社会主义文化事业、完善医疗卫生和人口计生事业；全面落实妇女儿童发展规划，强化全社会公共安全意识，加强公共安全与安全生产能力建设，完善突发公共事件应急机制，建设“平安宝清”。

（注：上述内容部分来源于《宝清县十二五规划纲要》。）

3、宝清县发展点评

发展点评

宝清地处黑龙江省东部、三江平原腹地，北大荒核心地带，是一个典型的资源大县、农业大县、生态大县，具有县域科学发展的基础。但从全国范围看，目前宝清县综合竞争力相对落后，地方政府的经济调控能力有待提升。因此，在“十二五”的发展过程中，要科学利用自身的资源优势与农业特色，即要清楚作为资源型城市发展存在的利与弊。鉴于宝清仍然是以农业为主导的经济结构，因此，依托农业特色积极挖掘农产品深加工产业及项目，科学开发及有效利用煤炭资源优势，建立起以农产品精深加工和煤炭深加工为支柱的产业结构体系，应该成为今后一段时期内宝清的发展方向。

建议一：宝清的发展不能一味追求规模扩大，要注重产业向纵深方向的精细化发展，在发掘宝清突出优势的基础上，系统规划代表性产业的发展。尤其对于煤炭资源利用及深加工产业，必须重视产业的合理规划，强调资源的整合利用，强调与大集团的强强联合，避免出现“小煤矿”林立所带来的安全生产与环境保护方面的诸多问题。

建议二：宝清的发展除了依托自身的各种优势外，还需要重视与所属市的联动，重视区域合作。例如，在宝清的发展过程中应紧密结合双鸭山市的边疆地理区位和承接产业转移试点，发掘宝清在循环经济、新能源利用、商贸发展的机遇，并落实到对应的产业、项目、与具体参与的企业中，注重对优势企业的扶持。

建议三：文化旅游业在宝清的经济社会发展中应发挥重要的作用。从现状看，宝清的旅游产业与产品尚缺乏完整的规划，精品线路有待定位，尤其对于七星河国家级自然保护区、完达山国家森林公园、东升湿地的保护性建设与开发需要科学整合。此外，打造宝清精品旅游线路要密切结合北大荒文化与精神，使宝清的旅游产品不仅景色秀美，更具励志效应，提升宝清旅游产业的品位与价值。

附录、2012中国县域经济科学发展竞争力评价结果

序号	省份	县名	发展质量公因子	调控能力公因子	得分	序号	省份	县名	发展质量公因子	调控能力公因子	得分
1	江苏	昆山市	8. 83551	6. 27517	8. 2834558	21	山东	即墨市	3. 30413	−0. 27948	2. 5314408
2	江苏	江阴市	8. 35795	4. 77988	7. 5864554	22	辽宁	海城市	3. 10693	0. 42198	2. 5280077
3	江苏	张家港市	6. 75543	4. 54945	6. 2797821	23	内蒙	伊金霍洛旗	2. 18414	3. 74790	2. 5213141
4	江苏	常熟市	6. 57216	3. 44112	5. 8970529	24	福建	石狮市	3. 69602	−1. 86745	2. 4964384
5	江苏	吴江市	5. 28980	3. 34025	4. 8694429	25	浙江	乐清市	2. 98365	0. 57969	2. 4653141
6	江苏	太仓市	3. 99814	3. 59264	3. 9107071	26	山东	胶州市	3. 06280	0. 28218	2. 4632496
7	江苏	宜兴市	4. 47808	1. 46100	3. 8275447	27	江苏	丹阳市	2. 85593	1. 01103	2. 4581372
8	浙江	绍兴县	3. 88496	3. 09030	3. 7136174	28	陕西	神木县	2. 43019	2. 32248	2. 4069658
9	福建	晋江市	4. 90559	−0. 68814	3. 6994838	29	江苏	靖江市	2. 40809	2. 37423	2. 4007892
10	内蒙	准格尔旗	3. 24717	5. 04539	3. 6348980	30	浙江	桐乡市	2. 74015	1. 16034	2. 3995153
11	浙江	慈溪市	4. 24280	1. 24914	3. 5973144	31	四川	双流县	3. 08398	−0. 15384	2. 3858493
12	浙江	义乌市	3. 92241	1. 59114	3. 4197473	32	山东	胶南市	2. 85476	0. 66308	2. 3821954
13	山东	龙口市	3. 67909	1. 29698	3. 1654653	33	山东	文登市	2. 71689	1. 02235	2. 3515175
14	辽宁	瓦房店市	3. 48172	1. 25852	3. 0023591	34	广东	增城市	2. 72670	0. 90117	2. 3330837
15	浙江	余姚市	3. 24538	1. 57601	2. 8854346	35	浙江	上虞市	2. 53776	1. 38233	2. 2886290
16	浙江	诸暨市	3. 27503	1. 24316	2. 8369232	36	江苏	启东市	2. 73667	0. 63538	2. 2835951
17	浙江	海宁市	3. 16155	1. 17958	2. 7342025	37	江苏	溧阳市	2. 63703	0. 86129	2. 2541493
18	浙江	温岭市	3. 45949	−0. 48896	2. 6081350	38	浙江	瑞安市	2. 68992	0. 60430	2. 2402238
19	江苏	海门市	3. 03609	0. 71871	2. 5364223	39	河北	迁安市	2. 63490	0. 56141	2. 1878192
20	山东	荣成市	3. 31222	−0. 30700	2. 5318527	40	浙江	平湖市	2. 35349	1. 57393	2. 1854032

序号	省份	县名	发展质量公因子	调控能力公因子	得分	序号	省份	县名	发展质量公因子	调控能力公因子	得分
41	山东	滕州市	3.01914	-0.97345	2.158267625	66	山东	桓台县	2.03758	0.47111	1.699821615
42	山东	寿光市	2.40743	1.23767	2.155209244	67	湖南	浏阳市	2.29061	-0.52819	1.682827320
43	山东	莱州市	2.68197	0.21492	2.150030785	68	江苏	海安县	2.19469	-0.30784	1.655100675
44	湖南	长沙县	2.59850	0.43958	2.132999013	69	河北	三河市	1.73410	1.26178	1.632259531
45	辽宁	普兰店市	2.48610	0.81766	2.126355096	70	江苏	金坛市	1.88824	0.69770	1.631538712
46	辽宁	庄河市	2.38467	1.13551	2.115329212	71	山东	蓬莱市	1.80450	0.96078	1.622579182
47	内蒙	霍林郭勒市	1.72841	3.40022	2.088881535	72	浙江	玉环县	1.83531	0.80984	1.614200696
48	山东	诸城市	2.31090	1.27125	2.086733240	73	福建	惠安县	2.25561	-0.72575	1.612776535
49	福建	福清市	2.63797	0.07487	2.085320721	74	江苏	东台市	2.00850	0.03694	1.583397112
50	山东	新泰市	2.66628	-0.08461	2.073139906	75	山东	青州市	1.83543	0.62143	1.573670324
51	江苏	如皋市	2.60825	-0.03241	2.038877426	76	四川	郫县	1.98763	0.01856	1.563064000
52	浙江	富阳市	2.10551	1.60963	1.998589582	77	陕西	府谷县	1.31579	2.45210	1.560798350
53	山东	平度市	2.65812	-0.43756	1.990637140	78	江苏	扬中市	1.65649	1.09046	1.534444012
54	山东	招远市	2.23152	0.98927	1.963669129	79	江苏	泰兴市	2.09036	-0.48963	1.534068941
55	山东	肥城市	2.43654	-0.02072	1.906711680	80	河南	新密市	1.93771	0.05284	1.531298995
56	山东	章丘市	2.44813	-0.20254	1.876599095	81	浙江	德清县	1.55271	1.41874	1.523823720
57	山东	莱西市	2.16352	0.81641	1.873059476	82	江苏	邳州市	2.06352	-0.46236	1.518896006
58	山东	邹城市	2.24660	0.40909	1.850400641	83	福建	长乐市	1.97148	-0.20022	1.503223421
59	山东	兖州市	2.05137	1.08569	1.843152468	84	河南	巩义市	1.90492	0.03621	1.501993375
60	山东	广饶县	2.08329	0.90858	1.830001937	85	江苏	仪征市	1.58449	1.18894	1.499202488
61	浙江	嘉善县	1.89380	1.56683	1.823299538	86	江苏	如东县	2.07682	-0.60429	1.498725697
62	内蒙	鄂托克旗	1.44039	2.91343	1.758003239	87	辽宁	大石桥市	1.64175	0.92957	1.488191511
63	湖南	宁乡县	2.38078	-0.53355	1.752399378	88	浙江	海盐县	1.58718	1.12479	1.487480613
64	浙江	长兴县	1.84000	1.38195	1.741236393	89	河南	新郑市	1.81302	0.27836	1.482120409
65	福建	南安市	2.29771	-0.43869	1.707694204	90	浙江	东阳市	1.71683	0.53023	1.460978245

序号	省份	县名	发展质量公因子	调控能力公因子	得分	序号	省份	县名	发展质量公因子	调控能力公因子	得分
91	浙江	永康市	1.52517	1.17998	1.450740986	116	辽宁	铁岭县	0.97919	2.05046	1.210174586
92	新疆	库尔勒市	1.60488	0.83431	1.438731604	117	河北	任丘市	1.58317	−0.19243	1.200319522
93	江苏	溧水县	1.48755	1.22364	1.430646379	118	浙江	临安市	1.36850	0.46472	1.173629193
94	山东	高密市	1.71573	0.29531	1.409462555	119	江苏	高淳县	1.36207	0.46071	1.167720988
95	辽宁	辽中县	1.52533	0.90976	1.392602320	120	浙江	奉化市	1.28448	0.73120	1.165183136
96	天津	静海县	1.78196	−0.03199	1.390840590	121	内蒙	达拉特旗	1.23357	0.83742	1.148153117
97	福建	闽侯县	1.38976	1.30225	1.370891310	122	山西	孝义市	1.30201	0.58620	1.147668819
98	山东	乳山市	1.68628	0.19724	1.365216880	123	江苏	沭阳县	1.75725	−1.08487	1.144439119
99	江苏	大丰市	1.52726	0.68438	1.345520300	124	天津	蓟 县	1.55921	−0.40100	1.136554371
100	河北	武安市	1.73391	−0.08513	1.341693097	125	河南	中牟县	1.42712	0.07730	1.136075152
101	内蒙	乌审旗	1.10515	2.19949	1.341108882	126	河南	禹州市	1.51608	−0.26660	1.131702950
102	江苏	沛县	1.85341	−0.53661	1.338079803	127	河北	藁城市	1.62862	−0.76085	1.113408392
103	福建	龙海市	1.64317	0.18004	1.327693530	128	江西	南昌县	1.53186	−0.44810	1.104945925
104	辽宁	东港市	1.51516	0.58889	1.315439955	129	内蒙	阿拉善左旗	1.07948	1.18075	1.101315587
105	河南	荥阳市	1.60818	0.23714	1.312559748	130	山东	垦利县	1.12424	1.00330	1.098163217
106	辽宁	大洼县	1.21275	1.66980	1.311297990	131	新疆	石河子市	1.08351	1.12138	1.091675436
107	江苏	姜堰市	1.63892	0.11568	1.310482761	132	山东	海阳市	1.30027	0.31509	1.087847927
108	浙江	宁海县	1.44492	0.79817	1.305469366	133	天津	宁河县	1.36232	0.08880	1.087726769
109	辽宁	新民市	1.47649	0.66431	1.301369758	134	浙江	新昌县	1.16882	0.73477	1.075231213
110	浙江	象山县	1.56345	0.27134	1.284848440	135	江苏	建湖县	1.33344	0.08383	1.064002184
111	浙江	临海市	1.67265	−0.13222	1.283488397	136	江苏	兴化市	1.68282	−1.20628	1.059879408
112	辽宁	开原市	1.23430	1.34518	1.258207671	137	江苏	高邮市	1.35010	−0.00310	1.058326365
113	浙江	嵊州市	1.45808	0.50600	1.252794867	138	广东	四会市	1.14354	0.61008	1.028516675
114	河南	登封市	1.44824	0.45847	1.234828242	139	安徽	肥西县	1.34641	−0.14485	1.024868209
115	内蒙	满洲里市	1.66146	−0.35606	1.226447331	140	江苏	新沂市	1.36578	−0.22530	1.022715268

序号	省份	县名	发展质量公因子	调控能力公因子	得分	序号	省份	县名	发展质量公因子	调控能力公因子	得分
141	山东	栖霞市	1.36122	−0.21087	1.022249845	166	湖北	宜都市	1.02120	0.30845	0.867518609
142	浙江	桐庐县	0.99457	1.11247	1.019991306	167	辽宁	长海县	0.64598	1.64981	0.862423340
143	江苏	句容市	1.19013	0.38828	1.017237087	168	辽宁	灯塔市	0.66167	1.58409	0.860559918
144	湖南	醴陵市	1.35667	−0.24965	1.010319257	169	河南	灵宝市	1.19908	−0.37218	0.860288807
145	山东	昌邑市	1.14743	0.49976	1.007780997	170	山东	博兴县	0.91021	0.66938	0.858282831
146	河北	辛集市	1.48298	−0.78277	0.994444592	171	辽宁	凤城市	0.89229	0.69996	0.850820281
147	河北	遵化市	1.36500	−0.41114	0.982033089	172	广东	博罗县	1.09752	−0.06362	0.847157867
148	江苏	宝应县	1.21326	0.08363	0.969691975	173	河北	霸州市	1.14254	−0.23183	0.846201742
149	山东	莱阳市	1.39453	−0.59207	0.966184225	174	辽宁	法库县	0.78046	1.04008	0.836438622
150	安徽	当涂县	1.16600	0.22292	0.962655424	175	陕西	定边县	0.81116	0.91761	0.834112486
151	浙江	安吉县	1.01753	0.71930	0.953226385	176	内蒙	达茂旗	0.45480	2.18653	0.828191337
152	重庆	璧山县	1.13904	0.26004	0.949512195	177	河北	滦县	1.15601	−0.37345	0.826302214
153	辽宁	调兵山市	0.64960	2.01294	0.943559997	178	内蒙	锡林浩特市	0.58946	1.66305	0.820944819
154	河北	鹿泉市	1.13461	0.17783	0.928311464	179	浙江	岱山县	1.01579	0.08010	0.814038838
155	浙江	苍南县	1.48795	−1.11923	0.925796301	180	广东	台山市	1.01415	0.05555	0.807459040
156	青海	格尔木市	0.71470	1.68844	0.924655409	181	广东	潮安县	1.47539	−1.62643	0.806583248
157	江苏	赣榆县	1.40098	−0.81822	0.922481588	182	内蒙	土默特右旗	0.71694	1.09713	0.798915627
158	河南	林州市	1.31807	−0.52514	0.920641621	183	福建	安溪县	1.16487	−0.58310	0.787977035
159	湖北	大冶市	1.43262	−0.95754	0.917259616	184	山东	曲阜市	1.11531	−0.42045	0.784173230
160	河南	偃师市	1.20251	−0.13281	0.914591606	185	江苏	射阳县	1.09824	−0.37406	0.780786318
161	四川	西昌市	1.20694	−0.16870	0.910327908	186	河南	新安县	0.83806	0.54288	0.774414019
162	吉林	延吉市	1.20102	−0.15078	0.909548230	187	河北	迁西县	0.91194	0.26953	0.773425146
163	浙江	平阳县	1.23956	−0.40518	0.884925232	188	四川	新津县	0.85538	0.46083	0.770308105
164	吉林	前郭县	1.17837	−0.25830	0.868598770	189	河南	长葛市	1.14096	−0.58994	0.767747626
165	陕西	吴起县	0.26914	3.04729	0.868157827	190	河南	沁阳市	0.93622	0.14601	0.765836875

序号	省份	县名	发展质量公因子	调控能力公因子	得分	序号	省份	县名	发展质量公因子	调控能力公因子	得分
191	广东	惠东县	1.09459	−0.43586	0.764598159	216	新疆	伊宁市	0.91242	−0.19609	0.673405817
192	河南	义马市	0.71507	0.91946	0.759140066	217	四川	都江堰市	0.91545	−0.22115	0.670379121
193	江苏	东海县	1.07402	−0.39107	0.758120920	218	安徽	肥东县	1.11251	−0.94735	0.668368085
194	江苏	阜宁县	1.03233	−0.25058	0.755712121	219	云南	安宁市	0.30346	1.98886	0.666861777
195	山东	昌乐县	0.89862	0.22554	0.753492156	220	湖北	潜江市	1.33781	−1.78075	0.665393811
196	河北	涿州市	1.01593	−0.21605	0.750293521	221	河北	香河县	0.68049	0.60895	0.665064722
197	山东	微山县	0.80447	0.55192	0.750015794	222	江西	丰城市	1.00392	−0.57125	0.664285743
198	湖北	仙桃市	1.54598	−2.24108	0.729423495	223	安徽	宁国县	0.59391	0.91636	0.663435871
199	重庆	荣昌县	0.92925	−0.02803	0.722843656	224	浙江	建德市	0.72321	0.43885	0.661897001
200	内蒙	额济纳旗	0.04008	3.15786	0.712328008	225	湖北	枝江市	0.90094	−0.20947	0.661516144
201	山西	河津市	0.78281	0.43730	0.708311989	226	广东	开平市	0.80347	0.12959	0.658169662
202	广东	鹤山市	0.62068	1.02525	0.707912382	227	江苏	灌云县	0.76840	0.24616	0.655795904
203	广东	海丰县	1.03890	−0.51728	0.703360320	228	重庆	铜梁县	0.85683	−0.08007	0.654817941
204	陕西	靖边县	0.65594	0.87161	0.702442232	229	宁夏	灵武市	0.53467	1.06807	0.649680388
205	福建	永安市	0.61340	0.98867	0.694314789	230	山东	宁阳县	1.08040	−0.92351	0.648321885
206	陕西	高陵县	0.87692	0.00410	0.688724712	231	辽宁	凌海市	0.56067	0.94674	0.643913458
207	河南	辉县市	0.77623	0.36610	0.687798784	232	江苏	灌南县	0.74123	0.28047	0.641882069
208	内蒙	鄂托克前旗	0.27299	2.18178	0.684558576	233	辽宁	盘山县	0.38847	1.52019	0.632488666
209	新疆	昌吉市	0.67008	0.73672	0.684448752	234	青海	天峻县	−0.31134	4.02700	0.624082134
210	河南	安阳县	0.98231	−0.40611	0.682942316	235	浙江	永嘉县	0.87837	−0.30209	0.623842136
211	山东	临清市	1.01335	−0.52650	0.681331354	236	内蒙	托克托县	0.49311	1.07002	0.617501906
212	福建	连江县	0.74355	0.44688	0.679582749	237	河北	乐亭县	0.91009	−0.4598	0.614717708
213	河南	永城市	0.96862	−0.37863	0.678129289	238	内蒙	东乌珠穆沁旗	0.23113	1.99710	0.611904081
214	陕西	志丹县	0.13551	2.64365	0.676308940	239	安徽	繁昌县	0.50799	0.94897	0.603073016
215	江苏	滨海县	0.95113	−0.32868	0.675180535	240	辽宁	台安县	0.62507	0.52069	0.602563843

序号	省份	县名	发展质量公因子	调控能力公因子	得分	序号	省份	县名	发展质量公因子	调控能力公因子	得分
241	江西	分宜县	0.38545	1.39097	0.602257734	266	山东	长岛县	0.33575	1.32358	0.548743460
242	山西	襄垣县	0.35850	1.48203	0.600752758	267	黑龙江	肇东市	1.11675	-1.53140	0.545762451
243	黑龙江	绥芬河市	0.69968	0.22277	0.596849846	268	山西	长治县	0.28768	1.45957	0.540360022
244	河北	玉田县	0.95350	-0.71684	0.593345423	269	浙江	浦江县	0.51082	0.63996	0.538664847
245	安徽	芜湖县	0.53370	0.80689	0.592604552	270	辽宁	康平县	0.48758	0.72085	0.537877100
246	云南	大理市	0.74525	0.02991	0.591010160	271	湖南	攸县	0.62922	0.18689	0.533845900
247	江苏	盱眙县	0.68706	0.23660	0.589932930	272	山东	安丘市	0.92112	-0.88935	0.530750939
248	山东	沂源县	0.69000	0.21151	0.586829170	273	河北	黄骅市	0.79532	-0.44864	0.527100423
249	湖北	当阳市	0.82904	-0.30774	0.583930310	274	山西	柳林县	0.27236	1.44228	0.524615255
250	陕西	韩城市	0.66278	0.29389	0.583240851	275	湖南	资兴市	0.56072	0.37086	0.519782857
251	辽宁	辽阳县	0.39716	1.23587	0.578000575	276	内蒙	西乌珠穆沁旗	0.05710	2.19146	0.517305421
252	江苏	睢宁县	0.99426	-0.93703	0.577840030	277	山东	沂水县	0.87840	-0.80091	0.516311334
253	河北	滦南县	0.91236	-0.64777	0.575968630	278	吉林	梅河口市	0.79774	-0.53309	0.510789729
254	河南	伊川县	0.91120	-0.64913	0.574765507	279	江苏	涟水县	0.71021	-0.22089	0.509448522
255	山东	济阳县	0.78321	-0.20966	0.569129828	280	河北	邯郸县	0.75605	-0.38944	0.509062281
256	上海	崇明县	1.58986	-3.15597	0.566575881	281	吉林	磐石市	0.71989	-0.28042	0.504205633
257	河北	涉县	0.59010	0.47513	0.565310453	282	浙江	江山市	0.72841	-0.31868	0.502639046
258	江苏	洪泽县	0.43423	1.03696	0.564189151	283	江苏	丰县	0.79777	-0.57270	0.502272650
259	江苏	泗阳县	0.89912	-0.65562	0.563890809	284	黑龙江	东宁县	0.55190	0.31199	0.500171200
260	江苏	响水县	0.50896	0.76131	0.563371082	285	湖南	冷水江市	0.67143	-0.14682	0.495000960
261	浙江	兰溪市	0.75171	-0.1297	0.561662557	286	内蒙	新巴尔虎右旗	-0.11085	2.68734	0.492488803
262	河北	永年县	1.06884	-1.30457	0.557091210	287	辽宁	本溪满族自治县	0.22103	1.47707	0.491854236
263	河北	正定县	0.79506	-0.31319	0.556101878	288	江西	新建县	0.70697	-0.29838	0.490198921
264	河南	新乡县	0.70318	0.00758	0.553196450	289	浙江	嵊泗县	0.46589	0.57412	0.489226285
265	河南	孟州市	0.64312	0.21668	0.551172063	290	浙江	三门县	0.54608	0.26222	0.484874809

序号	省份	县名	发展质量公因子	调控能力公因子	得分	序号	省份	县名	发展质量公因子	调控能力公因子	得分
291	吉林	公主岭市	1.07977	−1.70753	0.478779272	316	湖北	枣阳市	0.98545	−1.59423	0.429225783
292	河北	磁县	0.62762	−0.07473	0.476181031	317	湖南	耒阳市	0.92444	−1.37376	0.428907804
293	吉林	德惠市	1.01465	−1.48801	0.475032645	318	河北	栾城县	0.56085	−0.05554	0.427945514
294	江苏	金湖县	0.38047	0.81675	0.474539614	319	福建	东山县	0.53863	0.02065	0.426944434
295	河南	汝州市	0.74709	−0.53285	0.471112505	320	山东	汶上县	0.71371	−0.62893	0.424213286
296	北京	密云县	1.23303	−2.36730	0.456735756	321	山东	临邑县	0.62015	−0.30412	0.42086119
297	新疆	奎屯市	0.10429	1.73570	0.456050587	322	山西	灵石县	0.24644	1.04989	0.419677901
298	福建	福安市	0.56379	0.04978	0.452960436	323	辽宁	宽甸县	0.28367	0.91389	0.419556477
299	福建	漳浦县	0.69012	−0.41699	0.451407682	324	安徽	凤台县	0.51172	0.07582	0.417732321
300	江西	樟树市	0.58063	−0.03568	0.447742763	325	福建	沙县	0.30723	0.81488	0.416688237
301	吉林	九台市	0.94868	−1.37856	0.446886271	326	广东	阳东县	0.53060	−0.01171	0.41366846
302	安徽	天长市	0.62805	−0.21499	0.446275802	327	山东	苍山县	0.93466	−1.48323	0.413320542
303	湖北	汉川市	1.00388	−1.59103	0.444371928	328	贵州省	盘县	0.63903	−0.40953	0.412942088
304	河南	渑池县	0.30494	0.94905	0.443821404	329	湖南	汨罗市	0.68895	−0.60772	0.409365224
305	安徽	长丰县	0.67753	−0.41705	0.441519369	330	四川	什邡市	0.40621	0.41376	0.407837912
306	河南	武陟县	0.74690	−0.68414	0.438342697	331	河北	晋州市	0.67015	−0.54848	0.407392015
307	贵州省	凯里市	0.28273	1.00043	0.437478698	332	山东	莒　县	0.91588	−1.46008	0.403581385
308	山东	莒南县	0.84328	−1.04079	0.437041489	333	山东	单　县	0.66911	−0.57133	0.401649397
309	山东	平阴县	0.58822	−0.13525	0.432227189	334	福建	罗源县	0.29807	0.77533	0.40097562
310	浙江	武义县	0.39243	0.57643	0.432103625	335	山东	郓城县	0.66875	−0.57408	0.400774071
311	内蒙	陈巴尔虎旗	0.12890	1.53334	0.431721877	336	新疆	若羌县	−0.17363	2.47146	0.39669776
312	山东	东平县	0.78303	−0.84716	0.431532467	337	山东	临朐县	0.72196	−0.79439	0.395008366
313	山西	清徐县	0.41487	0.49211	0.431524298	338	黑龙江	安达市	0.61554	−0.41186	0.394014555
314	浙江	龙游县	0.62686	−0.28249	0.430788204	339	湖北	赤壁市	0.62216	−0.44344	0.392397965
315	吉林	桦甸市	0.63178	−0.30254	0.430324234	340	四川	金堂县	0.67667	−0.64703	0.391257082

序号	省份	县名	发展质量公因子	调控能力公因子	得分	序号	省份	县名	发展质量公因子	调控能力公因子	得分
341	山东	利津县	0.42345	0.27328	0.391070716	366	河北	定州市	0.81309	-1.27186	0.363538241
342	河南	栾川县	0.08349	1.50766	0.390566011	367	山东	阳谷县	0.77082	-1.12508	0.362030734
343	黑龙江	双城市	1.00245	-1.84190	0.389158292	368	内蒙	和林格尔县	0.28884	0.61905	0.360039063
344	湖北	天门市	1.23327	-2.68166	0.389142482	369	河南	襄城县	0.61853	-0.59684	0.356474928
345	安徽	无为县	0.92815	-1.58346	0.386602868	370	安徽	铜陵县	0.25410	0.70828	0.352029168
346	山东	巨野县	0.61050	-0.44051	0.383883825	371	福建	邵武市	0.32940	0.41016	0.346813271
347	内蒙	土默特左旗	0.49165	-0.00951	0.383591121	372	辽宁	岫岩县	0.38408	0.19956	0.344294254
348	河南	宝丰县	0.49639	-0.03023	0.382841499	373	内蒙	乌拉特后旗	-0.19972	2.29389	0.337946017
349	贵州	兴义市	0.49188	-0.01395	0.382814187	374	河南	博爱县	0.48226	-0.20316	0.334471436
350	安徽	桐城市	0.64947	-0.58817	0.382613126	375	广东	阳春市	0.66032	-0.85144	0.33435805
351	山东	嘉祥县	0.67916	-0.70030	0.381724249	376	湖北	京山县	0.65518	-0.83743	0.333347126
352	福建	永春县	0.43993	0.16986	0.381698175	377	广西	临桂县	0.37952	0.16227	0.332677093
353	辽宁	北票市	0.48714	-0.00376	0.381293357	378	广东	信宜市	0.74304	-1.16551	0.331523172
354	甘肃	肃北蒙古族自治县	-0.40106	3.22547	0.380883423	379	四川	峨眉山市	0.24576	0.63492	0.329669716
355	辽宁	彰武县	0.35319	0.46947	0.378262006	380	安徽	南陵县	0.45067	-0.12498	0.326549772
356	福建	长泰县	0.26863	0.77519	0.377853214	381	福建	福鼎市	0.40847	0.02167	0.325069141
357	江苏	泗洪县	0.72953	-0.90243	0.377650824	382	福建	上杭县	0.30753	0.38764	0.324803120
358	江西	德兴市	0.11002	1.34820	0.376993307	383	内蒙	二连浩特市	0.16496	0.90176	0.323826993
359	辽宁	盖州市	0.44522	0.12780	0.376778685	384	山东	禹城市	0.43469	-0.08296	0.323075588
360	贵州	仁怀市	0.33626	0.50726	0.373130597	385	山东	郯城县	0.75284	-1.25	0.320992596
361	浙江	天台县	0.48600	-0.03860	0.372887046	386	湖北	应城市	0.60404	-0.71779	0.319030287
362	湖南	桂阳县	0.59619	-0.46117	0.368204654	387	宁夏	贺兰县	0.07146	1.212720	0.317535657
363	新疆	阜康市	0.09006	1.37911	0.368001771	388	四川	崇州市	0.43464	-0.10929	0.317359160
364	辽宁	建平县	0.16445	1.09928	0.366015731	389	河南	濮阳县	0.93670	-1.94262	0.315868147
365	湖南	永兴县	0.46787	-0.00923	0.364998879	390	山西	介休市	0.22254	0.651790	0.315093823

序号	省份	县名	发展质量公因子	调控能力公因子	得分	序号	省份	县名	发展质量公因子	调控能力公因子	得分
391	安徽	广德县	0.33764	0.22645	0.313665487	416	山东	东明县	0.42606	−0.25649	0.278890258
392	山西	高平市	0.32812	0.24118	0.309374212	417	河北	宽城县	0.22500	0.47370	0.278624079
393	四川	彭州市	0.55044	−0.59337	0.303814519	418	山西	泽州县	0.15642	0.72102	0.278157655
394	河南	长垣县	0.68030	−1.07682	0.301434134	419	云南	楚雄市	0.35357	0.00098	0.277545417
395	吉林	农安县	0.86268	−1.74188	0.301091219	420	湖北	老河口市	0.55510	−0.73393	0.277162542
396	河北	河间市	0.63130	−0.90399	0.300264570	421	河北	固安县	0.16081	0.68399	0.273616777
397	湖北	云梦县	0.60507	−0.81343	0.299216541	422	辽宁	桓仁县	0.07470	0.96983	0.267705715
398	吉林	榆树市	1.00497	−2.27046	0.298729890	423	山西	山阴县	0.13451	0.75073	0.267377831
399	四川	简阳市	0.87842	−1.81509	0.297652040	424	河北	沧县	0.57154	−0.84284	0.266574885
400	山西	侯马市	0.51404	−0.49073	0.297393979	425	山东	平邑县	0.67760	−1.22956	0.266382881
401	河南	温县	0.50306	−0.46151	0.295081804	426	山东	高青县	0.28169	0.18767	0.261417640
402	河北	新乐市	0.55655	−0.65748	0.294783856	427	江西	广丰县	0.37414	−0.14934	0.261268538
403	河北	唐海县	0.07098	1.10495	0.293922052	428	甘肃	玉门市	0.30487	0.09495	0.259607569
404	山东	宁津县	0.53479	−0.58477	0.293393244	429	山东	费　县	0.52881	−0.72586	0.258281160
405	辽宁	北镇市	0.32492	0.16499	0.290436289	430	山东	冠　县	0.60471	−1.00691	0.257216484
406	河北	大厂县	0.20134	0.61410	0.290338290	431	吉林	珲春市	0.26601	0.21706	0.255455522
407	广东	高州市	0.80029	−1.56621	0.290031127	432	海南	澄迈县	0.33609	−0.05004	0.252833605
408	湖北	钟祥市	0.90135	−1.93848	0.289032884	433	广东	吴川市	0.67488	−1.28508	0.252278275
409	山东	梁山县	0.61288	−0.90475	0.285652375	434	湖南	邵东县	0.68132	−1.31320	0.251266534
410	黑龙江	尚志市	0.60177	−0.87035	0.284355129	435	黑龙江	穆棱市	0.32830	−0.04232	0.248387833
411	福建	永定县	0.27927	0.29517	0.282698319	436	福建	武夷山市	0.14278	0.62930	0.247682238
412	河北	文安县	0.47464	−0.41815	0.282138830	437	广东	化州市	0.68280	−1.34435	0.245710934
413	河北	沙河市	0.37916	−0.07951	0.280262710	438	海南	琼海市	0.38890	−0.28869	0.242799721
414	内蒙	鄂温克旗	0.08748	0.97836	0.279569341	439	浙江	仙居县	0.31011	−0.00410	0.242360817
415	陕西	洛川县	0.28244	0.26731	0.279177707	440	河南	许昌县	0.54291	−0.87634	0.236894827

序号	省份	县名	发展质量公因子	调控能力公因子	得分	序号	省份	县名	发展质量公因子	调控能力公因子	得分
441	广西	鹿寨县	0.4346	−0.49596	0.233954956	466	山东	沂南县	0.50952	−0.92009	0.20127103
442	河南	西峡县	0.24771	0.17661	0.232379594	467	辽宁	黑山县	0.16575	0.32812	0.200759818
443	吉林	蛟河市	0.44262	−0.54564	0.229533825	468	福建	德化县	0.13171	0.44962	0.200256967
444	河南	舞钢市	0.10181	0.68095	0.226682734	469	山西	怀仁县	0.14652	0.37126	0.194977883
445	湖北	远安县	0.15205	0.4961	0.22623321	470	河南	孟津县	0.2565	−0.02913	0.194913166
446	安徽	怀宁县	0.38731	−0.3612	0.225918126	471	河南	鄢陵县	0.44781	−0.72699	0.194502531
447	山西	古交市	−0.61583	3.27315	0.222702243	472	湖南	湘乡市	0.5054	−0.94043	0.193653714
448	山东	莘　县	0.68714	−1.47208	0.221574327	473	新疆	玛纳斯县	0.0341	0.76389	0.191455514
449	陕西	黄陵县	−0.20239	1.76207	0.221182003	474	福建	漳平市	0.07286	0.62272	0.191419452
450	湖南	湘潭县	0.5656	−1.03304	0.2209052	475	内蒙	固阳县	−0.22167	1.68749	0.189978354
451	山东	鱼台县	0.33612	−0.20541	0.219356642	476	吉林	梨树县	0.54604	−1.10558	0.189921783
452	江西	湖口县	0.11857	0.57874	0.217790717	477	福建	大田县	0.12069	0.43062	0.18751634
453	黑龙江	海林市	0.37324	−0.34794	0.217740953	478	山东	惠民县	0.47074	−0.84966	0.18603862
454	河南	新野县	0.50412	−0.83219	0.215988145	479	山东	临沭县	0.35027	−0.4151	0.185242815
455	黑龙江	依兰县	0.38901	−0.41824	0.214952753	480	湖北	丹江口市	0.0896	0.51735	0.181830396
456	四川	大邑县	0.18942	0.30013	0.213291016	481	河南	临颍县	0.4866	−0.93733	0.179575737
457	海南	陵水县	−0.41074	2.48233	0.213056593	482	河北	昌黎县	0.41106	−0.66337	0.179394062
458	湖北	宜城市	0.46639	−0.71661	0.211314468	483	广西	东兴市	−0.08121	1.12706	0.179314187
459	广东	梅县	0.20441	0.23344	0.210669377	484	湖北	嘉鱼县	0.31073	−0.29987	0.179073939
460	新疆	和布克赛尔蒙古自治县	−0.93265	4.36287	0.209156917	485	辽宁	清原满族自治县	0.00374	0.81286	0.178200452
461	吉林	通化县	0.21651	0.17543	0.207652432	486	吉林	扶余县	0.48806	−0.95719	0.176438772
462	山东	夏津县	0.38895	−0.46076	0.205737633	487	浙江	青田县	0.24162	−0.06126	0.176313764
463	辽宁	绥中县	0.18158	0.28954	0.204858068	488	安徽	巢湖市	0.53366	−1.13555	0.173749071
464	浙江	淳安县	0.30752	−0.17917	0.202581107	489	辽宁	昌图县	0.41785	−0.71542	0.173497127
465	四川	邛崃市	0.32773	−0.25742	0.201561405	490	山西	沁水县	−0.07308	1.06808	0.172974095

序号	省份	县名	发展质量公因子	调控能力公因子	得分	序号	省份	县名	发展质量公因子	调控能力公因子	得分
491	山西	沁源县	−0.24293	1.68062	0.17182109	516	福建	建瓯市	0.20248	−0.09916	0.13744113
492	福建	仙游县	0.32414	−0.39023	0.170109309	517	陕西	安塞县	−0.24505	1.52312	0.136198439
493	新疆	阿克苏市	0.06938	0.52497	0.167613188	518	河北	肃宁县	0.1009	0.26195	0.135625202
494	山东	金乡县	0.43318	−0.80361	0.166506401	519	湖南	岳阳县	0.51235	−1.24244	0.133986523
495	广东	清新县	0.20133	0.01906	0.162029394	520	江西	九江县	−0.19865	1.33383	0.131779545
496	河南	镇平县	0.46151	−0.94012	0.159294008	521	贵州	金沙县	−0.15154	1.15989	0.131227291
497	河南	陕县	0.02278	0.65572	0.159252956	522	湖南	湘阴县	0.47604	−1.12423	0.130993743
498	广西	武鸣县	0.31905	−0.42839	0.157888837	523	河北	井陉县	0.09308	0.26768	0.13072682
499	湖北	武穴市	0.39378	−0.70215	0.157478286	524	广西	横县	0.47775	−1.13597	0.129803687
500	江西	瑞昌市	0.03671	0.58857	0.155700687	525	广东	新兴县	0.11687	0.16624	0.127515037
501	河南	邓州市	0.77957	−2.11801	0.154800971	526	河北	清河县	0.36839	−0.75012	0.127219642
502	河北	宁晋县	0.3696	−0.6409	0.151718491	527	广西	北流市	0.56934	−1.48204	0.127026521
503	山东	蒙阴县	0.34715	−0.56288	0.150931584	528	陕西	户县	0.41131	−0.91294	0.125778492
504	陕西	凤县	−0.13054	1.17469	0.150890462	529	吉林	敦化市	0.35783	−0.73954	0.121217796
505	河南	尉氏县	0.50617	−1.14387	0.150392459	530	四川	会理县	0.02582	0.4614	0.119738682
506	湖南	澧县	0.53768	−1.263	0.149421835	531	河北	高碑店市	0.34806	−0.7118	0.11953561
507	河北	无极县	0.4358	−0.89261	0.149371523	532	浙江	缙云县	0.22944	−0.28746	0.117987301
508	四川	彭山县	0.2021	−0.04365	0.149111993	533	辽宁	兴城市	0.04892	0.36632	0.117357002
509	浙江	常山县	0.23055	−0.14949	0.148606716	534	江西	进贤县	0.34468	−0.71471	0.11625695
510	甘肃	临夏市	0.83545	−2.36701	0.1449435	535	福建	将乐县	−0.02955	0.64406	0.115692121
511	湖南	华容县	0.46937	−1.03631	0.144719005	536	福建	南靖县	0.04635	0.36262	0.114543355
512	河北	赵县	0.44616	−0.96687	0.141485968	537	广东	廉江市	0.55294	−1.48655	0.113190214
513	山西	盂县	−0.04091	0.80184	0.140801669	538	辽宁	凌源市	0.09965	0.15269	0.111086354
514	黑龙江	宾县	0.53805	−1.30715	0.140192543	539	湖北	谷城县	0.29499	−0.55904	0.110846165
515	福建	建阳市	0.07498	0.37589	0.139861469	540	贵州	都匀市	0.08401	0.20777	0.110694825

序号	省份	县名	发展质量公因子	调控能力公因子	得分	序号	省份	县名	发展质量公因子	调控能力公因子	得分
541	湖南	衡阳县	0. 57336	−1. 57516	0. 110101435	566	山西	阳城县	−0. 01389	0. 40426	0. 076270468
542	重庆	梁平县	0. 3627	−0. 81219	0. 109373126	567	内蒙	锡林郭勒盟镶黄旗	−0. 45491	2. 00602	0. 075709636
543	内蒙	杭锦后旗	0. 22465	−0. 31034	0. 10929678	568	宁夏	平罗县	0. 10586	−0. 03969	0. 074476869
544	河南	修武县	−0. 00493	0. 50446	0. 104903411	569	云南	文山市	0. 13071	−0. 13299	0. 073851659
545	内蒙	阿拉善右旗	−0. 39295	1. 90666	0. 102886217	570	江西	安福县	−0. 09111	0. 66584	0. 072101686
546	河北	徐水县	0. 26531	−0. 48958	0. 102542486	571	内蒙	牙克石市	0. 15651	−0. 23572	0. 071938338
547	内蒙	乌拉特前旗	0. 00313	0. 45107	0. 099713714	572	云南	开远市	0. 03941	0. 18383	0. 070549483
548	贵州	清镇市	0. 07418	0. 1884	0. 098807834	573	山西	寿阳县	−0. 23295	1. 17285	0. 070165117
549	福建	诏安县	0. 28694	−0. 59338	0. 09712758	574	黑龙江	宁安市	0. 17593	−0. 31467	0. 070148042
550	河北	泊头市	0. 26245	−0. 50641	0. 09667031	575	安徽	怀远县	0. 58985	−1. 82307	0. 069582161
551	福建	平潭县	0. 76006	−2. 31823	0. 096326729	576	吉林	抚松县	0. 10501	−0. 06774	0. 067762073
552	河北	元氏县	0. 21601	−0. 35038	0. 09388639	577	山东	商河县	0. 2973	−0. 76751	0. 067708303
553	海南	文昌市	0. 41142	−1. 06207	0. 093709733	578	广西	灵川县	0. 04318	0. 15285	0. 066826774
554	广东	佛冈县	−0. 21394	1. 20354	0. 09169353	579	宁夏	青铜峡市	−0. 16467	0. 89979	0. 064846231
555	辽宁	抚顺县	−0. 34448	1. 67445	0. 09083669	580	内蒙	阿巴嘎旗	−0. 34235	1. 54613	0. 064839384
556	宁夏	永宁县	−0. 03965	0. 55784	0. 089179315	581	广西	兴安县	0. 01849	0. 22985	0. 06406292
557	河北	抚宁县	0. 10752	0. 01266	0. 087066522	582	陕西	兴平市	0. 4189	−1. 2275	0. 063907307
558	河北	青县	0. 15974	−0. 17835	0. 086841871	583	河南	淅川县	0. 17876	−0. 35856	0. 062904391
559	黑龙江	五常市	0. 4917	−1. 38702	0. 086615043	584	浙江	洞头县	0. 03281	0. 16657	0. 061651
560	四川	威远县	0. 32016	−0. 76578	0. 086012305	585	吉林	乾安县	0. 07088	0. 02631	0. 061269927
561	湖南	常宁市	0. 39094	−1. 02935	0. 084700585	586	贵州	遵义县	0. 3218	−0. 88688	0. 06118741
562	辽宁	朝阳县	−0. 03737	0. 52829	0. 084596209	587	辽宁	新宾县	−0. 13599	0. 77795	0. 061071481
563	湖南	衡东县	0. 30438	−0. 71827	0. 083878738	588	新疆	富蕴县	−0. 62366	2. 55093	0. 060837239
564	河南	淇县	0. 08615	0. 06441	0. 081462475	589	山西	霍州市	−0. 24515	1. 1726	0. 060541746
565	安徽	和县	0. 17682	−0. 28477	0. 077293107	590	广东	德庆县	−0. 08999	0. 60547	0. 059963364

序号	省份	县名	发展质量公因子	调控能力公因子	得分	序号	省份	县名	发展质量公因子	调控能力公因子	得分
591	河南	唐河县	0.49379	−1.51997	0.059588053	616	湖南	韶山市	−0.23943	1.02974	0.034225294
592	福建	霞浦县	0.20936	−0.48929	0.058718816	617	黑龙江	宝清县	0.08455	−0.14896	0.034201152
593	安徽	含山县	0.10462	−0.12085	0.056004717	618	安徽	凤阳县	0.20521	−0.59328	0.033041562
594	河南	宜阳县	0.25673	−0.67433	0.055977147	619	福建	平和县	0.13193	−0.33045	0.032232769
595	陕西	岐山县	0.27548	−0.74266	0.055951173	620	山东	五莲县	0.1996	−0.57965	0.031580044
596	吉林	集安市	0.05117	0.07182	0.055622502	621	湖北	黄梅县	0.43156	−1.42376	0.031520493
597	内蒙	乌拉特中旗	−0.12148	0.69822	0.055261685	622	河北	景县	0.24708	−0.76678	0.028474016
598	广东	遂溪县	0.28811	−0.7944	0.054701873	623	安徽	霍山县	0.06588	−0.11537	0.026799324
599	内蒙	杭锦旗	−0.11124	0.64871	0.052618538	624	河北	永清县	0.0673	−0.13223	0.024277835
600	广东	徐闻县	0.29368	−0.82514	0.052442801	625	湖北	公安县	0.4264	−1.44215	0.023507873
601	北京	延庆县	0.63379	−2.07659	0.049384572	626	河南	嵩县	0.12666	−0.3642	0.020821982
602	山东	定陶县	0.25825	−0.71132	0.049193716	627	山西	洪洞县	0.09735	−0.25915	0.020482352
603	河北	平山县	0.07624	−0.05336	0.048295969	628	福建	连城县	0.02574	−0.00138	0.019892453
604	四川	隆昌县	0.45182	−1.42089	0.048030904	629	湖北	广水市	0.39374	−1.3409	0.019721216
605	吉林	长岭县	0.36539	−1.11333	0.046552053	630	福建	云霄县	0.11526	−0.33019	0.019213173
606	安徽	五河县	0.2997	−0.87589	0.046222194	631	四川	射洪县	0.41169	−1.42027	0.016687319
607	湖南	沅江市	0.35704	−1.08624	0.045843538	632	山东	泗水县	0.19287	−0.62568	0.016376275
608	安徽	全椒县	0.0212	0.13311	0.045329757	633	重庆	开县	0.72519	−2.56247	0.016312887
609	陕西	彬县	−0.10191	0.57245	0.043493834	634	重庆	潼南县	0.255	−0.85425	0.01582626
610	吉林	永吉县	0.13993	−0.31621	0.041578222	635	福建	武平县	0.01353	0.02133	0.015211817
611	湖南	临湘市	0.29705	−0.89458	0.040113689	636	河南	潢川县	0.36036	−1.24052	0.015182216
612	江西	玉山县	0.01264	0.139	0.03988543	637	湖北	松滋市	0.36407	−1.25793	0.014338374
613	湖北	安陆市	0.32319	−1.00308	0.037222945	638	湖南	衡山县	0.09386	−0.27587	0.014139732
614	福建	华安县	−0.17141	0.78673	0.035181776	639	安徽	濉溪县	0.40373	−1.41212	0.012200917
615	云南	晋宁县	−0.34142	1.40419	0.034964108	640	内蒙	扎鲁特旗	0.03458	−0.06971	0.012093248

序号	省份	县名	发展质量公因子	调控能力公因子	得分	序号	省份	县名	发展质量公因子	调控能力公因子	得分
641	黑龙江	嫩江县	0.21591	−0.73184	0.011558491	666	山西	潞城市	−0.19819	0.69452	−0.00570608
642	重庆	忠县	0.39127	−1.37212	0.011052212	667	安徽	涡阳县	0.5238	−1.93654	−0.00669242
643	广西	柳江县	0.0836	−0.25469	0.010658747	668	四川	泸县	0.32565	−1.21609	−0.00677616
644	河北	安国市	0.1306	−0.42753	0.010257391	669	山西	乡宁县	−0.56786	2.03243	−0.00719191
645	湖北	麻城市	0.51736	−1.83841	0.009414703	670	河北	成安县	0.22205	−0.8419	−0.00735627
646	重庆	丰都县	0.26	−0.90523	0.008755991	671	四川	米易县	−0.2802	0.98346	−0.00773276
647	海南	儋州市	1.16653	−4.20395	0.008560394	672	广西	宾阳县	0.21819	−0.83344	−0.00855986
648	黑龙江	富锦市	0.20528	−0.71077	0.007763566	673	湖南	祁阳县	0.36188	−1.36314	−0.01006454
649	湖北	沙洋县	0.32031	−1.13204	0.007157887	674	湖北	石首市	0.2767	−1.05403	−0.01022871
650	重庆	垫江县	0.25141	−0.88203	0.007020472	675	贵州	开阳县	−0.18487	0.61809	−0.01173775
651	安徽	庐江县	0.40949	−1.45784	0.006860927	676	新疆	轮台县	−0.71991	2.56025	−0.01265002
652	福建	尤溪县	−0.05538	0.22338	0.004725541	677	吉林	双辽市	0.1229	−0.51412	−0.01445268
653	四川	大竹县	0.4005	−1.43861	0.003955653	678	云南	个旧市	0.04053	−0.21663	−0.0149182
654	河北	大城县	0.15419	−0.54355	0.003745028	679	安徽	歙县	0.04966	−0.25683	−0.01642462
655	河南	叶县	0.23473	−0.84113	0.002755729	680	湖南	衡南县	0.27131	−1.06484	−0.01678736
656	湖南	祁东县	0.39748	−1.43581	0.002190547	681	山西	屯留县	−0.19941	0.64616	−0.01709029
657	河南	固始县	0.51715	−1.8714	0.00213676	682	安徽	固镇县	0.19045	−0.7755	−0.01782575
658	河南	杞县	0.35581	−1.28448	0.00213473	683	河南	项城市	0.46006	−1.77121	−0.02104092
659	内蒙	克什克腾旗	−0.06797	0.25455	0.001570964	684	云南	蒙自市	−0.18571	0.57573	−0.02153019
660	安徽	枞阳县	0.36127	−1.30812	0.00132026	685	内蒙	乌兰浩特市	0.22094	−0.9043	−0.02168146
661	四川	三台县	0.58041	−2.10774	0.00079775	686	湖南	吉首市	0.12279	−0.5504	−0.02236156
662	山西	汾阳市	−0.03354	0.12268	0.00014377	687	四川	仁寿县	0.5962	−2.28276	−0.02455423
663	河南	郏县	0.16977	−0.62019	−0.00055922	688	湖南	石门县	0.19288	−0.81748	−0.02497132
664	广西	凭祥市	−0.42964	1.55028	−0.00273455	689	河北	高阳县	−0.02229	−0.035	−0.0250305
665	辽宁	义县	−0.21042	0.74578	−0.00424652	690	广西	平果县	−0.20522	0.63008	−0.02511468

序号	省份	县名	发展质量公因子	调控能力公因子	得分	序号	省份	县名	发展质量公因子	调控能力公因子	得分
691	辽宁	阜新蒙古族自治县	0. 0221	-0. 19697	-0. 02513533	716	福建	泰宁县	-0. 22299	0. 58277	-0. 04925402
692	云南	宣威市	0. 4486	-1. 75236	-0. 02596555	717	广东	怀集县	0. 01088	-0. 27102	-0. 04990258
693	广东	恩平市	-0. 00808	-0. 09681	-0. 02721174	718	湖北	圻春县	0. 29494	-1. 3058	-0. 0502076
694	福建	长汀县	0. 08409	-0. 43584	-0. 02801602	719	浙江	遂昌县	-0. 08706	0. 08335	-0. 05031662
695	广西	岑溪市	0. 20742	-0. 88873	-0. 02892915	720	河南	通许县	0. 20073	-0. 96889	-0. 05146057
696	安徽	颍上县	0. 44087	-1. 75184	-0. 0319167	721	安徽	霍邱县	0. 4608	-1. 92093	-0. 05274273
697	安徽	蒙城县	0. 42179	-1. 6845	-0. 03236304	722	河南	卫辉市	0. 02727	-0. 34694	-0. 05341623
698	安徽	来安县	-0. 10209	0. 21585	-0. 03353656	723	云南	嵩明县	-0. 25879	0. 68511	-0. 05526862
699	陕西	凤翔县	0. 1233	-0. 60691	-0. 03414607	724	安徽	界首市	0. 2637	-1. 21636	-0. 05542687
700	江西	余江县	-0. 13588	0. 33191	-0. 03501628	725	吉林	舒兰市	0. 24562	-1. 1538	-0. 05611948
701	吉林	临江市	-0. 04845	0. 01372	-0. 03504506	726	河北	承德县	-0. 04773	-0. 0989	-0. 05876315
702	湖南	株洲县	-0. 07858	0. 11707	-0. 03639443	727	湖南	桃江县	0. 25903	-1. 2207	-0. 06002572
703	浙江	开化县	0. 06847	-0. 41962	-0. 03677076	728	江西	铅山县	-0. 21601	0. 50656	-0. 06021124
704	海南	万宁市	0. 13846	-0. 68013	-0. 03804235	729	黑龙江	萝北县	-0. 20133	0. 44906	-0. 06109452
705	辽宁	喀沁左县	-0. 09516	0. 16779	-0. 03846337	730	安徽	东至县	-0. 04082	-0. 1382	-0. 06181683
706	山西	襄汾县	-0. 06597	0. 04979	-0. 04101012	731	广东	龙门县	-0. 10272	0. 08429	-0. 06239737
707	广东	饶平县	0. 33104	-1. 39715	-0. 04158805	732	贵州	修文县	-0. 1595	0. 28693	-0. 06324187
708	山西	古县	-0. 52039	1. 68992	-0. 04380843	733	福建	闽清县	-0. 22129	0. 51117	-0. 06335879
709	四川	达县	0. 38982	-1. 62236	-0. 04404127	734	浙江	龙泉市	-0. 07723	-0. 01454	-0. 06371294
710	河北	邢台县	0. 00227	-0. 21607	-0. 04480793	735	江西	浮梁县	-0. 26221	0. 65769	-0. 06386344
711	河南	清丰县	0. 25076	-1. 12255	-0. 0453497	736	安徽	太和县	0. 54049	-2. 26302	-0. 06399589
712	甘肃	华亭县	-0. 37824	1. 16455	-0. 04558744	737	内蒙	开鲁县	0. 06138	-0. 52566	-0. 06519611
713	河南	洛宁县	0. 00157	-0. 22092	-0. 04640274	738	安徽	郎溪县	-0. 24231	0. 5787	-0. 06528586
714	广西	苍梧县	0. 02585	-0. 3094	-0. 04643578	739	黑龙江	集贤县	-0. 08178	-0. 00915	-0. 0661197
715	河南	汤阴县	0. 06084	-0. 43682	-0. 04646422	740	湖北	浠水县	0. 34623	-1. 57475	-0. 06796695

序号	省份	县名	发展质量公因子	调控能力公因子	得分	序号	省份	县名	发展质量公因子	调控能力公因子	得分
741	河南	鹿邑县	0.37788	-1.69347	-0.06873936	766	四川	盐边县	-0.38651	0.97782	-0.09233654
742	内蒙	阿荣旗	0.08981	-0.64666	-0.06898584	767	湖南	汉寿县	0.21692	-1.21897	-0.09268305
743	广西	阳朔县	-0.16312	0.27317	-0.06904823	768	安徽	青阳县	-0.44696	1.19221	-0.09352622
744	陕西	三原县	0.15272	-0.87701	-0.06930783	769	新疆	乌苏市	-0.17138	0.18475	-0.09459213
745	山西	原平市	-0.19235	0.37193	-0.07068134	770	广西	桂平市	0.47827	-2.18311	-0.09557017
746	广东	乐昌市	-0.03353	-0.207	-0.07093317	771	云南	富源县	-0.0694	-0.19194	-0.09582177
747	黑龙江	密山市	0.09529	-0.67848	-0.07154837	772	四川	富顺县	0.26747	-1.41954	-0.09627892
748	河北	魏县	0.32816	-1.52782	-0.07202181	773	江西	龙南县	-0.18731	0.22995	-0.09734143
749	湖南	东安县	0.09746	-0.69223	-0.072811	774	河北	平泉县	-0.07049	-0.19546	-0.09743572
750	广西	合浦县	0.3799	-1.72793	-0.07458509	775	四川	蒲江县	-0.18944	0.2344	-0.09805267
751	甘肃	瓜州县	-0.24882	0.55494	-0.07551526	776	甘肃	敦煌市	-0.23164	0.38626	-0.09840993
752	河南	开封县	0.12209	-0.79885	-0.0764808	777	湖北	阳新县	0.29217	-1.51945	-0.09844702
753	江西	安义县	-0.11812	0.0685	-0.07788146	778	云南	沾益县	-0.17041	0.16153	-0.09883792
754	湖南	嘉禾县	-0.03586	-0.23183	-0.07811457	779	河南	内乡县	0.03862	-0.6057	-0.10030668
755	黑龙江	虎林市	-0.03615	-0.23295	-0.07858353	780	安徽	萧县	0.48542	-2.23487	-0.1011222
756	重庆	秀山土家族苗族自治县	0.03209	-0.48193	-0.07874172	781	云南	景洪市	-0.03583	-0.34123	-0.10167959
757	广西	容县	0.13866	-0.87759	-0.08046131	782	湖北	南漳县	0.14872	-1.01307	-0.10178228
758	江西	武宁县	-0.23982	0.48863	-0.08275341	783	黑龙江	漠河县	-0.52897	1.4508	-0.10209689
759	河北	清苑县	0.07349	-0.66268	-0.08524115	784	河南	桐柏县	-0.06208	-0.25353	-0.10335998
760	新疆	奇台县	-0.23413	0.44689	-0.08729015	785	广西	陆川县	0.15476	-1.04503	-0.10393575
761	四川	资中县	0.47675	-2.14043	-0.08755987	786	湖南	临澧县	0.06728	-0.72878	-0.10436449
762	黑龙江	肇州县	-0.07299	-0.14305	-0.08809616	787	云南	宜良县	-0.15374	0.07107	-0.10526702
763	湖南	桃源县	0.15977	-0.99668	-0.08958089	788	广东	连州市	-0.18705	0.18624	-0.10656213
764	重庆	奉节县	0.28982	-1.47808	-0.09137022	789	新疆	塔城市	-0.20469	0.25014	-0.10662068
765	河北	东光县	-0.04619	-0.25574	-0.09137265	790	河南	舞阳县	0.06239	-0.72568	-0.1075317

序号	省份	县名	发展质量公因子	调控能力公因子	得分	序号	省份	县名	发展质量公因子	调控能力公因子	得分
791	黑龙江	林口县	−0. 08575	−0. 18915	−0. 10804485	816	陕西	泾阳县	0. 04889	−0. 79961	−0. 13406147
792	湖南	南县	0. 23285	−1. 35379	−0. 10925739	817	河北	献县	0. 02751	−0. 7222	−0. 13414061
793	安徽	明光市	−0. 02282	−0. 43216	−0. 11108088	818	安徽	定远县	0. 14177	−1. 13877	−0. 13433687
794	广东	仁化县	−0. 3759	0. 84653	−0. 11232267	819	河南	南乐县	0. 07882	−0. 91215	−0. 1348505
795	山西	长子县	−0. 26003	0. 42014	−0. 11337343	820	黑龙江	鸡东县	−0. 1869	0. 05259	−0. 13526176
796	河北	深州市	0. 02831	−0. 63003	−0. 11363964	821	辽宁	西丰县	−0. 40726	0. 84641	−0. 13694678
797	河南	兰考县	0. 10032	−0. 89387	−0. 11404479	822	河北	临漳县	0. 12497	−1. 09141	−0. 13730285
798	四川	宜宾县	0. 13817	−1. 03541	−0. 11487442	823	河南	延津县	−0. 05433	−0. 4424	−0. 13800469
799	河南	西平县	0. 18109	−1. 19507	−0. 11563421	824	重庆	武隆县	−0. 10758	−0. 25355	−0. 13905369
800	河北	冀州市	−0. 01921	−0. 4721	−0. 11686102	825	湖南	宜章县	−0. 04381	−0. 48648	−0. 13925741
801	河北	曲周县	0. 04866	−0. 7234	−0. 11780967	826	湖北	洪湖市	0. 35572	−1. 94721	−0. 14083207
802	河南	方城县	0. 11586	−0. 97929	−0. 12027353	827	河北	雄县	−0. 14064	−0. 14166	−0. 14085993
803	河南	沈丘县	0. 3126	−1. 696	−0. 12048936	828	山西	平定县	−0. 28809	0. 38507	−0. 14294491
804	福建	古田县	−0. 22465	0. 25689	−0. 12082154	829	福建	建宁县	−0. 30104	0. 4299	−0. 14343653
805	吉林	东丰县	0. 01086	−0. 60083	−0. 12103108	830	湖北	郧县	−0. 28577	0. 36926	−0. 14453405
806	四川	中江县	0. 46121	−2. 24133	−0. 12150499	831	宁夏	中 宁 县	−0. 00723	−0. 64651	−0. 14506997
807	广西	藤县	0. 03665	−0. 71447	−0. 12530464	832	广东	阳西县	−0. 04463	−0. 51178	−0. 14535573
808	湖北	恩施市	0. 05244	−0. 77434	−0. 12582826	833	湖南	涟源市	0. 28168	−1. 70715	−0. 1471466
809	浙江	磐安县	−0. 25579	0. 34112	−0. 12708574	834	内蒙	五原县	−0. 12705	−0. 2221	−0. 14754445
810	河北	盐山县	−0. 01881	−0. 52183	−0. 12726993	835	河北	安平县	−0. 0813	−0. 39101	−0. 1480789
811	海南	昌江黎族自治县	−0. 41354	0. 91069	−0. 1280128	836	山西	曲沃县	−0. 18351	−0. 01924	−0. 14809051
812	云南	腾冲县	−0. 01865	−0. 52851	−0. 12858475	837	广西	田东县	−0. 18079	−0. 03139	−0. 14857674
813	新疆	拜城县	−0. 90302	2. 68847	−0. 12863181	838	河北	深泽县	−0. 12808	−0. 22804	−0. 14963313
814	云南	弥勒县	−0. 18982	0. 09142	−0. 12917973	839	云南	芒市	−0. 07594	−0. 41971	−0. 15006284
815	黑龙江	肇源县	−0. 07088	−0. 34915	−0. 13087989	840	广东	雷州市	0. 12149	−1. 14712	−0. 15204455

序号	省份	县名	发展质量公因子	调控能力公因子	得分	序号	省份	县名	发展质量公因子	调控能力公因子	得分
841	内蒙	锡盟正蓝旗	-0.53651	1.24463	-0.152465	866	内蒙	额尔古纳市	-0.44835	0.80303	-0.17853054
842	吉林	辉南县	-0.21953	0.09038	-0.15270797	867	福建	浦城县	-0.33984	0.4037	-0.17951975
843	浙江	云和县	-0.33847	0.5222	-0.15289446	868	四川	古蔺县	-0.26793	0.13845	-0.18030735
844	贵州省	息烽县	-0.38198	0.6782	-0.15338661	869	广西	博白县	0.34104	-2.07812	-0.18057329
845	山西	祁县	-0.15585	-0.14501	-0.15351271	870	湖南	临武县	-0.1886	-0.15187	-0.18068037
846	甘肃	阿克塞哈萨克族自治县	-0.87003	2.4508	-0.15400085	871	四川	荣县	0.01929	-0.90833	-0.18072113
847	河南	浚县	0.1215	-1.16438	-0.15575826	872	内蒙	磴口县	-0.31194	0.29336	-0.18142671
848	安徽	舒城县	0.18572	-1.40327	-0.15689409	873	云南	石林县	-0.56219	1.20305	-0.18157332
849	山西	永济市	-0.06941	-0.48636	-0.15931173	874	河北	满城县	-0.15385	-0.28257	-0.18160429
850	山西	蒲县	-0.90584	2.55395	-0.15984864	875	河南	汝阳县	-0.18582	-0.16745	-0.18185911
851	江西	宜丰县	-0.24756	0.1555	-0.1606532	876	广东	南雄市	-0.23431	0.00689	-0.18230305
852	河北	滦平县	-0.20219	-0.01609	-0.16206358	877	山西	交城县	-0.3769	0.5251	-0.18241299
853	湖南	津市市	-0.19924	-0.03011	-0.16277261	878	吉林	东辽县	-0.14038	-0.33757	-0.18289762
854	河北	隆尧县	-0.0727	-0.50065	-0.16497352	879	河南	获嘉县	-0.10308	-0.47334	-0.18291454
855	江西	大余县	-0.25497	0.15845	-0.1658294	880	四川	罗江县	-0.23731	0.00796	-0.18442549
856	河北	吴桥县	-0.14456	-0.24465	-0.16614116	881	河北	定兴县	-0.0449	-0.70101	-0.18636881
857	山西	平遥县	-0.1304	-0.2982	-0.16658062	882	内蒙	新巴尔虎左旗	-0.57765	1.23659	-0.18646806
858	内蒙	扎兰屯市	0.05349	-0.96717	-0.16658218	883	四川	安县	-0.18425	-0.19859	-0.18734196
859	湖南	茶陵县	-0.11108	-0.36991	-0.16688828	884	四川	合江县	-0.0024	-0.8606	-0.18744296
860	河南	遂平县	-0.04037	-0.63482	-0.16854384	885	河北	容城县	-0.27848	0.14088	-0.18805863
861	河北	高邑县	-0.19631	-0.07717	-0.17062133	886	湖北	通城县	-0.04754	-0.69933	-0.18807735
862	吉林	伊通县	-0.02367	-0.72074	-0.17397051	887	广东	乳源县	-0.42663	0.67916	-0.1882023
863	广西	扶绥县	-0.28284	0.21247	-0.17604248	888	新疆	和静县	-0.47518	0.85054	-0.18933153
864	陕西	蓝田县	0.07427	-1.08811	-0.1763595	889	黑龙江	巴彦县	0.06843	-1.1292	-0.18980002
865	河南	光山县	0.04884	-1.00555	-0.17850496	890	辽宁	建昌县	-0.22945	-0.04857	-0.1904491

序号	省份	县名	发展质量公因子	调控能力公因子	得分	序号	省份	县名	发展质量公因子	调控能力公因子	得分
891	山西	翼城县	−0. 35544	0. 39488	−0. 19365786	916	四川	珙县	−0. 23872	−0. 0916	−0. 20699835
892	黑龙江	方正县	−0. 28834	0. 14824	−0. 1942057	917	山西	闻喜县	−0. 15982	−0. 37895	−0. 20706827
893	云南	禄丰县	−0. 25093	0. 01061	−0. 19453739	918	江西	瑞金市	−0. 1594	−0. 38242	−0. 20748702
894	河北	鸡泽县	−0. 10097	−0. 53711	−0. 19500943	919	贵州	福泉市	−0. 472	0. 75454	−0. 20753648
895	湖北	监利县	0. 46521	−2. 60053	−0. 19581727	920	湖北	随县	0. 14095	−1. 47634	−0. 20776607
896	四川	渠县	0. 40773	−2. 39152	−0. 19583736	921	陕西	城固县	0. 01349	−1. 0132	−0. 20788236
897	浙江	景宁畲族自治县	−0. 38501	0. 49227	−0. 19585306	922	安徽	泗县	0. 11869	−1. 39921	−0. 20859584
898	陕西	蒲城县	0. 0722	−1. 17202	−0. 19607564	923	河南	平舆县	0. 06383	−1. 19992	−0. 20865665
899	内蒙	苏尼特左旗	−0. 67354	1. 53663	−0. 19698861	924	陕西	礼泉县	−0. 06147	−0. 7466	−0. 20919604
900	四川	岳池县	0. 15766	−1. 48747	−0. 19705886	925	山西	娄烦县	−1. 49519	4. 46561	−0. 20993706
901	河南	西华县	0. 10106	−1. 2933	−0. 19958845	926	安徽	宿松县	0. 0876	−1. 29508	−0. 21053004
902	广西	宜州市	−0. 08308	−0. 62679	−0. 2003134	927	福建	屏南县	−0. 40379	0. 49046	−0. 21097403
903	河南	淮阳县	0. 22375	−1. 75082	−0. 2020019	928	重庆	石柱县	−0. 16565	−0. 37623	−0. 21105474
904	福建	永泰县	−0. 30661	0. 17533	−0. 20269529	929	新疆	沙湾县	−0. 24597	−0. 08578	−0. 21143023
905	山西	中阳县	−0. 59571	1. 22311	−0. 20354053	930	河南	内黄县	0. 01567	−1. 0384	−0. 21160596
906	江西	峡江县	−0. 50279	0. 88446	−0. 20367459	931	吉林	大安市	−0. 04249	−0. 82874	−0. 21201928
907	贵州	织金县	−0. 31472	0. 20015	−0. 203705	932	河北	行唐县	−0. 09216	−0. 6489	−0. 2122029
908	江西	弋阳县	−0. 24462	−0. 05571	−0. 20388769	933	江西	赣　县	−0. 15659	−0. 41455	−0. 2122107
909	湖北	大悟县	0. 08082	−1. 24165	−0. 20432771	934	陕西	华县	−0. 24372	−0. 09979	−0. 21268617
910	广东	始兴县	−0. 34624	0. 31016	−0. 20470866	935	河南	原阳县	−0. 06484	−0. 7544	−0. 21352122
911	湖北	孝昌县	−0. 04787	−0. 77604	−0. 20487621	936	湖南	蓝山县	−0. 23484	−0. 13605	−0. 21353914
912	浙江	松阳县	−0. 23577	−0. 09554	−0. 20553395	937	河北	蠡县	−0. 08396	−0. 68597	−0. 21376391
913	山西	保德县	−0. 59809	1. 2208	−0. 20590544	938	内蒙	宁城县	0. 13548	−1. 48561	−0. 21405541
914	河南	民权县	0. 12345	−1. 407	−0. 20654184	939	河南	郸城县	0. 20445	−1. 74228	−0. 2152991
915	山西	太谷县	−0. 30586	0. 15432	−0. 20663713	940	河北	广平县	−0. 1157	−0. 57999	−0. 21580906

序号	省份	县名	发展质量公因子	调控能力公因子	得分	序号	省份	县名	发展质量公因子	调控能力公因子	得分
941	河北	内丘县	-0.3092	0.1239	-0.21581605	966	广西	平南县	0.13737	-1.60331	-0.23795111
942	湖南	双峰县	0.14932	-1.548	-0.21665194	967	河南	太康县	0.22261	-1.92424	-0.24028848
943	广东	翁源县	-0.27594	-0.0072	-0.21799495	968	安徽	泾县	-0.47265	0.60431	-0.24043855
944	福建	光泽县	-0.41584	0.49654	-0.21911488	969	广西	荔浦县	-0.24049	-0.24651	-0.24178802
945	湖南	安乡县	-0.01597	-0.96311	-0.22018998	970	青海	湟中县	0.11597	-1.54425	-0.24200253
946	河南	罗山县	0.00379	-1.03871	-0.22099127	971	黑龙江	杜蒙自治县	-0.35401	0.16302	-0.24252927
947	河北	肥乡县	-0.15556	-0.45931	-0.22105382	972	吉林	通榆县	-0.16959	-0.50814	-0.24258731
948	福建	清流县	-0.45238	0.61156	-0.22297589	973	河南	南召县	-0.11659	-0.70182	-0.24277584
949	贵州	水城市	-0.34083	0.19361	-0.22559537	974	安徽	休宁县	-0.54273	0.84675	-0.24313376
950	贵州	兴仁县	-0.60726	1.15206	-0.22791978	975	黑龙江	讷河市	0.06176	-1.3545	-0.24361048
951	福建	顺昌县	-0.46536	0.62879	-0.22944208	976	广东	蕉岭县	-0.53365	0.8111	-0.24369833
952	安徽	潜山县	0.00221	-1.07264	-0.2295465	977	河北	卢龙县	-0.18166	-0.46967	-0.24376
953	福建	宁化县	-0.37794	0.30812	-0.23001344	978	河北	安新县	-0.21173	-0.36666	-0.24513562
954	福建	柘荣县	-0.43393	0.50864	-0.23069539	979	陕西	横山县	-0.15112	-0.58874	-0.24547854
955	河南	范县	-0.02241	-0.99028	-0.23109973	980	安徽	旌德县	-0.94757	2.30525	-0.246205
956	河南	睢县	0.09991	-1.43554	-0.23115993	981	广西	全州县	-0.09566	-0.7943	-0.24629903
957	河北	大名县	0.1535	-1.63199	-0.23148293	982	河南	夏邑县	0.18575	-1.8185	-0.24640142
958	湖南	道县	-0.1436	-0.55825	-0.23300581	983	吉林	长白县	-0.50657	0.69344	-0.24782681
959	江西	靖安县	-0.64118	1.24386	-0.23473234	984	山西	河曲县	-0.66861	1.27849	-0.24878112
960	安徽	望江县	-0.02475	-1.0041	-0.23591502	985	河北	孟村县	-0.31186	-0.02247	-0.24946244
961	云南	新平县	-0.50491	0.74181	-0.23609532	986	吉林	镇赉县	-0.24647	-0.26551	-0.25057536
962	河北	馆陶县	-0.15474	-0.5333	-0.23636417	987	广西	灵山县	0.17498	-1.80027	-0.25091852
963	新疆	伊吾县	-0.93894	2.31906	-0.2364581	988	河北	宣化县	-0.32597	0.02155	-0.2510386
964	河北	兴隆县	-0.33706	0.12593	-0.23723124	989	山西	左云县	-0.66489	1.25417	-0.25110703
965	河北	枣强县	-0.13466	-0.61176	-0.23753112	990	河南	柘城县	0.11726	-1.59187	-0.25125838

序号	省份	县名	发展质量公因子	调控能力公因子	得分	序号	省份	县名	发展质量公因子	调控能力公因子	得分
991	黑龙江	林甸县	−0.43516	0.41421	−0.25202094	1016	云南	通海县	−0.39201	0.16726	−0.27142159
992	吉林	图们市	−0.40046	0.28614	−0.25241701	1017	安徽	利辛县	0.32789	−2.45171	−0.27144047
993	内蒙	根河市	−0.37284	0.18421	−0.25273026	1018	云南	澄江县	−0.63103	1.03552	−0.27169261
994	河南	扶沟县	0.00963	−1.2074	−0.252783	1019	海南	东方市	−0.25608	−0.34227	−0.27466407
995	河北	青龙县	−0.22572	−0.35635	−0.25388612	1020	河南	鲁山县	−0.23011	−0.46546	−0.28085558
996	吉林	靖宇县	−0.44256	0.42342	−0.25583954	1021	江西	资溪县	−1.12286	2.78206	−0.28089081
997	内蒙	丰镇市	−0.20979	−0.42593	−0.25639357	1022	广东	郁南县	−0.40629	0.17067	−0.28188731
998	云南	瑞丽市	−0.73489	1.47586	−0.25821356	1023	贵州	黔西县	−0.30467	−0.20159	−0.28244415
999	云南	华坪县	−0.59973	0.97593	−0.25999009	1024	内蒙	多伦县	−0.57112	0.7569	−0.28477561
1000	黑龙江	勃利县	−0.26245	−0.25278	−0.26036498	1025	内蒙	科左后旗	−0.13881	−0.81632	−0.28489303
1001	广西	浦北县	−0.08505	−0.89915	−0.26058423	1026	广西	南丹县	−0.44948	0.30895	−0.2859492
1002	福建	寿宁县	−0.37619	0.15854	−0.26089284	1027	甘肃	肃南裕固族自治县	−0.91703	2.00494	−0.28700206
1003	贵州	纳雍县	−0.34768	0.05452	−0.26095863	1028	江西	永新县	−0.30341	−0.22939	−0.28744999
1004	河南	商水县	0.12152	−1.65736	−0.2620377	1029	湖北	秭归县	−0.25148	−0.42065	−0.28795602
1005	河南	息县	0.09979	−1.5799	−0.2623806	1030	贵州	玉屏县	−0.478	0.39935	−0.28882796
1006	广西	永福县	−0.39213	0.20854	−0.26261502	1031	江西	修水县	−0.24158	−0.46167	−0.28903526
1007	吉林	柳河县	−0.28925	−0.166	−0.26267514	1032	重庆	云阳县	0.10928	−1.74444	−0.29041452
1008	河南	虞城县	0.20429	−1.96721	−0.26392346	1033	安徽	祁门县	−0.64956	1.01563	−0.29051585
1009	内蒙	武川县	−0.36302	0.08669	−0.26605464	1034	湖南	武冈市	−0.12762	−0.89248	−0.29253722
1010	河南	滑县	0.19925	−1.9657	−0.26755116	1035	四川	宣汉县	0.14493	−1.88995	−0.29382579
1011	河南	确山县	−0.23962	−0.37022	−0.26777965	1036	河南	上蔡县	0.16354	−1.9598	−0.29428932
1012	云南	陆良县	−0.13762	−0.74622	−0.26884483	1037	山西	安泽县	−0.84233	1.69914	−0.29434453
1013	河南	汝南县	−0.03167	−1.1349	−0.26954572	1038	云南	建水县	−0.46294	0.31786	−0.29458584
1014	广西	兴业县	−0.23765	−0.39248	−0.27103406	1039	湖北	红安县	−0.0522	−1.17638	−0.29459291
1015	广东	阳山县	−0.4658	0.43701	−0.27113834	1040	安徽	砀山县	0.01447	−1.41985	−0.29479453

序号	省份	县名	发展质量公因子	调控能力公因子	得分	序号	省份	县名	发展质量公因子	调控能力公因子	得分
1041	新疆	霍城县	−0.24244	−0.4882	−0.29543016	1066	青海	德令哈市	−0.55949	0.57411	−0.31506597
1042	内蒙	莫力达瓦自治旗	−0.10827	−0.98053	−0.29634454	1067	河南	新蔡县	0.01829	−1.535	−0.31662655
1043	江西	万安县	−0.53697	0.57398	−0.29742971	1068	贵州	龙里县	−0.56115	0.56309	−0.31874415
1044	广东	东源县	−0.34341	−0.1314	−0.29769693	1069	内蒙	苏尼特右旗	−0.68049	0.99706	−0.31878082
1045	重庆	巫山县	−0.171	−0.76581	−0.29925146	1070	河北	南皮县	−0.39115	−0.05866	−0.31945933
1046	安徽	绩溪县	−0.63403	0.91557	−0.29990908	1071	河南	商城县	−0.1278	−1.02223	−0.32065478
1047	广西	柳城县	−0.33152	−0.18523	−0.29997731	1072	广东	紫金县	−0.22572	−0.67557	−0.32271554
1048	河南	社旗县	−0.11628	−0.97596	−0.30164207	1073	安徽	灵璧县	0.14888	−2.04415	−0.3239757
1049	广西	大新县	−0.44723	0.2245	−0.30239324	1074	广西	靖西县	−0.3625	−0.18505	−0.32423867
1050	河北	南宫市	−0.20719	−0.65289	−0.30329073	1075	安徽	临泉县	0.44587	−3.13086	−0.32533567
1051	河南	泌阳县	−0.04796	−1.23278	−0.30342796	1076	福建	明溪县	−0.64239	0.81142	−0.32892309
1052	河北	张北县	−0.4339	0.16898	−0.30390851	1077	广西	象州县	−0.41589	−0.01664	−0.3298047
1053	浙江	庆元县	−0.38089	−0.03222	−0.30571064	1078	湖南	洪江市	−0.42455	0.00378	−0.33219455
1054	陕西	眉县	−0.32476	−0.23815	−0.30608537	1079	浙江	文成县	−0.46519	0.14612	−0.33338085
1055	内蒙	奈曼旗	−0.16753	−0.81693	−0.30755202	1080	宁夏	盐池县	−0.50874	0.29968	−0.33443048
1056	吉林	洮南市	−0.24422	−0.53925	−0.30783364	1081	安徽	金寨县	−0.14845	−1.0125	−0.33475432
1057	广东	五华县	0.11806	−1.8582	−0.30805629	1082	重庆	彭水县	−0.30214	−0.46301	−0.33682639
1058	新疆	福海县	−0.75046	1.29323	−0.30980462	1083	湖南	洞口县	−0.10278	−1.18977	−0.33715409
1059	贵州	平坝县	−0.38202	−0.05733	−0.31201115	1084	黑龙江	通河县	−0.4598	0.10647	−0.33770226
1060	新疆	哈巴河县	−0.82405	1.54914	−0.31234865	1085	湖南	平江县	0.02685	−1.67121	−0.33928149
1061	山西	临猗县	−0.14586	−0.92031	−0.31284499	1086	湖南	中方县	−0.5267	0.33786	−0.34028571
1062	河北	邱县	−0.35721	−0.1521	−0.31298469	1087	黑龙江	抚远县	−0.60113	0.59562	−0.34308973
1063	内蒙	巴林左旗	−0.27179	−0.46561	−0.31358099	1088	湖北	保康县	−0.53824	0.36342	−0.3438263
1064	河北	故城县	−0.23787	−0.59098	−0.3140067	1089	安徽	寿县	0.21752	−2.38678	−0.34401272
1065	河南	正阳县	−0.08373	−1.15236	−0.31414536	1090	甘肃	永昌县	−0.45781	0.06937	−0.34414075

序号	省份	县名	发展质量公因子	调控能力公因子	得分	序号	省份	县名	发展质量公因子	调控能力公因子	得分
1091	河南	封丘县	−0.13336	−1.11232	−0.34444093	1116	河北	南和县	−0.41529	−0.18433	−0.36549098
1092	河南	新县	−0.3807	−0.21697	−0.34539694	1117	湖南	宁远县	−0.20361	−0.95862	−0.36640339
1093	内蒙	喀喇沁旗	−0.33343	−0.39149	−0.34594875	1118	黑龙江	逊克县	−0.60906	0.50951	−0.3678767
1094	新疆	和硕县	−0.65681	0.78451	−0.34603615	1119	广西	恭城瑶族自治县	−0.47955	0.03762	−0.36803908
1095	青海	海晏县	−0.68869	0.89631	−0.34693622	1120	新疆	额敏县	−0.48772	0.06639	−0.36824417
1096	浙江	泰顺县	−0.54013	0.35531	−0.34705744	1121	湖南	沅陵县	−0.3197	−0.56059	−0.37164011
1097	云南	富民县	−0.72377	1.0229	−0.34715734	1122	陕西	南郑县	−0.32611	−0.53782	−0.37175839
1098	广东	连平县	−0.48198	0.13521	−0.34890302	1123	山西	新绛县	−0.35973	−0.42704	−0.37424322
1099	湖南	安化县	−0.03286	−1.50032	−0.34927009	1124	福建	松溪县	−0.63801	0.58502	−0.3743033
1100	甘肃	永登县	−0.30735	−0.50298	−0.34953126	1125	河北	赞皇县	−0.44688	−0.1126	−0.37480337
1101	江西	会昌县	−0.45758	0.02481	−0.35356826	1126	湖北	崇阳县	−0.321	−0.57208	−0.37513725
1102	黑龙江	五大连池市	−0.33007	−0.43976	−0.35372109	1127	云南	峨山县	−0.7785	1.082	−0.37734359
1103	贵州	桐梓县	−0.39924	−0.19064	−0.35426218	1128	广西	宁明县	−0.48995	0.0277	−0.37833559
1104	陕西	扶风县	−0.26829	−0.66781	−0.35443351	1129	四川	青神县	−0.55448	0.26223	−0.37838301
1105	云南	罗平县	−0.3444	−0.39202	−0.35466771	1130	海南	临高县	−0.26332	−0.79918	−0.37886081
1106	河北	涿鹿县	−0.38364	−0.25616	−0.35615308	1131	河北	临西县	−0.41461	−0.24901	−0.37890374
1107	贵州省	大方县	−0.327	−0.46799	−0.35739991	1132	河北	蔚县	−0.3996	−0.30498	−0.37919827
1108	湖南	凤凰县	−0.37839	−0.28212	−0.3576325	1133	云南	江川县	−0.61459	0.47471	−0.37971783
1109	青海	乌兰县	−0.74306	1.04139	−0.35830131	1134	广西	上思县	−0.57721	0.33804	−0.37986606
1110	陕西	长武县	−0.71194	0.92532	−0.35891805	1135	福建	周宁县	−0.71278	0.83101	−0.37991182
1111	湖北	长阳县	−0.30767	−0.54717	−0.3593104	1136	四川	南江县	−0.14938	−1.22156	−0.3805608
1112	河南	淮滨县	−0.14278	−1.15081	−0.36012893	1137	陕西	澄城县	−0.3533	−0.48012	−0.38064461
1113	山西	文水县	−0.322	−0.50043	−0.36047264	1138	山西	稷山县	−0.40713	−0.28739	−0.38131196
1114	湖北	团风县	−0.34195	−0.42949	−0.36082516	1139	湖南	新邵县	−0.16673	−1.16314	−0.38157346
1115	山西	交口县	−1.01097	1.9988	−0.36201084	1140	山西	昔阳县	−0.74575	0.94248	−0.38173803

序号	省份	县名	发展质量公因子	调控能力公因子	得分	序号	省份	县名	发展质量公因子	调控能力公因子	得分
1141	广西	武宣县	-0.44508	-0.15535	-0.38260913	1166	内蒙	敖汉旗	-0.13478	-1.39311	-0.406098
1142	安徽	太湖县	-0.17876	-1.1308	-0.38403651	1167	四川	仪陇县	0.0253	-1.9777	-0.4065819
1143	甘肃	临泽县	-0.45949	-0.11334	-0.38485399	1168	广东	平远县	-0.65409	0.4873	-0.40798631
1144	河北	怀安县	-0.54642	0.19823	-0.38586041	1169	河南	卢氏县	-0.5918	0.25997	-0.40814346
1145	陕西	旬邑县	-0.49261	-0.003	-0.3870415	1170	陕西	富平县	-0.12179	-1.45376	-0.40898607
1146	河北	赤城县	-0.69419	0.72733	-0.38768538	1171	广西	田阳县	-0.53863	0.05405	-0.41083781
1147	山西	武乡县	-0.72673	0.8351	-0.38997208	1172	贵州	瓮安县	-0.69426	0.61842	-0.41122319
1148	广东	陆河县	-0.61513	0.41614	-0.39277011	1173	黑龙江	富裕县	-0.61727	0.33743	-0.41141995
1149	吉林	安图县	-0.48694	-0.05202	-0.39316363	1174	贵州	六枝特区	-0.39814	-0.46684	-0.41295292
1150	内蒙	科左中旗	-0.12257	-1.37768	-0.39319371	1175	山西	宁武县	-0.94083	1.50629	-0.41318804
1151	黑龙江	北安市	-0.35455	-0.53486	-0.393428	1176	内蒙	阿尔山市	-0.84224	1.1452	-0.41371311
1152	内蒙	林西县	-0.36207	-0.5083	-0.39359975	1177	贵州	贞丰县	-0.8561	1.19402	-0.4140582
1153	湖北	兴山县	-0.63417	0.47626	-0.39474183	1178	河北	望都县	-0.52125	-0.02625	-0.41451933
1154	四川	汶川县	-0.7808	0.99447	-0.39802068	1179	四川	蓬溪县	-0.17621	-1.28234	-0.41471101
1155	山西	绛县	-0.34294	-0.60435	-0.39930458	1180	河南	宁陵县	-0.23374	-1.07427	-0.414973
1156	河北	隆化县	-0.42897	-0.29216	-0.39947137	1181	湖南	邵阳县	-0.11067	-1.5227	-0.41512841
1157	湖南	慈利县	-0.2736	-0.86118	-0.40029255	1182	广西	龙州县	-0.58933	0.2157	-0.41575142
1158	安徽	阜南县	0.22489	-2.67607	-0.40060782	1183	云南	会泽县	-0.30333	-0.83139	-0.41718899
1159	陕西	延川县	-0.56572	0.19905	-0.40082219	1184	河北	灵寿县	-0.42034	-0.4082	-0.4177224
1160	云南	易门县	-0.75033	0.87046	-0.40085927	1185	河南	台前县	-0.32729	-0.74936	-0.41829569
1161	重庆	酉阳县	-0.29238	-0.80478	-0.40286242	1186	湖北	罗田县	-0.31754	-0.79502	-0.42049306
1162	海南	定安县	-0.61929	0.38364	-0.40304072	1187	湖南	新化县	0.03834	-2.09197	-0.42099217
1163	内蒙	察右前旗	-0.3358	-0.65065	-0.40368718	1188	新疆	布尔津县	-0.99901	1.67643	-0.42213825
1164	黑龙江	木兰县	-0.50135	-0.04893	-0.40380032	1189	山西	左权县	-1.03689	1.81087	-0.42286304
1165	云南	祥云县	-0.48423	-0.11485	-0.4045852	1190	广西	钟山县	-0.43313	-0.38585	-0.4229356

序号	省份	县名	发展质量公因子	调控能力公因子	得分	序号	省份	县名	发展质量公因子	调控能力公因子	得分
1191	甘肃	高台县	-0.55491	0.0547	-0.4234674	1216	贵州	赤水市	-0.68666	0.39241	-0.4539936
1192	湖北	利川市	-0.34881	-0.69681	-0.4238449	1217	广东	南澳县	-0.99107	1.49256	-0.45555585
1193	甘肃	华池县	-0.66317	0.4426	-0.42474661	1218	新疆	尼勒克县	-0.88117	1.08845	-0.45648541
1194	河北	崇礼县	-0.91823	1.36244	-0.42647758	1219	海南	乐东县	-0.53372	-0.17576	-0.45653755
1195	新疆	焉耆县	-0.70111	0.55444	-0.43039142	1220	安徽	黟县	-1.0214	1.58917	-0.45851536
1196	甘肃	金塔县	-0.58452	0.12704	-0.43109519	1221	重庆	城口县	-0.5322	-0.19414	-0.45930834
1197	甘肃	山丹县	-0.49566	-0.19934	-0.43176821	1222	河北	临城县	-0.60828	0.07791	-0.46032541
1198	贵州	习水县	-0.46739	-0.30372	-0.43209988	1223	河北	平乡县	-0.51725	-0.26456	-0.46276561
1199	广西	平乐县	-0.45265	-0.36144	-0.43298353	1224	内蒙	清水河县	-0.71822	0.46414	-0.46328246
1200	内蒙	凉城县	-0.55576	0.00567	-0.43470585	1225	湖北	房县	-0.42918	-0.58833	-0.46349553
1201	山西	和顺县	-0.89061	1.22216	-0.43505976	1226	河北	任县	-0.54987	-0.15158	-0.4639917
1202	甘肃	宕昌县	-0.62514	0.25362	-0.43566394	1227	湖南	炎陵县	-0.85329	0.9514	-0.46416721
1203	湖南	溆浦县	-0.33091	-0.82069	-0.43651515	1228	黑龙江	铁力市	-0.52706	-0.23769	-0.46466676
1204	山西	定襄县	-0.66085	0.37109	-0.43834565	1229	河北	易县	-0.44147	-0.54956	-0.4647761
1205	青海	大通县	-0.31007	-0.92647	-0.44297664	1230	云南	师宗县	-0.60279	0.03686	-0.46487025
1206	广东	新丰县	-0.73452	0.61207	-0.4441716	1231	四川	马边县	-1.15119	2.028	-0.46570092
1207	黑龙江	嘉荫县	-0.76813	0.73328	-0.44439969	1232	江西	兴国县	-0.39946	-0.71588	-0.4676857
1208	云南	华宁县	-0.73348	0.60077	-0.44579232	1233	四川	营山县	-0.11505	-1.75294	-0.46820779
1209	河北	武邑县	-0.48753	-0.30034	-0.44716856	1234	陕西	周至县	-0.30896	-1.04865	-0.46845013
1210	河北	博野县	-0.53044	-0.1532	-0.44910044	1235	广西	德保县	-0.65224	0.19381	-0.46981679
1211	内蒙	巴林右旗	-0.69623	0.44028	-0.45117853	1236	内蒙	翁牛特旗	-0.21085	-1.41465	-0.47041038
1212	湖北	通山县	-0.49739	-0.28411	-0.45140309	1237	云南	泸西县	-0.72818	0.4586	-0.47228943
1213	广西	蒙山县	-0.63557	0.2166	-0.45182721	1238	湖南	江华瑶族自治县	-0.43976	-0.59096	-0.47236137
1214	甘肃	榆中县	-0.45973	-0.42314	-0.45184055	1239	湖南	汝城县	-0.64496	0.15012	-0.47352682
1215	山西	右玉县	-0.77641	0.72761	-0.45211693	1240	黑龙江	依安县	-0.46801	-0.50843	-0.47672526

序号	省份	县名	发展质量公因子	调控能力公因子	得分	序号	省份	县名	发展质量公因子	调控能力公因子	得分
1241	河北	丰宁县	−0.53562	−0.26933	−0.47820321	1266	山西	阳曲县	−0.98865	1.25956	−0.50389652
1242	江西	崇义县	−0.82069	0.76764	−0.47821822	1267	湖北	来凤县	−0.49145	−0.55447	−0.50503822
1243	河北	万全县	−0.73911	0.4663	−0.47920248	1268	贵州	余庆县	−0.78436	0.5097	−0.50533799
1244	湖南	辰溪县	−0.54283	−0.2532	−0.4803807	1269	四川	沐川县	−0.7871	0.50742	−0.5079788
1245	湖北	鹤峰县	−0.55399	−0.22087	−0.48216349	1270	湖北	竹溪县	−0.48644	−0.58858	−0.50846317
1246	内蒙	库伦旗	−0.59613	−0.07239	−0.48320248	1271	湖南	隆回县	−0.29765	−1.28338	−0.51019066
1247	云南	香格里拉县	−0.40498	−0.77363	−0.4844674	1272	四川	叙永县	−0.49028	−0.58717	−0.51117118
1248	陕西	合阳县	−0.44036	−0.64723	−0.4849648	1273	重庆	巫溪县	−0.60397	−0.1763	−0.51175685
1249	山西	芮城县	−0.46109	−0.57269	−0.48515292	1274	湖南	花垣县	−0.65655	−0.00105	−0.51521271
1250	黑龙江	庆安县	−0.5251	−0.34103	−0.48541128	1275	新疆	巴里坤县	−0.89709	0.86911	−0.51626633
1251	甘肃	庆城县	−0.58857	−0.11099	−0.48559538	1276	贵州	绥阳县	−0.6926	0.12504	−0.51630249
1252	内蒙	阿鲁科尔沁旗	−0.43927	−0.6775	−0.49063656	1277	甘肃	陇西县	−0.4129	−0.90036	−0.51800492
1253	云南	马关县	−0.65662	0.10721	−0.49192487	1278	河北	涞水县	−0.7134	0.17608	−0.52161252
1254	云南	水富县	−0.84045	0.77565	−0.49199052	1279	湖南	芷江县	−0.63333	−0.12499	−0.52372299
1255	贵州	湄潭县	−0.68204	0.19823	−0.49223836	1280	山西	兴县	−0.90746	0.87218	−0.52373843
1256	陕西	大荔县	−0.28133	−1.26661	−0.49377364	1281	陕西	洛南县	−0.56657	−0.37842	−0.52600156
1257	江西	铜鼓县	−1.07488	1.61795	−0.49425866	1282	湖南	泸溪县	−0.84733	0.64076	−0.52647172
1258	云南	元江县	−0.77523	0.52068	−0.49580909	1283	云南	砚山县	−0.6189	−0.19104	−0.52664589
1259	山西	代县	−0.78885	0.56622	−0.49667316	1284	山西	壶关县	−0.54039	−0.48835	−0.52916926
1260	内蒙	察右后旗	−0.5998	−0.12392	−0.49719193	1285	黑龙江	同江市	−0.5398	−0.49066	−0.52920455
1261	黑龙江	龙江县	−0.442	−0.71205	−0.50022751	1286	吉林	汪清县	−0.71428	0.14072	−0.52992702
1262	云南	马龙县	−0.99268	1.2805	−0.50254255	1287	云南	昌宁县	−0.83502	0.57939	−0.53004842
1263	云南	勐腊县	−0.626	−0.05733	−0.50338478	1288	四川	雷波县	−0.86446	0.68469	−0.53043611
1264	云南	景谷傣族彝族自治县	−0.71633	0.26996	−0.50366859	1289	陕西	旬阳县	−0.51118	−0.60147	−0.53064811
1265	江西	安远县	−0.57584	−0.24117	−0.50367928	1290	广西	合山市	−0.78726	0.40199	−0.53083686

序号	省份	县名	发展质量公因子	调控能力公因子	得分	序号	省份	县名	发展质量公因子	调控能力公因子	得分
1291	四川	万源市	−0.40698	−0.98481	−0.53157027	1316	陕西	潼关县	−0.83665	0.49979	−0.54849011
1292	云南	禄劝县	−0.85053	0.62265	−0.53288657	1317	黑龙江	克山县	−0.47837	−0.80459	−0.54870875
1293	贵州	普安县	−1.01937	1.23354	−0.53360312	1318	云南	凤庆县	−0.6588	−0.14977	−0.54904421
1294	云南	云县	−0.64727	−0.12712	−0.53511654	1319	贵州	镇宁布县	−0.82122	0.44083	−0.5490999
1295	河北	巨鹿县	−0.56313	−0.43575	−0.53566464	1320	陕西	白水县	−0.61977	−0.29732	−0.55024413
1296	黑龙江	绥滨县	−0.58461	−0.36279	−0.53678172	1321	陕西	柞水县	−0.77913	0.28202	−0.55032746
1297	山西	浮山县	−0.88078	0.71444	−0.53682261	1322	陕西	陇县	−0.77198	0.25546	−0.55044593
1298	贵州	普定县	−0.78875	0.37887	−0.53699067	1323	四川	旺苍县	−0.54929	−0.55745	−0.55104944
1299	河北	曲阳县	−0.53127	−0.55987	−0.53743666	1324	广西	富川瑶族自治县	−0.71645	0.04601	−0.55205026
1300	广西	融安县	−0.69307	0.0245	−0.53834933	1325	贵州	镇远县	−0.89519	0.69219	−0.55292305
1301	海南	五指山市	−1.22929	1.97518	−0.53835011	1326	湖南	双牌县	−0.90121	0.70888	−0.55404638
1302	湖北	五峰县	−0.59694	−0.32677	−0.53868661	1327	河北	威县	−0.59238	−0.42253	−0.55575736
1303	吉林	和龙市	−0.77245	0.30818	−0.53944723	1328	内蒙	卓资县	−0.70884	−0.00122	−0.55626473
1304	甘肃	崇信县	−0.98973	1.08701	−0.54194846	1329	贵州	安龙县	−0.80374	0.34131	−0.55684715
1305	山西	繁峙县	−0.75237	0.22061	−0.54257846	1330	湖北	江陵县	−0.59538	−0.43272	−0.56030765
1306	云南	宾川县	−0.67352	−0.06772	−0.5428989	1331	湖南	新宁县	−0.64681	−0.24637	−0.56046812
1307	山西	应县	−0.63424	−0.21109	−0.54300144	1332	海南	屯昌县	−0.78047	0.23677	−0.56113523
1308	陕西	富县	−0.91459	0.80761	−0.5432535	1333	甘肃	宁县	−0.69575	−0.0787	−0.56270321
1309	河北	柏乡县	−0.68049	−0.04701	−0.54390061	1334	湖北	巴东县	−0.58116	−0.50203	−0.56409819
1310	湖北	郧西县	−0.47509	−0.79994	−0.54513335	1335	湖南	靖州县	−0.76401	0.16039	−0.56469316
1311	四川	苍溪县	−0.2848	−1.4996	−0.54673217	1336	福建	政和县	−0.93395	0.77391	−0.56570545
1312	湖北	宣恩县	−0.5466	−0.54738	−0.54676818	1337	贵州	贵定县	−0.81201	0.31265	−0.56951359
1313	湖南	绥宁县	−0.67551	−0.07856	−0.54679712	1338	河北	阳原县	−0.72842	0.00027	−0.57130167
1314	云南	玉龙县	−1.00643	1.12526	−0.54680028	1339	湖北	英山县	−0.58183	−0.53597	−0.57194178
1315	广西	隆安县	−0.7148	0.0616	−0.54739455	1340	新疆	博湖县	−1.05967	1.19664	−0.57317002

序号	省份	县名	发展质量公因子	调控能力公因子	得分	序号	省份	县名	发展质量公因子	调控能力公因子	得分
1341	黑龙江	呼玛县	-1.00936	1.01043	-0.57385788	1366	广西	天等县	-0.80623	0.16246	-0.59736346
1342	甘肃	民乐县	-0.6614	-0.25569	-0.57392181	1367	湖北	竹山县	-0.6503	-0.40491	-0.59738962
1343	广东	和平县	-0.70409	-0.10194	-0.57425591	1368	四川	木里藏族自治县	-1.19714	1.58427	-0.59741926
1344	广西	天峨县	-0.85112	0.42923	-0.5750541	1369	青海	平安县	-0.70399	-0.21533	-0.59862634
1345	河北	武强县	-0.72239	-0.04799	-0.57697754	1370	青海	刚察县	-1.0943	1.20332	-0.59889286
1346	甘肃	临洮县	-0.49867	-0.86718	-0.57812721	1371	广西	灌阳县	-0.75719	-0.02359	-0.59901298
1347	云南	鹤庆县	-0.87705	0.50642	-0.57874962	1372	云南	石屏县	-0.8777	0.41378	-0.59923428
1348	黑龙江	望奎县	-0.56042	-0.64669	-0.57902132	1373	陕西	商南县	-0.80534	0.14802	-0.59977888
1349	山西	灵丘县	-0.83265	0.34185	-0.57940722	1374	湖南	会同县	-0.81498	0.17742	-0.60100117
1350	山西	黎城县	-0.93734	0.72221	-0.57951194	1375	黑龙江	桦南县	-0.55984	-0.75819	-0.60260774
1351	陕西	米脂县	-0.6394	-0.36752	-0.58077791	1376	广西	资源县	-0.86052	0.33447	-0.60285921
1352	贵州	沿河县	-0.78509	0.16202	-0.58087649	1377	广东	连山县	-1.02309	0.91825	-0.60450307
1353	贵州	惠水县	-0.79262	0.18142	-0.58259991	1378	云南	武定县	-1.01893	0.89629	-0.605975
1354	甘肃	永靖县	-0.73272	-0.0411	-0.58359461	1379	黑龙江	汤原县	-0.58387	-0.69489	-0.60780786
1355	内蒙	太仆寺旗	-0.69569	-0.17582	-0.58359692	1380	陕西	丹凤县	-0.73925	-0.12971	-0.60782249
1356	河北	唐县	-0.57574	-0.61931	-0.58513446	1381	甘肃	景泰县	-0.75591	-0.06979	-0.6079705
1357	山西	临县	-0.84857	0.37168	-0.58546271	1382	河北	饶阳县	-0.71534	-0.21971	-0.60847349
1358	山西	方山县	-1.09341	1.2574	-0.58653417	1383	湖南	永顺县	-0.51897	-0.93601	-0.60889113
1359	安徽	岳西县	-0.60906	-0.50938	-0.58756725	1384	海南	保亭县	-1.01603	0.86833	-0.60972896
1360	贵州	天柱县	-0.83523	0.30741	-0.58885679	1385	广西	大化县	-0.84767	0.25517	-0.60987837
1361	河北	围场满县	-0.57075	-0.66351	-0.59075068	1386	黑龙江	海伦市	-0.41485	-1.32857	-0.61186405
1362	广西	忻城县	-0.74064	-0.05076	-0.59188978	1387	湖南	新田县	-0.76989	-0.05107	-0.61489981
1363	吉林	龙井市	-0.83401	0.27961	-0.59389401	1388	河北	顺平县	-0.76261	-0.0783	-0.61506077
1364	山西	万荣县	-0.61201	-0.52926	-0.59416765	1389	河北	阜城县	-0.68209	-0.37382	-0.61562159
1365	陕西	山阳县	-0.60629	-0.5628	-0.59691279	1390	山西	浑源县	-0.79397	0.03161	-0.61596048

序号	省份	县名	发展质量公因子	调控能力公因子	得分	序号	省份	县名	发展质量公因子	调控能力公因子	得分
1391	云南	大姚县	−0.86851	0.3004	−0.61647252	1416	陕西	镇安县	−0.7394	−0.29	−0.64250148
1392	云南	麻栗坡县	−0.89082	0.3803	−0.61674425	1417	新疆	巩留县	−0.91682	0.34154	−0.64549553
1393	新疆	木垒哈萨克自治县	−1.09742	1.12549	−0.61812165	1418	陕西	白河县	−0.84227	0.06669	−0.64628229
1394	黑龙江	塔河县	−1.06886	1.01833	−0.61882526	1419	山西	大同县	−1.05802	0.84131	−0.64849117
1395	云南	兰坪县	−1.11458	1.18464	−0.61882787	1420	贵州省	施秉县	−1.27072	1.61316	−0.64890493
1396	贵州省	关岭县	−0.82487	0.12108	−0.6209066	1421	陕西	紫阳县	−0.80729	−0.07325	−0.64901811
1397	广西	昭平县	−0.7311	−0.22891	−0.62281904	1422	贵州省	荔波县	−1.08863	0.94831	−0.64943004
1398	山西	岚县	−1.30488	1.84765	−0.62513928	1423	广西	上林县	−0.80439	−0.08864	−0.65006176
1399	陕西	永寿县	−0.84217	0.16019	−0.62604362	1424	四川	九寨沟县	−1.21457	1.40344	−0.65008116
1400	陕西	绥德县	−0.5349	−0.96161	−0.62690615	1425	湖北	建始县	−0.78043	−0.18057	−0.65108967
1401	黑龙江	绥棱县	−0.72058	−0.28797	−0.6273017	1426	陕西	汉阴县	−0.78179	−0.1774	−0.65147292
1402	贵州省	晴隆县	−1.05896	0.93861	−0.6282489	1427	贵州	松桃县	−0.73113	−0.36255	−0.65165769
1403	广西	马山县	−0.7544	−0.1823	−0.63104521	1428	河北	海兴县	−0.95605	0.44092	−0.65483879
1404	云南	河口县	−0.84931	0.15787	−0.63214434	1429	甘肃	两当县	−0.99357	0.57466	−0.65543213
1405	湖南	安仁县	−0.72134	−0.30894	−0.63241933	1430	山西	五寨县	−1.24574	1.48109	−0.65778766
1406	甘肃	民勤县	−0.65535	−0.55101	−0.63285247	1431	广西	融水县	−0.73666	−0.37157	−0.6579402
1407	黑龙江	延寿县	−0.82664	0.07164	−0.63295509	1432	云南	普洱县	−1.04878	0.75983	−0.65881199
1408	陕西	麟游县	−1.04651	0.87011	−0.63325314	1433	云南	盈江县	−0.69985	−0.51745	−0.66052136
1409	陕西	淳化县	−0.78198	−0.0934	−0.63351008	1434	湖南	江永县	−0.928	0.3024	−0.6627042
1410	甘肃	皋兰县	−0.95745	0.54042	−0.63448298	1435	山西	垣曲县	−0.83912	−0.02111	−0.66274271
1411	内蒙	科右前旗	−0.52967	−1.01956	−0.63529887	1436	云南	南涧县	−1.14282	1.08239	−0.66302573
1412	湖北	咸丰县	−0.75377	−0.2044	−0.6353162	1437	黑龙江	泰来县	−0.83095	−0.06373	−0.66552392
1413	广西	龙胜县	−0.9015	0.32858	−0.63627319	1438	云南	洱源县	−0.8711	0.07217	−0.66771446
1414	陕西	千阳县	−0.94899	0.48801	−0.63914762	1439	甘肃	甘谷县	−0.70271	−0.54325	−0.66832763
1415	河北	广宗县	−0.71543	−0.36774	−0.64046194	1440	云南	南华县	−1.0158	0.59379	−0.66874419

序号	省份	县名	发展质量公因子	调控能力公因子	得分	序号	省份	县名	发展质量公因子	调控能力公因子	得分
1441	贵州	独山县	−0.95808	0.38284	−0.66895415	1466	广西	环江毛南族自治县	−0.86098	−0.08693	−0.69408125
1442	云南	龙陵县	−0.89269	0.14409	−0.66914206	1467	云南	勐海县	−0.7951	−0.32877	−0.69455108
1443	河北	新河县	−0.88506	0.10875	−0.67077715	1468	青海	都兰县	−1.11511	0.83356	−0.6949426
1444	湖南	桑植县	−0.74302	−0.41995	−0.67336045	1469	新疆	温泉县	−1.09562	0.76212	−0.6950587
1445	云南	景东县	−0.9903	0.47593	−0.67415512	1470	山西	五台县	−0.97077	0.3067	−0.69532508
1446	湖南	麻阳县	−0.79912	−0.22384	−0.67507955	1471	山西	神池县	−1.29658	1.47853	−0.69821765
1447	广西	三江县	−0.86599	0.0103	−0.67704652	1472	四川	越西县	−0.99479	0.37515	−0.69940693
1448	新疆	昭苏县	−0.88208	0.06773	−0.67728432	1473	湖南	新晃	−0.89367	0.00384	−0.70015112
1449	甘肃	合水县	−0.89841	0.12652	−0.67741713	1474	云南	耿马县	−0.81851	−0.26961	−0.70015754
1450	河北	沽源县	−0.96804	0.3779	−0.67783175	1475	云南	弥渡县	−0.97076	0.27915	−0.7012575
1451	云南	富宁县	−0.80138	−0.24151	−0.68066222	1476	湖南	保靖县	−0.86861	−0.09666	−0.70216405
1452	内蒙	鄂伦春旗	−0.66385	−0.74327	−0.68097434	1477	甘肃	泾川县	−0.78277	−0.4169	−0.70388202
1453	云南	永善县	−0.86574	−0.01048	−0.68133096	1478	内蒙	科右中旗	−0.74117	−0.57046	−0.70436193
1454	贵州	罗甸县	−0.96107	0.3348	−0.68165772	1479	青海	互助县	−0.54959	−1.26984	−0.70488852
1455	贵州	思南县	−0.66473	−0.7435	−0.68171419	1480	甘肃	广河县	−0.83795	−0.22339	−0.70544009
1456	云南	元谋县	−0.95239	0.29009	−0.68448954	1481	内蒙	兴和县	−0.75505	−0.5284	−0.70618029
1457	贵州	德江县	−0.80655	−0.24092	−0.68459026	1482	宁夏	同心县	−0.52308	−1.37698	−0.7071958
1458	山西	偏关县	−1.13236	0.94425	−0.68460649	1483	贵州	黎平县	−0.8412	−0.22443	−0.70821358
1459	贵州	务川县	−1.11094	0.8654	−0.68480646	1484	云南	镇康县	−1.08179	0.64505	−0.70945303
1460	山西	陵川县	−0.94099	0.24665	−0.684914	1485	云南	墨江县	−1.02985	0.45053	−0.71065413
1461	云南	永平县	−1.12382	0.90471	−0.68643338	1486	贵州	凤冈县	−0.98738	0.28686	−0.71263152
1462	四川	理县	−1.2232	1.25585	−0.68867337	1487	云南	牟定县	−1.01961	0.40264	−0.71294797
1463	贵州	威宁县	−0.37346	−1.83561	−0.68872516	1488	陕西	太白县	−1.20581	1.0784	−0.71329429
1464	青海	共和县	−0.8802	0.00649	−0.6890141	1489	山西	榆社县	−1.13418	0.81782	−0.71329459
1465	甘肃	玛曲县	−1.31866	1.5855	−0.69247221	1490	青海	乐都县	−0.70133	−0.75752	−0.71344555

序号	省份	县名	发展质量公因子	调控能力公因子	得分	序号	省份	县名	发展质量公因子	调控能力公因子	得分
1491	云南	施甸县	-0.99476	0.30552	-0.71439684	1516	内蒙	化德县	-0.88962	-0.17634	-0.73582433
1492	内蒙	锡林郭勒盟正镶白旗	-1.09408	0.65692	-0.71653371	1517	河北	阜平县	-1.06958	0.47385	-0.73678944
1493	湖南	龙山县	-0.72999	-0.66899	-0.71683733	1518	云南	镇沅治县	-1.11727	0.64481	-0.73733467
1494	青海	祁连县	-1.12329	0.76149	-0.7168984	1519	河北	尚义县	-1.01386	0.26337	-0.73846683
1495	贵州	赫章县	-0.69802	-0.7858	-0.71694691	1520	广西	田林县	-1.04955	0.38177	-0.74093232
1496	云南	丘北县	-0.87616	-0.1394	-0.71730163	1521	广西	隆林县	-0.903	-0.15652	-0.74204583
1497	云南	维西县	-1.05192	0.49637	-0.71808154	1522	甘肃	镇原县	-0.8475	-0.3596	-0.74230021
1498	新疆	麦盖提县	-1.06369	0.53806	-0.71832463	1523	安徽	石台县	-1.25702	1.11577	-0.74540489
1499	陕西	平利县	-0.91665	0.00157	-0.71866568	1524	内蒙	商都县	-0.79821	-0.5551	-0.74579122
1500	云南	鲁甸县	-0.91303	-0.01572	-0.71955424	1525	贵州	三穗县	-1.20569	0.92583	-0.74609693
1501	云南	广南县	-0.62741	-1.05641	-0.71990992	1526	贵州	正安县	-0.98817	0.13362	-0.74629242
1502	云南	绥江县	-1.24598	1.19253	-0.72019451	1527	青海	民和县	-0.69593	-0.93168	-0.74676183
1503	云南	巍山县	-1.03998	0.44312	-0.72019765	1528	陕西	镇巴县	-0.89395	-0.21602	-0.74777641
1504	内蒙	扎赉特旗	-0.59843	-1.17703	-0.7231863	1529	黑龙江	友谊县	-1.06643	0.41008	-0.74806857
1505	新疆	裕民县	-1.14026	0.78644	-0.72482971	1530	云南	永德县	-0.93423	-0.07414	-0.74877952
1506	云南	姚安县	-1.03266	0.37647	-0.72882688	1531	山西	平陆县	-0.95139	-0.01321	-0.74910195
1507	四川	通江县	-0.41619	-1.87358	-0.73042882	1532	甘肃	正宁县	-1.09529	0.51004	-0.74915272
1508	河北	康保县	-0.96033	0.10276	-0.73110917	1533	贵州	榕江县	-1.08814	0.47974	-0.75007759
1509	甘肃	静宁县	-0.65891	-0.99551	-0.73148686	1534	黑龙江	饶河县	-0.98984	0.12145	-0.7502264
1510	贵州	印江县	-0.89033	-0.15707	-0.73222629	1535	陕西	岚皋县	-1.04717	0.32345	-0.75164031
1511	云南	永胜县	-0.90495	-0.10704	-0.73290662	1536	甘肃	环县	-0.87769	-0.30424	-0.75404413
1512	山西	夏县	-0.89682	-0.13846	-0.73330429	1537	云南	永仁县	-1.28758	1.18297	-0.75488612
1513	甘肃	岷县	-0.80629	-0.47655	-0.73519228	1538	山西	静乐县	-1.21139	0.90548	-0.75495573
1514	云南	威信县	-1.0017	0.23396	-0.73527005	1539	云南	云龙县	-1.07129	0.39486	-0.75516237
1515	云南	澜沧县	-0.8492	-0.32309	-0.73576146	1540	陕西	宜川县	-1.12605	0.58999	-0.7560417

序号	省份	县名	发展质量公因子	调控能力公因子	得分	序号	省份	县名	发展质量公因子	调控能力公因子	得分
1541	内蒙	四子王旗	−0.78499	−0.65128	−0.75615978	1566	黑龙江	青冈县	−0.79348	−0.72613	−0.77895816
1542	云南	寻甸县	−0.67723	−1.04416	−0.75634654	1567	黑龙江	明水县	−0.90699	−0.31854	−0.78010987
1543	广西	巴马瑶族自治县	−0.97897	0.05233	−0.75660365	1568	黑龙江	甘南县	−0.84853	−0.54094	−0.78220821
1544	贵州	从江县	−1.07213	0.39067	−0.75672468	1569	湖南	城步县	−1.10744	0.3964	−0.78318574
1545	贵州	道真县	−1.10642	0.50963	−0.7579713	1570	陕西	清涧县	−0.91798	−0.29916	−0.78455156
1546	广西	罗城县	−0.88128	−0.31163	−0.75845348	1571	四川	乡城县	−1.48886	1.77369	−0.78539704
1547	青海	玛沁县	−1.13395	0.59109	−0.76200114	1572	云南	剑川县	−1.27936	1.01136	−0.78544062
1548	青海	门源县	−1.02277	0.17943	−0.76355461	1573	云南	陇川县	−1.10767	0.38283	−0.78629208
1549	广西	金秀县	−1.07854	0.3813	−0.76377291	1574	贵州	江口县	−1.20129	0.71729	−0.78761053
1550	甘肃	靖远县	−0.85485	−0.43562	−0.76445666	1575	云南	巧家县	−0.87778	−0.46464	−0.78869978
1551	广西	都安县	−0.84932	−0.46078	−0.76554397	1576	贵州	雷山县	−1.31488	1.12393	−0.78902982
1552	云南	镇雄县	−0.46678	−1.85283	−0.76563667	1577	贵州	平塘县	−1.18864	0.66167	−0.78968074
1553	内蒙	突泉县	−0.73298	−0.88582	−0.76593498	1578	贵州	岑巩县	−1.20368	0.70703	−0.79169744
1554	甘肃	天祝县	−0.93786	−0.14289	−0.76645054	1579	贵州	丹寨县	−1.29383	1.02673	−0.7934766
1555	海南	白沙县	−0.97486	−0.0207	−0.76912638	1580	陕西	宁陕县	−1.20189	0.69194	−0.79354706
1556	云南	漾濞县	−1.29804	1.14702	−0.77084221	1581	贵州	麻江县	−1.20477	0.70081	−0.79389356
1557	云南	彝良县	−0.87709	−0.38815	−0.77166597	1582	青海	兴海县	−1.15104	0.50292	−0.79441724
1558	贵州	长顺县	−1.13778	0.55718	−0.77231692	1583	黑龙江	克东县	−1.04578	0.11765	−0.7949241
1559	甘肃	武山县	−0.80736	−0.65008	−0.77344768	1584	云南	盐津县	−0.99932	−0.05242	−0.79515177
1560	湖南	通道县	−1.11471	0.45292	−0.7767015	1585	贵州	剑河县	−1.2358	0.79735	−0.79741723
1561	贵州	台江县	−1.32496	1.21698	−0.77687319	1586	山西	岢岚县	−1.30313	1.03753	−0.79844268
1562	宁夏	彭阳县	−1.00258	0.0407	−0.77763055	1587	云南	双柏县	−1.28213	0.95121	−0.80058276
1563	海南	琼中县	−1.03091	0.14346	−0.77769525	1588	云南	金平县	−1.13525	0.41661	−0.80064179
1564	贵州	锦屏县	−1.2496	0.93607	−0.77833124	1589	甘肃	合作市	−1.18525	0.59719	−0.8009247
1565	甘肃	临夏县	−0.80009	−0.701	−0.77872446	1590	贵州	三都水县	−1.15236	0.47174	−0.80217558

序号	省份	县名	发展质量公因子	调控能力公因子	得分	序号	省份	县名	发展质量公因子	调控能力公因子	得分
1591	新疆	民丰县	-1.39456	1.34985	-0.80281711	1616	甘肃	碌曲县	-1.46104	1.37714	-0.84907865
1592	甘肃	成县	-1.26375	0.87167	-0.80331602	1617	云南	江城县	-1.28157	0.69655	-0.85505266
1593	黑龙江	拜泉县	-0.78337	-0.87689	-0.80353455	1618	甘肃	灵台县	-1.05483	-0.16504	-0.86297568
1594	贵州	紫云县	-1.079	0.19723	-0.80382245	1619	广西	乐业县	-1.27935	0.64975	-0.86340223
1595	内蒙	察右中旗	-0.86809	-0.57195	-0.80423703	1620	山西	沁县	-1.24923	0.51446	-0.86894753
1596	青海	湟源县	-1.11542	0.31336	-0.80734999	1621	云南	宁蒗县	-1.22913	0.42631	-0.87218812
1597	贵州	黄平县	-1.17322	0.51488	-0.80923606	1622	黑龙江	孙吴县	-1.33744	0.79869	-0.87685294
1598	贵州	石阡县	-1.02661	-0.02339	-0.81029819	1623	四川	巴塘县	-1.46583	1.26334	-0.87737312
1599	黑龙江	兰西县	-0.88831	-0.53539	-0.81221426	1624	山西	广灵县	-1.18575	0.24415	-0.8774385
1600	云南	元阳县	-1.0758	0.14338	-0.81292343	1625	广西	凤山县	-1.20389	0.3037	-0.87882718
1601	甘肃	秦安县	-0.78369	-0.92258	-0.81363712	1626	湖南	古丈县	-1.31989	0.71578	-0.88096387
1602	陕西	吴堡县	-1.12204	0.30044	-0.81532838	1627	陕西	黄龙县	-1.3125	0.68426	-0.88196355
1603	云南	德钦县	-1.16802	0.44334	-0.82058254	1628	湖南	桂东县	-1.23742	0.40442	-0.88341052
1604	云南	沧源县	-1.20946	0.58492	-0.82256023	1629	广西	凌云县	-1.22489	0.33416	-0.8887315
1605	青海	贵德县	-1.13719	0.30438	-0.82636224	1630	甘肃	文县	-1.33029	0.71501	-0.88928748
1606	青海	尖扎县	-1.21347	0.53581	-0.83629458	1631	广西	西林县	-1.2898	0.55427	-0.89218619
1607	云南	梁河县	-1.32652	0.93745	-0.83836839	1632	山西	天镇县	-1.19056	0.17635	-0.89583025
1608	甘肃	清水县	-1.031	-0.13892	-0.83865192	1633	甘肃	迭部县	-1.46925	1.18956	-0.89596397
1609	山西	汾西县	-1.26754	0.71289	-0.84052458	1634	贵州	册亨县	-1.2952	0.55628	-0.89598846
1610	山西	阳高县	-1.1185	0.16955	-0.84077385	1635	甘肃	西和县	-1.16932	0.09485	-0.89674279
1611	山西	平顺县	-1.21934	0.52938	-0.84228532	1636	新疆	英吉沙县	-1.18715	0.15956	-0.89677572
1612	黑龙江	桦川县	-1.0744	-0.00214	-0.84320195	1637	陕西	佛坪县	-1.40288	0.93571	-0.89863901
1613	青海	化隆县	-0.95297	-0.44824	-0.84414137	1638	云南	西畴县	-1.19103	0.12842	-0.90653346
1614	山西	吉县	-1.28508	0.74608	-0.84712631	1639	甘肃	古浪县	-0.96369	-0.70605	-0.9081383
1615	云南	双江县	-1.1921	0.40556	-0.8476165	1640	云南	绿春县	-1.33062	0.62473	-0.90901227

序号	省份	县名	发展质量公因子	调控能力公因子	得分	序号	省份	县名	发展质量公因子	调控能力公因子	得分
1641	广西	东兰县	-1.16795	-0.00814	-0.91787464	1660	青海	同仁县	-1.22551	0.04534	-0.95149247
1642	新疆	和田县	-1.24008	0.24522	-0.91982329	1661	青海	贵南县	-1.23895	0.09316	-0.95172374
1643	云南	屏边苗族自治县	-1.31864	0.5207	-0.92204606	1662	贵州	望谟县	-1.26568	0.17057	-0.95599933
1644	甘肃	会宁县	-0.84213	-1.21473	-0.92246909	1663	甘肃	康县	-1.34257	0.44193	-0.95780053
1645	广西	那坡县	-1.27725	0.35643	-0.92499996	1664	甘肃	东乡族自治县	-0.9476	-0.99496	-0.95781165
1646	青海	河南县	-1.32872	0.53747	-0.92633673	1665	甘肃	礼县	-1.19351	-0.11968	-0.96197343
1647	云南	泸水县	-1.09887	-0.29994	-0.92660669	1666	宁夏	泾源县	-1.33357	0.38939	-0.96206963
1648	甘肃	漳县	-1.3292	0.53714	-0.92678439	1667	甘肃	通渭县	-1.07188	-0.58391	-0.96666512
1649	云南	大关县	-1.27369	0.33397	-0.92705033	1668	甘肃	夏河县	-1.32367	0.32565	-0.9680477
1650	青海	玉树县	-1.37705	0.70893	-0.92727615	1669	甘肃	舟曲县	-1.35402	0.43024	-0.96930227
1651	甘肃	庄浪县	-1.00887	-0.64657	-0.93075177	1670	宁夏	隆德县	-1.19944	-0.15036	-0.97323997
1652	青海	循化县	-1.22445	0.13208	-0.93195836	1671	云南	红河县	-1.24161	-0.02514	-0.97931775
1653	青海	同德县	-1.31915	0.466	-0.93424037	1672	宁夏	西吉县	-0.86604	-1.39428	-0.9799378
1654	甘肃	张家川回族自治县	-1.16503	-0.10705	-0.93691097	1673	甘肃	卓尼县	-1.4435	0.6873	-0.98406218
1655	山西	石楼县	-1.55644	1.29261	-0.94213489	1674	甘肃	徽县	-1.55027	1.06096	-0.98724305
1656	甘肃	渭源县	-1.19046	-0.04011	-0.94242438	1675	云南	西盟佤族自治县	-1.51384	0.92302	-0.98841028
1657	云南	孟连傣族拉祜族佤族自治县	-1.34233	0.51184	-0.94253845	1676	云南	贡山独龙族怒族自治县	-1.55621	1.07425	-0.98903672
1658	甘肃	和政县	-1.39835	0.70835	-0.94410856	1677	新疆	洛浦县	-1.30386	0.14308	-0.99187438
1659	山西	隰县	-1.42564	0.77346	-0.9514755	1678	新疆	皮山县	-1.32756	0.2166	-0.99461204

序号	省份	县名	发展质量公因子	调控能力公因子	得分
1679	新疆	墨玉县	−1.10055	−0.64138	−1.0015449
1680	山西	大宁县	−1.58283	1.09657	−1.0051044
1681	四川	理塘县	−1.45539	0.62057	−1.00777664
1682	甘肃	康乐县	−1.28617	−0.04792	−1.0191816
1683	甘肃	临潭县	−1.31981	0.07141	−1.01983859
1684	青海	杂多县	−1.43032	0.44263	−1.02647916
1685	宁夏	海原县	−0.9855	−1.20457	−1.03273533
1686	青海	玛多县	−1.53458	0.79252	−1.03281646
1687	云南	福贡县	−1.53153	0.77865	−1.03341471
1688	新疆	策勒县	−1.4272	0.38487	−1.03648595
1689	山西	永和县	−1.51875	0.64035	−1.0532102
1690	青海	班玛县	−1.54771	0.72697	−1.05724913
1691	甘肃	积石山保安族东乡族撒拉族自治县	−1.35688	0.02574	−1.0587629
1692	青海	曲麻莱县	−1.49523	0.52188	−1.06030573
1693	青海	泽库县	−1.4193	0.22503	−1.06475363
1694	青海	称多县	−1.48471	0.44833	−1.0679127
1695	青海	治多县	−1.53791	0.58309	−1.08058523
1696	青海	久治县	−1.58736	0.68797	−1.09675898
1697	青海	囊谦县	−1.49961	0.26613	−1.11888551
1698	青海	达日县	−1.60906	0.64148	−1.12380413
1699	青海	甘德县	−1.62752	0.67189	−1.13172691

参与单位

参与“中国县域经济科学发展竞争力研究”课题组的相关部门有以下单位：

中国清洁发展机制基金管理中心 中国清洁发展机制基金是全球发展中国家第一个专项应对气候变化基金，是发达国家与发展中国家合作应对气候变化的典范。为推动我国生产生活方式转变，调整产业结构，促进低碳技术应用，开拓新兴产业，转变经济发展模式，促进可持续发展，中国清洁发展机制基金管理中心积极加强交流与合作，注重我国对低碳经济发展具有指导意义的文献和著作，以提高我国低碳市场发展的预见性和科学性。

泓谷企业管理咨询（上海）有限公司 该公司是一家致力于从事中国县域经济与城镇化研究，具有县域经济发展规划、城乡一体化发展规划、低碳城镇发展规划以及相关前沿专题研究等先进经验的新兴管理咨询公司。泓谷咨询以“揽中华文明之胜，为现代中国服务，在推动组织变革与发展的过程中，为祖国的腾飞尽绵薄力量为己任”，希望成长为我国县域经济与城镇化领域的智库。

北京环维易为低碳技术咨询有限公司 该公司是一家以推动中国低碳经济转型，提升企业碳管理水平为己任，具有国际碳资产管理先进经验的新兴碳管理咨询公司。公司致力于通过碳责任、碳风险和机遇评估建立碳管理实施方案为政府与国内企业寻求最佳的碳管理解决方案。